suhrkamp taschenbuch
wissenschaft 2042

Klaus Lüderssen, geboren 1932, ist emeritierter Professor für Strafrecht, Strafprozeßrecht, Rechtsphilosophie und Rechtssoziologie. Er ist Mitglied der Wissenschaftlichen Gesellschaft der Johann Wolfgang Goethe-Universität in Frankfurt am Main. Im Insel Verlag sind zuletzt von ihm erschienen: *Eichendorff und das Recht* (2007) und *»daß nicht der Nutzen des Staats Euch als Gerechtigkeit erscheine«. Schiller und das Recht* (2005).

Klaus Lüderssen
Rechtsfreie Räume?

Suhrkamp

Bibliografische Information der Deutschen Nationalbibliothek
Die Deutsche Nationalbibliothek verzeichnet diese Publikation
in der Deutschen Nationalbibliografie;
detaillierte bibliografische Daten sind im Internet
über http://dnb.d-nb.de abrufbar.

suhrkamp taschenbuch wissenschaft 2042
Erste Auflage 2012

Umschlag nach Entwürfen
von Willy Fleckhaus und Rolf Staudt
Druck: Druckhaus Nomos, Sinzheim
Printed in Germany
ISBN 978-3-518-29642-4

1 2 3 4 5 6 – 17 16 15 14 13 12

Inhalt

1. Einführung

2. Primat der Autonomie

3. Pathologisierungen – Verhängnis oder Befreiung?

4. Rechtspolitische Grenzmoral

5. Zwischen logischem Positivismus und Interpretation

6. Paradigmenwechsel

7. Neue Aspekte der Interdisziplinarität

8. Kreative Paradoxien

1. Einführung

1. Vorwort

Die hier abgedruckten Arbeiten sind – in den letzten zwölf Jahren – aus verschiedenen Anlässen entstanden. Wissenschaftliche Abhandlungen wechseln sich ab mit Essays und Zeitungsartikeln. Die Texte sind für diesen Sammelband nur streckenweise einander angeglichen, Belege sind nur teilweise nachträglich hinzugefügt oder gestrichen worden. Damit soll dokumentiert werden, daß auch die Erörterung von Rechtsproblemen keineswegs einem einheitlich-strengen Schema unterliegt. Die Aspektabhängigkeit des Wahren und Richtigen ist nirgends so offenkundig wie in der Jurisprudenz, und deshalb fordert jedes Problem, je nachdem wo und wem es präsentiert wird, eine besondere Form der Darstellung. Aus diesem Grunde ist auch auf die Aktualisierung der Texte verzichtet worden. Allerdings werden im folgenden (unter B) jeweils einige Verbindungslinien zum gegenwärtigen Stand der Diskussion gezogen – mit Hinweisen auf wichtige inzwischen erschienene Literatur.

1.1 Die Gratwanderung

Immer haben in Theorie und Praxis des Rechts Handlungen und Unterlassungen eine Rolle gespielt, deren Beurteilung sich den konventionellen rechtlichen Kriterien entzog. Aber das hat bis in unsere Tage hinein wenig bedeutet. Entweder waren es ohnehin zugespitzte Schulbeispiele, wie etwa das Brett[1] des Karneades,[2] oder man akzeptierte stillschweigend politische Lösungen, die nicht viel nach dem Recht fragten. Ähnliches galt für einige Spezialmaterien, etwa aus dem ärztlichen Bereich mit seiner ausformulierten – und davon nicht selten abweichenden – stillschweigenden Standesethik.

Das alles ist jetzt anders. Auch diese Sphären werden jetzt vom Recht erreicht, und sie belasten es mit schweren Dilemmata. »Prin-

1 Zwei Schiffbrüchige versuchen, sich auf ein schwimmendes Brett zu retten, das aber ersichtlich nur einen tragen kann. Jeder der beiden bemüht sich daher, den anderen mit Gewalt von dem Brett fernzuhalten.

2 Griechischer Philosoph (geb. 214 vor Christus), vgl. dazu: Arthur Kaufmann, *Rechtsphilosophie*, München ^{2}1997, S. 228.

ceps legibus solutus« gilt schon längst nicht mehr, und die Konstruktion der justizfreien Hoheitsakte ist auch dahin. Aber die Phänomene bleiben, und da im positivistischen Zeitalter die Juristen sich nicht gern sagen lassen, daß sie nicht zuständig sind, haben sie rechtzeitig jedenfalls die juristische Kategorie des »rechtsfreien Raumes« erfunden (nach der Devise: besser eine paradoxe Lösung als gar keine), dessen zunächst eher spielerische Funktion nunmehr bitterer Ernst geworden ist.

Man unterscheidet mehrere Varianten des rechtsfreien Raums. Einmal die Gebiete, auf die sich das Recht von vornherein nicht erstreckt, auch wenn das im einzelnen arbiträr ist (gehört Freundschaft etwa noch dazu? Liebe ganz sicher nicht, und Schönheit auch nicht), zum anderen Rechtsregeln, die sich auf etwas Unmögliches richten.[3] Sodann die Themen, bei denen rechtliche Bewertungen zwar willkommen wären, aber wegen der Ausweglosigkeit der Interessengegensätze nicht zustande kommen und am Ende der Moral[4] überlassen werden, die aber auch nicht immer Rat weiß in diesen Fällen; auch hier existieren natürlich Spielräume; was die einen für unlösbar halten, empfinden andere als kreative Provokation. Schließlich gibt es noch die Rechtslücke.[5] Doch die interessiert hier nicht.

Der Rechtsphilosoph Arthur Kaufmann hält die Kategorie des rechtsfreien Raumes für legitim und schlägt die Terminologie »verboten/unerlaubt« vor. Er denkt dabei an Situationen, in denen sich ein Arzt entscheiden muß, wem er hilft, wenn er (etwa bei einer viele Menschen treffenden Naturkatastrophe) nicht allen helfen kann. Sicher wird er entschuldigt, gleichviel wie er sich entscheidet.[6] Aber Arthur Kaufmann meint, das sei zu wenig.[7] Auf der anderen Seite ist auch hier die »Notwehrprobe« fällig: Hat der »Liegengelassene« das Recht, sich mit Gewalt ein Medikament zu verschaffen? »Rechtsfreier Raum«, sagt Kaufmann, heißt, »daß die Rechtsordnung dar-

3 S. dazu Karl Engisch, »Der rechtsfreie Raum«, in: ders., *Beiträge zur Rechtstheorie*, Frankfurt/M. 1984, S. 9 ff.

4 Die keineswegs scharf vom Recht zu trennen ist, sondern mit ihm größere Segmente teilt, s. Lüderssen, *Genesis und Geltung in der Jurisprudenz*, Frankfurt/M. 1996, S. 176 ff.; Kaufmann, *Rechtsphilosophie*, a. a. O., S. 212 ff.

5 S. dazu Engisch, a. a. O., S. 61.

6 Kaufmann, a. a. O., S. 229 f.

7 Kaufmann, a. a. O., S. 228 f.; ähnlich Josef Franz Lindner, »Grundrechtsfragen aktiver Sterbehilfe«, in: *JuristenZeitung* (2006), S. 373-382.

auf verzichtet, das betreffende Verhalten zu bewerten, für die Richtigkeit seiner Handlung ist der Handelnde selbst verantwortlich.«[8] Diese Devise ist meines Erachtens unrealistisch. Will die Rechtsgesellschaft wirklich gerade dem zur Handlung Aufgerufenen die Entscheidung überlassen? Die generelle Frage dahinter ist: Soll die Jurisprudenz bei den schwersten Fragen ausgeklammert sein, oder reizt der Snobismus des eleganten Verzichts?[9] Man wird sich immer wieder neu entscheiden müssen.[10]

Zunächst angesichts der Diskrepanz zwischen zunehmender Sensibilisierung des Menschen der modernen Zivilisation für Rechtsbedürfnisse und seiner damit zunächst wachsenden Enttäuschungen. Von dieser Wahrnehmung geht der erste Aufsatz aus (1.2).[11]

Mit dem »Primat der Autonomie« wird ein Bekenntnis abgelegt, das vielleicht durch den Respekt vor den »Rechten« der Natur um ihrer selbst willen[12] wieder in Frage gestellt werden kann, nicht aber mehr durch kollektivistische Konzeptionen.

Bei dieser Sachlage interessiert als erstes die sozusagen anthropologische Grundsubstanz (2.1).

Die durch die moderne Hirnforschung in Gang gesetzte Dis-

8 Ebd., S. 232.

9 Belehrt vielleicht durch neuere, auf Grenzfälle bezogene Varianten des Dekonstruktivismus: »We call castrophe a moment in which we see this truth about law, and law is ›deconstructed‹. Drucilla Cornell explains that ›the deconstructibility of law is what allows for the possibility of transformation‹, a moment of ›institutional humility before justice‹. From this perspective, catastrophe allows us to glimpse a more problematic understanding of justice itself – a justice beyond reason, a justice that calls us but is never realized, a justice ›between the lines‹ and just out of view. This justice-as-aporia that impels the deconstructive project may be something like the givenness (or grace) of reason that I am saying is revealed when the ›usual‹ normative framework fails«, zu finden in: Austin Sarat/Lawrence Douglas/Martha Merrill Umphrey (Hg.), *Law and Catastrophe* (The Amherst Series in Law, Jurisprudence and Social Thought Stanford), Stanford 2007, S. 23 f.

10 Dabei kann am Ende offenbleiben, ob im voraus – durch die Gesetzgebung – eine Regel festzulegen ist oder ob man sich entschließt, erst im Ernstfall für diesen Fall die richtige Regel zu suchen und dem Rechtssystem, in dem man lebt, vertraut, daß man sie auch findet. Immerhin lebt die große Kultur des »Case Law« von dieser Erwartung.

11 Im folgenden werden die Aufsätze lediglich mit Ziffern (1.1), (1.2), (2.1) etc. bezeichnet.

12 Günther Stratenwerth, *Freiheit und Gleichheit*, Bern 2007, S. 77 ff.

kussion entfaltet sich nach zwei Seiten. Da sind einmal die *theoretischen* interdisziplinären Verbindungen zwischen Hirnforschung, Psychologie und Philosophie.[13] Solange die materiale Repräsentation der komplexen seelischen und intentionalen Vorgänge im Hirn[14] noch weit entfernt ist von einer gewissen Vollständigkeit, muß es beim Dualismus als Grundlage auch einer empirischen Bewußtseinsphilosophie bleiben. Wenn dabei bis auf weiteres Fiktionen in Kauf genommen werden müssen, so ist das wissenschaftstheoretisch solider als die Illusion einer dermaleinst vielleicht vorweisbaren Realität. *Praktische* Bedeutung hat dies vor allem im Strafrecht erlangt. Hier wehrt sich die Zunft gegen Festlegungen,[15] für die es noch keine Grundlage gibt, während Psychoanalytiker schon fasziniert sind von sich vielleicht eröffnenden Möglichkeiten der »Früherkennung«.[16] In einem Postscriptum sind diese neuesten Entwicklungen der interdisziplinären Diskussion skizziert (2.2).[17]

Worum es geht bei der Autonomie, wird im übrigen besonders deutlich bei Beginn und Ende des Lebens.

13 Gute Orientierung bei Michael Pauen, *Illusion und Freiheit*, Frankfurt/M. 2004; Ansgar Beckermann, »Wo ist das Problem?«, in: *Gehirn und Geist* Heft 10 (2005), S. 60; Jürgen Habermas, »Das Sprachspiel verantwortlicher Urheberschaft und das Problem der Willensfreiheit: Wie lässt sich der epistemische Dualismus mit einem ontologischen Monismus versöhnen?«, in: *Deutsche Zeitschrift für Philosophie* 54 (2006), S. 699 ff.; grundlegend nach wie vor: John R. Searle, *Freiheit und Neurobiologie*, Frankfurt/M. 2004.

14 Über deren unendliche Komplexität kann man das meiste nach wie vor bei den medizinischen Anthropologen lernen. Vgl. die Arbeit von Hans-Rainer Duncker: »Vorstellungen zu einer Anthropologie aus biologisch-medizinischer Sicht«, in: ders. (Hg.), *Beiträge zu einer aktuellen Anthropologie*, Stuttgart 2006, S. 11 f.

15 Vgl. die Nachweise in der umfassenden Untersuchung von Grischa Detlefsen, *Grenzen der Freiheit – Bedingungen des Handelns – Perspektive des Schuldprinzips. Konsequenzen neurowissenschaftlicher Forschung für das Strafrecht*, Berlin 2006, die selbst allerdings weniger kritisch ist; vgl. auch den satirischen Artikel von Christian Geyer »Raus aus dem Richter-Staat, rein in den Neuro-Staat«, in: *Frankfurter Allgemeine Zeitung* v. 9. Januar 2008. Felix Bommer, »Hirnforschung und Strafrecht«, in: *Luzerner Universitätsreden* 18 (2007), S. 23 ff.; Franz Streng, »Schuldbegriff und Hirnforschung«, in: *Festschrift für Günther Jakobs*, Berlin 2007, S. 675 ff.

16 Das Sigmund-Freud-Institut veranstaltete vom 26. bis 28. Oktober 2007 eine Tagung zum Thema »Frühprävention – Gesellschaftliche Anforderungen und psychosoziale Praxis«.

17 S. auch: *Spontaneität und Freiheit – neue Aspekte moderner Hirnforschung für Strafrecht und Kriminologie?* In: *Festschrift für Ingeborg Puppe zum 70. Geburtstag* 2011, S. 65-75.

Das »Forschungsobjekt Embryo«[18] (2.3) hat aufgrund internationalen Drucks zu pragmatischen Lösungen geführt; die Gesetzgebung zum Embryonenschutz ist in Bewegung geraten. Im übrigen gibt es ja die vorsichtige Prognose, daß man vielleicht irgendwann die embryonalen Stammzellen nicht mehr braucht.[19]

Die hier interessierende Perspektive auf das Ende der individuellen Existenz (2.4) wird mehr und mehr durch Diskussionen über die kommerzielle Sterbehilfe ausgefüllt. Das verdeckt die Tatsache, daß Beihilfe zur Selbsttötung grundsätzlich straflos ist, daß alle Zweifel auch mit Blick auf die Unterlassungsfälle erledigt sind, daß aber offenbar die ärztliche Standesethik anders denkt, und durch die Kommerzialisierung eine Motivtrübung eintritt, die dem Ganzen eine Schlagseite ins Unrecht zu geben scheint. Mit dem geltenden deutschen Strafrecht ist das freilich nicht zu begründen, da es nur die Haftung für akzessorische, das heißt an das Unrecht einer Haupttat (die hier fehlt, weil Selbsttötung straflos ist) geknüpfte Teilnahme kennt.

Die dogmatische Zuspitzung, die noch nicht ausgereizt ist, liegt bei der *aktiven* Sterbehilfe, also bei den Fällen, in denen der Mensch, der sterben will, praktisch handlungsunfähig und deshalb auf die Tötung durch einen anderen angewiesen ist. Der Tatbestand der *Tötung auf Verlangen* (§ 216 Strafgesetzbuch) ist nur eine Privilegierung, grundsätzlich bleibt die Strafbarkeit bestehen, weil man in diesen Fällen – selbst wenn man ein Recht des Sterbewilligen auf seinen Tod annimmt – an die abstrakte Gefährdung durch den virtuellen Mißbrauch dieser Situation denkt. Auch die avancierteren Positionen, die zu § 216 Strafgesetzbuch vertreten werden, erkennen diesen Gesichtspunkt an, und dem entspricht es, daß die Modelle für eine völlige Straffreiheit schaffende Erklärung des Getöteten an bestimmte Verfahren gebunden sind, welche die Ernstlichkeit des Tötungsverlangens, so gut es geht, garantieren. Auf die-

18 Reinhard Merkel, *Forschungsobjekt Embryo, Verfassungsrechtliche und ethische Grundlage der Forschung an menschlichen Embryonalzellen*, München 2002.

19 Zum neuesten Stand der Diskussion über die gesamte Thematik: Reinhard Merkel, »The Legal Status of the Human Embryo«, in: *Ethics, Law and Moral Philosophy of Reproductive Biomedicine* 2 (2007), 1, S. 54 ff.; »Lebensrecht und Gentest schließen sich aus«, in: *Frankfurter Allgemeine Zeitung* v. 3. August 2010; Bong-Jin Ko, *Menschenwürde und Biostrafrecht bei der embryonalen Stammzellenforschung*, Frankfurt/M. 2008.

ser Linie liegt auch der hier gemachte Gesetzgebungsvorschlag. Die Literatur zu dieser Frage ist nicht sehr umfangreich. Am weitesten vorgeschritten ist jetzt die Konzeption, die im Rahmen einer sogenannten Paternalisierungsdebatte vertreten wird und die Regelung des § 216 StGB grundsätzlich als paternalistisch verwirft, allerdings ebenfalls mit der Einschränkung, daß Verfahren bereitgestellt werden müssen, die den Mißbrauch des Privilegs verhindern.[20]

Die instabilen Situationen am Anfang und Ende des Lebens sind gewissermaßen genuin, aber vieles kommt auch von außen. Soziale Situationen und persönliche Entwicklungen können ein Individuum so einengen, daß es auch nach konventionellen Maßstäben noch nicht oder nicht mehr frei reagiert, wobei das im Einzelfall schwer zu entscheiden ist (3.1 bis 3.4).

Hier ist das gemeinsame Thema, daß aus normativen und tatsächlichen Gründen die vollständige Erforschung der inneren Vorgänge, die zur Tat geführt haben, im Strafprozeß unterbleibt (3.1). Zu den speziellen Fragen, die sich daraus für die Dogmatik des Vorsatzes ergeben, muß man feststellen, daß sie bei jugendlichen Tätern besondere Probleme aufwerfen (3.2). Das gilt auch bei für andere Delikte typischen Merkmalen, etwa beim Mord (3.3).

Die dringende Frage, ob das Jugendstrafrecht am Ende seinerseits sogar das Erwachsenenstrafrecht beeinflussen könnte, wird gar nicht gestellt (3.4). Vielmehr ist gegenwärtig die umgekehrte Tendenz virulent.[21]

Im Jugend- und Erwachsenenstrafrecht sind jetzt die »Ehrenmorde« das psychologisch-normative Rätsel (3.6). Die Diskussionen sind fern von einer gemeinsamen Logik.[22]

Was die Sanktionen angeht, so gibt es wieder speziell auf Ju-

20 Die neueste Darstellung dieses Problems bei Andrew von Hirsch/Ulfrid Neumann, »›Indirekter‹ Paternalismus im Strafrecht am Beispiel der Tötung auf Verlangen § 216 StGB«, in: *Goltdammer's Archiv für Strafrecht* 154 (2007), S. 671 ff.

21 Vgl. die Diskussion kurz vor der Wahl des Hessischen Landtags am 27. Januar 2008; dazu Peter-Alexis Albrecht, »Der politische Gebrauchswert des Jugendstrafrechts«, in: *Strafverteidiger* (2008), S. 154 ff.; Heribert Ostendorf, »Jugendstrafrecht – Reform statt Abkehr«, in: *Strafverteidiger* (2008), S. 148 ff.; Thorsten Verrel/Michael Käufl, »›Warnschussarrest‹, Kriminalpolitik wider besseres Wissen?«, in: *Neue Zeitschrift für Strafrecht* (2008), S. 177 ff.

22 Tiefschürfend: Günther Jakobs, »Die Schuld des Fremden«, in: *Zeitschrift für die gesamte Strafrechtswissenschaft* 118 (2006), S. 831 ff.

gendliche bezogene Fragen. Hier ist Vorsicht geboten gegenüber zu schnellen Zuschreibungen einer Tatschuld (3.7, aber auch 3.4). Bei Erwachsenen hingegen ist das Umgekehrte indiziert: Zu warnen ist vor einer schicksalsträchtigen Pathologisierung der gesamten Persönlichkeit. Vielmehr muß die Tatschuld nach wie vor den Ausschlag geben; »Sicherungsverwahrung« ist eine fragwürdige, längerfristig wieder zu beseitigende Maßregel[23] (3.8).

Andere vergleichbare Determinanten sozialen Verhaltens beruhen auf außergewöhnlichen Ereignissen. Sie rühren weniger an die virtuelle Pathologie der Personen als an die den gesellschaftlichen Verhältnissen entspringenden Normbildungsprozesse (4.1 bis 4.6).

Hierher gehören die strafrechtlichen Folgen politischen Systemwechsels. Über einen älteren Anwendungsfall wird aus der Perspektive der Gegenwart berichtet (4.1). Die Debatte über dieses Problem ist vor allem mit Blick auf die Veränderungen des vergangenen Jahrhunderts in Osteuropa sehr konkret geworden.[24] Aber auch subkutane Systemwechsel und ihre Folgen gehören hierher (4.2).

In Deutschland ist es zu einer neuen Diskussion über den Konflikt gekommen, in den jemand geraten kann, der glaubt, ein Menschenleben nur retten zu können, indem er einen anderen Menschen foltert (4.3). Die *internationale* Verdammung jeglicher Folter, sowohl der repressiven (sie ist relativ unstreitig geblieben) wie der präventiven ist eindeutig. Deshalb werden in den Ausein-

23 Gründliche Überprüfung jetzt durch: Tobias Mushoff, *Strafe – Maßregel – Sicherungsverwahrung*, Frankfurt/M. 2008; zur aktuellen Entwicklung: Soledad Bender, *Nachträgliche Sicherungsverwahrung*, Frankfurt/M. 2007.

24 Zu den einschlägigen Problemen, die der Beitritt der ehemaligen DDR zur Bundesrepublik mit sich gebracht hat, vgl. Lüderssen, *Der Staat geht unter, das Unrecht bleibt*, Frankfurt/M. 1993. An der dort vertretenen Position des restriktiven Positivismus wird festgehalten. Sie hat allerdings vielfältige Kritik erfahren (vgl. die Einwände von Bernhard Haffke, »Der ›gute‹ Positivismus im Licht des Völkerstrafrechts«, in: *Festschrift für Klaus Lüderssen*, Baden-Baden 2002, S. 395 ff.; Ulfried Neumann, »Rechtspositivismus, Rechtsrealismus und Rechtsmoralismus in der Diskussion um die strafrechtliche Bewältigung politischer Systemwechsel«, in: *Festschrift für Klaus Lüderssen*, S. 109 ff.). Vgl. im übrigen das Material in den von Klaus Marxen und Gerhard Werle, und – bezogen auch auf außereuropäischer Entwicklungen – Albin Eser und Jörg Arnold veröffentlichten Sammelbänden. Aus der ausländischen Literatur ist hervorzuheben: Ruti Teitel, *Justice in Transition*, New York 2000.

andersetzungen inzwischen zunehmend Grundsätze herangezogen, die womöglich den internationalen Regelungen vorgelagert sind, etwa – nicht in Bezug auf die Verfolgung, sondern die Abwendung einer Straftat – ein elementares Notwehrrecht.[25] Nicht auszuschließen ist, daß bewährte dogmatische Institute hier benutzt werden, um primär politisch motivierte Ergebnisse juristisch zu rechtfertigen, offenbar in der Annahme, daß »die Bevölkerung« gerade das erwartet.[26] Die Frage nach »Vorverständnis und Methodenwahl in der Rechtsfindung«[27] ist also nach wie vor aktuell.[28]

Ein ähnlicher Argumentationsaufwand ist dort zu beobachten, wo das unaufgelöste Spannungsverhältnis zwischen internationalem und nationalem Recht, zwischen Friedens- und Kriegsrecht die Szene beherrscht. Abwägungen, die das nationale und das Friedensrecht nicht zulassen, sind im internationalen bzw. Kriegsrecht unter Umständen möglich. Die Reichweite dieser Rechtsquellen wird allerdings unterschiedlich beurteilt. Bei der Frage der unschuldigen Opfer eines eindeutig berechtigten Attentats werden sie gar nicht mobilisiert, vielmehr wird das Problem einfach geleugnet. Kaum

25 Daß es erst jetzt für die Folter entdeckt wird, hat wahrscheinlich mit der modernen Diskussion über die Rechte des Verbrechensopfers zu tun: Dem an den Staat gerichteten virtuellen Anspruch des Opfers auf Bestrafung des Täters, der jetzt zunehmend erhoben wird, entspricht der Ruf nach einer verbesserten und intensiveren Prävention.

26 Vgl. freilich demgegenüber die gründlichen Untersuchungen von Reinhard Merkel, »Folter und Notwehr«, in: *Festschrift für Günther Jakobs*, Köln 2007, S. 375 ff. und in: *Die Zeit*, Nr. 11/2008; kritisch dazu: Klaus Günther, *Die Zeit*, Nr. 22/2008; s. auch: Louis Begley, »Die Folter ist immer zweifellos«, *Frankfurter Allgemeine Zeitung* v. 29. 2. 2008, S. 36. Zunehmend sind es virtuelle Katastrophensituationen, welche die Phantasie anreizen. S. dazu grundlegend: Matthias Jahn, *Das Strafrecht des Staatnotstandes*, Frankfurt/M. 2004, S. 214 ff. Zusammenfassende Betrachtung jetzt bei: Luis Greco, Die Regel hinter der Ausnahme, Gedanken für Folter, in: The Ticking Bomb Constellation, in: *Goltdammer's Archiv* (2007), S. 628 ff., mit Nachweisen der bis dahin erschienen Literatur; dazu dann auch noch der Kommentar von Bernd Schünemann, in: *Goldtammer's Archiv*, a. a. O., S. 655 ff.

27 Vgl. die berühmte Abhandlung von Josef Esser mit dem gleichen Titel, Frankfurt/M. ^{2}1972.

28 Sie bestimmt auch die kürzlich vom Präsidenten des Bundesgerichtshofs angestoßene Kontroverse über das Verhältnis des Richters zum Gesetz (Günther Hirsch, »Auf dem Weg zum Richterstaat«, in: *JuristenZeitung* (2007), S. 853 ff.; Winfried Hassemer, »Politik aus Karlsruhe«, in: *JuristenZeitung* (2008), S. 1 ff.).

jemand wagt sich an diese Relativierungen.[29] Bei dem Streit um das sogenannte Luftsicherheitsgesetz[30] ist es umgekehrt. Hier wird die nationale Problematik überwiegend im Sinne der insoweit ganz eindeutigen Tradition gelöst: Es gibt keine Rechtfertigungen für solche Opfer.[31] Die kriegsrechtliche Fragestellung hingegen wird im Ergebnis nicht integriert.[32]

29 Im Falle des Elsner-Attentats im Bürgerbräu-Keller in München im Jahr 1938 ist das allerdings ansatzweise einmal versucht worden.

30 Vom Bundesverfassungsgericht für verfassungswidrig erklärt, s. Entscheidungen des Bundesverfassungsgerichts, Bd. 115, S. 118 ff.

31 Grundlegende Orientierung bei Reinhard Merkel, § 14 Abs. 3 Luftsicherheitsgesetz: »Wann und warum darf der Staat töten?«, in: *JuristenZeitung*, (2007), S. 373 ff.; Michael Pawlick, »§ 14 Abs. 3 des Luftsicherheitsgesetzes – ein Tabubruch?«, in: *JuristenZeitung* (2004), S. 1045 ff.; Torsten Hartleb, »Der neue § 14 Abs. 3 LuftSiG und das Grundrecht auf Leben«, in: *Neue Juristische Wochenschrift* (2005), S. 397 ff.; Arndt Sinn, »Tötung Unschuldiger aufgrund § 14 III Luftsicherheitsgesetz – rechtmäßig?«, in: *Neue Zeitschrift für Strafrecht* (2004), S. 585 ff.; Wolfram Höfling/Steffen Augsberg, »Luftsicherheit, Grundrechtsregime und Ausnahmezustand«, in: *JuristenZeitung* (2005), S. 1080 ff.; anderer Ansicht allerdings: Josef Ifensee, »Not kennt kein Gebot«, *Frankfurter Allgemeine Zeitung* v. 21. 1. 2008, S. 10.; Klaus Rogall, »Ist der Abschuss gekaperter Flugzeuge widerrechtlich?«, in: *Neue Zeitschrift für Strafrecht* (2008), S. 1 ff. (die fast gewaltsame Okkupation des Defensiv-Notstandes in diesem Artikel ist freilich ein weiterer Beweis für vorurteilsgesteuerte Dogmatik; zutreffend hierzu: Merkel, a. a. O., S. 384 f.; Pawlick, a. a. O., S. 1048 f.).

32 Auch nicht von den Befürworten des Abschusses Isensee und Rogall. An isolierend darauf konzentrierten Darstellungen ist freilich kein Mangel, etwa Claus Kreß, »Strafrecht und Angriffskrieg im Lichte des ›Falles Irak‹«, in: *Zeitschrift für die gesamte Strafrechtswissenschaft* (2003), S. 294 ff.; ders., *Gewaltverbote und Selbstverteidigungsrecht nach der Satzung der Vereinten Nationen bei staatlicher Verwicklung in Gewaltakte Privater*, Berlin 2005, S. 293 ff. Bezogen auf die technische Frage des Einsatzes der Bundeswehr gibt es ebenfalls viel Material, vgl. Jahn a. a. O., S. 162 ff.; Christina Pestalozza, »Inlandstötungen durch die Streitkräfte – Reformvorschläge aus ministeriellem Hause«, in: *Neue Juristische Wochenschrift* (2007), S. 492 ff.; Karl Ulrich Voss, »Rechtstaat ad hoc – Anwendung von Gesetzesvorbehalt und Parlamentvorbehalt bei Auslandseinsätzen der Bundeswehr«, in: *Zeitschrift für Rechtspolitik* (2007), S. 78 ff.; Dieter Wiefelspütz, »Vorschlag zur Neufassung des Art. 35 GG«, in: *Zeitschrift für Rechtspolitik* (2007), S. 17 ff. Über den den Weg für die Bundeswehr frei machenden, vom Bundesministerium des Inneren gegenwärtig vorbereitenden Vorschlag für eine entsprechende Verfassungsänderung vgl. den Bericht der *Frankfurter Allgemeinen Zeitung* v. 21. 1. 2008, S. 5. Diese Planungen werden sich allerdings vor der verfassungswidrigen Verfassungsnorm zu hüten haben. Es müssen Parallelen zum »Verteidigungsfall« (definiert in Art. 115a GG), zum »Spannungsfall« (erwähnt in Art. 87a Abs. 3 GG, aber

Im vorliegenden Band ist sowohl in Bezug auf die Attentatsfrage wie den Abschuß eines angreifenden Flugzeugs diese Möglichkeit der Problemlösung hingegen nicht ausgeklammert worden. Im Falle der Attentate scheint mir das unerläßlich zu sein (4.4), anderenfalls kommt man zu ganz seltsamen Verdikten.[33] Beim Luftsicherheitsgesetz liegt es wohl anders. Sollte allerdings die kriegsrechtliche Komponente bei den vielleicht noch erwartbaren Vorfällen in den Vordergrund treten,[34] ergibt sich ein neuer Argumentationsbedarf (4.5).

Er kann sich allerdings auch in umgekehrter Richtung entwikkeln, dann nämlich, wenn man die großzügigen kriegsrechtlichen

nicht definiert, oder zur »drohenden Gefahr für den Bestand oder die freiheitliche Grundordnung des Bundes oder eines Landes« (Art. 87a Abs. 4 Satz 1 GG) gefunden werden, andernfalls fehlt es an einer analogiefähigen Konstruktion, die eine Voraussetzung ist für eine Verfassungsänderung im Geist der Verfassung. Man könnte darauf abstellen, daß der Sicherheitsrat der Vereinten Nationen eine Bedrohung des Weltfriedens festgestellt oder der NATO-Rat den Bündnisfall beschlossen hat. Darüber hinaus müßte jedenfalls geprüft werden, ob mit der erweiterten Zuständigkeit der Bundeswehr automatisch auch materielles (in engen Grenzen den Verhältnismäßigkeitsgrundsatz bei quantitativer Abwägung von Menschenleben anerkennendes) Kriegsrecht integriert wäre – eine schwierige Frage. Wäre sie mit »nein« zu beantworten, würde sogar die Inkaufnahme einer verfassungswidrigen Verfassungsnorm nicht das leisten, was das Innenministerium von ihr erwarten mag. Umfassende Orientierung über alle hier aufgeworfenen Fragen bei Jahn, a. a. O., S. 569 ff.

33 Vgl. die bedrückenden Parallelen, die Gerd Röllecke zum Fall Schleyer zieht: »Dem Ganzen geopfert. Der Fall Schleyer und das Luftsicherheitsgesetz«, *Frankfurter Allgemeine Zeitung* v. 16. 2. 2005, S. 37; s. ferner Jahn, a. a. O., S. 169 ff. Darauf, daß die Entscheidung der Bundesregierung seinerzeit von der Rechtsgesellschaft akzeptiert und vom Bundesverfassungsgericht (s. Entscheidung des Bundesverfassungsgerichts, Band 46, S. 160 ff.) sogar abgesegnet worden ist, könnte die gegenwärtige Regierung versucht sein, gleichsam Wechsel zu ziehen. Dabei würde sich allerdings am Ende wohl zeigen, daß gar nicht die Abwägung zugunsten der vor dem Angriff der Terroristen zu rettenden Menschen den Ausschlag gäbe, sondern die Staatsräson, die sich dergleichen – coûte que coûte – einfach nicht binden lassen möchte (in dem Artikel von Isensee steht dies zwischen den Zeilen).

34 Ansätze schon bei Pawlick, a. a. O., S. 1054 (dies allerdings offenbar auf dem Hintergrund einer von ihm für die Terrorismusbekämpfung allgemein empfohlenen kriegsrechtlichen Strategie, siehe »Der Terrorist will nicht resozialisiert werden«, *Frankfurter Allgemeine Zeitung* v. 25. 2. 2008, S. 40) und vor allem bei Kay Waechter, »Polizeirecht und Kriegsrecht«, in: *JuristenZeitung* (2007), S. 61 ff.

Regelungen dort, wo es sich in Wahrheit um Polizeiaktionen handelt, einzuschränken versucht[35] (4.6).

Man kennt diese Expansion oder Restriktion, je nachdem welches Instrument gerade angewendet wird, im Grunde freilich schon seit langem: V-Leute und verdeckte Ermittler (früher hatte man andere Bezeichnungen) bewegen sich seit Jahrhunderten in diesem Wechselrahmen auf der Basis gewissermaßen alltäglicher Muster (4.9-4.11). Nicht selten erfährt man Grenzüberschreitungen durch biographische Annäherungen (5), und oft treten sie im Wechsel der Paradigmen hervor (6) oder sind Gegenstand neuer interdisziplinärer Anstrengungen (7).Die jüngsten Beispiele sind der »Fall Liechtenstein« (4.7 und 4.8) und die Schweiz.[36]

Am Ende stehen die offenen Paradoxien. Sie sind der Versuch, den rechtsfreien Räumen zu entgehen durch die Konzession an intendierte Widersprüchlichkeiten gewisser Regelungen.[37] Mit diesem Thema[38] schließt der Band (8.1– 8.3).

35 Dazu: Waechter, a.a.O; Jahn, a. a. O., S. 549 ff.

36 S. Lüderssen, »Auf der schiefen Ebene«, *Frankfurter Allgemeine Zeitung* v. 11. 2. 2010. S. 6.

37 Was die Jurisprudenz in dieser Hinsicht an Selbst-Aufklärung nicht leisten kann, erfährt sie durch die Analysen der schönen Literatur, vgl. dazu: Lüderssen, *Produktive Spiegelungen II*, Berlin 2007, S. 141 ff.

38 Allgemein dazu sehr instruktiv: Thomas Vesting, *Rechtstheorie*, München 2007, S. 119 ff.

1.2 Recht und Verrechtlichung im Blick der Kulturwissenschaften

Zu beginnen ist mit einigen Bemerkungen über das allgemeine Verhältnis zwischen Recht und Kultur (A). Es folgt ein größerer Abschnitt, der dieses Verhältnis am Beispiel des Straf- und Strafprozeßrechts konkretisiert (B). Daran schließen sich Erörterungen über die Dialektik von Verrechtlichung und Rechtsferne in der modernen Kultur (C).

A. Recht und Kultur allgemein

Setzt man auf Kultur, so geht es nicht nur um wissenschaftliche Leistungen. Der Fortschritt *rechtlichen* Denkens ist wissenschaftlich insofern nicht meßbar, als alles, was man auf diesem Gebiet an Erfahrungen sammelt und gedanklich verarbeitet, seinen Wert letztlich nur dadurch erhält, daß relevante Gruppen zustimmen. Solange das nicht weltumspannend geschieht, haben wir den Streit der Kulturen, und der wird nicht primär durch die Wissenschaft entschieden. Die Freiheits- und Gleichheitsverständnisse etwa, um die zentralen Wertgesichtspunkte der modernen Jurisprudenz hervorzuheben, setzen sich durch oder nicht. Freilich wird das befördert durch tiefgehende Analysen der Bedürfnisse und der Ideale der Menschen. Die gedankliche Arbeit, die dabei stattfindet, kann man Wissenschaft nennen; aber es bleibt dabei, daß die Bewertung ihrer Ergebnisse nichts mit Erkenntnissen von der Art zu tun hat, wie sie in den Naturwissenschaften etabliert sind. Statt dessen haben wir Verstehensprozesse und ihre Vermittlung an andere. Dabei ist vorausgesetzt, daß es etwas zu verstehen gibt, und nicht vielmehr nur die Willkür der Macht. Allerdings muß man zu ergründen versuchen, was etwas zur bloßen »Macht« macht. Es verhält sich dabei ähnlich wie mit der kritischen Funktion der Basissätze in der Popperschen Logik der Forschung. Sie sollen falsifizieren, aber sie können diese Funktion nur übernehmen, »when there is a whiff of verification«. Ebenso ist es mit der Valenz der dekonstruktivistischen Kriterien.

Die Kulturleistung der Rechtswissenschaft oder der Jurisprudenz oder überhaupt des Rechts kann also nur bestimmen, wer die sozialen und geistigen Prozesse, die zu dem führen, was wir dann Recht nennen, strukturell und in ihrer Breitenwirkung begreift. Am Ende aber entscheiden Konventionen. Das gilt auch dann, wenn die Überzeugungskraft jener sozialen und geistigen Prozesse zunächst davon abhängt, in welchem Maße sie sich von unbewiesenen und unbeweisbaren Autoritäten (Religion, aber auch metaphysische Weisheiten) befreien. Wenn wir uns gegen die selbstmörderischen Anschläge der Al Qaida wehren, so halten wir das für gerechtfertigt, weil wir nicht einsehen, weshalb wir diese hinnehmen sollten. Das bedeutet wiederum nicht, daß es keine anderen achtenswerten Kulturen geben kann, die sich gegen uns stellen dürfen. Wir haben aber unter Umständen das Recht, sie nicht zu begreifen, ohne freilich das Recht zu beanspruchen, in ihnen das Böse zu sehen. Das sind bereits einige nicht beweisbare materielle Ausgangspositionen des Rechts, auf die man sich in einem ersten groben Zugriff noch leicht verständigen kann. Dann aber werden in diesem Rahmen weitere Einigungsprozesse fällig, die subtiler und schwieriger sind. Sie verlaufen nicht einheitlich; jedes Rechtsgebiet hat insofern seine Eigendynamik.

B. Die politischen Landschaften des modernen Straf- und Strafprozeßrechts[1] als ein Beispiel für das Verhältnis von Recht und Kultur

I. Man kann gegenwärtig wohl drei politische Typen des Straf- und Strafprozeßrechts unterscheiden

1) Strafrecht und Strafprozeßrecht dienen der Machterhaltung und sind sogar identisch mit der Struktur der Macht (genetisch und substantiell).

Freilich wird das verschieden interpretiert.

a) Kritisch-denunziatorisch. Das ist die Spezialität einer politisch links orientierten Gruppierung der Kriminalsoziologie, in un-

1 Die speziellen Arbeitsgebiete des Verfassers.

heiliger Allianz mit einigen teils idealistisch, teils anarchisch operierenden, auf das ganze gesehen politisch eher liberal-konservativen Vertretern der Strafrechtswissenschaft.

b) Positivistisch-achselzuckend oder indolent-akzeptierend. Das ist die akademische Richtung der positiven Generalprävention, die primär auf Befolgung der staatlich gesetzten Normen pocht und – im Namen einer ebenso umfassenden wie wertfreien – Systemerhaltung den Schutz von Rechtsgütern einzelner als sekundär-relevanten Reflex einordnet.

c) Eindeutig legitimierend als Ausdruck eines entsprechenden Staatsverständnisses.

aa) Da ist – keineswegs nur noch historisch interessant – der machtbesessene oder auch geldgierige oder vielleicht auch nur religiös seinen Obsessionen folgende Herrscher.

bb) Dann gibt es den Herrscher mit insoweit gutem Gewissen.

(1) Entweder tut er traurig das Notwendige, gelegentlich zynisch-pessimistisch angeflogen. Das ist politisch eine Variante des sich realistisch gebenden, illusionslosen Konservativismus.

(2) Oder der Herrscher glaubt an sein Recht und seine Mission. Das ist politisch gleichsam der Konservativismus, der »die Flamme bewahrt«, nicht selten religiös motiviert agierend.

2) Straf- und Strafprozeßrecht fühlen sich – aufgeklärt und zweckrational – dem Rechtsgüterschutz verpflichtet, setzen den Staat als Dienstleister ein. Hier gibt es wiederum mehrere Konzeptionen.

a) Es wird mehr oder weniger spekuliert, was zweckmäßig sein könnte, und dementsprechend gehandelt. Der Zweck wird an Funktionen gemessen. Um welche Funktionen es geht, bleibt im dunkeln. Allenfalls stößt man auf eine diffuse Vorstellung von Überlebensnotwendigkeit, wobei wiederum offen ist, was eigentlich überleben soll und auf welchem Niveau. Zielkonflikte bleiben ausgeklammert. Dementsprechend wird gehandelt, Strafrecht sei ein variabel einsetzbares Steuerungsinstrument wie viele andere.

b) Die Zweckrationalität herrscht vor, bewegt sich aber im Rahmen einer liberalen Grundauffassung, stellt den einzelnen in den Mittelpunkt des am Schutz der Rechtsgüter orientierten strafrechtlichen Denkens.

aa) Dazu gehört rechtsstaatliche Sicherung des Verfahrens wegen der Schwere der sanktionierenden Eingriffe – auch dann, wenn diese sich auf die bloße *Feststellung* der Verantwortung beschränken, weil auch diese Bürde zu tragen für den Bürger eine schwere Last bedeutet und bedeuten soll.

bb) Ferner ist für diese Konzeption zentral der »Opferschutz«. Soweit diese neue Parole dazu angetan ist, die verselbständigte Funktion des Strafrechts zugunsten des strafenden Subjekts – des Staates, der es nicht dulden kann, daß man seinen Normen nicht folgt – zurückzunehmen oder ihm eine neue Richtung zu geben (in dem Sinne, daß der Sinn des staatlichen Strafens nur darin darin liegen kann, Rechtsgüter – und zwar im aufgeklärten und demokratischen liberalen Zeitalter vor allem die des Einzelnen – zu schützen), ist ihr uneingeschränkt zu folgen. Diese neue Orientierung könnte eine Grundlage dafür bieten, die alte, auf Herrschaft gestellte Legitimation des Strafrechts, wie sie sehr spät noch einmal in der Lehre vom Verbrechen als Pflichtverletzung – eine vor allem während der NS-Zeit ganz besonders favorisierte Richtung – Gestalt angenommen hat, zu überwinden. Das ist deshalb wichtig, weil unklare Vorstellungen vom Verbrechen als Normverstoß (gleichsam spiegelbildlich auch genährt von einer Theorie der Generalprävention als Normstabilisierung) sich in die Zeit nach dem Nationalsozialismus hinübergerettet haben, erst durch persönliche Traditionen in den fünfziger Jahren und später dann durch jene an der positiven Generalprävention orientierten Normlogiken.

Alle diese Lehren brauchen das Opfer nicht, weil sich das Verbrechen erschöpft in der Ungehorsamkeit gegen den Staat; das Opfer ist gewissermaßen nur ein Indikator.

Wer sich – bezogen auf den Gegenstand der Strafrechtslegitimation – für eine stärkere Opferorientierung ausspricht, verdient also Beifall. Der Beifall muß münden in eine eindeutige Orientierung an der Rechtsgutsverletzung, und dann hängt alles davon ab, wie man in einer Gesellschaft dazu kommt, gewisse Rechtsgüter durch Strafe zu schützen und andere nicht.

(1) Wenn aber die Opferorientierung dazu führt, mit der Strafe nicht nur Rechtsgüter schützen zu wollen, sondern dem Opfer eine zusätzliche Genugtuung zu verschaffen – als Anspruch an den Staat, diese Genugtuung durch Bestrafung des Täters zu vollziehen –, beginnen neue Probleme. Man könnte dieser Besorgnis mit der Erwägung entgegentreten, daß eine am Schutz der Rechtsgüter orientierte Lehre von Verbrechen und Strafen Auskunft darüber ge-

ben muß, wie sie denn repressiv (für die Prophylaxe kann allenfalls die Strafdrohung stehen) diesen Zweck erreichen kann und will. Die geläufigen Strafzwecke – Abschreckung, Resozialisierung, Sicherung – haben sich empirisch nicht als sonderlich ergiebig erwiesen. Deshalb könne es naheliegen, nach einem weiteren Strafzweck zu suchen, der besser als die bisher anerkannten Strafzwecke die Funktion des Strafrechts als Rechtsgüterschutz plausibel machen kann. So gesehen ist der Gedanke, die Strafe müsse dem Opfer Genugtuung verschaffen, vielleicht ganz schlüssig.

An anderer Stelle ist allerdings dargetan,[2] daß diese Hoffnung trügt und daß das, was übrigbleibt – Wiedergutmachung und Resozialisierung – etwas ist, was in fortgeschrittenen Gesellschaften wohl eher jenseits des Strafrechts oder ohne Strafrecht stattfinden sollte.

Opferorientiertes Strafrecht als Novum kann also nur dazu führen, die bisherigen, jenseits der Vergeltung liegenden Strafzwecke ernster zu nehmen.

(2) Ebenso trügerisch wie die »Erfindung« des Genugtuungszwecks ist die Idee, man werde ein opfergerechteres Strafrecht schaffen, indem man die Täterorientierung aufgebe oder noch reduziere. Richtig daran ist wiederum, daß die Orientierung an einem Täter, den man verfolgt, weil er ungehorsam ist (so daß, um es noch einmal zu sagen, die durch den Ungehorsam entstandene Rechtsgutsverletzung eher als etwas Sekundäres, nicht primär Interessantes erscheint), nicht mehr als die zentrale oder überhaupt nicht mehr als eine direkt zu verfolgende Aufgabe erscheint. Aber weiter kann die Verschiebung weg von der Täterorientierung hin zur Opferorientierung nicht gehen. Denn der Täter, der in erster Linie wegen der Rechtsgutsverletzung, die er begangen hat (sekundär mag es dann der Ungehorsam sein – also eine Umkehr des alten Verhältnisses) bestraft werden soll, bleibt natürlich auch unter dem Aspekt des Opferschutzes so lange im Mittelpunkt des Interesses, wie man gerade durch die Einwirkung auf den Täter für den Opferschutz etwas tun möchte (und das gilt selbst für die Generalprävention durch Androhung). Nur im Sinne des Opferschutzes ist effektive Einwirkung auf den Täter zweckmäßig. So gesehen sind

2 Klaus Lüderssen, »Der öffentliche Strafanspruch im demokratischen Zeitalter – von der Staatsräson über das Gemeinwohl zum Opfer?«, in: Cornelius Prittwitz/Ioannis Manoledakis, *Strafrechtsprobleme an der Jahrtausendwende*, Baden-Baden 2000, S. 67 ff.

Täterorientierung und Opferorientierung also alles andere als ein Gegensatz. Geht man noch weiter und sagt, nur der gerechte und faire Strafprozeß kann den Effekt der Normstabilisierung bringen (hierin liegt in der Tat eine selbständige Funktion der sogenannten positiven Generalprävention), so ist auch das ganze Instrumentarium des Beschuldigtenschutzes im Strafprozeß im Sinne des Opferschutzes zu mobilisieren.

Damit fällt der Gegensatz von Täter- und Opferorientierung in sich zusammen. Eine zugunsten des Opferschutzes zu vernachlässigende oder zurückzudrängende Täterorientierung kann es nur geben in bezug auf den ausschließlich wegen seines Ungehorsams das Interesse der Strafverfolgung findenden Täters. In der modernen »Landschaft« der Straftheorien hat eine die Täterorientierung zugunsten der Opferorientierung ablehnende Konzeption also nur noch einen Gegner, nämlich jene aus der Funktion der positiven Generalprävention gleichsam induzierte Lehre vom Verbrechen als Norm- (d. h. Pflicht-)verletzung.

Soweit die Pointierung der Opferorientierung dazu führt, obrigkeitliches Strafrecht abzubauen, muß man sie sorgfältig im Auge behalten. Alles, was als Ausbau der Elemente eines partizipatorischen Verfahrens apostrophiert wird, ist daher im Grundsatz zu begrüßen. Wenn also beispielsweise mehr Mitwirkung des Verteidigers im Ermittlungsverfahren gefordert wird (Anwesenheitsrechte etc.), so geht das in diese Richtung. Wird diese Errungenschaft allerdings damit erkauft, daß später in der Hauptverhandlung ohne weiteres Ermittlungsergebnisse aus dem Ermittlungsverfahren reproduziert werden dürfen, sieht es anders aus. Das wären dann aber selbständige Einwände aus der Perspektive, daß der – opferfreundliche – generalpräventive Effekt eines guten Strafprozesses leidet, wenn man den Beschuldigten zu wenig Chancen gibt, in der eigentlichen Hauptverhandlung noch etwas wirksam zur Geltung zu bringen. Überhaupt muß geprüft werden, ob die Partizipation nicht erst dann ihren Namen verdient, wenn sie verbunden ist mit einer Zurückdrängung der staatlichen Komponente zugunsten vergleichsähnlicher, letztlich den zivilrechtlichen Verfahren näher kommender Prozeduren. Überall wo das stattfindet, sind Reformen zu begrüßen, und wenn ihr vordergründiger Impetus darin besteht, daß man eben mehr für das Opfer tun möchte, so ist dagegen nichts zu sagen.

Ambivalent bleiben die Abwägungen zwischen den dem Verletzten im Strafprozeß zugestandenen Rechten und den die Beschuldigten schützenden Vorschriften. Hier kann man nicht mehr argumentieren, daß die Rechte des mutmaßlich Verletzten auch gleichzeitig einen fairen Prozeß gegenüber dem Beschuldigten bedeuten. Wenn aber die Vermehrung der Rechte des Verletzten dazu führt, daß seine Wiedergutmachungsansprüche besser durchsetzbar werden und dadurch letztlich die Strafelemente im Verfahren zurückgehen, ist auch das am Ende gut für den Beschuldigten, so daß hier wiederum die Diskrepanz zwischen Beschuldigten und Opferinteressen eingeebnet werden kann.

3) Das Strafrecht wird als Kulturleistung besonderer Art begriffen.

Es soll sich nicht auf den nötigen Rechtsgüterschutz beschränken. Die Auseinandersetzung mit dem Verbrechen erhält vielmehr eine besondere moralische Qualität durch die Vorstellung, daß die Menschheit ihrer Mißbilligung – als Ausdruck gereifter Einsicht in die Schwere der Sünde – *strafend* einen adäquaten Ausdruck gibt.

a) Alle absoluten Straftheorien müssen meines Erachtens dieses Bekenntnis ablegen, können sich nicht auf die Notwendigkeit der Strafe beschränken. Der große Aufwand, der betrieben wird, das Synallagma der Strafe logisch zu begründen, ist schlechterdings nicht zu verstehen.[3] Mittlerweise sind in diese Phänomenologie nutzloser Anstrengungen, die Strafe unter Absehung von erreichbaren Effekten zu rechtfertigen, auch einzubeziehen alle Versuche der symbolischen Strafbegründung.[4]

Historisch wäre jetzt wirklich endgültig zu klären, ob die ewig wiederkehrende Rede, es habe die Strafe immer gegeben, sich auch auf diese Kulturleistung bezieht, ob also auch frühere einfache Gesellschaften schon gesehen haben, daß das bloße Ausgleichen oder Reagieren im Sinne des Affektes spontaner Rachebedürfnisse nicht ausreicht.

Es ist leicht, die Kulturleistung der Strafe zu betonen, wenn sie

3 Vgl. Bernd Schünemann, »Aporien der Straftheorie in Philosophie und Literatur — Gedanken zu Immanuel Kant und Heinrich von Kleist«, in: *Festschrift für Klaus Lüderssen*, Baden-Baden 2002, S. 327 ff.

4 Anders Klaus Günther, »Die symbolisch-expressive Bedeutung der Strafe – Eine neue Straftheorie jenseits von Vergeltung und Prävention?«, in: *Festschrift für Klaus Lüderssen*, S. 205, und Thomas-Michael Seibert, »Plädoyer für symbolisches Strafrecht«, in: ebd., S. 345.

als Antwort erscheint auf die entdeckte oder neu entdeckte Sündhaftigkeit des Menschen, so wie er im 12. Jahrhundert als modernes Individuum »entdeckt« wird. Man faßt das Verbrechen dann eben nicht mehr auf als etwas, wogegen man sich wehren muß, schlecht und recht, sondern als etwas, das man so ernst nehmen muß, wie es das verdient, nämlich als einen tiefen Fall des Menschen, nicht bloß als eine meßbare Schädigung von Interessen. Hinter allen emphatischen Begründungen der Strafe steht dieses Gefühl. Deshalb ist es auch ganz folgerichtig, daß ernstzunehmende Vertreter dieser Richtung gleichzeitig entschiedene Entkriminalisierer sind, nur das Allerschlimmste bestraft sehen wollen, das dann aber auch richtig und nicht nur bezogen auf das Problem des Interessenausgleichs. Daß das in modernen Gesellschaften nicht mehr durchzuhalten ist, muß vielleicht immer wieder gesagt werden. Auf der anderen Seite ist dann aber mit der Relativierung der Strafe ihre erhöhte Instrumentalisierbarkeit zu Steuerungszwecken unabweisbar. Weil es sich nicht jeweils um etwas Entsetzliches, archaisch Furchtbares handelt, sondern um mehr oder weniger normales Fehlverhalten, kann man darauf auch ganz nüchtern reagieren, braucht keine großen Rituale. In dem Zusammenhang ist es wichtig, die äußeren Formen der sich entwickelnden Prozesse des Strafens in den Gesellschaften zu betrachten. Je großartiger und anspruchsvoller sie auftreten, um so stärker ist das Indiz dafür, daß die Menschheit glaubt, hiermit eine besondere höhere Ebene der Kommunikation erreicht zu haben.

Für die Gegenwart wäre anthropologisch zu ermitteln, ob das Gefühl, das sich in »Strafe muß sein« ausdrückt, nicht nach wie vor diesen Ursprüngen verhaftet ist, daß es sich auch angesichts schrecklicher Verbrechen immer wieder neu entfaltet unter dem Gesichtspunkt, daß das Unerhörte, Unbegreifliche kulturell nur bewältigt werden kann durch etwas, das mehr ist als nüchterne Abwehr und Verhinderung. Entweder sind in diesen modernen Vorstellungen theologisch-christliche Elemente nach wie vor enthalten, oder es entwickelt sich ab ovo eine Art moderner Zivilreligion, sozusagen im Sinne einer Rearchaisierung des modernen Lebens.

Ein wichtiger Indikator für diese Deutung ist die Wahrnehmung von subjektiven Strafbedürfnissen. Jenseits aller psychoanalytischen »Entlarvungen« gibt es sie, und die Theorie der Sühne als Strafzweck basiert darauf. Sieht man davon ab, daß der moderne

Staat das Recht wohl nicht hat, jemanden durch die Bestrafung zur Sühne zu veranlassen, bleibt doch die Existenz des Vorgangs: Wenn man sich durch Sühne von der Tat reinigen darf, dann ist die Aktion, welche die Sühne auslöst, in der Tat etwas, das weit über die Notwendigkeit, das Zusammenleben der Menschen irgendwie notdürftig zu garantieren, hinausgeht. Einem Menschen die Möglichkeit zur Sühne zu geben könnte die Konkretisierung des Hegelschen Diktums sein: »Mit der Strafe wird das Vernünftige im Verbrecher geehrt.« An sich hat Hegel das wohl nicht so gemeint, sondern nur die Einsicht gefordert, daß der Täter frei war, das Verbrechen zu begehen oder es nicht zu begehen, und man diese Freiheit respektiert, indem man ihn bestraft und nicht einfach wie gegen einen Hund den Stock erhebt. Die Frage ist jedoch, ob in der Anerkennung der Freiheit des Täters nicht doch auch der Gedanke beschlossen liegt, daß die Reaktion auf den falschen Gebrauch der Freiheit mehr sein muß als nur Abwehr.

Wenn das richtig ist, dann hat es die staatliche Strafe gar nicht leicht, sich prosaisch abzuheben von dem ersten mythischen Begriff der Strafe. Dann kommt es darauf an nachzuweisen, daß der Staat kein Recht hat zu solchen grundsätzlichen Veränderungen im Leben eines Menschen, sondern nur auf äußere Friedenssicherung bedacht sein darf.

b) Gegenwärtig gibt es »Strafrecht als Kulturleistung« in drei Varianten.

aa) Zunächst ist die religiös-fanatische Variante (auch im säkularisierten Gewande noch erkennbar) zu registrieren.

bb) Daneben gibt es die tragisch-melancholische Variante, in der Regel düster-protestantischer Herkunft.

cc) Davon hebt sich ab die tapfer-mitleidige – das Gnadenmoment mitschleppende – Variante; hier gehört zur Adäquatheit der Reaktion in Gestalt der Strafe auch der Gedanke, daß die Strafe – als kostbares Gut – nur den Würdigen treffen kann. Damit wird auch dem *Vorgang* der Bestrafung eine gewisse Würde verliehen. Dazu gehört, daß Mindestbedingungen des Ernstes aufgestellt werden. Man sieht das Modell in amerikanischen Hinrichtungsfilmen. Hier wie auch anderwärts mischt das sich freilich mit dem Tragisch-Melancholischen, womöglich auch mit dem Triumphierend-Fanatischen, das in Reinkultur wohl nur in Zeiten erster Staatlichkeit auftritt, andererseits aber auch dort, wo sich trotz aller

Modernität eine archaische Komponente gehalten hat. Wiederum ist das Beispiel Amerika. Theoretisch – quasi säkularisierend-verbürgerlicht – findet sich das Modell bei Hegel und seinen Anhängern und natürlich auch schon bei Kant, obwohl auch die tragisch-melancholische und sogar triumphierend-fanatische Komponente nicht unbeteiligt sind.

II. Unklare Zuordnungen

1) Schwer zu sagen ist, wo eine psychoanalytische Straftheorie unterzubringen ist. Sofern die Psychoanalyse sich zu den Wissenschaften zählt, die Strafe überhaupt ablehnen und nur eine Art anderen zweckmäßigen Umgangs mit abweichendem Verhalten empfehlen, scheidet sie aus diesem Schema ohnehin aus. Aber so einfach ist es mit der Psychoanalyse nicht, sie fordert ja auch die Konzession an die Tiefenstruktur des Straftriebes.

2) Schwierig ist es ferner, die Frage zu beantworten, wie die moderne linke Kriminalsoziologie, die ein wenig erschreckt ist – immer wieder die Beschwörung des 11. September 2001 – über ihre kompromißlose, doktrinäre Ablehnung der Strafe, einzuordnen wäre für den Fall, daß sie sich zur Strafe in gewissen Fällen durchringt. Wahrscheinlich keineswegs bei dem nüchtern-liberal-zweckrationalen Modell, sondern als komplizierte Mischung der bestehenden alten und neuen Angebote.

III. Sichtbar im Vordringen ist jetzt eine Kontroverse über »Richtiges Strafrecht[5] oder: Kriegsrecht und Strafrecht?«.

Die verschiedenen Entwicklungsstadien, welche die Dichotomie von Bürger- und Feindstrafrecht durchlaufen haben, induzieren – legt man den letzten Stand zugrunde[6] – eine Art Delta miteinander konkurrierender oder sich überkreuzender Richtungen des modernen strafrechtlichen und kriminalpolitischen Denkens, das (um im Bild zu bleiben) in ein Meer von – als System kaum noch

5 In Anlehnung an den gleichnamigen Artikel von Günter Stratenwerth, in: *Festschrift für Klaus Lüderssen*, a. a. O., S. 373 ff.

6 Günther Jakobs, »Bürgerstrafrecht und Feindrecht«, Vortrag, gehalten am Tag der Rechtspolitik an der Universität Frankfurt am Main, 5. 5. 2002.

konzipierbaren, zugleich denkbaren und erstrebten wie realen – Strömungen – mündet. Der Versuch einer bestandsaufnehmenden Analyse scheint daher angezeigt.

1) Zunächst ist die wiedergewonnene »Vielfalt« strafender oder strafähnlicher Reaktionen unter neuem Vorzeichen festzustellen.

Was über Jahrhunderte hinweg als monolithischer Block eines im Namen der Staatsräson gehandhabten öffentlichen Strafanspruchs aufgetreten ist, verteilt sich jetzt mehr und mehr auf partikularisierte, ganz verschiedene Ziele anstrebende Reaktionen auf persönlich verschuldetes Unrecht. Daß wir vor der allmählichen Etablierung des öffentlichen Strafrechts etwas ähnliches hatten, darf nicht erschrecken – in dem Sinne: sind wir nicht weiter? Das öffentliche Strafrecht war kein Fortschritt,[7] insofern macht man mit seiner allmählichen Abschaffung wieder etwas gut. Im übrigen tritt ja an seine Stelle nicht etwa der frühere Zustand mit seinem heillosen Durcheinander von Rache, Vergeltung, Besserung, vielfältigen finanziellen Ablösungsmöglichkeiten, Vergleichen, Verträgen und ähnlichen – mit der heutigen Begriffswelt kaum noch zu erfassenden – Phänomenen, von denen man mit Bestimmtheit nur weiß, daß die Ungleichheit der Menschen einen festen Posten ausmachte.[8] Dieser Wahllosigkeit mit vielfältigen religiösen Beimischungen entsprach eine Masse diffuser Vorstellungen über die Gründe für das Vorkommen von schweren Interessenverletzungen, die man erst später Verbrechen nannte, als man lernte, aus der Summe des Geschehens begreifbare, einzelnen Menschen zurechenbare Handlungen herauszufiltern. Mit der Gewißheit, über diese Erkenntnismöglichkeiten zu verfügen, wuchs das Gefühl, auch ein Recht zu besonders scharfen, das heißt strafenden Reaktionen zu haben. Die modernen Sozialwissenschaften haben diese Einsichten in die Isolierbarkeit der persönlichen Zurechnung wieder relativiert. Das gleiche gilt für die – ebenso isolierend – der Strafe zugeschriebenen Wirkungen. Wenn man von beidem jetzt wieder abkommt, so ist das nicht die Wiederkehr des Mythos, sondern die Präsenz der Komplexität von Ursachen und auf sie reagierenden Handlungs-

7 Im einzelnen Lüderssen, *Abschaffen des Strafens?*, Frankfurt/M. 1995, S. 38 ff.

8 Ein anschauliches Bild bei: Jürgen Weitzel, »Strafe und Strafverfahren in der Merowinger-Zeit«, in: *Zeitschrift der Savigny-Stiftung für Rechtsgeschichte*, Germanistische Abteilung, Bd. 111 (1994), S. 66-147.

funktionen und -intentionen im wissenschaftlichen und demokratischen Zeitalter.

2) Hand in Hand mit diesen Wahrnehmungen treten die irrationalen Elemente des Strafens deutlicher denn je hervor:

Fixpunkt dafür ist die Unberechenbarkeit der äußersten Individualisierung, die das fortgeschrittene strafrechtliche Schuldprinzip fordert. Gerade diese Perfektion paralysiert am Ende das Vernünftige. Das Vernünftige hat in den Ursprüngen der öffentlichen Strafe[9] allenthalben eine Rolle gespielt in Gestalt der Rationalisierung der Zurechnung. Sie bestand zunächst im Schritt von der magischen Vermutung der Urheberschaft zur Feststellung oder Konstruktion von Kausalität. Es folgte die subjektive Zurechnung. Aber sie bereits zehrte von einer nunmehr religiös inspirierten Kategorie: Sünde, säkularisiert zur schuldhaften Straftat. Der rationale Zurechnungsbetrieb der Kanonisten, die es vor allem waren, welche hier die ersten Strukturen schufen,[10] hatte also nur die Funktion einer Zurückdrängung eines möglicherweise ins Unendliche wuchernden Irrationalen. Sehr lange hat es gleichwohl gedauert, bis dieses System davor bewahrt blieb, immer wieder an den irrationalen Ausgangspunkt zurückgeführt zu werden.

Nicht genug damit, daß dieses Wechselspiel zwischen irrationaler Wurzel und rationaler Verarbeitung der Folgen immer wieder neue Erscheinungsformen annimmt; es treten von Zeit zu Zeit die alten Wechselspiele, wenn auch in veränderter Gestalt, erneut auf: Das Erlebnis des Nichtverstehbaren induziert die Wahrnehmung des »Bösen«.[11] Insofern hat es die moderne Kriminologie noch relativ leicht mit der Analyse einer oberflächlichen Emotionalität. Anders sieht es aus bei den jüngsten Kriegs- und Terrorismusverbrechen. Hier ist auf der Sanktionsseite ein teils nur konzediertes, teils ausdrücklich legitimiertes Bedürfnis nach Symbolisch-Expressivem zu registrieren. So befinden wir uns gegenwärtig in der befremdlichen Situation, daß nicht nur dem verzweifelten Kampf zuzusehen ist, das hintergründig Irrationale rational zu machen, sondern daß

9 Lüderssen, *Die Krise des öffentlichen Strafanspruchs*, Frankfurt/M. 1989, S. 25 ff., und ²2002, S. 268 ff.).

10 Stephan Kuttner, *Kanonistische Schuldlehre*, Citta del Vaticano, MCMXXXV.

11 Dazu: Lüderssen (Hg.), *Aufgeklärte Kriminalpolitik oder Kampf gegen das Böse?*, Band I-V, Baden-Baden 1998.

der Kampf des Rationalen an dieser Stelle auch noch belastet wird durch die direkte Forderung des Irrationalen.

Es scheint so zu sein, daß es keine Gesellschaft gibt, in der es zwar nicht tolerable Abweichung durchaus gibt, die aber dennoch ohne weiteres das Recht für sich beanspruchen darf, sie strafend abzuweisen. Vielmehr haben wir entweder Gesellschaften, die in sich so wenig legitim sind, daß das Strafen keine ordnende und Gerechtigkeit herstellende, sondern nur eine Feinde bekämpfende Funktion hat; Feinde, die ihrerseits auch nicht verlegen sind um Legitimationsbeschaffungen. Oder die Gesellschaften sind durch eine in ihrer Vernünftigkeit begriffene Ordnung so vollständig von ihren Mitgliedern akzeptiert, daß Abweichung, wenn sie überhaupt vorkommt, primär auf nachsichtig-pathologisierendes, im schlimmeren Fall notwehrorientiert-sicherndes Reagieren stößt. Mit anderen Worten: es will nicht gelingen, das Phänomen Strafe in eine Rechtsordnung wirklich einzubauen. Was eine Rechtsordnung allerdings sicher kann, ist, das, was als Strafe auftritt, rechtlich zu begrenzen, etwa Mindeststandards des Schutzes des Beschuldigten und unbeteiligter Dritter auszuarbeiten. Das heißt aber, daß in den Gesellschaften, die auf Strafe angewiesen sind, das Recht sich nicht ganz durchgesetzt hat, sondern noch Kampfsituationen vorkommen, kriegerische Zustände existieren. Das wird ganz deutlich, wenn man die beiden Extreme ins Auge faßt:

Zunächst eine Gesellschaft, in der das Strafrecht ganz sichtbar und in – nach unseren inzwischen liberalen rechtsstaatlichen Traditionen – nur Entsetzen hervorrufender Weise instrumentalistisch gehandhabt wird. Also in totalitären Staaten. Jeder sieht, daß dieses »Strafrecht« durch und durch politisiert ist und seinen Namen, soweit es sich dabei um Recht handelt, nicht verdient. Das ist communis opinio zwischen Konservativen und Linken.

Nun das andere Extrem: die Gesellschaft, die keinen Kampf mehr kennt, in der ganz durchgehend anerkannt ist, was sein soll und was nicht sein soll, etwa vergleichbar einer harmonischen Familie. Der Strafgedanke ist in solchen Gesellschaften und Gruppierungen ein Ungedanke. Wenn es ihn doch noch gibt, dann nur als perverses Rückbleibsel vergangener Kampfeszustände und insofern auch noch als Indiz dafür, daß es mit dem Krieg immer noch nicht ganz vorbei ist.

Das Dilemma ist nun, daß die westliche Gesellschaft, in der wir leben, weder dem einen noch dem anderen Extrem zuzuordnen ist, sondern genau jenen Mittelzustand repräsentiert, der auf Strafe nicht verzichtet und dafür auch eine Reihe rechtlicher Begründungen anführen kann, diese aber nicht konsequent durchzuhalten in der Lage ist. Für solche Gesellschaften gilt, daß sie den Abschied von der Dichotomie »Freund – Feind« noch nicht erreicht haben, der es ihnen erlauben würde, vom Strafen als Kampfmittel abzusehen; die Befriedung ist aber insgesamt doch so weit fortgeschritten, daß diese Kampfsituation weitgehend verschleiert bleibt und deshalb der Schein der Legitimation der Strafe entsteht. Wenn solche Gesellschaften durch ungewöhnliche Situationen an ihre Grenzen geführt werden, sieht man genau, was gemeint ist. Entweder: das Strafen wird (wieder) oder bleibt (noch) Kampfinstrument. Doch der Alltag des Strafens liegt zwischen diesen beiden Extremen, und seine Diagnose wird bestimmt durch jenen Verschleierungseffekt. In dem Moment, in dem der Mangel an gemeinsamer Legitimationsüberzeugung so stark ist, daß sich die einzelnen Gruppen einfach nur mit der Strafe *bekämpfen,* hat man nicht mehr jenes unerklärliche Phänomen vor sich, sondern etwas sehr leicht zu Erklärendes; dort indessen, wo eben die vollständige kommunikative Ruhe eingekehrt ist, muß man sich mit der Existenz der Strafe gar nicht mehr arrangieren, weil sie – allenfalls – marginalen Charakter hat. Nur die modernen, aufgeklärten, rechtsstaatlichen, demokratischen Rechtsgesellschaften sind es also, in denen die Strafe jene so schwer erklärbare Funktion – noch – hat; wegen der Fülle rechtsstaatlicher Begrenzungen bleibt dieser Tatbestand unentdeckt, und man denkt, man habe mit der Legitimation der Begrenzungen der Eingriffe eine Legitimation auch der Strafe. Solange die Gesellschaft das Recht noch braucht, ist das also ein Zeichen dafür, daß der Gegensatz von Macht und Partizipation nicht aufgehoben ist. Eine Strafrechtsgesellschaft ist mithin förmlich dadurch definiert, daß es auf der einen Seite überschießende, nicht kontrollierbare Machtanteile und auf der anderen Seite das Recht gleichsam unterlaufende Partizipationsanteile gibt. Das Strafrecht ist demnach die Organisationsform der in dieser Weise unvollkommenen Gesellschaften, und seine Wirkung kann immer nur die sein, machtmäßige Auseinandersetzungen so gut wie möglich zu beschränken. Würde es mehr tun, also gerade diejenigen Bestandteile einer Gesellschaft beseitigen, die das Strafrecht erforderlich machen, dann wäre es zugleich überflüssig geworden. Es ist wichtig, sich an dieser Stelle klarzumachen, daß diese Paradoxie nicht für das Recht im übrigen gilt. Jedenfalls wäre das gesondert zu prüfen. Freilich kann sich dabei ergeben, daß, um von einer modernen Gesellschaft, die demokratisch und frei ist, sprechen zu können, der Rechtsbegriff Wandlungen erfährt: vom traditionellen, an das Zwangsmoment gebundenen Rechtsbegriff zum modernen, kommunikationsorientierten Rechtsbegriff. Der entscheidende Punkt bleibt, daß das Strafrecht an der Entwicklung dieses neueren Rechtsbegriffs keinen Anteil haben kann.

3) Das *normative* Gefälle (Grade der Legitimation bzw. Nichtlegitimation) der gesellschaftlich-staatlichen Reaktion auf abweichendes Verhalten bzw. Verbrechen findet seine Entsprechung in dem empirischen Gefälle der *Wahrnehmung* von Kriminalität. Es reicht von Eigentums- und Gewaltkriminalität in vollkommen desorganisierten bzw. tyrannisch beherrschten Gesellschaften, deren Machthaber aber den notgeborenen Charakter der »kriminellen« Vorgänge mißachten (allenfalls kann man hier im nichtkriminellen Verhalten der »Bürger« auf weite Strecken nichts anderes als eine Art von demütiger »Übermoral« sehen, auf die diese Staaten und Gesellschaften keinen Anspruch haben) – bis hin zu den eindeutig und klar verdammten Kriegsverbrechen und Verbrechen gegen die Menschlichkeit, gleichviel, von wem verübt.

Bei starker Legitimationskraft der Normen ist der Anteil der Kombination Fehlsozialisation und defizitäre Sozialstruktur eher größer, als es der Fall ist, wenn die Legitimation der Norm sinkt. Bei ganz schwacher Legitimation der Norm braucht man nach besonderen Gründen für ihre Übertretung kaum noch zu suchen. Die bisher nicht geklärte Problematik der Kriminologie besteht darin, daß man das gleitende Mischverhältnis nicht ins Auge fasst, sondern nur mit absoluten Größen arbeitet. Und außerdem werden diese drei Faktoren selten zusammen gesehen. Der Legitimationsfaktor ist aber unumgänglich, damit man erklären kann, weshalb es Kriminalität auch dort gibt, wo defizitäre Sozialstruktur und Fehlsozialisation nicht oder nur in geringem Umfang zu registrieren sind.

Das größte Problem, das in diesem Zusammenhang zu lösen ist, liegt im Empirischen. Wann hat eine Rechtsordnung den Grad von Legitimität, daß man das Recht hat, die Abweichung davon – erreicht sie einen bestimmten Schweregrad – als Kriminalität zu bezeichnen? In den eindeutigen sogenannten »Unrechtsstaaten« kehrt sich die Logik ja um: Die Kriminalität liegt bei denjenigen, welche die »Gesetze« machen; die Legitimität liegt auf der Seite derer, die dagegen verstoßen. Dafür gibt es vergangene und gegenwärtige Beispiele. Auf der anderen Seite haben wir Kulturen, die, wenn man nicht ganz prinzipiell an eine »andere« Welt denkt, mit Recht bei ihren »Kriminalisierungen« ein gutes Gewissen haben (was noch nicht unbedingt bedeutet, daß damit alle Einzelfälle »gedeckt« sind). Auch hierfür gibt es vergangene und gegenwärtige Beispiele. Die Schwierigkeiten bereiten die Zwischenformen, die es – vielfach abgestuft – gab und gibt. Wie man sieht, fehlt eine Entscheidung darüber, ob die Annahme einer von vornherein vorgefundenen Kriminalität, auf die Staat und Gesellschaft nur reagieren, oder der Gedanke, daß die Probleme erst mit der »Kriminalisierung« durch Staat und Gesellschaft beginnen, den Vorrang verdient. Die Wahrheit ist, daß keines der beiden Konzepte je für sich genommen verbindlich sein kann, sondern von – in den Ursprüngen unklaren – Wechselwirkungen ausgegangen werden muß. Wir folgen also weder der Idee vom »natürlichen Verbrechen« noch einem totalen Zuschreibungsparadigma. Beides wäre Ideologie. Die Realität ist komplizierter.

4) Eine juristische Lösung dieses Dilemmas sehen einige immer noch im Grundsätzlichen.

a) Ein der Positivität enthobenes, »höheres« Recht trifft die notwendigen Unterscheidungen.

b) Wer sich dazu nicht verstehen kann (ohne einer blinden Positivität das Wort zu reden), muß sich jetzt wohl auf den gegenwärtig immer noch positivistisch fixierbaren Unterschied zwischen Kriegsrecht und Strafrecht konzentrieren. Das Kriegsrecht erlaubt eben mehr als das Strafrecht im Sinne des Bürgerstrafrechts.

Am Beispiel des militärischen Einsatzes in Afghanistan wird das deutlicher.

Diese Aktion hat das Kategorien-System der Juristen ins Wanken gebracht und eröffnet beängstigende Perspektiven auf eine ebenso verlockende wie gefährliche Infragestellung bewährter Abgrenzungen traditioneller Rechtsgebiete. Während sich das Kriegsrecht von vornherein als Kriegsbegrenzungsrecht entwickelt hat, ist das Strafrecht immer mit einem positiven Legitimationsanspruch aufgetreten; nur besonders hellsichtige Diagnosen haben davon gesprochen, daß auch das Strafrecht – insofern dem Kriegführen ähnlich – lediglich begrenzt werden könne. Die kleiner werdende Welt – durch Kommunikation und überspannende, »globalisierende« Systeme – kann den naiven Standpunkt des Krieges kaum mehr einnehmen. Für die positive Begründung des Krieges wird jetzt also mehr aufgewendet. Anknüpfungspunkt sind vor allem die Menschenrechte, die auf der ganzen Welt geschützt werden sollen und für deren Durchsetzung man möglicherweise militärische Gewalt anwenden möchte; das ist sehr viel konkreter als das alte »bellum justum«-Prinzip, das doch eher als eine Art moralischer Hintergrund denn als echte positive Begründung fungierte.

Wenn das richtig ist, liegt es nahe, aus dem Strafrecht, das ebenfalls Gewaltanwendung zu rechtfertigen eine lange Tradition hat, die Maßstäbe zu gewinnen für die Rechtfertigung des – modernen – Krieges. Solange die jeweilige das Strafrecht verwaltende Herrschaft sich auf bestimmte – ihrer Souveränität unterworfene – Räume beschränkt, sind ihr formale Grenzen gezogen. Das Prinzip der Strafrechtslegitimation – Auswahl eines schützenswerten Rechtsgutes, der für den Schutz geeigneten Mittel und der Vermeidung von Zielkonflikten – bleibt also auf seine materielle Bedeutung beschränkt; insofern wirkt die strafrechtsorientierte Begründung des Krieges praeter legem, jenseits des Völkerrechts also.

Gäbe es eine weltumspannende Souveränität, so würde das, was in Afghanistan passiert ist, ohne weiteres als Aktion der Verbrechensverfolgung begriffen und wäre strafrechtlich subsumierbar, beziehungsweise polizeirechtlich, soweit es sich nicht nur um die Prävention durch Repression handelt. Damit kommen aber Konflikte von einer Größenordnung in das Blickfeld der strafrechtlichen Methodologie, die ihre im Ausgangspunkt auf innerstaatliche Verhältnisse bezogenen Möglichkeiten vielleicht überschreiten. Solange diese Großkonflikte ohne weiteres der kriegerischen Auseinandersetzung überlassen blieben, konnte sich das Strafrecht auf die kleineren Aufgaben beschränken, und für deren Bewältigung war es möglich, wiewohl es auch insofern langer geschichtlicher Entwicklungen bedurft hat, allmählich rechtsstaatliche Bestimmtheit, das ultima ratio-Prinzip, das Verbot quantifizierender Abwägung von Menschenleben etc. herauszubilden. Wenn jetzt Konflikte, die früher dem Krieg vorbehalten waren, in einer Art Vorwegnahme weltrechtlicher Regularien in das Systemdenken des Strafrechts überführt werden, könnte das so lange ein Problem sein, wie diese Großkonflikte ihre bisherige kriegsrechtliche Bewältigung nicht so ohne weiteres verleugnen können. Werden sie in das Prokrustesbett des Strafrechts gezwungen, so führt dies zu dessen Militarisierung, die man vielleicht auch eine Remilitarisierung nennen könnte; frühe Zeiten machen ja keineswegs einen scharfen Unterschied zwischen Strafen und Kriegführen, jedenfalls dann nicht, wenn noch gar keine räumlich umgrenzte Herrschaftsgewalt da ist, und in deren Anfängen bleiben die Konturen lange unklar.

Gegenwärtig eröffnen sich mehrere Wege.

Entweder man hält an dem inzwischen erreichten rechtsstaatlichen Status eines Strafrechts fest und verzichtet darauf, es auf Großkonflikte anzuwenden, denen es nicht gewachsen ist. Dann bleibt für die Bewältigung jener Großkonflikte nur der Krieg. Man würde dann aber eingestehen, daß nach wie vor die Rechtsordnung, jedenfalls so, wie sie innerstaatlich ausgebildet ist, noch nicht überall hinreicht, und insoweit resignieren.

Mit dieser Option würde sich wiederholen, was wir schon im nationalen Strafrecht unter dem Stichwort »Kernstrafrecht« beobachten. Man erhält sich diese »feine Ware« um den Preis einer Regellosigkeit im übrigen.

Oder: man begrüßt den Schritt des Krieges in die Verrechtlichung, die durch die Anlehnung an das System des Strafrechts vorgezeichnet ist, und nimmt dafür in Kauf, daß das Strafrecht den Preis einer – sich wahrscheinlich dann auch auf die kleineren Konflikte in einer Art Rückkoppelung ausdehnenden – rechtsstaatlichen Auflockerung zahlt. Dann braucht man in bezug auf die Weltrechtsentwicklung vorerst nicht völlig zu resignieren, hat andererseits aber den Nachteil zu registrieren, daß die aus guten Gründen im nationalen Strafrecht vorangetriebene rechtsstaatliche Entwicklung wieder zurückgeschraubt wird.

Oder man etabliert nunmehr zwei Sorten Strafrecht. Das Bürgerstrafrecht der engen Verhältnisse und das Feindesstrafrecht der großen Verhältnisse. Vielleicht ist das gegenüber der ersten Version – Überlassung der Großkonflikte an den Krieg – die fortgeschrittenere Variante; sie ließe ja das kultivierte Bürgerstrafrecht unberührt. Auch hier gilt aber der Einwand gegen die zweite Variante insofern, als große Abgrenzungsschwierigkeiten bei den beiden Sorten Strafrecht entstehen werden und die Gefahr besteht, daß Konflikte, die bei dem begrenzt bleibenden Strafrecht ohne weiteres nach diesem beurteilt werden, unter dem Zeichen der Trennung von Bürgerstrafrecht und Feindstrafrecht auf einmal in das Feindstrafrecht überwechseln. Man kann das vor allem daran erkennen, daß dieser Gedanke der Aufspaltung des Strafrechts ja schon mit Blick auf die organisierte Kriminalität entstanden ist. Dabei hat man – in der Strafrechtswissenschaft jedenfalls – den Ansturm auf das rechtsstaatlich-liberale Strafrecht noch abwehren können, unter Hinweis darauf, daß man die organisierte Kriminalität, wenn es sie denn überhaupt in dieser Form gibt, jedenfalls mit dem klassischen Strafrecht bewältigen kann. Solange es nur um organisierte Kriminalität oder vergleichbare neue Formen schweren Verbrechens ging, konnte man daher den Gedanken der Etablierung eines speziellen Feindstrafrechts mit guten Gründen abweisen.

Wenn das Feindstrafrecht aber die Alternative ist zum »noch schlimmeren« Kriegsrecht, könnte es anders aussehen. Und wenn es so ist, daß die Großkonflikte, wie sie durch die Formen des irregulären Krieges, der nicht mehr an Staaten gebunden ist, jetzt entstehen, mit dem klassischen Strafrecht nicht mehr bewältigt werden können, Terroristen des Schlages, die für den Anschlag auf das World Trade Center verantwortlich sind, mit den internationalen Haftbefehlen, wie gelegentlich vorgeschlagen wird, nicht zu fassen sind – dann könne das Feindstrafrecht das geringere Übel sein gegenüber dem Kriegsrecht, weil es ein Instrumentarium bereitstellen würde, das an der dem Kriegsrecht überlegenen Primärlegitimation des Strafrechts noch einen gewissen Anteil hätte und außerdem – im Zusammenhang mit dieser Primärlegitimation freilich – Regeln verfügbar gemacht werden könnten, die doch dichter sind als die des Kriegsrechts, eben weil sie, wie gelockert auch immer, an die rechtsstaatliche Tradition des Strafrechts anknüpfen. Mit anderen Worten:

Feindstrafrecht als Übergang zur Weltpolizei? Ist das vielleicht die »Justice in transition«, die jetzt fällig ist, weil das nationale Strafrecht nicht effizient genug ist, das Bürgerstrafrecht aber noch keine Weltgeltung beanspruchen kann, andererseits wir das alte Kriegsrecht nicht mehr haben wollen?

Oder soll man lieber doch bei dem mühsam errungenen rechtsstaatlich-liberalen Status des Strafrechts bleiben, seiner Ausdehnung auf die Bewältigung von Großkonflikten widerstehen (unter dem Aspekt, daß es dafür eben doch allmählich bessere Grundlagen geben könnte als das Feindstrafrecht), und auf die Effizienz einer dem Gegner moralisch überlegen bleibenden, sich rechtlich selbst begrenzenden Staatsgewalt hoffen, auch soweit sie mit anderen Staaten zu tun hat? Diese Variante zieht natürlich sogleich den Vorwurf eines unreflektierten Optimismus auf sich, kann aber darauf pochen, daß es in der Geschichte viele Beispiele gibt für ihre allmähliche Durchsetzung.

Bei dieser Sachlage könnte man dahin gelangen, sich eingestehen zu müssen, daß die lange gehegte Vorstellung vom Rückgang der Verbrechen und die Überführung des Umgangs damit in Sozialarbeit am Ende ins Wanken kommt; die Moderne scheint ja von der Zunahme der Verbrechen und ihrer Verschlimmerung gekennzeichnet zu sein. Sieht man genauer hin, so ergeben sich aber wieder diese fatalen Unterscheidungen: im kleinen kann man bereits eine Regressivität der Straftaten beobachten. Für bestimmte Regionen und Perioden gilt, daß unter den Voraussetzungen einer gewissen sozialen Befriedung die Anlässe für das Strafen schwinden. Das ist für die Bundesrepublik auf weite Strecken zu beobachten. Hierher gehört die Entwicklung der Aussetzung der Strafe zur Bewährung, des Jugendstrafrechts, des therapeutischen Vollzuges, des offenen Vollzuges, der Säkularisierung gewisser Deliktsgruppen (Sexualdelikte, inbesondere Homosexualität), der Bagatellisierung von Vermögensdelikten in weiten Bereichen, der nüchternen Aufsuche versicherungsrechtlicher und anderer zivilrechtlicher Lösungen, der auf Gewißheitsverlusten des Strafens beruhenden Absprachen, der insoweit auch – fast muß man jetzt sagen subkutan – fortschreitenden Verbesserungen des Beschuldigtenschutzes.

Dies alles wäre wahrscheinlich bruchlos so weitergegangen, wenn man die »heile Welt« Mitteleuropas hätte isolieren können. Aber die Integration in die Weltprobleme könnte zu einer Regression führen. Wir werden mehr und mehr verantwortlich für die »zurückgebliebeneren« Teile der Entwicklung des Rechts in fernen Regionen. Dies drückt sich nicht in der Bereitstellung von Ressourcen materieller und ideeller Art aus; vielmehr reagieren wir defensiv auf das Eindringen jener Strukturen in unsere fortgeschrittenen, und das mag wohl der Preis sein für die ideelle Konzeption großer

Solidarität und die nüchterne Geduld, mit der eine Angleichung an unsere Verhältnisse dermaleinst doch erfolgen könnte. Sehr schwarz sieht das freilich aus, denn nach wie vor sind ja die wenigsten Länder Demokratien. Wie soll sich die Erwartung erfüllen, daß die vorhandenen Demokratien die nötige Überzeugungskraft und auch Macht entfalten, um den Rest der Welt zu sich hinüberzuziehen? Gemessen an dieser Hoffnungslosigkeit erscheint die elitäre Absonderung des schlechten Gewissens der Nichteinmischung als verlorenes Paradies. Aber es gibt keinen Weg zurück in die Isolierung. Das kann man seit langem beobachten, wird aber jetzt erst jedermann offenbar. Wer den Selbstmord-Terrorismus nicht in direkter Verbindung sieht mit Protest der unterentwickelten Welt, wird gleichwohl nicht bestreiten, daß es ihn ohne sie nicht geben würde. Die einmütige Position der »westlichen Allianz«, daß die militärische Reaktion nicht genügt, sondern – weltweit – Einfluß auf die sozialen Verhältnisse genommen werden muß, ist die Konsequenz. Wirken die Kompromisse, die dabei gemacht werden müssen, auf unsere inneren Verhältnisse zurück? Das ist die bange Frage.

C. Das Nebeneinander von gleichzeitig wachsender Verrechtlichung und Rechtsferne in der modernen Rechtskultur

I. Ein aktuelles Beispiel

Die Welt ist angefüllt mit Vorwürfen gegen den amerikanischen Präsidenten und den englischen Premierminister, daß sie eine eindeutig völkerrechtswidrige kriegerische Aktion begonnen haben. Diejenigen, die gleichwohl dafür sind, argumentieren nicht völkerrechtlich, sondern politisch, berufen sich eher auf natürliche Selbsterhaltungsinstinkte und Überlebensstrategien statt auf Rechtsgründe. Das Niveau der Rechtsgesellschaft – nach auch im Völkerrecht seit längerem zu beobachtender positiver Entwicklung, vorläufig gipfelnd im Abkommen über den Internationalen Strafgerichtshof, aber auch in den vergangenen Jahrzehnten sichtbar geworden, etwa durch die Anti-Folter-Abkommen – sinkt also. Das ist fast allgemeine Meinung.

Fast zur gleichen Zeit aber teilt das Bundesverfassungsgericht die Einstellung des NPD-Verfahrens mit – eine Entscheidung, die der Ausdruck äußerst verfeinerten Rechtsdenkens ist. Niemand hätte sich in den fünfziger und sechziger Jahren darum gekümmert, ob irgendwo V-Leute im Spiel sind. Das galt als graue, dem Recht von vornherein und selbstverständlich entzogene Sphäre. Erst ganz allmählich, beginnend in den späten siebziger Jahren und dann auch nur nach dem Modell der Echternacher Prozession – zwei Schritte vor, einen zurück – entwickelte sich ein Gefühl dafür, daß es auch auf diesem Gebiet Grenzen des Rechts geben könne. Der neue Beschluß des Bundesverfassungsgerichts ist insoweit ein vorläufiger Höhepunkt.

Wie paßt das zusammen? Komplizierter werden diese Wahrnehmungen, wenn man registrieren muß, daß die Fronten sich dann noch einmal umkehren. Der Innenminister Otto Schily ist als Mitglied der Bundesregierung nicht nur aus politischen, sondern auch aus völkerrechtlichen Gründen ein entschiedener Gegner des Krieges im Irak, poltert aber unverblümt gegen die Entscheidung des Bundesverfassungsgerichts, die er – ohne freilich die Vokabel zu benutzen – für pingelig hält.

Man müßte dieses Nebeneinander von immer stärker in die Politik eindringender Verrechtlichung einerseits und der Preisgabe ebenfalls der Politik geltender rechtlicher Regelungen andererseits genauer untersuchen. Als erste Erklärung drängt sich natürlich das Stichwort Opportunismus auf. Was man gerade politisch braucht, möchte man rechtlich absichern, was politisch abzulehnen ist, soll auch rechtlich verdammt sein. Aber diese Interpretation gilt eigentlich nur für Politiker im engeren Sinne.

Beim Bundesverfassungsgericht jedenfalls – um damit zu beginnen – ist nichts davon zu spüren; zu unterschiedlich, ja bunt gemischt sind die politischen Richtungen, die in schneller Abfolge in den letzten Monaten einmal enttäuscht und dann wieder bestätigt worden sind; man braucht nur an die Entscheidung über das Zustandekommen des Einwanderungsgesetzes zu erinnern, und gerade auch beim NPD-Verfahren gehen Kritik und Zustimmung quer durch alle Parteien.

Der andere Hort der Objektivität aber – die Wissenschaft –, was ist damit? Auch wer sich keine Illusion darüber macht, daß Wissenschaftler, sobald sie Praktisches vorschlagen oder dazu Stellung nehmen, häufig ebenfalls politisch motiviert sind, wird versuchen, sie anders zu beurteilen als professionelle Politiker. Wenn Winfried Brugger in einer wirklich gründlichen, alle Seiten ausleuchtenden Analyse seinen Standpunkt zur Anwendung der Folter begründet, dann treibt ihn eine langfristige Vorstellung von der Teleologik moderner Rechtsentwicklung angesichts des Wandels politischer Entwicklungen und Machtverteilungen im Zuge der Globalisierung. Da ist natürlich auch die Politik beteiligt; aber Opportunismus ist es – soviel juristisch gegen seine Konzeption spricht – nicht. Und das gleiche wird man sagen können für die Literatur des Völkerstrafrechts, die jetzt mächtig in Gang kommt, ferner für die Kommentar-Literatur zum Strafprozeß im Rahmen der Arbeit an der Verbesserung des Beschuldigten- oder des Opferschutzes. Hier entstehen Spannungen, die zu Zerreißproben werden, wo die verschiedenen Zwecksetzungen und Gerechtigkeitsvorstellungen sich kreuzen, beispielsweise bei der Frage, wie mit Sexualstraftätern urteilend, bestrafend und vielleicht auch therapierend umzugehen sei.

Am Ende gibt es eine geheime Dialektik von die Verrechtlichung fordernden und das Recht abweisenden Tendenzen. Aber welche gesellschaftlichen und geistigen Kräfte es sind, die so etwas hervorbringen, bleibt ein Rätsel; der kürzlich verstorbene Mainzer Staatsrechtslehrer Peter Schneider hat es mit Blick auf »Das unheilige Reich des Reineke Fuchs« (eine Art Beschwörung der Geburt des Rechts aus dem Geist der Gewalt) wenigstens einmal auf den Begriff gebracht.

Die Versuchung, eine einfache Antwort zu geben, ist groß: Hat man nur den »richtigen« Begriff vom Recht, so lösen sich die Gegensätze auf. Dieser richtige Begriff des Rechts könnte doch, wird den Juristen oft entgegengehalten, schlicht darin bestehen, jeweils mehr auf das direkt Menschliche, intuitiv Einleuchtende, situativ Gebotene zu achten. Viele populäre Mißtrauensbekundungen gegen das Recht haben hier ihre Wurzeln. Doch Jahrtausende abendländischer und älterer Rechtsgelehrsamkeit würden zu Schanden werden angesichts dieser Forderungen, für die auch das Wörtchen »naiv« bereitsteht.

Oder fehlt es nur an Klarheit? Regiert das Prinzip, das zur Einstellung des NPD-Verfahrens geführt hat (der Staat darf sich für die Durchsetzung des Verbotes nicht auf sein eigenes rechtswidriges Verhalten stützen), nicht auch das Völkerrecht (der Staat, der die

Entwaffnung Saddam Husseins erzwingt, darf sich nicht seinerseits damit ins Unrecht setzen)? Sind also die hier angedeuteten Widersprüche oder das reflexionslose Nebeneinander von (scheinbar) Unvereinbarem nur Zeichen intellektueller und moralischer Inkompetenz? Wohl nur unter Voraussetzung eines von absoluten Prinzipien beherrschten Rechts, nicht aber wenn das Recht von den Menschen, weil es ja keine Autorität über ihnen gibt, verabredet ist (und für diese Konzeption des Rechts spricht viel im nachmetaphysischen Zeitalter), so daß es – bei einigermaßen demokratischen Verhältnissen – sehr vielen heterogenen Interessen gerecht werden muß.

II. Folgerungen

Die Gegenwart ist durch eine merkwürdige Paradoxie gekennzeichnet. Die Verrechtlichung nimmt zu. Im kleinen ist das die sogenannte Gesetzes- und Verordnungsflut, vor allem im Sozialrecht (beispielsweise Rentenrecht), aber auch im Gesundheitsrecht usw. Im großen beobachten wir den Verrechtlichungsprozeß in erster Linie im Völkerstrafrecht, von bisherigem Völkerrecht unterschieden durch einen größeren Grad von – wenn auch immer noch nicht durch Souveränität verbürgter – Verbindlichkeit: der internationale Strafgerichtshof, mit beginnenden sichtbaren Folgen. Diese Verrechtlichung im großer und kleinen entspricht den wachsenden Bedürfnissen der Menschen nach rechtlichen Regelungen dort, wo früher soziale Moral oder Überlieferung oder auch familiär-private Regulierung ausreichend schienen. Dieses Bedürfnis nach Verrechtlichung wird vielfach gescholten als Ausdruck formalistischer, ja sogar unangenehm-rechthaberischer, immer nur fordernder Attitüde der Bürger, andererseits aber auch begrüßt mit Blick darauf, daß Regulierungen größere Sicherheit und auch mehr Gleichheit dort verbürgen, wo bisher private oder familiäre Willkür, Patriarchalismus und ähnliches regiert haben. Gescholten wird dieser Zug zur Verrechtlichung außerdem von allen denen, welche die Ware »Recht« für zu kostbar halten, als daß sie eine so vielfältige und vielgliederige, sich über das ganze Leben ausbreitende Gestalt annehmen dürfe. Dieser Zurückhaltung in bezug auf mögliche rechtliche Regelungen liegt auch der Gedanke zugrunde, daß das Recht vor allem eine Sache von Prinzipien sei, möglichst absoluter Prinzipien; die klassische Rede von der »Güterabwägung als Sache eines ›Hökerweibes‹« ist in diesen Konzeptionen präsent, die streckenweise sich sogar zu der Idee versteigen, das Recht dürfe eigentlich gar nicht mit sozialen Zwecken in Zusammenhang gebracht werden, sondern müsse gleichsam darüber schweben, der *Zweck* habe im Recht nichts zu suchen. Dem steht nun eine aus der Rechtssoziologie, die sich mit dem »lebenden Recht« beschäftigt, hervorgehende Richtung gegenüber, die gerade die Abwägungsprozesse in der Jurisprudenz für das Entscheidende hält, darin den maßgebenden Garanten für individuelle *Gerechtigkeit* sieht, in Verbindung mit einem intensiven Studium der Bedürfnisse und Ziele der Menschen und damit auch des Rechts, wobei die dritte Komponente des Rechts, die *Rechts-Sicherheit*, vernachlässigt zu werden scheint, wenn man mit Sicherheit immer nur Beständigkeit und vollkommene Berechenbarkeit meint. Anders sieht das aus, wenn Sicherheit materieller, inhaltlicher verstanden wird, denn auf die Spitze getrieben, kann Sicherheit natürlich immer das bezeichnen, was Schiller »die Ruhe des Kirchhofs« genannt hat.

Auf der anderen Seite steht nun der Eindruck wachsender Rechtlosigkeit. Selbst wenn man davon absieht, daß dieses Gefühl natürlich auch das Spiegelbild eines wachsenden Verrechtlichungsbedürfnisses ist: Rechtlosigkeit kann nur dort empfunden werden, wo die Idee, es könne überhaupt Recht herrschen, erst einmal aufgekommen ist. Da diese Idee, man könne mehr als bisher rechtlich regeln – wie gesagt – im Wachsen ist, steigt dementsprechend die Wahrnehmung des Defizits. Das, was man früher als Schicksal und Unglück hingenommen hat, erscheint jetzt als Rechtlosigkeit. Aber damit ist die Wahrnehmung der Rechtlosigkeit nicht erschöpft. Sie erstreckt sich auch darauf, daß man durch die weltumspannenden Medien mehr erfährt über die großen Differenzen in den Stufen der rechtlichen Durchdringung einer Gesellschaft, sich klarmachen muß, in welchem Luxus insofern die westlichen Gesellschaften leben. Das bedeutet freilich zunächst, daß die Welt nicht schlechter geworden ist, sondern nur, daß man sie bisher nicht so gut gekannt hat. Die dritte Komponente einer gleichzeitig mit der Verrechtlichung wachsenden Rechtlosigkeit auch in den westlichen Ländern ist in einer Art neuen Vitalität – wenn das nicht zu positiv klingt – und Gewaltanwendung bei der Bewältigung von Konflikten zu sehen. Das ist schwer zu beschreiben und auch in den Einzelheiten,

je nachdem welche Erfahrungen gemacht werden, umstritten. Die Kontroversen beginnen schon dort, wo Zunahme von Gewalt behauptet wird. Denn diese Beobachtung wiederum ist womöglich zu relativieren, weil die Sensibilität der Menschen ausgebreiteter und intensiver geworden ist und deshalb vieles als Gewalt erscheint, was früher gleichmütiger hingenommen worden ist. Das mag vor allem für den Bereich des Sexuellen in allen Spielarten gelten. Das gilt aber auch für das, was man früher einmal »besondere Gewaltverhältnisse« nannte (ein durch moderne Gesetzgebung weitgehend überholter Begriff), also beim Militär, in den Schulen und vor allem im Gefängnis. Homosexuelle Vergewaltigung im Gefängnis hat es immer gegeben, ferner Einzelhaft unter erschwerten Bedingungen für disziplinarisch zu ahnende Vorgänge, Selbstmorde, schreckliche »Verschubungen«, Benutzung von Gefangenen als agents provocateurs – aber jetzt wird das alles kritischer wahrgenommen, und damit erscheint die Welt ungerechter als vorher. Von diesen Phänomenen abgesehen aber glaube ich, daß es doch so etwas wie einen neuen Vitalismus gibt. Ob der hier interessierende, die Vision wachsender Rechtlosigkeit befördernde Vitalismus seine Entsprechung haben könnte in einem positiven, kreativen Vitalismus, möchte ich jetzt dahingestellt sein lassen. Nicht übersehen werden kann aber, daß eine – möglicherweise medial beförderte – Zunahme an Phantasie für Gewalt oder List, kurz schrankenlosem Egoismus, sich in der Realität bemerkbar macht. Wer Dostojewskis Raskolnikow für eine typische, in die Nähe des fin de siècle-Ästhetizismus zu rückende Erscheinung des Bösen gehalten hat, mit nachklappenden, gelegentlich nur gespenstischen, manchmal aber auch gefährlich wirksamen Ästhetisierungen von Gewalt bei Ernst Jünger, Jahrzehnte danach, in den Vietnam-Kriegsberichten von Adelbert Weinstein und schließlich Karl-Heinz Bohrers seltsame Apotheose des Sterbens in kriegerischen Auseinandersetzungen (gemeint war der Falkland-Krieg), täuscht sich. Diese Attitüde ist nach wie vor präsent. Für die Erforschung der Gründe ist die Soziologie aufgerufen, und sie tut ja auch das ihre; es gibt die neuen Forschungen etwa von Heitmeyer und seiner Schule, und die Renaissance des Interesses am Bösen als etwas doch Genuin-Wirklichem, nicht nur aus schlechten Verhältnissen und unglücklichen Dispositionen Ableitbares, nimmt am Ende sogar zu.
An dieser Stelle soll das nur registriert werden, als Gegenpol zu

jener trotz alledem unbeirrbar zunehmenden Verrechtlichung, als etwas, was sich dieser Verrechtlichung aber nicht nur praktisch-politisch, sondern auch konzeptionell entzieht. Recht ist immer irgendwo langweilig, durchschnittlich – »das in der Mittelhöhe des Lebens wiederkehrend Schwebende« (Goethe). Eine Weile hat es so ausgesehen, als ob das aufklärerische, friedensstiftende, fortschrittliche, in alle Ecken der Vernachlässigung leuchtende Element des Rechts seiner Langeweile doch den Rang ablaufen könnte. Aber das Dämonische (wie Goethe – euphorisierend freilich – sagen würde) ist offenbar eine die Menschen und die sie bildende Gesellschaft so beherrschende Kraft, daß es als Gegenpol erhalten bleibt.

Die Diskussion über die auseinanderstrebenden Einflüsse, denen die Rechtsentwicklung in elementaren Fragen ausgesetzt ist, muß demnach vielleicht ganz neu beginnen. Die überraschenden Veränderungen der Welt und der Bedürfnisse der Menschen sind insoweit eine Herausforderung.

2. Primat der Autonomie

2.1 Das Subjekt zwischen Metaphysik und Empirie. Einfluß der modernen Hirnforschung auf das Strafrecht?

A. Der Anlaß

Die Strafrechtler und Rechtsphilosophen sehen sich leider gezwungen, die alten Fragen der Willensfreiheit wiederaufzugreifen, weil moderne Hirnforscher sie dazu provozieren. Man kann es nicht zurückhaltender ausdrücken. Die Forderung, mit Schuld und Zurechnung Schluß zu machen und statt dessen auf Diagnosen von Gefährlichkeit zu setzen und als Reaktion über Methoden der Konditionierung nachzudenken, ist nicht nur ein Nebenprodukt, sondern wird ausdrücklich als rechtspolitische Folgerung aus naturwissenschaftlichen Einsichten formuliert.[1]

Zurechenbarkeit ist eine Kategorie, deren Valenz mit der scholastischen Kultivierung des Individuums verknüpft ist – zeitlich handelt es sich also um das hohe Mittelalter in Europa – und bewirkt hat, daß abweichendes Verhalten bis hin zum »Verbrechen« einerseits ernster genommen wurde als in einfachen Gesellschaften, die etwa mit Tötungen ganz nüchtern – auf Kompensation bedacht – umgingen, andererseits aber auch dazu geführt hat, daß maßlose Zugriffe auf den »Störer« des gesellschaftlichen Lebens, hemmungslose Ausgrenzung und Vernichtung unterbleiben konnten. Das war zwar nicht sofort so; zunächst überwog die grausame Reaktion auf die schwere Schuld, die entdeckt zu haben man stolz war. Nach und nach, im Laufe der Jahrhunderte, die sich dem Zeitalter der Aufklärung nähern, wurden Schuld und Zurechnung

1 Gerhard Roth, »Willensfreiheit, Verantwortlichkeit und Verhaltensautonomie des Menschen aus Sicht der Hirnforschung«, in: *Festschrift für Ernst-Joachim Lampe*, Berlin 2003, S. 43 ff. Vgl. auch den zusammenfassenden Bericht bei Andreas Kuhlmann, »Menschen im Begabtentest. Mutmaßungen über Hirnforschung als soziale Praxis«, in: *WestEnd. Neue Zeitschrift für Sozialforschung* 1 (2004), S. 143 ff. (149). Über die darüber hinausgehenden Erwartungen, »dass Öffentlichkeit und Philosophie die neurobiologischen Forschungen zur Kenntnis nehmen und berücksichtigen«, vgl. Wolfgang Detel, »Forschungen über Hirn und Geist«, in: *Deutsche Zeitschrift für Philosophie* 52 (2004), 6, S. 890 ff. (891).

indessen immer mehr in ihrer eingriffsbegrenzenden Funktion erkannt und respektiert.

Die ersten fundamentalen Angriffe auf diese Schemata kamen auf der Woge des vormarxistischen sensualistischen Materialismus des späten 18. Jahrhunderts, mit der Folge, daß man die soziale Auffälligkeit des Menschen nicht mit einzelnen Handlungen sich manifestierender Schuld identifizierte, sondern eine Gesamtbetrachtung anstellte. Das Bild gefährlicher Personen zu fixieren und zweckentsprechende Abwehrmaßnahmen zu entwerfen war daher ein ehrgeiziges Projekt dieser Epoche. Es scheiterte bald. Erstens, weil die Empirie insgesamt nicht ausreichte; zweitens, weil sich ein neues freiheitliches Denken dagegen aufbäumte. Die Doppelfunktion von Vollendung und Überwindung der Aufklärung, die im Denken Immanuel Kants Gestalt annahm, war hier zu spüren. Die erste Hälfte des 19. Jahrhunderts und auch noch ein großer Teil der zweiten Hälfte war deshalb ganz der Kultivierung eines Tat- und Schuldstrafrechts gewidmet, mit mehr oder weniger direkten religiösen Beimischungen von Vergeltung und Sühne. Sichtbares Zeichen waren Einzelhaft und Bibellektüre im Gefängnis.

Die zweite Welle, Schuld durch Gefährlichkeit, Strafe durch Konditionierung zu ersetzen, kam im Zusammenhang mit neuen naturwissenschaftlichen Impulsen. Diesmal war es der Beginn der im modernen Sinn exakten Naturwissenschaften, vor allem der Medizin, die zum Vorbild wurden für die sich mit dem handelnden und rechtsgutverletzenden Menschen beschäftigenden Sozialwissenschaften. Es entwickelte sich die sogenannte soziologische Schule des Strafrechts, die einen erneuten Anlauf nahm, Zweckrationalität an die Stelle eines absoluten Denkens in den Kategorien von Schuld und Vergeltung zu setzen.

Wiederum gelang es der idealistisch-geisteswissenschaftlich orientierten Opposition, diese Tendenzen zurückzudrängen, wenn auch unter Inkaufnahme von Kompromissen wie etwa der Einführung eines Jugendstrafrechts (Anfang des 20. Jahrhunderts, die es erlaubte, die Strafe zur Bewährung auszusetzen), der Ausdehnung dieses Institutes dann auch auf das Erwachsenenstrafrecht (Mitte des 20. Jahrhunderts) und immerhin dem Zugeständnis, daß man bei Schuld vielleicht doch wohl von Fiktion reden müsse, freilich von »staatsnotwendiger« Fiktion, zur Aufrechterhaltung des Strafbetriebes.

Die dritte Welle brachte die NS-Zeit. Das Interesse konzentrierte sich auf den Gewohnheitsverbrecher, den man unschädlich machen müsse, entweder durch Todesstrafe oder wenigstens durch Sicherungsverwahrung. Diese äußerste Emanation der Zweckrationalität war nicht neu, angelegt in jener zweiten Welle der Naturalisierung von Fehlverhalten und staatlicher Reaktion darauf. Aber diese Welle war ja durch die freiheitsverbürgende Idee der auf eine bestimmte Tat bezogenen und daher den Eingriff begrenzenden Schuld nicht nur zum Stehen gebracht worden; vielmehr hatten die führenden Vertreter des soziologischen Strafrechts durchaus erkannt, daß es so etwas wie eine unübersteigbare Grenze der Kriminalpolitik geben müsse – die berechenbare Tat und die darauf bezogene Schuld. Diese Barriere kam nun durch die NS-Zeit in Fortfall, und wenn nicht die Nationalsozialisten zuviel mit Krieg und Judenvernichtung zu tun und nur zwölf Jahre Zeit gehabt hätten, wäre es zu einer schrecklichen totalitären Praxis auch im Alltag des Strafens gekommen.

Nach dem Untergang dieses Regimes kam das liberal-rechtsstaatliche Strafrecht zunächst wieder uneingeschränkt zur Geltung, aber schon nach wenigen Jahren zeigte sich, daß die Daten jener soziologischen Schule, mit der die spezielle Konditionierungs- und Vernichtungskonzeption der Nazis nichts zu tun hatte,[2] nicht gelöscht waren. Es entwickelte sich eine Richtung, die man – französischen Vorbildern folgend – die »defense sociale« nannte; in Italien sprach man von »difesa sociale«, weil in beiden Ländern führende Kriminologen den Deutschen insofern »den Rang abgelaufen« hatten. Die Idee, daß man den Täter und nicht die Tat bestrafen müsse, gewann wieder an Boden, wurde aber durch die ebenfalls kräftige und durch das Erlebnis der totalitären Regierungen gestärkte Idee, daß es auf die »wirkliche« Schuld ankomme, balanciert. Jahrzehntelang bis in unsere Tage hinein herrschten die sogenannten Vereinigungstheorien, man sprach auch von Zweispurigkeit; das heißt, beides sollte gleichmäßig bedacht werden, der Täter mit Blick auf möglichst zweckmäßige Reaktionen, die Tat wegen der Notwendigkeit rechtsstaatlich nachprüfbarer Begrenzung dieser Reaktionen. In den sechziger und siebziger Jahren blieben demnach Reso-

2 Ebensowenig wie die entsprechende totalitäre Praxis der kommunistischen Regime. Schuld war ein politischer Begriff und nur ein moralisierendes Synonym für die Notwendigkeit, bestimmte Personen zu beseitigen (es muß vielleicht hinzugefügt werden, daß insofern auch die Nazis die Schuld instrumentalisierten).

zialisierung[3] auf der Basis von Strafaussetzung zur Bewährung und Alternativen zur Freiheitsstrafe eine starke Parole, der Gedanke der Sicherungsverwahrung aber trat eher zurück, so daß es eine Weile so aussah, als ob dieses Institut als ein Relikt inhumaner Zeiten allmählich verschwinden würde.

Das ist gegenwärtig nun ganz anders geworden. Die Sicherungsverwahrung ist eher im Begriff, an Bedeutung wieder zuzunehmen. Allenthalben ist nur noch von der Gefährlichkeit der Täter (freilich zunächst noch bezogen auf bestimmte Deliktsgruppen) die Rede, so daß sogar die Einführung nachträglicher Sicherungsverwahrung erwogen und teilweise auch schon realisiert worden ist.[4] Das Odium der nachträglichen Sicherheitsverwahrung besteht vor allem darin, daß für die Prognose der Gefährlichkeit es nicht mehr auf eine bestimmte Tat ankommt, sondern das gesamte Verhalten im Strafvollzug als Beurteilungsgrundlage herangezogen werden darf, also zum erstenmal vielleicht das, was man ein Täterstrafrecht nennen könnte, in Teilen realisiert wird, das also, was immer wieder als rechtsstaatswidrig abgewehrt worden ist (zuerst mit der Verwerfung der Konzepte des späten 18. Jahrhunderts), sich jetzt doch auf einem bestimmten Gebiet behaupten könnte.

In diese kriminalpolitisch brisante Atmosphäre platzt nun förmlich die Mitteilung der Hirnforschung, daß die Vorbestimmtheit des Menschen unter Hinweis auf die Eigenständigkeit der Hirnleistungen, denen das, was man »freies Entscheiden« nenne, nur reflektorisch nachfolge, die Grundlage abgeben müsse für die sozial angemessenen Reaktionen. »Die schwer nachvollziehbare Dichotomie einer Person in freie und unfreie Komponenten würde damit überwunden. Die Person als Ganze würde nach wie vor für all dies zur Rechenschaft gezogen, was sie fühlt, denkt und tut, und diese Beurteilung umfaßte unbewußte und bewußte Strukturen gleichermaßen.«[5] Das wäre ein neuer Freibrief für

3 Längst haben die Strafrechtler gelernt, Schuld und Vergeltung zu »entkoppeln« zugunsten einer Vereinbarkeit von Schuld und Prävention. Wer für etwas verurteilt wird, das ihm nicht zugerechnet werden kann, ist kein tauglicher Adressat für Resozialisierung.

4 § 66b StGB (eine neue Vorschrift auf der Basis des Gesetzes zur Einführung der nachträglichen Sicherungsverwahrung vom 23. 7. 2004).

5 Wolf Singer, »Verschaltungen legen uns fest. Wir sollten aufhören, von Freiheit zu sprechen«, in: Christian Geyer (Hg.), *Hirnforschung und Willensfreiheit. Zur Deutung der neuesten Experimente*, Frankfurt/M. 2004, S. 30 ff. (64).

»Täterstrafrecht«.[6] Selten hat sich eine rigorose Kriminalpolitik in der Lage befunden, im geeigneten Moment auf naturwissenschaftliche neue »Einsichten« zugreifen zu können, wie das jetzt der Fall ist. Passiert ist der Schulterschluß freilich noch nicht. Die Protagonisten der nachträglichen Sicherungsverwahrung operieren ganz selbständig, und umgekehrt haben die avancierten Hirnforscher noch nicht bemerkt, welche speziellen, ihren Grundlagen durchaus entsprechenden Bemühungen da im Gange sind, sondern berufen sich bei ihren Empfehlungen für die Kriminalpolitik auf die in der Dichotomie zwischen Strafen und Schuld einerseits, Gefährlichkeit und Maßnahmen andererseits längst etablierten Gemeinplätze. Vielleicht kommt es auch nicht zur Kooperation, weil die Sphären einander fremd bleiben, die Politiker sich ihre normative Freiheit nicht nehmen lassen wollen und die Hirnforscher vor zu einseitigen politischen Parteinahmen dann doch zurückschrecken.

Noch ist das Konditionierungsprogramm also nicht ausformuliert. Die vordergründige bloße Absicherung gegenüber Menschen, deren Gefährlichkeit sich vielleicht bald in bildgebenden Verfahren diagnostisch und prognostisch darstellen läßt, muß ja nicht die einzige Methode sein. Soziologisierende oder anpassende Verfahren können auch in Betracht kommen, wenn man sich darauf einstellt, daß die Strafe denjenigen gegenüber, die sie erdulden müssen, gerechtfertigt werden muß. Entscheidend ist dabei der Gesichtspunkt unzumutbarer gesellschaftlicher Instrumentalisierung zu Lasten bestimmter Minimalpositionen, für die verfassungsrechtlich der Ausdruck »Menschenwürde« bereitsteht. In den Interviews, die von Hirnforschern verbreitet werden, ist durchaus etwas von dieser Neigung, daß mit aktuellen (aber eben doch auch potentiellen) Straftätern im Rahmen des inzwischen erreichten humanen Umgangs mit ihnen verfahren werden müsse, zu spüren. Aber was da im einzelnen rechtsstaatlich-liberal noch zugestanden werden soll, bleibt sehr dunkel auf dem Hintergrund eines Konzeptes, dessen Überzeugungsmut darauf beruht, mehr denn je über das, was den handelnden Menschen wirklich bestimmt, Bescheid zu wissen und danach zweckmäßig handeln zu müssen.

Die Fachjuristen haben daher allen Grund zu prüfen, ob diese

6 Zu den modernen Wurzeln in dieser verhängnisvollen »Ganzheitsbetrachtung« vgl. Lüderssen, »Warnung vor dem Täterstrafrecht«, in: *Frankfurter Allgemeine Zeitung* v. 1. 8. 2001. S. 47.

neue Welle, mit der das Tat- und Schuldstrafrecht in Frage gestellt wird, nun erfolgreicher sein könnte als ihre Vorgänger, ob tatsächlich so viele neue Erkenntnisse vorliegen, daß die bisherigen normativen Grundentscheidungen in Frage gestellt sind.

Vorzugehen ist in drei Schritten.

Zunächst müssen die Ergebnisse der einschlägigen modernen Hirnforschung betrachtet und die Begründungen geprüft werden, wobei es immanent naturwissenschaftliche, allgemeine wissenschaftstheoretische und extern geisteswissenschaftliche Einwände gibt (B).

In einem zweiten Teil wird eine Position vorgetragen, die es erlaubt und gebietet, weiterhin von der durch die freiheitliche Philosophie entwickelten Subjektstellung des Menschen auszugehen, unter der Voraussetzung allerdings, daß man sie der Empirie stärker öffnet als bisher (C).

Die sich daraus ergebenden Folgen für ein modernes Strafrecht werden in einem dritten Teil skizziert (D).

B. Die Ergebnisse der modernen Hirnforschung – Darstellung und Kritik

Ausgangspunkt sind die Experimente, die besagen, daß die von dem Menschen als frei empfundenen Entscheidungen in Wahrheit Folgen einer von keinem Bewußtsein erfaßten autonomen Hirntätigkeit sind, die freilich nicht »aus der Welt falle, sondern durch Kultureinflüsse nach und nach strukturiert worden sei«. Diese Experimente sind so oft dargestellt worden, daß hier nichts unnötig wiederholt werden soll.[7] Vielmehr kann sofort zur Kritik übergegangen werden.

I. Zunächst sind naturwissenschaftliche Einwände zu prüfen.

1) Sie beziehen sich bereits auf die Schlüssigkeit der Experimente. Die angeblich spätere Entscheidung steht in einem engen zeitlichen Zusammenhang mit der angeblich vorausgehenden Entscheidung

7 Außer den Libet-Experimenten gibt es noch die von Haggard und Eimer (s. dazu Roth, a.a.O., S. 49 f.).

des »Bereitschaftspotentials«. Liegt es nicht am Ende so, daß bei dieser Nähe die Grenzen fließend sind, d. h. die Aktivität des Bereitschaftspotentials so etwas wie eine Vorwirkung der »eigentlichen« Entscheidung ist? Die Experimentierpersonen haben ja gewußt, was sie in wenigen Sekunden tun sollen.[8] Diese Entscheidung hat sich in ihnen vorbereitet, ehe sie getroffen wurde. Es liegt deshalb die Annahme nahe, daß sich diese mentalen Vorgänge in dem Bereitschaftspotential abbilden und nur als die Ursachen der dann manifest werdenden Entscheidung *erscheinen*. Wäre es anders, müßte ja auch ein zeitlich viel weiter zurückliegendes Bereitschaftspotential schon ausgemacht werden können. Wenn das Bereitschaftspotential immer erst kurz vor der Entscheidung da ist, muß es dafür doch einen Grund geben. Wie wäre es, wenn die Experimentierpersonen im letzten Moment *nicht* das tun, worum sie gebeten worden sind? Was wird dann aus dem »ursprünglichen« Bereitschaftspotential? Oder hat sich dann ein anderes schnell dazwischengeschoben, gilt also für die Entscheidung, nicht zu handeln, mutatis mutandis dieselbe These? Gesetzt, die Versuchsperson entschließt sich sogar zu einem mehrfachen Wechsel – sie entscheidet, nicht zu handeln, kurz darauf entscheidet sie dann doch zu handeln, und so fort –, muß man dann immer wieder annehmen, daß die Bereitschaftspotentiale wechseln und jeweils ihrerseits den Anstoß für die neue Willensbildung gegeben haben, während es doch im Bewußtsein ganz anders aussieht?[9] Zugegeben, dieses Muster kann eben die große Illusion sein, aber der Wechsel der Intentionen im *Bewußtsein* wäre dann als die Folge eines blinden Spiels, eines ständig die Richtung wechselnden Zufalls aufzufassen. Solange man nichts Genaueres weiß darüber, was die Bereitschaftspotentiale ihrerseits in Aktion setzt,[10] ist das doch sehr unwahrscheinlich.

8 Konzessionen an eine auf dieser Basis geübte Kritik auch bei Roth, a. a. O., S. 49; s. ferner Jürgen Habermas, »Freiheit und Determinismus«, in: *Deutsche Zeitschrift für Philosophie* 52 (2004), 6, S. 871 ff.

9 In einer späteren Abhandlung räumt Libet ein, daß »die Existenz einer Veto-Möglichkeit [...] außer Zweifel« stehe, vgl. »Haben wir einen freien Willen?«, in: Geyer (Hg.), a. a. O., S. 268 ff. (277); dazu auch Habermas, »Freiheit und Determinismus«, a. a. O., S. 874.

10 Die Einsicht, »dass das Gefühl ein integraler Bestandteil der Verstandesmechanismen sei« (Antonio R. Damasio, *Descartes' Irrtum. Fühlen, Denken und das menschliche Gehirn*, München 2004, S. 12), übernimmt hier vielleicht eine vermittelnde Funktion.

Daher überrascht nicht, daß Hirnforscher berichten, »um die subjektive Erfahrung zu cerebralen Aktivitäten in Beziehung setzen zu können«, benötige »man willige menschliche Subjekte«. Deshalb sei »genau mit Hilfe dieser Individuen zu der Vorstellung zu gelangen, daß der freie Wille mit einer Illusion« zu vergleichen sei, »zumindest gewöhnungsbedürftig«. Ganz allgemein gegen Experimente wird im übrigen auch eingewandt, daß »als neuwissenschaftlich erklärt [...] eine bestimmte Willkürbewegung erst dann gelten« könne, »wenn sie sich dem Typ nach durch die experimentelle Herstellung bestimmter neurodynamischer Bedingungen (also beispielsweise durch die künstliche Erzeugung entsprechender Bereitschaftspotentiale) immer wieder initiieren ließe«.[11]

2) Die Untersuchungen sind auch unvollständig. So wird berichtet, daß die Hirnforscher »in ihren Forschungen immer noch viel mehr mit Nichtwissen als mit Wissen konfrontiert sind«.[12] Es sei insbesondere »ein völliges Rätsel [...], wie die enorme Plastizität des Gehirns mit der relativen Stabilität unserer Welt und Selbstwahrnehmung zusammenhängt«.[13] Insbesondere läßt das Fehlen des Nachweises einer Zentralstelle für das Bewußtsein nicht den Schluß auf die Nichtexistenz des Bewußtseins zu. Die Bedingungen des Zusammengehens der dezentralisierten Schaltstellen können ja noch unbekannt sein. Zwar gibt es nach wie vor Lokalisierungsvermutungen. Aber eine klare Antwort ist deshalb schwer zu finden, weil »die gesuchten Kategorien ... immer von Menschen gesetzt« sind.[14]

11 Heidrun Hesse, »Was können wir wissen? Zu Voraussetzungen, Struktur und Grenzen der naturwissenschaftlichen Erforschung von Bewusstseinsphänomenen«, in: Hermann/Pauen/Rieger/Schicktanz (Hg.), *Bewusstsein – Perspektivenwechsel zwischen den Disziplinen*, München 2005, S. 164-186.

12 »Das Manifest. Elf führende Neurowissenschaftler über Gegenwart und Zukunft der Hirnforschung«, in: *Gehirn & Geist* 3 (2004), 6, S. 30 ff. (31).

13 Michael Hagner, »homo cerebralis. Eine wissenschaftsgeschichtliche Einschätzung«, in: Geyer (Hg.), a. a. O., S. 250 ff. (254).

14 Gerd Kempermann, »Infektion des Geistes. Über philosophische Kategorienfehler«, in: Geyer (Hg.), a. a. O., S. 235 ff. (239); Hagner, a. a. O.; zu leicht scheint es sich John R. Searle, *Freiheit und Neurobiologie*, Frankfurt/M. 2004, S. 42 f. zu machen: »Der Gedanke, den wir auszudrücken versuchen, ist, dass Bewusstsein eine Eigenschaft des ganzen Systems ist. Bewusstsein ist buchstäblich gegenwärtig in allen denjenigen Teilen des Gehirns, in denen es von neuronaler Aktivität

Zwar wird die »Eigenständigkeit der Innenperspektive« betont.[15] Gleichwohl behaupten die Hirnforscher: »Auch wenn wir genaue Details noch nicht kennen, können wir davon ausgehen, daß alle diese Prozesse grundsätzlich durch physikalisch-chemische Vorgänge beschreibbar sind.«[16]

II. Allgemein wissenschaftstheoretisch ist anzumerken: Der ontologische Wagemut »der Projekte für die Naturalisierung des Geistes«, heißt es, verdanke »sich nicht zuletzt epistemologischer Nachlässigkeit«.[17] Im einzelnen ist damit folgendes gemeint:

1) Die Experimente decken die Folgerungen nicht. Die Beschreibung der Funktionen – Millionen/Milliarden Synapsen – liefern noch keine Bedeutungen.[18] Das elektro-physiologische Wissen ist zwar groß, nicht aber das über die Funktionen des Geistes. Es gibt keine Aussagen über psycho-physische Gesetzlichkeiten. Das Problem der mentalen Kausalität ist noch ungelöst.[19]

2) Wichtige Fragen bleiben offen.

a) Was steckt hinter dem Bereitschaftspotential?

Müssen die komplizierten Vorgänge des am Bewußtsein des Menschen vorbei agierenden Gehirns in einer Welt der Kausalitäten nicht ihrerseits irgendwie angestoßen worden sein? Oder handelt es sich um eine sich selbst genügende Autopoiese? Das Indiz dafür könnte eine vollkommene Beliebigkeit, das Chaos alles menschlichen Handelns und Unterlassens sein. Die Wahrnehmung, daß die Welt insgesamt so unvernünftig gar nicht sei, wäre dann eine schöne, normativ gefärbte, auf Wunschbildern beruhende Imagination.

geschaffen wird und in ihr realisiert ist. [...] Bewusstsein ist in bestimmten Bereichen des Gehirns lokalisiert und hat in Bezug auf diese Bereiche eine kausale Wirkung.«

15 »Manifest«, a. a. O., S. 37.

16 Ebd., S. 33.

17 Hesse, a. a. O., S. 2.

18 So auch Christof Koch, »Die Zukunft der Hirnforschung. Das Bewusstsein steht vor seiner Enthüllung«, in: Geyer (Hg.), a. a. O., S. 229 ff.

19 Reinhard Merkel, »Handlungsfreiheit, Willensfreiheit und strafrechtliche Schuld«, in: *Festschrift für Lothar Philipps* (hier zit. n. dem Manuskript), S. 26 ff.; Searle, a. a. O., S. 24 ff.

b) Wie ist jener Kultureinfluß auf die allgemeine Hirnentwicklung und Tätigkeit konkret anschaulich zu machen bzw. nachzuweisen?

Da die Evolutionsgeschichte, die von den Hirnforschern angeboten wird, auch soziostrukturelle Gründe für die Entwicklung des Gehirns nennt, sind Faktoren in die Rechnung eingestellt, die in der internen Welt des Gehirns keinen Platz haben.[20] Denn die sozialen Einflüsse auf die Entwicklung des Gehirns können ja nicht ihrerseits damit erklärt werden, daß ihre treibende Kraft ebenjenes sozusagen durch die Welt taumelnde Gehirn sei.

c) Und ganz trivial: Welchen Stellenwert haben die Mitteilungen der Hirnforscher über die Hirntätigkeit vor diesem Hintergrund? Müßten sie nicht zugunsten der bei ihnen sich abspielenden vorgängigen Aktionen im Gehirn ständig relativiert werden?

Bei dieser Sachlage möchte man doch fragen, woher dieser hochgemute Zugriff auf noch unerforschte Sphären die Kraft und das Selbstvertrauen nimmt. Meines Erachtens geht es um eine Selbsttäuschung: der Sprung vom naturwissenschaftlich Belegbaren zum naturwissenschaftlich Spekulativen[21] wird nicht gesehen, weil sich ein evolutionsbiologisches Konzept dazwischen schiebt, das »weit über alles hinausgreift, was sich experimentell nachweisen lässt«.[22] Die naturwissenschaftliche Signatur dieser Annahmen gibt den Forschern eine gefährliche Sicherheit gegenüber dem, was bisher im Namen vernünftiger Rechtspolitik, also im Bereich des nicht ganz zwingend begründbaren »Meinens« verwaltet wird.

Die Muster dieses Evolutionsdenkens sind

– Selektion und Arterhaltung (Überleben).

20 Mit dieser Vorstellung ist man keineswegs auf der sicheren Seite, denn die Frage der neuronalen Materialisierung dieser Evolutionsprozesse kann ja nicht ohne weiteres abgewiesen werden, bleibt also offen, was aber für die Vertreter der Konzeption der Individuierung durch Vergesellschaftung kein Problem zu sein scheint; auch Habermas greift es in »Freiheit und Determinismus«, a. a. O., nicht auf.

21 Diese Vermutung äußert auch Habermas, wenn er fragt: »Aber ist die deterministische Auffassung überhaupt eine naturwissenschaftlich begründete These, oder ist sie nur Bestandteil eines naturalistischen Weltbildes, das sich einer spekulativen Deutung naturwissenschaftlicher Bekenntnisse verdankt?« (Ebd., S. 871)

22 Gerhard Kaiser, »Warum noch debattieren? Determinismus als Diskurskiller«, in: Geyer (Hg.), a. a. O., S. 162 ff. (163). Ein Beispiel dafür sind die Ausführungen von Wolf Singer in: ebd., S. 20 ff. (31, 36 unten, 40 f., bes. 42 unten, 43 oben, 49 f., 56 unten).

– Erklärung jeder Eigenschaft eines Lebewesens mit Anpassung.
– Annahme eines ununterbrochenen Spektrums von Übergangsstadien der Entwicklung.
– Selektion belohnt allein egoistisches Verhalten: altruistisches Verhalten ist als genetische Position nicht vorhanden, sondern nur Feindseligkeit und Mißtrauen. Ein Raum für die Entstehung einer Ethik ist nicht verfügbar.

Kritisch ist dazu anzumerken:[23]
– Die Evolutionsgesetze sind immer nur vorläufige Verallgemeinerungen, vergleichbar den physikalischen Gesetzen.
– Das Verhältnis von Zufall und Notwendigkeit – zwei entgegengesetzte Kausalprozesse – ist nicht aufgeklärt.
– Erziehen und Lernen als Weitergabe kultureller Informationen kann die Fülle der komplexen ethischen und ästhetischen Welt nicht erklären.

III. Geisteswissenschaftlich werden die folgenden Gegenpositionen entwickelt:

1) Re-Ontologisierungen und Re-Apriorisierungen laufen darauf hinaus, das Geistige als Teil einer selbständigen, erkenntnisunabhängigen Objektwelt zu begreifen.[24]

a) Die aristotelische Variante lokalisiert das Geistige im dinglichen Sein (in der Neuzeit durch Nikolai Hartmann wiederaufgenommen).

23 Die Kritik gilt dem normativen-spekulativen Überhang, sie läßt die Fülle der unentbehrlichen und verdienstvollen empirischen Arbeiten auf diesem Gebiet ganz unberührt; hierfür repräsentativ: Hans-Rainer Duncker, *Evolutionsbiologische Neubewertung der stammesgeschichtlichen Entwicklung des Menschen und seiner Ontogenese. Skizze einer Theorie der evolutionären Differenzierungs-Hierarchie*, Stuttgart 1998; für die allgemeinen Grundlagen der Theorien der Evolution sei auf Frank Mayr, *Das ist Evolution*, München 2003, verwiesen.

24 Ist es eine aus dem Zusammenhang gerissene Interpretation, daß in dem nichts auslassenden, nach allen Seiten hin reflektierten, höchst instruktiven Text von Habermas »Freiheit und Determinismus«, a.a.O., eine Affinität zu dieser Position festgestellt werden kann, wenn man auf die Frage stößt: »Warum sollte es nicht, gegenläufig zur Determinierung des subjektiven Geistes durch das Gehirn, auch eine ›mentale Verursachung‹ im Sinne der Programmierung des Gehirns durch den objektiven Geist geben«? (a.a.O., S. 886); zum »objektiven Geist« auch ebd., S. 887.

b) Die platonistische Variante nimmt eine vom dinglichen Sein unabhängige Welt an (in der Neuzeit hat Max Scheler diese Position vertreten und ausgebaut).

2) Hieran mehr oder weniger anknüpfend, akzentuiert man – bezogen auf die Tätigkeit des Gehirns – eine unabhängige Funktion des Geistigen als eine Art imaginären Dirigenten, dessen »Materialisierung« zu erwarten eine naturwissenschaftliche Illusion sei.[25]

Beide Positionen sind m. E. im nachmetaphysischen Zeitalter nicht mehr vertretbar.

3) Eine weitere Variante dieses Dualismus, wie man auch sagen könnte, wird mit dem Hinweis auf die unabhängige Welt der *Gründe* geltend gemacht.[26] Die Argumentation, die sich auf Gründe stütze, habe nichts mit Kausalität zu tun,[27] auch insoweit sei eine »Materialisierung« ausgeschlossen. Wolf Singer fragt freilich trotzdem mit Recht: »Wo ist [...] der Grund, bevor er wirksam wird? Wo ist er denn?« Man müsse doch eine klare Vorstellung davon haben, wie ein »Grund verursachend auf die Hirnprozesse einwirkt. Wo ist der Grund, bevor er mit neuronaler Aktivität korreliert?« Mit anderen Worten: »Wenn also das Immaterielle Energie aufbringen muß, um neuronale Vorgänge zu beeinflussen, dann muß es über Energie verfügen. Besitzt es aber Energie, dann kann es nicht immateriell sein und muß den Naturgesetzen unterworfen sein.«[28] Richtig –

25 Man spricht vom cartesianischen Erbe, welches besage, »dass Bewusstsein keinen räumlichen Ort haben kann« (Searle, a. a. O., S. 43).

26 Hierzu ausführlich Habermas, »Freiheit und Determinismus«, a. a. O., S. 875 ff., mit dem bemerkenswerten Hinweis, daß »sich der überanstrengte idealistische Begriff einer ursprungslos-unbedingten Freiheit, die die Kraft haben soll, neue Kausalreihen ins Leben zu rufen [...] nicht über die Differenz zwischen Handlungserklärungen aus rationalen Motiven oder aus Ursachen hinwegtäuschen« könne (S. 876).

27 S. dazu die Feststellung bei Habermas, es lasse sich »die handlungsmotivierende Rolle von Gründen nicht nach dem Modell der Verursachung eines beobachtbaren Ereignisses durch einen vorangehenden Zustand begreifen« (»Freiheit und Determinismus«, a. a. O., S. 875).

28 In: Geyer (Hg.), a. a. O., S. 38 unten, s. auch S. 50: »Nun lehren uns aber die Erfahrungen, dass nichts ohne Ursache ist. Wir schreiben deshalb unserem Wollen die Rolle zu, als Auslöser für die schließlich bewusst gewordenen Entscheidungen zu fungieren. Diesem Wollen wiederum billigen wir inkonsequenterweise zu, dass es letztinstanzlich und unverursacht, also frei ist.« Besonders anschauliche Schilderung dieses Problems bei John R. Searle, *Geist, Sprache und Gesellschaft*, Frankfurt/M. 2004, S. 73.

aber ebenso gewiß ist, daß auch die moderne Hirnforschung diese Materialisierung der Gründe eben (noch) nicht nachgewiesen hat. Die Antwort, daß Gründe nichts Mentales seien, sondern nur die Abwägung von Gründen, besticht demgegenüber allerdings nicht. Auch kann ja nicht bestritten werden, daß Gründe eine kausale Rolle spielen. Offen ist nur die Reihenfolge. Stehen Ergebnisse aufgrund vorhergehender, unbewußter Hirnprozesse schon fest, oder sind sie eine Folge des Abwägens, so daß die Gründe den Hirnprozessen vorausgehen? Allgemeiner lautet die Frage auch hier, »ob es im Gehirn ein noch unbekanntes neuronales System gibt, das den Inhalt unseres Lebens bestimmt«.[29] Mit anderen Worten: »Wie kann es sein, daß sich in einem aus Nervenzellen bestehenden System unter bestimmten Bedingungen das Phänomen des subjektiven Erlebens entwickelt?«[30]

Angesicht dieses non liquet erhebt sich die Frage, wer die Beweislast hat. Müssen die unabhängigen Variabeln – jene Gründe – nachgewiesen werden?[31] Oder muß die Reichweite der abhängigen Variabeln (also der sichtbar zu machenden, auch Gründe einschließenden neuronalen Prozesse) nachgewiesen werden? Auch diese Frage endet womöglich mit einem non liquet.

Versucht man, noch etwas näher an das Problem heranzukommen, muß man feststellen, daß mentale Eigenschaften, »die an Tätigkeiten ganzer und lebendiger Individuen gebunden zu sein scheinen, [...] an den kleinen Materiepositionen und unter deren Zuständen und Eigenschaften gar nicht mehr vorkommen«.[32] Man kann ein bestimmtes neuronales Geschehen

»in einem Gehirn mit einer ›Wahrnehmung‹ oder einem ›Gedanken‹ nicht ohne weiteres gleichsetzen [...], so als hätten die Gehirnportionen oder auch nur das Gehirn eine Wahrnehmung oder einen Gedanken. Andern-

29 Holk Cruse, »Ich bin mein Gehirn. Nichts spricht gegen den materialistischen Monismus«, in: Geyer (Hg.), a. a. O., S. 223 ff. (223).

30 Ebd., S. 227; anstelle der Kausalität tritt offenbar häufig jetzt der Ausdruck *Supervenienz* auf (dazu Merkel, a. a. O. S. 25).

31 So Anja Schiemann, »Kann es einen freien Willen geben? – Risiken und Nebenwirkungen der Hirnforschung für das deutsche Strafrecht«, in: *Neue Juristische Wochenschrift* 57 (2004), 29, S. 2056 mit dem Hinweis, die Vertreter der Willensfreiheit seien den Beweis schuldig.

32 Thomas Buchheim, »Die Grundlagen der Freiheit«, in: *Philosophisches Jahrbuch* 2004, S. 1 ff. (6).

falls kann man der Meinung sein, daß ein Gedanke oder eine Wahrnehmung im Gehirn irgendwie ›codiert‹ sei, so wie die Erbinformationen in den Genomen, ohne daß diese Genome ein lebendiges Individuum oder auch nur ›Leben‹ der und der Art wären.«[33]

Die Vermutung ist, daß »mentale Eigenschaften offenbar nicht vollständig und durch und durch lokalisiert sind, sie verschwinden im Kleinen«. Daher sagt man, die

»Nichtlokalisierbarkeit mentaler Eigenschaften« bestehe darin, »daß sie erst durch gewisse Relationen oder Beziehungen ihres Trägers zu anderen die manifesten Eigenschaften dessen werden, denen allein man sie zuschreiben kann«.[34] Gleichwohl seien diese »verdeckt durch die rationalen Eigenschaften [...] kausal nicht relevant«. Daraus wird gefolgert, »daß Freiheit nur in einer Welt real ist, in der bestimmte mentale Zustände kausale Relevanz für das Verhalten gewisser materieller Wesen besitzen. Ohne daß Gedanken wirksam sind, gibt es keine Freiheit.«[35]

4) Schließlich: Gibt es eine unabhängige Welt der Sprache?[36]

Die Sprache ist nichts Solitäres, sondern »gehört zu den Individuen, die im Plural innerhalb einer gemeinsam ausgebildeten,

33 Ebd., S. 7.

34 Ebd., S. 8.

35 Ebd., S. 9. Es fällt auf, daß diese Frage nicht von allen, die sich an der Diskussion beteiligen, mit dieser Intensität gestellt wird. Habermas vermutet, daß die Suche nach dem neuronalen Korrelat für »eine Kommandozentrale« im Hirn »zum Erbe einer Bewusstseinsphilosophie« gehöre, »die das erlebende Subjekt im Selbstbewusstsein zentriert und der Welt als einer Gesamtheit von Objekten gegenübergestellt sieht. Dass sich die neurologische Kritik am Bild einer Hierarchie-Instanz glaubt abarbeiten zu müssen, erklärt sich aus der heimlichen Geistesverwandtschaft der Kognitionswissenschaften und der Neurologie mit dieser Bewusstseinsphilosophie. Ausgehend von der zweistelligen Relation zwischen ›Ich‹ und ›Welt‹ bzw. ›Gehirn‹ und ›Umwelt‹, gelangen beide Seiten zum Paradigma des Geistes als des subjektiven Bewusstseins, das sich aus der Ersten-Person-Perspektive eines erlebenden Subjekts erschließt« (»Freiheit und Determinismus«, a. a. O., S. 889).

36 Fachspezifisch ist hier vor allem Bezug zu nehmen auf die Arbeiten von Angela Friderici. Ein Überblick bei dies./Anja Hahne, »Neuro-kognitive Aspekte der Sprachentwicklung«, in: Hannelore Grimm (Hg.), *Enzyklopädie der Psychologie.* Themenbereich C, Serie III, Bd. 3: *Sprachentwicklung*, Göttingen 2000, S. 273 ff.; wichtig aber auch schon die früheren Arbeiten, etwa dies., *Neuropsychologie der Sprache*, Stuttgart 1984; dies., *Kognitive Strukturen des Sprachverstehens*, Heidelberg 1987; vgl. ferner den Abschnitt »Wirklichkeit und Sprache« bei Johannes Fried, *Der Schleier der Erinnerung. Grundzüge einer historischen Memorik*, München 2004, S. 132 ff.

gepflogenen und tradierten Lebensform ›die Sprache besitzen‹, in einem wahren Dickicht aus Tätigkeiten«. Es verhält sich mit der Sprache ähnlich wie mit Musik, die »weder in der Flöte noch im Flötenspieler noch in dem Hörenden ganz, sondern irgendwie zwischen ihnen überall, aber nirgends insbesondere ist«.[37] Sprachliche Kommunikation habe eine Ursprungsfunktion, wird gesagt. Man geht davon aus, daß Ich-Bewußtsein und Sprache durch Kommunikation nicht nur Relevanz erhalten, sondern überhaupt erst entstehen.

C. Neue Theorien des Subjekts[38]

Auch wer die Frage, ob es eine von Hirnprozessen unabhängige Welt des Geistes gebe, mit »nein« beantwortet, bewegt sich im Metaphysischen, wie ein Atheist. Agnostizismus bleibt also nach wie vor die bescheidene Lösung, solange die Materialisierungslücken nicht geschlossen sind oder abzusehen ist, daß sie geschlossen werden. Aber vielleicht kann man eine vorläufige Hypothese wagen, die die offenen Fragen etwas einschränkt. Kann es nicht so etwas wie die durch Hirnprozesse »freigesetzte Freiheit« geben oder determinierte Freiheitsprozesse?[39] Sollte man vielleicht von Freiheitsprozessen im Unbewußten sprechen? Oder ist das alles nur eine Metapher für die Herrschaft des Zufalls?

37 Über die hier vielleicht einschlägigen »Bilder aus der Computersprache« sagt Habermas, daß sie »insoweit eine falsche Spur« legen, »wie sie das kartesische Bild von isolierten Bewusstseinsmonaden nahe« legen (»Freiheit und Determinismus«, a. a. O., S. 887).

38 Zur generellen, historischen interdisziplinären Einführung: Reto Luzius Fetz/Roland Hagenbüchle/Peter Schulz (Hg.), *Geschichte und Vorgeschichte der modernen Subjektivität*, 2 Bde., Berlin/New York 1998.

39 Gerhard Roth hat das in einer öffentlichen Diskussion in München eingeräumt, im Rahmen des von der *Süddeutschen Zeitung* am 13. 5. 2004 veranstalteten Forums Wissen »Wie frei ist der Mensch?« Vgl. den Bericht in der *Süddeutschen Zeitung* v. 17. 5. 2004. In diese Richtung scheinen auch die Überlegungen von Searle, *Freiheit und Neurobiologie*, a. a. O., zu gehen, wenn er sagt: »Zu jedem Zeitpunkt ist der Gesamtzustand des Bewusstseins durch das Verhalten der Neuronen festgelegt, aber von einem Zeitpunkt zum nächsten ist der Gesamtzustand des Systems nicht kausal hinreichend, um den nächsten Zustand zu determinieren. Wenn Willensfreiheit überhaupt existiert, dann als Erscheinung in der Zeit« (a. a. O., S. 45).

Wie das auch sein mag, eine derart zugespitzte agnostische Position befreit die Menschen nicht von der Notwendigkeit, Wertungen vorzunehmen. Alles Weitere hängt demnach davon ab, ob es einem angenehmer ist, sich zur Freiheit aufgerufen zu fühlen angesichts des Unbekannten oder aus Trotz gegen das Unwillkommene. Die Situation ist vergleichbar dem Scheideweg, an den man durch die modernen Konstruktivismus-Theorien geführt wird. Geht die Welt für uns restlos in einer Konstruktion auf, oder stoßen wir auf »brute facts«, die eine uneingeschränkte Aspektabhängigkeit der Erkenntnis ausschließen? Schwer zu entscheiden. Jedenfalls ist, wenn wir – so paradox das klingt – realistisch genug sind, das Unbegreifliche zu registrieren, die Freiheit des Umgangs damit unausweichlich, und die Anpassung an naturwissenschaftliche Aussagen, die diese Grenze nicht erreichen können, ginge ins Leere.

Die durch die neue Hirnforschung ausgelöste genauere Lokalisierung der agnostischen Position führt zurück auf in der Generation Kants gestellte, im Zuge der idealistischen Hypertrophie vernachlässigte, jetzt aber wieder und besser sichtbar gewordene Fragen.

Das transzendentale Subjekt bleibt zwar, aber man versucht, es doch näher an das erfahrbare heranzuführen, beispielsweise durch die Formulierung eines gleichsam handwerklichen Problems: »Die Erkenntnis steckt zwar in unserem Inneren, doch wir sind nicht imstande, uns Zugang zu ihr zu verschaffen.«[40] Deshalb heißt das dann immerhin schon transzendentaler Naturalismus.[41] Empiristischer klingt der terminus »mentalistisches Paradigma«.[42] Erst kürzlich wieder ist von Habermas in Erinnerung gerufen worden, daß ja schon Hegel darüber geklagt habe, wie es »überhaupt möglich sein« solle, »eine Realität, die sich allen Begriffen entzieht, gleichwohl in Begriffe zu fassen«, »wie kann Kant von einer schlechthin unzugänglichen Realität behaupten, daß sie die Sinne ›affiziere‹, wenn doch der Begriff der Kausalität – wie alle Begriffe für die Interaktion zwischen Spontaneität und Rezeptivität – nur auf eine

40 Colin McGinn, *Die Grenzen vernünftigen Fragens*, Stuttgart 1996, S. 235; vgl. auch: ders., *The Problem of Consciousness*, Cambridge (USA) 1991, S. 89, s. auch S. 11, 56.

41 Ebd., S. 11.

42 Jürgen Habermas, *Wahrheit und Rechtfertigung*, Frankfurt/M. 1999, S. 194.

der kooperierenden Seiten, nämlich auf die des kategorisierenden Verstandes, gehört?«[43] Bei Hegel selbst liest man es dann so:

»Es ist […] vollkommen falsch, in der empirischen Anschauung sowie im Gedächtnis und im Begreifen diese Momente des Bewußtseins zu betrachten als zusammengesetzt werdend aus den beiden Seiten des Gegensatzes, so daß jedes von ihnen einen Teil zu dem Eins beitragen, und zu fragen, was in dieser Zusammensetzung das Tätige jedes Teils sei.«[44]

Da ist wirklich Verzweiflung zu spüren, aber nicht am Transzendentalen, sondern am Empirischen. Daran darf einen nicht irre machen, daß Hegel das nicht wahrhaben möchte, sondern »die Beziehungen zwischen Subjekt und Objekt bereits vor jeder aktuellen Begegnung« zu strukturieren versucht.[45] Das ist ein Ablenkungsmanöver, das man heute besser durchschauen kann als seinerzeit, wenn man sich nur entschließt, noch einen Schritt weiter zurückzugehen. Ehe Schelling, Fichte und Hegel die Lieferung des Idealismus übernahmen, hatte Salomon Maimon[46] seinem großen Kollegen schon vorgehalten, daß die »Operation des Schlusses auf eine fremde Ursache […] ja selbst Anwendung des Kausalgesetzes, dessen Urheber wir selbst sind«, sei.[47] Manfred Frank meint im Anschluß an Jacobi, Maimon habe »unsere Vorstellung von einer Einwirkung der Dinge an sich auf uns […] in einen Schluß aus unserem Gefühl minderer Aktivität beim Anschauen einer Fremdwirkung umgedeutet«.[48] Die Sinnlichkeit sei also »das Charakteri-

43 Ebd.

44 Georg Wilhelm Friedrich Hegel, *Jenaer Systementwürfe 1*, Hamburg 1986, S. 203 f. (zit. n. Habermas, *Wahrheit und Rechtfertigung*, a. a. O., S. 195).

45 Habermas, *Wahrheit und Rechtfertigung*, a. a. O., S. 193 f.

46 In den Philosophiegeschichten wird dieser Autor gewöhnlich übergangen; es ist das Verdienst vor allem von Manfred Frank, *Unendliche Annäherung*, Frankfurt/M. 1997, S. 110 ff., seine Bedeutung wieder in Erinnerung gerufen und auch sein Leben (1753 oder 1754 bis 1800) kurz dargestellt zu haben. Zugänglich ist das wissenschaftliche Werk von Salomon Maimon jetzt in der von Valerio Verra herausgegebenen Ausgabe der *Gesammelten Werke*, 6 Bde., Hildesheim 1976, s. dazu auch Frank, a. a. O., S. 13, 148.

47 Salomon Maimon (zit. n. Frank, a. a. O., S. 127).

48 Ebd., S. 27; vgl. auch die Wendung (wiederum unter Bezugnahme auf eine von Jacobi vorgenommene Deutung): »[…] daß wir dasjenige Quantum Aktivität, das wir uns bei Ding-Anschauungen selbst nicht zuschreiben können, in einer natürlichen Täuschung den auf uns einwirkenden Dingen als Aktivität zuschreiben« (ebd., S. 128).

stikum unseres eingeschränkten Verstandes. Die Vorstellung von einem Gegebenwerden oder einer Affektion« erkläre sich »dann aus einem strukturellen Unbewußtsein, in dem wir hinsichtlich unserer Spontaneität befangen« seien.[49]

Die Kontinuität des ganz Modernen ist doch immer wieder beeindruckend. Man kann hier ohne weiteres damit fortfahren, daß Habermas in diesem Zusammenhang Freud assoziiert (dem die philosophische Metaphysik vollkommen fremd war); er habe »im Zusammenhang der klinischen Praxis [...] das *analytische Bewußtmachen* unbewußter Motive für den therapeutischen Zweck der kritischen Veränderung eines illusionären Selbstverständnisses in Dienst« genommen.[50] Auch Colin McGinn sieht sich veranlaßt, »an das Freud'sche Unbewußte« zu erinnern,

»das ebenfalls Zustände umfassen soll, die zwar einen Inhalt haben, der bewußten Vernunft jedoch kaum oder gar nicht zugänglich seien. Grundsätzlich wäre es der Freud'schen Theorie zufolge möglich, daß das Unbewußte Begriffe beherberge, von denen das Bewußtsein kognitiv ausgeschlossen wäre, wenn die Verdrängung wirksam genug funktionierte. Diese Begriffe wiederum können in Theorien auftreten, die nötig sind, um Phänomene zu erklären, zu denen wir tatsächlich bewußten Zugang haben. Dies wäre demnach ein Fall, in dem der TN (Transzendentaler Naturalismus) für die bewußte Vernunft gilt, aber nicht mit Bezug auf die begrifflichen Ressourcen des Unbewußten.«

Dieser Fall ähnele, fährt McGinn fort, »dem Beispiel des enttäuschten Sprachforschers mit seinem unterbewußten Sprachvermögen«.[51] Andere Autoren sehen inzwischen ebenfalls diese Zusammenhänge. Wenn jedes Bewußtsein von etwas ein nicht-intentionales Selbstbewußtsein impliziert, das heißt, wenn »das Bewußtsein, das im Falle der Selbstthematisierung sein eigenes Objekt werden kann [...] mit sich selbst ohne weitere Vergegenständlichung vertraut sein« muß (wenn nicht seine Explikation in den infiniten Regreß geraten soll), dann stoße ich, weil ich »in einem psychischen Zustand ersten Grades nicht wissen kann, was das für ein Zustand ist, wiederum auf die Phänomene«, sagt Manfred Frank, die Freud für vor- oder gar unbewußt erklärt hatte. Es bleibe ja dabei, daß zwischen dem »nichtreflexiven und dem reflektierten Bewußtsein

49 Ebd., S. 123.

50 Ebd., S. 193.

51 McGinn, *Die Grenzen vernünftigen Fragens*, a. a. O., S. 235 f.

schon an sich eine Kontinuität« walte.[52] An die Stelle des Transzendentalen tritt also das, was McGinn »the hidden structure of consciousness« nennt, mit der Akzentuierung »to be hidden is not to suffer any metaphysical etiolation«.[53] Das heißt: »Only by venturing beyond the observable can we develop adequate theories of the observable.«[54] Wem das zu modern ist, dem sei empfohlen, sich dann wenigstens an Ernst Cassirer zu halten, der in seinem späten Werk über »Ziele und Wege der Wirklichkeitserkenntnis«[55] für diesen Tatbestand die klassische Formulierung gefunden hat:

»Um zu seinem eigentümlichen Prinzip durchzudringen, um das Ich in seiner Selbständigkeit und in seiner spezifischen Gewißheit zu erfassen, braucht sich der Idealismus nicht in die Sphären einzuschließen. Er braucht die ›Außenwelt‹ nicht zu vermeiden; aber er muß sie gewissermaßen ›abblenden‹, um seine eigene Richtung zu finden, und sie unbeirrbar festzuhalten. Sie verfällt der phänomenologischen Reduktion; nicht was sie an sich ist, sondern wie sie sich kundgibt, wie sie sich in den Formen der Erscheinung auslebt, bildet die entscheidende Frage.«[56]

So produziert das Ich, nachdem es theoretisch seit Kant und seinen Zeitgenossen durch die Reflexionen auf eine Welt, die objektiv unfaßbar ist und doch als selbständige Erscheinung nicht geleugnet werden kann, sich auch – in unserem Jahrhundert zum erstenmal empirisch ausgereizt – als Objekt erkennt, das Problem der Identität, »die sich durch die Übernahme der Haltungen an-

52 Ausführlicher dazu Lüderssen, *Produktive Spiegelungen*, Frankfurt/M. 1991, S. 278; auch Habermas bezieht sich jetzt für die »vertrackte und komplexe Geschichte von Ideen, die sich von Descartes bis Kant und von Fichte über Husserl und Sartre […] bis zu Dieter Henrich erstrecken«, ausdrücklich auf die einschlägigen Werke von Manfred Frank (*Wahrheit und Rechtfertigung*, a. a. O., S. 289); nicht recht verständlich ist deshalb, warum er in seiner Abhandlung über »Freiheit und Determinismus«, a. a. O., Frank mit keinem Wort erwähnt, auch dort nicht, wo er mit großer Entschiedenheit sagt, daß »sich hinter dem reifizierenden Ich-Sagen keine Instanz, auf die wir wie auf eine Entität der Welt Bezug nehmen könnten«, verberge (a. a. O., S. 889 unter Hinweis auf Arbeiten von Wittgenstein und Tugendhat).

53 Colin McGinn, *The Problem of Consciousness*, Oxford 1996, S. 89.

54 Ebd.

55 Ernst Cassirer, *Nachgelassene Manuskripte und Texte*, hg. v. Klaus Christian Köhnke/John Michael Krois/Oswald Schwemmer, Bd. 2, Hamburg 1999.

56 Ebd., S. 13.

derer entwickelt«.[57] Kehrt man die Optik um, so kann man sagen: Der »generalisierte Andere« der »Erfahrung« des Ichs »verleiht ihm

57 George H. Mead, *Geist, Identität und Gesellschaft* (1934), Frankfurt/M. [7]1988, S. 217. Das ist die Grundlage der These von der Individuierung durch Vergesellschaftung, wie sie vor allem Habermas entwickelt hat (*Nachmetaphysisches Denken*, Frankfurt/M. 1988, S. 187 ff.; dazu jetzt auch ders., »Freiheit und Determinismus«, a. a. O., S. 889 f. mit weiteren Literaturhinweisen). Eine gewisse Annäherung an diese Position findet sich überraschenderweise bei Singer, »Verschaltungen legen uns fest«, a. a. O., S. 47 f. Diese soziologischen Erkenntnisse über die Entstehung des Ich (hier gibt es wieder eine Parallele bei Singer: »In der fehlenden Erinnerung an frühe soziale Lernprozesse könnte somit die Ursache liegen für die eigentümliche transzendentrale Komponente unseres Selbstmodells, die wir mit unserem Ich verbinden, dieses allen materiellen Prozessen vorausgehende, ihnen gegenübergestellte und von ihnen unabhängige Konstrukt«, ebd., S. 51, 54 f.) rühren m. E. aber nicht an das Phänomen der Nicht-Hintergehbarkeit des Individuellen. Denn wie auch immer sie entstanden sein mag, das Ergebnis bleibt dasselbe, d. h., die Unendlichkeit des Regresses auf ein Ich, das sich nicht mehr objektivieren kann (mag es auch als »Entität« zweifelhaft bleiben, vgl. dazu Habermas, »Freiheit und Determinismus«, a. a. O., S. 889), bleibt eine unaufgebbare Hypothese. Auch Johannes Fried scheint das zu verkennen, wenn er zu den Möglichkeiten der Lokalisierung des Bewußtseins – Rückführung auf chemisch-physikalische Prozesse oder Betrachtung (gleich Raum und Zeit) als »mystische oder sonst nicht weiter ableitbare und rückführbare psychische Grundtatsachen dieser Welt« – eine von ihm favorisierte hinzufügt; sie besteht »in einer Wechselwirkung von *Hirn und Kultur*, von Genetik und Erfahrung, von Evolution und Geschichte, mithin in der Betrachtung des Bewusstseins und des Gedächtnisses als eines ›kultursomatischen‹ Phänomens, das die Psyche mit einschließt. Es veränderte sich danach nicht nur *in* der Geschichte, sondern bis in die physische Organisation hinein *durch* dieselbe, durch die Erfahrungen des individuellen Lebens (jedenfalls bis zur Pubertät) wie der menschlichen Kollektive, die auf sich erinnernde Individuen angewiesen bleiben« (a. a. O., S. 101 f.). Ebenfalls auf dieser Linie scheint auch die von Habermas beifällig zitierte Arbeit von Mauersberg, *Der lange Abschied von der Bewusstseinsphilosophie*, Dissertation, Frankfurt/M. 1999, zu liegen (»Freiheit und Determinismus«, a. a. O., S. 890); s. ferner Herbert Schnädelbach, *Analytische und postanalytische Philosophie*, Frankfurt/M. 2004, S. 198 ff. (bes. S. 211 ff.). Daß Habermas sich dabei auch auf die Arbeiten von Ernst Tugendhat bezieht (a. a. O., Fn. 50), ist insofern irritierend, als Tugendhat sich ja immer gegen Habermas' Behauptung der unabdingbaren Relevanz der Kommunikation für persönliche Entscheidungsprozesse gewandt hat. Ganz im Sinne der Selbständigkeit der Ich-Funktion jetzt deshalb auch Tugendhat, *Egozentrizität und Mystik*, München 2003, S. 55 ff. (mit Blick auf das Problem der »Zurechnungsfähigkeit«). Für die Fortsetzung der Diskussion wären wohl die großen Arbeiten von Dieter Henrich, *Der Grund im Bewußtsein*, Stuttgart 1992, und *Grundlegung aus dem Ich*, 2 Bde., Frankfurt/M. 2004, heranzuziehen.

eine Ich-Identität«.[58] Das war der Anfang, und was folgte, ist so bekannt, daß die Mitteilung weiterer Referenzen, natürlich eine persönliche Auswahl, hier genügen muß.[59] Die Bezüge verteilen sich auf viele Fächer wie »Richtungen«. Die Stichworte werden aus einer anthropologischen Perspektive mit einem hegelianischen Ausgangspunkt[60] ebenso geliefert wie in Verbindung mit einer philosophisch-literaturwissenschaftlichen Tradition, die sich mit Strukturalismus und Neostrukturalismus auseinandersetzt.[61] Ferner gehören hierher auch die älteren Bemühungen, die Ergebnisse der modernen Hirnforschung in die Philosophie des Bewußtseins einzubeziehen,[62] die Beiträge einer der Linguistik zugewandten Psychoanalyse,[63] einer sich universal begreifenden Literaturwissenschaft[64] und neuerdings der Geschichtswissenschaft.[65] Schließlich dürfen die Bemühungen der Politikwissenschaft nicht übersehen werden, die wegen ihres Interesses an sozialen, insbesondere nationalen Identitäten schärfer vielleicht als andere Disziplinen auch für

58 George H. Mead, »Die Genesis der Identität und der sozialen Kontrolle« (1925), in: ders., *Aufsätze*, Bd. 1, Frankfurt/M. 1987, S. 299 ff. (320); dazu Wolfhart Pannenberg, »Person und Subjekt«, in: *Poetik und Hermeneutik* VIII, München 1979, S. 407 ff. (416), und Jürgen Habermas, »Individualisierung durch Vergesellschaftung. Zu George Herbert Meads Theorie der Subjektivität«, in: ders., *Nachmetaphysisches Denken*, a. a. O., S. 187 ff. (237 ff.).

59 Siehe im übrigen Lüderssen, »Resozialisierung und Menschenwürde«, in: *Kritische Justiz* (1997), S. 279 ff., mit Nachweisen weiterer Literatur (Anm. 14).

60 Charles Taylor, *Quellen des Selbst. Die Entstehung der neuzeitlichen Identität*, Frankfurt/M. 1996. Siehe dazu auch Thomas Kreuzer, *Kontexte des Selbst: eine theologische Rekonstruktion der hermeneutischen Anthropologie Charles Taylors*, Gütersloh 1999.

61 Vgl. dazu auch die älteren Arbeiten von Manfred Frank, im einzelnen nachgewiesen in: Lüderssen, *Genesis und Geltung in der Jurisprudenz*, Frankfurt/M. 1996, S. 71 (Fn. 158).

62 Siehe die einschlägigen Arbeiten in der von Thomas Metzinger herausgegebenen Anthologie *Bewußtsein*, Paderborn ²1995; siehe ferner Peter Bieri (Hg.), *Analytische Philosophie des Geistes*, Bodenheim 1993.

63 Julia Kristeva, *Die neuen Leiden der Seele*, Hamburg 1994; die Ausgangspunkte bei Jacques Lacan, *Schriften II*, Weinheim/Berlin ³1991; siehe dazu auch Elisabeth Roudinescu, *Jacques Lacan. Bericht über ein Leben, Geschichte eines Denksystems*, Köln 1996, S. 567 ff.

64 Odo Marquard/Karl-Heinz Stierle (Hg.), *Identität* (*Poetik und Hermeneutik*, Bd. VIII), München 1979.

65 Johannes Fried, *Geschichte und Gehirn. Irritationen der Geschichtswissenschaft durch Gedächtniskritik*, Mainz/Stuttgart 2003.

die personale Identität auf den Einfluß gesellschaftlicher Konstruktionen verweist.[66]

D. Folgerungen für das moderne Strafrecht

Wie alle empirischen Schübe, welche die Strafrechtswelt erreicht haben, vermehrt auch die moderne Hirnforschung unser Wissen über diejenigen Determinanten strafrechtlich relevanten Verhaltens, die wir aus dem Zurechnungsschema herausnehmen müssen. Es ist ja gar keine Frage, daß die Annahme der Willens- und Handlungsfreiheit nicht etwa bedeutet, es gebe keine dieses Vermögen einschränkenden Faktoren. Die Strafrechtsdogmatik ist förmlich dadurch gekennzeichnet, daß nach und nach auf der subjektiven Tatseite, wie wir sagen, die Menge des direkt Zurechenbaren immer kleiner wird. Jedes Mal, wenn insofern ein nennenswerter Vorbehalt anzubringen war, ist dann auch mehr oder weniger intensiv die alte Frage der Willensfreiheit neu aufgeworfen worden, so etwa, als nach einer gewissen Rezeption der Psychoanalyse der Kreis der seelischen Störungen, welche die Zurechnungsfähigkeit im Sinne der einschlägigen Vorschriften ausschließt, deutlich erweitert werden sollte. Ganz hat sich das nicht durchgesetzt, aber gegenüber dem alten, völlig auf die klassische Psychiatrie zugeschnittenen Wortlaut gab es doch eine Änderung. Deshalb ist es vollkommen richtig, wenn es heißt, daß es unverzichtbar sei, »dem ›Organischen‹ auf die Sprünge zu helfen«, mit der Folge, »die therapeutischen Durchbrüche in der Psychiatrie« erst zu ermöglichen.[67]

Die Strafjuristen haben – entgegen der voreiligen Annahme der Hirnforscher – längst nicht mehr das Konzept einer absolut und auch nur relativ feststehenden Willensfreiheit, sondern beziehen

66 Siehe dazu die Arbeiten bei Walter Reese-Schäfer (Hg.), *Identität und Interesse*, Opladen 1999; dort übrigens aus der Feder von Wolf-Dieter Narr sehr interessante definitorische Erörterungen (S. 101 ff.).

67 In Gestalt der modernen Emotionsforschung, wie sie vor allem durch Antonio R. Damasio zum Gegenstand einer ganz breiten Diskussion geworden ist (Antonio R. Damasio, *Ich fühle, also bin ich. Die Entschlüsselung des Bewusstseins*, München 2003; s. aber auch das in Anm. 10 genannte Werk), wird die Hirnforschung hier einen maßgebenden Part zu übernehmen haben. Ferner sind die modernen neurophilosophischen Forschungen aufzunehmen, über die Dieter Vaiti, *Veränderte Bewusstseinszustände*, Stuttgart 2003, berichtet.

sich auf die Alltagsbeschreibungen der Ansprechbarkeit und Steuerungsfähigkeit. Keineswegs wird geleugnet, daß »geistige Prozesse von systemischen und physikalischen Vorgängen abhängig sind«.[68] Selbst wenn die Abhängigkeit vollkommen sein sollte, heißt es dann allerdings, »sind doch Vorstellungen, Gefühle, Bestrebungen und Willenskundgebungen nicht einfach identisch mit den organischen Vorgängen, auf denen sie beruhen«.[69]

Das gilt auch angesichts dessen, daß in der modernen kritischen *Kriminologie* eigenartige Sprünge zu verzeichnen sind. Zunächst war für diese Disziplin der Schuldbegriff der Inbegriff der bourgeoisen Strafrechtswissenschaft und ausschließlich Ausdruck eines Vergeltungsdenkens. Mit den Terroristenprozessen änderte sich das. Die Verteidiger entdeckten die für ihre Mandanten günstige Funktion des kantischen Freiheitsbegriffs. Die Fiktion der Schuld wurde zu einer Freiheitsverbürgung,[70] im Sinne einer Begrenzung des Strafens. Freilich gab es dann wieder eine Kehrtwendung zum autonomen Täter im Rahmen einer Richtung, die später als zweifelhaftes »Moralunternehmertum« bezeichnet wurde. Es richtete sich vor allem gegen Wirtschaftskriminalität und Umweltkriminalität. Obwohl die normativen Einwände gegen diese Inversion der eigenen strafrechtskritischen Position sich bald durchsetzten, trat diese »Stimmung« erneut auf, als die Gesellschaft mit dem Problem der jugendlichen Rechtsradikalen konfrontiert wurde.[71] Dabei kam es zu einer abermaligen Apostrophierung des Bösen«, das gleichermaßen Anknüpfungspunkte für Schuld und Gefährlichkeit bietet, so daß an dieser Stelle die fortgeschrittenen freiheitsverbürgenden Konzeptionen wieder verlassen wurde.

Ein Strafrecht, dessen Begriff vom Menschen gleich weit entfernt ist von dessen selbstherrlicher Überhebung wie dessen völligem Aufgehen in Umwelt und Anlagebedingtheiten, wird weder emphatisch noch misanthropisch sein dürfen. Damit ist gemeint,

68 Paul Bockelmann, »Willensfreiheit und Zurechnungsfähigkeit«, in: *Zeitschrift für die gesamte Strafrechtswissenschaft* 75 (1963), S. 372 ff. (374).

69 Ebd., S. 374.

70 So – unabhängig von diesen Entwicklungen der Verteidigungsstrategien – Claus Roxin, *Strafrecht. Allgemeiner Teil*, München ^{3}1997, S. 745.

71 Dazu Lüderssen, »Moderne Wege kriminalpolitischen Denkens«, in: ders. (Hg.), *Aufgeklärte Kriminalpolitik oder Kampf gegen das Böse?*, Bd. 1: *Legitimationen*, Baden-Baden 1998, S. 25 ff. (28 f.).

daß die Heraufstilisierung eines nur von Menschen etablierten und verwalteten Unrechts zum absoluten Bösen, dessen Ahndung mit schweren Folgen als große Kulturleistung empfunden wird, ebenso abzulehnen ist wie die wertfreie Fixierung des gefährlich erscheinenden Menschen, der einfach ausgegrenzt oder sogar unschädlich gemacht werden soll.[72]

Vertretbar ist nur ein philanthropisches Strafrecht, das weder im Namen einer sich verselbständigenden Staatsräson noch im Namen des immer Partei bleibenden Deliktopfers geschaffen und gehandhabt wird, das vielmehr Rechtsgutsverletzungen dann verfolgt, wenn das nicht nur im Interesse des davon Betroffenen, sondern des Gemeinwohls liegt. Das ist im einzelnen nicht leicht zu definieren, doch kann man insofern auf eine gewisse Tradition verweisen.

Dieses Strafrecht muß außerdem an exakt beschreibbare Taten und nicht an Persönlichkeitsentwicklungen anknüpfen. Denn der Respekt vor der Autonomie des Subjekts gebietet, daß staatliche Eingriffe voraussehbar und berechenbar sind. Aus demselben Grunde müssen diese Eingriffe einen vernünftigen Zweck haben. Dieser kann nur darin liegen, den möglichen Täter oder den wegen einer Straftat Verurteilten für die Zukunft so zu beeinflussen, daß weitere Straftaten unterbleiben. Dieser Einfluß nimmt seinen Weg über die Einsicht des Verurteilten in seine Verantwortlichkeit; verfügt er darüber nicht, so gibt es Resozialisierung[73] nur in Gestalt von Dressur. Vergeltung um ihrer selbst willen hingegen wäre eine Anmaßung im Namen eines Prinzips, das sich über die Bedürfnisse der Subjekte hinwegsetzt. Vergeltung im Namen des »Opfers«, was neuerdings gelegentlich vorgesehen wird, müßte sich unter dem Gesichtspunkt, daß das Opfer einen Anspruch gegen den Staat auf Bestrafung des Täters habe, rechtfertigen. Dieser Anspruch jedoch würde die Grenzen, die dem in einer Gesellschaft lebenden Subjekt mit Blick auf seine vielfältigen Abhängigkeiten gezogen sind, sprengen.[74]

72 Im einzelnen dazu: ders., »Das moderne Strafrecht. Eine Zerreißprobe zwischen ultima ratio, Pragmatismus und kulturellem Hochgefühl«, in: *Strafverteidiger* 2004, S. 97 ff. (99).

73 Daß sie sich als Rechtsfolge am positiven Recht, also vielleicht an etwas Zufälligem orientieren soll, ist freilich ein ungelöstes Problem (vgl. ders., *Abschaffen des Strafens*, Frankfurt/M. 1995, S. 162 ff. (180 ff.).

74 Ders., »Der öffentliche Strafanspruch im demokratischen Zeitalter – von der

Längst hat, jedenfalls in den westlichen Demokratien, die Strafrechtsentwicklung diesen mittleren Weg genommen. Sie muß sich aber noch bewähren unter dem Aspekt, daß allmählich auch die Kriminalisierung der Politik namhaft und einer strafrechtlichen Beurteilung zugänglich gemacht worden ist – also vor allem Kriegsverbrechen vor den entsprechenden, neu etablierten Tribunalen angeklagt werden können. Denn damit könnte eine neue Variante des emphatischen Strafrechts ausgerufen sein. Das ist eine Versuchung, weil man sich die nüchterne Resozialisierung der Tyrannen und ihrer Helfer in der Tat schwer vorstellen kann. Und doch gibt es da keinen qualitativen Sprung, sondern nur die Erfahrung, daß die quantitative Wucht der Tat eben das Gelingen der Resozialisierung von vornherein mit Skepsis belastet. Aber schwierige Entscheidungen in Ausnahmefällen desavouieren, wie auch sonst im Rechtsleben, keineswegs die Legitimität der Regel.

Staatsraison über das Gemeinwohl zum Opfer?«, in: Cornelius Prittwitz/Joannis Manoledakis (Hg.), *Strafrechtsprobleme an der Jahrtausendwende*, Baden-Baden 2000, S. 63 ff.

2.2 Postscriptum: Früherkennung und soziale Anpassung – ein wissenstheoretisches Abenteuer

Vor gut einem halben Jahrzehnt begann im Feuilleton der *Frankfurter Allgemeinen Zeitung* eine Debatte über Hirnforschung und Willensfreiheit, die in einer breiteren Öffentlichkeit ein gesteigertes Interesse für diese wissenschaftliche Problematik weckte. Bald drängte sich dabei die Frage in den Vordergrund, ob unsere Rechtsordnung, die in vielfältiger Weise von der Fähigkeit der Bürger ausgeht, sich frei zu entscheiden, mit der Behauptung vereinbar sei, daß es im Gehirn keine zentrale, die einzelnen Funktionen zusammenführende Instanz gebe, die gleichsam das »Ich« repräsentiere. Man wisse jetzt, daß das Gehirn viele, zwar mit einander verbundene, aber im übrigen selbständig agierende Systeme habe, offenbar einem geheimen Prinzip der Distribution folge.

Das war nun keine mit der berühmten Äußerung Virchows vergleichbare Feststellung, er habe bei der Sektion des Gehirns die Seele nicht finden können. Vielmehr wurde der Anspruch erhoben, durch bildgebende Verfahren einen *Beweis* zu führen. Als dann noch die sogenannten Libet-Experimente mit der Überraschung aufwarteten, ehe der Mensch sich entscheide, etwas zu tun, habe das der zuständige Teil des Gehirns für ihn schon getan, und das Bewußtsein, eine Entscheidung gefällt zu haben, folge nur nach, war die Rechnung fertig. »Hören wir auf, von Freiheit zu reden«, meinte Wolf Singer. Das hätte einer Aufforderung gleichkommen können, im täglichen Geschäftsleben nicht mehr von Verträgen zu sprechen, denn die beruhen nach der Definition unseres Bürgerlichen Gesetzbuches auf sich wechselseitig ergänzenden Willenserklärungen. Aber niemand griff das auf. Die exponiertesten Vertreter der Hirnforschung nahmen nur das Strafrecht ins Visier. Dessen Schuldgrundsatz sei nunmehr in Frage zu stellen. In der Tat, dort spielte immer die Musik, wenn von Willensfreiheit die Rede war, weil es um Leben und Tod ging und die nichtjuristische Welt deshalb auch heute noch beim Recht gern und schnell und ausschließlich an das Strafrecht denkt.

Vereinzelte ungläubige oder jedenfalls zweifelnde Reaktionen gab es sofort, vor allem unter Hinweis darauf, daß sich das Strafrecht mit der Unentscheidbarkeit der Frage nach der Willensfreiheit doch längst arrangiert habe und für den Alltag auf die schwer widerlegbare Differenz von »normalem« und durch psychische Erkrankung gezeichnetem Verhalten verweise. Wiewohl im Laufe der Jahrhunderte Fortschritte zu verzeichnen waren (etwa die Entdeckung der Epilepsie und der Schizophrenie, schließlich auch die Konzession an schwere seelische Störungen), blieben die Krankheitsbilder.

Damit möchten avancierte Hirnforscher jetzt Schluß machen. Noch im 17. und 18. Jahrhundert wurden – mehr oder weniger schwer erkennbare – Geisteskranke mit Verbrechern zusammen eingesperrt. So soll es jetzt natürlich nicht wieder werden. Aber eine Nivellierung ist schon gemeint, nur mit umgekehrtem Vorzeichen. Nicht alle sind – im Sinne der persönlichen Zurechenbarkeit – kriminell, sondern niemand ist es. Der Hirntumor, der in Korrelation steht mit schweren Straftaten des daran Erkrankten, wird zum Anknüpfungspunkt für eine Analogie: So sei es eben auch in anderen, nicht so offenkundigen Fällen.

Eine Weile hat es gedauert, bis die allgemeine Publizistik auf diesem Felde die Strafrechtswissenschaft erreichte. Dann aber folgte eine Veröffentlichung auf die andere. Inzwischen gibt es Doktorarbeiten, Monographien, Beiträge in Sammelwerken und Festschriften. Sie sind mit wenigen Ausnahmen auf den Ton der Abwehr gestimmt. Dabei überwiegt die emphatische Behauptung, Freiheit und Würde des Menschen seien gefährdet. Die mühsam durch wissenschaftliche Aufklärung kultivierte Welt des Schuldstrafrechts wird beschworen, sein moralischer Rang vor anmaßender Konditionierung. Denn das sind die Alternativen, welche die Hirnforscher den Strafrechtlern anbieten: Erziehung, und wenn das nicht hilft, Einsperren für immer. Konsequent werden Verfahren der Früherkennung vorgeschlagen. Einzelheiten der strafrechtlichen Schuldliteratur interessieren nicht; es fehlt auch jede Bemühung darum trotz nachdrücklicher, ja bittender Empfehlungen.

Was ist bei dieser antagonistischen Sachlage zu tun? Der Hochmut der idealistischen Strafrechtsbegründung ist sicher fehl am Platz. Ein Dualismus von der Art, daß ein selbständiges Reich des Geistes, vielleicht sogar des objektiven Geistes, den Naturtatsachen, also auch dem Gehirn, selbständig und unabhängig gegenübertrete, ist wissenschaftstheoretisch diskreditiert. Das Geistige kann nur im Gehirn gefunden werden, wo denn sonst. Vor dieser »Naturalisierung« des Geistes darf man nicht zurückschrecken, sie ist nur realistisch. Alles andere wäre Metaphysik, und wer religiöse oder vernunft-absolutistische Gründe dafür hat, möge sich dazu bekennen. Wissenschaft ist das nicht.

Ebenso unwissenschaftlich ist es aber, aus großflächigen Zuständigkeitsverteilungen im Gehirn, weil man sie inzwischen messen kann, umfassende, ja ganze Systeme umwälzende normative Schlußfolgerungen für die Statthaftigkeit und Zweckmäßigkeit sozialer Reaktionen zu ziehen. Zwar werden schwindelerregend hohe Zahlen genannt über die Verknüpfungsvorgänge im Gehirn, aber was verbal daraus dann abgeleitet wird, bleibt dürftig, steht in keinem Verhältnis zu den Differenzierungen der Zurechenbarkeit, die Soziologie, Sozialpsychologie, wissenschaftliche Strafrechtsdogmatik und fallbezogene Rechtsprechung herausgearbeitet haben. Und die Experimente? Sie sind keineswegs unanfechtbar: Wodurch wird das »Bereitschaftspotential« des Gehirns, das der als willentlich empfundenen Entscheidung den Weg weist, seinerseits in Gang gesetzt, und sind die Versuchspersonen nicht längst vor der Etablierung des Bereitschaftspotentials auf das, was sie im Experiment tun sollen, eingestimmt?

Überhaupt keine Aussagen aber existieren darüber, ob *Grade* der Zwangsläufigkeit und gegebenenfalls welche Abstufungen der Determiniertheit eines Verhaltens zu registrieren sind. Solange darüber gar nichts gesagt wird, kann man eine Rechtsprechung nicht naturwissenschaftlich widerlegen, die – auf Sachverständige gestützt – durchaus erkennt, daß beispielsweise ein wegen pädophiler Handlungen beschuldigter Täter unter einem Triebdruck steht, und die dennoch der Meinung ist, es habe für ihn ein Entscheidungsspielraum bestanden.

Die Nichtauffindbarkeit einer »Kommandozentrale« im Gehirn muß übrigens nicht endgültig sein. Die Sicherheit, mit der gerade das behauptet wird, paßt schlecht zu der Feststellung, »dass die dynamischen Zustände der viele Milliarden miteinander wechselwirkenden Neuronen der Großhirnrinde ein Maß an Komplexität aufweisen, das unser Vorstellungsvermögen übersteigt«.[1] Daß auch die »Systemtheorie« den Menschen als Akteur ausblendet (selbstre-

1 Wolf Singer, »Unser Gehirn – das Tor zur Welt«, in: *Rotary-Magazin* (2008) 3, S. 42 ff.

ferentielle Teilsysteme regieren – mit- oder gegeneinander kommunizierend – die Welt), macht die Sache nicht leichter. Denn diese Soziologie hat eine noch schwächere empirische Grundlage.

Die Strafrechtler sind ausgesprochen neugierig auf das, was die Erforschung des Gehirns uns darüber lehrt, wie Entscheidungen zustande kommen, und jede weitere Entdeckung einer Determination, die schuldausschließend oder -mindernd wirkt, wird sorgfältig verbucht. Als der Psychoanalytiker Tilmann Moser vor gut vierzig Jahren eine »repressive Psychiatrie« denunzierte und dafür eintrat, daß die Empirie der Psyche viel gründlicher und tiefgehender sein müsse, entstand insofern eine vergleichbare Situation, als wiederum die Zurechungsfähigkeit insgesamt in Frage gestellt wurde. Aber dramatische Effekte blieben aus, weil der Psychoanalyse exakte wissenschaftliche Beweisführungen nicht zur Verfügung standen und sie auch gar keinen Wert darauf legte.

Da ist die moderne Hirnforschung anders. Noch nie ist das Strafrecht *wissenschaftlich* so rigoros herausgefordert worden, weder in der Epoche des vormarxistischen Materialismus um die Wende vom 18. zum 19. Jahrhundert noch durch den schon viel exakteren Naturalismus der zweiten Hälfte des 19. Jahrhunderts, obwohl Cesare Lomboso, der den natürlichen Verbrecher gefunden zu haben glaubte, am Ende doch eine lächerliche Figur wurde. Auch der breitangelegte Soziologismus der späten fünfziger und sechziger Jahre des vorigen Jahrhunderts – ein naiver Empirismus, der dann von der kritischen Kriminologie des *labeling approach* mit der Pointe überholt wurde, die Zuschreibungsmechanismen der Mächtigen, insbesondere des Staates, vorzuführen – mußte sich mit Teilerfolgen begnügen.

Kann man deshalb die Prognose wagen, daß auch die moderne Hirnforschung – zunächst jedenfalls – bei den Versuchen, das Strafrecht insgesamt revolutionär zu verändern, irgendwo an die Grenzen ihrer Möglichkeiten geraten wird? Die wertende Entscheidung von Staat und Gesellschaft für die Relevanz der Schuld wird vielleicht nur zu neuen Legitimationen provoziert, sei es mit dem Ernst derjenigen, die die Verantwortung des einzelnen Menschen als Fundament eines Lebensgefühls zu erhalten wünschen, sei es mit Blick darauf, daß das Beharren auf der Schuld eine Barriere ist für oberflächlichen Utilitarismus. Denn Appelle an Resozialisierungskonzepte, die durch die Chance freier Entscheidung motiviert werden, sind am Ende wirkungsvoller als ein schlichtes Training der sozialen Anpassung (ganz davon abgesehen, daß sie ja ihrerseits nur determiniert gedacht werden kann, ein unendlicher Regreß des Zufalls). Die Kalkulation mit einer nur als Einbildung (in welcher Region des dezentralisierten Gehirns muß man sie suchen?) konstruierbaren Freiheit könne die erwarteten Effekte nicht hervorbringen, wird vermutet. Aber dieser Einwand verkennt die liberalisierende Funktion des Nichtwissens. Selbst wer auf die normative Kraft des Faktischen vertraut, muß diese Fakten erst einmal haben. Solange das nicht der Fall ist, bleibt man auf normative Phantasie angewiesen.

Sie kann im nachkantischen Zeitalter kritischer Erkenntnistheorie nur durch eine Verantwortungsethik ausgefüllt werden, die im Strafrecht Eignung und Erforderlichkeit von Sanktionen abschätzt und die dabei auftretenden Zielkonflikte reflektiert. *Dafür* sind die Tatsachenmitteilungen der Hirnforschung hilfreich. Ihre Imaginationen aber beruhen auf der evolutionstheoretischen Annahme, daß mit dem – nur in der Kommunikation möglichen – Bewußtsein der Freiheit der Vorteil verbunden sei, Gründe für das, was man tue, mitzuteilen. »Diese Mitteilbarkeit hat vermutlich entscheidend zur Entwicklung und Stabilisierung sozialer Systeme beigetragen, weil sie die Option eröffnet, die Äußerungen über getroffene Entscheidungen zu bewerten, Entscheidungen als intentionalen Akt zu interpretieren, Verantwortung für Entscheidungen zuzuschreiben und Sanktionen für unerwünschte Entscheidungen vorzusehen.«[2] Damit ist ein möglicher Anschluß an das verzweigte Netzwerk der Sozialwissenschaften erreicht. Nicht mehr und nicht weniger.

2 Ders., »Selbsterfahrung und Neurobiologische Fremdbeschreibung. Zwei konfliktträchtige Erkenntnisquellen«, in: Rainer Duncker (Hg.), *Beiträge zur aktuellen Anthropologie*, Stuttgart 2006, S. 129 ff. (148).

2.3 Der Schutz des Embryos und das Problem des naturalistischen Fehlschlusses. Skizze einer Zwischenbilanz

Über das Thema ist so viel geschrieben und vorgetragen worden,[1] daß eigentlich kein neuer Standpunkt mehr begründet werden kann, sondern nur noch Entscheidungen getroffen werden müssen. Damit ist gerade in diesen Tagen die Politik sehr beschäftigt. Was für die Vorbereitung dieser Entscheidungen aber noch zu fehlen scheint, ist zweierlei:

- Eine Systematisierung der aufgeworfenen Fragen nicht nur in dem Sinne, daß man über verwirrende Aufzählungen hinwegkommt, sondern auch in dem Sinne, daß ihr Verhältnis zueinander klar wird.
- Eine Vergewisserung über die Methoden, die für die Bestimmung des zentralen Begriffs – das Leben – angewandt werden, wobei es vor allem auch darauf ankommt, die jeweils der Begründung entzogenen oder der Begründung für nicht bedürftig gehaltenen Vorannahmen genau zu bezeichnen.

Mit der Systematisierung der Fragestellungen möchte ich beginnen. Allerdings halte ich es für zweckmäßig, zur Einführung die unstreitigen,[2] streitigen und ambivalenten Positionen sowie die vor allem zu lösenden Probleme aufzulisten.

Einführung

A. Unstreitige und streitige Ausgangspunkte

I. Kein Streit besteht bei folgenden Fragen:

1) Künstliche Menschen dürfen nicht erzeugt werden.

1 Vgl. die Zusammenstellung von Christian Geyer (Hg.), *Biopolitik. Die Positionen*, Frankfurt/M. 2001.

2 Dabei habe ich es für richtig gehalten, hier auch solche Positionen anzuführen, die nach den Gesetzen einer einfachen Logik nicht streitig sein können und deren »Umstrittenheit« dort, wo sie behauptet wird, ausschließlich politisch-strategische Ursprünge hat.

2) Die Abtreibung der Leibesfrucht ist zwischen Befruchtung und Nidation ohne weiteres erlaubt; die Vorschrift des § 218 StGB erfaßt erst die Fälle nach der Nidation. Für Handlungen und Unterlassungen vor der Nidation kommt es also auch nicht auf die problematische Unterscheidung zwischen rechtswidrig und straflos an, mit der das Bundesverfassungsgericht bei der Handhabung des § 218 StGB arbeitet.

3) Auch nach der Nidation ist in vielen Fällen die Abtreibung straffrei. Dabei macht das Bundesverfassungsgericht allerdings die Unterscheidung zwischen rechtswidrig und straffrei, woraus zunächst abgeleitet wird, daß die Abtreibung des Embryos nach der Nidation rechtswidrig bleibt, dieser Embryo also bereits rechtlich – wenn auch nicht strafrechtlich – geschützt ist.

Freilich ist das eine juristisch unverbindliche captatio benevolentiae. Andernfalls müßten die Fälle straffreier Abtreibungen in allen anderen Hinsichten effektiv als Unrecht angesehen werden. Das geschieht aber nicht: die tägliche Abtreibungs-Praxis der Ärzte steht unter dem Schutz der Berufsausübung nach Art. 1 GG, die Lohnfortzahlung während des Schwangerschaftsabbruchs ist arbeits*rechtlich* gesichert, und aus dem ärztlichen Berufsrecht ergibt sich, daß flächendeckende Angebote zur Vornahme von Schwangerschaftsabbrüchen sicherzustellen sind. Dem entspricht das allgemeine Bewußtsein: was nicht unter § 218 StGB fällt, ist erlaubt.[3]

4) Es besteht ein eindeutiges ärztliches Gebot, Chancen der Heilung von Menschen, die darin liegen, daß fremde Organe eingesetzt werden oder auch neue Organe ganz oder teilweise geschaffen werden, zu nutzen, wenn nicht Rechte anderer entgegenstehen.

5) Künstliche Befruchtung (In-vitro-Fertilisation) ist erlaubt.

6) Embryonen, die auf natürliche Weise gezeugt werden und auf natürliche Weise nicht zur Nidation gelangen, brauchen nicht vor der Vernichtung bewahrt zu werden.

7) Wenn erlaubt ist, daß Mütter Embryonen, bei denen sich während der Schwangerschaft schwere Defekte zeigen, abtreiben, müssen auch Verfahren erlaubt sein, die verhindern können, daß solche Embryonen überhaupt in den Mutterleib gelangen.

3 Zum Vorstehenden überzeugend und abschließend: Reinhard Merkel, *Empfiehlt sich eine Änderung des Embryonenschutzgesetzes zur Ermöglichung der Forschung an embryonalen Stammzellen in Deutschland?* (im Erscheinen, zit. n. dem Manuskript), S. 16 ff., bes. S. 25 ff. [KL]

8) Die Erlaubnis, Stammzellen zu Forschungszwecken zu importieren, ist unvereinbar mit dem Verbot, im Inland vorhandene Embryonen zu Forschungszwecken zu verwenden.[4]

9) Erlaubnisse dürfen nicht schon deshalb verweigert werden, weil sie mißbraucht werden können; Mißbräuche sind gegebenenfalls gesondert zu bekämpfen.

II. Streitig ist:

1) Die Auslegung von Art. I und II GG mit Bezug darauf, ob Embryonen »Menschenwürde« haben bzw. »Leben« sind.

2) Der Umgang mit dem Embryonen-Schutzgesetz. Hier geht der Streit allerdings nicht um die Auslegung, sondern um Fragen de lege ferenda.

a) Dürfen Embryonen zu einem anderen Zweck als dem der Fortpflanzung hergestellt werden?

b) Dürfen Embryonen, die bei der In-vitro-Fertilisation überflüssig sind, vernichtet werden?

c) Dürfen Embryonen, die bei der In-vitro-Fertilisation »überflüssig« werden, für Forschungs- oder Heilungszwecke verwendet werden?

III. Zu den ambivalenten Positionen gehört die Präimplantationsdiagnostik.

Wer – gegenwärtig freilich nur de lege ferenda – selbst im Falle schwerbehinderter nascituri die Schwangerschaftsunterbrechung verbieten möchte, darf sich auch gegen die Präimplantationsdiagnostik (mit der eventuellen Folge der Embryonenvernichtung) wenden – das scheint evident zu sein.

Gleichwohl besteht keine vollkommene Parallelität der Fälle.[5] Vielmehr ist, wenn die Nidation der entscheidende Einschnitt ist, präimplantationsdiagnostisch und -therapeutisch mehr erlaubt als später. Die embryopathischen Indikationen des § 218 StGB blei-

4 Für diese Position insbesondere gilt das in Fn. 2 Gesagte. Klar erkannt wird das von den eindeutigen Gegnern der Stammzellenforschung, die mit der Importerlaubnis den Rubicon überschritten sehen (vgl. Peter-Paul Hefty, »Ein rechtswidriges Verlangen des Bundestages«, in: *Frankfurter Allgemeine Zeitung* v. 1. 2. 2002, S. 12).

5 Dazu Joachim Renzikowski, »Die strafrechtliche Beurteilung der Präimplantationsdiagnostik«, in: *NJW* (2001), S. 2753 ff. (2757).

ben ja auf gewisse schwere Krankheiten begrenzt,[6] und Maßstab dafür ist, was der Mutter zugemutet werden darf, was sie mit der Geburt eines kranken Kindes soll ertragen müssen und was nicht. Der Embryo vor der Nidation hingegen, dem die Präimplantationsdiagnostik gilt, ist nach § 218 StGB überhaupt nicht geschützt, und das gilt erst recht, wenn man mit Christiane Nüsslein-Volhard annimmt, daß der Embryo durch die Nidation eine andere Qualität von gleichsam schützenswerter Entelechie erhält.[7] Aber folgt aus der Erlaubnis der Vernichtung solcher Embryonen etwas für das Prinzip, das den Ausschlag gibt bei denjenigen Embryonen, die überleben dürfen? Da der Teil, der überlebt, gar keine Ansprüche darauf hat, könnte man sagen, daß das Prinzip, unter dem dieser Teil der Embryonen, die überleben sollen, ausgewählt wird, nicht mehr interessiert. Das würde bedeuten, daß die Eltern oder die sonst Verfügungsberechtigten Embryonen überleben lassen, d.h. zur Nidation gelangen lassen dürfen nach ganz willkürlich ausgewählten Maßstäben.

Die Frage spitzt sich zu auf eine Art von argumentum a majore ad minus: das Allerschlimmste ist die Vernichtung. Wenn man dazu alle Freiheiten hat, dann ist man, wenn man diese Freiheit nicht voll nutzt, sondern unter Umständen etwas weniger Einschneidendes bewirkt als die Vernichtung, auf der sicheren Seite. Sobald man so weit ist mit den Argumenten, wird freilich klar, daß nicht die Frage a majore ad minus zur Debatte steht, sondern ein aliud. Vernichten ist das eine, Lebenlassen das andere. Das heißt, Vernichten ist gewissermaßen unterschiedslos erlaubt. Ausgewähltes Leben des Embryos indessen ist etwas anderes als Vernichtung. Spielt hier eben doch hinein, daß man zwar bei der Vernichtung des Embryos in diesem frühen Stadium Schicksal spielen darf, nicht aber, wenn man ihn leben läßt, so daß gewisse Auswahlprinzipien – vielleicht sogar das der Forschung – nicht erlaubt sind?

Weiter ist hier schon zu erwägen, daß man mit Bezug auf die Existenz von Behinderten die Betrachtung ex post von der Betrachtung ex ante trennen muß. Wer sich als Behinderter arrangiert hat und nicht gesagt bekommen möchte, daß es ihn, wäre damals

6 Vgl. Albin Eser, in: Schönke/Schröder, *Strafgesetzbuch Kommentar*, 26. Aufl. 2001, § 218, Rn. 37 ff., 43 ff.

7 »Eine wunderbare Symbiose: Die Befruchtung ist nur der halbe Weg zur Entwicklung des Individuums«, in: *Frankfurter Allgemeine Zeitung* v. 2. 10. 2001.

schon Präimplantationsdiagnostik möglich gewesen, vielleicht jetzt nicht gäbe, kann damit noch keineswegs reklamieren, daß er auch ex ante für das Leben gewesen wäre. Freilich wäre dann damit zu rechnen, daß Betroffene geltend machen, unter der Voraussetzung der Ausbildung ihrer jetzigen Fähigkeiten, sich mit diesem Zustand zu arrangieren, würde – bei Bekanntsein dieser Voraussetzungen schon ex ante – ihre Entscheidung die gleiche gewesen sein. Aber das ist unrealistisch, diese Voraussetzungen können eben ex ante nicht bekannt sein. Bleiben also zwei völlig unterschiedliche Perspektiven und damit die Möglichkeit des zur Welt gekommenen und erwachsen gewordenen Behinderten, für den nasciturus und den praenasciturus in nachträglicher Prognose eine andere Rechnung aufzumachen?

B. Vor allem zu lösen sind die folgenden Probleme:

I. Wann beginnt menschliches Leben, und wie gewinnt man die Kriterien für diese Bewertung?

II. Wann beginnt die menschliche Würde, und wie gewinnt man die Kriterien für diese Bewertung?

III. Gibt es Schutzbedürfnisse für Vorstadien des menschlichen Lebens, und wie gewinnt man gegebenenfalls die Kriterien für die insoweit fällige Bewertung?

IV. Wie weit reichen die unverfügbaren, absoluten Positionen; wann beginnt die Möglichkeit der Relativierung, d. h. der Abwägung zwischen erwünschten und nicht erwünschten Zielen, erlaubten und nicht erlaubten Mitteln?

Erster Teil: Systematisierung der Fragestellungen

Hier werden die schon benannten Positionen erneut auftauchen. Diese Wiederholungen sind beabsichtigt.

A. Zunächst sind die Sachverhalte auseinanderzuhalten.

I. Vernichtung von Embryonen

1) Schwangerschaftsunterbrechung

2) Vernichtung bei der künstlichen Befruchtung anfallender zusätzlicher Embryonen

3) Vernichtung ursprünglich zur Austragung bestimmter Embryonen, die – wie die Präimplantationsdiagnostik ergeben hat – mit Erbkrankheiten belastet sind

II. Bestimmte Verwendungen

1) Therapeutisches Klonen[8]

2) Reproduktives Klonen: Erzeugung neuer Lebewesen

B. Dann müssen die Vorgänge fixiert werden, die unter dem Stichwort Abwägungen zusammengefaßt werden.

I. Anknüpfungspunkte für die Abwägung

1) Mit Bezug auf den Entwicklungsstand der Embryonen:

a) die ersten zwei Wochen (bis zur Nidation, § 218 1 Satz 2 StGB)

b) die ersten drei Monate (§ 21 8a Abs. 1, 3 StGB)

8 Vgl. hierzu die kurze Beschreibung bei Erhard Denninger, *Embryo und Grundgesetz, Schutz des Lebens und der Menschenwürde im Pränatalstadium* (vom Verfasser mir liebenswürdigerweise zur Verfügung gestelltes Manuskript): »Der Grundgedanke ist, daß dem kranken Organ des Patienten nur solche heilenden Zellen zugeführt werden, deren genetische Struktur mit der des Empfängers identisch ist. Seine Verwirklichung wird durch die »wunderbar« zu nennende Fähigkeit bestimmter Zellen zur ›*Reprogrammierung*‹ ermöglicht. [...] Aus der Eizelle wird der die Erbinformation tragende Zellkern entfernt. Statt dessen wird der aus einer somatischen Zelle des Patienten/der Patientin (also aus einer sogenannten *adulten* Zelle) isolierte Zellkern in die Eizelle eingebracht, in welcher der adulte Kern nach entsprechender Aktivierung sich zu teilen beginnt und in den frühembryonalen Zustand zurückverwandelt ›reprogrammiert‹ wird [...]. Wie bei einem normalen Befruchtungsvorgang entsteht in den folgenden Tagen eine *Blastozyste,* aus deren innerer Zellmasse sich selbst vermehrende Stammzellen gewonnen werden können.« Diese Blastozyste wird auch als Embryo bezeichnet, der dann »zerstört« wird. »Die gewebespezifisch ausdifferenzierten Stammzellen können dann auf den/die Patienten(in) transplantiert werden und zur Organneubildung aus den ›körpereigenen‹ genetisch identischen Stammzellen führen. Hier wird also zu Heilzwecken therapeutisch *geklont.* Würde man hingegen die Blastozyste einem uterus einpflanzen und den Fötus austragen lassen, entstünde ein geklonter Mensch« (ebd., S. 5 f.). Der Vorteil dieser Methode besteht darin, daß das Problem der »Vermeidung von *Abstoßungsreaktionen,* die beim Zusammenwachsen von Zellen mit unterschiedlichen Erbinformationen auftreten«, gelöst wäre (ebd., S. 5).

c) die ersten 22 Wochen (§ 218a Abs. 4, Satz 1 StGB)

d) bis zur Geburt (§ 21 8a Abs. 2 StGB und Ermessensklausel des § 218a Abs. 4, Satz 2 StGB)

2) Mit Blick auf die Verwendungszwecke:

a) Schutz der schwangeren Frau: Deren Selbstbestimmungsrecht geht so weit, daß sogar (Fristenlösung mit ergebnisoffener Beratungspflicht) der bloße entgegenstehende Wille genügt, um den Embryo bis zum Alter von drei Monaten zurücktreten zu lassen.

b) Interessen »Dritter«

aa) die Gesundheit »künftiger« Menschen (Problem der Präimplantationsdiagnostik mit eventuellem Abbruch der Einpflanzung)

bb) Patienten, denen mit den Stammzellen aus den Embryonen geholfen werden kann

cc) die kinderlosen Menschen

(1) künstliche Befruchtung mit von den Eltern stammendem Ei bzw. Samen

(2) Erzeugung eines Embryos von anderen Eizellen und Samen, der dann eingesetzt wird (Adoption von Embryos)

dd) Neue Menschen in kinderarmer Zeit: Arbeitskräfte, Militär, Rentenversorger

ee) Die Forschungsfreiheit, der Fortschrittsoptimismus

ff) Ökonomische Interessen am Forschungsstandort; Arbeitsplätze durch Forschungsexpansion; die Eigendynamik der forschenden, Patente produzierenden Industrie.

II. Grenzen der Abwägung

1) Fundamental-ethische Bedenken

a) Schutz des Embryos – zwei Modelle

aa) Absolut: Vom Moment der Vereinigung von Eizelle und Samen an

bb) Relativ, etwa: bis zur Nidation ist alles erlaubt

b) Verwendungsverbote

aa) Absolut: Etwa das reproduktive Klonen

bb) Relativ: Unterscheidungen unter dem Gesichtspunkt, ob gezielt »gezüchtet« wird oder nur »Abfallprodukte« verwendet werden (die übrigbleibenden Embryonen nach künstlicher Befruchtung)

2) Wertungswidersprüche

a) Der Import von Stammzellen – erlaubte Umgehung des Verbots, mit embryonalen Stammzellen zu arbeiten?

b) Das Verbot der Vernichtung eines wegen der Voraussage schwerer Behinderungen gefährdeten Embryos/Erlaubnis zur medizinisch indizierten Schwangerschaftsunterbrechung?

3) Praktische Bedenken: Abwägungen sind abzulehnen wegen der Unmöglichkeit einer Grenzziehung zwischen zulässigem und unzulässigem Abwägen, wobei auch die Schwierigkeit der Bewertung der zur Abwägung stehenden Güter oder Interessen eine Rolle spielt, etwa bei der Definition des Lebens oder unter dem Gesichtspunkt des Vertrauens in eine rechtsstaatlich-freiheitliche Gesellschaft: ist sie zur angemessenen Abwägung in der Lage (die »Wohlfeilheit« des Mißbrauchsarguments; z. B. bei der Präimplantationsdiagnostik: man will nur noch perfekte Kinder)?

III. Kriterien der Abwägung

1) Prinzipien

a) Verfassungsrechtlicher Begriff der Menschenwürde und des Lebens

aa) Art. 1 GG. Vorwirkungen?

bb) Art. 2 GG. Vorwirkungen?

b) Christliches Menschenbild

aa) Achtung vor den frühesten Erscheinungen menschlichen Lebens

bb) Besondere Achtung für das mit der Mutter verbundene Leben

cc) Achtung vor den leidenden Menschen; Nutzung aller den Menschen (von Gott) gegebenen Möglichkeiten der Heilung

1) Erforderlichkeit der Forschung mit embryonalen Stammzellen? Adulte Stammzellen genügen vielleicht; die Nutzung der Embryonen ist noch nicht genügend geklärt. Andererseits: Embryonenforschung ist erforderlich, weil sie die Voraussetzungen schafft für die Ausbildung der Technik, mit adulten Stammzellen zu arbeiten.

2) Materielle Gewichtungen

a) Je geringer der Entwicklungsstand des Embryos, um so größer die Freiheit im Umgang mit ihm?

b) Je größer das Leiden der zu begünstigenden Menschen und je wahrscheinlicher die Heilung ist, um so fortgeschrittener kann der zur Forschung freigegebene Embryo sein? Dabei ergibt sich die folgende Hierarchie:

aa) Das Bedürfnis der Mutter, in deren Leib sich ein behinderter Embryo entwickelt.

bb) Die Kinderlosen mit eigenen Eizellen und Samen (das Schicksal der dabei freiwerdenden Embryonen wird vernachlässigt).

cc) Die Bedürfnisse künftiger Menschen, deren wohlverstandene Interessen wahrgenommen werden, gesund auf die Welt zu kommen.

dd) Die Patienten (wobei dann wahrscheinlich zwischen schwereren und minder schweren Erkrankungen zu unterscheiden ist und irgendwo Grenzen gezogen werden).

ee) Die Wünsche der Kinderlosen ohne eigene Eizellen und Samen.

ff) Ökonomische Interessen am Forschungsstandort, Arbeitsplätze in der Forschung.

gg) Forschungsfreiheit; wie sicher müßten die Prognosen günstiger Ergebnisse sein; welche Rechte gesteht man der vollendete Tatsachen schaffenden forschenden Industrie zu?

hh) Die gesellschaftlichen Bedürfnisse nach künstlichen Menschen.

3) Strategien der Abwägung.

1) Der Umgang mit Entscheidungen des Bundesverfassungsgerichts zur Abtreibungsgesetzgebung und die präjudizierende Auslegung des § 218 StGB. Mögliche Positionen:

a) Betrifft die vorliegenden Fälle gar nicht (§ 218 I 2 StGB).

b) Betrifft außerdem »nur« extreme Konfliktsituationen (die exzeptionelle Situation der Mutter).

c) Die Parallele ist unzweckmäßig, weil mit der Ableitung aus den Abtreibungsentscheidungen viel mehr gedeckt wird, als für die Lösung der neuen Probleme nötig ist.

d) Die Parallele ist unlogisch, weil streckenweise nur Strafbarkeit ausgeschlossen wird, nicht die Rechtswidrigkeit.

2) Die Funktion des Nationalen Ethikrats und der Enquete-Kommission des Gesundheitsministeriums: Umgehung des Parlaments versus Politikberatung?

Zweiter Teil: Die Methodenfragen, insbesondere: der »naturalistische Fehlschluß«

A. Zu beginnen ist mit einem Überblick.

I. Wie bestimmt man den Beginn des Lebens?

1) Wie frei kann oder will die Wertung sein von in der Natur vorfindlichen Abstufungen?

2) Wenn es insoweit Vorgaben gibt, können sie in beide Richtungen gehen? Sowohl zugunsten eines relativ weit vorverlagerten Embryonenschutzes wie zuungunsten, je nachdem, welche Folgerungen man aus der Differenz des Evolutionsstatus zieht?

3) Wenn die unter 2) angedeuteten Varianten möglich sind, heißt das dann nicht bereits, daß jene Vorgaben nicht existieren und Argumente, die das mißachten, unter das Verdikt des naturalistischen Fehlschlusses fallen?

4) Oder ist, je nachdem, zu welcher endgültigen Wertung man kommt, die gewählte Vorgabe doch nicht nur eine reale Anknüpfung, sondern wertimplizierend; dies allerdings unter der Voraussetzung einer zuvor ganz frei getroffenen Entscheidung? Ist diese Entscheidung zu treffen mit Blick auf die Grenzen, die jeder Konstruktion von Tatsachen gesetzt sind, oder herrscht völlige Freiheit?

II. Wenn das Ergebnis unter I. lautet, daß eine gewisse Verfügbarkeit des Embryos besteht, ist sie danach abzustufen, ob der Embryo schon existiert und bei Nichtweiterverwendung (zur Forschung, zur Heilung) gleichsam todesverfallen oder zur ewigen Aufbewahrung bestimmt ist? Oder darf zur Verfügung für Forschung und Heilung ein Embryo auch hergestellt werden?

III. Ist die unter II. noch erwogene Verfügbarkeit des Embryos gegeben – weshalb endet diese Verfügbarkeit bei der Reproduktion von neuen Menschen?

IV. Wenn Einigkeit darüber besteht, daß der Verfügbarkeit im Sinne von III. Grenzen gesetzt sind, ist dann zu fragen, ob und gegebenenfalls wie es möglich ist, die nach der Bewertung unter II. gegebene Freiheit der Verfügung davor zu bewahren, daß sie im Verfolg dessen, was unter III. verboten ist, mißbraucht wird? Das sind vor allem praktisch-technische Fragen der Gesetzgebung und die Kontrolle der Einhaltung von Rechtsvorschriften, einschließlich von Verhängung und Vollzug bestimmter Sanktionen.

B. Nunmehr ist zu den Einzelheiten überzugehen.

I. Könnte der Zeitpunkt der Nidation deshalb entscheidend sein, weil dann der zum Leben bestimmte Embryo nur noch mit Gewalt an seiner Entfaltung gehindert werden kann? Die Natur hat hier doch vielleicht einen Einschnitt gemacht, der die Unumkehrbarkeit der Evolution fixiert. Bei den sozusagen noch freischwebenden Embryonen ist das nicht der Fall. Zu dieser Logik würde passen, daß sich aus den vor der Nidation massenhaft abhanden gekommenen Embryonen niemand etwas macht. Hier ist die Mitteilung von Christiane Nüsslein-Volhard zu registrieren, die befruchtete Eizelle enthalte nicht das volle Programm zur Menschenwerdung. Vielmehr habe der gemeinsame Stoffwechsel »zwischen dem mütterlichen Organismus und dem werdenden Individuum [...] eine weit größere Bedeutung als bloß dessen Ernährung«. Ein Indikator dafür sei, »daß erbgleiche Individuen, in verschiedenen Muttertieren ausgetragen, verschiedener sind als eineiige Zwillinge, die erst nach der Geburt getrennt aufwachsen«.[9] Dem entspricht auch die Mitteilung von Ronald M. Green, Leiter der Ethik-Kommission vom Advanced Cell Technology (ACT), daß der Embryo »vor dem 14. Tag keinerlei Individualisierung« zeige. »Zwillingsbildung kann auftreten, man kann zwar Embryonen wieder fusionieren. Es gibt in dieser frühen Phase keinerlei Zelldifferenzierung.« Er könne nicht verstehen, »wie man vom Beginn eines menschlichen Individuums sprechen« könne, »wenn man kein Individuum habe«. Wäre es anders »müßte man ein Riesenprogramm zur Rettung jener befruchteten Einzellen starten, die natürlich auf dem Wege zur Gebärmutter sterben«.[10]

Die naturalistische Struktur dieses Argumentes ist offensichtlich. Die Freiheit der »Zuschreibung«, von der Hubert Markl spricht,[11] wird relativiert durch die Evidenz dieses unterscheidungskräftigen natürlichen Faktums. Andererseits kann man nicht verkennen, daß

9 Christiane Nüsslein-Volhard, a. a. O.
10 *Frankfurter Allgemeine Zeitung* v. 29. 11. 2001, S. 55.
11 *Frankfurter Allgemeine Zeitung* v. 22. 11. 2001, S. 49.

die Entscheidung für die Relevanz dieser Evidenz einen Lebensbegriff voraussetzt, der sich an eine solche enge körperliche Definition knüpft. Normativ könnte auch ein Begriff vom Leben entwikkelt werden, der sehr viel weitmaschiger, körperlich wesenloser ist, schöpfungslogisch konzipiert. Wer dabei dann aber doch beim Embryo haltmachen möchte und nicht schon die nidierte Eizelle oder das Samenfädchen zum Leben im emphatischen Sinne erklären möchte, muß auch Gründe für die Relevanz dieser natürlichen Unterscheidung angeben. Sie könnte darin bestehen, daß der Embryo schon alles enthält, während das Samenfädchen bzw. die Eizelle für sich noch nicht sich zu Leben entwickeln können. Doch auch die Entwicklung des Embryos ist an weitere äußere Voraussetzungen geknüpft, insbesondere auf einen Platz angewiesen, wo die Nidation stattfindet, sei es in einem menschlichen Körper oder in einem Apparat. Mit welchem Recht will man die zusätzlichen Bedingungen, die erfüllt sein müssen, damit eine Eizelle zum vollkommenen Leben wird, von anderen zusätzlichen Bedingungen unterscheiden, die erfüllt werden müssen, damit sich ein Embryo zum »richtigen« Leben entwickelt? Die Antwort könnte sein: die »In-sich-Geschlossenheit« des nunmehr zur Evolution des Lebens bestimmten Phänomens. Aber kann man wesensmäßig einen solchen Unterschied machen zwischen der notwendigen Bedingungen der Verschmelzung einerseits, der Notwendigkeit einer Einnistung andererseits? Wenn es auf die Notwendigkeit der Einnnistung nicht ankommt, die fehlende In-sich-Geschlossenheit der Lebenspotentialität aber auch nicht genügen soll, muß man dartun, weshalb der Schritt von der Nicht-Geschlossenheit zur Geschlossenheit der größere ist gegenüber dem Schritt von der Geschlossenheit zur möglichen Entwicklungsfähigkeit durch einen dafür bereitstehenden Organismus oder Apparat. Das dürfte nicht ganz leichtfallen. Das Problem wird in der naturwissenschaftlichen Literatur behandelt unter dem Gesichtspunkt der übergangslosen Potentialitäten.

II. Womöglich bedeuten die natürlichen Evidenzen für sich nichts; Man muß vielleicht, um zwischen den Stadien der Entwicklung unterscheiden zu können, einen wertenden Begriff vom Leben schon haben. Und doch sind die Vorgaben nicht ganz unverbindlich. In der Dialektik, wie man hier wohl anspruchsvoll sagen muß, zwischen den Vorgaben und den wertenden Entscheidungen liegt das bisher ungelöste Problem, vergleichbar dem allgemeinen epistemologischen Problem der Abgrenzung von Feststellung und Zuschreibung.

III. Alle diese Argumente, das sei noch einmal betont, bewegen sich jenseits der positivistischen Fixierung durch Art. 1 oder 2 GG. Es wird hier davon ausgegangen, daß das »Leben« des Embryos noch nicht erfaßt wird vom Grundrechtsschutz,[12] auch nicht in Gestalt der Vorwirkung eines Grundrechts oder der Menschenwürde.[13]

Indessen wird mit Recht der Anspruch erhoben, daß man auch jenseits des Grundgesetzes ein Schutzgut »Leben« entwickeln dürfe, das der Abwägung entzogen ist. Man kann das auf der Basis einer christlichen Vorstellung von der Schöpfung tun – dann ist die Apostrophierung des menschlichen Lebens und seiner Vorwirkungen relativ leicht begründbar. Tut man es nicht auf der Basis eines christlichen Schöpfungskonzepts, wird es schwieriger. Eine nicht religiös motivierte Ethik müßte zusätzliche Anstrengungen unternehmen, um das menschliche Leben und speziell seine Vorwirkung auszuzeichnen. Wem die sichtbaren Statusunterschiede nicht genügen, wer sich also nicht in der Lage sieht, normativ über das Leben anders zu denken, je nachdem wie weit vorgeschritten es ist, müßte nach einer zusätzlichen Kategorie für eine Differenzierung suchen.

Das könnte die Kategorie des Leidens sein. Verletztwerdenkönnen setzt Leidenkönnen voraus, und damit wäre der Embryo zunächst ausgeschieden.

In der philosophischen Ethik taucht in diesem Zusammenhang der Gesichtspunkt auf, etwas »um seiner oder ihrer selbst willen« schützen setze voraus, daß Indidivualität vorhanden, ein »Selbst«, vielleicht sogar ein »Ich« entstanden sei. Danach würden viele Objekte schutzlos werden. Will man das nicht anerkennen, weil anderenfalls vielleicht auch Schwierigkeiten bei der Beurteilung der Grundlagen für die Entscheidungen am Ende eines menschlichen Lebens auftreten, müßte man einen Lebensbegriff entwickeln, der es erlaubt, Vorformen des menschlichen Lebens zu akzentuieren

12 Insoweit beziehe ich mich auf die überzeugenden Ausführungen von Merkel, a. a. O., S. 10; Jörn Ipsen, »Der ›verfassungsrechtliche Status‹ des Embryos in vitro«, in: *JuristenZeitung* (2001), S. 989 ff.

13 So aber Erhard Denninger, »Inflationärer Gebrauch des Begriffs ›Menschenwürde‹«, in: *Frankfurter Rundschau* v. 15. 1. 2002, S. 7.

– eben mit der Wirkung, daß keine Abwägungen vorgenommen werden dürfen, dieses Vor-Leben nicht benutzt werden darf, um manifestes Leben zu verbessern. Das fällt schwer, wenn man nicht doch mit einer Evidenz der Relevanz verschiedener Entwicklungsstufen arbeiten möchte. Man muß begründen, weshalb man – unter keinen Umständen – das Samenfädchen noch nicht schützt und den eingenisteten, vielleicht sogar schon eine Weile im Mutterleib gewachsenen Embryo – unter allen Umständen – schützt (mit den Ausnahmen zugunsten der Interessen der Mutter).

Freilich könnte man diese Konzeption auch mit der Leidenskomponente verbinden. Was nicht um seiner selbst willen geschützt werden kann, weil die Empfindung des Selbst nicht da ist (wenn man von dieser Prämisse einmal ausgeht), kann geschützt werden, weil ein anderer unter der Beschädigung leidet. Im Strafrecht übernehmen die Äußerungs- und Religionsdelikte diese Funktion; die Ehre wird geschützt, religiöse Gefühle werden geschützt. Die Relevanz dieses Gefühls muß man natürlich begründen. Im Strafrecht wird das religiöse Gefühl – bisher jedenfalls – nur geschützt, sofern seine Verletzung geeignet ist, den öffentlichen Frieden zu gefährden.[14] Bei den Ehrverletzungsdelikten gibt es diese Beschränkung nicht. Aber da ist ja jeweils auch ein Selbst betroffen. Das Gefühl, eine Welt, die den Embryo nicht schützt vor Verwendung zu Forschungszwecken, sei unerträglich, ist nachvollziehbar, muß aber begründet werden, was – wenn man eben nicht vom christlich geprägten Menschenbild ausgeht – schwerfällt. Die höhere Lebensform ist evident, aber nur unter dem Aspekt einer entsprechend vorher eingenommenen wertenden Einstellung.

Was ich mit alledem sagen will, ist dies: Die säkularisierte Welt kann ihr Menschenbild nur dezisionistisch entwickeln. Dabei helfen ihr indessen signifikante, beschreibbare Evolutionsunterschiede. Sie kommen jedoch nur in den Blick, wenn man eben die normative Vorannahme des »höheren Wesens« macht. Insofern handelt es sich hier, wie auch bei den anderen Modellen, um einen abduktiven Schluß:[15] Ich induziere aus gegebenen singulären Entwicklungsstadien, also aus Einzelfällen, Regeln für den unterschiedlichen Um-

14 Über den Versuch der Gesetzgebung, diese Einschränkung aufzugeben, vgl. Lüderssen, in: *Festschrift Stefan Trechsel*, Zürich 2002, S. 631-344.

15 Dazu Arthur Kaufmann, »Die Rolle der Abduktion im Rechtsgewinnungsverfahren«, in: *Festschrift für Heinz Müller-Dietz*, München 2002, S. 349 ff.

gang mit diesen Phänomenen. Diese Induktion gilt aber nur unter der Voraussetzung, daß ich vorher eine allgemeine Regel von der Hochwertigkeit gewisser Entwicklungsstadien annehme.

Wenn das Kriterium dafür nicht die Leidensfähigkeit ist, sondern die bis zu einem gewissen Grade vorgeschrittene Potentialität einer solchen Person, etwa, daß man ohne die Zustimmung des betroffenen »Subjekts« von einem bestimmten Stadium der Vorgeschrittenheit an nichts, auch wenn sie jetzt noch nicht erteilt werden kann, machen möchte,[16] müssen Gründe dafür angegeben werden, wann man anfängt, die Zustimmung zu fordern, und wann man damit aufhört. Die Überzeugungskraft, mit der Christiane Nüsslein-Volhard für die Zäsur der Nidation eintritt, beruht darauf, daß bis zu diesem Stadium einfach zu viele Alternativen zum Menschwerden gleichsam herumschwirren. Erst durch die Bindung an die zur Aufnahme des Embryos und seiner Ernährung etc. bestimmte Mutter wird der Grad von Zwangsläufigkeit erreicht, der genügen soll, hier schon eine potentielle Zustimmungsfähigkeit zu schützen. Sogar wenn man zugibt, daß die Entscheidung für ein bestimmtes Entwicklungsstadium einer potentiellen Person normativ ist, bleibt es bei einer gewissen Determination dieser normativen Entscheidung durch die »fortgeschrittenen« Fakten. An dieser Stelle beginnt erneut jene schwer auflösbare Dialektik.

IV. In deren Problematik muß nun doch etwas genauer eingetreten werden.[17] Die klassischen Auseinandersetzungen über den naturalistischen Fehlschluß helfen freilich nicht weiter, erschöpfen sich in der Banalität der Schulbeispiele, dienen nur der Selbstvergewisserung einer sich auf relativ einfache Fragen der materiellen Ethik beschränkenden analytischen Philosophie.[18] Deshalb empfiehlt sich

16 Jürgen Habermas, »Auf dem Weg zu einer liberalen Eugenik? Der Streit um das ethische Selbstverständnis der Gattung«, in: ders., *Die Zukunft der menschlichen Natur. Auf dem Weg zu einer liberalen Eugenik*, Frankfurt/M. 2001, Frankfurt/M. 2001, S. 79.

17 Ebd., S. 60, finden sich vielversprechende Ansätze, die aber leider nicht weiterverfolgt werden.

18 W. K. Frankena, »Der naturalistische Fehlschluß«, in: Günther Grewendorf/Georg Meggle, *Sprache und Ethik. Zur Entwicklung der Metaethik*, Frankfurt/M. 1974, S. 83 ff.; J. L. Mackie, »Naturalistic Fallacy«, in: Paul Edward (Hg.), *The Encyclopedia of Philosophy* 1976, S. 178; John McDowell, *Mind, Value, and Reality*, Harvard 1998, S. 167 ff.; Philippa Foot, *Natural Goodness*, Oxford 2001.

doch der Rückgriff auf andere Modelle. Für Juristen jedenfalls liegt das insofern nahe, als sie in der »Denkform der Natur der Sache«[19] über eine Tradition verfügen, mit dem Problem umzugehen. Es kulminiert, das ist schon früher gesehen worden, in der allgemeineren Frage des Verhältnisses von Rechtsstoff und Rechtsform, und man sollte sich daher vorerst der tiefgreifenden Feststellungen erinnern, die Emil Lask, auf den sich Radbruch immer wieder beruft, getroffen hat:

»Es war der Fehler des naturrechtlichen Apriorismus, daß er den dunklen, vom Werte niemals durchleuchtbaren Inhaltsüberschuß der unberechenbaren Faktizität nicht respektierte und deshalb die Vernunftpostulate nicht genügend auf die Funktion bloß formaler, an einem gegebenen Stoff sich bestätigender Ordnungsprinzipien einschränkte. Daß dieser Rationalismus den Zufälligkeiten, Gleichgültigkeiten und Unzulänglichkeiten der unmittelbar vorgefundenen Wirklichkeit gegenüber an eine ursprüngliche Vernunft appellierte – diese übergeschichtliche Tendenz wurde erst dadurch in eine ungeschichtliche verwandelt, daß er die historischen Realitäten ganz aus seinen Berechnungen ausließ, ihnen nicht nur die Bedeutung absprach, sondern geradezu ihre *Existenz* ignorierte. Anstatt die Vernunftforderungen als die den Gesamtbestand der Wirklichkeit nur nach gewissen einzelnen Seiten umwälzenden Kräfte oder genauer als zu ihrer Verwirklichung und konkreten Ergänzung eines empirischen Substrates bedürftige und in dessen oft widerstrebende Eigenbeweglichkeit erst einzufügende formale Wertmomente zu erkennen, hypostasiert er sie zu für sich bestehenden Realitäten. Durch diese Verdinglichung wurde verselbständigt, was doch als Teilinhalt nur an einem anderen haften kann, als bloße Form einem Material sich anschmiegen muß, und so vermaß sich die reine Vernunft, anstatt die ganze Wirklichkeit sich zu unterwerfen, sich selbst zur ganzen Wirklichkeit aufzuwerfen und einfach an die Stelle des Bestehenden zu setzen.«[20]

Die Frage ist, wie diese schon ältere, aber vielleicht raffinierteste Fixierung des Verhältnisses von Wirklichkeit und Wert in Bezie-

19 Gustav Radbruch, *Die Natur der Sache als positive Denkform*, Darmstadt 1960, mit vielen Belegen. Hier können nur die Namen der Autoren genannt werden, die zu dieser Debatte Entscheidendes beigetragen haben. Das sind vor allem: Günther Stratenwerth, Arthur Kaufmann, Alessandro Baratta, Otmar Ballweg, Eugen Ehrlich, Max Gutzwiller; lehrreich ist auch die schematische Übersicht bei Erik Wolf, *Das Problem der Naturrechtslehre*, ^{3}1964, S. 106 ff.

20 Emil Lask, *Gesammelte Schriften*, Bd. 1, Tübingen 1923, S. 284 f.

hung zu setzen ist zum erkenntnistheoretischen Dilemma von Vorgegebenheit und Aspektabhängigkeit. Die Aspektabhängigkeit steht offenbar für die subjektiven Elemente der Wertung, die »Vorgegebenheit« für die empirisch-objektiven. Aber vorgegeben kann auch ein apriorischer Wert sein, also strukturell etwas ganz anderes als ein bestimmter Sachverhalt.

1) Vielleicht muß man zunächst darauf aufmerksam machen, daß es nicht zwei, sondern drei Positionen gibt. Die vollständige Ablehnung der Bedeutung gewisser Natur-Vorgegebenheiten, unter Hinweis darauf, daß Kulturüberzeugungen auch in der Einschätzung der verschiedenen Entwicklungsstadien den absoluten Ausschlag geben, ist zwar gegen den Anspruch der Ontologie gerichtet, aber keineswegs gegen die Metaphysik allgemein. Die Kulturüberzeugungen sind der weitere Begriff, das heißt, zu ihnen gehört nicht nur historisch und meinungsmäßig Gewachsenes, sondern auch Glaube und philosophische Metaphysik als Fundament. Fraglich ist, wo man diese metaphysischen Anschauungen einordnen soll. Sie haben eigentlich doch viel Ähnlichkeit mit den ontologischen Vorgaben. Aber methodisch besteht ein großer Unterschied. Man kann durchaus von idealistischer *Konstruktion* sprechen, und dann ist diese Position näher an der Zuschreibungs-Konzeption als an der ontologischen. Andererseits ist die idealistische Konstruktion, gemessen am Verbindlichkeitsanspruch, wieder der Ontologie näher. Ist die Orientierung an von den Naturwissenschaftlern festgestellten Unterschieden der Entwicklungsstadien eher eine Sache der praktischen Plausibilität und weniger der (metaphysischen) Ontologie, so wird schließlich eine inhaltliche Nähe zur konsensabhängigen Zuschreibung sichtbar.

Manche gehen weiter und kennzeichnen jede Relation zu ontologischen Gegebenheiten als naturalistisches Mißverständnis.[21] Dafür wird im Strafrecht vor allem Günther Jakobs in Anspruch genommen als führender Vertreter einer »Renormativierung der Begriffe«. Claus Roxin wird als Vertreter der Auffassung zitiert, daß es keine ontologischen Vorgegebenheiten gebe, sondern nur die Orientierung an strafrechtlichen Zwecksetzungen. Dann kommen

21 Das Problem wird mit Blick auf die Strafrechtsdogmatik übersichtlich dargestellt bei Gunnar Duttge, *Zur Bestimmtheit des Handlungsunwertes von Fahrlässigkeitsdelikten*, Tübingen 2001, S. 361 ff. (»Distanz und Verbindung zwischen Sein und Sollen«), s. im einzelnen S. 363 f.

aber die Einschränkungen: Ein »Zweckrationalsystem« dürfe nicht »ohne Rücksicht auf die Sachgegebenheiten« entwickelt werden.[22] Bei Ingeborg Puppe[23] liest man, es gebe »auf der untersten Stufe der Beschreibung der Sachverhalte von Natur vorgegebene konkrete Dinge [...], auf die sich die Beschreibungen immer beziehen«. Das erinnert an Searles brute facts.[24] Der Naturalismus stecke übrigens auch in der Alltagssprache.[25] Weiter heißt es bei Ellen Schlüchter, die Bezugnahme auf »Vorgegebenheiten« sei »zur Wirksamkeit des Rechts geradezu geboten«.[26]

In der Literatur unserer Tage wird das mit Blick auf strafrechtliche Probleme wie folgt konkretisiert: Die Frage nach dem Vorsatz könne immer nur auf »subjektive Gegebenheiten beim Täter zielen«. »Trotz Normativierung des Willenselements« sei »das Wissenselement [...] weiterhin als Faktum in der Psyche des Täters zu suchen«.[27] Aus dieser Perspektive ist das Problem im Strafrecht seit langem geläufig, etwa im Rahmen der Konkurrenz zwischen naturalistischen Kausalitätstheorien und normativierender objektivierender Zurechnung[28] oder der »Realfaktoren« der Fahrlässigkeit.[29] Verallgemeinernd spricht man vom Verhältnis zwischen Ontologismus und Normativismus.[30] Am Ende wird vorgeschlagen,

22 Ebd.

23 Ingeborg Puppe, »Naturalismus und Normativismus in der modernen Strafrechtsdogmatik«, *Goltdammer's Archiv für Strafrecht* (1994), S. 297 ff. (313).

24 Dazu im einzelnen Lüderssen, »Zur Aspektabhängigkeit rechtshistorischer Forschung«, in: ders. (Hg.), *Die Durchsetzung des öffentlichen Strafanspruchs*, Köln 2002, S. 233 ff.

25 Puppe, a. a. O.

26 S. die Nachweise bei Duttge, a. a. O., S. 263; wichtig auch die Hinweise auf Erich Kaufmann, *Kritik der neukantianischen Rechtsphilosophie*, Tübingen 1921, S. 29 ff., der sage, daß die beiden Lebenswelten, Sein und Sollen, »nicht einfach nivelliert nebeneinander stehen«. Wenn sich auch aus der »Lebenswirklichkeit« [...] keineswegs schon eine »Rechtsordnung« ergebe, so doch »eine Ansammlung von Ordnungs- und Gestaltungselementen, die geeignet seien, auf den Rechtsbildungsprozeß einzuwirken«, a. a. O., S. 365.

27 Ebd., S. 366.

28 Vgl. die knappen aber präzisen Zuordnungen bei Karl-Heinz Gössel, *Goltdammer's Archiv für Strafrecht* (2002), S. 55.

29 Duttge, a. a. O., S. 368 ff.; s. auch schon Lüderssen, *Zum Strafgrund der Teilnahme*, Baden-Baden 1967, S. 153 ff.

30 S. dazu die Aufbereitung der Debatte bei Bernd Schünemann, »Strafrechtsdogmatik als Wissenschaft«, in: *Festschrift für Claus Roxin zum 70. Geburtstag*, Berlin 2001, S. 1 ff. (12 ff.); s. auch Moisés Moreno Hernández, »Über die Verknüpfun-

daß zwischen Faktizität und reinem Sollen eine »Synthese« gebildet werden möge.[31] Aber wie das geschehen soll, bleibt offen, es gibt nur Beschwörungen kasuistischer Evidenz[32] oder unverbindliche Wendungen wie die: Rechtsbegriffe seien nur klar und präzise, wenn »sie möglichst ungeschmälert auf die Lebenswirklichkeit Bezug nehmen«; das »vorwissenschaftliche Weltbild«[33] genüge nicht, gleichwohl bestehe keine Veranlassung, »mit den Psychologen in der Beschreibung seelischer Vorgänge zu wetteifern«.[34]

2) Am nächsten kommt der vermißten Beschreibung der Vorgänge, die Faktisches und Normatives miteinander verknüpfen,[35] wohl die dialektische Konzeption von Arthur Kaufmann:[36] Recht sei die Entsprechung von »Sollen und Sein [...] der von der Methodenlehre viel gesuchte ›Sinn‹ steckt also in beiden«.[37]

Kaufmann hat versucht, für diese Dialektik den Gedanken der Analogie fruchtbar zu machen. Der Analogieschluß sei »ein Schluß vom Besonderen zum Besonderen«.[38] Eine genauere Betrachtung zeige allerdings, daß der Analogieschluß »gar nicht vom Besonderen zum Besonderen, sondern über ein Allgemeines zum Besonderen« führe.[39] Später hat Kaufmann sich für diese Schlußform auf das Modell der Abduktion bezogen.[40] So allein könne es gelingen, den richtigen Sinn einer Norm zu ermitteln. Dabei müsse man »auf etwas Anschauliches zurückgreifen, auf die in Betracht kommen-

gen von Strafrechtsdogmatik und Kriminalpolitik (Ontologismus versus Normativismus?)«, in: ebd., S. 68 ff.

31 Duttge, a. a. O.; er verweist dafür auf Günter Ellscheid, »Das Problem von Sein und Sollen in der Philosophie Immanuel Kants«, in: Duttge, ebd., S. 369; Schünemann, a. a. O., S. 23.

32 Vgl. Schünemann, ebd., S. 31.

33 Karl Engisch, *Vom Weltbild des Juristen*, Heidelberg ^{2}1965 (Duttge, a. a. O., S. 370).

34 Das bezieht sich auf Karl Engischs *Untersuchungen über Vorsatz und Fahrlässigkeit im Strafrecht*, Berlin 1930, S. 97 (Duttge, a. a. O., S. 371).

35 Und damit die »Zauberformel« der Rede von der normativen Kraft des Faktischen überwinden (s. Arthur Kaufmann, *Analogie und »Natur der Sache«; zugleich ein Beitrag zur Lehre vom Typus*, Karlsruhe ^{2}1982, S. 10.

36 A. Kaufmann, a. a. O., S. 148 f.

37 Ebd.

38 Ebd., S. 25.

39 Ebd.

40 S. auch oben Anm. 15.

den konkreten Lebenssachverhalte«.[41] Das Verhältnis von Obersatz und Untersatz, das man gern für Norm und Sachverhalt verwende, habe »keineswegs eine ›gewöhnliche‹ Subsumtion« zur Folge, diese sei vielmehr »eine Analogie«. Man könnte Subsumtion und Analogie nur dann voneinander logisch scheiden, wenn es eine logische Grenze zwischen Gleichheit und Ähnlichkeit gebe. Obersatz und Untersatz wachsen in diesem Sinne gleichsam zusammen durch immer näher kommende Entsprechung.[42] Dabei gehe es um die »Gewinnung derjenigen Ordnungselemente, die von den ›Dingen‹ und ihren Gesetzlichkeiten oder Strukturen *eher* zu erwarten sind«, und »diejenigen Normgestaltungsmomente, welche eine Ordnung auf die Ziele, Werte und Zwecke des Rechts *hin* eine Hinordnung auf die Anforderungen der *Rechtsidee* ermöglichen«.[43] Das laufe auf »ein Wiedererkennen der Norm im Sachverhalt und des Sachverhalts in der Norm« hinaus.[44] Dieser »Schluß vom Sachverhalt zur Norm bzw. der Norm zum Sachverhalt ist daher immer ein Schluß über die ›Natur der Sache‹. Die ›Natur der Sache‹ ist der Angelpunkt des Analogieschlusses, sie ist das Fundament des analogischen Verfahrens [...]«.[45] Eine ganz exakte Antwort auf die Frage, in welcher Weise das Faktische die Wertung (mit)bestimme, ist das allerdings auch nicht. Das erkennt man, wenn man liest, daß Kaufmann die Frage »Wo hört denn diese eine Struktur auf und wo setzt der Wertgesichtspunkt ein«[46] für »im Grunde unbeantwortbar« erklärt, »weil es in der Wirklichkeit keine Grenze zwischen beiden gibt«.[47] Daraus folgt für ihn, daß die »Natur der Sache« im Grunde auf den »Typus« verweise. »Das Denken aus der ›Natur der Sache‹ ist typologisches Denken.«[48] Der Typus aber ist nun nichts anderes als eine der positiven rechtlichen Regelung gleichsam vorausliegende soziale Abbreviatur des Zusammengehens von Tatsachen und Wertung. Das wird ganz deutlich, wenn man das Beispiel betrach-

41 A. Kaufmann, a. a. O., S. 30.

42 Vgl. dazu auch Lüderssen, *Kriminologie*, Baden-Baden 1985.

43 Hier bezieht sich Kaufmann, a. a. O., S. 32, auf Heinrich Henkel, *Einführung in die Rechtsphilosophie*, München 1964, S. 297.

44 A. Kaufmann, a. a. O., S. 32.

45 Ebd., S. 35.

46 Karl Engisch, »Zur Natur der Sache im Strafrecht«, in: *Festschrift für Eberhard Schmidt zum 70. Geburtstag*, Göttingen 1961, S. 99 ff.

47 Ebd., S. 36 f.

48 Ebd., S. 37.

tet, mit dem Kaufmann deutlich zu machen versucht, worum es geht. Das Beispiel stammt wiederum aus dem Strafrecht. »Wenn man Salzsäure als eine Art ›Waffe‹ ansieht im Sinne der gefährlichen Körperverletzung, so folgt das nicht aus dem *Begriff* der Waffe, sondern aus dem *Typus* der gefährlichen Körperverletzung.«[49] Wie aber eben man zu diesem Typus gelangt, ist die Frage, und sie bleibt offen:[50] Wie begegnen sich factum und Wert im Typus, geschieht das in einer Art »Wesensschau«?[51] Wird damit – um die Frage auf die Lösung des hier verhandelten Problems zuzuspitzen – ein Modell für eine ganzheitlich-vorrechtliche Fixierung eines bestimmten entelechialen Status des Embryos vorgegeben?

3) In »Erfahrung als Rechtsquelle« habe ich versucht, über die Fixierung der den Werturteilen zugrunde liegenden, miteinander konkurrierenden Zweck-Mittel-Verhältnisse einen technischen Weg zu zeigen, der die verbleibenden reinen Werturteile gleichsam auf ein Minimum reduziert. Die Schritte, die diesen Werturteilen vorangehen, bestehen darin, daß man die Mittel auswählt, die geeignet und erforderlich sind, um ein Ziel zu erreichen, und daß man diese empirisch zu begründenden Abwägungen[52] vornimmt; hinzu kommen die Abwägungen bei den Zielkonflikten, die sich mit Blick auf Nebenwirkungen bei der Erreichung des primären Ziels ergeben. Natürlich muß vorher das Ziel, das ausgewählt wird, bewertet werden. Häufig allerdings ist dieses aber auch nur das Mittel, um ein anderes Ziel zu erreichen, so daß man die endgültige Zielbewertung weit hinausschieben kann. Dieser Wertungsprozeß ist dann – nach der Philosophie des Wiener Kreises (Viktor Kraft) – die »Auszeichnung«, und dafür kann man diverse Verfahren benutzen, im modernen Leben wohl vor allem die Mischung aus Konsens und Dezision. Mit diesem Verfahren soll die Geltung

49 Ebd., S. 40.

50 Auch bei Winfried Hassemer, *Tatbestand und Typus*, Saarbrücken 1967. Er informiert nicht genau über den Mechanismus, der zwischen »factum brutum« und Vorverständnis waltet und zum Typus führt (s. dazu auch Lüderssen, *Erfahrung als Rechtsquelle*, Frankfurt/M. 1972, S. 85 ff.).

51 Über die vergleichbaren Begriffe, die sich hier assoziativ einstellen (»konkretes Ordnungsdenken«, »allgemein-konkreter Begriff«), vgl. eingehend ders., *Genesis und Geltung in der Jurisprudenz*, Frankfurt/M. 1996, S. 72 ff.; s. ferner die im Nachwort mitgeteilte Literatur bei A. Kaufmann, a. a. O.

52 Vgl. zu den freilich auch dabei vorkommenden Wertimplikationen Niklas Luhmann, *Zweckbegriff und Systemrationalität*, Tübingen 1968, S. 185.

des Satzes, daß Werturteile nur von Werturteilen abgeleitet werden dürfen und daß es nicht zu einer »Strukturverschlingung von Sein und Sollen« kommen darf,[53] relativiert werden. Der beschriebene Vergleich zwischen den Zweck-Mittel-Ketten wird von dem analytischen Philosophen Reichenbach als ethische Implikation bezeichnet.[54] Bei Luhmann heißt das »Problemverkleinerung durch Zwecksetzung und Operationalisierung von Unterzwecken«.[55] Daß auch hier wieder gleichwohl wertende Auswahlen getroffen werden, ist allerdings von Max Weber schon gesehen worden,[56] es lohnt sich, diese alte Einsicht in Erinnerung zu rufen:

»Nur durch die Voraussetzung, daß ein *endlicher* Teil der unendlichen Fülle der Erscheinungen allein *bedeutungsvoll* sei, wird der Gedanke einer Erkenntnis *individueller* Erscheinungen überhaupt logisch sinnvoll. Wir ständen selbst mit der denkbar umfassendsten Kenntnis aller ›Gesetze‹ des Geschehens ratlos vor der Frage: wie ist *kausale* Erklärung einer *individuellen* Tatsache überhaupt *möglich*, – da schon eine Beschreibung selbst des kleinsten Ausschnittes der Wirklichkeit ja niemals erschöpfend denkbar ist? Die Zahl und Art der Ursachen, die irgendein individuelles Ereignis bestimmt haben, ist ja stets *unendlich*, und es gibt keinerlei in den Dingen selbst liegendes Merkmal, einen Teil von ihnen als allein in Betracht kommend auszusondern. Ein Chaos von ›Existentialurteilen‹ über unzählige einzelne Wahrnehmungen wäre das einzige, was der Versuch eines ernstlich ›voraussetzungslosen‹ Erkennens der Wirklichkeit erzielen würde. Und selbst dieses Ergebnis wäre nur scheinbar möglich, denn die Wirklichkeit jeder einzelnen Wahrnehmung zeigt bei näherem Zusehen ja stets unendlich viele einzelne Bestandteile, die nie erschöpfend in Wahrnehmungsurteilen ausgesprochen werden können. In dieses Chaos bringt *nur* der Umstand Ordnung, daß in jedem Fall nur ein *Teil* der individuellen Wirklichkeit für uns Interesse und *Bedeutung* hat.«

Ob Verfahren[57] auf dieser Grundlage nun bei der Entscheidung helfen, in welchem Maße man sich über etwas, das man schon als

53 Belege dazu in Lüderssen, *Erfahrung als Rechtsquelle*, a. a. O., S. 68.

54 Ebd., S. 69 f.

55 Luhmann, a. a. O., S. 218.

56 Max Weber, »Die ›Objektivität‹ sozialwissenschaftlicher und sozialpolitischer Erkenntnis«, in: ders., *Gesammelte Aufsätze zur Wissenschaftslehre*, ^{3}1968, S. 146 ff. (177 f.).

57 Vgl. dazu auch Lüderssen, »Strafrecht zwischen Funktionalismus und ›europäischem‹ Prinzipiendenken«, in: *JStWf* 107 (1995), S. 877 ff. (894 f.).

werdendes Leben bezeichnen kann, im Interesse höherer Zwecksetzungen hinwegsetzen kann, ist nicht leicht abzusehen. Die Diskussion ist ja festgefahren unter dem Aspekt, daß das embryonale Dasein einen absoluten Schutz beanspruche; streitig ist, an welches Stadium man dafür anknüpfen muß. Die naturwissenschaftlich beschreibbaren Vorgaben, die es insofern gibt, sind die Tatsachengrundlage. Aber für den Vorgang ihrer »Auszeichnung«, um in der Terminologie der analytischen Philosophie zu bleiben, bedarf es zusätzlicher Anstrengungen, und sie dürfen sich auch nicht in Psychologie erschöpfen.[58]

Macht man nicht die Vorannahme, daß es sich bei den auszuwählenden Embryonalzuständen von vornherein um die Frage nach einem absoluten Schutz handelt, dann sind natürlich alle Zweck-Mittel-Ketten eröffnet, je nachdem, welche Ziele man ansteuert. Aber dem Hauptstreit ausgewichen ist man, und so lautet die *crucial question* eben doch: Läßt sich für oder gegen die Absolutheit des Schutzes des Embryos etwas aus seinem erreichten Status ableiten? Wohl kaum. Wenn man den Anteil der Mutter am Embryo für so hochkarätig hält, daß demgegenüber der noch nicht nidierte Embryo wertloser erscheint, so kann das mit Beschreibungen von Unterschieden in der erreichten entelechialen Entwicklung anschaulich gemacht werden; aber daß diese durch Beschreibungen hervortretenden Unterschiede normativ relevant sind, versteht sich nicht – sozusagen aus den nebeneinandergestellten verschiedenen »Naturen« – von selbst; vielmehr konkurrieren unterschiedliche Bewertungen. Wenn der Bischof Huber gegenüber der Biologin Nüsslein-Volhard den nicht nidierten Embryo eben auch schon für so weit fortgeschritten in der Entelechie hält, daß ein absoluter Schutz nötig sei, so läßt sich dagegen etwas naturwissenschaftlich Beschreibbares nicht mehr aufführen. Dasselbe würde freilich auch gelten, wenn jemand noch weiter zurückgeht und schon das unbefruchtete Ei oder gar den Samen wegen seiner minimalen Anlage zur späteren, auf den Menschen gerichteten Entelechie für dieses absoluten Schutzes bedürftig hält.

4) An dieser Stelle beginnt man sich im Kreis zu drehen. Wer auf die Unterschiede der Entwicklungsstadien bauen möchte, hat

58 S. dazu die Belege in: Lüderssen, *Erfahrung als Rechtsquelle*, a. a. O., S. 76 f.; vgl. im übrigen ders., *Genesis und Geltung*, a. a. O., S. 59 ff.

im Grunde nichts anderes als eine Art von Evidenz der Plausibilität zur Verfügung. Und doch kann man nicht übersehen, daß, wer – bei den Extremen wird es sichtbar – schon das Ei in den Rang eines absoluten Gutes zu rücken versuchen würde, sich gegenüber denjenigen, die das erst für ein sehr spätes Stadium des Embryos erwägen, insofern im Nachteil befände, als er viel mehr an ungegenständlicher, metaphysischer Wertung aufbringen müßte, um gewissermaßen auf eine vergleichbare Ebene zu gelangen. In den Verfahren, die zur »Auszeichnung« führen, wird man (wenn es sich um Konsensfindungsverfahren handelt) die faktischen Unterschiede gleichwohl als Posten in die Argumentation einbringen. Die subjektiven Überzeugungen haben dann also, wenn sie nur repressionsfrei etc. vorgebracht und akzeptiert werden, das letzte Wort, insofern metaphysischen Wahrheiten vergleichbar, an deren Stelle – in Gestalt des erreichten Konsenses – sie letztlich ja auch treten sollen.[59] Weil subjektive Überzeugungen in diesem Verfahren einen so hohen Rang bekommen, versucht man ja, die *Verfahren* zu objektivieren und zu universalisieren – alle müssen zustimmen können in der idealen Sprechsituation. Über den latenten Idealismus, der in dieser Position steckt, ist viel gesagt worden. Legt man die Latte so hoch, kommt im Konsens nur das Vernünftige zustande; aber dann, sagen die Kritiker der Konsensfindungsverfahren, kann man auch die Vernunft direkt befragen, und stoßen, wenn es darum geht, absolute Positionen zu begründen, wieder zur Metaphysik vor. Wer sich eine solche Metaphysik jedoch nicht zutraut, muß in Kauf nehmen, den Regreß der Begründung dort abzubrechen, wo es gelingt, die subjektiven Überzeugungen mehr oder weniger gut[60] miteinander zu verbinden.

Angewendet auf die hier interessierende Frage des Embryonenschutzes bleibt das Problem, daß derjenige, der die subjektive Überzeugung hat, der Unterschied der erreichten Entwicklungsstadien sei relevant, im Konsensfindungsverfahren dafür irgendeine Begründung bringen muß; er kann sich nicht mit einer Behauptung begnügen, und so wird eben doch wieder die Antwort auf die Frage fällig, mit welcher Verbindlichkeit man Unterschiede der Natur in Wertungen umsetzen darf. Daß der Positivismus der Zustimmung wahre Argumente ersetzen könne, ist der Haupteinwand gegen

59 Vgl. zu dieser Funktion ebd., S. 69.
60 Vgl. dazu die mitgeteilte Formel in: ebd., S. 216.

die Konsenstheorien. Die einzige Absicherung, die es insoweit geben kann, ist eine Gestaltung der Verfahren, die suggestiven und demagogischen Einwirkungen auf die Teilnehmer am Diskurs vorbeugt. Dann ist nur noch die endgültige Entscheidung zu treffen, ob der erreichte Konsens die aufgestellten Bedingungen erfüllt.

Zurück zur Substanz der Behauptung, die in das skizzierte Konsensfindungsverfahren eingebracht werden muß. Wie kann man begründen, daß auf ein ganz bestimmtes fortgeschrittenes Stadium der entelechialen Entwicklung abgestellt werden soll? Selbst wer sich mit Christiane Nüsslein-Volhard auf den Standpunkt stellt, daß eine von der Natur vorgenommene deutliche Zäsur besteht (entgegen der Annahme der Naturwissenschaftler, die bei Entwicklungen Zäsuren überhaupt nicht anerkennen möchten), muß doch für dieses neue Stadium postulieren, daß nunmehr eine Art Vorwirkung des Schutzes menschlichen Lebens einsetzt. Da es nur die – abstrakt bleibende – Vorstellung von einer besonderen Fortgeschrittenheit der Entwicklung ist, wird ein im Ideellen bleibendes Menschenbild beschworen, für dessen Auszeichnung kein besonderes zusätzliches Argument bereitsteht. Wer etwa sagen würde, daß erst dann, wenn der Embryo beginnt, menschliche Gestalt anzunehmen, das Bild vom Menschen gleichsam entstanden sei und er nun jene Vorwirkung beanspruchen darf, dem könnte man – außer der Beschwörung, daß der Embryo schon mit der Einnistung in den Uterus eine signifikante Stufe der Entwicklung erreicht – nichts entgegenhalten.

Man sieht jetzt, daß Reinhard Merkel mit seiner These,[61] es komme auf die Möglichkeit an, dem zu schützenden nasciturus so etwas wie eine subjektive Verletzbarkeit zuzuschreiben, wirklich eine konkretere Argumentationsebene betritt. Die Voraussetzung für diese Verletzbarkeit ist, nach Merkel, die aktuelle Erlebnisfähigkeit. Systematisch zu Ende gedacht, führt sein Standpunkt, wie ich finde, zu problematischen Konsequenzen für die Probleme, die dann mit Blick auf das Ende des Lebens auftauchen. Merkel tritt dem Vorhalt dieser Konsequenzen entgegen, er muß das, kann das gleichsam nicht auf sich sitzenlassen. Aber er tut es, indem er die Konzeption »Fundamentalnorm der Ethik und des Rechts« einführt, die auch erlebnisunfähige Wesen – etwa einem »Anen-

61 Ebd., S. 83 ff.

zephalus« – in ihren Schutz einschließt[62] und in eine Abstraktion verwandelt, die – methodologisch – derjenigen vergleichbar ist, die, wie oben dargelegt, unter der Devise »Schutz des Lebens« vorgenommen wird. Diese Position ist wissenschaftlich-rational aber nicht verbindlich zu begründen; es entscheidet letztlich ein starkes durch religiös humanistische Tradition geprägtes Gefühl. Demgegenüber scheint mir die Konzeption, die nicht notwendig auf das direkte Leiden des von dem forschenden Zugriff betroffenen »Wesens« abstellt, sondern das Leiden anderer genügen läßt,[63] plausibler zu sein – auch als Grundlage für die Abwehr nicht an die Leidensvermeidung oder -minderung geknüpfter Eingriffe beim Embryo.

Der Unterschied zwischen Leiden und Nicht-Leiden hat zwar ein Maß von Evidenz, das keiner weiteren Begründung bedarf. Aber dann folgt natürlich die Debatte darüber, geringere Leiden gegen höhere abzuwägen. Welche Abstufungen akzeptiert man, welche nicht? Gesetzt, man könnte wissenschaftlich nur mit bereits relativ fortgeschrittenen Embryonen arbeiten, solchen, die vielleicht schon in Umrissen sich der menschlichen Gestalt nähern – wäre dann das möglicherweise schon vorhandene, aber immer noch geringere Leiden dieses Embryos einem viel schlimmeren Leiden eines ganz schwer und unheilbar erkrankten Patienten, dem mit der Embryonenforschung geholfen werden soll, nachzuordnen?[64] Hier sinken wir in ein Meer von Unsicherheit, zumal auch noch die zeitliche und qualitative Unsicherheitskomponente dazukommt: irgendwann und keineswegs garantiert manifestiert sich der Forschungserfolg. Also doch zurück zu einem embryonalen Status, der diese »menschlichen« Züge (noch) nicht trägt, so daß wir wieder bei der natürlichen Evidenz der Geringfügigkeit, des absolut fehlenden Leidens angelangt wären? Die Ebene der nicht mehr reduzierbaren Wertung, das Ende der gegeneinander abzuwägenden Zweck-Mittel-Ketten, ist jetzt sicher erreicht. Allerdings ist diese Feststellung der Ausdruck eines Zivilisationsgefühls, dessen Grundlage die Achtung vor immer noch relativ abstrakt bleibenden Ansprüchen auf Leben ist. Man kommt aus dieser Diskussion also ohne derartige Bekenntnisse nicht heraus; eine Erfahrung, vor

62 Ebd., S. 91.

63 S. oben S. 58

64 Vgl. die aufgeführten Fälle bei Merkel, a. a. O., S. 93.

der man sich in Demut beugen muß? Sosehr man die Vagheit und die vor der Autorität einer wirklich überlegenen Vernunft unverbindlich bleibenden Entscheidungen bedauern möchte, so wenig darf man sich verhehlen, daß sie Ausdruck einer epistemologischen Resignation sind, die auf das ganze gesehen die Welt immerhin von den Fanatismen absoluter Überzeugtheit und deren grausamen Konsequenzen befreit hat.

V. Damit schwindet freilich auch die methodologische Grundlage für die Gewißheit, daß jedenfalls ein eugenisch programmierter Mensch, der »mit dem Bewußtsein leben« muß, »dass seine Erbanlagen in der Absicht einer gezielten Einflußnahme auf die phänotypische Ausprägung manipuliert worden sind«,[65] in unserer Welt keinen Platz haben darf. Aber vielleicht kann man an dieser Stelle mit neuen Posten, sozusagen, in die Abwägungsdebatte eintreten.

Die keiner weiteren Begründung bedürftige – niemand verlangt sie jedenfalls – Pflicht, nach Kräften schwer leidenden Menschen zu helfen, stößt selbstverständlich auf Grenzen dort, wo ihre Erfüllung nur unter Inkaufnahme schwerer Leiden anderer, etwa der – um einen ganz eindeutigen Fall zu bezeichnen – leichten körperlichen Verletzung eines nicht zur Organspende Bereiten möglich ist. Wäre die notwendige oder wenigstens schwer zu vermeidende Folge der Embryonenfreigabe wirklich der »Dammbruch« oder die Eröffnung einer »schiefen Ebene«[66] zur schrankenlosen Eugenik, hätte wohl (gegenwärtig) niemand den Mut, das Akonto der für die Embryonenforschung möglich gemachten Heilung Schwerkranker in Kauf zu nehmen. Es sind nicht nur physische Leiden anderer, deren Antizipation diese Entscheidung hindern würde. Vielmehr kommt eine Konzeption vom gesamten Menschen ins Spiel, die am deutlichsten wohl mit dem Bedürfnis nach Identitätswahrung bezeichnet ist. Das ist eine unübersteigbare Grenze. Diese anthropozentrische Grundannahme beherrscht unser Weltbild. Im Falle der beliebigen Reproduzierbarkeit des Menschen ist die Wahrung seiner Identität nicht mehr gewährleistet. Damit ist der Stab über das Klonen eines ganzen Menschen gebrochen. Dieser Schritt aus der unbeeinflußbar-selbstplanenden Natur heraus in eine rein kal-

65 Jürgen Habermas, *Auf dem Weg zu einer liberalen Eugenik?*, Frankfurt/M. 2005, S. 95 f.

66 Ebd.

kulatorische Mechanik ist ein Tabu. Mit diesem Wort ist bewußt eine Grenze zur rationalen Argumentation gezogen.

1) Doch wie trennscharf ist das Tabu? Geburtenplanung ist längst etabliert, auch mit Blick auf durch moderne pränatale Untersuchungsmethoden antizipierbare Details. Die Präimplantationsdiagnostik läßt weitere Alternativen zu. Man kann jetzt genetische Vorbestimmungen treffen, die so spezifisch sind, daß man schon von Manipulation der Natur spricht und sich entsetzt abwendet.

a) Solange noch nicht alles sozusagen »aus der Retorte« ist, könnte man zum Klonen noch einen qualitativen Sprung konstruieren – oder haben wir es mit einem fließenden Übergang zu tun? Man könnte sagen, daß der Sprung erst bei der Reduzierbarkeit und möglichen Vervielfältigung beginnt; dann nämlich erst ist die Identität eindeutig nicht mehr gegeben. Ist – ungeachtet der planenden Aktivität – ein und derselbe Mensch das Ziel, bleibt die Identität erhalten. Kann man die Beseitigung der Identität oder die Verhinderung ihrer Entstehung aber vielleicht einem bestimmten Grad von Identitätsveränderung gleichsetzen? Jede Richtungsbestimmung wird man dafür sich nicht genügen lassen können, insofern ist die normativ akzeptierte Entwicklung schon zu weit vorgeschritten; die völlige Kontinenz der Natur regiert uns ja längst nicht mehr. Intuitiv werden gegenwärtig gleichwohl auch in diesem Rahmen Tabus registriert. Man möchte keine Willkür, keine Geschmacksentscheidungen dulden. Bedeuten Identitätsveränderungen dieser Provenienz dasselbe wie die Abschaffung der Identität? Wieder stehen wir vor der Frage, welche Relevanz für normative Entscheidungen deskriptiv erfaßbare Unterschiede in der Realität haben oder ob es so ist, daß diese Relevanz erst nach einer normativen Vorentscheidung in den Blick kommt. Die Frage mag auch hier offenbleiben, solange man bei dem Vergleich der Zweck-Mittel-Ketten zu akzeptablen Ergebnissen kommt. Gelingt das nicht, stößt man vielmehr auf unreduzierbare Wertfragen, so müssen sie beantwortet werden.

b) Als Wertfragen dieser Art sind im Rahmen der bisherigen Erörterungen »Leiden« und »Identitätsmangel« bestimmt worden. Kann man die Identitätsveränderung nicht ohne weiteres in die Nähe des Identitätsmangels rücken, so gibt es vielleicht – mit umgekehrtem Vorzeichen freilich – eine Anknüpfung an den topos des Leidens: Erst wenn die Ablehnung der Identitätsveränderung bedeutet, relevante Leiden zu produzieren, darf man sich über diese Entscheidung hinwegsetzen. Die Manipulation, mit der verhindert wird, daß etwa ein schwerbehinderter Mensch zur Welt kommt, ist also erlaubt. Daß es schwere Behinderungen sein müssen, ist der Konsens.

2) Wenn nur das die Voraussetzung dafür sein darf, daß auch Identitätsveränderungen hingenommen werden, muß die oben noch hypothetisch gebliebene letzte Frage beantwortet werden: Kann garantiert werden, daß nur diese Fälle der Identitätsveränderung als Folge einer Freigabe der Embryonenforschung zur Debatte stehen werden, nicht aber die anderen, also diejenigen, bei denen es nicht um die Vermeidung schwerbehinderten Daseins geht, so ist nichts gegen die Freigabe einzuwenden.

Das ist die Frage nach den Risiken des Mißbrauchs einer Erlaubnis. Diesem Risiko ist fast jede rechtliche Erlaubnis ausgesetzt. In der Regel wird daher eine Erlaubnis bloß wegen der Möglichkeit ihres Mißbrauchs, sei es im Einzelfall, sei es als Norm, nicht verweigert. Gegebenenfalls sehen die Juristen vielmehr in der Etablierung eines Netzwerks, das dem Mißbrauch vorbeugen oder die Grundlagen für seine Bekämpfung abgeben kann, jeweils ihre besondere Aufgabe (vergleichbar vielleicht dem Umgang der medizinischen Wissenschaft und Praxis mit Nebenwirkungen eines für die Erreichung des angestrebten Zieles an sich geeigneten Mittels, wobei die Inkaufnahme des Problems der Nebenwirkungen in dem Maße favorisiert wird, wie das Mittel geeignet oder sogar als nicht verzichtbar erscheint). Die erste Bedingung ist dabei, daß der Mißbrauch von den erlaubten Fällen klar und verbindlich abgegrenzt werden kann.

Hier werden nun, was die Freigabe der Embryonenforschung angeht, Zweifel angemeldet. Kann man sich über einen Katalog von Behinderungen einigen, die eine Identitätsveränderung erlauben? Und ist die Beachtung dieses Katalogs kontrollierbar? Die Zweifel beziehen sich vor allem auf die erste Aufgabe und hemmen von vornherein die Phantasie für die Erfüllung der zweiten. Die Debatte über die Kriterien für den Behinderungskatalog wird nicht stillstehen, die Bedürfnislage der Betroffenen wird permanent reflektiert werden und neue Ansprüche hervorbringen. Aber Bewegungen dieser Art sind nichts Ungewöhnliches; stets ist das Recht im Wandel, trotz damit konkurrierender Sicherheits- und daraus abgeleiteter Beständigkeitsinteressen. Worauf es entscheidend ankommt, ist die Unangreifbarkeit des Grundsatzes: Die Abwendung von Leiden muß die Parole bleiben; dieses Prinzip darf durch kein anderes ersetzt werden. Was aber Leiden im einzelnen ausmacht, wieviel zu ertragen der rechtssetzende und -verwaltende Teil der Menschheit dem anderen Teil (und freilich auch sich selbst) zuzumuten sich entschließt, wird der Diskussion nicht entzogen werden dürfen. Wer die Embryonenschutz-Gesetzgebung neu gestalten will, muß also die Mißbrauchsfälle vorauszusehen und im einzelnen abzuschätzen bemüht sein. Allgemein kann man von der Gesetzgebung nicht sagen, daß sie in dieser Tugend Großes zu leisten pflegt; die Rechtsprechung ist es meistens, die auffangend und korrigierend tätig wird und sich dabei meistens bewährt. Doch jede neue Gesetzgebung ist gehalten, sich nicht unbedingt darauf zu verlassen; sie sollte sich an die gar nicht zu geringe Zahl insoweit guter Beispiele, zum Beispiel im Steuerrecht, halten. Im einzelnen können im Rahmen des für diesen Text verfügbaren Platzes dazu keine Vorschläge gemacht werden.

Aber ich möchte doch der Hoffnung Ausdruck geben, daß auf dem hier angedeuteten Wege eine Konzeption sichtbar wird, der es erspart bleibt, in die Nähe einer Praxis der »Selektionen« gerückt zu werden. Was man damit auf dem Hintergrund unserer Geschichte und gelegentlich wild wuchernder futuristischer Spekulationen gegenwärtig zu assoziieren pflegt, hat nichts zu tun mit dem Lebensgefühl der Menschen, welche ihre (auch durch die christliche Religion gewährten) Freiheiten nutzen, sich ihrer Leiden bewußt zu werden und daraus das (ebenfalls nicht unchristliche) Recht ableiten, sie – sofern das nicht auf Kosten anderer Leidender geschieht – zu mindern.

2.4 Aktive Sterbehilfe – Rechte und Pflichten

Warum gerade jetzt in Deutschland die in kürzeren Abständen aufeinanderfolgenden offiziellen oder halboffiziellen Verlautbarungen und Stellungnahmen über das seit Jahrzehnten auf dem gleichen Niveau unentschieden hin- und herwogende Thema der »Sterbehilfe« – Zeitungsartikel, spektakuläre Einzelfälle und Talkshows im Fernsehen, bunt gemischt aus ärztlichen Fachleuten, theologisch-philosophischen Feingeistern und mit Betroffenheitsgestus agierenden Patienten oder Patientennachkommen? Gut, es gibt neue Entwicklungen – etwa die holländische Lösung, die Initiative des Hamburger Innensenators, das Papier der Bioethik-Kommission des Landes Rheinland-Pfalz über Sterbehilfe und Sterbebegleitung, die Stellungnahme der Enquete-Kommission »Ethik und Recht der modernen Medizin«, Grundsätze der Bundesärztekammer zur Sterbebegleitung, eine Äußerung des nationalen Ethikrates und die Vorbereitungen des Bundesjustizministeriums für den Entwurf einer gesetzlichen Regelung. Aber substantiell ist nichts neu.[1]

Überraschend neu ist vielmehr der Entscheidungsdruck, der inzwischen entstanden ist und bewirkt, daß vom Dickicht der Kasuistik verdeckte elementare Gefühle und Gedanken an den Tag kommen. Mit Blick auf die Schwierigkeiten, ein flächendeckendes Gesundheitssystem aufrechtzuerhalten – bei wachsender Alterspyramide, verbunden mit ständigen Fortschritten lebensverlängernder allgemeiner und intensiver Medizin –, erscheinen nunmehr *alle* Konzepte und Verfahren zur Dezimierung dieses »Anspruchspotentials« hilfreich.[2] Dieser Argwohn wird inzwischen öffentlich

1 Zusammenfassender Bericht über all diese Anstrengungen bei Heinz Schöch/Thorsten Verrel, »Alternativ-Entwurf Sterbebegleitung (AE-StB)«, in: *Goltdammer's Archiv für Strafrecht* 152 (2005), S. 554 ff.; speziell zur holländischen und belgischen Lösung: Hans-Ludwig Schreiber, »Soll die Sterbehilfe nach dem Vorbild der Niederlande und Belgien neu geregelt werden?«, in: *Festschrift für Hans-Joachim Rudolphi*, Neuwied 2004, S. 543 ff. (546 ff.). Zur älteren Reformgeschichte: Vera Große-Vehne, *Tötung auf Verlangen (§ 216 StGB). »Euthanasie und Sterbehilfe«. Reformdiskussion und Gesetzgebung seit 1870*, Berlin 2005.

2 Aufschlußreiches Zahlenmaterial über die unverhältnismäßig hohen Kosten ärztlicher Behandlung von Patienten in ihren letzten 180 Lebenstagen bei Schreiber, a. a. O., S. 550.

formuliert, etwa durch den Münchner Philosophen Robert Spaemann.[3] Niemand freilich fühlt sich als Adressat. Eine offizielle Lesart kann das nicht werden. Aber daß hier geheime Strategien Funktionen übernehmen könnten, bleibt eine quälende Vorstellung. So ist für viele Menschen die Versuchung groß, der Einflüsterung zu folgen, als einzige überzeugende und wirksame Waffe gegen jenen schlechten Pragmatismus bleibe übrig, nach absoluten Wahrheiten zu suchen.

Beide Strömungen gehen jedoch darüber hinweg, daß auslösendes Moment für die Bemühungen um die Legitimation aktiver Sterbehilfe der Respekt vor dem *Willen* des Lebensmüden ist, der weder bevölkerungspolitischer Unterstützung bedarf noch der Abwertung durch übermenschliche Lebenskonzepte und auch nicht etwa einer Lebenspflicht gegenüber der Gesellschaft[4] zugänglich ist. Doch dieses sichere Urteil kann nur aufrechterhalten, wer es ernst meint mit der Nichthintergehbarkeit der menschlichen Individualität und Freiheit, dieser vorläufig letzten Bastion intellektueller Aufklärung. Dazu gehört der Abschied von der Illusion, der Mensch könne, auch wenn er die Freiheit wähle, bei externen Autoritäten Zuflucht suchen. Die Quellen unserer Orientierungen sind zwar unendlich, aber wir können ihre Herkunft nicht verbindlich machen, sondern nur die unerforschliche Produktion des Selbst mit vergleichbaren Vorgängen bei anderen Menschen koordinieren.

A. Der gegenwärtige Rechtszustand – eine Lebenslüge?

Bezogen auf Selbstmord, Homosexualität und Abtreibung hat schon Kurt Hiller[5] – ziemlich bekannt im intellektuellen Milieu der zwanziger Jahre des vergangenen Jahrhunderts – dieser »Existentialisierung« des Freiheitsbegriffs eine besondere Vitalität verschafft. Strafrechtlich ist das inzwischen längst abgeklärt.[6] Wer erfolglos

3 *Frankfurter Allgemeine Zeitung* v. 15. 3. 2006.

4 Dazu Jörg Antoine, *Aktiv-Sterbehilfe in der Grundrechtsordnung*, Berlin 2004, S. 173; siehe auch Anm. 40.

5 Kurt Hiller, *Das Recht über sich selbst*, Berlin 1908.

6 So ist das auch vorgesehen bei Ulfrid Neumann, *Nomos-Kommentar Strafgesetzbuch*, Bd. 2, Baden-Baden ^{2}2005, Vorbemerkung vor § 211 StGB, Rdz. 92, und Schreiber, a. a. O., S. 544.

versucht hat, sich selbst zu töten, wird nicht bestraft. Diejenigen, die einem anderen erfolgreich dabei helfen, sich selbst zu töten, werden auch nicht bestraft, weil die »Haupttat« fehlt.[7] Wenn es sich darum handelt, daß Rettungsversuche unterbleiben, gibt es allerdings noch streitige Grenzfälle.[8] Sie beschränken sich inzwischen – nachdem die sich lange zäh haltende Position, in Fällen der Hilfe zur Selbsttötung durch Unterlassen werde dieses ohne weiteres zur (strafbaren) Täterschaft, weil man hier überhaupt nicht zwischen Täterschaft und Teilnahme unterscheiden könne, endlich aufgegeben worden ist[9] – auf die Fälle, in denen ein Sinneswandel sichtbar geworden ist. Hier könnte der eventuell zum Handeln Aufgerufene als Täter einer Fremdtötung anzusehen sein. Das würde allerdings Tatherrschaft und Garantenstellung voraussetzen. Tatherrschaft kann in dieser Situation durchaus gegeben sein. Aber die Garantenstellung ist zweifelhaft, man wächst in sie nicht einfach hinein, nur weil man gleichsam in einen noch nicht abgeschlossenen Selbstmord gerät. Selbst bei beruflich besonders zur Hilfeleistung verpflichteten Personen, etwa Ärzten oder Polizisten, ist das nicht ohne weiteres anzunehmen, auch in diesen Fällen kommt überhaupt nur das schwächere Delikt der unterlassenen Hilfeleistung in Betracht. Aber die Diskussion ist eben noch nicht abgeschlossen.[10]

7 Eine Ausnahme davon soll gemacht werden, wenn die Teilnahme am Selbstmord aus Gewinnsucht stattfindet, »§ 215a Alternativ-Entwurf Sterbebegleitung (AE-StB)«, in: *Goltdammer's Archiv für Strafrecht* 152 (2005), S. 585 (dazu Schöch/Verrel (Hg.), a. a. O., S. 583); ferner gibt es alte und neue standesrechtliche Vorbehalte, wenn ein Arzt die Hilfe leistet (vgl. ebd., S. 582). Gegen die »pauschale standesrechtliche Mißbilligung der ärztlichen Suizid-Beihilfe« mit Nachdruck Thorsten Verrel, *Patientenautonomie und Strafrecht bei der Sterbebegleitung, Gutachten für den 66. Deutschen Juristentag, Verhandlungen des 66. Deutschen Juristentages,* Teil C, Berlin 2006, S. 19 f., 114, mit dem ernsten Appell an die Standesorganisation, die Grundsätze zu überarbeiten, S. 116.

8 Neumann, a. a. O.

9 Unterstützung leistet hier das »Teilnahmeargument« als argumentum a fortiori, s. Albin Eser, in: Adolf Schönke/Horst Schröder, *Strafgesetzbuch*, München [26]2001, Vorbemerkungen zu § 211, Rdz. 40 ff. Der AE-StB (»es ist widersprüchlich, dem Suizidgehilfen die Beschaffung eines Tötungsmittels zu gestatten und ihn zum Einschreiten zu verpflichten, wenn es gewirkt hat«), will das durch eine spezielle Regel (§ 215 Abs. 1) klarstellen (Schöch/Verrel (Hg.), a. a. O., S. 580).

10 Streitstand bei Eser, a. a. O., Rdz. 44; eindrucksvoll schon die von Arthur Kreuzer vorgetragenen Bedenken gegen eine Garantenstellung in diesen Fällen, in: *Verhandlungen des 56. Deutschen Juristentages*, Berlin 1986, Bd. II (Sitzungsbe-

Die *entscheidende* Frage ist, ob man so weit gehen kann, daß jemand, der denjenigen, der sterben will, als *Täter* auf seine Bitte hin tötet, straffrei bleiben soll. Vom *geltenden* Recht scheint sie allerdings mit *nein* beantwortet zu sein. »Tötung auf Verlangen« ist ein Straftatbestand, es gibt insoweit nur eine Strafmilderung.

Allerdings gibt es Fallgruppen, die straflos bleiben sollen.

Da sind zunächst die Fälle, in denen schmerzmindernde oder -beseitigende Mittel gegeben werden, obwohl Patient und Arzt wissen, daß das Leben dadurch verkürzt wird. Wenn nur ein Risiko des Todes besteht, ist die Lösung einfach, es fehlt – auch der bedingte – Vorsatz. Aber die Rechtsprechung des BGH und ein Teil der Literatur schließen eine strafbare Tötung auch bei Vorsatz, ja sogar direktem Vorsatz aus.[11] Die Begründungen sind freilich anfechtbar. Soweit für die Straflosigkeit geltend gemacht wird, es fehle doch an einer auf Tötung gerichteten Zielsetzung, muß man kritisch anmerken, daß Motiv und Vorsatz verwechselt werden. Das Motiv kann den Vorsatz nicht eliminieren.[12] Das erlaubte Risiko als Rechtfertigung auch dann anzuerkennen (ein weiteres Argument), wenn ein ganz sicheres Wissen vorliegt, ist dogmatische Spiegelfechterei.[13] Rechtfertigender Notstand schließlich – Abwägung

richte M), S. 163; zur Haftung nach § 323c StGB: Harro Otto, *Recht auf den eigenen Tod? Strafrecht im Spannungsverhältnis zwischen Lebenserhaltungspflicht und Selbstbestimmung. Gutachten D für den 56. Deutschen Juristentag*, München 1986, S. 71 ff.; ferner jetzt Gabriele Wolfslast, »Rechtliche Neuordnung der Tötung auf Verlangen?«, in: Knut Amelung u. a. (Hg.), *Festschrift für Hans-Ludwig Schreiber zum 70. Geburtstag am 10. Mai 2003*, Heidelberg 2002, S. 919. Weiterführende Überlegungen und überzeugende gesetzgeberische Empfehlungen bei Verrel, a. a. O., S. 114.

11 Nachweise bei Neumann, a. a. O., Rdz. 95.

12 Ebd., Rdz. 97; das übersieht Christoph Sowada, in: *Verhandlungen des 56. Deutschen Juristentages*, a. a. O., S. 157 (unter Berufung auf Karl Lackner). Zutreffend jetzt aber Reinhard Merkel, »Aktive Sterbehilfe«, in: *Festschrift für Friedrich-Christian Schroeder zum 70. Geburtstag*, Heidelberg 2006, S. 314 ff.

13 So wohl im Ergebnis auch Neumann, a. a. O., S. 1999: diese Fallkonstellation falle nicht in den Anwendungsbereich des § 216; anders Karl-Ludwig Kunz, »Sterbehilfe, Der rechtliche Rahmen und seine begrenzte Dehnbarkeit«, in: Andreas Donatsch u. a. (Hg.), *Strafrecht, Strafprozessrecht und Menschenrechte. Festschrift für Stefan Trechsel zum 65. Geburtstag*, Zürich 2002, S. 613 ff., 619: die »objektive Erfolgszurechnung« scheitere daran, »dass das Lebensverkürzungsrisiko angesichts des sozialen Gebots, unerträgliche Schmerzen des Sterbenden zu lindern und damit die Lebensqualität Schwerkranker und Sterbender zu erhöhen, als *erlaubt* gilt«.

zwischen dem Wert des Stück Lebens, um das es gekürzt wird, und dem Leiden des Patienten – muß ausscheiden, wenn man es mit der Autonomie des Patienten ernst nimmt.[14] Stellt man deshalb auf den Rechtfertigungsgrund der mutmaßlichen Einwilligung ab, so zeigen sich die Grenzen der Auslegung des § 216 StGB. Diese Vorschrift stellt ja gerade klar, daß Einwilligung die Strafbarkeit nach § 212 StGB nicht beseitigen, sondern nur mildern kann. Dabei bleibt noch unberücksichtigt, daß »Verlangen« ja mehr ist als nur »Einwilligung«, also nicht einmal die Strafmilderung in diesen Fällen zweifelsfrei ist. An dieser Auslegung des positiven Rechts wird sich auch dann nichts ändern können, wenn man dem Suizidenten zubilligt, er habe ein verfassungsmäßig verbrieftes Recht auf seinen Tod.[15]

Schon um dieser Fälle willen müsste § 216 StGB also geändert werden.[16] Sähe man in dieser Hinsicht klarer, versteckte sich nicht hinter einer brüchigen Straflosigkeitsdogmatik[17] für exzeptionelle

14 An der niederländischen Regelung äußert Zweifel Schreiber, a. a. O., S. 550.

15 Über Versuche einer verfassungsrechtlichen »Reduktion des Anwendungsbereichs des § 216 StGB in bestimmten Ausnahmesituationen« (man könnte auch von verfassungskonformer Auslegung sprechen) vgl. Ulf Kämpfer, *Die Selbstbestimmung Sterbewilliger*, Berlin 2005, S. 358. Dabei käme vielleicht auch das Argument von Kunz zum Tragen, daß aus dem »Fremdtötungsverbot eine Fremdbestimmung über das Lebenmüssen des nicht anders von seinem Leiden erlösbaren Sterbewilligen« nicht notwendig folge (Kunz, a. a. O., S. 626 f.).

16 Über schon auf dem 56. Deutschen Juristentag in diese Richtung gehende Forderungen vor allem Hans Henning Astrott, in: *Verhandlungen des sechsundfünfzigsten Deutschen Juristentages*, a. a. O., S. 130 f.; ähnlich Rolinski, in: ebd., S. 135. Über die Not der Ärzte, aus Angst vor Sanktionen Schmerzmittel nicht ausreichend zu dosieren, obwohl gerade diese Zurückhaltung strafwürdig erscheinen könnte, vgl. die anschauliche Schilderung des Mediziners Jürgen Wawersik, in: ebd. Entlastung des – dann leichter aufrechterhaltbaren – § 216 StGB durch klare, von strafrechtlicher Haftung freistellende Regelungen in den Grenzfällen fordert Verrel, a. a. O., S. 39; vgl. auch seine Mitteilungen über die Unsicherheit der rechtlichen Beurteilung bei Ärzten und Patienten, ebd., S. 54, ferner 57, 63. Rechtstechnisch empfiehlt er die »Einführung eines Rechtfertigungsgrundes [...] nach dem Vorbild von § 215 StGB – AE – StB« (ebd., S. 114).

17 Vom »Kategoriengeklapper« spricht Karl Engisch, »Konflikte, Aporien und Paradoxien bei der rechtlichen Beurteilung der ärztlichen Sterbehilfe«, in: Hans-Heinrich Jescheck/Hans Lüttger (Hg.), *Festschrift für Eduard Dreher zum 70. Geburtstag*, Berlin 1977, S. 309 ff., S. 315. Überzeugend die Klarstellungen bei Merkel, a. a. O., S. 300 ff. Auch Verrel, a. a. O., S. 33 sieht hier die »Grenze einer einschränkenden Gesetzesauslegung«; andererseits betont er die phänomenologi-

Fälle,[18] würde vielleicht auch der Blick frei werden für die Notwendigkeit einer weiter gehenden Reform, welche die aktive Tötung des sterbewilligen Patienten einschließt, ohne daß es auf die Kombination mit den schmerzstillenden Medikamenten ankommt, d.h. einem Patienten gilt, der überhaupt keine schmerzstillenden Medikamente haben, sondern sterben möchte.[19]

Ähnlich dürfte es sich mit der zweiten Gruppe von Fällen verhalten, hier geht es um die Unterlassung lebensverlängernder Maßnahmen, wieder mit realer oder mutmaßlicher Einwilligung des Patienten. Fehlt es daran, kann an der Strafbarkeit kein Zweifel sein.[20] Umgekehrt bedeutet die Weigerung des Patienten, diese Maßnahmen zuzulassen, daß er in die Alternative – den Tod – einwilligt. Wenn das nicht für die Straflosigkeit des Arztes ausreichen soll, ist schwer begreiflich zu machen, daß die Weiterbehandlung gegen den Willen des Patienten strafbare Nötigung sein soll.[21]

Da im Prinzip nur behandelnde Ärzte als Täter in Betracht kommen, liegt eine Garantenstellung vor und somit liegt ein Tötungsdelikt vor. Die Frage könnte sein, ob bei Unterlassung die Einwilligung eine andere Funktion hat als bei positivem Handeln.

schen Unterschiede zwischen »Todesverursachung durch Unterlassen oder aktive Beendigung einer Behandlung und derjenigen durch eine gezielte Verkürzung des Krankheitsverlaufs« (ebd., S. 64).

18 Die den Charakter von Lebenslügen annehmen kann, vgl. den Ausruf von Hans-Dieter Hiersche: »Töten ist kein ärztlicher Auftrag! Hilfe zum Sterben ist kein ärztlicher Auftrag und darf es nicht werden. Leidminderung unter Inkaufnahme des Todes ist etwas anderes«, in: *Verhandlungen des sechsundfünfzigsten Juristentages*, a. a. O., S. 85; in diesem Sinne aber auch Hirsch, in: ebd., S. 127. Gründliche Darlegung der Argumente für eine unterschiedliche Gewichtung von aktivem Töten und passivem Sterbenlassen bei Ralph Ingelfinger, *Grundlage und Grenzbereich des Tötungsverbots*, Köln 2004, S. 285 ff. Gegen die Kategorienunterscheidung von Unterlassen und positivem Tun in diesen Fällen Schreiber, a. a. O., S. 545, mit wichtigen Belegen aus der philosophischen und theologischen Literatur.

19 Auf die Parallelen zur unbestrittenen Relevanz der Einwilligung in lebensgefährliche Operationen weist Gabriele Kleb-Braun hin, in: *Verhandlungen des sechsundfünfzigsten Juristentages*, a. a. O., S. 87, 160.

20 Mit Belegen Otto, a. a. O., S. 53; so auch Verrel, a. a. O., S. 80.

21 Daß Weiterbehandlung des Patienten der Rechtfertigung durch dessen Einwilligung bedarf, betonen auch Schöch/Verrel (Hg.), a. a. O., S. 561. Sogar von einer »Pflicht zur Einstellung lebenserhaltender Maßnahmen« in bestimmten Fällen ist die Rede, Verrel, a. a. O., S. 94; zur Problematik der Etablierung von Pflichten vgl. auch ebd., S. 100.

Weshalb sollte der Unterlassungstäter das Privileg des § 216 StGB nicht beanspruchen dürfen, erst recht muß das so sein, wäre die richtige Antwort. Daß die schwächere Begehungsform umgekehrt nicht an die Schwelle des § 216 gebunden sein soll, die Einwilligung also volle, das ganze Delikt des § 212 StGB aufhebende Funktion haben soll, wäre die Folgerung.[22]

Andere Argumente, etwa das der objektiven Sinnlosigkeit eines solchen Lebens,[23] scheiden aus, kämen in die Nähe fataler Euthanasie. Auch die Berufung auf ein verfassungsmäßiges Recht auf den eigenen Tod überwindet – wiederum – nicht die Barriere des § 216 StGB.[24]

Fällt auch bei dieser Fallgruppe die Möglichkeit einer speziellen Rechtfertigung weg und ist man damit ebenfalls unzufrieden, dann ist erneut die Konsequenz einer Nivellierung mit den »normalen« § 216-Fällen zu bedenken, auch für sie muß eine liberalisierende Lösung gefunden werden.

B. Plädoyer für die Legalisierung der aktiven Sterbehilfe

Im Zuge allgemeiner liberalisierender Reformvorschläge auf dem Gebiete des Strafrechts ist bereits vor knapp zwanzig Jahren von der als »Alternativ-Professoren« bekanntgewordenen Gruppe schweizerischer, österreichischer und deutscher Strafrechtslehrer (vor allem mit den Vorschlägen zum Sexualstrafrecht haben sie sich seinerzeit weitgehend durchgesetzt) ein »Alternativentwurf eines Gesetzes zur Sterbehilfe« vorgelegt worden, der im Falle der Tötung auf Verlangen Straffreiheit vorsah, »wenn die Tötung der Beendigung eines schwersten, vom Betroffenen nicht mehr zu ertragenden Zustandes dient, der nicht durch andere Maßnahmen behoben oder gelindert werden kann«.[25] Von diesem Vorschlag[26] ist die gleiche Gruppe (der

22 Mit Belegen so Otto, a. a. O., S. 53.

23 Siehe dazu Neumann, a. a. O., Rdz. 103.

24 S. Anm. 13.

25 § 216 Abs. 2 StGB.

26 Dem die Teilnehmer der strafrechtlichen Abteilung des 56. Deutschen Juristentages im Ergebnis mit großer Mehrheit zugestimmt haben (a. a. O., S. 183). Von Claus Roxin (»Zur strafrechtlichen Beurteilung der Sterbehilfe«, in: ders./Ulrich Schroth (Hg.), *Medizinstrafrecht*, Stuttgart 2000, S. 110) wird das ausdrücklich als Bestätigung der Lösung des Entwurfs hervorgehoben. Kritisch Hirsch, in:

jetzt aber auch sehr viel jüngere Strafrechtslehrer angehören) in dem neuen »Alternativ-Entwurf Sterbebegleitung«[27] abgerückt. Es solle »jeder Ansatz zur Durchbrechung des Fremdtötungsverbots vermieden werden«.[28]

In der Tat wäre die Entfernung von der bloß zur Selbsttötung geleisteten Beihilfe erheblich. Die Handlungen des Tatgehilfen sind untergeordnet. Den Tatbestand der Tötung auf Verlangen erfüllt nur, wer den Ablauf der Tat beherrscht. Das Verhältnis kehrt sich um, das »Opfer«, der Getötete, ist allenfalls noch ein Gehilfe, in eigener Sache sozusagen. Aber: die Fälle der Hilflosigkeit dessen, der zu sterben wünscht, sind bekannt. Warum soll das Tötungsverlangen dieser Menschen demjenigen, der ihm nachkommt, nur eine Strafmilderung bringen? Im Grunde geht es dort nur um den Unterschied »zwischen eigenhändiger und arbeitsteiliger Zweckverfolgung«.[29]

»In concreto kann mal das eine, mal das andere schwerwiegender sein. Unter Umständen ist die Teilnahme am Suizid sehr viel gravierender als eine Tat nach § 216 StGB. Wer, um an einen Fall aus der Rechtsprechung anzuknüpfen, seinen keineswegs sterbenskranken Ehepartner dazu überredet, sich aufzuhängen, und ihn dabei auch noch unterstützt, handelt zweifellos verderblicher als die Frau, die dem vom Kopf abwärts gelähmten Mann auf dessen flehentliche Bitte den Tod gibt – sofern man in dem letzteren Fall überhaupt von Verwerflichkeit sprechen kann. Daß der Helfende als Täter nach § 216 StGB erscheint, liegt ja nach Lage der Dinge daran, daß der Leidende nicht mehr die Möglichkeit hat, sich selbst das Leben zu nehmen. Der französische Karzinologe Léon Schwarzenberg hat zutreffend gesagt, daß die Tötung auf Verlangen nichts anderes als Selbstmord durch eine Mittelsperson sei«.[30]

Verhandlungen des sechsundfünfzigsten Juristentages, a. a. O., S. 140 ff. Reinhard Böttcher, in: ebd., S. 140 f.; etwas zurückhaltender (»Wir sollten die Option für den Gesetzgeber für eine gesetzliche Regelung jederzeit offenlassen«) Karl-Heinz Groß, in: ebd., S. 143 ff.

27 Vgl. Anm. 1.

28 Schöch/Verrel (Hg.), a. a. O., S. 582 ff.

29 Günther Jakobs, *Tötung auf Verlangen, Euthanasie und Straftatsystem*, München 1998, S. 16; in diesem Sinne auch Wolfslast, a. a. O., S. 123; dazu Kämper, a. a. O., S. 350; die herrschende Lehre indessen will gerade hier eine scharfe Grenze ziehen, sehr dezidiert: Hirsch, a. a. O., S. 127.

30 Arthur Kaufmann, »Relativierung des rechtlichen Lebensschutzes?«, in: *Festschrift für Claus Roxin zum 70. Geburtstag*, Berlin/New York 2001, S. 841 ff. (851).

Das ist mithin die Frage, auf die sich die Debatte jetzt, nachdem alle übrigen Probleme nach Überwindung vieler überflüssiger Widerstände allmählich lösbar geworden sind, konzentriert.

I. § 216 StGB – ein abstraktes Gefährdungsdelikt

Niemand tritt im Rahmen der Sterbehilfe-Debatte in dem Sinne für die Reform des § 216 StGB ein, daß in jedem Falle die Einwilligung die Strafbarkeit der Tötung beseitigen soll. Vielmehr soll § 216 StGB wenigstens als ein abstraktes Gefährdungsdelikt (Gefährdung für das Leben anderer) erhalten bleiben. Das sei die »heute allein mögliche Begründung des Verbots der Tötung auf Verlangen«.[31] Die *Grenzen* einer straffreien Tötung auf Verlangen werden im Bereich der Sterbehilfe, wie zu erwarten, mit medizinischen Details begründet. Diese müßten, begriffsnotwendig sozusagen, objektiv, von der Willensäußerung des Patienten gerade unabhängig sein. Aber diese Begriffsnotwendigkeit impliziert, daß es bei der begrifflichen Abgrenzung auch bleibt, wie man an den Beispielen sehen kann. Genannt werden unter anderem unerträgliche Schmerzen oder auch schwere, nicht anders zu behebende Leidenszustände, zum Beispiel »Atemnot mit Erstickungsängsten [...], aktuelles Delirium mit epileptischen Anfällen«, Irreversibilität des Heilungsprozesses im Sinne eines unaufhaltsamen Sterbeprozesses.[32] In allen diesen Fällen besteht die Vermutung, daß es im subjektiven *Interesse* des Patienten liegt, sein Leben zu beenden.[33] Seine Autonomie ist

31 Kämpfer, a. a. O., S. 350 unter Bezugnahme auf Jakobs; so auch Verrel, a. a. O., S. 166 f. im Rahmen der Begründung seiner konkreten Reformvorschläge; auch Merkel, a. a. O., S. 306; kritisch gegenüber dieser Konstruktion Ingelfinger, a. a. O., S. 195 f. (Zusammenfassung). Eine Einschränkung der Rechtfertigung von Tötungen durch Einwilligung des Getöteten könnte die Vision einer Rechtsgesellschaft heraufbeschwören, die das Verlangen zu sterben zu einer Kulturleistung heraufstilisiert, in dem Sinne, daß man Anerkennung gewinnt, wenn man die Wertlosigkeit des eigenen Lebens einsieht; eine Andeutung in dieser Richtung bei Hans Reis, in: *Verhandlungen des sechsundfünfzigsten Juristentages*, a. a. O., S. 146; bedrückende Assoziationen bei Ernst Jünger, *Autor und Autorschaft*, Stuttgart 1984, S. 142, zit. n. Otto, a. a. O., S. 11; siehe auch Anm. 40.

32 Schöch/Verrel (Hg.), a. a. O., S. 575; über die Unsicherheiten, mit denen diese Annahme belastet ist, Günter Strathenwerth, »Zum Behandlungsabbruch bei zerebral beschädigten Langzeitpatienten«, in: Amelung (Hg.), a. a. O., S. 893 ff.

33 Dieses Interesse wird im Namen der Menschenwürde des Patienten, die ein Weiterleben verbiete, postuliert, so Otto, a. a. O., S. 27 f. Erst bei irreversiblem

also auch bei diesen Argumenten das prius.[34] Diesen Paternalismus mag man gefährlich finden, aber dabei ist zu bedenken, daß er in der umgekehrten Richtung verläuft: Grundlage bleibt der Wille des Patienten zu sterben. Es geht nur darum, *diesen* Willen zu begrenzen, also paternalistisch zu sein mit dem Ziel, das *Leben* des Patienten zu erhalten. Nur in jenen extremen Fällen soll der Wille des Patienten zu sterben beachtlich sein.[35]

Bewußtseinsverlust wird aus der Menschenwürde gefolgert, daß »die Erhaltung bloßer biologischer Funktionen [...] nicht mehr humane Verwirklichung eines Heilauftrags« sei, »sondern inhumaner Erhalt eines Objekts, dem ein eigener Tod im Sinne eines menschenwürdigen Todes gerade verweigert wird« (ebd., S. 36; siehe auch S. 50 ff.); sehr instruktiv die Zusammenstellung der Konstellationen bei Wolfslast, a. a. O., S. 924. Zur »Fremdbestimmung« allgemein: Brigitte Tag, *Der Körperverletzungstatbestand im Spannungsfeld zwischen Patientenautonomie und lex artis*, Heidelberg 2000, S. 312 ff.

34 Diese Akzentuierung entscheidet, nicht die umgekehrte: Sei der Todeswunsch vernünftig, so sei das Selbstbestimmungsrecht des Sterbenden zu respektieren (Jakobs, a. a. O., S. 29); weitere Literaturhinweise bei Roxin, a. a. O., S. 87 ff., 107. Erst recht halte ich es für irreführend, in diesen Fällen von einer Rechtfertigung nach § 34 StGB zu sprechen (Otto, a. a. O., S. 56 f.). Für Rechtfertigung allerdings auch Rolf Herzberg, »Der Fall Hackethal. Strafbare Tötung auf Verlangen?«, in: *Neue Juristische Wochenschrift* (1986), S. 1635, 1638 f.; auch Reinhard Merkel, »Teilnahme am Suizid – Tötung auf Verlangen – Euthanasie. Fragen an die Strafrechtsdogmatik«, in: ders./Rainer Hegselmann (Hg.), *Zur Debatte über Euthanasie. Beiträge und Stellungnahmen*, Frankfurt/M. 1991, S. 71 ff. (in Merkel, »Aktive Sterbehilfe«, a. a. O., S. 309, arbeitet er jetzt allerdings die hier nur additive Funktion der Notstandsvorschriften heraus). Auch in den Fällen der Tötung aus Barmherzigkeit (Otto, a. a. O., S. 59 ff.; den dort geschilderten Fall greift auch Reinhard Merkel auf) ist die Vermutung des Sterbewillens die conditio sine qua non für eine Rechtfertigung. Um dem Sterbewillen zu seiner vollen Geltung zu verhelfen, muß also das Gesetz – § 216 StGB – geändert werden (dagegen – konsequent, weil er schon nach dem geltenden Recht Notstandslösungen für möglich hält – Otto, a. a. O., S. 90; im Ergebnis ähnlich Kunz, a. a. O., S. 620, die tolerierte Anwendungspraxis der Aktiv-Sterbehilfe gestatte es, »die Rigidität des Fremdtötungsverbots faktisch zu unterlaufen«).

35 Einen Extremfall dieser Art würde man etwa nicht annehmen müssen, wenn ein berühmter gelähmter Nobelpreisträger, der sein kreatives geistiges Leben nicht zuletzt auf der Basis seines Ruhms wahrscheinlich genießt, nun doch den Wunsch äußern würde, zu sterben, verbunden mit der Bitte an seinen Arzt, ihm dabei zu helfen, was ganz eindeutig auf einen Fall der Tötung auf Verlangen hinauslaufen würde.

Die komplette Liberalisierung ist das nicht. Aber diese »mittlere« Lösung könnte entscheidend gestützt werden, wenn das Recht auf menschenwürdiges Sterben in einen verfassungsrechtlichen Rang erhoben wird.[36] Das ist bei der Frage, ob es nicht schon nach geltendem Recht Fälle der durch Einwilligung straflos gestellten Tötung bereits gibt, angedeutet, dort aber nicht weiterverfolgt worden. De lege ferenda müßte das aber geschehen, denn die Verfassung[37] ist die primäre Quelle.

Hier werden mehrere Positionen vertreten. Einmal diejenige, wonach sich aus Art. 1 Abs. 1 GG »ganz allgemein das Recht ableiten lasse«, in selbstverantwortlicher Entschließung dem eigenen Leben ein Ende zu setzen.[38] Darüber sollte eigentlich kein Streit mehr bestehen.[39] Erst recht gilt das für die Position, daß wenigstens in den Fällen, in denen »ein selbstverantwortungsvolles Leben nicht mehr möglich und ›der Tod zur Funktion eines Menschen-Maschine-Systems‹ geworden« sei, es zur Würde des Menschen gehöre, sein

36 Bereits bei Otto, a. a. O., S. 90, ist das die Ausgangsfrage, die er allerdings mit *nein* beantwortet.

37 Über die möglichen Anknüpfungen an die Europäische Menschenrechtskonvention (Art. 2) vgl. Oliver Tolmein, *Keiner stirbt für sich allein. Sterbehilfe, Pflegenotstand und das Recht auf Selbstbestimmung*, München 2006, S. 219 ff.

38 Matthias Herdegen, in: Theodor Maunz/Günter Dürig, GG, Art. 1 Abs. 1, Rdn. 85; vergleichbare Ableitungen finden sich mit Blick auf Art. 2 Abs. 1 und Abs. 2 Satz 1 GG; dazu Kämper, a. a. O., S. 164 ff. mit Belegen; so auch Horst Dreier, in: ders., GG, Art. 1 Abs. 1, Rdn. 157. Zur theoretischen Grundlegung immer noch wichtig Christian Hillgruber, *Der Schutz des Menschen vor sich selbst*, München 1992, S. 84 ff.

39 Vgl. aber Otto, a. a. O., S. 12 ff., unter Berufung darauf, daß christliche Wertentscheidungen ins Grundgesetz eingegangen seien; aber auch säkularisierte Vorstellungen vom Leben als Rechtsgut der Allgemeinheit sind freilich noch im Umlauf, erschöpfende Zusammenstellung der Argumente bei Udo Fink, *Selbstbestimmung und Selbsttötung*, Köln 1992, S. 130 ff.; erhellend über die problematischen Hintergründe: Matthias Walter Stürmer, *Sterbehilfe*, München 1990, S. 66 ff.; kritisch dazu Merkel, in: *Verhandlungen des sechsundfünfzigsten Juristentages*, a. a. O., S. 79; zur Tabuisierung und vorschnellen Pathologisierung des Suizids siehe etwa: Raimund Firsching, in: *Frankfurter Allgemeine Zeitung* v. 11. 4. 2006. Gegen diese Tendenzen Verrel, a. a. O., S. 20 (und auch Lüderssen, *Frankfurter Allgemeine Zeitung* v. 24. 4. 2006); andererseits möchte er »dahinstehen« lassen, »ob der Verfassung ein Recht zur freien verantwortlichen Selbsttötung entnommen werden kann« (Verrel, a. a. O., S. 75).

Leben zu beenden.[40] Jeweils erscheint § 216 StGB als – verfassungswidrige – Einschränkung der Verfügungsmacht über das eigene Leben.[41] Ob § 216 StGB deshalb ohne Einschränkung ungültig ist, mag offenbleiben. Jedenfalls spricht die verfassungsrechtliche Lage für eine Gesetzesänderung. Insofern kann man sagen, daß der ältere Alternativentwurf auf dem besseren und vernünftigeren Wege war als der neue.

III. Einwände und Grenzfälle

Gleichwohl bleibt eine Reihe von Problemen.

1. Mißbrauch?

Der Haupteinwand zielt auf die Gefahr des Mißbrauchs,[42] dem möglicherweise auch Mißverständnisse vorausgehen können. Fälle aus Pflegeheimen werden berichtet, verhängnisvolle »Barmherzigkeits«-Ideen sind zu registrieren. In einem Interview, das ein niederländischer Arzt vor kurzer Zeit gegeben hat, werden Belege aus der jüngeren niederländischen Praxis mitgeteilt. In dem gleichen Interview ist aber auch von der hundertprozentigen Dunkelziffer der Tötung Sterbender auf Verlangen in Deutschland die Rede,[43] und es gibt eine durchaus ernstzunehmende Auffassung,

40 Belege bei Kämpfer, a. a. O., S. 161, wiederum wird auch Art. 2 GG in diesem Zusammenhang herangezogen (siehe ebd., S. 162 ff.).

41 Klare Formulierungen bei Ulfrid Neumann, »Strafrechtlicher Schutz der Menschenrechte zu Beginn und am Ende des Lebens«, in: Cornelius Prittwitz/Joannis Manoledakis (Hg.), *Strafrecht und Menschenwürde*, Baden-Baden 1998, S. 51 ff., 58; Kämpfer, a. a. O., S. 324 ff.; s. auch Hirsch, in: *Verhandlungen des sechsundfünfzigsten Juristentages*, a. a. O., S. 63.

42 Man spricht auch von der Gefahr des »Dammbruchs«; eindrucksvolle Warnung vor diesem Argument durch Merkel, »Aktive Sterbehilfe«, a. a. O., S. 321; beispielsweise wird an suggestive Vorschläge gedacht, die von Angehörigen kommen, etwa mit dem Tenor, dieses Leben sei doch schrecklich und es sei besser, Schluß zu machen, zumal dann viel Geld für das Studium der Enkel gespart werden könnte (gegen Spekulationen dieser Art: Carlos Clausen, in: *Verhandlungen des sechsundfünfzigsten Juristentages*, a. a. O., S. 149). Hinzu kommen die Fälle eindeutiger Betrugskriminalität, die »durch eine Deregulierung der Sterbehilfe auch drohen können«, Tolmein, a. a. O., S. 167 ff., dort auch ein Bericht über einen besonders drastischen Fall. Zu der Gefahr der »(angeblichen) Mitleidsmotivation« vgl. Verrel, a. a. O., S. 31.

43 Material bei Wolfslast, a. a. O., S. 914 f.; ausführlicher Bericht über alle Dunkelzifferprobleme bei Verrel, a. a. O., S. 66 f.

wonach Rechtsnormen, die nur noch auf dem Papier stehen, ihre Gültigkeit verlieren; aus der Diskussion über die Schwangerschaftsunterbrechung ist das hinlänglich bekannt. Kaum eine Regelung, die weitgehende Eingriffe in die Rechtssphäre eines Menschen erlaubt, ist je frei gewesen von dem Hinweis auf die Gefahr des Mißbrauchs. Das ist ähnlich wie mit den Nebenwirkungen bei Medikamenten. Sie müssen ihrerseits bekämpft werden, so auch der Mißbrauch.[44]

2. Willensdefizite

Besonders schwierig wird es bei speziellen Fallgestaltungen.

a) Zunächst in den Fällen, in denen ein klarer Wille nicht zu erkennen ist, vielleicht sogar deshalb nicht, weil er nicht mehr artikuliert werden kann. Die Auskunft, damit entfalle eine wichtige Voraussetzung für die Orientierung am Willen, wäre lediglich ein Zeichen von Verlegenheit. Solange der Wille noch, aufgrund welcher Indizien auch immer, vermutet werden kann, sind Lösungen ohne weiteres möglich. Wenn es aber nur noch um den zu mutmaßenden Willen geht,[45] werden objektive Umstände, die eine bestimmte Willensbildung hätten beeinflussen können, benannt, und damit scheint dann doch nicht mehr garantiert, daß die Willensbarriere nicht überschritten wird.[46]

b) Wie ist es ferner, wenn der Wille dessen, der sterben will, einen verständigen »Dritten« letztlich nicht überzeugt: Temporäre Panikzustände in der Intensivstation oder andere Fälle mehr oder weniger starker Unfähigkeit oder Weigerung »durchzuhalten«. Hier drängt sich nicht eine den Willen ersetzende, sondern ihn korrigierende Wertung auf. Das wird keineswegs durchweg wahrgenommen, weil sich der Blick meistens nur auf die ausweglosen Leidenszustände richtet. Damit kommt ein Abwägungsautomatis-

44 Dazu würde etwa auch das Verbot gehören, Patienten danach zu fragen, ob sie Sterbehilfe wünschen (als Empfehlung an Ärzte formuliert bei Schreiber, a. a. O., S. 550). Vor allem aber sind präzise und differenzierende Verfahrens- und Zuständigkeitsregeln erforderlich (vgl. dazu unten Anm. 50).

45 Zur dogmatischen Struktur der mutmaßlichen Einwilligung vgl. ausführlich Detlev Sternberg-Lieben, *Die objektiven Schranken der Einwilligung im Strafrecht*, Tübingen 1997, S. 208 ff.; Ingelfinger, a. a. O., S. 294 ff.

46 Zu den dann auftretenden Problemen der »Fremdbestimmung« Tag, a. a. O., S. 318 ff.

mus in Gang, der den Ausgangspunkt – den absoluten individuellen Wunsch – relativiert.[47]

IV. Komplementarität von Rechten und Pflichten

Das passiert nicht, wenn man den Willen, auf den es ankommen soll, mit dem *Recht*, das die Person beansprucht, identifiziert. Dieses subjektive Recht muß mit den subjektiven Rechten anderer Personen im Einklang bleiben. So kann das Recht auf den eigenen Tod nicht ohne weiteres das »Recht auf Tötung durch andere« einschließen, weil dieser Anspruch in die Rechtssphäre des zur Tötung Aufgerufenen eingreift. Die Debatte sollte also unter dem Gesichtspunkt geführt werden, ob ein Eingriff in das Leben eines Sterbenden so zwingend ist, daß man jemanden verpflichten kann, ihn vorzunehmen. Zur Diskussion steht dann das Recht des Patienten, sterben zu dürfen, auf der einen Seite, und das Recht anderer Personen, dazu nicht ihre Hand reichen zu müssen, auf der anderen Seite. Viel spricht für die Vermutung, daß die Argumente, die gegenüber einer Sterbehilfe mit Blick auf normativ oder kognitiv definierte Willensdefizite geltend gemacht werden, aus der Perspektive des zum Handeln Aufgeforderten eindeutiger zu beurteilen sind als im Rahmen der Konkurrenz von Prinzipien. Schnell stellen sich nun ziemlich sichere Intuitionen ein.

1. Unzumutbare Pflichten

Soll man verpflichtet sein, jemanden, der für seinen Wunsch zu sterben keinen besonderen Grund angibt, zu töten? Die Antwort lautet eindeutig *nein.* Wenn er wenigstens allgemeine Lebensunlust bekundet – wieder: *nein.* In diesen Fällen endet das Recht auf den eigenen Tod dort, wo seine Realisierung anderen unzumutbare Pflichten aufbürden würde. Wer – aufgefordert, die Leiden aktiv zu beenden – meint, sie seien nicht endgültig, sondern überwindbar, wird ebenfalls keine Verpflichtung spüren.

47 Freilich gibt es hier tragische Fehleinschätzungen wie im Falle Wittig, darüber Albin Eser, in: *Verhandlungen des sechsundfünfzigsten Juristentages*, a. a. O., S. 90: Gerade die Begründung des Freispruchs sei es gewesen, »die das allgemeine Unbehagen ausgelöst« habe, »weil nämlich in einem ersten Schritt dem Patienten nun einmal sein Sterbewille als nicht beachtenswert aberkannt wurde«; über Grenzfälle dieser Art im nichtmedizinischen Bereich instruktiv Otto, a. a. O., S. 167 f.

2. Zumutbare Pflichten

Wenn aber die Situationen derer, die sterben wollen, denjenigen vergleichbar sind, die rechtliche Pflichten zur Hilfeleistung auslösen (bis hin zur Strafdrohung für unterlassene Hilfeleistung), beginnt sich das Blatt zu wenden. Wer sehenden Auges unerträgliche Leiden nicht mindert (auch wenn das nur durch Tötung geschehen könnte), verletzt womöglich die rechtliche Pflicht, eine schwere Körperverletzung abzuwenden.[48] Niemandem wird allerdings zugemutet, Hilfspflichten unter Eingehung von Risiken für die eigene Person zu erfüllen. So gibt es ein Notwehrrecht, aber keine Notwehrpflicht bei gefährlichen rechtswidrigen Angriffen, und das gleiche muß wohl auch für moralische Risiken gelten. Aber nicht alles wird akzeptiert. Ein Arzt, der aus religiösen Gründen eine Blinddarmoperation ablehnt, bekommt Probleme.

3. Der Patientenwille – Indikationen und Gegenindikationen

Die Gesellschaft hat sich inzwischen auf humane Standards geeinigt, die ihren Maßstab aus der unmittelbaren Anschauung des Leidens gewinnen. Relativierungen *oder* Heroisierungen des Leidens im Namen eines abstrakten oder fernen Grundsatzes von der Unantastbarkeit des Lebens können kaum noch auf Anerkennung hoffen. Was insoweit noch geltend gemacht wird, ist nicht von dieser Welt und läuft auf Anmaßungen hinaus, die man sich auch nicht im Namen des Christentums gefallen lassen muß. Eher könnte man den Standpunkt einnehmen, daß der gütige Gott die Menschen im Angesicht des Leidens nicht zur Untätigkeit verdammt, sondern zum Handeln aufruft.

Der Meinung, daß hier im Grunde nichts anderes stattfinde als Güterabwägung, kann nicht zugestimmt werden. Vielmehr müssen die zuständigen Personen sich darum bemühen, möglichst alles darüber herauszubekommen, was im Leben dessen, den man von

48 »Ein ›wesentliches Überwiegen‹ des Schmerzlinderungsinteresses über das (in diesen Fällen äußerst fragliche [...] Interesse an einem (leidvollen) Weiterleben« darf nicht »an der ›Höchstwertigkeit‹ des Rechtsguts Leben scheitern« (Neumann, a. a. O., Rdz. 99); dazu auch Kämpfer, a. a. O., S. 203 ff.; Stratenwerth, a. a. O., S. 896; einschlägige Sachverhalte bei Tolmein, a. a. O., S. 72 ff., dort auch überzeugende Gründe für die Ablehnung des Arguments, nur eine zurückhaltende Gabe den Schmerz beseitigender Medikamente verhindere, daß der Patient schmerzmittelsüchtig werde.

seinen Leiden befreien möchte, auf seinen Willen zu sterben deuten könnte.[49] Die Indikation des »normalen« Menschen reicht sicher nicht aus. Gegenindikationen, auch wenn sie nur schwach erkennbar sind, bedeuten sofort und uneingeschränkt rotes Licht. »Stellvertretung« ist dem anderen nicht zuzumuten.[50] Die verhängnisvoll einflußreiche Schrift, die der berühmte Strafrechtler Karl Binding (und Vater des Dichters Rudolf G. Binding) gegen Ende seines Lebens nach dem ersten Weltkrieg mit dem Mediziner Hoche unter dem Titel »Lebensunwertes Leben« publiziert hat, liegt also – darauf hinzuweisen besteht leider durchaus Veranlassung – auf einer ganz anderen Ebene.[51]

Die vagen Ermessensspielräume sind es, die man fürchtet. Sie werden nicht eröffnet, wenn ein Recht auf aktive Sterbehilfe erst dort entsteht, wo auch (als Reflex dieses Rechts) eine zumutbare Pflicht beginnt.[52] Die Frage nach der Pflicht hat hier die Funkti-

49 Hierzu phantasiereich Tag, a. a. O., S. 321 ff. Die nötigen Differenzierungen finden sich bei Claus Roxin, *Strafrecht*, Bd. 1: *Grundlagen*, München [4]2006, S. 829 ff. Ausführliche und gründliche Darstellung der Argumente und Erfahrungen, die für die Fixierung des mutmaßlichen Willens hilfreich sein könnten, bei Verrel, a. a. O., S. 89 ff.

50 »Notstands-Lösungen« (vgl. dazu den analytischen und kritischen Überblick bei Ingelfinger, a. a. O., S. 246 ff.; kritisch auch Verrel, a. a. O., S. 22) kommen in eine gefährliche Nähe dieses Verdiktes. Sie sind freilich bei Patienten, die niemals einwilligungsfähig waren, z. B. Neugeborenen, nicht zu vermeiden, wie Reinhard Merkel zutreffend feststellt (*Früheuthanasie. Rechtsethische und strafrechtliche Grundlagen ärztlicher Entscheidungen über Leben und Tod in der Neonatalmedizin*, Baden-Baden 2001, S. 124). An der gleichen Stelle sagt Merkel aber auch: »Den mutmaßlichen Willen von Menschen zu bestimmen, die ehedem über einen wirklichen verfügten, mag schwierig sein, ist aber nicht ausgeschlossen« (eindeutig in diesem Sinn jetzt auch in: ders., »Aktive Sterbehilfe«, a. a. O., S. 309). Nur um diese Fälle geht es im vorliegenden Text.

51 So schon überzeugend der Mediziner Jürgen Wawersik, a. a. O., S. 76; ferner Otto, a. a. O., S. 28, Fn. 63 (mit Belegen); Stratenwerth, a. a. O., S. 896; Wolfslast, a. a. O., S. 916; Kunz, a. a. O., S. 627; auch die Probleme der Früh-Euthanasie liegen auf einer anderen Ebene, so schon Ernst-Walter Hanack, in: *Verhandlungen des sechsundfünfzigsten Juristentages*, a. a. O., S. 58.

52 In die Nähe der Formulierung einer solchen Pflicht kommt bereits Gabriele Kleb-Braun, in: ebd., S. 86; nur ein Recht, keine Pflicht postuliert ausdrücklich Otto, a. a. O., S. 122 f.; ebenso Kaufmann, a. a. O., S. 852; so auch AE-Entwurf eines Sterbebegleitungsgesetzes § 4 Abs. 2 mit Blick auf die Suizidhilfe des Arztes. Verrel, a. a. O., S. 115, greift diesen Vorschlag (obwohl er als Mitverfasser des AE-

on, die Stärke der Intuition eines Rechtes zu erkunden. Wenn ein Recht, das jemand beansprucht, so eindeutig ist, daß denjenigen, von dem seine Durchsetzung erwartet wird, auch eine entsprechende Pflicht trifft, dann ist das gleichzeitig der beste Indikator für dieses Recht, das man verfassungsrechtlich abstützen könnte mit dem Anspruch auf Hilfe Dritter bei der Wahrnehmung eines Grundrechts (hier: zu sterben), wenn man selbst dazu nicht in der Lage ist.[53] Das ist also ganz sicher eine zwingende Voraussetzung für die Entstehung einer Pflicht zur aktiven Sterbehilfe.[54]

C. Zur Regelungstechnik

Man hört so oft, diese Grenzfragen seien rechtlich nicht regelbar.[55] Das möchten viele Juristen nicht wahrhaben. Sie empfinden es als Niederlage, wenn das Recht bei den schwersten Problemen scheitert. Gerade bei ihrer Lösung müßte es sich doch bewähren, heißt es. Aber ist das richtig? Ist das Recht am Ende lediglich für den Durchschnittsfall brauchbar, während für die exzeptionellen Fälle nur feinere Instrumente taugen? Dafür scheint die Aussichtslosigkeit zu sprechen, ein vernünftiges Luftsicherungsgesetz zu machen, alle Zweifel an der »Rettungsfolter« zu zerstreuen, die Tätigkeit des

StB daran beteiligt ist) nicht auf, sondern warnt vor »dem Mißverständnis eines ärztlichen Sonderrechts zur Suizidbeihilfe«.

53 Diese Position ist gegenüber den drei anderen verfassungsrechtlichen Positionen bisher nur in Umrissen erkennbar. Viele Fragen wären noch zu klären. Gegen wen richtet sich dieser verfassungsrechtliche Anspruch? Gegen den Staat? Anknüpfungspunkte dafür bietet Art. 1 Satz 2 Grundgesetz: Die Würde des Menschen, zu der das Recht auf einen würdigen Tod gezählt werden kann, »zu achten und zu schützen ist Verpflichtung aller staatlichen Gewalt«. Indirekt ist der Weg durch die Relevanz von Patientenverfügungen vorgezeichnet, die eine Verpflichtung zum Abbrechen bzw. Nichtaufnehmen lebensrettender Maßnahmen in bestimmten Situationen aussprechen.

54 Verrel, a. a. O., S. 111, Fn. 7. »Der Ruf selbst des sterbenskranken und leidenden Patienten nach seiner gezielten Tötung durch die Hand eines anderen darf jedenfalls so lange kein Gehör finden, wie es ihm ggf. mit einer strafrechtlich nicht verbotenen Hilfe anderer möglich ist, seinem Leben selbst ein Ende zu setzen.«

55 Dafür wird insbesondere auf die Fälle ungünstiger Prognosen hingewiesen, die gegen alle objektiv begründete Erwartung nicht eintreffen; einschlägige Fälle bei: Burkhard Jähnke, in: *Verhandlungen des sechsundfünfzigsten Juristentages*, a. a. O., S. 82 f.

verdeckten Ermittlers oder die Praxis der Absprachen zu regeln. Aber käme die Moral hier wirklich weiter, würden die gleichen Fragen nicht nur auf eine andere Ebene geschoben? Man wende nicht ein, mit Blick auf den die Geltung antizipierenden Anspruch des Rechts handele sich es hier nicht um die gleichen Fragen. Denn auch nicht festgelegte, erst in casu gebildete Regeln können jedenfalls Recht sein, wenn sie – wie begrenzt auch immer – einen Geltungsanspruch für die Zukunft erheben.[56] Ist das nicht der Fall, könnte es problematisch sein, von Recht zu sprechen.[57] Gerade hier aber könnte die – auf Erfahrungen gestützte – Erklärung wirksam werden, die man häufig von Ärzten hört: Es sei grundsätzlich nicht möglich, sich verbindlich für die Zukunft festzulegen, vielmehr könne man nur im Einzelfall entscheiden, damit sichergestellt bleibt, daß alle virtuellen einschlägigen Parameter jeweils mobilisiert werden.[58] Von völlig freier, gar willkürlicher oder doch wenigstens gefühlsorientierter Entscheidung ist also auch jetzt noch keine Rede. Denn über den Vergleich mit anderen Fällen übernehmen auch hier verallgemeinerungsfähige Sätze eine Funktion; im Ergebnis ist die damit bewirkte Prämissenvielfalt im allgemeinen materiell befriedigender als eine mit abstrakten Prinzipien arbeitende regelgeleitete Jurisprudenz.[59]

56 Klaus Lüderssen, *Genesis und Geltung in der Jurisprudenz*, Frankfurt/M. 1996, S. 307 ff.

57 Das Recht könne insoweit nur einen »Rahmen abstecken«, meint Stratenwerth, a. a. O., S. 901; allerdings bleibt fraglich, ob man Rechtsfragen nur dort sehen darf, wo sie antizipierend geregelt werden können.

58 Aus diesem Grund ist Stratenwerth, a. a. O., S. 901, gegen eine Regelung, sondern spricht sich für einen »auf *Konsens* gerichteten Prozess der Verständigung zwischen allen Beteiligten – Ärzten, Pflegepersonal und Angehörigen« – aus; auch Roxins Reflexionen, a. a. O., S. 108 ff., gehen in diese Richtung, wiewohl er – anders als Stratenwerth – am AE-Sterbehilfe 1986 beteiligt war, freilich auch am AE-Sterbebegleitung 2005. Wolfslast hingegen meint, den Ärzten sei eher mit einer Regelung, die sie von der Angst vor Strafe befreit, gedient (a. a. O., S. 927); zur wachsenden Strafverfolgungsaktivität auf diesem Gebiet vgl. die Mitteilungen über das Ermittlungsverfahren gegen die Ärztin Mechtild Bach bei Tolmein, a. a. O., S. 162 ff.; Ingelfinger, a. a. O., S. 240, will die individualisierende Lösung bei der Schuldfrage lokalisieren.

59 Diese rechtstheoretische Problematik ist aus der Topik-Diskussion wohlbekannt. Das Problem, das bleibt, ist das der Rechtssicherheit, denn die dafür erforderliche Berechenbarkeit der Entscheidung ist hier sicher nicht gegeben. Je nachdem, wie ernst man diese Komponente des Rechtsbegriffs nimmt, ist die Frage zu

Schon immer hat die Rechtswelt in diesen zweifelhaften Regionen mit leges imperfectae sich zu helfen gewußt, auf die äußerste Konsequenz der Geltung verzichtet. Pflichten können auch so beschaffen sein, daß sie über subjektive Rechte hinweggehen. Das wollen wir im medizinischen Bereich unter keinen Umständen. Auf Pflichten wird hier, wie gesagt, nur insoweit verwiesen, als sie den Ernst des komplementären Rechts unterstreichen. Wohl aber könnten wir uns eine Pflicht ohne Sanktion als Folge ihrer Verletzung vorstellen, so wie man gelegentlich auch vom Schuldspruch ohne Sanktion spricht.[60] Wir lassen dann wenigstens keinen ganz und gar rechtsfreien Raum, füllen ihn nur nicht perfekt aus; jedenfalls gilt das für die materiellen Bewertungen. Freilich müssen – dazu gibt es ja diverse Vorschläge[61] – Verfahrensregeln kompensierend eingreifen. Ein derartiges Regelwerk zu schaffen ist ein Balanceakt. Wenn er dem Deutschen Juristentag, der in diesem Jahr sich erneut und wiederum in enger Konkordanz mit dem – ebenfalls neuen – Alternativ-Entwurf der Professoren mit dem Thema der Sterbehilfe befassen wird, gelänge, wäre viel gewonnen.

beantworten, ob in dieser Situation noch von Entscheidung gesprochen werden kann, die eine rechtliche Struktur hat.

60 Ein Arzt, der sich der Pflicht zur Sterbehilfe verweigert, wird sich auf – entschuldigenden übergesetzlichen – Notstand berufen dürfen (persönliche Unzumutbarkeit anderen Verhaltens.)

61 Interessante Konkretisierungen bei Wolfslast, a. a. O., S. 925; hierzu auch förderlich die einschlägigen allgemeinen Bemerkungen bei Verrel, a. a. O., S. 95 ff.

3. Pathologisierungen – Verhängnis oder Befreiung?

3.1 Der vergessene Blick in die Täterseele

Psychologischer oder normativer Schuldbegriff – an dieses Begriffspaar sind die Strafrechtler seit nahezu einem Jahrhundert gewöhnt. Vor Jahrzehnten aber ist – von den meisten Strafrechtswissenschaftlern und der gesamten Strafrechtspraxis unbemerkt – eine andere Debatte in Gang gekommen, die auf die konventionelle Formulierung der strafrechtlichen Schuldkonzeptionen längerfristig nicht ohne Einfluß bleiben wird: Eine – gleichermaßen philosophisch, historisch und soziologisch inspirierte – Debatte hat die alten Probleme der wechselseitigen Abhängigkeit von Tatsachenfeststellung und Wertung in eine neue Perspektive gerückt, die auch eine Erneuerung des Zweifels am Phänomen der Tatsache erfaßt. Mit der Übernahme dieses modernen Methodenbewußtseins in die Arbeit am strafrechtlichen Schuldbegriff wäre ein nach vielen Seiten folgenreicher und daher eine insoweit »neue Rechtsordnung« hervorbringender Paradigmenwechsel eingeleitet.

»Seele« und »Täter« gleichzeitig avisieren bedeutet nicht, daß von Seele im allgemeinen gar nicht die Rede sein soll. Vielmehr ist ein von vornherein bewerteter spezieller Seelenzustand gemeint, bewertet durch das, was mit »Täter« assoziiert wird. Das ist häufig schon der zunächst nur Verdächtigte oder Beschuldigte, dann – sofern es zur gerichtlichen Verhandlung kommt – der Angeklagte, schließlich der Verurteilte und die Strafe Verbüßende.

A

Damit sind wir schon in der Terminologie des Strafrechts, und es ist deshalb nur folgerichtig, »Seele« durch den Begriff »innere« oder »subjektive Tatseite« zu ersetzen. Weiter vor wagen sich die Strafjuristen (und letztlich auch die psychiatrischen und psychologischen Sachverständigen) nicht. Dabei ist ihnen durchaus bewußt, daß auch mit diesen nüchternen Vokabeln sehr komplexe Sachverhalte bezeichnet sind. Sachverhalt ist eigentlich nicht der richtige Ausdruck. Phänomen müßte man sagen, denn lange stand in der

Fachwelt »innere Tatseite« oder – bezogen auf den besonders gravierenden Fall – Vorsatz für »Schuld«. Dieser Begriff schließt eine Bewertung ein. Deshalb wird manchmal auch differenzierend von Schuldsachverhalt *und* Schuldurteil gesprochen. Allen Versuchen, hier sorgfältig getrennte Rechnungen aufzumachen, haftet freilich etwas Künstliches an; das gilt vor allem für die Zuspitzung, daß Schuld überhaupt nur die Wertung bezeichne.

1. Der Gedanke, man könne sich bei dieser schwierigen Sachlage vielleicht doch besser mit »Seele« behelfen, liegt nahe, führt dann aber zu der Feststellung, daß auch die »Seele« nicht nur ein psychischer Sachverhalt, sondern etwas Bewertetes ist. »Gute und – hier vor allem einschlägig – böse Seele« heißt es ja oft, oder: in der Seele »schlummert« etwas, und das kann wiederum das »Böse« sein. Das Wort »Seele« erspart uns also, sosehr es aus einem Ton zu sein scheint – nicht die zergliedernde Analyse. Sachverhalt und Wertung sind, dies ist jedenfalls vorerst geboten – auch hier auseinanderzuhalten.

Vielleicht ist es gut, gleich jetzt eine weitere Klarstellung vorzunehmen. Mit Bewertung ist jeweils die Außenperspektive gemeint; das heißt, Wertungen, die der »Täter« selbst vornimmt, gehören zum psychischen Sachverhalt. Dieser ist also vielschichtig, umfaßt außerdem Wahrnehmungen und Intentionen und – bei Licht besehen – sogar Versäumnisse; rechtstechnisch nennt man das Unterlassungen, so daß sowohl das vollständige Nichtstun wie auch das Nicht-darauf-Achten, daß etwas passiert, was man gar nicht will – Fahrlässigkeit –, dazu gehören. Gleich muß aber vermerkt werden, daß die »Unterlassung« und »Fahrlässigkeit« auch in der Bedeutung Verwendung finden, daß die spezifischen Versäumnisse – negativ – *bewertet* werden.

Selbst die nach dieser Unterscheidung noch verbleibenden inneren Tatsachen können nicht einfach registriert werden. Die spätestens seit Kant geläufige Aspektabhängigkeit jeder Erkenntnis hat in den Sozialwissenschaften der letzten Jahrzehnte zu einer Bewegung geführt, die man Konstruktivismus nennt, wobei radikale Richtungen mit gemäßigten konkurrieren. Für die radikalen Richtungen ist »Realität« von »Fiktion« nicht zu trennen, die gemäßigten hingegen respektieren einen Tatsachenkern. Eine endgültige wissenschaftliche Klärung ist nicht in Sicht. Die radikalen

Richtungen können sich – oft ist ihren Vertretern diese geistige Vorgeschichte aber gar nicht bewußt – insofern für konsequente Vollender der kantischen Philosophie halten, als sie das »Ding an sich«, das Kant »bestehen« ließ[1] und damit der Subjektivität eine Grenze im Unbekannten setzte, als letzte Hürde beiseite räumen, was allerdings dem agnostizistischen Impetus des Konstruktivismus eigentlich widerspricht. Die Behauptung, daß nichts *ist*, klingt ja nach Gewißheit. Die gemäßigte Richtung hat das Problem, die »wirklichen« Tatsachen genauer zu bestimmen; der nur perspektivisch wahrnehmbare Sachverhalt ist von der Perspektive selbst nicht zu trennen. Das wird besonders deutlich, wenn diese – wie bei juristischen »Tatsachen« durchgehend der Fall – normativ gefärbt ist.

II. Für den gegenwärtigen Strafprozeß freilich und auch für die parallel laufenden prophylaktischen polizeilichen Vorgänge muß man diese Frage so lange auf sich beruhen lassen, wie die einschlägigen Vorschriften davon ausgehen, daß es etwas »zu beweisen« gibt, auch wenn diese Beweise dann als Teil eines Verfahrens erscheinen, dessen Ergebnisse von den Kriterien, nach denen es abläuft, bestimmt sind. So müßte man im Grunde von der »Feststellung« eines Konsenses über Feststellungen sprechen. Inhaltlich aber geht es jeweils um das gleiche: man beschäftigt sich mit inneren Vorgängen.

Doch auch von der wertenden Seite aus kann man die Isolierungen anzweifeln. Die »böse« Absicht materialisiert sich in einem Geflecht von Intentionen, bei deren Beobachtung das Werturteil gleichsam schließlich herausspringt. Andererseits könnte man sofort einwenden, daß die Fixierung des Betrachters auf das Böse in der Seele des Täters von vorausgehenden wertenden Entscheidungen darüber, was denn das Böse sei, geprägt ist. In anderen Fällen ist das nicht so eindeutig, etwa wenn man einen Unterschied machen möchte, je nachdem, ob der »Täter« auf jemanden zielt, den er irrtümlich für denjenigen hält, den er treffen will, oder sein Ziel zwar verfehlt, aber einen anderen trifft. Im ersten Fall nehmen die Juristen Vorsatz an, im zweiten – überwiegend – nicht. Die Ent-

1 Dazu die immer wieder lesenswerte Bemerkung des Soziologen Ernst v. Glasersfeld, »Siegener Gespräche über radikalen Konstruktivismus«, in: Siegfried J. Schmidt (Hg.), *Der Diskurs des radikalen Konstruktivismus*, Frankfurt/M. 1990, S. 401 ff. (415).

scheidung ist jeweils durch Beschreibungen so detailliert vorbereitet, daß nach einer zusätzlichen Wertung nicht mehr gesucht wird. Wer glaubt, daß auf diese Weise Entscheidungen gut begründbar zustande kommen, wird häufig des naturalistischen Fehlschlusses geziehen. So beginnt erneut eine Konstruktivismus-Debatte, nun aber von der anderen Seite her: sogar das konstruktive Moment der Bewertung wird reduziert oder gar eliminiert. Hier muß der praktische Jurist nun darauf achten, sich nicht durch einen neuen Naturalismus einschüchtern zu lassen. Wiederum gilt eine pragmatische Devise: das, was ausdrücklich als Bewertung auftritt, soll man ruhig erst einmal den dafür geltenden Regeln unterwerfen, also nach Legitimationen suchen, so wie dort, wo man glauben darf, daß »Tatsachen« im Spiel sind, erst einmal experimentell vorgegangen wird.

Bleiben wir bei der Klammer für beides: das Böse. Man verfolgt seine Manifestation in den Tatsachen ebenso wie in der Wertung. Wo *ist* das Böse und was berechtigt uns dazu, es so zu bezeichnen? Bei beiden Fragen führt die Suche nach einer Antwort auf Entstehungszusammenhänge. Dann offenbart sich freilich erneut, daß die beiden Sphären einander durchdringen, vor allem, wenn man auf Abstufungen und Relativitäten bei dem Legitimationsproblem stößt. So sicher das strafrechtliche Verbot der Tötung zu sein scheint, so wenig gilt das bei eher peripheren Straftaten – von der Unfallflucht bis zum Glücksspiel; aber auch Diebstahl und Unterschlagung reichen schon in diese nicht mehr von Zweifeln freie Zonen, bedenkt man, daß die strafende Norm im Namen des Gemeinwohls gerechtfertigt sein muß, also auch gegen den zur Konzession bereiten Willen des Opfers aufrechtzuerhalten ist. Der mehr oder weniger große Legitimationsgrad einer strafrechtlichen Norm wirkt sich auf die Sozialisation der Mitglieder einer Gesellschaft aus. Das Normbewußtsein und die abweichenden konkordierenden oder neutralisierenden Intentionen passen sich dem Wandel der objektiven Normen an.

Eine umgekehrte Rechnung präsentiert die moderne Hirnforschung: Die autonome Aktivität des Gehirns straft die Welt der Strafrechtsnormen Lügen. Die Ungereimtheiten dieser Position – aus der Gesellschaft kommende Evolutionsprozesse verändern, wie gerade die Hirnforscher betonen, das Gehirn[2] – legen freilich ein

2 Wolf Singer, *Der Beobachter im Gehirn. Essays zur Hirnforschung*, Frankfurt/M. 2002, S. 119 ff.

weiteres Geflecht von Wechselwirkungen frei, vollends, wenn man die Erfahrung hinzunimmt, daß der intentionale und wertende Betrieb des handelnden Individuums auch im Unbewußten sich vollzieht.

Wenn wir also bei den Tatsachen immer an die sie bestimmenden Bewertungen denken, unter denen sie in den Blick kommen, und bei den Bewertungen immer an die Tatsachen, an denen sie haften, können wir uns nun mit ein paar Einzelheiten beschäftigen.

B

Die Habgier des Mörders etwa – das scheint eine psychische Tatsache zu sein. Tritt man aber aus der ernüchternden Reduktion dieser Worte wieder heraus, so können wir auch von einem seelischen Phänomen sprechen und haben dann wieder wir alles auf einmal.

I. Die Rechtsprechung bietet als Definition ein noch über die Gewinnsucht hinaus gesteigertes, abstoßendes Gewinnstreben an. Dieses Streben muß sich auf die Tat, also die Tötung beziehen. Weder braucht eine generelle habgierige Einstellung dazu zu kommen, noch genügt sie. Das Leben rechnet indessen anders. In der Straftat sieht man die persönlichen Eigenschaften, und die sind es eigentlich, die zu ergründen sind, wenn man etwas verstehen möchte; die Tat ist nur mehr ein Indiz, ein auslösendes Moment, und wer in die Seele des Täters blicken will, muß mit dieser, wie die Soziologen sagen, unterschiedlichen Relevanzstruktur dessen, was die Strafjuristen zur inneren Tatseite rechnen und was nicht, erst einmal zurechtkommen. Die normative Zurichtung des Merkmals »habgierig« – normativ auch unter dem Gesichtspunkt, daß nur ein auf eine berechenbare Tat bezogener Handlungsunwert meßbar ist, rechtsstaatlichen Anforderungen genügt, dann aber auch ausreicht und gar nicht mehr gefragt wird, was sonst noch vorliegt und wie es dazu gekommen ist – versperrt den Blick auf das, was Laien gerade für wesentlich halten. Da die Strafandrohung absolut ist, lebenslang im Falle der Habgier, kann auch für die Strafzumessung kein Kapital mehr daraus geschlagen werden, daß man Genaueres über die Habgier, gleichsam im Sinn eines »schlimm oder weniger schlimm«, erfährt.

Möglich wäre das schon. Es gibt Psychologie und Psychoanalyse. Die Motivation des Menschen ist unendlich, sagt Max Weber. Lassen wir uns von dem historischen Zufall der absoluten Strafdrohung nicht beirren, und unterstellen einmal (es gibt dafür Beispiele in den Rechtsordnungen anderer Länder), daß auf habgierige Tötung eine zeitliche Freiheitsstrafe mit einem gewissen Zumessungsspielraum steht. Dann *muß* der Richter versuchen, zu verstehen, möchte man meinen, und da kann ihm die Augenblicksaufnahme nicht genügen. Aber auch das ist streitig. Denn die strenge Bindung an das rechtsstaatliche Tatstrafrecht macht es den Richtern sogar schwer, wenigstens bei der *Strafzumessung* eine Art Längsschnitt zu legen. Spätestens beim Nachdenken über die Ziele der Bestrafung, z. B. Resozialisierung,[3] darf er sich dem aber eigentlich nicht entziehen. Denn die Einsicht des Täters in das, was er getan hat, ist die wichtigste Voraussetzung für seine Resozialisierung, und diese Einsicht erschließt sich nicht nur aus der Tat.[4]

Aber das ist alles Theorie. Schon bei der Tatschuld beginnen die Schwierigkeiten. Auch dort geht es um Fremdpsychisches, und das festzustellen ist ganz schwierig, selbst im Strafprozeß, der ja immerhin auch mit Geständnissen arbeitet, denn das Geständnis ist – wie die Erfahrung lehrt – oft falsch und im übrigen nicht übertragbar in das Bewußtsein des Richters.

Deshalb winken an dieser Stelle viele Strafjuristen schon ab und sagen, daß es nirgends um Feststellungen, sondern immer um Zurechnungen gehe, unter dem normativen Gesichtspunkt, was man hinzunehmen gewillt sei und was nicht. Dieser extreme Standpunkt, der wissenschaftstheoretisch dem des soziologischen radikalen Konstruktivismus gleicht, wendet den Blick in die Seele

3 Dieses Strafziel kollidiert nicht mit dem in den letzten Jahrzehnten zu Recht mobilisierten Interesse am Schicksal des Opfers einer Straftat. Nur darf man dieses Interesse nicht verwechseln mit einem Anspruch des Opfers, der Staat möge ihm durch die Bestrafung des Täters Genugtuung verschaffen. Wenn es diesen Anspruch gibt (umstritten), so darf er jedenfalls der Resozialisierung des Täters nicht im Weg stehen. Das sollte sich von selbst verstehen, muß aber hervorgehoben werden, weil von den Opfern häufig zu hören ist, an der Resozialisierung ihrer Peiniger sei ihnen nichts gelegen. S. im einzelnen meinen Beitrag »Der öffentliche Strafanspruch im demokratischen Zeitalter – von der Staatsräson über das Gemeinwohl zum Opfer?«, in diesem Band S. 482.

4 Vgl. Lüderssen, »Wir wissen noch nicht genug.« In: *Frankfurter Allgemeine Zeitung* v. 8. 8. 2003.

des Täters gleichsam auf den Richter zurück und sucht dort nach Maßstäben für das Verurteilungswürdige. Viel zu erforschen gibt es dann nicht mehr, auch das, was man die *Genese* der inneren Tatseite nennen könnte, interessiert nicht. Hochmut, gemessen an dem, worüber man sich hinwegsetzt, oder Bescheidenheit, gemessen an dem, was man wissen kann, führen hier die Feder, und wie man speziell dazu auch stehen mag, daß es auf Zurechnung ankomme, ist herrschende Lehre in Rechtsprechung und Wissenschaft. Sie muß ihre Kriterien freilich sortieren, und da scheiden sich die Geister dann noch einmal. Die einen suchen für die Bewertung nicht nach weiteren Zwecken, setzen sie absolut; die anderen machen sie davon abhängig, ob etwa eine Zurechnung präventive Funktion entfalten könne bzw. der Verzicht auf Zurechnung präventiv unbedenklich sei. Andererseits: Die allseitige Kognitionspflicht, welche die Strafprozeßordnung immer noch vorschreibt, bezieht sich unstreitig auch auf die innere Tatseite, und deshalb müßten sich die Richter doch eigentlich veranlaßt sehen, etwas zu »suchen«.

II. An diesem Punkt angekommen, wird sich jeder *skeptisch* fragen, was *könnte* es denn zu wissen geben? Sobald wir, um bei diesem Beispiel zu bleiben, der Habgier auf der Spur sind, also zunächst und oberflächlich die fast schon zur Routine gewordenen psychologischen Schemata mobilisieren: Erlebnisse der Kindheit, besondere Versagungen, Situationen, die neutralisierendes – das heißt beispielsweise die Opfer entwertendes – Verhalten zeitigen, alles obendrein noch abgesunken und verdrängt ins Unbewußte oder nie daraus hervorgekommen, stoßen wir ständig auf die Bewertungen, unter denen das Wahrgenommene überhaupt Konturen erhält. Viel ist es nicht, was die Wissenschaft hier bisher zusammengetragen hat. »Die Psychologie des Mordes« etwa, ein berühmtes Buch Hans von Hentigs, der während der Nazizeit in England lebte, ist ein Zettelkasten hochpointierter Beobachtungen und Deutungen. Methodologisch anspruchsvoll ist auf diesem Gebiet nie richtig geforscht worden, weil das qualitative Analysen, beispielsweise individualisierte Pilotstudien, erforderlich gemacht hätte, denen das Postulat der Verallgemeinerbarkeit (mit Fragebogen und statistischen Erhebungen) im Wege steht. Die Psychoanalyse war zwar immer frei von dieser Verpflichtung, muß sich deshalb aber gegen den Vorwurf wehren, wissenschaftlichen Kriterien nicht zu genügen. Auch wenn man registriert, daß insoweit mittlerweile einiges nachgeholt worden ist,[5] fehlt immer noch die Anwendung auf das Strafrecht.[6] Über kasuistische Einfälle ist die Psychoanalyse wenigstens im Gerichtssaal im Grunde nie hinausgekommen, auch aus Angst vor den Folgen, weil in der Tat nicht von der Hand zu weisen ist, daß Diagnosen nicht zu verantworten sind, für deren therapeutische Konsequenzen man nicht eintreten kann.

So ist es nicht überraschend, daß die Max Webersche Einsicht am Ende von der »schönen Literatur« aufgegriffen wird. Aber sie ist eben keine Sozialforschung, wehrte sich gegen »Ausbeutung«, pocht auf das Fiktive, wiewohl sich oft herausstellt, daß die Werke eigentlich realitätsgesättigt sind, vor allem dann, wenn Autobiographisches dazukommt. Auch Filme gehören hierher.[7]

Gleichwohl darf die Wissenschaft nicht aufgeben. Sie zu mobilisieren könnte vielleicht durch eine verstärkte Beanspruchung von Sachverständigen im Strafprozeß gelingen. Die technischen Möglichkeiten stehen zur Verfügung. Wenn das Gericht die notwendige Sachkunde nicht hat, darf es, muß es Sachverständige bestellen. Die Sachverständigen der Psycho-Wissenschaften (wie man sagt) zögern, glauben, auf diesem Gebiete nichts vorweisen zu können. Das liegt aber auch an vernachlässigter Forschung. Sie könnte indessen durch eine anhaltende gerichtliche Nachfrage provoziert werden.

5 Marianne Leuzinger-Bohleber, »Wissenschaftstheoretische Kritik an der Psychoanalyse – mit Blick auf ihre Bedeutung für die Kriminologie«, in: Lüderssen (Hg.), *Aufgeklärte Kriminalpolitik oder Kampf gegen das Böse?*, Bd. IV, Baden-Baden 1998, S. 220 ff.; s. ferner Johann August Schülein, »Wissenschaftstheoretische Aspekte der Psychoanalyse«, a. a. O., S. 183 ff.; ders., *Die Logik der Psychoanalyse. Eine erkenntnistheoretische Studie*, Gießen 1999.

6 Eine sorgfältige, auf ein Projekt »Soziotherapie mit Delinquenten« gestützte Untersuchung stammt von Ellen Reinke, *Psychotherapie und Straftäter, Klinik und Forschung*, Gießen 1997; s. ferner die vor allem die Verbindung zu den juristischen Problemen herstellende, ebenfalls auf das vorgenannte Projekt gestützte Untersuchung von Christine Gutmann, *Freiwilligkeit und (Sozio-)Therapie – notwendige Verknüpfung oder Widerspruch?*, Frankfurt/M. 1993; schließlich die theoretische und praktische Aufarbeitung der gesamten Problematik bei Heinz Cornel, »Psychoanalytische Soziotherapie – Konzeption, Praxis und Evaluation«, in: Lüderssen (Hg.), *Aufgeklärte Kriminalpolitik*, a. a. O., S. 120 ff.

7 Ein sehr überzeugendes Beispiel bietet, wenn auch nicht gerade für Habgier, so aber doch für den Vorsatz und seine Abgrenzung zur Fahrlässigkeit, eine Szene in dem Film von Saura *Die Jagd*, s. Lüderssen, *Produktive Spiegelungen*, Baden-Baden [2]2002.

Fragt man allerdings wiederum Vertreter der modernen Hirnforschung, so werden sie das Gegenteil prognostizieren. Die genetischen Vorgaben im dezentralisierten, auf Bewußtsein und Intention nicht angewiesenen Gehirn seien flächendeckend – es gebe keine weißen Flecken mehr, heißt es übermütig. Man müsse daher die Illusion der Handlungsfreiheit und der dahinterliegenden Willensfreiheit endgültig aufgeben. Das sind vorgeschobene Positionen, die sogar von Naturwissenschaftlern wegen der nicht überzeugenden Experimentanordnungen und unreflektierten Vorannahmen in Frage gestellt werden. Der Übergang von naturwissenschaftlich gesicherten Messungen zur Induktion von in diese Messungen noch nicht einbezogenen Gesetzen, die dann ihrerseits einer falsifizierenden oder verifizierenden Prüfung unterworfen werden können, ist wissenschaftstheoretisch unhaltbar. Das wird leicht übersehen, weil die Hypothesen aus dem Arsenal der Evolutionsbiologie stammen, vorwiegend mit »Überleben« und »Arterhaltung« operieren, also naturwissenschaftlich anmuten, in Wahrheit aber spekulativ sind.

Angesichts dieser non-liquet-Situation erhalten die philosophischen Einwände ihr Gewicht, die davon ausgehen, daß man »das Vermögen zur Selbstaktivierung in seiner physiologischen Wirkweise vielleicht nie verstehen werde«.[8] Das ist der unendliche Regreß eines sich immer wieder selbst zum Objekt machenden Bewußtseins, dessen letzte Quelle verborgen bleibt. Daher ist die *Option* für die Handlungs- und Willensfreiheit zumindest offen.[9]

Man kann nicht sagen, daß die Menschheit aus dieser Möglichkeit nichts gemacht hätte. Die womöglich nur phantasierten Freiräume sind im Laufe der Zeiten mit viel Substanz gefüllt worden. Gerade die Genese des Schuldbegriffs demonstriert das. Hätte man nicht begonnen, im hohen Mittelalter unter dem Einfluß von Kirche und philosophischer Theologie vom Individuum im Rahmen der ihm von Gott zugestandenen Autonomie das Äußerste zu erwarten, dann wäre die damals revolutionäre Vorstellung, aus diesen Höhen auch entsprechend tief fallen zu können, gar nicht entstanden. Phantasie *oder* neu gesehene »Realität« der Sünde

8 Ernst Tugendhat, *Egozentrizität und Mystik. Eine anthropologische Studie*, München 2003, S. 63.

9 Lüderssen, »Wir können nichts ändern.« In: *Frankfurter Allgemeine Zeitung* v. 4. 11. 2003.

wuchsen gewaltig. Die Transformation dieses zentral auf die subjektive Tatseite abstellenden strafrechtlichen Konzepts – vermittelt durch theologisch-kirchlich beeinflußte Entstehung von Staaten, die zur Erhaltung der Herrschaft das Strafrecht brauchten – in den nunmehr auf die Wahrheit des Täters zielenden und damit auf Geständnis und Folter angewiesenen Inquisitionsprozeß, mit der Konsequenz bisher nicht dagewesener grausamer Strafen,[10] ist bekannt und bis heute die Grundlage für eine raffinierte Schulddogmatik, in der man die Seele des Täters, sorgfältig aufgeteilt oder auch zerstückelt, je nachdem, ob systematisch ordnende oder assoziativ-topische Kriterien den Ausschlag geben, wiederfindet. Einfache Gesellschaften aus früheren Zeiten oder fernen Weltgegenden sind oder waren harmloser und insofern menschlicher, andererseits im Verzicht auf subjektive Gewichtungen aber auch indolenter und damit unmenschlicher. Wir beklagen die im exzessiven Strafsystem fehlgeleitete Fülle des Menschlichen und wollen doch nicht zurück in eine verständnislose Primitivität, die alles geschehen läßt und sich auf ein paar handgreifliche Kompensationen beschränkt.

III. Wieviel *dürfen* wir uns aber heute vom Blick in die versteckte Seele des Täters versprechen? Man sollte meinen, das aufgeklärte Zeitalter werde damit keine Probleme haben. Wenn ein gewisser Höhepunkt dieser Aufklärung durch die Psychoanalyse bezeichnend ist, die erstmals – durch den Hinweis auf das Unbewußte und die Möglichkeiten der »Übertragung« – einen detailreich-sinnlichen Umgang mit dem nicht endenden Subjekt möglich gemacht hat, so muß man indessen zur Kenntnis nehmen, daß in einem Strafprozeß dann doch nicht selten von der liberalisierenden Funktion des Nichtwissens die Rede sein kann. Denn was »wirklich« in der Seele des Täters schlummert, offenbaren die Psychoanalytiker, um ihre Meinung befragt, gelegentlich nur schaudernd. Teils mit Rücksicht auf den Beschuldigten, den sie über die von ihnen entdeckte Lebenslüge nicht informieren können, ohne ihn um den Rest seiner Hilfskonstruktionen zu bringen, teils wegen der be-

10 Hier muß man auf die Abgrenzung zum Krieg achten. Sie ist in den Anfängen des öffentlichen Strafrechts schwierig (vgl. dazu Weitzel, »Spätantike – Frühmittelalter«, in: Lüderssen (Hg.), *Die Durchsetzung des öffentlichen Strafanspruchs*, Köln 2002, S. 123 ff.), gewinnt dann für Jahrhunderte eine gewisse Stabilität und kommt in unseren Tagen erneut ins Schwanken.

grenzten Fähigkeiten der Gesellschaft, gefährlichen Menschen angemessen zu begegnen, behalten sie ihr Wissen lieber für sich. Die Verteidigung in einem konkreten Fall tut manchmal gut daran, es dabei zu belassen. Ob sich hier die Tiefendimensionen der Schuld und damit das Böse oder aber Triebstrukturen auftun, scheint unter Psychoanalytikern noch streitig zu sein. Die Triebtheoretiker kommen in eine bemerkenswerte Nähe zu den Ergebnissen der modernen Hirnforschung. Analytiker aber, die in der Dynamik des destruktiv-gefährlichen Unbewußten im Menschen das schuldhaft Böse Gestalt annehmen sehen, geraten in die Nähe der Theologie. Die Devise, unter der sie sich einigen – aus *Es* soll *Ich* werden – führt dann diagnostisch und therapeutisch entweder zu einer Programmatik der Konditionierung oder einer empirischen Valutierung der Freiheitslehren des philosophischen Idealismus.

Ich gestehe, daß ich die zweite Version für die fruchtbarere halte,[11] und glaube, daß es wichtig ist, sich hier den Weg freizuhalten für weitere Empirie. Wenn sie dazu führt, daß man besser versteht, so ist das freilich eigentlich fast immer gleichbedeutend mit Entlastung. Was vorwerfbar ist, können wir wohl nie wissen, aber wir können vielleicht wissen, was *nicht* vorwerfbar ist. Schiebt sich das Ensemble des nicht Vorwerfbaren nach vorn und verengt damit den Raum, der für den Griff in das Dunkel der Schuld übrigbleibt, so heißt das keineswegs, daß man aufgibt, den Menschen an seine Freiheit zu erinnern und ihn aufzufordern, davon Gebrauch zu machen. Vielmehr ist es so, daß dieses Konzept durch jene Empirie[12] übersichtlicher wird und deshalb besser überprüft werden kann, indem man Illusionen darüber beseitigt, was alles, sofern man gar nichts weiß oder wissen will, noch zur Freiheit gehören könnte. Die Maxime der aufrechterhaltenen Freiheit gibt dann auch die Regeln vor für den Umgang mit der entdeckten Unfreiheit. Sie muß in Respekt vor der – noch – vorhandenen Freiheit verwaltet

11 Vgl. Klaus Lüderssen, *Abschaffen des Strafens?*, Frankfurt/M. 1995, S. 74 ff.

12 Wichtig beispielsweise jetzt das Projekt über die Todesvorstellungen Jugendlicher, die eine spezielle Seite des intentionalen Handelns Jugendlicher aufdeckt (Nachweise in meinem Beitrag »Ist der Vorsatz bei Jugendlichen dasselbe wie bei Erwachsenen?«, in diesem Band S. 149) und die Untersuchungen zur Entwicklung kindlichen Rechtsbewußtseins (vgl. den gleichnamigen Artikel von Ernst-Joachim Lampe, in: *Festschrift für Klaus Rolinski zum 70. Geburtstag*, Baden-Baden 2002, S. 401 ff.), die über die allgemeinen Voraussetzungen, die man bei der Bewertung intentionalen Handelns machen muß, aufklären.

werden. Das setzt der Prävention Grenzen, sowohl nach der Seite des Zweckmäßigen hin wie mit Blick auf die konkurrierend entgegentretenden Werte.

C

Zunächst ist das Tatbestandsmerkmal des Mordtatbestandes »habgierig« hier als Beispiel herangezogen worden. Aber in der Masse der täglich von den Gerichten Verurteilten macht die Verurteilung wegen Mordes einen ganz kleinen Prozentsatz aus. »Täter« sind noch viele andere, und sie haben auch eine Seele – durchaus in dem hier beschriebenen komplexen Sinn. Die Strukturen sind weitgehend die gleichen, auch in leichten Fällen – bis hin zu Fahren ohne Führerschein oder kleineren Diebstählen oder was immer darunter verstanden wird – ist die Motivation weit verzweigt, in ihren hintereinandergeschalteten und von der Seite beeinflußten Elementen unüberschaubar, sobald man sich nur erst einmal die Mühe macht, genauer hinzusehen. Das lohnt vielleicht nicht immer, wenn es sich um praktische Lösungen handelt. Hier kann man vielleicht wirklich manches vernachlässigen. Aber die Übergänge sind fließend. Ist beispielsweise der Konflikt eines Menschen mit dem Verbot, Eigentum und Besitz anderer Leute anzugreifen, ein permanenter, folgt eine Verurteilung auf die andere, so muß man auch hier zu verstehen versuchen, soll die Reaktion plausibel sein. Die Schwierigkeit, Einflüsse auf die Seele des Täters – die ausgehen von der Sozialstruktur, der persönlichen Sozialisation (von der umgebenden Sozialstruktur freilich wiederum kaum zu trennen, wie auch diese geprägt wird von der Sozialisation der Mitglieder der Gesellschaft) und normativen Vorgaben von Staat und Gesellschaft – sorgfältig zu sortieren, zeigt sich bei allen Taten. Nur verteilen sich die Gewichte unterschiedlich. Je mehr man sich dem Bagatellbereich nähert, um so schwankender wird die Legitimität der Verbote; manche Verbote sind fast zufällig, und aus der Konfrontation eines Menschen mit diesen Verboten dann sofort Schlüsse ziehen zu wollen auf seine defekte Seele ist unangebracht.

Wer aber weiß, daß er im Umgang mit der Seele des Täters auf einem Karussell im Kreise fährt, und sich klarmacht, auf welchem Platz er gerade sitzt, sollte einen rationalen Umgang mit den strafjuristischen Folgen doch zu planen versuchen. Wieviel Unergründliches auch im Innern des Menschen und wieviel Unbegreifliches in der (gewachsenen) normativen Welt dem Richter vor Augen tritt – er darf nicht mit gleicher Münze reagieren, also unergründlich und unbegreiflich. Jahrhundertelang ist es aber so gewesen, und keineswegs sind wir vor der Versuchung bewahrt, auch jetzt und in der Zukunft nach diesem Muster zu reagieren.[13]

D

Die vorläufig beste Gewähr dafür, Irrationalitäten zu vermeiden oder zurückzudrängen, sind die Verfahren des modernen demokratischen, liberalen und sozialen Rechtsstaats. Sie verfügen über Formen, die es erleichtern, die jeweils fällige Zielsetzung zu lokalisieren und die damit verbundene Abstufung des – fast immer notwendigen – kognitiven Auswählens und normativen Abwägens zu fixieren. Inzwischen herrscht gesetzgeberischer und auch gesellschaftlicher Konsens darüber, daß man unterscheiden muß zwischen der Abwehr noch drohender Gefahren und der Reaktion auf bereits eingetretene Verletzungen.

I. Die zuerst genannte Aufgabe ist Sache der Polizei, man spricht von Prophylaxe. Der Täter erscheint als Störer. Seine Intentionen und Einstellungen müssen daraufhin geprüft werden, inwieweit sie gefahrbegründend und gegebenenfalls durch Gegensteuerung beeinflußbar sind. Polizeiliche Psychologie und Strategie spielen hier eine Rolle; hinzu tritt dann aber die Pflicht der zuständigen Organe, die Erreichung ihrer polizeilichen Ziele mit den Schäden abzuwägen, die sich dabei vielleicht einstellen.

II. Die Reaktion auf bereits *geschehene* Verletzungen ist Sache des Strafprozesses. Er durchläuft mehrere Stadien der Einschätzung: vom einfachen über den hinreichenden Verdacht bis zur Gewißheit, daß eine strafbare Tat begangen worden ist. Schon der einfache Verdacht – definiert als die Möglichkeit einer späteren

13 Erschütternd die Bilanz des Abteilungsleiters der Abteilung der Gefährdeten-Hilfe im Diözesan-Caritas-Verband im Bistum Köln e.V., in: *Ulmer Echo* 29 (2003), Heft 4 (Gefangenen-Magazin aus der JVA Düsseldorf Ulmerhöh), S. 7-12.

Verurteilung – kann zu Eingriffen in die persönliche Sphäre des Beschuldigten führen, etwa bei Durchsuchung, körperlicher Durchsuchung, Telefonüberwachung, Beschlagnahme von Gegenständen. Grundsätzlich ist dabei vom ersten Moment an auch die innere Tatseite, also je nachdem, was im Gesetz verlangt wird, Vorsatz oder Fahrlässigkeit, zu berücksichtigen. Doch liegt es in der Natur der Sache, daß man sich, wenn die denkbare Verurteilung noch relativ weit entfernt ist, mehr auf die äußeren Vorgänge konzentriert. Die Seele des Täters ist also noch nicht so interessant. Beim hinreichenden Tatverdacht, der die Tat anklagereif macht, spätestens muß ein paritätischer Erkenntnisgrad über die objektive und die subjektive Tatseite vorhanden sein. Erst recht gilt das für die Verurteilung. Je näher der Prozeß an dieses Datum heranrückt, um so schärfer wird die Konkurrenz mit dem Prinzip der verfassungsrechtlich garantierten Unschuldsvermutung. Das klingt paradox, denn durch die steigenden Anforderungen an das Wissen über die Tat wird das verbleibende Feld für die Unschuldsvermutung ja beschnitten. Aber gerade deshalb ist dieses Prinzip in diesem Stadium so wichtig und setzt dem Zugriff auf das Innere des Täters Grenzen; eine vergleichbare – das Grundrecht der Person, sich nicht selbst belasten zu müssen, schützende – Funktion übernehmen Beweisverbote (unzulässig ist z. B. der Einsatz eines Lügendetektors oder die Aushorchung des Beschuldigten durch täuschende Manöver sogenannter V-Leute). Die Beschränkung des forensischen Interesses auf die *tatbezogenen* subjektiven Momente begünstigt die Beachtung der Beweisverbote. Man stelle sich einen Strafprozeß vor, in dem für die Verurteilung das Innere des Täters – auf sein ganzes Leben bezogen – durchleuchtet werden müßte. Die Neigung der Ermittler, sich unredlicher Mittel zu bedienen, würde sprunghaft ansteigen. Niemand will einen solchen Prozeß. Aber wenn nach der Verurteilung die Resozialisierung beginnen soll, entstehen neue Erkenntnisinteressen. Nur über die Motive der *Tat* Bescheid zu wissen kann dem psychologisch vorgehenden Sozialarbeiter in der Justizvollzugsanstalt nicht genügen. Sosehr er sich auch strategisch zurückhalten muß mit seinem Interesse, herauszufinden, was mit dem nunmehr zum Strafgefangenen gewordenen Beschuldigten wirklich los ist – einiges über die tatbezogenen Feststellungen des Urteils Hinausgehende zu wissen wäre schon zweckmäßig. Aber sich auch darauf erstreckende gerichtsförmige Verfahren existieren nicht. Was im Vollzug insoweit geschieht, ist also relativ freihändig. Die bei den Gerichten bestehenden speziellen Strafvollstreckungskammern haben nur sehr begrenzte Befugnisse. Vorschläge, das Strafverfahren zu teilen, das heißt, nach der Feststellung der Tatschuld nunmehr ein Verfahren anzuschließen für die Erforschung der Persönlichkeit des Täters, haben sich nicht durchgesetzt. Daher befindet sich der Strafvollzug nach wie vor in einem Dilemma, sofern er sich nicht (was aber inzwischen verfassungswidrig wäre) auf reine Vergeltung zurückzieht.

E

Zusammenfassend kann man festhalten:

I. Die Unsicherheit in bezug auf den Status der inneren Tatseite – Feststellung oder Zuschreibung – und die wechselseitige Abhängigkeit von Feststellungen – wenn es sie denn überhaupt gibt – und Wertungen sind das allgemeine sozialwissenschaftliche Problem, das die Beschäftigung mit der Seele des Täters aufwirft.

II. Dazu treten die speziellen juristischen Probleme, wie sie sich aus der Aufteilung in die polizeiliche Prophylaxe und strafverfolgende Prävention – diese auch noch verteilt auf Verfahrensstadien mit unterschiedlichen Gewißheitsanforderungen und Zielkonflikten – ergibt. Das »Totalinventar« der Seele – ohnehin nur virtuell konzipierbar – muß also auch noch durch Siebe geschleust werden, die sich abwechselnd öffnen, schließen und wieder öffnen.

III. Daß angesichts dessen das relevant bleibende Wissen über die Seele des Täters, vielfach fragmentiert und relativiert, von a limine wertenden Zuschreibungen kaum noch unterschieden werden kann, ist gewiß. Noch gewisser aber ist, daß der Verzicht auf die Analyse subjektiver Strukturen[14] das größere Übel wäre, weil die reine Wertung eben doch der Willkür näher ist als die Feststellung. Solange nicht nachgewiesen ist, daß Feststellungen wirklich nur Schall und Rauch sind und die Uhren der Welt ganz anders gehen,

14 Mit dieser Wendung hat vor Jahrzehnten Alfred Lorenzer, *Die Wahrheit der psychoanalytischen Erkenntnis*, Frankfurt/M. 1974, das Problem fixiert.

vielleicht sogar ein Chaos anzeigen, muß man sich um Erkenntnis bemühen.

IV. Sie ist gemeint, auch wenn ihr im Sozial-Sprachlichen oft das »Verstehen« gegenübergestellt wird. Verstehen ist mit Bezug auf die hier interessierenden Fragen nur der Ausdruck für eine besondere Art des Erkennens, das sich nicht in Experimenten und Messungen erschöpft. Wo die Grenze zu jenen Verstehensprozessen verläuft, die in deutende oder wertende Konzepte übergehen, ist allerdings nicht leicht zu sagen, und es hilft auch nichts, sich damit zu trösten, daß dieses Problem vor allem bei ästhetischen Urteilen auftaucht. Denn die ästhetische Dimension ist es ja, wie das »Law and Literature Movement« lehrt, die den Annäherungen an die Realität zu Hilfe kommt. Wissenschaftstheoretisch ist insofern anzumerken, daß der bisherige Stand der »Verstehens-Erklärens-Kontroverse« einer dringenden Revision bedarf, vielleicht gerade wegen des aus dem juristischen Umgang mit Devianz stammenden Materials.

V. Für den Praktiker mag tröstlich sein, daß der Einzelfall diese Abgrenzungsschwierigkeiten meistens nicht auslöst; vielmehr kann man jeweils ganz gut sehen, wonach gefragt wird und was man suchen und was man nur zuschreiben kann. In diesen experimentellen Status zurückzufallen, hinter die zwar weiter fortgeschrittene, aber gelegentlich auch snobistisch angeflogene Position[15] dessen, der sich in der Blässe des Gedankens nicht gern übertreffen läßt, ist nicht unehrenhaft.

15 Einen Begriff davon, wie weit das gehen kann, liefern Alan Sokal/Jean Bricmont, *Eleganter Unsinn. Wie die Denker der Postmoderne die Wissenschaften mißbrauchen*, München 2001.

3.2 Ist Vorsatz bei Jugendlichen dasselbe wie bei Erwachsenen?

In seinem für die Festgabe aus der Wissenschaft aus Anlaß des 50jährigen Bestehens des Bundesgerichtshofs verfaßten Aufsatz über den »Vorsatz als ›Schuldform‹, als ›aliud‹ zur Fahrlässigkeit und als ›Wissen und Wollen‹?«[1] hat Rolf-Dietrich Herzberg »die Frage nach dem ›Wollen‹ des Täters bei Erfüllung des objektiven Tatbestandes« auf den Fall »der amerikanischen Schüler in Darmstadt« zugespitzt, »die in erregender Kenntnis der Lebensgefährlichkeit am 27.2.2000 fußballgroße Steine von einer hoch umkleideten Fußgängerbrücke auf die Schnellstraße darunter warfen und so zwei Autofahrerinnen zu Tode brachten«. »Daß diese Schüler«, fährt Herzberg fort, »den objektiven Tatbestand erfüllen, ist klar; denn die Lebensgefahr, die sie schufen, lag nicht nur außerhalb des erlaubten Risikos, sie hatte auch die für den Versuch zu fordernde Unmittelbarkeit. Gegen die Täter wurde sogleich wegen Mordverdachtes ermittelt. Verbietet sich dieser Vorwurf, wenn sich herausstellt, daß sie niemanden töten wollten?«[2]

Die Schüler sind inzwischen wegen Mordes verurteilt worden und sitzen in der Jugendstrafanstalt Rockenberg in Hessen ein. Das Urteil des Landgerichts Darmstadt, das zu diesem Strafausspruch gelangt ist, umfaßt etwas mehr als 100 Seiten und ist auf weite Strecken sehr gründlich. Über die Frage, die Herzberg aufwirft, wird mit Blick darauf, den Schülern sei ja bewußt gewesen, daß in den Autos Personen gesessen hätten, nicht gestellt. Zwar sagt das Gericht im weiteren Verlauf seiner Begründung, daß der Gedanke, in den Autos seien Menschen gewesen, von den Angeklagten bewußt beiseite geschoben und verdrängt worden sei, »weil ihnen ein derartiges Schicksal der Menschen in den Autos zwar an sich unerwünscht, sie aber ihr Tun, von dem sie genau wußten, daß es gefährlich und lebensbedrohlich war, nicht aufgeben, sondern ihr Handeln unbedingt fortsetzen wollten«.[3] Doch war das keines-

1 Claus Roxin/Günther Widmaier (Hg.), *50 Jahre Bundesgerichtshof*, Bd. 4: *Strafrecht, Strafprozessrecht*, München 2000, S. 51 ff.

2 Ebd., S. 71.

3 Urteilsausfertigung S. 62.

wegs Veranlassung für das Gericht, der damit zum Greifen nahen Problematik des dolus eventualis näher zu treten, weder normativ noch empirisch.

Man könnte sich durchaus auf den Standpunkt stellen, daß an dieser Stelle eine Schwäche der Urteilsbegründung sichtbar wird, die dem BGH, der die Revision als offensichtlich unbegründet verworfen hat, hätte zu denken geben können. Denn die Feststellung des Gerichts deckt nicht die Anwendung des § 16 StGB in Verbindung mit § 212 StGB. Dabei kann zunächst offenbleiben, ob es sich um die Verletzung dieser Vorschriften handelt oder um die Verletzung des § 261 StPO. Für die erste Variante spricht, daß man mit guten Gründen von einer falschen Behandlung der normativen Voraussetzungen des Vorsatzes, auch im Fall des dolus eventualis, sprechen kann. Für die zweite Variante könnte man sich auf den Satz in der Urteilsbegründung beziehen, die den mitgeteilten Feststellungen folgt: »Aus der Dunkelheit und der dadurch geschaffenen Distanz und Anonymität zu den Opfern ergab sich deshalb zur Überzeugung der Kammer kein Anhaltspunkt dafür, daß die Angeklagten nicht mit dem möglichen Tod eines Autofahrers durch ihre Steinwürfe einverstanden waren.«[4] Hier spricht einiges für eine Lückenhaftigkeit der Beweiswürdigung.[5] Aber was insofern schon im Revisionsverfahren versäumt worden ist, muß hier auf sich beruhen. In den Vordergrund schiebt sich vielmehr die Frage, ob das Landgericht angesichts der offenkundigen Unsicherheiten, mit denen die Beurteilung des Falles belastet ist, alles getan hat, um den Sachverhalt aufzuklären. Die allseitige Kognitionspflicht des § 244 Abs. 2 StPO hätte vielleicht zu einer Erweiterung und Intensivierung der Beweisaufnahme über die subjektive Tatseite führen müssen, bis hin zu der Entscheidung des Gerichts, gegebenenfalls insoweit sogar Sachverständige zu hören. Sachverständige haben selbstverständlich in dem Verfahren ihre Auftritte gehabt; sie haben sich aber nur zur Frage der allgemeinen Verantwortlichkeit der Jugendlichen geäußert und sind auch nach nichts anderem gefragt worden. Die Justizjuristen werden hier erstaunt aufblicken und darauf verweisen, daß es sich doch um Fragen handele, für die das Gericht selbst die erforderliche Sachkunde besitze, so daß also

4 Ebd.

5 Vgl. allgemein dazu Armin Nack, »Revisibilität der Beweiswürdigung – Teil 1«, in: *Strafverteidiger* 2001, S. 510 ff. (512 f.).

auch ein entsprechender Beweisantrag der Verteidigung auf Vernehmung eines Sachverständigen, wenn sie denn so weit gegangen wäre, gemäß § 244 Abs. 4 Satz 1 StPO ohne weiteres hätte zurückgewiesen werden dürfen.

I.

Hier beginnt das Problem. Denn mit welchem Recht wird jene Sachkunde eigentlich in Anspruch genommen? Gegenstand des Beweises sind innere Tatsachen. Wenn kein Geständnis vorliegt, ist das Gericht auf Indizien angewiesen. Aber selbst bei einem Geständnis muß es prüfen, ob der Angeklagte nicht sich selbst oder das Gericht täuscht, ob er überhaupt in der Lage ist, über sich in dieser Weise Auskunft zu geben. Im Normalfall, wie immer man ihn auch definiert, mag man darüber hinweggehen. In Grenzfällen – und wenn jemand einen anderen tötet, so ist das sicher immer ein Grenzfall – muß das Gericht sich sorgfältig darüber Rechenschaft zu geben versuchen, ob es wirklich begriffen hat, was im Angeklagten vorgegangen ist. Wenn die normativen Voraussetzungen, unter denen innere Tatsachen in den Blick kommen, so elaboriert sind wie die Definition des dolus eventualis und die Jurisprudenz die Hilfskonstruktion der »Parallelwertung in der Laiensphäre« braucht, um das diesen normativen Voraussetzungen Entsprechende in der Psyche des Täters einigermaßen wiederzufinden,[6] müßten, was die Sachkunde angeht, alle Zeichen eigentlich auf »Rot« stehen. Das ist aber auch in der wissenschaftlichen Literatur zum Sachverständigen keineswegs der Fall. Zwar gibt es etwa in der neuesten ausführlichen Darstellung der Probleme des Sachverständigenbeweises[7] unter dem Stichwort »Beweiswürdigung« tiefdringende Untersuchungen über die »Besonderheiten bei Schlussfolgerungen in Be-

6 Annäherungen an das Problem bei Arthur Kaufmann, *Die Parallelwertung in der Laiensphäre – Ein sprachphilosophischer Beitrag zur Allgemeinen Verbrechenslehre*, München 1982, S. 18 ff.; Joachim Schulz, »Parallelwertung in der Laiensphäre und Vorsatzbegriff. Skizzen zur Dogmengeschichte eines dogmatischen Kuriosums«, in: *Festschrift für Günter Bemmann zum 70. Geburtstag*, Baden-Baden 1997, S. 246 ff.

7 Friedrich Toepel, *Grundstrukturen des Sachverständigenbeweises im Strafprozeßrecht*, Tübingen 2002.

zug auf fremdpsychische Tatsachen«[8] und dort die Feststellung, daß für den »bei inneren Tatsachen stets« erforderlichen »Indizienbeweis [...] signifikante Anhaltspunkte für ein Zurückbleiben des Täters hinter dem im Allgemeinen erreichten Differenzierungsniveau festgestellt werden müssen«,[9] aber eine Konkretisierung auf Vorsatzprobleme findet nicht statt, und erst recht nicht wird das Beweisthema formuliert, das die Parallelwertungs-Formel aufgibt. Offenbar glaubt jeder einfach zu wissen, wie es in einem Täter aussieht, wenn er einen Tötungsvorsatz faßt, auch dann, wenn es sich dabei nicht um eine direkte Absicht handelt.[10] Jedenfalls gilt das im Strafrecht für Erwachsene. Aber müßte es nicht bei Jugendlichen, deren seelisch-geistiger Haushalt noch in der Entwicklung begriffen und damit nicht ohne weiteres einem Common-sense-Urteil zugänglich ist, anders sein? Mindestens für Strafverfahren gegen Jugendliche sind also gegenüber der behaupteten Sachkunde des Gerichtes Zweifel angebracht, und wenn diese sich bestätigen, müßte man längerfristig überlegen, welche Folgerungen sich daraus für das Erwachsenen-Strafrecht ergeben, so zäh freilich die Gewohnheit ist, diese Gebiete ganz streng zu trennen.[11]

Wann beginnt ein Kind Erfahrungen darüber zu sammeln, was einem anderen weh tut? Eine ganz geläufige Frage, die Auskünfte variieren, auch ist das von Kultur zu Kultur verschieden. Die Strafrechtswissenschaft weiß wenig darüber und nimmt vielleicht auch zu Recht an, darüber nichts wissen zu müssen, weil die strafrechtliche Verantwortlichkeit des Jugendlichen ja ohnehin erst mit 14 Jahren beginnt. Dann soll alles klar sein, jedermanns Verständnis zugänglich, wozu auch das Verständnis des Richters gehört, denn eine besondere Ausbildung erhält er ja insofern nicht. Und wenn nun, wie gelegentlich vorgeschlagen wird, die Strafmündig-

8 Ebd., S. 416 ff.

9 Ebd., S. 230.

10 Vgl. schon Martin Gschwind, »Zur Kriminologie des Vorsatzes«, in: *Festschrift für Oscar Adolf Germann*, 1969, S. 60 ff. (61): »Demgegenüber ist es interessant zu sehen, wie die Vorsatzkriterien ›Wissen und Wille‹ von der Justiz meist in naiver Selbstverständlichkeit angenommen und im allgemeinen aus eigener Kompetenz beurteilt werden.«

11 Zur Zeit gibt es allerdings eine höchst bedenkliche »Annäherung des Jugendstrafrechts an das allgemeine Strafrecht«; kritischer Bericht bei: Hans Kornprobst, »Ist das deutsche Jugendstrafrecht noch zeitgemäß?«, in: *Juristische Rundschau* (2002), S. 309 ff. (314).

keit auf das 12. Lebensjahr zurückverlegt werden soll,[12] dann weiß man es eben auch schon. Wo dürfen die Zweifel dann wieder beginnen? Beim Zehnjährigen, beim Achtjährigen? Irgendwann kehrt sich die Gewißheit dann plötzlich in eine gegenteilige um: Es gibt noch keine Einsichtsfähigkeit. Jedem müßte eigentlich einleuchten, daß es so nicht geht, daß man hier im allgemeinen – Zurechnungsfähigkeit – und im besonderen – Vorsatz – präziser werden muß und daß, wenn die Übergänge, wie es gar nicht anders sein kann, fließend sind, jedenfalls mit Erreichung des 14. Lebensjahrs nicht auf einmal die Entwicklungen als abgeschlossen zu gelten haben.

Wer das – und ich habe oft dergleichen hören müssen – als zu phantasiereich, dem wirklichen Leben nicht entsprechend, als Empfindelei gar abweist, muß nun zur Kenntnis nehmen, was ein Fachmann, Reinhard Lempp, schon vor 25 Jahren über die »billigende Inkaufnahme« bei Jugendlichen geschrieben hat.[13]

»Die Frage, ob der Täter selbst möglicherweise nicht mit klarem Tötungsvorsatz gehandelt hat, den Tod des Opfers aber ›billigend in Kauf genommen habe‹, wird in aller Regel von der ersten vernehmenden Kriminalpolizei mit großer Gewissenhaftigkeit erörtert und oft ohne verständnisvolles Eingehen in die affektiven Zusammenhänge, die zur Tat führen, und ohne Verständnis für die Tatsituation selbst protokollarisch niedergelegt. Dabei wird meistens so vorgegangen, daß man dem Täter vorhält, er wisse doch aus eigener Lebenserfahrung, daß das Würgen, Zuschlagen oder Schießen den Tod des Opfers zur Folge haben könne. Dies muß er meistens zugeben, und damit ist gewöhnlich in den Augen der Kriminalpolizei festgestellt, daß er ja dann offensichtlich den Tod des Opfers billigend in Kauf genommen habe.«

12 Dagegen Hans-Jörg Albrecht, »Ist das deutsche Jugendstrafrecht noch zeitgemäß?«, in: *Neue Zeitschrift für Strafrecht* (2002), S. 26 ff. (30).

13 Reinhard Lempp, *Jugendliche Mörder. Eine Darstellung an 80 versuchten Tötungsdelikten von Jugendlichen und Heranwachsenden*, Bern/Wien 1977, S. 174 ff. Auf die folgenden Partien hat sich im Rahmen seiner Vorsatz-Studien auch Walter Kargl berufen (*Der strafrechtliche Vorsatz auf der Basis der kognitiven Handlungstheorie*, Frankfurt/M. 1993, S. 24 ff.). Merkwürdig ist nur, daß er mit seinem Ergebnis »Wissen ist Willen und Wollen ist Wissen« (ebd., S. 71) hinter die Einsichten Lempps zurückgeht. Lempp wird im übrigen auch schon bei Cornelius Prittwitz, »Dolus eventualis und Affekt. Ein Beitrag zur Kriminologie des Allgemeinen Teils des StGB«, GA 1994, S. 455 ff. (468) einschlägig zitiert.

Lempp fährt dann fort mit der Bemerkung, »daß [...] die tagtägliche Erfahrung diesem Wissen völlig widerspreche«,[14] und berichtet über den folgenden Fall:

»In Hamburg hatte ein Rocker durch einen aggressiven Tritt einen sich gerade nach vorn beugenden Passanten mit der Stiefelspitze am Kinn getroffen, worauf dieser nach hinten stürzte und mit dem Hinterkopf so heftig aufschlug, daß er an den Folgen verstarb. Diesem jungen Mann wurde die Frage vorgelegt, ob er nicht gewußt habe, daß der Sturz auf den Hinterkopf den Tod eines Menschen zur Folge habe; und daß ein Tritt gegen den Menschen einen solchen Sturz bewirken könne? Er mußte diese Frage natürlich bejahen. Dem stand jedoch gegenüber, daß er selber aus prügelnden Verhältnissen stammte und es in seinem Leben schon hundert-, wenn nicht tausendmal erlebt hatte, daß eine Schlägerei, ein Tritt gegen einen anderen ohne ernste Folgen überstanden wird. Solche Erfahrungen wiegen aber im konkreten Augenblick des Handelnden zweifellos weit mehr als irgendein theoretisches Wissen um mögliche Zusammenhänge.«[15]

Lempp zieht aus diesem Sachverhalt den Schluß:

»Mußte man dem Tatablauf und der Tatschilderung entnehmen, daß der Täter eigentlich nicht den Tod des Opfers beabsichtigte und wollte, ist es unlogisch, ihm dann doch zu unterschieben, er habe ihn aber nach der Art seines Vorgehens ›billigend in Kauf genommen‹. Dies unterstellt dem Täter die Fähigkeit, im Augenblick der Handlung abzuwägen, seine Aggression dosierend zu steuern und Alternativen zu überlegen. Die Erörterung, ob der Täter den Tod in Kauf genommen habe, ignoriert die Kraft eines Affektes und die Dynamik eines solchen Handlungsablaufes völlig, und sie setzt den kalt überlegenden, kühl rechnenden Mörder voraus, wie er allenfalls in Kriminalromanen vorkommt, unter den hier beobachteten Jugendlichen und Heranwachsenden jedoch eigentlich in fast keinem Falle.«[16]

Vor vielen Jahren habe ich selbst einen vergleichbaren Fall als Verteidiger erlebt. Ein Fünfzehnjähriger hatte ungefähr dasselbe getan, was Lempp schildert. Ich besuchte ihn in der Untersuchungshaft und mußte – meinen Vorurteilen, daß ich es mit einem offensichtlich sehr unsympathisch-gewalttätigen Jugendlichen zu tun haben würde, zum Trotz – nach und nach registrieren, daß der junge Mann sich wirklich nicht genau genug vorgestellt hatte, was pas-

14 Ebd., 174f.
15 Ebd., S. 175.
16 Ebd.

sieren würde, geschweige denn sich eine Meinung darüber gebildet hatte, ob er das, wie immer man das in seine Sprache hätte übersetzen müssen, auch gebilligt haben würde. Man könnte sich nun darüber hinwegsetzen und sagen, so etwas akzeptieren wir einfach nicht, wer – fast schon vielleicht in einer Art Arbeitsleben stehend – so massiv die Welt verkennt, muß die Folgen tragen. Aber so weit sind wir noch nicht. Ein solcher Zurechnungsbetrieb, selbst wenn er »analytisch« als Tatsache diagnostiziert wird, kann jedenfalls nicht damit rechnen, daß Juristen ihn ohne weiteres gutheißen. Wer das aber will, muß die Sache beim Namen nennen und darf nicht darüber hinweggehen oder gar verschleiern, daß er einen normativen Schritt tut und damit das Problem auf einer ganz anderen Ebene löst, beziehungsweise dort entstehen läßt.

Als der »Darmstädter Fall« zur Aburteilung gelangt war, habe ich zunächst das Dilemma zu schildern versucht, das entsteht, wenn man einem Jugendlichen, um dessen Resozialisierung es geht, zuviel Schuld aufbürdet und damit einen falschen, von ihm nicht einsehbaren Ausgangspunkt für seine Behandlung wählt.[17] Das heißt, ist ihm »nur« vorsätzliche Körperverletzung mit fahrlässig herbeigeführter Todesfolge vorzuwerfen, wird die Resozialisierung vielleicht falsch programmiert, wenn er sich als Mörder fühlen soll. Dabei fiel mir ein, daß es vor zwanzig Jahren einmal ein Gnadenverfahren gab, in dessen Verlauf ich als Gutachter zugezogen wurde, das die Tat einer achtzehnjährigen Frau zum Gegenstand hatte, die als Angestellte einer ebenfalls noch minderjährigen Mutter zusammen mit dieser – durch nächtliches Fernbleiben im Zusammenhang mit Disco-Besuchen und ähnlichem – deren Kind hatte verhungern lassen. Als ich um Übernahme des Falles gebeten wurde, ließ die Verteidigerin die Bemerkung fallen, es habe sie immer gewundert, daß die wissenschaftlichen, auch im einzelnen umstrittenen Prinzipien der Garantenstellung im Jugendstrafrecht ganz ungeprüft angewendet werden. Meine entsprechende Nachfrage bei den Unterlassungsspezialisten führte zu leichten Irritationen, einem ungläubig-überraschten Aufblicken und der Ankündigung, man werde sich darum kümmern. Dabei blieb es dann aber.

Wie man sieht, geht es nicht nur um die Frage, was der Richter wissen kann – möglicherweise mit Hilfe eines Sachverständigen –,

17 Lüderssen, in: *Merkur* (2002) S. 265 ff.

sondern auch um die Frage, was er sozusagen wissen wollen darf, anders ausgedrückt um die Grenzen der Realisierbarkeit normativer Forderungen, mit der Folge, diese eventuell zurückzunehmen oder zu variieren. Auch für den Vorsatz muß deshalb die doppelte Fragestellung im Auge behalten werden: ist dolus eventualis überhaupt eine für Jugendliche brauchbare Rechtsfigur? *Und* wie kann man die erforderlichen Kenntnisse über die Vorstellungswelt der Jugendlichen erlangen, die den Schluß erlauben, daß die Voraussetzungen für einen dolus eventualis gegeben sind.

Ist man an diesem Punkt angekommen, dann zeigen sich weitere Anwendungsfälle. In den achtziger Jahren hat Ulrich Eisenberg herausgefunden,[18] »aus kriminologischer Sicht« lasse sich »eher nicht von einer Gruppe von Mittätern sprechen, wenn der einzelne Jugendliche im Beziehungsgeflecht einer Gruppe zwar am Zustandekommen der gruppendynamischen Kräfte beteiligt« sei, »er diese Kräfte aber nicht übersehen und steuern könne«. »Darüber hinaus«, fährt Eisenberg fort, »scheint bei kriminologischer Betrachtungsweise nicht ganz selten keiner der Tatbeteiligten im Sinne der Tatherrschaftslehre oder der subjektiven Teilnahmelehre als Täter gelten zu können – eine wegen der Akzessorietät der Gehilfenschaft dogmatisch absurde Konstruktion.«[19] Wieder das doppelte Problem: passen die Vorschriften zur Beteiligung an Straftaten überhaupt auf Jugendliche, *und* was muß man ermitteln, um später subsumieren zu können, sind die insoweit relevanten Tatsachen der Sachkunde des Richters zugänglich?

In dieser Weise motiviert, habe ich auf der Strafrechtslehrertagung in Passau im Anschluß an das jugendstrafrechtliche Referat von Michael Walter die Fragen in der Diskussion einmal angedeutet[20] und mußte dann zu meiner Überraschung erleben, daß Horst Schüler-Springorum kurz und bündig mir entgegenhielt, »einer

18 Ulrich Eisenberg, »Kriminologische Fragestellungen zum Regelungsbereich des Allgemeinen Teils des Strafrechts«, in: *Monatsschrift für Kriminologie und Strafrechtsreform* 70 (1987), S. 367 ff. (370).

19 Vgl. dazu schon Lüderssen, »Der Beitrag der Kriminologie zur Strafrechtsdogmatik – Eine Konkretisierung mit Blick auf die Probleme von Täterschaft und Teilnahme«, in: Raimo Lahti/Kimmo Nuotio (Hg.), *Strafrechtstheorie im Umbruch. Finnische und vergleichende Perspektiven*, Helsinki 1992, S. 465 ff. (472).

20 Vgl. Florian Jeßberger/Claus Kreß, »Diskussionsbeiträge der Strafrechtslehrertagung 2001 in Passau«, in: *Zeitschrift für die gesamte Strafrechtswissenschaft* 113 (2001), S. 827 ff. (850).

besonderen jugendstrafrechtlichen Schulddogmatik« zur »Übersetzung von Begriffen aus dem Erwachsenenstrafrecht« bedürfe es angesichts des § 3 JGG nicht. Diese Norm erlaube es, Straftaten Jugendlicher gegenüber vergleichbaren Taten von Erwachsenen in der strafrechtlichen Ahndung in dem Maße »hinunterzustufen«, wie es zum erfolgreichen Wirken von Institutionen wie z. B. Gewaltschlichtungsstellen in Schulen geboten sei, eine sachgerechte Anwendung des § 3 JGG durch entsprechend ausgebildete Jugendrichter und Staatsanwälte sei auch ohne die Hinzuziehung von Sachverständigen möglich.[21]

Ich glaube (bei allem Respekt vor Schüler-Springorums gewaltiger Kompetenz auf dem Gebiet des Jugendstrafrechts), daß § 3 JGG diese Implikationen nicht enthält und daß der Verweis auf die »allgemeinen Vorschriften«, womit auch der ganze Allgemeine Teil des Strafgesetzbuchs gemeint ist, in § 2 JGG nur offenbart, daß der Gesetzgeber das Problem nicht gesehen hat. Daß es existiert, hoffe ich bereits dargetan zu haben. Wie man es aber lösen könnte – technisch im Wege der sogenannten teleologischen Reduktion des § 2 JGG wahrscheinlich – steht noch im weiten Felde. Die Festschrift für Hans-Ludwig Schreiber ist die willkommene Gelegenheit, einen ersten Versuch zu machen. Hans-Ludwig Schreiber hat so viel für den Fortschritt auch auf dem Gebiet des nichtnaturwissenschaftlichen Sachverständigenbeweises getan[22] und als Rechtsphilosoph die Dialektik zwischen normativen und empirischen Vorgaben so gründlich reflektiert, daß ihm diese gleichsam von der Seite hereinkommende kleine Ergänzung vielleicht nicht unwillkommen ist, gleichviel, ob er sie zustimmend oder kritisch aufnimmt.

21 Ebd., S. 853.

22 Vgl. vor allem Hans-Ludwig Schreiber, »Rechtliche Grundlagen der psychiatrischen Begutachtung«, in: Ulrich Ventzlaff/Klaus Foerster (Hg.), *Psychiatrische Begutachtung*, München ^{3}2000, S. 1 ff.; ders., »Der Sachverständige im Verfahren und in der Verhandlung«, in: ebd., S. 55 ff.; ders., »Zur Rolle des psychiatrisch-psychologischen Sachverständigen im Strafverfahren«, in: *Festschrift für Rudolf Wassermann zum 60. Geburtstag*, Neuwied 1985, S. 1007 ff.

II.

Daß es sich um normative Fragen *und* Feststellungsprobleme handelt, ist in groben Zügen bereits gesagt worden. Aber die wissenschaftstheoretische Diskussion im allgemeinen und die kriminologisch-kriminalpolitisch-strafrechtsdogmatische Diskussion im besonderen hat die Illusion, man könne »Wertung« und »Feststellung« ohne weiteres voneinander trennen und nebeneinanderstellen, längst gründlich zerstört, und ehe man sich an spezielle Varianten des Zusammentreffens dieser Bereiche macht, sollte man die aufgetauchten Fragen ein wenig systematisieren.

1) Dabei ist zu beginnen mit der Doppelfunktion der in diesem Kontext wiederkehrenden Begriffe. Also Vorsatz ist einmal ein Sachverhalt, zum anderen ein Tatbestandsmerkmal.[23] Die Relevanz des zu findenden Sachverhalts ist natürlich normativ vorgegeben. Wenn man sich über die dann sichtbar werdende Schwierigkeit, das gegenständlich trennscharf zu isolieren, was man glaubt für die Anwendung einer Norm wissen zu sollen, einmal hinwegsetzt und als Ausgangspunkt das vielleicht naive Erlebnis fixiert, daß man etwas – hier die subjektive Einstellung und Motivation des Täters – nicht kennt, so ergeben sich folgende Varianten:

Am nächsten liegt der Versuch einer Aufklärung; notfalls eben mit dem Sachverständigen, prozessual ermöglicht durch die Feststellung, daß die Richter insoweit die Sachkunde nicht selbst haben (so daß sowohl die allseitige Kognitionspflicht wie die Möglichkeit eines erfolgreichen Beweisantrages eröffnet sind). Hält man das nicht für möglich, weil es die Sachverständigen nicht gibt, die dergleichen wissen können, oder möchte man sich nicht in die Abhängigkeit von Sachverständigen begeben, sondern insofern auf der »ureigenen« richterlichen Tätigkeit beharren, gibt es wieder mehrere Möglichkeiten. Entweder man unterstellt das Vorliegen des fraglichen Merkmals einfach, stützt das mehr oder weniger plausibel mit Alltagstheorien ab, oder lockert die Beweisanforderungen (wobei gewisse Prinzipien der StPO dann doch Grenzen

23 Ähnlich wie beim Merkmal der Kausalität. Hier haben auch große Prozesse – beginnend mit dem Contergan-Prozeß, vorläufig endend beim Holzschutzmittel-Prozeß – den Blick dafür geschärft, daß das Wort Normatives und Faktisches meint.

setzen) oder streicht bzw. reduziert das materiell-rechtliche Deliktsmerkmal so weit, bis sich keine Feststellungsprobleme mehr ergeben. Das bleibt alles noch im Rahmen des Konzepts bzw. der Ideologie, daß es Feststellbares gibt und daß man sich um Feststellung bemühen muß. Die sich damit stellenden Probleme könnte man auch anreichern durch Hineinnahme ganz moderner naturwissenschaftlicher Einsichten oder Visionen, etwa von der Art, wie sie moderne Hirnforscher mitteilen, daß es nämlich so etwas wie Motivbildung mit anschließender Handlung gar nicht gebe, sondern die Vorgänge sich umgekehrt abspielen: das Motiv folgt auf den Handlungsimpuls.[24] Was daraus für Konsequenzen zu ziehen wären für unser Beweisrecht, steht völlig in den Sternen, und vielleicht ist es richtig, daß sich die Juristen vorerst nicht darum kümmern. Am Ende könnte daraus aber folgen, daß man auf die Möglichkeit, etwas festzustellen, resignierend verzichtet und zu rein normativen Lösungen übergeht. Man kann in Gesprächen mit den Hirnforschern solche – auf merkwürdige Weise systemtheoretisch gefütterte – Weltansichten durchaus wahrnehmen.

Sie würden sich dann mit modernen normativen Strömungen verbinden: einerseits genährt durch dem Labeling-Ansatz verpflichtete, zu radikalem Konstruktivismus führende Vorstellungen in gewissen Kreisen der Kriminologie, andererseits auf der Basis von vornherein Symbolik und Machterhaltung erstrebenden systemtheoretischen »Ansätzen«, die konkret dann mit der positiven Generalprävention operieren. Sieht man sich die Psychologie derer, die das vertreten, genauer an, so stößt man auf zwei (weitere) nicht immer ganz deutlich getrennte Lager. Die einen sagen: wir *können* nur normativ sein, und die anderen sagen: wir *wollen* nur normativ sein. Das eine ist Resignation; das andere Hochmut autoritärer oder ästhetischer Provenienz. Die ästhetische Variante gibt sich gern freiheitlich-distanziert, mit der selbstgefälligen Beimischung, daß alles doch nur ein Spiel sei. Die autoritäre Variante tritt, wenn sie nicht offen tyrannisch und unterdrückerisch agiert, gern im Namen tiefgefühlter Verantwortung für die arme, geplagte Menschheit auf.

2) Man kann nicht alle unter 1) zusammengestellten Konzepte gemeinsam verwirklichen; Streckenweise schließen sie einander aus.

24 Vgl. Benjamin Libet, »Do we have a free will?«, in: Robert Kane (Hg.), *The Oxford Handbook of Free Will*, Oxford 2002, S. 551 ff.

a) So muß man sich zunächst einmal entscheiden, ob es überhaupt um Feststellungen gehen soll. An sich ist das eine akademische Frage, praeter legem. Denn das Beweisrecht der StPO geht davon aus, daß Feststellungen zu treffen sind. Zweifel am Sinn der Frage nach der »Wahrheit« können de lege lata also allenfalls soweit ausgereizt werden, daß auch die denkbar sichersten Beweisergebnisse unter einem Generalverdacht gleichsam stehen, daß absolute Wahrheiten dem Menschen ohnehin nicht zugänglich sind. Die Banalität dieser Einsicht rechtfertigt aber nicht, sie auf sich beruhen zu lassen. Vielmehr muß man eine Position zu gewinnen suchen, die es erlaubt, die Beweisergebnisse gleichwohl ernst zu nehmen und danach zu handeln. Wie weit man dabei mit der Relativierung der Wahrheit auch gehen mag (bis hin zu interaktionistischen Theorien) – die auf Feststellungen gerichtete Intention *muß* anerkannt werden,[25] solange an die Stelle der Vorschriften über Beweisverfahren und -würdigung nicht Spielregeln über die normativen Voraussetzungen für Zuschreibungen treten. Selbst wenn man so weit ginge, das geltende Beweisrecht als verkappte Regelung eines Systems der Zuschreibung aufzufassen, müßte man es doch noch von solchen Regeln über Zuschreibungen unterscheiden, die nicht einmal die Fiktion der auf Feststellung gerichteten Intention kennen. Dabei ist stillschweigend vorausgesetzt, daß diese Fiktion nicht ohne weiteres mit der direkten normativen Zuschreibung zusammenfällt. Diese Voraussetzung darf und muß man indessen machen. Denn für eine direkte normative Zuschreibung müßten Maßstäbe entwickelt werden, die nichts mit Beweisaufnahme zu tun haben. Das Absurde eines solchen Vorschlages liegt so auf der Hand, daß man die radikalen Vertreter eines Zuschreibungs-Paradigmas fragen müßte, ob sie diese Konsequenz wirklich wollen. Die Frage läuft parallel zu der der Ernsthaftigkeit des radikalen Konstruktivismus im Rahmen erkenntniskritischer Erörterungen. Die mittlere Linie, die sich dann andeutet,[26] mit oder ohne Anleihen bei Searles Unterscheidung zwischen »brute facts«, auf die man stößt, und »institutional facts«, die gesellschaftlich produziert sind, ist wohl das, worauf

25 Vgl. die Darstellung der wissenschaftstheoretischen Entwicklung bei Toepel, a. a. O., S. 63 ff.

26 Belege bei Klaus Lüderssen (Hg.), *Die Durchsetzung des öffentlichen Strafanspruchs*, Köln 2002, S. 243 ff.

man sich schließlich einigen könnte.[27] In der Kriminologie, die sich in einem weiteren Sinne auch für die hier aufgeworfenen Fragen zuständig fühlen mag, wird die Analyse nicht bis zu diesem Punkt vorangetrieben; vielmehr endet die konstruktivistische Gebärde meistens dort, wo ohne weitere Differenzierung »Kriminalität« anvisiert und darauf hingewiesen wird, sie sei doch »gemacht«, mehr wolle der Konstruktivismus gar nicht sagen. Daß in diesem Produkt »Kriminalität«, zunächst naiv gesprochen, Normatives und Faktisches zusammen kommen, kann zwar nicht geleugnet werden, interessiert die Kriminologie aber nicht. Sie ist auf das Gesamtphänomen Kriminalität fixiert, und darunter leidet die Lehre von der Zuschreibung seit ihren Anfängen.[28] Löst man diese Komplexität auf, so findet man die normativen Voraussetzungen des staatlichen oder gesellschaftlichen Begriffs von Delinquenz (Tatbestände, Auslegungskriterien) einerseits, gewisse Sachverhalte (Handlungen, Ursachenzusammenhänge, Absichten, Unterlassungen) andererseits. Aber jetzt können die Einwände gegen die Durchführbarkeit dieser Unterscheidung, gegen die isolierbare Wahrnehmung von »Fakten« insbesondere, nicht wieder zurück in eine »Gesamtschau« führen, die sich normativ oder konstruktiv nennt; vielmehr ist die Entscheidung gefallen, daß die verbliebenen normativierenden Prozesse sich jedenfalls von solchen unterscheiden, in denen nicht einmal *behauptete* Fakten eine Rolle spielen; ein Strafprozeß, in dem das der Fall wäre, liefe auf Willkür hinaus. Der Umgang mit Fakten, von denen man am Ende nicht genau wissen kann, ob sie existieren oder nicht so existieren, wie sie behauptet werden oder erscheinen, führt zu Konventionen. Daß sie anders sind als solche Konventionen, bei denen Fakten in keiner Weise eine Rolle spielen, ist gewiß. Was ihre spezifische Struktur ist, wie sie sich im Beweisverfahren wiederfindet, bleibt eine offene, in der Prozessliteratur bisher vernachlässigte Frage.[29]

Erkenntnistheoretisch wiederholt sich hier im einzelnen, was man seit Kant generell über Erfahrung sagt; sie dringt nicht bis zum »Ding an sich« vor. Bleibt man – aus guten Gründen – dabei, zieht also nicht die Konsequenz eines schrankenlosen Subjektivis-

27 Ebd., S. 245 ff.

28 S. Klaus Lüderssen, in: *Festschrift für Fritz Sack 1996*, S. 113 ff.; ders., *Kritische Justiz* (1997), S. 442 ff.

29 Vgl. ders., in: *Löwe-Rosenberg StPO*, [26]1999, Einleitung Abschnitt L, Rdn. 70 ff.

mus, wie es der Neu-Kantianismus getan hat, so kann die Folge für die Praxis des Strafprozesses nur sein, daß die auf Wahrheit gerichtete Intention nicht in – unverbindliche – Konstitution oder Konstruktion von Wahrheit – für eine glaubwürdige und plausible Beweisaufnahmeregelung wäre dies das Ende – verwandelt wird.

b) Damit sind auch diejenigen normativen Konzepte aus der weiteren Betrachtung ausgeschieden, nach denen es um Feststellungen gar nicht gehen soll.

Das ist keine ganz leichte Entscheidung. Zwar mag man dabei zunächst nur an radikal-soziologische Positionen denken.[30] Schaut man sich jedoch einmal die wenigen dezidierten Stellungnahmen an, die es auf seiten der Juristen zu diesem Thema gibt, so muß man überrascht feststellen, daß es auch hier ziemlich rigoros zugeht. Das Strafrecht habe »seine esoterische Psychologie und sei gegen Antastungen aus rechtsfremden Bereichen gefeit«, schreibt schon Paul Bockelmann.[31] »Was unter ›Vorsatz‹ im Sinne des Strafgesetz-

30 Im einzelnen wäre noch zu klären, ob hierher auch die Konzepte gehören, für die Paul Fauconnets (Lüderssen/Fritz Sack (Hg.) *Abweichendes Verhalten II*, Frankfurt/M. 1975, S. 293 ff.) das Denkmodell geliefert hat: Nicht weil jemand kausal ist, trägt er Verantwortung, sondern er trägt Verantwortung, also ist er kausal. Unter diesem Gesichtspunkt muß auch geprüft werden, ob die Produkthaftungs-Rechtsprechung, die von der naturwissenschaftlichen Feststellbarkeit der Kausalität absieht, letztlich hierher gehört oder doch noch unter der Devise agiert, daß die Kausalitätsanforderungcn reduziert werden im Sinne der Korrelation als Indiz. Das wäre eine Beweiswürdigungssituation, der aber womöglich eine normative Vorwegbewertung der Verantwortung zugrunde liegt. Die gleiche Frage erhebt sich in bezug auf die normativen Einwendungen gegen »Verstehen«, wie sie in der Dekonstruktionsdebatte laut geworden sind: Gehören sie in die Gruppe der faktischen Einwände, weil man eben nicht verstehen kann, oder haben wir es eher mit einer Richtung zu tun, die nicht verstehen will (vgl. Lüderssen, *Produktive Spiegelungen*, a. a. O., S. 47 ff., 58 ff.)? Schließlich: Liegt es am Ende so, daß das, worauf wir hier stoßen, gekennzeichnet ist durch die Tatsache einer hartnäckigen Nicht-Trennung der Ebenen? Vielleicht müßte man rechtssoziologisch eruieren, daß ein praktisches Bedürfnis besteht, sich diesen Trennungen zu verweigern, und sei es nur deshalb, weil sie so schwierig sind. Eine Anschauung liefert insoweit die Vorsatz-Konzeption Sessars, daß zwar der Ausgangspunkt schon im Tatsächlichen liege, dann aber doch eine Art Ermessensspielraum entstehe, der mit reinen Wertungs-Zurechnungskriterien ausgefüllt werde (Klaus Sessar, *Rechtliche und soziale Prozesse einer Definition der Tötungskriminalität*, Freiburg 1989, S. 19).

31 Paul Bockelmann, »Bemerkungen über das Verhältnis des Strafrechts und zur Moral und zur Psychologie«, in: Herbert Jäger (Hg.), *Kriminologie im Strafpro-*

buchs zu verstehen« sei, hänge nicht davon ab, »wie die Psychologie das den Vorsatzbegriff mitkonstituierende Merkmal ›kennen‹ (16 StGB)« definiere.[32] »Die Basis der Entscheidung einer Rechtsfrage« könne »niemals die Untersuchung psychologischer, sondern stets nur die Analyse der anzuwendenden Rechtsbegriffe sein«.[33] Ihm folgt Detlef Krauß mit der Feststellung, »nicht das (empirisch) verifizierbare Bild *des* Menschen dient zur Vorlage, sondern das in den Werturteilen der Gemeinschaft festgeschriebene *vom* Menschen, an dem die Rechtsordnung die Regeln orientiert.«[34] Demgemäß sei »die Abgrenzung von Vorsatz und Fahrlässigkeit nicht vorab ein Problem psychologischer Durchdringung eines gewissen Sachverhalts, sondern ein Problem normativer Typenbildung im Hinblick auf soziale Fehlleistungen«.[35] Krauß ist der Meinung, daß »die ›Umsetzung‹ empirischer Einsichten in Werttopoi nicht geleistet werden« könne, und deshalb habe es wenig Sinn, die subjektiven Verbrechensmerkmale »um eine psychologische Dimension zu erweitern«.[36]

Auch Ingeborg Puppes Formel von der »Maßfigur des vernünftig handelnden Täters« als Grundlage der Fixierung der »Vorsatzgefahr«[37] ist eine Option für die frei gewählte normative Lösung. Die Grundlage dieses Normativismus ist interessanterwei-

zeß, Frankfurt/M. 1974, S. 11 ff. (12). Zu diesem Thema jetzt: Winfried Hassemer, »Kriminologie im Strafverfahren«, in: *Festschrift für Heinz Müller-Dietz*, München 2001, S. 261 ff. (264 ff.).

32 Bockelmann, a. a. O., S. 12.

33 Ebd. Bockelmanns Konzeption erinnert im übrigen an andere Bereiche des eigenständigen strafrechtlichen Denkens, jetzt bezogen auf Zivilrecht etc. (vgl. dazu Lüderssen, in: *Festschrift für Ernst-Walter Hanack zum 70. Geburtstag am 30. August 1999*, Berlin 1999, S. 487 ff.). Die Eigenständigkeit gegenüber anderen Sozialwissenschaften hat eine vergleichbare Quelle: Man will sich in seiner Strafkonzeption nicht beengen lassen. Dafür, daß »die Basis der Entscheidung einer Rechtsfrage niemals die Untersuchung psychologischer, sondern stets nur die Analyse der anzuwendenden Rechtsbegriffe sein« kann (Bockelmann, a. a. O., S. 14), wird bezeichnenderweise Kohlrausch zitiert (ebd., S. 19), der ja von der Schuld als staatsnotwendiger Fiktion gesprochen hat (dazu auch Toepel, a. a. O., S. 231).

34 Detlef Krauß, »Der psychologische Gehalt subjektiver Elemente im Strafrecht«, in: *Festschrift für Hans-Jürgen Bruns zum 70. Geburtstag*, Köln 1978, S. 11 f. (23).

35 Ebd., S. 26.

36 Ebd., S. 28.

37 Ingeborg Puppe, *Vorsatz und Zurechnung*, Heidelberg 1992, S. 74.

se aber das Bild eines durch und durch rationalen Menschen, und in diesem Rahmen wird dann durchaus psychologisiert.[38] Puppe spricht von dem psychologischen Unterschied zwischen »Vorsatzgesinnung und Fahrlässigkeitsgesinnung« und stellt die Frage nach einer besonders qualifizierten »Vorsatzgefahr«.[39] »Sie ist dann gegeben, wenn das Handeln des Täters nach vernünftigen Maßstäben die Anwendung einer tauglichen Strategie zur Herbeiführung des tatbestandsmäßigen Erfolges darstellt.« Puppe nennt das Objektivierung des natürlichen Willens »nach Maßstäben rationalen Handelns und Entscheidens«. Damit kommt es zu einer normativen Ineinssetzung von Absicht, Wissentlichkeit und dolus eventualis im Sinne einer Zuschreibung. Für die hier primär interessierende Frage bedeutet das: Es müßte ein besonderer jugendlicher Rationalitätstypus gefunden werden. Den scheint es aber nicht zu geben. Man sieht also unterderhand, daß die normativen Lösungen dem Jugendstrafrecht überhaupt nicht gerecht werden können – es sei denn, man bezieht alle Relativierungen des Normativen ein, die sich aus Hintergrundannahmen, Milieustudien und dergleichen ergeben. Dann erhalten wir aber einen ganz diffusen Zurechnungsbetrieb, der kaum noch mit der Einzeltat arbeiten kann. Solange man im Jugendstrafrecht noch die Einzeltat in den Mittelpunkt stellt, ist die auf den Taterfolg des Jugendlichen bezogene Intentionalität ernst zu nehmen.

Es müsse auf normative Schranken Rücksicht genommen werden, heißt es bei Ingeborg Puppe weiter. Es gehe nicht an, »unbegrenzt in das Innenleben des Täters einzudringen«. Auch habe die Rechtsordnung nicht die Pflicht, »auf unvernünftige Konfliktverarbeitung des Täters einzugehen und dessen Unvernunft zum Maßstab ihrer Beurteilung seines Verhaltens zu machen«.[40] Das zielt auf die Meinung »der herrschenden Lehre«, ein hinreichend fester Glaube des Täters, der Erfolg werde aus irgendwelchen Gründen ausbleiben, befreie ihn vom Vorsatzvorwurf auch dann, wenn dieser Glaube absurd sei.[41] Ingeborg Puppe vermutet hier

38 Dies., »Der Vorstellungsgehalt des dolus eventualis«, in: *Zeitschrift für die gesamte Strafrechtswissenschaft* 103 (1991), S. 1 ff. (12 f.; 17 ff.). Damit wird Bockelmann die typisierende Wirklichkeit geliefert (s. schon oben Anm. 33).

39 Unter Bezugnahme auf Herzberg, a. a. O.

40 Ebd., S. 45.

41 Ebd., S. 44.

Gesinnungsstrafrecht. Die Frage ist, ob die einzige Alternative die ganz faktenfreie Zuschreibung ist, für die ein Maßstab fehlt. Ist die Vorsatzgefahr vielmehr nicht auch von den Einstellungen mit abhängig, die zu der Intentionalität gehören, die wir Vorsatz nennen?

Ein ganz anderer Weg zu diesem durchgehenden Normativismus nimmt von der Feststellung seinen Ausgang, daß der Mensch »schlechthin unerkennbar« sei.[42] Es ist durchaus interessant, daß es ausgerechnet einer der avanciertesten Psychiater, nämlich Wilfried Rasch, ist, der sich auf dieser Linie bewegt. Für die »Fragen des Wollens und des Vorsatzes« gebe es »keine erhaltenswissenschaftliche Basis«, sie könne also nicht »ohne subjektives Ermessen beantwortet« werden.[43] Die gleiche Tendenz scheint die Beschreibung »vom philosophischen zum typologischen Vorsatzbegriff« zu tragen, mit der Folge, daß von einem individualpsychologischen Befund beim dolus eventualis nicht gesprochen werden könne.[44] Es gebe »kein exakt beschreibbares und abgrenzbares Bewußtseinsphänomen, sondern [...] in Wahrheit verkappte Bewertungen eines Gesamtsachverhalts, nämlich der gesamten, sich aus objektiven und subjektiven Komponenten zusammensetzenden Tatsituationen und Täterpsyche«.[45]

Dem entsprechen die prozessualen Empfehlungen. Ein Gutachter könne »zum Vorsatz deshalb keine Aussage machen«, weil das mit dieser Frage herangetragene Begriffssystem nicht ausreiche, um die psychologische Wirklichkeit des Geschehenen zu erfassen und zu deuten. »Gemäß den Bedingungen eines am Rechtsgüterschutz orientierten Tatstrafrechts« sei der Vorsatzbegriff »von den Wertungskategorien sozialer Anschauungen« geprägt, könne nicht durch »naturwissenschaftliche Analysen der Motivationsstruktur begriffen werden«.[46] Folgerichtig ist sogar von »der feh-

42 Richard Lange, zit. bei Wilfrid Rasch, »Die Aussagen des gerichtlichen Psycho-Sachverständigen im Strafverfahren«, in: *Zeitschrift des Sächsischen Lehrerverbandes* (1993), S. 257 ff. (258).

43 Ebd., S. 258. So auch Günther Schewe, »›Subjektiver Tatbestand‹ und Beurteilung der Zurechnungsfähigkeit, in: *Festschrift für Richard Lange zum 70. Geburtstag*, Berlin/New York 1976, S. 678 ff. (694 f.).

44 Bernhard Schünemann, »Vom philosophischen zum typologischen Vorsatzbegriff«, in: *Festschrift für Hans-Joachim Hirsch zum 70. Geburtstag am 11. April 1999*, Berlin/New York 1999, S. 363 ff. (377).

45 Ebd., S. 367.

46 Wolfgang Hetzer, *Wahrheitsfindung im Strafprozeß unter Mitwirkung psychia-*

lenden sozialen Relevanz psychologischer Prozesse« die Rede und davon, daß die staatliche Gesellschaft »an einem wichtigen Stück krimineller Entwicklung, dem Motivationsprozeß jedenfalls nicht interessiert«[47] sei. Dem entspricht es, wenn Wolfgang Frisch »die allein adäquate Bewältigung solcher Beweissituationen [...] im unverdeckten Umgang mit den jeweiligen Offenheiten« sieht: »indem normativ einsichtig beantwortet wird, wie solche Zweifel zu verarbeiten sind«.[48] Daher hält er es auch durchaus für denkbar, daß Beweisführungen »aus gewissen [...] normativen Erwägungen übergangen werden dürfen«.[49]

Ähnliches liest man bei Joachim Hruschka: »Wie alles Geistige wird auch ein Tatvorsatz nicht festgestellt und bewiesen, sondern zugerechnet.«[50] Es ist nicht ein deskriptives, sondern ein askriptives Urteil, »das wir fällen, wenn wir sagen, daß jemand vorsätzlich gehandelt habe«.[51]

Überträgt man dies auf das Jugendstrafrecht, kommt man zu verheerenden Ergebnissen. Es müßte fern von den Tatsachen der jugendlichen Entwicklung ein gewisser Typus des Jugendlichen, den man zur Verantwortung ziehen möchte, kreiert werden. Empirische Forschungen, etwa die, welche jetzt der Pädagoge Dieter Lenzen über Todesvorstellungen Jugendlicher in Gang gesetzt hat,[52]

trisch-psychologischer Sachverständiger, Berlin 1982, S. 83 f. unter Bezugnahme auf Krauß, a. a. O.

47 Ebd., S. 85.

48 Wolfgang Frisch, »Gegenwartsprobleme des Vorsatzbegriffs und der Vorsatzfeststellung am Beispiel der AIDS-Diskussion«, in: *Gedächtnisschrift für Karlheinz Meyer*, Berlin/New York 1990, S. 533 ff. (562).

49 Ebd., S. 566. Allgemein wird man hier den Anschluß suchen müssen zu den »Wahrheitstheorien« im Prozeß. Dazu Peter Rieß, in: *Löwe-Rosenberg StPO*, [26]1999, Einleitung Abschnitt G, Rdnr. 42 ff.; ferner Detlef Krauß, »Das Prinzip der materiellen Wahrheit im Strafverfahren«, in: *Festschrift für Friedrich Schaffstein*, Göttingen 1975, S. 411 ff.; Ulfried Neumann, »Materiale und prozedurale Gerechtigkeit«, in: *Strafverfahren, Zeitschrift für die gesamte Strafrechtswissenschaft* 101 (1989), S. 52 ff.

50 Joachim Hruschka, »Über Schwierigkeiten mit dem Beweis des Vorsatzes«, in: *Festschrift für Theodor Kleinknecht*, München 1985, S. 191 ff. (207).

51 A. a. O., ähnlich Sessar, a. a. O., S. 18 ff.

52 Das Forschungsprojekt trägt offiziell den Namen »Mediale Kommunikationsbildungsprozesse zur Todesthematik von weiblichen und männlichen Gymnasialschülern der Sekundarstufe II«. Es gehört zum Bereich der Medienrezeptionsforschung und setzt sich zum Ziel, jugendliche Rezeptionsweisen von

würden auf weite Strecken gegenstandslos. Denn zu erwarten ist, daß diese Forschungen unrealistische Vorstellungen Jugendlicher darüber zutage fördern werden, welche von ihnen in Gang gesetzten Handlungsverläufe zum Tode von Menschen führen – auf der Basis unrealistischer Vorstellungen darüber, was generell zum Tode führt und was diesen überhaupt ausmacht. Zweifellos wird von diesen Entdeckungen die Ergründung intentionaler Vorgänge als Voraussetzung für die Feststellung eines strafrechtlich relevanten Vorsatzes profitieren. Daher sollten die destruktive Resignation der Kriminalsoziologen und die stolze Resignation der Strafjuristen einem Realismus weichen, der jener alten Legitimationsfrage: welche tatsächlichen Vorgaben müssen Sollensforderungen beachten, nicht ausweicht.[53]

Den Vorzug verdient daher die von der herrschenden Lehre abweichende Position Herbert Jägers.[54] Er hält es für absurd, daß sich »psychologische Sachverhalte strafrechtlichen Rastern, nicht etwa umgekehrt anzupassen haben«.[55] Daher sei auch die Auffassung problematisch, »Begriffe wie Vorsatz, Absicht oder Beweggrund« könnten »nur der Transformation kollektiver Bedürfnisse in das Strafrechtssystem dienen«.[56] »Die [...] Schwierigkeit [...] zu exak-

Todesdarstellungen nachzuzeichnen, zu erforschen, wie diese Rezeptionsweisen zustande kommen, wie sich die durch die Rezipienten konstruierten medialen Todesdarstellungen in das persönliche Todes- und Glaubenskonzept einfügen bzw. dieses gegebenenfalls modifizieren oder differenzieren (Mitteilung der Projektmitarbeiterin Antje Richter).

53 S. dazu Klaus Lüderssen, in: *Gedächtnisschrift für Dieter Meurer*, Berlin 2002, S. 209 ff. (222 ff.).

54 »Subjektive Verbrechensmerkmale als Gegenstand psychologischer Wahrheitsfindung«, in: Jäger (Hg.), a. a. O., S. 173 ff. Ähnlich auch Karlhans Dippel, *Die Stellung des Sachverständigen im Strafprozeß*, Heidelberg 1986, S. 37.

55 A. a. O., S. 179; insofern wendet er sich auch gegen die Zuschreibungskonzeption des labeling approach. Hier findet eine merkwürdige Verschiebung der Konzeptionen statt: den Sozialwissenschaften eher skeptisch gegenüberstehende Strafjuristen kommen – über staatstheoretische Maximen – bei der Verantwortungszuschreibung zu ähnlichen Ergebnissen wie die Soziologen, ohne deren Argumente zu benutzen, kennen sie vielleicht nicht einmal. Von den Sozialwissenschaften im Prinzip zusätzliche Einsichten erwartende Strafjuristen hingegen verweigern sich gewissen von Sozialwissenschaftlern favorisierten Analysen von Zuschreibungsvorgängen. Teilweise löst sich der Gegensatz aber auch auf, wenn man sich klarmacht, daß Psychologie und Soziologie für die Juristen auch unterschiedliche Beiträge liefern, und es darauf ankommt, wo die Anleihen gemacht werden.

56 A. a. O., S. 181.

ten Feststellungen über Absicht und Vorsatz zu gelangen, bedeutet [...] nicht, daß psychologisches und psychoanalytisches Wissen zur Lösung des Problems grundsätzlich nichts beizutragen hätte.« Freilich gibt es dann »Auflösungserscheinungen« auf der anderen Seite: Aus tiefenpsychologischer Sicht könnte sich durchaus ergeben, daß es »weitgehend unbewußte Tendenzen sind, die das Handeln des Täters bestimmen, ja, daß etwas wie ein unbewußter Vorsatz denkbar ist«.[57] Damit kann sich das *geltende* Recht nicht befreunden. Und doch kommt die Bemerkung, das »Auseinanderfallen von Motiv und unmittelbarem Tatwillen« führe »in die Nähe des dolus eventualis«, ohne als solcher qualifiziert zu sein, unserem Problem sehr nahe.[58] Daher ist der aus dem Umkreis der forensischen Psychologie kommende Vorstoß des Gutachtenausschusses des Fachverbandes des Bundes Deutscher Psychologen zu begrüßen, der ausdrücklich in die Aufgabenstellungen »die Begutachtung subjektiver Tatbestandselemente« einbezieht.[59]

Nur auf dieser Basis kann man dem Usus entgegentreten, daß – womöglich – kontrafaktisch Etikette für »Taten« gesucht und gefunden werden, die einer vermuteten Erwartungshaltung der Bevölkerung oder bestimmter Gruppen von Normadressaten entgegenkommen. Hier wäre das, wie gesagt, vorsätzliche Tötung, also »Totschlag« oder gar »Mord« statt »vorsätzliche Körperverletzung mit fahrlässiger Todesfolge«. Ob die Aufklärung bei der Frage nach der Verantwortung Jugendlicher an dieser Stelle leichter wird, ob die Entscheidung für die mildere Alternative nicht *auch* die Frage an die Tauglichkeit des normativen Ausgangspunktes provoziert, ist noch nicht geklärt. Daß die »Alltagspsychologie« hier Differenzierungen unterläßt, macht Ingeborg Puppe deutlich, wenn sie für

57 A. a. O., S. 177 (unter Bezugnahme auf Bernhard Haffke), Strafrechtsdogmatik und Tiefenpsychologie, in: *Goltdammer's Archiv für Strafrecht* (1978), S. 37 ff. (41); so auch Günter Schewe, *Bewußtsein und Vorsatz*, Neuwied 1967, S. 60 ff., der die Juristen auffordert, unbewußte Steuerung ausreichen zu lassen; dazu Prittwitz, in: *Goltdammer's Archiv für Strafrecht* (1994), a. a. O., S. 469 mit weiteren, auch kritischen Belegen.

58 Gschwind, a. a. O., S. 68.

59 Zitiert bei Rasch, a. a. O., der sich demgegenüber erwartungsgemäß kritisch äußert: »Die Empfehlungen wagen sich ohne kritische Filterung weit auf ein Gebiet vor, das nicht nur traditionellerweise und nach allgemeinem Verständnis richterlicher Entscheidungsbildung zugewiesen ist, sondern zu dem sich auch keine empirisch begründeten Aussagen treffen lassen.«

die richtige Einordnung der Körperverletzungsgefahr wirbt.[60] Die Verletzungstypizität ist sicher das richtige Stichwort, das die Fragestellung wirklich in einer Weise spezialisierend vorantreibt, wie es die Psychologie eben nicht tut. Aber hier müßte nun eben ein *weiterer* Forschungsprozeß beginnen. Das Problem scheint zu sein, daß eine falsche Alternativität zwischen psychologischer und normativer Begründung besteht. Der schwankende Zustand zwischen Gleichgültigkeit und Hoffnung ist eben keine rein psychologische Angelegenheit; zwar geht es um Vorstellungsinhalte: insofern ist es etwas rein Psychologisches. Aber diese Vorstellungsinhalte gewinnen ihre Bedeutung über die Bewertung des Vorgestellten durch den Täter bzw. dann natürlich auch durch den Externen, noch genauer: es kommt schon primär auf die Bewertung durch den Täter an, sie ist erst einmal festzustellen, dann folgt als zweites, wie man sich zu dieser Bewertung verhält, selbstverständlich ist das kein reines, sklavisches Nachvollziehen und Übernehmen. Vielmehr überlegt sich die Gesellschaft, welche Bewertung sie von einem Handelnden verlangt, welche sie anerkennt, welche sie nicht anerkennt. Selbst Geständnisse sind da nicht ausreichend, vor allem bei Jugendlichen nicht, die im Zuge suggestiver Befragung am Ende etwas ganz anderes sagen, als was sie selber sich vorgestellt und gewertet haben. Gibt es kein Geständnis, so haben wir das Fremdverstehen in einer besonders schwierigen Ausgangsposition. Auch die Zurkenntnisnahme der Bewertungen des Beschuldigten selbst, die man als wahrhaftig anerkennt, ist (unter diesen zusätzlichen Vermittlungsvoraussetzungen) Fremdverstehen. Da der Strafrahmen für vorsätzliche Körperverletzung mit fahrlässiger Todesfolge nichts zu wünschen übrigläßt, bei Jugendlichen jedenfalls nah an die sehr weit vom »lebenslang« entfernte Höchstgrenze für Mord herankommt, kann der Grund für die Bevorzugung des Etiketts Totschlag oder Mord nur in der Symbolkraft des entsprechenden Urteilsspruchs gesehen werden. Symbolisches Strafrecht[61] ist denn auch der klassische Ausdruck für den bewußten und gewollten Verzicht auf Feststellungen und daher contra legem.[62]

60 *Zeitschrift für die gesamte Strafwissenschaft*, a. a. O., S. 20.

61 Überblick bei Winfried Hassemer, »Das Symbolische am symbolischen Strafrecht«, in: *Festschrift für Claus Roxin*, Berlin 2001, S. 1001 ff.

62 Anders: Thomas-Michael Seibert, »Plädoyer für symbolisches Strafrecht«, in: *Festschrift für Klaus Lüderssen*, Baden-Baden 2002, S. 345 ff.

c) Bleibt das Feststellungsinteresse also relevant, so müssen der Weg und die Grenzen seiner Realisierung benannt werden.

aa) Erkenntnistheoretisch wird man sich allgemein – das entspricht weitgehend dem gegenwärtigen »trend« – auf Fallibilismus[63] beschränken, in diesem Rahmen aber auch abduktive Verfahren benutzen dürfen.[64] Aber das sind Hintergrundannahmen, die sich auf die Praxis der Beweisaufnahme nicht unmittelbar auswirken. Was die hier interessierende subjektive Tatseite angeht, so sind die Probleme zu lösen, die bei auf Fremdpsychisches gerichteten Erkenntnisanstrengungen entstehen. Wer darüber etwas erfahren will, konkurriert mit dem Selbstverständnis der Personen, um deren Vorstellungen und Absichten es geht. Eine immanente Position kann ein Dritter niemals einnehmen,[65] die externe aber verfehlt eo ipso die Wahrheit. Das Problem ist vor allem in der Ethnologie behandelt worden unter Verwendung der Regeln emisch/etisch.[66] In toto kann das hier nicht behandelt werden.[67]

bb) Mit Blick darauf, daß letztlich die praktisch durchsetzbaren Realisierungen von Einsichten auf diesem Gebiet interessieren, sei sogleich zu den prozeßrechtlichen Möglichkeiten übergegangen.

(1) Alles hängt davon ab, daß zunächst der normative Ausgangspunkt fixiert wird. Diese Aufgabe fällt in die Zuständigkeit

63 Zur Frage, inwieweit das auch für die Diskurstheorie gilt, ist jetzt vielleicht eine neue Position von Jürgen Habermas (*Kommunikatives Handeln und detranszendentalisierte Vernunft*, Stuttgart 2001, S. 21) zu bedenken: Wenn er die Detranszendentalisierung darin sieht, daß die »objektive Erkenntnis an diskursive Rechtfertigung als ›Probierstein der Wahrheit‹« gebunden wird, so nähert sich das eigentlich Popper. An die Stelle des Fallibilismus tritt die diskursive Rechtfertigung. Aber der Fallibilismus ist ja bekanntlich auch gebunden an die Kommunikation über Basissätze (vgl. Klaus Lüderssen, »Gadamers Wahrheit für Juristen«, in: *Rechtsgeschichte* (2002), S. 208 ff. (212).

64 Lorenz Schulz, *Normiertes Mißtrauen*, Frankfurt/M 2001, S. 310 ff.; Arthur Kaufmann, in: *Festschrift für Klaus Lüderssen*, 2002, S. 83 ff.

65 Deshalb spricht man gern von der Schuld im Kopf des Richters (Belege bei Lüderssen, *Abschaffen des Strafens*, Frankfurt/M. 1995, S. 228 ff.). Man könnte diese Konzeption freilich auch im Sinne einer Zuschreibung deuten (gründliche Erörterung bei Klaus Günther, *Schuld und kommunikative Freiheit*, Frankfurt/M. 2003, S. 137 ff.).

66 Die in der Attributionsforschung geläufige Unterscheidung zwischen Actor- und Observer-Perspektive bleibt weit dahinter zurück.

67 Ausführlicher: Lüderssen, in: *Die Durchsetzung des öffentlichen Strafanspruchs*, a. a. O., S. 247 ff.

des Richters. Das ist über jeden Zweifel erhaben, bedarf aber doch der Hervorhebung, weil hier schon ein verborgenes Problem des Sachverständigen-Beweises steckt. Denn eigenwillig und manchmal vom Gericht unbemerkt formulieren Sachverständige gern ihre eigenen Wertvorstellungen als Voraussetzungen dafür, worauf es bei der Ermittlung der Tatsachen und deren Würdigung, wonach sie gefragt werden, ankommt. Was die Juristen zum dolus eventualis, um auf unseren Hauptanwendungsfall zurückzukommen, professionell sagen, brauchen die Sachverständigen nicht genau zu wissen, aber sie müssen es sich anhören und verstehen. Statt dessen passiert es, daß an den »Theorien« über den dolus eventualis vorbei ein Sachverständiger, wenn man mit ihm unverbindlich darüber spricht (auswertbare Gutachten gibt es noch nicht), ohne weiteres zum Beispiel die Theorie herausgreift, die sich Wahrscheinlichkeitstheorie[68] nennt, und Voraussetzungen für seine Stellungnahme formuliert, die juristisch nach herrschender Lehre nur Fahrlässigkeit bedeuten können. Der Sachverständige hingegen bescheinigt Vorsatz. Nun könnte der Richter in diesem Falle die sachverständige Äußerung gleich in das richtige Fach legen und mit der Schlußfolgerung quittieren, der Sachverständige habe die tatsächlichen Voraussetzungen für das Vorliegen bewußter Fahrlässigkeit überzeugend dargetan. Der Protest des Sachverständigen wäre gewiß: er habe die Voraussetzungen für Vorsatz dargetan, wird er geltend machen. Die Kampagne – Sachverständige auf die Richterbank –, die es vor knapp einem halben Jahrhundert gegeben hat,[69] würde nachträglich hier vielleicht ein Argument erspäht haben: zeigt der Fall nicht, hätte es wohl geheißen, daß schon die Anforderungen, die an eine Begründung für die *normative* Seite des subjektiven Tatbestandes zu stellen sind, eher an die Adresse eines psychologischen Sachverständigen gehen als an die eines Juristen? Da die Kampagne seinerzeit erfolglos war, ist der Weg praktisch verschlossen. Von den *Juristen* wird erwartet, daß sie das erste und letzte normative Wort sprechen.

Also, um zunächst noch beim dolus eventualis zu bleiben, *unsere*

68 Vgl. dazu die auch historisch instruktiven Ausführungen bei Michael Köhler, *Strafrecht. Allgemeiner Teil*, 1997, S. 164 ff.

69 Nachweise bei Hans-Ludwig Schreiber, »Zur Rolle des psychiatrisch-psychologischen Sachverständigen im Strafverfahren«, in: *Festschrift für Rudolf Wassermann*, Neuwied/Bernstadt 1985, S. 1007 ff. (1025).

Theorien entscheiden. Wenn sich allerdings herausstellt, daß die Juristen wirklich auch schon mit der Formulierung der normativen Voraussetzungen überfordert sind, stellt sich bereits in *diesem* Rahmen die Frage, ob sie einen Sachverständigen brauchen. Zur Mitentscheidung würde er also nicht aufgerufen, wohl aber zu einer weiter gehenden Zuarbeit.

Sosehr die Formulierung des normativen Begriffs des dolus eventualis – unter Einschluß der Generalklausel der Parallelwertung in der Laiensphäre – davon abhängt, was ein Mensch sich eigentlich vorstellen kann (mit anderen Worten: welche Voraussetzungen müssen gegeben sein, damit er zu einer bestimmten Bewertung gelangen kann?), so wenig hat es bisher Zweifel an der generellen Adäquatheit dieser juristischen Vorgabe für die Beweiserhebung gegeben. Daß aber für das Vorstellungs- und Urteilsvermögen von Jugendlichen ohne weiteres das gleiche gelten soll, ist nun, wie schon angedeutet, bereits die Frage.

Die ohnehin anfechtbare Strategie, mit Blick auf Beweisschwierigkeiten die materiellrechtlichen Voraussetzungen zu ändern,[70] liefe in diesem Fall zusätzlich noch auf die Umgehung des Problems hinaus; denn die Frage, was insoweit normativ verlangt werden *kann*, reicht eben auch schon in die Tatsachen- und damit Beweiswelt. Erst recht würde das für die rein prozeßrechtlichen Lösungen gelten: Lockerung der Anforderungen an die Beweiswürdigung (was etwa den Grad und die Art der zu erzielenden richterlichen Überzeugung angeht) oder schon an die Beweisaufnahme[71] (was die Zulassung von Beweismitteln und -themen angeht). Alle diese Techniken gehen daran vorbei, daß man auch für die normativen Entscheidungen vielleicht schon den Sachverständigen braucht.

(2) Ist der normative Ausgangspunkt (mit Sachverständigem oder ohne ihn) abschließend geklärt, geht es nur mehr um Aufklärung, wobei die amtliche Aufklärung oder die Aufklärung über Beweisanträge insofern den gleichen Regeln unterliegen.[72]

(2.1) Das Gericht muß zu einer Schlußfolgerung kommen im Wege des Syllogismus. Um den gesuchten Untersatz – entspricht

70 Hierüber zuletzt: Gunther Arzt, »Beweisnot als Motor materiellrechtlicher Innovation«, in: Roxin/Widmaier a. a. O., S. 755ff.

71 Lüderssen, *Zeitschrift für das gesamte Sachverständigenwesen* 1973, S. 288f.

72 Dazu Gerhard Fezer, *Amtsaufklärungsgrundsatz und Beweisantragsrecht*, in: Roxin/Widmaier, a. a. O., S. 847f.

das, was im Kopf des Täters mit Blick auf den tatbestandsmäßigen Erfolg vor sich gegangen ist, dem bedingten Vorsatz? – zu finden, muß es den Obersatz, ausgehend von der Definition des bedingten Vorsatzes, für die das Gericht sich unter den; konkurrierenden Auffassungen entschieden hat, so konkret machen, daß schließlich sichtbar wird, worauf es für die »Feststellung« ankommt. Die »Subsumtion« ist dann nur noch der formale Schlußpunkt. Danach scheint klar zu sein, wo die normative – in die Zuständigkeit des Richters fallende – Arbeit endet und wo die feststellende, möglicherweise durch eine sachverständig zu erbringende Arbeit beginnt. Aber das ist nur eine theoretische Unterscheidung. Praktisch sieht es eher so aus, daß der Übergang fließend ist[73] und deshalb auch die Stelle nicht genau fixiert werden kann, wo gegebenenfalls der Sachverständige zu wirken beginnt. Die normative Konkretisierung des Obersatzes bemüht zunächst eine auf vorstellbare Tatsachen gerichtete Phantasie, unter Zuhilfenahme antizipierender und realer, induktiv genutzter Erfahrungen.[74] In dem Maße, wie die Spezifizierung dieser Vorgänge zunimmt, geraten sie auf ein Terrain, das der ohne einschlägige Vorbildung bzw. vor Information tätig werdende Richter nicht mehr beherrscht.

(2.2) Damit sind wir bei der zweiten Station einer möglichen Sachverständigen-Kompetenz angelangt. Von ihr läßt sich nicht mehr ohne weiteres sagen, daß sie (noch) im normativen Bereich lokalisiert ist. Es geht um »die Sätze, die sozusagen auf der Hälfte des Weges, in der Mitte zu finden sind. Bei ihnen kann man nicht mehr eindeutig sagen, ob sie der Definition des Begriffs dienen oder seiner Anwendung auf den konkreten Fall.«[75] Wie man jetzt spätestens sieht, haben wir es nicht mit einer exakten Unterscheidung von Normativem und Tatsächlichem, sondern mit Stufen der Generalisierung oder der Abstraktion zu tun. Das gilt, gleichviel,

73 Das leugnen freilich die Vertreter einer speziellen Konzeption des Normanwendungsdiskurses (vgl. die Darstellung bei Armin Engländer, *Diskurs als Rechtsquelle*, Tübingen 2002, S. 36 ff.). Richtig gesehen wird das von Hetzer, a. a. O., S. 83: Die Fragen seien zum Teil »auf der Ebene abstrakt-normativer Begriffsbildung« zu beantworten, könnten »aber auch im Bereich psychiatrisch-psychologischer Begutachtung liegen« (womit wohl der Einzelfall gemeint ist).

74 Instruktiv Ulrich Sommer, »Lebenserfahrungen und Beweisrecht«, in: *Festschrift für Peter Rieß*, Berlin 2002, S. 585 ff.

75 Klaus Volk, *Begriff und Beweis subjektiver Merkmale*, in: Roxin/Widmaier a. a. O., S. 739 ff. (745).

ob diese Abstufung durch Konkretisierung der Merkmale des materiellrechtlichen Tatbestands stattfinden oder durch Indizien, die für jene Merkmale stehen sollen.[76] Wenn man etwa auf die Formulierung stößt, daß es auf die Abschirmung der Gefahr ankommt, so könnte darin sowohl bereits eine Konkretisierung dessen liegen, was den Vorsatz ausmacht, wie auch die Konkretisierung eines Indizes, das auf die innere Einstellung einer billigenden Inkaufnahme schließen läßt. In der zweiten Variante wären freilich dann zwei Generalisierungen zu verzeichnen. Zunächst die des Indizes und dann die, welche vom Indiz auf das Merkmal schließen läßt.[77]

(2.3) Die letzte – dritte – Station ist erreicht, wenn die Betrachtung sich endgültig dem zuwendet, was die im anhängigen Fall verdächtige Person gewußt und gewollt hat, wiederum mit der Variante, daß man auch insofern nur Indizien formuliert.

III.

Die Stellenwerte der womöglich zu ergänzenden juristischen Sachkunde sind jetzt fixiert. Für die Beurteilung jugendlichen abweichenden Verhaltens sind – ungeachtet der längst zugestandenen Kompetenz für die Bestimmung der allgemeinen Zurechnungsfähigkeit (§ 3 JGG) – subjektiv-personale Zurechnungsvoraussetzungen ohne tiefgreifende sozialwissenschaftliche Kenntnisse nicht formulierbar, und zwar auf drei Ebenen:

- Bereits die für das Gesetz und die Dogmatik vorgegebenen tatsächlichen Anforderungen können nur sachgerecht bestimmt

76 Eindrucksvoller Katalog der Indizien sowohl für die kognitive wie für die voluntative Seite des Vorsatz bei Winfried Hassemer, »Kennzeichen des Vorsatzes«, in: *Gedächtnisschrift für Armin Kaufmann*, Köln u. a. 1989, S. 289 ff. (307 f.).

77 Genauer hei Klaus Volk, a. a. O., S. 746. Hassemer spricht von einem Dispositionsbegriff, die Indikatoren für den nicht unmittelbar beobachtbaren inneren Zustand gehören danach auch zum Begriffsinhalt. Schünemann sagt dagegen, daß es »sich beim Bewußtseinsinhalt des Vorsatzes nicht um eine sozusagen latente Disposition, die erst in bestimmten Situationen der Beobachtung auffällig wird«, handele, »sondern um einen realen Bewußtseinsinhalt, der auch von einem Menschen, nämlich dem Täter selbst, unmittelbar erlebt wird. Die Schwierigkeit des prozessualen Nachweises darf deshalb nicht mit der Nichtexistenz der Realität selbst verwechselt werden« (S. 776); s. auch Hassemer, in: *Festschrift für Günter Bemmann*, S. 174 ff. (181 ff.).

werden, wenn über den psychischen Prozeß ihrer Realisierbarkeit in der Person des Jugendlichen Gewißheit besteht.

- Bei der Konkretisierung der abstrakten Zurechnungsmerkmale mit Blick auf ihre Anwendung auf einen bestimmten Fall muß erneut dieser Test durchgeführt werden.
- Schließlich gilt das auch für die Eruierung der – nach den vorangegangenen Konkretisierungs-Anstrengungen – relevanten psychischen Vorgänge, die sich bei der »Tat«, deren der Jugendliche beschuldigt wird, abgespielt haben.

Auf allen drei Ebenen geht es um die Fixierung der finalen Überdetermination des kausalen Geschehens.[78] Dabei wandelt sich das Erkenntnisinteresse von Stufe zu Stufe; die Frage, was kann ein Jugendlicher insoweit leisten, wird im Zuge der Klärung dieser Frage zu der, was hat ein Jugendlicher gemessen an der im Laufe der Konkretisierung gewonnenen Kriterien geleistet, die Trennschärfe zwischen den Stufen ist nur idealtypisch.

1. Deshalb wird es im folgenden zunächst darum gehen, daß – ungeachtet der Oszillation der Probleme zwischen dem Normativ-Allgemeinen und dem Faktisch-Konkreten – gemeinsame Anknüpfungspunkte sichtbar gemacht werden.

Sie sind vornehmlich in der kognitiven Entwicklung des Kindes zu sehen, die von der emotionalen – trotz vieler Wechselwirkungen – durchaus unterschieden wird. Eine weitere Rechnung könnte man für die moralische Entwicklung aufmachen, die kognitive und emotionale Prozesse vereint. Bei den Voraussetzungen für den dolus eventualis wird man zunächst an Kognition in einem engeren Sinne denken. Die voluntative Seite des dolus eventualis[79] geht darüber hinaus oder ist überhaupt etwas anderes, wobei Moral und Emotion keineswegs die Begriffe sind, welche das Phänomen voll

78 Daß diese Formulierung der Welzelschen Handlungslehre entstammt, beweist erneut, daß sie nicht, wie Welzel und seine Anhänger immer angenommen haben, vor allem ontologisch, sondern zum mindesten auch empirisch-sozialpsychologisch zu begründen ist (vgl. Klaus Lüderssen, in: *Festschrift für Paul Bockelmann* 1979, S. 181 ff. (183 ff.).

79 Ihre Relevanz ist bekanntlich umstritten; Nachweise des Streitstandes bei Claus Roxin, *Strafrecht*, Allgemeiner Teil, Band 1, 3. Aufl., München 1997, S. 393 ff.: die Handhabung in der Rechtsprechung bei nicht immer klarer Abgrenzung zur kognitiven Seite ist unübersichtlich (vgl. Nachweise bei Klaus Lüderssen, *Abschaffung des Strafens?*, a. a. O., S. 231 f.).

erfassen. Schon dieser erste, tastende Versuch, die einschlägige sozialwissenschaftliche Materie zu finden, gerät ins Stocken. Denn die Literatur, auf die man jetzt stößt, enthält unsere gemischte Fragestellung nicht. Diese ist offenbar eine genuin juristische.[80] Es kann daher sehr wohl sein, daß am Ende dieser Untersuchung die an die Sozialwissenschaften gerichtete Bitte steht, ein zwar nicht ganz neues, wohl aber durch einige zusätzliche Fragestellungen angereichertes Forschungsziel zu formulieren und nach den Wegen zu suchen, auf denen es erreicht werden kann. Hier kann nur mitgeteilt werden, was es annäherungsweise zu diesem Thema gibt.

a) Die klassischen Darstellungen und Analysen der Moralentwicklung beim Kinde[81] sagen etwas darüber, wie sich Kinder und Jugendliche zu gesellschaftlichen rechtlichen Normen verhalten, schweigen aber zu den Schritten, die sich zwischen die Willensbildung und -äußerung des Kindes und die Übertretung der Norm schieben. Die Notwendigkeit, diesen Zwischenschritt wahrzunehmen, entgeht den Sozialwissenschaftlern. Der Grund für die Enthaltsamkeit der Psychologie auf dem Gebiete der Erforschung intentionalen Verhaltens könnte der sein, daß die deterministische Grundhaltung sich den Phänomenen, die erst auf der Basis einer

80 Man könnte an dieser Stelle eintreten in die ebenso fruchtlose wie endlose Debatte über die Legitimation der juristischen Relevanzstrukturen im Verhältnis zur Legitimation der Relevanzstrukturen anderer Sozialwissenschaften. Konkrete Gestalt in dieser Kontroverse nimmt die normative Position an, die von Vertretern der für die hier interessierenden Fälle zuständigen Sozial- und Jugendpsychologie voreilig eingenommen wird.

81 Jean Piaget, *Das moralische Urteil beim Kinde*, Frankfurt/M. 1973, und Lawrence Kohlberg, *Zur kognitiven Entwicklung des Kindes*, Frankfurt/M. 1974, dazu Horst Heidbrink, *Stufen der Moral. Zur Gültigkeit der kognitiven Entwicklungslehre Lawrence Kohlbergs*, München 1991; Jürgen Habermas, »Gerechtigkeit und Solidarität, Eine Stellungnahme zur Diskussion über ›Stufe 6‹«, in: Wolfgang Edelstein/Gertrud Nunner-Winkler (Hg.), *Zur Bestimmung der Moral. Philosophische und sozialwissenschaftliche Beiträge zur Moralforschung*, Frankfurt/M. 1986, S. 291 ff.; Monika Kehler/Siegfried Reuss, »Der Prozeß moralischer Entscheidungsfindung«, in: F. Oser/R. Fatke/O. Höffe (Hg.), *Transformation und Entwicklung. Grundlagen der Moralerziehung*. Frankfurt/M. 1986, S. 124 ff.; Ulf Peltzer, *Lawrence Kohlbergs Theorie des moralischen Urteilens. Eine wissenschaftstheoretische und forschungspraktische Analyse*, Opladen 1986; Lawrence Kohlberg u. a., »Die Wiederkehr der 6. Stufe: Gerechtigkeit, Wohlwollen und der Standpunkt der Moral«, in: Edelstein/Nunner-Winkler, a. a. O., S. 205 ff.; zum Ganzen: Dirk Fabricius, »Wurzeln der Gerechtigkeit«, in: *Recht und Psychiatrie* (1993), S. 128 ff.

indeterministischen Konzeption von der Freiheit des Menschen in den Blick kommen, verweigert. Diese Empirie fällt danach eher in die Zuständigkeit der Philosophen.[82] So kommt es, daß die Psychologie sich eher für Affektlogik interessiert. Werden die Determinanten im Sozialen gesehen, liegt es nahe, daß man sich auch für die im sozialen System wirksam werdenden Zuschreibungsbedürfnisse interessiert, und das führt zur Attributionsforschung. So bleiben Zwischenzustände wie die zwischen »das Äußerste riskieren und doch hoffen, daß nichts passiert« und »das äußerste mit Gleichgültigkeit für den Ausgang riskieren« – das Grunddilemma des dolus eventualis, zwischen allen Stühlen. Der Philosoph wiederum kann mit solchen Grauzonen nichts anfangen. Vielleicht ist es die Kunst, die hier etwas leistet.[83]

Ein Schlüssel für die »Verwaltung« des Phänomens der schweren Trennbarkeit von hoffendem und indolentem Risikobewußtsein könnte darin liegen, die Rechnung gleichsam vertikal aufzumachen. Das scheint zu geschehen in den Lehren vom »Mitbewußtsein«. Bezeichnend ist, daß einige Autoren es mehr oder weniger dezidiert zum »Unbewußten« rechnen.[84] Hier gibt es nun in der Psychologie tatsächlich einige Vorgaben[85] und natürlich auch Streit, bis hin zum Vorwurf der Vorsatzfiktion.[86] Für die Abgrenzung zur Fahrlässigkeit wird die Mitbewußtseinskonzeption ja auch benutzt und der Unterschied so formuliert, »daß in den Fällen, die wir im Ergebnis als solche vorsätzlichen Handelns einordnen, das tatbestandliche Entscheiden ohne Gedächtnisierung oder Erinnerungsarbeit sofort klar bewußt ist, während es in Fahrlässigkeitsfällen einer solchen

82 Grundlegend Ernst Tugendhat, »Über die Notwendigkeit einer Zusammenarbeit zwischen philosophischer und empirischer Forschung bei der Klärung der Bedeutung des moralischen Sollens«, in: Edelstein/Nunner-Winkler, a. a. O., S. 25 ff.

83 Ein Beispiel für die Psychologie des Vorsatzes bringt der Film »Die Jagd« von Carlos Saura (vgl. Lüderssen, *Produktive Spiegelungen*, a. a. O., S. 338).

84 Wolfgang Frisch, »Vorsatz und Mitbewußtsein – Strukturen des Vorsatzes«, in: *Gedächtnisschrift für Armin Kaufmann*, Köln u. a. 1989, S. 311 ff. (318), s. dazu ferner Winfried Platzgummer, *Die Bewußtseinsform des Vorsatzes* 1964; zusammenfassend: Heinz Nau, *Die Bewußtseinsform bei normal-psychologischen Affekttaten*, Frankfurt/M. 2001, S. 67 ff.

85 Vgl. die Nachweise bei Frisch, a. a. O.

86 Frisch, a. a. O., S. 319. Auch Frisch sieht übrigens insoweit die Parallele zwischen Vorsatz und Kausalität, a. a. O., S. 320 (vgl. oben Fn. 23).

Gedächtnisleistung der Reproduktion von Inhalten bedürfe, man das Wissen gewissermaßen erst aktualisieren müsse«.[87] Gefragt ist nach einer »kognitivistischen Entwicklungspsychologie«.[88] Das ist in der Tat die Disziplin, deren Ergebnisse wir hier brauchen. Aber »die Frage nach der moralischen Motivation« ist, wenn man das Problem auf die Bildung eines dolus eventualis bezieht, eben nicht nur eine Frage der Kognition, sondern auch der Bewertung, der Einstellung – das ist die voluntative Komponente. Wir interessieren uns in den vorliegenden Fällen nur für das, was im Moment der Tat passiert. Aber kann man es abtrennen von der Einbettung dieses Momentes in eine größere lebensgeschichtliche Entwicklung, in der sich moralische Motivation als Charakter, wie man so sagt, entwickelt? Jedenfalls hätte eine einschlägige Psychologie das auch zu erforschen im Rahmen der Frage: welche Risikoeinschätzungen und -einstellungen kann man feststellen? Was die Kohlbergschen Moralstufen angeht, so müßte man über die Stufen fünf und sechs das Material für motivierende Hintergründe heranziehen, die jene problematische Parallelwertung in der Laiensphäre beeinflußt haben könnte.[89] Für die direkte Beurteilung von Intentionalität gibt es keine Kriterien. Deshalb kommt es zu einem normativen Überschwang, der sich zum Beispiel in der Äußerung niederschlägt, es sei ja nur wichtig, daß das Kind oder der Jugendliche überhaupt das Gefühl habe oder gehabt habe, das, was es tue, sei nicht in Ordnung, werde nicht gebilligt, oder wie die Formulierungen im einzelnen lauten. Der normative Überschwang steigert sich gelegentlich zu der Behauptung, daß dieses Gefühl für das Unrechte oder Unsittliche angeboren sei.[90] Die normative Voreingenom-

87 Frisch, a. a. O., S. 323.

88 Jürgen Habermas, »Gerechtigkeit und Solidarität. Eine Stellungnahme zur Diskussion über ›Stufe 6‹«, in: Edelstein/Nunner-Winkler, a. a. O., S. 291 ff.

89 Dazu Hubert Rottleuthner, »Das moralische Niveau des Strafrechts«, in: Brun-Otto Bryde/Wolfgang Hoffmann-Riem (Hg.), *Rechtsproduktion und Rechtsbewußtsein*, Baden-Baden 1986, S. 150 ff. (168/169); Ernst Tugendhat, »Zur Entwicklung von moralischen Begriffsstrukturen im modernen Recht«, in: *Argumentation und Recht, Archiv für Rechts- und Sozialphilosophie*, Beiheft Nr. 14, Wiesbaden 1980, S. 1 ff.

90 Ernst-Joachim Lampe, »Untersuchungen zur Entwicklung kindlichen Rechtsbewußtseins«, in: *Festschrift für Klaus Rolinski*, 2002, S. 401 ff. (416); dazu: Robert N. Emde. »Die endliche und die unendliche Entwicklung, I: Angeborene und motivationale Faktoren aus der frühen Kindheit« in: *Psyche* (1991), S. 745 ff.

menheit der Sozialwissenschaften ist offenbar so groß, daß ganze Erkenntnisfelder davon versperrt sind. Man könnte dies einfach zur Kenntnis nehmen als eine Lücke in der Methodologie und dann überlegen, wie sie vielleicht zu schließen wäre. Einfach wird das nicht. Sozialwissenschaftler neigen dazu, im Namen der reinen Empirik aufzutreten, weigern sich zuzugestehen, daß normative Vorannahmen sie maßgebend leiten. Dieses Handicap hindert sie, die helfende Hand anderer, mit derselben Thematik beschäftigter Wissenschaftler zu ergreifen. Zu diesen Wissenschaftlern gehören nun, sowenig es insbesondere den Soziologe gefallen mag, die Juristen. Das ist nicht auf den ersten Blick, wohl aber auf den zweiten zu erkennen, gerade am Beispiel des dolus eventualis. In einer juristischen Untersuchung[91] kann man lesen, daß die bloße »Kenntnis der Rechtsverbotenheit [...] für die Bestimmung des Kernstrafrechts nahezu keine Bedeutung hat«.[92] »Die Auffassung [...], das Sittenwidrige (Unmoralische) enthalte das Rechtsverbotene und letzteres als Untermenge das Strafbare«, werde der Differenzierung einfach nicht gerecht, die das Strafrecht vornehme. Wie solle die Differenzierung »beispielsweise bezogen auf unerlaubte Glücksspiele [...] im Jugendlichen festgestellt werden [...] bei Tätern, von denen selbst die Intelligentesten kaum die Frage verstünden und die Belehrtesten die Frage in Frage stellen könnten«?[93] Juristen folgern diese einfachen Einsichten aus der Tatsache, daß das Strafgesetzbuch eben viele verschiedene Tatbestände kennt. Auch ohne diese Tatbestände würde man in einigermaßen fortgeschrittenen Gesellschaften auf entsprechende Differenzierungen in den Sozialordnungen stoßen.[94] Aber weil diese nicht kodifiziert sind, kommt die Soziologie nicht auf den Gedanken, danach im einzelnen zu differenzieren, mit welchen Verbotsvorstellungen ausgestattet das Kind oder der Jugendliche die »Taten« begeht. Erst recht nimmt es nicht wunder, daß Einzelheiten, wie sie in den Modalitäten der strafrechtlichen Tatbestände beschrieben sind und deshalb in den

91 Joachim Bohnert, »Strafmündigkeit und Normkenntnis«, in: *Neue Zeitung für Strafrecht* (1988), S. 249 ff.

92 A. a. O., S. 253.

93 A. a. O., S. 252.

94 Vgl. Wolfgang Naucke, *Grundlinien einer rechtsstaatlich-praktischen Allgemeinen Straftatlehre*, Wiesbaden 1979, S. 21; s. auch Klaus Lüderssen, *Entkriminalisierung des Wirtschaftsrechts*, Baden-Baden 1998, S. 24.

Vorsatz mit aufgenommen werden müssen, wenn man den Forderungen an ein rechtsstaatliches Strafrecht genügen will, im Weltbild der Soziologen und Psychologen nicht vorkommen.[95]

b) Mittelbar bieten Soziologie und Psychologie allerdings viel Material für die Aufhellung der kognitiven, insbesondere bedeutungserfassenden Vorgänge beim Jugendlichen.[96] Was sozusagen den Sinn trübt im Parallelogramm der Kräfte, das am Ende zum Handeln und zum Herbeiführen des tatbestandsmäßigen Erfolges führt, wird von der Motivforschung[97] ausgebreitet,[98] und man müßte nun – mit diesen Kenntnissen versehen – die in der einzelnen Handlung sich manifestierenden gedanklichen und psychischen Vorgänge beim Jugendlichen wahrzunehmen und zu analysieren versuchen. Da diese Arbeit noch nicht geleistet worden ist, sucht man als Jurist erneut bei Juristen Zuflucht, ob aus der Masse der vielen Einzeluntersuchungen über das Verhältnis des kognitiven und voluntativen Elements beim Vorsatz sich die notwendigen Einsichten ergeben. Als vorläufiges Ergebnis dieser Recherchen zeichnet sich aber nur ab, daß die voluntative Seite mit vielen Fragezeichen versehen wird und man nur noch zu wählen hat zwischen der Konzeption, welche die voluntative Seite ganz abschafft, oder derjenigen, die sie zwar materiellrechtlich bestehen

95 Vorsichtige Hinweise auf insoweit neue Gebiete für den Sachverständigenbeweis allerdings schon bei Günter Schewe, »Subjektiver Tatbestand und Beurteilung der Zurechnungsfähigkeit«, in: *Festschrift für Richard Lange*, Berlin/New York 1976, S. 687 ff. (699).

96 Grundlegend Reinhard Lempp, »Zur Psychopathologie scheinbar unverständlicher Tötungsdelikte von Jugendlichen und Heranwachsenden«, in: *Festschrift für Heinz Göppinger*, Berlin u. a. 1990, S. 265 ff.; interessante Spezifizierungen der Fragestellung mit Blick auf »die für die Adoleszenz zentralen Stufen des Selbst« bei Nicolaus Heim, »Begutachtung Jugendlicher bzw. Heranwachsender: Moral- und emotionstheoretische Aspekte«, in: Rudolf Egg (Hg.), *Brennpunkte der Rechtspsychologie*, Bonn 1991, S. 351 ff.

97 Wozu im weiteren Sinne natürlich auch soziologisch zu erhellende Vorgänge wie Einflüsse des Milieus etc. gehören. Weiter ist alles einschlägig, was insoweit von Gewaltvideos und spielerischen Tötungsszenarien etc. gesagt wird.

98 Ein Beispiel dafür, wie sehr die Psychologie dazu beiträgt, die fachlichen Probleme ausschließlich in den allgemeinen Hintergründen zu sehen, sich gar nicht mit der *vordergründigen* Motivationsstruktur (Absicht, Vorsatz) abgibt, ist der Fall, in dem ein Sachverständiger bei einem Erpressungsakt sofort nur die Idee verfolgt, daß es sich um eine Ersatzhandlung mit eindeutig sexueller Motivationsstruktur gehandelt habe (Jäger, a. a. O., S. 188).

läßt, im Prozeß indessen ihr jede Selbständigkeit aberkennt, weil sie aus einem bestimmten Grade des *Wissens* zwingend gefolgert wird. Den Argumenten, die für die Relevanz des voluntativen Elementes vorgetragen werden, wird diese Unterscheidung nicht gerecht; das zeigt sich dann, wenn die Wissenskomponente schwach ist, beispielsweise bei Körperverletzungen durch mit Aids infizierte Personen. Daß hier wegen zu geringer Wissenskomponente schon die erste Voraussetzung für eine Haftung entfällt, wäre natürlich die Lösung, die am nächsten liegt. Das ist von Ingeborg Puppe frühzeitig erkannt worden.[99] Sie liefert auch ein Beispiel dafür, daß man hier manchmal mit der Figur der unbeachtlichen reservatio mentalis arbeiten muß: der Terrorist, der auf einen Polizisten zurast, »weil ihm das Leben eines Polizisten ›nicht bedenkenswert‹« erscheint.[100] Daß bei der Frage, wie im Falle eines Jugendlichen die reservatio mentalis zu bewerten ist, nun vielleicht anders entschieden werden muß, deutet wieder auf das Problem. Erneut wird offenbar, daß eben nicht nur die bloße *Feststellung* die Frage der speziellen Sachkunde aufwirft, sondern auch die *Bewertung* subjektiver Zustände beim Jugendlichen. Konzediert man hier mehr innere Abweichung als beim Erwachsenen? Oder ist es so, daß man ihm einfach mehr glaubt, weil er sich die Dinge wirklich so eng und blind vorstellt?[101]

Setzt man sich näher mit den Konzeptionen, die für die Erhaltung der voluntativen Seite eintreten, auseinander, so wird nun erneut das sozialwissenschaftliche Defizit sichtbar. Viel kann man lesen bei den Sozialwissenschaftlern über Willensbildung und damit verbundene bewertende Prozesse, aber gar nichts über den Straftatbeständen entsprechende Ausdifferenzierungen. Auch die »Affektlogik«,[102] von der es heißt, daß sie »der Vorstellung eines Antagonismus von Wissen und Wollen den Boden entzogen« habe,[103] verfehlt diese Anknüpfungen. Das gleiche gilt für die geistesgeschichtlich begründeten Konzepte, in deren Tradition die Affektlogik gestellt wird.[104] Die Attributionsforschung hat ebenfalls

99 »Der Vorstellungsinhalt des dolus eventualis«, in: *Zeitschrift für die gesamte Strafrechtswissenschaft* 103 (1991), S. 1 ff. (9).
100 Beispiel nach Jakobs, s. Puppe, a. a. O., S. 37.
101 S. auch Puppe, *Vorsatz und Zurechnung*, a. a. O., S. 44/45.
102 Darüber Kargl, a. a. O., S. 61 ff.
103 Kargl, a. a. O., S. 67.
104 Kargl, a. a. O., S. 40 ff.

insofern nichts erbracht; vielmehr ist sie förmlich ein Beleg für die Undifferenziertheit psychologischer Forschungen im intentionalen Bereich. Fünf Stufen werden unterschieden, die vierte Stufe handelt von Intentionalität.[105] Diese Stufe wird aber empirisch nicht weiterverfolgt, obwohl attributionstheoretisch inspirierte Untersuchungen des Schuldbegriffs[106] das nahegelegt hätten.[107]

2. Für die Beantwortung der hier herausgearbeiteten speziellen Fragen (was müssen wir über die Tauglichkeit gewisser normativer Tatbestandsmerkmale für die angemessene Würdigung jugendlichen Verhaltens empirisch wissen; wie sehen die im Zuge der Konkretisierung der ersten dogmatischen Definition gewonnenen Kriterien aus und wie steht es mit der Exploration beim jugendlichen Täter selbst?) ist also überhaupt keine sozialwissenschaftliche Basis gegeben.

Was folgt aus dieser Ungewissheit für die Handhabung des § 244, Abs. 2 bzw. 4 Satz 1 StPO?

a) Keineswegs kann gesagt werden, daß der Richter gleichsam mit einer abgeschlossenen, für den Übergang zur Fixierung des Sachverhaltes hinreichend konkretisierten Definition eines Tatbestandsmerkmals rechnen kann. Das Recht ist und wird durch das Verfahren, so lautet eine berühmt gewordene Wendung, und sie besagt, daß eine gewisse induktive Wirkung auf die Norm auch von dem ausgeht, was sich als Sachverhalt darstellt. Dennoch wird man – trotz der fließenden Übergänge, welche die fortgeschrittene Rechtstheorie der idealtypischen Logik des Syllogismus entgegensetzt – für diesen Teil des Rechtsanwendungsverfahrens von Tatsa-

105 Nachweise bei Günter Bierbrauer, »Die Zuschreibung von Verantwortlichkeit. Eine attributionstheoretische Analyse«, in: Hassemer/Lüderssen (Hg.), *Sozialwissenschaften im Studium des Rechts.* III: *Strafrecht*, München 1978, S. 130 ff. (143).

106 Bernhard Haffke, »Problmaufriß: Die Bedeutung der sozialpsychologischen Funktion von Schuld und Schuldunfähigkeit für die strafrechtliche Schuldlehre«, in: Hassemer/Lüderssen, a. a. O.; S. 153 ff.

107 Zusammenfassend zur Attributionsforschung: Cornelius Prittwitz, *Strafrecht und Risiko*, Frankfurt/M. 1993, S. 361 ff.; kritisch Lothar Kuhlen »Zur Problematik der nachträglichen ex ante-Beurteilung im Strafrecht und in der Moral«, in: Heike Jung/Heinz Müller-Dietz/Ulfrid Neumann (Hg.), *Recht und Moral: Beiträge zu einer Standortbestimmung*, Baden-Baden 1991, S. 341 ff. Gründlich und weiterführend: Klaus Günther, a. a. O., S. 141 ff.

chen, die Gegenstand eines Beweisantrages bzw. der Kognitionspflicht des Gerichtes sind, noch nicht sprechen können. Wenn der Richter also, mit guten Gründen, bereits die Konkretisierung des dolus eventualis für das Jugendstrafrecht sich nicht zutraut und sich nach sachverständiger Hilfe umsieht, geht es nicht um ein Problem der Beweisaufnahme. Die Regeln für den Sachverständigenbeweis, welche die Strafprozeßordnung bereitstellt, können mithin nicht herangezogen werden. Es bleibt nur die Anregung übrig, daß der Richter in interdisziplinärer Verständigung die Voraussetzung für einen zur Subsumtion geeigneten Obersatz erarbeitet.[108] Wie wenig ihm dabei nach dem gegenwärtigen Stand der Sozialwissenschaften sachverständige Hilfe zuteil werden kann, ist bereits dargelegt worden.

b) Erst recht ist die vorliegende Frage – in der *ersten* Stufe – nach der *generellen* Eignung des Begriffs des dolus eventualis für das Jugendstrafrecht nicht mit Mitteln des Sachverständigenbeweises zu klären. Auch hier kann nur allgemeine interdisziplinäre Arbeit helfen.

c) Für den Sachverständigenbeweis bleibt also nur die *dritte* Stufe. Das ist an sich trivial, muß hier jedoch noch einmal ausdrücklich gesagt werden, weil die Einsicht in die Undurchführbarkeit einer klaren Trennung jener drei Stufen auch die klare Bestimmung des Arbeitsbereichs des Sachverständigen in Frage stellt. Aber das ändert nichts daran, daß man in der Praxis des Strafverfahrens sehr wohl die Situation fixieren kann, in der es darauf ankommt, herauszubekommen, was der Beschuldigte sich vorgestellt hat.

aa) Wenn es nun so liegt, daß ein sachverständiges Wissen auch in bezug auf diese letzte Stufe einer Anwendung der Vorschriften über den Vorsatz keine entscheidende Aufklärung verspricht – sollte man dann nicht von vornherein auf die entsprechenden Beweisanträge bzw. die Erstreckung der Kognitionspflicht des Richters verzichten?

bb) Oder sollte man sich auf den Standpunkt stellen, daß die bisher fehlende Kompetenz der Sachverständigen auf den Mangel

108 Hans-Ludwig Schreiber fordert eine »wechselseitige Kenntnis der verwendeten Begriffe«. Dabei betont er aber vor allem, »daß die juristische Seite Grundbegriffe der Psychiatrie und Psychologie kennt und weiß, um welche Fragen es dabei geht« (*Festschrift für Rudolf Wassermann*, a. a. O., S. 1019). Die umgekehrte Forderung wird nicht konkretisiert.

an Nachfrage beruht und deshalb kontinuierlich gestellte Beweisanträge womöglich zur Produktion des noch fehlenden Wissens anregen? Klappt das zunächst nicht, so muß der Richter eben doch, was er immer getan hat, seine eigene Sachkunde einfach so gut oder schlecht, wie es geht, einsetzen. Aber es kann ja sein, daß sich die Sachverständigenkompetenz allmählich herausbildet und die Verhältnisse sich bessern. Für diese Prognose gibt es Vorbilder:

Als Strafverteidiger irgendwann gemerkt haben (die Gerichte wohl nicht), daß die klassischen psychiatrischen Sachverständigen gewisse Fragen, die sich aufdrängten, nicht beantworten konnten, haben sie zunächst auf Beweisanträge verzichtet, obwohl mit Blick auf die sich entwickelnde Psychoanalyse erkennbar war, daß einschlägiges Wissen wenn nicht schon latent vorhanden, so doch durch weitere Forschungen auf der Basis der allgemeinen Psychoanalyse hätte produziert werden können. Als das schließlich zum Greifen nahe war, haben im berühmt gewordenen Bartsch-Prozeß die entsprechenden Beweisanträge der Verteidigung die Psychoanalytiker wirklich aus der Reserve gelockt.[109]

Es ist keineswegs fernliegend, sich vorzustellen, daß Paralleles sich auch ereignen könnte im Rahmen der Bemühungen um psychologische Expertisen bei der Aufklärung der auf ganz bestimmte Tatbestandsmerkmale bezogenen Vorstellungen eines Beschuldigten. Es bedarf nur der exakten juristischen Vorgabe und der Erzeugung einer Bereitschaft in Frage kommender Sachverständiger, diese Vorgaben für relevant zu halten und eigene undifferenzierte, aus dem Alltagsleben gewonnene normative Vorgaben zurückzustellen bzw. zu korrigieren.

Sollte sich dabei allerdings zeigen, daß die – im Vergleich zu den viel allgemeineren normativen Grundannahmen in Psychologie und Soziologie – spezielleren juristischen normativen Vorgaben am Ende, nachdem Psychologie und Soziologie sich wirklich mit der

109 Vergleichbares kann übrigens berichtet werden aus einem Projekt zur Rehabilitation von Strafgefangenen auf psychoanalytischer Grundlage, das bei Psychoanalytikern auch erst auf ungläubige Abwehr stieß (dafür sei man nicht ausgebildet), dann aber doch einige zu einschlägigen Arbeiten anregte (vgl. Heinz Cornel, »Psychoanalytische Sozialtherapie – Konzeption, Praxis und Evaluation«, in: Klaus Lüderssen (Hg.), *Aufgeklärte Kriminalpolitik oder Kampf gegen das Böse?*, Band IV: *Legalbewährung und Ich-Struktur*, Baden-Baden 1998, S. 120 ff.

Materie vertraut gemacht haben, schon im Ausgangspunkt nicht sachlich angemessen sind, so käme die rein juristische Tradition von Strafrecht und Strafverfahren in eine kritische Phase, auch mit Folgen für die Gesetzgebung. Doch zu einer solchen Revolution wird es in Psychologie und Soziologie nicht kommen. Vielmehr wird man froh sein, daß die juristischen Differenzierungen zur Verfügung stehen, und sich darauf beschränken, in diesem Rahmen das Erforderliche nachzuarbeiten. Das klingt hochmütig, ist es aber nicht. Denn wenn die Jurisprudenz tatsächlich auf diesem Gebiet so viel geleistet hat, so deutet das auf eine ursprüngliche Einheit der Sozialwissenschaften, und es geht nur mehr um fällige Spezialisierungen. Wenn das kein aliud sein muß, hat eine generelle Konkordanz mit den juristischen Ausgangspunkten für die begehrten neuen Aktivitäten von Soziologie und Psychologie nichts Pejoratives.

3.3 Archäologie des Mordes. Der Fall Magnus Gäfgen

Das Schwurgericht hat gesprochen. Was noch kommt, ist die Entscheidung des Bundesgerichtshofs über die Revision – wobei ernsthaft nur über die sogenannte »besondere Schwere der Schuld« verhandelt werden wird – und dann vielleicht eine Verfassungsbeschwerde, weil durch die Androhung der Folter während der Vernehmung des Beschuldigten durch die Polizei seine Menschenwürde verletzt worden ist. Dieser Vorgang hätte übrigens auch schon für sich genommen rechtlich überprüft werden können. Zwar mögen der Angeklagte und sein Verteidiger wohl nur interessiert sein an Rechtsbehelfen, mit denen das Urteil angegriffen werden kann. Da die Rechtsprechung Fort- und Fernwirkungen von Verfahrensverstößen aber sehr kritisch prüft, hätte eine erste Manifestation des offensichtlichen Unrechts, das dem Beschuldigten seinerzeit widerfahren ist, durchaus einen Sinn gehabt.

Jetzt muß abgewartet werden, ob der Bundesgerichtshof in seiner Entscheidung über die Revision das Problem aufgreift und wie er es löst. Dann erst wird das Bundesverfassungsgericht ins Spiel kommen, denn zu der Ausnahme, die eine Verfassungsbeschwerde auch schon vor Erschöpfung des gewöhnlichen Rechtswegs gestattet, ringt sich das Gericht selten durch. Im vorliegenden Fall freilich hätte man damit rechnen können, denn was könnte eher »von allgemeiner Bedeutung« sein und daher nach des Gesetzes Wortlaut eine vorgezogene Verfassungsbeschwerde rechtfertigen als die Verletzung des in der europäischen Menschenrechtskonvention, dem internationalen Pakt für bürgerliche und politische Rechte, den internationalen und europäischen Antifolter-Abkommen – expressis verbis und ausnahmslos – proklamierten Folterverbots.

Da der BGH, wovon man schon jetzt ausgehen kann, ein auf die Folterandrohung gestütztes, den ganzen Prozeß null und nichtig machendes Verfahrenshindernis nicht annehmen wird, hängt alles Weitere davon ab, was er zur besonderen Schwere der Schuld sagen mag. Polizeiliche Ermittlungsmethoden, welche die Menschenrechtskonvention verletzen, können zu einer Strafmilderung führen. Selbst dann, wenn der Verstoß die Tatschuld – als ein vor dem Verfahren liegendes Verhalten – nicht berührt, sind Strafzumessungserwägungen mit Blick auf rechtswidriges Verhalten der Strafverfolgungsorgane üblich. Die Entscheidung über die besondere Schwere der Schuld ist – wiederum unstreitig – ein der Strafzumessung verwandter Akt. Wer das als eine an den Interessen der Bürger vorbeigehende juristische Tüftelei abtun möchte, sollte bedenken, daß für die »Wahrheit«, um die es im Strafprozeß geht, auch wichtig ist, wie sie zustande kommt. Albert Schweitzer berichtet, daß die Eingeborenen eine Strafe nur dann als gerecht empfanden, wenn sie wirklich überführt worden seien. Für den in einer modernen Zivilisation aufgewachsenen Angeklagten kann man getrost formulieren, daß er nur überzeugt wird durch ein faires, das heißt rechtsstaatlich geführtes Verfahren.

Und damit sind wir an dem entscheidenden Punkt, nämlich bei der Zukunft des Verurteilten und der Gesellschaft, die mit ihm weiterlebt, auch wenn sie sehr bald davon nichts mehr weiß, denn er verschwindet im Gefängnis, und niemand hat mehr Interesse für ihn außer den Bediensteten des Justizvollzuges, seinen Angehörigen und – vielleicht – dem Verteidiger. Die jetzt für ihn maßgebliche gesetzliche Vorschrift lautet: »Im Vollzug der Freiheitsstrafe soll der Gefangene fähig werden, künftig in sozialer Verantwortung ein Leben ohne Straftaten zu führen.« Das gilt auch für den »Lebenslänglichen«, sogar wenn die besondere Schwere der Schuld festgestellt worden ist. Denn das macht die Entlassung auf Bewährung nicht unmöglich, sondern es erschwert und verzögert sie nur. »Vernichtet soll er nicht werden« hat der Vorsitzende des Gerichtes dann ja auch verkündet.

Davon, daß die Schuld vergolten werden soll, ist im Vollzugsgesetz nicht die Rede. Aber sie ist natürlich im Programm der Resozialisierung virulent. Die Einsicht in die Schuld ist die Voraussetzung dafür, daß der Verurteilte den Lernprozeß erfolgreich abschließt; diese Einsicht zu gewinnen kann also, wenn sie zur Zeit der Verurteilung nicht vorhanden ist, ein wesentlicher Teil dieses Lernprozesses sein. Er kann aber nur in Gang gesetzt werden, wenn es legitim ist, jene Einsicht in die Gerechtigkeit des Urteils vom Verurteilten zu erwarten. Zwar hat Magnus Gäfgen in der Hauptverhandlung sein Geständnis nach qualifizierter Belehrung – das heißt unter Hinweis darauf, daß für den Fall des Schweigens frühere Aussagen nicht gegen ihn verwendet werden können – abgelegt.

Aber hätte er wirklich gestanden, wenn die Leiche nicht gefunden worden wäre? Und wäre sie gefunden worden, wenn er nicht unter dem Druck der angedrohten Folter gesprochen hätte? Die in der Hauptverhandlung offenbarte Reue wird ihm ja, wie es überall heißt, »nicht abgenommen«. Vielleicht ist sie in der Tat nur das Ergebnis eines quasi Nicht-mehr-zurück-Könnens; jedenfalls ist das Mißtrauen in die Wahrhaftigkeit des Angeklagten ein Handicap für seine Resozialisierung.

Das ist allerdings nicht das Problem, mit dem Magnus Gäfgen kämpft. Man darf sogar vermuten, daß er darüber leichter hinwegkommt, als unsere penible rechtsstaatliche Prozeßmoral – so paradox das klingt – es für gut halten möchte. Die Tat indessen, ein Kind, vorsätzlich und heimtückisch getötet, lastet auf ihm. Diese Einsicht wird mit Recht von ihm erwartet und ist zugleich das Nadelöhr für die Resozialisierung, auf deren Chance er seinerseits einen Anspruch hat.

Die Subsumtion war einfach. Fest eingefahrene Gewohnheiten der Rechtsanwendung haben hier den Ausschlag gegeben; Fragen bleiben nur für den, der zu jenen »Mordmerkmalen« nun die Verbindung herstellen soll mit den Stufen der Motivation des Täters. Die Motivation des Menschen ist, sagt Max Weber beiläufig, unendlich. Daran gemessen läßt das Urteil den Angeklagten im Stich, vor allem mit der Feststellung der besonderen Schuldschwere; das Gericht hebt lediglich hervor, »dass der Täter sich ein Kind als leichtes Opfer wählte, dass Jakob einen minutenlangen qualvollen Tod starb, dass die Eltern tagelang schlimmsten seelischen Qualen ausgesetzt waren«, und dann ist noch von der »Rücksichtslosigkeit und Skrupellosigkeit eines unbarmherzigen Angeklagten, der aus dem Motiv abstoßender Gewinnsucht das Leben eines arglosen Kindes ausgelöscht« habe, die Rede (FAZ 29.7.2003). Das entspricht etwa dem, was der Bundesgerichtshof für die Feststellung der besonderen Schuldschwere verlangt.

Wie sollen nun aber die Vollzugsbeamten diese zentnerschwere Sprache in das umsetzen, was man den Vollzugsplan nennt? Die Richter scheinen sich für dieses Problem nicht zu interessieren. Vielleicht, weil die Bevölkerung sich nicht dafür interessiert? Die Bevölkerung, wie sie in den Medien wahrnehmbar ist, will Vergeltung, wenn nicht sogar Rache. Die Hinterbliebenen des Opfers erwarten, daß ihnen der Staat durch die Bestrafung des Täters Genugtuung verschaffe. Für die strafrechtliche Zunft ist das ein ganz neuer, problematischer Strafgedanke, freilich durch die Inspiration des prominenten Opfers – eines anderen Verbrechens – Jan Philipp Reemtsma begünstigt.

Unter der Devise, man habe sich in den letzten Jahrzehnten zu wenig um den Schutz des Opfers gekümmert, ist das Mißverständnis aufgekommen, man brauche sich um den Täter überhaupt nicht zu kümmern, und wenn Zweifel an dieser radikalen Position gehegt werden, weil es ja – freilich für die zukünftigen möglichen Opfer – nichts Besseres geben könne als resozialisierte Täter, so werden diese zugedeckt von der vehementen und absoluten Meinung, es müsse Schluß sein mit der sogenannten Täterorientierung. Daß man dann erst einmal das Strafvollzugsgesetz ändern muß, wird ignoriert.

Bei dieser Sach- und Stimmungslage braucht auch der Täter nichts zu verstehen; niemand braucht etwas zu verstehen, es genügen die generalisierenden, mit großer Gebärde gesprochenen Bewertungen.

Jedoch haben die Gerichte die Pflicht, »zur Erforschung der Wahrheit die Beweisaufnahme von Amts wegen auf alle Tatsachen und Beweismittel zu erstrecken, die für die Entscheidung von Bedeutung sind«. Die Wahrheit – das sind nicht nur äußerlich wahrnehmbare Vorgänge; vielmehr erstreckt sie sich auf alles, was man für eine gerechte Bewertung wissen muß. Der frei wertende Schritt ist ganz klein; überwiegend sind es Tatsachen, die das Substrat der Wertung ausmachen, und diese sind der Wissenschaft zugänglich. Allerdings nicht ausschließlich der juristischen. Psychologie, auch Psychoanalyse, Soziologie, Pädagogik sind zuständig. Für die Einbringung dieser Disziplinen in den Strafprozeß gibt es die Sachverständigen, die im System der Beweisaufnahme einen festen Platz haben. Auch wer eine gerechte Vergeltung und nicht oder nicht nur Resozialisation zum Strafziel erklärt, muß sich nach dem Willen des Gesetzes dieser Hilfsmittel bedienen; unsere Gesellschaft hat sich seit Jahrhunderten von einer Strafjustiz abgekehrt, welche die Urteile auf moralische Intuitionen, womöglich noch theologischer oder religiöser Provenienz, stützt.

Die Schwäche der gegenwärtigen Strafjustiz besteht darin, daß sie zögert, auf dem vorgezeichneten Weg der Entwicklung einer rational begründeten Urteilsfindung weiterzugehen. Der Sachverständige wird nur gefragt bei Chemie und Ballistik und bei manifesten, einem traditionellen Bild entsprechenden Geisteskrankheiten. Was Habgier und Heimtücke angeht, sowenig man diesen sprachlichen Gebilden semantisch trauen möchte, mag sich eine allgemein verbindliche Vorstellung gebildet haben. Wenn also ein Gericht über die Hintergründe dieser Begriffe und ihre Konkretisierung glaubt alles selbst wissen zu können, kann das am Ende akzeptiert werden.

»Besondere Schwere der Schuld« aber ist ein topos, dessen Provokation suggestiver Zuschreibung der wissenschaftlich ausgebildete Jurist nicht erliegen sollte. Spätestens in diesem Stadium der anstehenden Bewertungen hätte das Gericht entsprechende sozialpädagogische Gutachten einholen müssen. Vielleicht wäre es ihm schwerer gefallen, sich dem zu entziehen, wenn von der Verteidigung entsprechende Beweisanträge gestellt worden wären, denn dann hätte das Gericht dartun müssen, daß es selbst über die erforderliche Sachkunde verfüge.

Freilich vermag niemand zu sagen, was passiert wäre, wenn das Gericht die Vorfragen seiner Urteilsfindung genauer überprüft und sich dabei hätte sachverständig helfen lassen. Die Sachverständigen reagieren zurückhaltend auf entsprechende Forderungen, die ja nicht neu sind. Manche sagen, daß es einfach an der entsprechenden Ausbildung fehle; andere behaupten, dergleichen könne überhaupt nicht von ihnen geleistet werden. Ich halte diese »Bescheidenheit« für falsch. Es fehlt nur an der erforderlichen justitiellen Anforderung.

Diese scheitert freilich auch daran, daß gerade wissenschaftlich arbeitende Strafrechtler hierfür das Alibi liefern, indem sie Parolen von der Art folgen, die Schuld sei staatsnotwendige Fiktion oder stecke in den Köpfen anderer Leute. Zu beweisen gibt es da gar nichts, heißt das, die Schuld ist Zurechnung nach vorbestimmten Maßstäben, deren Schwelle die Entscheidung ist, daß man gewisse Einstellungen und Motive einfach nicht dulden möchte, gleichviel ob derjenige, bei dem man sie antrifft, etwas dafür kann oder nicht – es sei denn, er erfüllt die engen klassischen Voraussetzungen der Zurechnungsunfähigkeit. Es sind ausgesprochene »Dogmatiker«, welche diese Konzeption vertreten. Das ist ziemlich pikant, denn Kriminalsoziologen behaupten das gleiche. Übrigens wissen diese oft nichts von den heimlichen, unwillkommenen dogmatischen

Verbündeten. Daß alle Wahrheiten aspektabhängig sind und der Strafprozeß dem Rechnung tragen muß, kann niemand leugnen. Aber das Ende der Beweiserhebung, auch über innere Vorgänge, darf das nicht bedeuten. Eine Auflösung des Dilemmas ist allerdings nicht in Sicht; es ist ja nicht einmal allen Betroffenen bewußt, und die äußersten Zuspitzungen der Auseinandersetzung stehen noch bevor; avancierte Gehirnforscher sind im Begriff, den Strafjuristen für den endgültigen Verzicht auf ihre alte »Lebenslüge des freien Willens« neues Material zu präsentieren, und bedienen sich dabei der modernsten Metaphern des radikalen sozialen Konstruktivismus.

Wer statt dessen auf eine kognitivistische Psychologie setzen möchte, wobei es, wie Ernst Tugendhat schon vor Jahren gefordert hat, auf die Notwendigkeit einer Zusammenarbeit zwischen philosophischer und empirischer Forschung bei der Erklärung des moralischen Sollens ankommt, muß für den Fortschritt einer Disziplin eintreten, die noch nicht komplett ist, obwohl sie die Juristen jetzt schon brauchen. Der Philosoph Ferdinand Fellmann hat das Problem kürzlich so formuliert: »Um herauszufinden, wie aus dem Willen zum Selbst [...] moralisches Sollen entstehen kann, muß zunächst geklärt werden, wie wir moralische Verpflichtung erleben, oder anders ausgedrückt: Wie ist es, ein Gewissen zu haben?« Wie unterscheidet sich die »innere Nötigung des moralischen Sollens« von anderen Zwängen? Woraus »resultiert das mit dem eigenen Willen identische Sollen«, denn »im Gewissen begegnet der Mensch sich selbst als Verpflichtender und Verpflichter zugleich«.

Auf das Ganze gesehen, ist das wissenschaftlich natürlich kein Neuland, beginnt mit dem, um noch einmal Fellmann zu zitieren, »anthropologisch bedenklichen Dualismus von Sinnlichkeit und Verstand« bei Kant. Deshalb wäre dort, wo diese Probleme zum Greifen nahe sind – im Strafprozeß –, längst ein entsprechender Vorstoß, für den die gesetzlichen Regeln über den Sachverständigen die Handhabe bieten, fällig und wohl auch erfolgreich gewesen, wenn nicht gleichsam rechtzeitig und bequem das rein normative Zurechnungskonzept bereitgestanden hätte.

Ganz frei von diesen Selbstquälereien ist die *Literatur*. Nicht ohne Grund hat Jens Jessen in der *Zeit* die Parallelen demonstriert, die man zwischen dem, was über Magnus Gäfgen berichtet wird, und dem, was Tom Ripley (Patricia Highsmith) und Clyde Griffiths

(Theodor Dreiser) der Lesewelt vorführen, ziehen könnte. Man darf die Literatur nicht unterschätzen, gerade dort, wo sie Kunst ist. Die Kunst, schreibt Adorno im Jahr 1937 an Horkheimer, habe eine entscheidende »Schicht [...] nämlich die der *Erkenntnis* im Sinne eben dessen, was von der bürgerlichen Wissenschaft nicht geleistet werden kann [...] das dialektische Gegen-Motiv, daß die Kunst der schlechten Realität das Ideal kontrastiere, ist viel zu dünn, um an die entscheidenden Resultate der Kunst nur heranzukommen«. Große Sätze, die an das gemahnen, was die Literaturwissenschaft längst unter der Devise »Poesie und Wissen« behandelt hat. Die Juristen, eher in Amerika allerdings als in Deutschland, sind auch schon darauf gekommen und suchen in der Literatur so etwas wie eine durch die ästhetische Dimension gesteigerte Realität. Trotzdem wird ausgewählt. So wie die Juristen Kriterien dafür haben, was wesentlich ist und was nicht, und kein »Totalinventar« erheben, treffen auch die Schriftsteller eine Auswahl. Auch bei ihnen »schrumpft« die Wirklichkeit (Jessen). Aber ihre »Relevanzstrukturen«, ein inzwischen aus der Soziologie geläufiger Ausdruck, sind andere, und nun erhebt sich die Frage, ob – wenn Verbrechen und Strafen das Thema sind – ein Schriftsteller nicht vielleicht doch eher das sieht und weiß, worauf es wirklich ankommt. Nur – wer entscheidet, worauf es ankommt? Wenn die abstrahierende Zurechnungsmoral der Juristen nicht befriedigt, gewaltige Lücken läßt, kann die Literatur nicht direkt in den Sachverständigen-Stand berufen werden. Gleichwohl sind ihre Modelle ernsthaft zu erwägen; sie laufen ja auf intensive Individualisierung hinaus, und das ist doch auch die Devise des strafrechtlichen Schuldbegriffs: die individuelle Vorwerfbarkeit. Wenn jetzt allerdings in der Soziologie die Warnung vor zuviel Individualisierung laut wird – im Sinne einer ungerechtfertigten Zumutung an den Einzelnen – so kann sich das Strafrecht, will es seine Zurechnungsprinzipien nicht in ihr Gegenteil verkehren, daran nicht beteiligen.

Der Weg, den die Literatur geht, könnte also der richtige sein. Die Zwangsläufigkeit, mit der ein guter literarischer Text Detail auf Detail häuft und miteinander verbindet, so daß am Ende die Tat gleichsam dabei herausspringt, darf den Leser freilich nicht darüber hinwegtäuschen, daß der Autor seiner Phantasie Lauf läßt. Daß seine Konstruktionen gerade in dem Maße überzeugen, wie sie dem Leser als in der Wirklichkeit nachvollziehbar erscheinen (jedenfalls im realistischen Roman), ist das Geheimnis des Autors und darf nicht mit empirischer Sozialforschung verwechselt werden. Wenn wir also Tom Ripley und Clyde Griffiths verstehen, so verstehen wir noch lange nicht Magnus Gäfgen. Sich vorzustellen, die Wirklichkeit so zu erforschen, wie gute Schriftsteller sie konstruieren, ist dennoch keine schlechte Auskunft.

Denn es fehlt den zuständigen Sozialwissenschaften offenbar an einer Anschauung dessen, womit sie die abstrakten vacua der Juristen, die hinter den starken Vokabeln der Alltagssprache gähnen, füllen könnten. Die Literatur aber ebnet womöglich qualitativen Forschungen den Eingang in die strafprozessuale Sachverständigtätigkeit.

Diese Forschung hat den Anspruch, »Lebenswelten« von innen heraus »aus der Sicht des handelnden Menschen« zu beschreiben: Dabei setzen die Studien in der Regel bei den Analysen oder Rekonstruktionen von Einzelfällen an, und gehen erst im zweiten Schritt dazu über, diese Fälle vergleichend und verallgemeinernd zusammenzufassen. Vollkommen induktiv sind diese Verfahren natürlich nicht. Vielmehr beginnen sie mit vorsichtigen Hypothesen.

Im Fall von Magnus Gäfgen könnten sie Gestalt annehmen in der Verknüpfung homosexueller Auffälligkeiten mit der Mißachtung fremden Vermögens. Ein Indiz ist der von dem Freund bemerkte und nicht verfolgte Diebstahl der keineswegs unbedingt benötigten kostbaren Uhr. Das könnte auf ein Syndrom deuten, das wir pathologischen Narzißmus nennen. Darunter versteht man eine Beziehungsstörung aus früher Kindheit. Die symbiotischen Ansprüche an die Bezugsperson überdauern unbemerkt die normale Zeitspanne und bewirken, daß die Betroffenen anderen nur mit der Attitüde völliger Vereinnahmung oder Feindseligkeit gegenübertreten. Direkt ausleben kann das niemand, daher wird für die entbehrte Option Ersatz gesucht. Das könnte hier zunächst der von Magnus G. ersehnte Zugang zu jener ominösen Jeunesse dorée gewesen sein. Bei denen, die wie viele dergleichen anstreben, ohne dabei zum Äußersten zu greifen, fehlt dieses besondere agens. Wenn es bei Magnus G. hingegen vorhanden war, könnte das die Erklärung dafür sein, daß ihm jedes Mittel recht war. War das ausreichend für ihn, um die Tötungshemmung – bekanntlich bei jedem Menschen stark ausgebildet – zu überwinden, oder mußte noch etwas hinzukommen? Man weiß, Gäfgen kannte sein Opfer und mochte es zweifellos, blieb aber außerhalb seiner Sphäre und spürte das intensiv. Diese Frustration fand nun ihre Entsprechung in jener anderen. Die radikale Befreiung von beiden war die Tötung des Kindes. Die eine Frustration wurde durch Vernichtung des nicht vereinnehmbaren Beziehungsobjektes gelöst, die andere durch den verzweifelten Versuch, die Vereinnahmung doch noch zu erreichen. Daß das getötete Kind dabei sozusagen eine Doppelrolle spielt, war nicht zufällig, sondern findet seine Erklärung in der komplexen Beziehungssituation des Magnus G. Daß er so kompromißlos damit umgegangen ist, beruht auf seiner krankhaften Beziehungsstörung.

Ein von dieser Hypothese geleiteter Antrag auf Einholung eines psychoanalytischen Sachverständigen hätte innere Tatsachen zum Gegenstand, die hier zu den Grundlagen für die Bildung eines Schuldvorwurfs gehören und bei der Entscheidung über die besondere Schwere der Schuld nicht übergangen werden dürfen.

Zu wünschen ist jedenfalls, daß in einer Öffentlichkeit, welche zu triumphieren scheint angesichts eines Urteils, das nach den Voraussetzungen, die unser Strafrecht dafür aufstellt, schärfer nicht sein konnte, auch Stimmen laut werden, die den Gerichten Mut machen, sich einem Strafrechts- und Strafprozeßrechtsverständnis zu öffnen, das Platz schafft für zusätzliche ernsthafte Expertisen. Die Verteidigung sollte sich dieser Entwicklung nicht im Namen jener – manchmal angebrachten – Devise von der liberalisierenden Funktion des Nichtwissens verschließen, sondern der Erfahrung vertrauen, daß à la longue die Geschichte des aufgeklärten, um Verstehen bemühten Strafprozesses auch die seiner fortschreitenden Humanisierung ist.

3.4 Mit dem Jugendstrafrecht ins Erwachsenenstrafrecht

Ende des 18. Jahrhunderts war die »europäische Aufklärung« vor allem dem erfahrbaren Menschen zugewandt, seiner Psychologie, auch seinen Bedürfnissen, und dementsprechend einem Strafrecht, das sich von Religion und anderen übersinnlichen Autoritäten zu lösen versuchte. Sicherung gegenüber dem Täter, womöglich seine Erziehung, später (Re-)Sozialisierung und Wiedergutmachung des Schadens waren die Ziele des Strafens. Unverhältnismäßigen Maßnahmen der Sicherung schoben die dann rechtzeitig auftretenden Freiheitsphilosophen Kant und danach Hegel einen Riegel vor. Auch auf die Resozialisierung erstreckte sich ihr Verbot, mit der Strafe gesellschaftliche Zwecke zu verfolgen. Allerdings gab es auch die Meinung, gerade der Respekt vor der Würde des Menschen verbiete dem Staat, den Straftäter einfach nur »weg« zu sperren. Dieser unfruchtbare Gegensatz belastete die Entwicklung des Strafrechts so sehr, daß sich erst im 20. Jahrhundert, unter dem Eindruck neuer – kriminologisch fundierter – Einsichten in das, was die Menschen bewegt und beeinflussen kann, der Erziehungsgedanke wenigstens dort durchsetzte, wo seine Bedeutung unabweisbar geworden war: beim Umgang mit jugendlichen Straftätern.

Das Jugendgerichtsgesetz aus dem Jahre 1923 entzog sie auf weite Strecken dem »normalen«, lediglich für Erwachsene geltenden Strafrecht, etablierte besondere Vorschriften für eine sensible Prüfung der persönlichen Verantwortung des Jugendlichen und stellte einen Katalog jugendgemäßer Sanktionen und Verfahrensregeln auf. Relativ schnell gewöhnte sich die Gesellschaft daran. Nach einem knappen Jahrhundert sah es so aus, als ob kein Weg zurückführe.

Mit diesem Selbstverständnis ist es vorbei. Während in Karlsruhe Ende dieses Monats über detaillierte Verfahrensbeschwerden eines eine lange Jugendstrafe Verbüßenden wegen unzulässiger Postkontrolle und Disziplinarmaßnahmen entschieden wird und in Kassel gerade der sechste Rahmenkongreß der Jugendgerichtsbarkeit zu Ende gegangen ist mit eindeutigen, gut belegten Forderungen nach breitangelegter, intensiver Resozialisierung, womit erneuter Straffälligkeit am besten vorgebeugt werde, erreicht aus Hamburg – eine zunächst auf das Erwachsenenstrafrecht begrenzte – Kriminalpolitik des harten Durchgriffs nun auch das Jugendstrafrecht. Es soll sogar abgeschafft werden, verlangt der – inzwischen freilich zurückgetretene – Senator Kusch und folgt damit schon länger virulenten Klagen über die Funktionslosigkeit des Jugendstrafrechts. Keineswegs ist es die strenge, jede Einwirkung auf den Menschen ablehnende Kant-Linie, die jetzt doch die Oberhand gewinnen möchte. Diese geht nun vielmehr eine unheilige Allianz ein mit neuen Weltverständnissen, die an die Stelle von Kommunikation die Ausgrenzung setzen wollen. Teils sind das Überdruß-Symptome, teils neue Dämonisierungen, beides zurückzuführen auf Vergeßlichkeit – totalitäre Systeme scheinen nicht mehr zu schrecken – und Kurzsichtigkeit – nur ein unschädlich gemachter Täter liege im Interesse des Opfers, nicht ein resozialisierter.

Aber nichts hat sich geändert an den Ausgangsbedingungen für das Jugendstrafrecht. Nach wie vor werden Menschen nicht früher »reif«, und niemand kann ernstlich bestreiten, daß »Unreife« ein Einfallstor ist für »böse« Einflüsterungen und hilfloses Agieren. Ein Appell an die Besonneren und die Politiker ist also zu richten, ihre bessere Vernunft sprechen zu lassen gegenüber den Zumutungen, die weltferne Rigoristen an sie richten. Ganz andere Probleme gilt es zu lösen für die Fachleute des Jugendstrafrechts, die mit demselben Recht Gehör erwarten dürfen wie ein Chirurg, der vor riskanten Operationen warnt.

Ich nenne – weitab vom Anspruch auf Vollständigkeit – nur einmal drei:

– Was soll ein Verteidiger tun, dessen jugendlicher Mandant ebensowenig wie ein Erwachsener gezwungen werden darf, sich selbst zu belasten, und deshalb nach der Beweislage auch gute Chancen für einen Freispruch hat, der ihn aber zu einem seine Weiterentwicklung schädigenden falschen Triumph verleiten würde?
– Kann es dem Richter genügen, die Verantwortlichkeit Jugendlicher an einer Generalklausel zu messen, müssen nicht wichtige Voraussetzungen für die Strafbarkeit wie beispielsweise Vorsatz oder die Pflicht, die Verletzung oder Gefährdung eines Menschen abzuwehren, für Jugendliche speziell definiert und besonderen Beweisverfahren zugänglich gemacht werden?
– Wie soll ein Vertreter der Jugendhilfe sich verhalten, wenn er

zwischen vertrauensschädigender Denunziation seines Probanden und dem Vorwurf, dessen Bestrafung zu vereiteln, wählen muß? Das ist nur ein besonders zugespitzter Anwendungsfall im Rahmen der Zerreißproben, denen die Sozialarbeit ausgesetzt ist. Es hat Zeiten gegeben, in denen man der Auffassung nahe war, man könne aus dem Jugendstrafrecht etwas für das Erwachsenenstrafrecht lernen. Dieser Faden muß wiederaufgenommen werden. Es gibt mannigfache Erfahrungen, die dahin gehen, daß weder die Vollendung des 18. noch die des 21. Lebensjahres (das ist nach dem geltenden Jugendstrafrecht die Altersgrenze für Heranwachsende) eine signifikante Zäsur in der Entwicklung eines Menschen ist. Vielmehr erreicht der Mensch das Alter, in dem eine gewisse Kontinuität seines Lebens beginnt, wohl erst mit etwa 30 Jahren. Vor etlichen Jahrzehnten hat es deshalb auch kriminologische Untersuchungen über sogenannte »Jungtäter« gegeben, deren Ergebnis war, daß man über gesonderte, vielleicht nicht rein jugendstrafrechtliche, auf keinen Fall aber rein erwachsenen-strafrechtliche Reaktionen nachdenken müsse. Der Verfasser zögert ein wenig mit der Eröffnung, daß er als Gerichtsreferendar in der »Gefängnisstation«, wie man damals sagte, ganz ähnliche Beobachtungen gemacht und in seinem Bericht über diesen Ausbildungsabschnitt dem Justizministerium mitgeteilt hat (es gab natürlich keine Reaktion). Spätere Arbeiten in psychoanalytisch-soziologisch orientierten Therapieprojekten mit auf Bewährung entlassenen Strafgefangenen haben diesen Eindruck immer wieder bestätigt:

Es gibt auch bei Tätern schwerer Vermögensdelikte, die eine große Gruppe der Delinquenz ausmachen, eine fatale Verschiebung des Eintritts in jene wichtige Lebensphase, welche es dem Menschen möglich macht, im anderen nicht nur ein Instrument für die eigenen Bedürfnisse, sondern jemanden zu sehen, dem man gleichberechtigte Anerkennung schuldet. Darüber liegen Erfahrungsberichte und analytisch-diagnostische Untersuchungen vor. Diese spezifischen Erkenntnisse sind eingebettet in vielerlei alltägliche Wahrnehmungen, die es mehr denn je angezeigt erscheinen lassen, dem Jugendstrafrecht, ehe das eigentliche Erwachsenenstrafrecht beginnt, ein Strafrecht folgen zu lassen, das – in Anknüpfung an die Erfahrungen mit »Heranwachsenden« – den Gerichten erlaubt, im Strafverfahren jene Reifungsprozesse zu erkunden, von deren Verlauf es abhängt, in welchem Verhältnis Außeneinflüsse, innere

Entwicklungsbarrieren und allmählich wachsende Autonomie des Täters zueinander stehen. Je nachdem, was dabei – mit Hilfe von Sachverständigen – herauskommt, müssen dann Art und Grad der Schuld und die adäquate Sanktion bestimmt werden.

Es ist gar keine Frage, daß dieser Vorschlag gegenwärtig den Politikern nicht einmal das leiseste Achselzucken abverlangen würde. Gerade deshalb wird er hier präsentiert. Wenn die Politik überhaupt nicht mehr nach Zielen fragt, sondern von vornherein nur das in Betracht zieht, was – nach leichtfertig-skeptischer Prognose – auf »Akzeptanz« rechnen kann, soll sie ruhig – pars pro toto – einmal sehen, wie weit die Spielräume sind, denen sie ausweicht.

3.5 Zur Feststellung der Schuld im Strafprozeß

Detlef Krauß' Beschäftigung mit dem prozessualen Problem der inneren Tat war für mich der Anlaß, das Thema anzumelden. An anderen Stellen[1] habe ich einiges dazu gesagt, was ich hier nicht wiederholen möchte. Aber es gibt einige neue, noch ganz unbeantwortete Fragen. Sie beziehen sich vor allem auf *die* inneren Tatsachen, die für die *Schuld* relevant sind. Seit dem bundesverfassungsgerichtlichen Urteil über die Notwendigkeit der Feststellung der besonderen Schwere der Schuld im Rahmen einer Verurteilung nach § 211 StGB gibt es das Problem, positive, die Schuld, das heißt deren besondere Schwere, *begründende* Merkmale zu fixieren.[2] Bisher war das immer nur bei der Strafzumessungsschuld erforderlich. Das »ob« der Schuld spielte nur unter dem Gesichtpunkt von Schuldausschließungsgründen eine Rolle.

Ist man aber erst einmal so weit, *überhaupt* – eben bei der Handhabung des § 211 StGB – nach sozusagen *positiven* Schuldmerkmalen zu fragen, dann zeigt sich, daß die erst bei der Prüfung der Strafzumessungsschuld behandelten Probleme tiefer liegen, gerade auch in prozessualer Hinsicht, und eigentlich schon bei den Voraussetzungen für die Bestrafung behandelt werden müssen.

Das möchte ich im folgenden etwas deutlicher machen.

1 Grenzen der »Sachkunde« des Gerichts (§ 244 Abs. 4 Satz 1 StPO) für die Beurteilung der inneren Tatseite bei jugendlichen Tätern, speziell mit Blick auf den bedingten Vorsatz, in: *Festschrift für Hans-Ludwig Schreiber*, Heidelberg 2003, S. 289 ff.; Der Blick in die vergessene Täterseele, *Kursbuch* 155 (2004), S. 134 ff.

2 Daß damit neben dem in § 211 StGB formulierten Mordtatbestand ein – mit Blick auf Art. 103 GG problematischer – ungeschriebener Mordtatbestand mit Stern sozusagen getreten ist (man könnte auch sagen, wir haben jetzt einen geschriebenen Mordtatbestand 2. Grades und einen ungeschriebenen 1. Grades), ist merkwürdigerweise noch nicht ins Bewußtsein der Kommentatoren des § 211 getreten. Vielmehr verweisen sie, fragt man nach, auf die einschlägigen Kommentare bei § 57a StGB; vgl. ausführlicher dazu: Klaus Lüderssen, in: *Strafverteidiger* 25 (2006) 2, S. 61 f.

I.

Aussagen über die strafrechtsphilosophischen Grundlagen der Schuld[3] klammere ich aus und lege ohne weiteres den modernen säkularisierten Schuldbegriff zugrunde, so wie ihn Roxin vielleicht am verbindlichsten für die weitgehend durchgesetzte Konzeption formuliert hat: Danach kommt es darauf an, »die normative Ansprechbarkeit« mit einer prinzipiellen »Fähigkeit zur Selbststeuerung,[4] die empirisch festzustellbar«[5] ist, zu verbinden. Oder: Der Schuldbegriff ist von »irrationalen Elementen befreit« und »zu einem empirisch überprüfbaren Bollwerk staatlicher Eingriffsbegrenzung«[6] geworden.

Das sind Formeln, die freilich einfacher klingen, als sie sind.

Zunächst: Ich glaube, daß die Dichotomie zwischen psychologischem und normativem Schuldbegriff nicht mehr aktuell ist. Denn auch beim normativen Schuldbegriff werden sehr spezielle innere Tatsachen (Schuld-Sachverhalt) ausgewählt. Das verbleibende Problem ist, ob man überhaupt von Tatsachen sprechen kann, ob nicht vielmehr gerade bei den inneren Tatsachen alles Konstruktion ist, wobei konservativ-resignative Konzepte und fortgeschrittenste kriminalsoziologische nebeneinander herlaufen, ohne daß sich die Beteiligten das klarmachen. Daß auch wertende Tatbestandsmerkmale nicht vorgegeben sind, dabei vielmehr erst recht die Vokabeln Zuschreibung etc. auftauchen, erschwert den Umgang mit dem Problem, und eine weitere Komplikation tritt dadurch ein, daß die psychischen Anhaltspunkte für innere Tatsachen, auch wenn sie nicht als Konstruktionen oder Zuschreibung begriffen werden, ihrerseits gar nicht immer wertfrei definiert werden können (wobei übrigens nicht die Wertungen gemeint sind, die der Täter selbst vornimmt), so daß die beiden Prozesse der Zuschreibung, nämlich Tatsachen und Wertungen, auch noch aus diesem Grunde durcheinandergehen, etwa bei dem Merkmal »rücksichtslos«, das ja in einigen Tatbeständen vorkommt.

Noch problematischer ist das bei der empirisch gemeinten Frage

3 Also vor allem die Entkoppelung von Schuld und Vergeltung.

4 Unbehandelt bleibt das Verhältnis zwischen »Ansprechbarkeit« und »voluntativem Schuldelement« (Helmut Frister, *Die Struktur des voluntativen Schuldelements*, Berlin 1993, S. 101).

5 Claus Roxin, *Strafrecht*, Allgemeiner Teil 1, Band 1, 4. Aufl. 2006, S. 872.

6 A. a. O., S. 876.

nach der *allgemeinen* individuellen Ansprechbarkeit des Täters im Rahmen der Prüfung des Schuldvorwurfes. Die Determinismus/Indeterminismus-Debatte haben die Strafrechtler auf ihre Alltagsbeobachtung, daß es psychisch gestörte und psychisch nicht gestörte Vorgänge gibt, reduziert (immer noch vorbildlich der Aufsatz von Paul Bockelmann[7]), wobei aber schon durch die psychoanalytischen Anzweiflungen der forensischen Psychiatrie die Übergänge fließend geworden sind, und dies nun durchgehend behauptet wird von der modernen Hirnforschung, die zwischen der Determination durch einen Tumor und sonstigen, nicht in dieser Weise klinisch fixierbaren Zwangsläufigkeiten nicht mehr unterscheiden möchte. Solange das aber erkenntnistheoretisch nicht geklärt ist,[8] bleibt es bei der liberalisierenden Funktion des Nichtwissens in dem Sinne, daß man beim Täter einen Freiraum der Willensbildung und Willensbetätigung vermutet. Dann aber ist noch offensichtlicher, daß wiederum nicht direkte Feststellungen getroffen werden können. Auch individuelle Ansprechbarkeit wird nach einer – freilich enger als bei der Rechtswidrigkeit gezogenen – Gruppe von Merkmalen vorgenommen,[9] bei deren Vorliegen man über die Ansprechbarkeit – normativ – positiv entscheidet. Das Empirische an diesem Vorgang ist dann die Einigung darüber.

Angesichts der gleichwohl unveränderten allseitigen Kognitionspflicht des § 244 Abs. 2 StPO und der Vorschriften über das Beweisantragsrecht § 244 Abs. 3 bis 5 *könnten* pragmatische Lösungen mit den Folgerungen für den Sachverständigenbeweis so aussehen, daß man eben nicht mehr von direkten Tatsachen-Feststellungen, sondern der *Feststellung* von Konsensen über Zuschreibungen spricht. Indessen ändert das nichts daran, daß die Einigung ja nicht aus der Retorte kommt, sondern an differenziert und direkt Wahrgenommenes anknüpft,[10] insofern ist nach wie vor die sozusagen schlichte Beweisaufnahme gefragt.[11]

7 Paul Bockelmann, »Willensfreiheit und Zurechnungsfähigkeit«, in: *Zeitschrift für die gesamte Strafrechtswissenschaft* 1963, S. 388 ff.

8 Dazu Klaus Lüderssen, »Das Subjekt zwischen Metaphysik und Empirie. Einfluss der modernen Hirnforschung auf das Strafrecht?«, in diesem Band, S. 33.

9 Hierzu im Anschluß an die Lehre von den objektiven Schuldmerkmalen jetzt: Klaus Günther, *Schuld und kommunikative Freiheit*, Frankfurt/M. 2005, S. 89 ff.

10 Über die Grenzen der Konstruktion: J. R. Searle, *Die Konstruktion der gesellschaftlichen Wirklichkeit*, Reinbek 1997.

11 Klaus Lüderssen, »Grenzen der ›Sachkunde‹ des Gerichts (§ 144 Abs. 4 Satz 1

II.

Wie nach diesen Andeutungen eine Beweisaufnahme aussehen könnte, will ich für die Feststellung der besonders schweren Schuld am Beispiel des Falles Gäfgen kurz zeigen.

Die besondere Schwere der Schuld wird hier vielleicht zunächst nur im Prozeßsinne aufgefaßt als eine Steigerung sämtlicher Verbrechensmerkmale. Das heißt aber, daß auch spezifische Schuldsteigerung im Sinne des materiell-rechtlichen Begriffs der Schuld beteiligt ist. Nach der Roxinschen Terminologie müßte man dann von einer gesteigerten Ansprechbarkeit reden, etwa so, daß in diesem Falle der objektiven Normaufforderung nicht zu folgen besonders unverständlich ist. Das ist natürlich zunächst eine wertende Terminologie, so daß die Überweisung des Problems an die Beweisaufnahme davon abhängt, ob an einen Tatsachenkern angeknüpft werden kann.

Im Falle Gäfgen ist das Gericht[12] – auf der Basis jenes prozessualen Begriffs auch der besonderen Schwere der Schuld – vor allem wohl von einem gesteigerten Unrechtsgehalt ausgegangen, in erster Linie indiziert durch die Kumulierung dreier Mordmerkmale. Die weiteren Erwägungen, die das Gericht veranlaßt haben, einen Fall der besonderen Schwere der Schuld anzunehmen, kann man nicht kategorisieren, sie sind allgemein-moralischer Natur. Unter dieser Voraussetzung wird es schwierig, das ins Feld führen, was während der Berichterstattung über den Fall immer wieder betont wurde: die latente Homosexualität Gäfgens und sein Kampf dagegen. Die Macht, mit der er sich gedrängt fühlte, davon loszukommen, charakterisierte sein Verhältnis zu jener Schülerin. Dieses Verhältnis unter keinen Umständen zu riskieren war womöglich ein Druck, der, jetzt im Sinne des materiell-rechtlichen Begriffs, seine Schuld (ohne daß der Bereich des § 21 berührt wird) mindern könnte, mit dem Ergebnis einer Kompensation der – im Sinne des prozessualen

StPO). Die Beurteilung der inneren Tatseite bei jugendlichen Tätern, speziell mit Blick auf den bedingten Vorsatz«, in diesem Band, S. 149 ff.; Klaus Volk, »Begriff und Beweis subjektiver Merkmale«, in: *50 Jahre Bundesgerichtshof, Festgabe aus der Wissenschaft*, Band IV, München 2000, S. 739 ff.

12 Landgericht Frankfurt am Main, Entscheidung vom 28. 7. 2003, 5/22 KS 2/03, 3490 Js 23 0118/02.

Begriffs – gesteigerten Schuld,[13] so daß der Normalfall des § 211 übrigbleibt.

Leichter wäre diese Kompensation zu bewerkstelligen, wenn das Gericht von vornherein nur im materiell-rechtlichen Sinne die besondere Schwere der Schuld festgestellt hätte.

Eine endgültig klärende Analyse ist bei der Dürftigkeit der Urteilsgründe nicht möglich. Ich möchte aber diese Frage hier auch schon jetzt auf sich beruhen lassen, weil es mir nur darauf ankommt, beispielhaft einen möglichen Tatsachenkern, der dem Sachverständigenbeweis zugänglich gemacht werden könnte, aus der Annahme der besonderen Schwere der Schuld herauszuschälen. Deshalb ist es für den Zweck meiner Darlegungen auch nicht wichtig, ob nun jene spezielle Vermutung, für die freilich eine alte psychoanalytische Erfahrung spricht, letztlich tragfähig ist. An ihrer Stelle könnten im Falle Gäfgen oder auch in anderen vergleichbaren Fällen gegebenenfalls andere, ebenfalls das Fachwissen der Juristen überfordernde Vermutungen treten,[14] wiederum auf Tatsachen bezogen, und dann hätte man das gleiche Problem.

III.

Technisch geht es darum, daß man sich von drei Vorurteilen, um überhaupt zu den entscheidenden Fragen vorzudringen, befreien muß:

- Es handele sich bei der Schuld, sofern nicht Fragen der Zurechnungsfähigkeit betroffen sind, nur um Rechtsfragen, so daß die Beweisanträge ins Leere gehen.
- Wenn es sich wirklich um Tatsachen-Fragen handele, habe das Gericht in der Regel jedenfalls die eigene Sachkunde.
- Wenn das ausnahmsweise nicht der Fall sei, müsse konstatiert werden, daß es keine Sachverständigen gebe, die auf diesen Gebieten etwas zu sagen haben, es also unmöglich sei, den entspre-

13 Genauer: Klaus Lüderssen, *Frankfurter Allgemeine Zeitung* v. 8. 8. 2003, S. 31.

14 Wichtige Hinweise bei: Lorenz Böllinger, »Schuldfeststellung im Strafverfahren und psychosoziale (Re-)Konstruktion«, in: *Monatsschrift für Kriminologie und Strafrechtsreform* 76 (1993), S. 3 ff.; Siegfried Haddenbrock, »Das rechtliche Schuldprinzip in wissenschaftlich-psychologischer (= global akzeptierter) Sicht«, in: *Goltdammer's Archiv für Strafrecht* (2003), S. 521 ff.

chenden Beweisantrag zu formulieren, ohne daß er als Beweisermittlungsantrag abgelehnt werden müsse.

Hier helfen meines Erachtens nur forensische Experimente und Vorstöße in der Erwartung. daß irgendwann die Sachverständigen doch zum Vorschein kommen und die Gerichte in ihrem Anspruch auf eigene Sachkunde etwas vorsichtiger werden und auch nicht immer darauf ausweichen, das Problem als Rechtsfrage zu definieren.

3.6 Strafrechtliche Schuld und »political correctness«

Das Unrecht, das an Frau Sürücü begangen worden ist, steht außer Frage. Daher wiegt die objektive Verantwortung des Täters schwer. Die Verurteilung – ganz nah an der Höchststrafe für Jugendliche (zehn Jahre Freiheitsentzug) – findet deshalb durchweg Zustimmung.

Aber auch auf die *subjektive* Verantwortung, worunter die individuelle und situative Vorwerfbarkeit verstanden wird, kommt es an, und die mißt sich zunächst an dem Unterschied zwischen der Einsicht des Täters in das Unrecht und den Folgerungen, die er daraus für sein Handeln zieht. Je schmaler diese Kluft ist, um so geringer ist die Schuld. Bei der Einsicht freilich kann man noch einmal ansetzen und fragen, ob es dem Täter möglich gewesen wäre, zu einer anderen, das Unrecht verifizierenden Einsicht zu gelangen. Wir haben ja die Pflicht, uns über die Werte der Gesellschaft, in der wir leben und von deren Normen wir profitieren, zu kümmern. Wenn man nun glaubt, daß die Orientierungslosigkeit des Täters insoweit ganz zu seinen Lasten geht, ist die Rechnung klar; das Urteil ist in Ordnung.

Aber läßt sich das sagen bei dem moralischen Druck, der in ghettoisierten Gemeinschaften auf deren Mitglieder ausgeübt wird? Schwächt er nicht den persönlichen Vorwurf ab, so daß die Strafe, weil sie schuldangemessen sein soll, dementsprechend zu mindern ist? Wäre der Mangel an Einsicht eindeutig auf psychiatrisch feststellbare mentale Defizite zurückzuführen, so käme insofern gar kein Zweifel auf, die Antwort der Rechtsordnung wäre ohne Wenn und Aber: verminderte Schuldfähigkeit oder sogar Schuldausschluß. Der gleiche Effekt würde bei Bestätigung des Verdachts eintreten, daß hinter dem verurteilten Täter die Brüder stehen, vielleicht sogar als eigentliche, die Tat steuernde und beherrschende mittelbare Täter. Der Verurteilte könnte unter dieser Voraussetzung in die Nähe des bloßen Gehilfen geraten. Auch das ist ein längst anerkannter Grund für eine Strafmilderung. Einige Kriminologen gehen noch weiter und sehen in einer gewalttätigen Gruppe unter Umständen nur Gehilfen, während der Täter im Ungewissen der Gruppe verschwindet.

Andere Determinanten entgegen werden nicht so ernst genommen. Das beginnt schon bei »seelischen Störungen«, selbst dort, wo sie sich körperlich auswirken, oder abwegigen Trieben. Hier wird verlangt, daß die Person sich »zusammennimmt«. Noch eindeutiger ist das beim »Überzeugungstäter«, der sich auf politische Argumente beruft, die keine allgemeine Anerkennung finden. Diese Rechtsfigur hat freilich die Vertreter eines konsequenten Schuldstrafrechts immer irritiert und die Wahrhaftigkeit eines Schuldbegriffs, der auf individuelle Vorwerfbarkeit pocht, so anfechtbar gemacht, daß auch in anderen, »normalen« Bereichen die Auffassung Boden gewann, in Wirklichkeit entscheide nicht die individuelle Vorwerfbarkeit, sondern das, was einer Gesellschaft an abweichendem Verhalten zugemutet werden könne. An dieser Stelle angelangt, kann man wiederum den Urteilsspruch bestätigen.

Ebenso kann entscheiden, wer der Schuld ohnehin keine rückwärtsgewandte, sondern nur eine prospektive Funktion zuschreibt. Ein Täter ist in dem Maße für schuldig zu befinden, heißt es, wie sein Verhalten erkennen läßt, daß er vielleicht in Zukunft wiederum eine so verhängnisvolle Fehleinschätzung an den Tag legt. Man spricht deshalb von einem präventiven Konzept der Schuld. Gerade im Bereich mangelhafter Vorstellungen über das Verbotensein einer Tat wird es diskutiert, während jemand, der über Tatsachen irrt, wie konstruiert und aspektabhängig sie auch sein mögen, als »rechtstreu« gilt; von ihm sind also nicht ohne weiteres rechtswidrige Taten zu erwarten, daher wird er entschuldigt.

Das präventive Konzept der Schuld ist sehr modern und gewinnt zunehmend Anhänger. Auch diese können sich also mit dem vorliegenden Schuldspruch identifizieren. Denn es ist nicht zu erwarten, daß der Täter, gerade weil er so sicher ist, das Rechte getan zu haben, in Zukunft derlei nicht wieder tun wird. Doch nicht ohne Grund vermutet man in diesem präventiven Konzept der Schuld einen heimlichen Selbstwiderspruch: Nur eine Gesellschaft, welche die konstitutive Bedeutung einer rückwärtsgewandten Vorwerfbarkeitsdiagnose akzeptiere, könne sie präventiv einsetzen. Das, was durch das präventive Konzept ersetzt werden soll, ist mithin zugleich dessen Voraussetzung. Hier erhebt sich also eine Barriere für die Höchststrafe. Denn muß die Vorwerfbarkeit, ehe sie präventiv verwaltet wird, erst einmal festgestellt werden, ist man wieder auf die primären Kriterien angewiesen. Sind dafür die subjektiven Fähigkeiten des Täters entscheidend, so landet man im vorliegenden Fall bei einer Strafmilderung.

Die eindeutige Gutheißung des Urteils unter Hinweis darauf, daß offenbar jetzt endlich mit einer falschen Permissivität Schluß sei, muß sich also entweder auf einen präventiven oder einen objektivierten Schuldbegriff beziehen. Da beide Schuldbegriffe problematisch und mit der Tradition, in der sich der Schuldbegriff allmählich entwickelt hat, nicht leicht vereinbar sind, entsteht ein rechtspolitisches Dilemma. Das muß sich klarmachen, wer jetzt – auf einer neuen Woge von political correctness – frohlockt.

So viel Unsicherheit verlangt nach einer tiefer gehenden Erklärung. Sie ergibt sich, eigentümlich genug, aus dem, was die Juristen Dogmengeschichte nennen, mit der Zuspitzung, daß diese Geschichte offenbar nicht zu Ende gedacht worden ist.

Sogar bei speziellen Delikten tritt das Problem in Erscheinung:

Wer zur Verdeckung einer Straftat einen anderen Menschen tötet, handelt gewiß in einer – wenn auch selbstverschuldeten – »Notlage«. Die Rechtsordnung will davon aber nichts wissen, sondern sieht – im Gegenteil – in diesem Motiv einen Strafschärfungsgrund: Die »einfache« Tötung wird zum Mord. Wer sich aber auf *andere* Weise der Strafe entziehen will, bleibt – selbst wenn er zugleich auch eine weitere schuldige Person begünstigt – straffrei. Diese – ebenfalls verschuldete – Notlage wird also anerkannt. Flieht jemand allerdings nach einem Verkehrsunfall, so wendet sich das Blatt wieder: Wer das tut, schafft damit einen zusätzlichen Grund für eine Bestrafung, haftet nicht nur für den Unfall. Die Gründe, die nach dem Strafgesetzbuch den Ausschlag dafür geben, daß der Täter einmal entlastet, das andere Mal belastet wird, liegen keineswegs auf der Hand. Erst recht nicht, wenn die Argumente frei gefunden werden müssen, weil das Gesetz schweigt: Der Arzt, der einen Sterbewilligen auf dessen Verlangen hin tötet, wird entschuldigt, weil es ihm nicht zumutbar war, anders zu handeln. Den Polizisten hingegen, der, »um das Kind zu retten«, den Entführer foltert, möchte der eine Teil der Gesellschaft entlasten, der andere nicht. Wer in Süditalien jemanden aus Eifersucht tötet, kann mit einer milden Strafe rechnen (divorzio all' italiana). In anderen Ländern gilt Eifersucht womöglich als niedriger Beweggrund und führt zu einer besonders schweren Strafe. »Rassistische« Motive gelten durchweg als straferschwerend, obwohl auch sie häufig durch den

Druck einer Gruppe entstehen oder sich steigern. Die Überzeugungen der gegenwärtig die Welt unsicher machenden Terroristen werden nicht anerkannt. Die Überzeugung dessen, der – ohne daß das geltende Recht einen Rechtfertigungsgrund bereithält – einen Staatsmann tötet, den die westliche Welt für einen Diktator hält, wird anerkannt. »Ehrenmord« im türkischen Milieu wird in Europa verdammt, die Ehre im Duell zu verteidigen indessen war dort lange Zeit ein Grund für die Bagatellisierung einer Tötung.

Durchweg sind es die subjektiven Anteile der Tat, die diese differenzierenden Beurteilungen hervorrufen. Als man persönliche Schuld noch mit diesen subjektiven Merkmalen identifizierte, war es leichter, folgerichtige Entscheidungen zu treffen. Mit der Bewertung dieser subjektiven Anteile – negativ oder positiv – stand oder fiel das Schuld-Urteil. In dem Maße, wie sich die Rechtsprechung – unter dem Einfluß der Wissenschaft – von diesem, wie man auch sagt, psychologischen Schuldbegriff zugunsten eines normativen abwandte, wuchsen die Schwierigkeiten, vor denen wir heute stehen. Als Maßstab für die Bewertungen setzte sich der Gedanke durch, jemand müsse als entschuldigt gelten, wenn er nicht anders handeln *konnte,* als er gehandelt hat. Mangelnde Zurechnungsfähigkeit, Irrtum oder Notstand bildeten bald den abgeschlossenen Kreis der Indizien, ohne daß man gleich wahrnahm, welche zusätzlichen Bewertungen nun fällig wurden. Denn es gibt vermeidbare und unvermeidbare Irrtümer, anerkennenswerte und nicht anerkennenswerte Notstandslagen. Man hätte auf der Basis dieser Einsicht den Anschluß an die als überholt geltenden Kategorien des psychologischen Schuldbegriffs ohne weiteres wieder finden können, denn man konnte ja zu keiner Zeit einen Zweifel daran haben, daß es von der Bewertung dieser psychischen Sachverhalte abhängen muß, ob sie gegen oder für den Täter sprechen. Aber die Ideologie des Anders-handeln-Könnens füllt den allgemeinen Schuldbegriff ganz aus; die vielen – zum Teil eben gegenläufigen – Bewertungen, auf die es ankommt, bleiben unreflektiert. Deshalb provoziert der Urteilsspruch, um dessen Würdigung es hier geht, so widerspruchsvolle Reaktionen.

3.7 Der Darmstädter Fall. Kann eine Resozialisierung jugendlicher Täter gelingen, wenn ihnen zuviel Schuld aufgebürdet wird?

Drei junge Leute – zwischen 14 und 18 – haben schwere, den Umfang von 20-30 cm erreichende Steine von einer über eine Autobahn führenden Brücke geworfen, um damit fahrende Autos zu treffen. Die Steine zerschlugen die Windschutzscheiben, einige Personen wurden schwer verletzt; eine Frau kam zu Tode. Es gibt Fotos; man kann ganz genau sehen, was passiert ist, schrecklich. Die Bevölkerung ist empört, der Werteverfall wird registriert; man erwartet das Urteil. Fällt es nur hoch genug aus, kann alles wieder gut werden. Gerechte Vergeltung, Genugtuung für die Opfer – diese Ziele werden mit großem Ernst beschworen, auf ihre Realisierung richtet sich die Sehnsucht auch der Nachbarn aus der näheren Umgebung und sogar ferner Stehender. Dann *kommt* das Urteil (und wird bald vom Bundesgerichtshof bestätigt). Diejenigen, die befürchtet haben, es werde nun ein »Exempel« statuiert, sind beruhigt; Opfer und Hinterbliebene finden die Strafe etwas zu gering, aber am Ende akzeptabel. Auch die Verurteilten arrangieren sich, sind erleichtert, nachdem es zunächst so aussah, daß man sie zu Teufeln machen werde. Der Fachmann grübelt, ob die Richter mit klugem Instinkt die konsensfähige Mitte getroffen oder die richtige Lösung gefunden haben, und blickt in die Abgründe seiner Profession, wenn er sich bei dem Gedanken ertappt, daß beides dasselbe sein könnte. Gleichviel, die Rechtsordnung scheint »befriedet«.

Aber der Boden schwankt, das Eis ist dünn, das sich über die Sache gezogen hat. Eine Beklommenheit bleibt, und sie liegt auch über der Fernsehsendung, die den vorläufigen publizistischen Abschluß bringt. Der Moderator, der Vater einer Getöteten, ein psychiatrischer Sachverständiger und der Richter, der den Vorsitz geführt hat, sprechen miteinander in einem gleichsam abgedunkelten Klima. Die Gewaltsamkeit, ja logische Fragwürdigkeit der Bilder, die diese Beschreibung begleiten, demonstriert das Unsagbare und die gemischten Gefühle angesichts dieses Tatbestandes.

In dem Gespräch der vier Männer geht es, nachdem der Richter behutsam (vielleicht aber auch geschickt), seine persönliche Anteilnahme mit fachlicher Belehrung verbindend, die unüberschreitbaren Grenzen unseres Jugendstrafrechts dargelegt hat, um die Ursachen der Taten. Waren es die martialischen Computerspiele, mit denen die Jugendlichen ihre Tage verbracht haben, haben diese die Ausübung der Gewalt förmlich herbeizitiert – das ist vor allem das Thema. Die wohl auch naheliegende Frage nach der ghettoartigen Situation der Jugendlichen – Kinder hier noch diensttuender Angehöriger der US-Armee – wird kaum berührt, obwohl sich das *Gericht* damit ausführlich beschäftigt hat. Das Problem, das sich immer stellt, wenn man Anknüpfungstatsachen für eine Straftat benennt – die weite Entfernung der vermuteten Anlässe von der schließlich begangenen Tat, die zahlreichen Vermittlungen, die fixiert werden müßten (bei massenhaften alternativen nicht kriminellen Verläufen), damit das Ergebnis begreiflich wird –, kommt nicht zur Sprache; der Psychiater in der Fernsehrunde sieht umstandslos eine direkte Verbindung zwischen den Computerspielen und der Tat (obwohl doch viele andere das »folgenlos« tun), erwähnt zwar kurz, daß es die Meinung gebe, der spielerische Umgang mit der Gewalt sei ein Vehikel zur Abreaktion womöglich gefährlicher Antriebe, verfolgt die Linie aber nicht weiter, und die anderen Diskussionsteilnehmer interessieren sich auch nicht dafür. Man wünscht einfache Erklärungen – mit Ausnahme des Richters freilich. Der weiß, daß es sie nicht gibt, und seine Mitteilungen und Würdigungen sind von der Melancholie dieses Nichtwissens erfüllt, abgemildert durch beruflich geübte Resignation und vielleicht auch ein wenig Trotz gegenüber den Zumutungen der Omnipotenz, denen er sich dort ausgesetzt sieht, wo man doch nur der Notwendigkeit zu handeln folgen muß. Das ist vielleicht der reifste Standpunkt, reif auch insofern, als jedenfalls nichts davon zu spüren ist, daß Strafe und Bestrafung eine hochkultivierte Leistung der sozialen Ethik sein könnten.

Ist damit alles gesagt? Gewiß nicht. Die Suche nach den Ursachen ist die große Aufgabe, auch wenn man sich nicht darüber täuschen darf, daß die Motivation des Menschen, wie die Kriminologen bei Max Weber nachlesen können, unendlich ist und deshalb im Laufe des Prozesses der Vergewisserung die Abgrenzung zwischen Zuschreibung und Feststellung immer schwieriger wird.

Ebenso dringlich ist die Frage nach dem, was werden soll. Die

Jugendlichen sind eingesperrt; die wenigen Bilder aus den Zellen, die es schon gibt, zeigen, daß sie da sitzen und nichts tun; offenbar kümmert sich niemand um sie, von Berufsausbildung, sozialem Training und anderem hört man nichts, und das entspricht ja auch der allgemeinen Misere auf diesem Gebiet, wobei dem Ganzen die Krone aufgesetzt wird durch die Erfahrung, daß der Zwangsaufenthalt hinter Mauern am Schluß die schlechteren Menschen entläßt. Daß die Jugendlichen in Amerika vielleicht zum Tode oder zu unabsehbarer Verwahrung verurteilt worden wären, ist auch kein Trost; wir sind hier und müssen mit unseren Maßstäben leben.

Diese Hoffnungslosigkeit, in die uns die Kriminologie im allgemeinen, und die soziale Psychologie, Psychiatrie im besonderen, sowie die Vollzugsverhältnisse sinken lassen, könnte indessen – und darauf zielen diese Betrachtungen – ein wenig abgefangen werden durch bessere Jurisprudenz. Unerhört, wird es heißen, das hat noch gefehlt; gerade das Strafrecht versagt hier, das wissen wir längst.

Man muß indessen genauer hinsehen. Durch die Strafe soll der Täter in das soziale Leben zurückgeführt werden. Sind die Täter erwachsen, also zum Zeitpunkt der Tat mindestens 18 oder jedenfalls 21 Jahre alt, gibt es konkurrierende Strafzwecke der allgemeinen und speziellen Abschreckung und auch der – die Resozialisierung beiseite schiebenden – Sicherung. In den Grundlagen ist das alles umstritten; aber das mag hier auf sich beruhen, denn für das Jugendstrafrecht gilt ausschließlich der »Erziehungsauftrag«. Staat und Gesellschaft haben sich entschlossen, der noch so schwachen Aussicht des straffällig gewordenen jungen Menschen auf ein normales, akzeptiertes Leben uneingeschränkt den Vorzug zu geben. Einschüchterung durch Abschreckung ist ein totes Gleis, und das Bedürfnis nach Sicherung ist vielleicht bei jugendlichen Tätern doch eher gering: Es ist müßig, hier weiter zu spekulieren, die Rechtslage ist klar; noch will sie niemand ändern.

Resozialisierung darf nicht Dressur sein, sondern muß auf dem Willen des zu Resozialisierenden aufbauen, ein normales Leben in der Gesellschaft zu führen. Häufig wird gesagt, auf das Motiv komme es nicht an, die bloße Anpassung genüge. Aber gewiß ist, daß am Beginn einer gelingenden Resozialisierung des Täters seine Einsicht in das von ihm begangene Unrecht steht. Die Skala psychischer Zustände, nach denen man dabei forschen muß, ist breit. Sie reicht vom achselzuckenden Anerkennen rechtlicher Vorschriften, die man wohl in diesem Fall vernachlässigt habe, bis zu tiefer moralischer Zerknirschung. Der Kompromiß, den die Rechtsgesellschaft hier eingegangen ist, besteht darin, daß die strafrechtliche Schuld sowohl an der Schwere des verursachten Leides wie an dem Vorwurf, den man dem Täter persönlich machen kann, orientiert ist. Bei Licht besehen haben wir da eine Mischung rechtlicher und ethischer Gesichtspunkte. Die Juristen lassen sich das nicht gern sagen – in der merkwürdigen Verblendung, Recht und Moral seien scharf voneinander zu scheiden.

Strafrechtliche Schuld bedeutet, daß der Täter sittlichen Anforderungen nicht genügt hat. Mit der Antwort auf die Frage, wie man diesen Maßstab legitimieren und konkretisieren könne, sind Bücherwände gefüllt. Auch wenn die letzten Dimensionen der strafrechtlichen Schuld im dunkeln bleiben, kann man Mord (so lautet das Urteil) auf der Basis des Strafgesetzes, der Rechtsprechung und der Literatur einigermaßen verläßlich definieren.

Was das Gericht insoweit an Feststellungen und Bewertungen verantwortet, ist nun identisch mit dem, was der Verurteilte als Grundlage für die von ihm erwartete Bereitschaft hinnehmen muß, die richtigen Maßstäbe für ein Leben mit anderen Menschen zu gewinnen. Eine Resozialisierung, die nicht hier ansetzt, verfehlt den berühmten richtigen Knopf beim Zuknöpfen der Jacke. Wir wissen nicht, wie es mit den Jugendlichen in der Jugendstrafvollzugsanstalt weitergehen wird. Aber wir können wissen, ob das Urteil die Grundlage dafür liefert, daß ein Entwicklungsprozeß überhaupt beginnen kann. Gesetzt, jemand ist offensichtlich als Unschuldiger verurteilt – wer will es wagen, ihn resozialisieren zu wollen? An was in ihm will man appellieren? So liegt es in unserem Fall nicht; von einem im Kern ungerechten Urteil kann keine Rede sein. Aber es könnte Fehler enthalten. Würde schon das heißen, daß aus der Resozialisierung nichts werden kann?

Wer einmal mit Strafgefangenen »gearbeitet« und dabei erfahren hat, wie genau sie immer wieder »ihr« Urteil prüfen und Gründe dafür suchen, daß sie die Strafe (und damit auch die »Zumutung« der Resozialisierung) nicht verdient haben, weiß, daß es hier – durchaus im Sinne des zu erzielenden Effekts – um Feinheiten geht. Der Sozialarbeiter ordnet die entrüsteten Proteste der Gefangenen einem Ensemble von Argumenten zu, die in der Kriminologie zusammengefaßt werden unter dem Begriff der Neutralisierung: Ablehnung der persönlichen Verantwortung durch Verneinung des Unrechts (etwa in Fällen »wirtschaftlicher Grenzmoral« oder mit Blick auf fragwürdiges Verhalten des Opfers oder aus dem Gefühl, diejenigen, die hier zur Verurteilung bereit seien, hätten kein Recht dazu, und ähnliches mehr). Hat man den Leuten die von ihnen gewählte Variante der Neutralisierung ausgeredet – was meistens, nicht immer, einfach ist – beginnt der eigentliche Diskurs. Gelingt es, den Täter wenigstens von der Angemessenheit der ihm widerfahrenen Verurteilung zu überzeugen, ändert sich die Lage. Nicht gerade, daß die Resozialisierungsprobleme jetzt gelöst wären, aber ein Anfang ist gemacht. Allerdings muß man schon genau sein. Liegt eigentlich nur Fahrlässigkeit vor, so kann es einem Gefangenen nicht leichtfallen, nunmehr dem Wunsch der Sozialarbeiter zu folgen, er müsse wegkommen von seiner Neigung, jemanden vorsätzlich zu schädigen. Wirft das Gericht dem Täter Heimtücke vor, so daß es ihn nicht wegen Totschlags, sondern Mordes (bei Erwachsenen lebenslange Strafe) verurteilt, und kann das wegen unvertretbarer Schwächen der Begründung nicht vermittelt werden, ist es wieder so, daß der spezifische Resozialisierungsvorgang, der jetzt einsetzen soll, keinen realen Ausgangspunkt hat.

Das mag alles sehr akademisch klingen und viel zu diffizil. Der Täter ist im Gefängnis, und es soll ein anständiger Mensch aus ihm werden. Genügt das nicht? Nein, es genügt nicht. Wer wegen Betruges eingesperrt wird, soll in der Haft nicht Gewaltvermeidung lernen. Vielleicht ein zu schwieriges Konzept, und es kann am Ende nicht funktionieren; auch insoweit ist die Kritik unüberhörbar. Dann wäre das Gesetz zu ändern, das Parlament müßte sprechen. Solange das nicht geschehen ist, sind unsere Gerichte gehalten, den im Jugendstrafrecht jedenfalls ohne Abstriche zu verwirklichenden Resozialisierungszweck so zu verfolgen, wie es vorgeschrieben ist, und sein Fundament ist nun einmal eine sehr genaue Feststellung des tatbestandlichen Unrechts und der darauf bezogenen Schuld.

Die Andeutungen über Vorsatz und Heimtücke führen mitten hinein in die Problematik des Urteils. Die Angeklagten haben nicht protestiert. Was will man noch weiter? Würde sich für die gesammelten Anstrengungen, ihnen die Chance eines straffreien Lebens zu schaffen, etwas ändern, wenn man sie wissen ließe, daß Heimtücke jedenfalls nicht vorgelegen hat und vielleicht auch nicht ein durchgehender Vorsatz, sondern – was den Eintritt des Todes angeht – »nur« Fahrlässigkeit?

Ich meine, ja; wieder der extreme Fall: Jemand tötet den »Intimpartner« im Affekt oder aus Eifersucht vorsätzlich, und nun sagt das Gericht, es war auch heimtückisch. Der Täter wehrt sich entschieden gegen diese Zuschreibung, so unmoralisch sei er nicht. Aber wenn die Heimtücke im Urteil steht, muß das im Vollzug der Resozialisierung eine Rolle spielen. Für den Täter eine Absurdität.

Die jugendlichen Täter im Darmstädter Fall sind erschüttert von dem, was sie getan und angerichtet haben. Aber müssen sie sich als Mörder fühlen, um den richtigen Ausgangspunkt zu gewinnen für ihre »Heilung«? Wem schadet es schon, sich etwas schuldiger zu fühlen, als er eigentlich muß, könnte man einwenden. Bei sehr schweren Vorwürfen ist dieser Schaden aber durchaus zu befürchten. Selbststigmatisierungen, denen man nicht mehr gewachsen ist, können sich einstellen. Auch wer besonders an der Genugtuung interessiert ist, die das Opfer durch die Bestrafung des Täters erfahren soll, dürfte sich mit der Auslösung solcher Entwicklungen nicht abfinden. Denn Täter, deren Resozialisierung nicht gelingen kann, weil man nicht den richtigen Ansatzpunkt dafür gewählt hat, bleiben gefährlich für die zukünftigen Opfer. Resozialisierung ist also die beste Kriminalpolitik auch für Opfer; der Gegensatz, der hier gelegentlich konstruiert wird – entweder man ist für die Täter (im Sinne ihrer Resozialisierung) oder für die Opfer – ist eine Milchmädchenrechnung. In der erwähnten Sendung hat das der Vater der getöteten jungen Frau sehr wohl verstanden. Er schildert die Gefahren für die zukünftigen Opfer, fordert mehr Umsicht, Intensität und Sorgfalt in der allgemeinen Erziehungspolitik. Aber auch weiter gehende Genugtuungsinteressen stehen und fallen mit der genauen Bezeichnung der Schuld des Täters. Dem Opfer soll gezeigt werden, daß es nicht in ein – vielleicht sogar selbstverschuldetes – Unglück geraten ist, sondern daß andere daran schuld sind. Das hat aber nur Sinn, wenn exakte Feststellungen getroffen werden. Pauschale Verdammungen des Täters können dem Opfer nicht helfen.

Wahrscheinlich hat die Unruhe, mit der viele Menschen den Darmstädter Fall und seine juristische Behandlung beobachten, vor allem in den offen gebliebenen juristischen Fragen ihren – verborgenen – Grund. Aufklärungsbedürftig ist zunächst, weshalb das Gericht den Tätern vorwirft, billigend in Kauf genommen zu haben, daß es zu Todesfällen kommen werde. Das ist die von der Rechtsprechung entwickelte Formel für bedingten Vorsatz. Kann sie auf diesen Fall angewendet werden, so ist er im Prinzip (beim Strafmaß mag es Unterschiede geben) genauso zu bewerten wie eine absichtliche Tötung. Es hängt also wirklich viel daran, daß die Formel hier gilt und die Sachverhalte, auf die sie gemünzt sind, genau ermittelt sind.

»Billigend in Kauf nehmen«, das ist so sehr die Sprache der Erwachsenen, daß dafür eine Entsprechung in der Sprache von Jugendlichen nicht leicht zu finden ist. Freilich braucht auch der Erwachsene die *juristischen* Voraussetzungen für die Annahme, daß eine Straftat verwirklicht ist, nicht zu kennen. Man hilft sich da seit langem mit einer weiteren Formel: die »Parallelwertung in der Laiensphäre« entscheidet. Aber das kompliziert die Sache für den Jugendlichen. Um zu erfahren, was ihn ihm vorgegangen ist, müssen wir zwei Operationen vornehmen. Einmal ist die Übersetzung in die Laiensphäre des Erwachsenen erforderlich und dann der jugendliche Ausdruck für diese Laiensphäre zu finden. Es fragt sich, was schwieriger ist: zunächst den ersten Schritt tun oder gleich – im Sprung sozusagen – den bedingten Vorsatz vom juristischen Begriff in den *jugend*gemäßen Laienbegriff überführen. Gemessen an der Überzeugungskraft, welche die Begründung der Zurechnung einer Tat für den Jugendlichen enthalten soll, damit er die Einsicht in das von ihm begangene Unrecht gewinnen kann, ist der Weg, der von der juristischen Formel des bedingten Vorsatzes zurückgelegt werden muß, bis man bei den emotionalen und kognitiven Fähigkeiten eines Jugendlichen anlangt, zu unübersichtlich. Ein Gericht, das die große Verantwortung auf sich nimmt, Jugendliche für schwere Straftaten lange Zeit hinter Gitter zu schicken, ist an dieser Stelle überfordert. Auch die auf den Jugendlichen zugeschnittene Beschreibung der Voraussetzungen für die allgemeine strafrechtliche Verantwortlichkeit kann hier nichts überbrücken. Es geht ja gerade um die für die ganz bestimmte Straftat typische Motivation.

Was hätte das Gericht bei dieser wenig Spielraum lassenden Sachlage tun können, um mit den Feststellungen zur subjektiven Tatseite wenigstens möglichst nah an die Realität heranzukommen? Da die Jugendlichen, was den objektiven Tatbestand angeht, geständig waren, konnte das Gericht durchaus die Hoffnung haben, durch detaillierte und umsichtige Fragen Einzelheiten über ihre Vorstellungen bei der Tat zu erfahren. Mit der gelehrten Formel für den bedingten Vorsatz im Kopf waren die Richter zu stark vorprogrammiert. Zweckmäßig wäre wohl die induktive Methode gewesen: eine Ergründung der inneren Zustände ohne bereitgehaltene Schublade. Dergleichen scheint das abstrakte Recht freilich nicht zuzulassen; man findet es im Leben nur durch intensive Kommunikationen und in der Literatur als Intuition des Schriftstellers (längst gibt es ja die Idee, das Recht könne mit Hilfe der Literatur verfeinert werden).

Für die Gerichte ist das nichts. Wenn sie sich der Feststellung eines Sachverhaltes nicht gewachsen fühlen, dürfen und müssen sie jedoch auf den *Sachverständigen* zurückgreifen, den unsere Prozeßordnungen fest etabliert haben. In Jugendstrafverfahren werden ohnehin immer Sachverständige bemüht. Sie nehmen aber nur zum Werdegang des Jugendlichen und zu seiner allgemeinen strafrechtlichen Verantwortlichkeit Stellung; denn nach etwas anderem werden sie nicht gefragt. Das muß nicht so sein. Die Anhörung eines Sachverständigen ist nach dem geltenden Strafprozeßrecht keineswegs auf bestimmte Fragen beschränkt. Verfügt das Gericht nicht selbst über die nötige Sachkunde auf einem bestimmten Gebiet, so muß der Antrag auf Erhebung eines Sachverständigenbeweises zugelassen werden. Wird ein solcher Antrag nicht gestellt, so kann das Gericht auch von Amts wegen mit Blick auf die mangelnde eigene Sachkunde den entsprechenden Sachverständigenbeweis erheben.

Verteidigung und Gericht haben in dem vorliegenden Fall an diese Möglichkeit nicht gedacht. Sie lag aber nahe. Die Jugendlichen haben, vor allem in den Gesprächen mit ihren Verteidigern, immer wieder bekundet, es sei ihnen nur um die Beschädigung der Autos gegangen. Das Gericht hat sich große Mühe gegeben, ihnen nachzuweisen, daß sie wußten, es seien Menschen in den Autos. Natürlich wußten sie das; hier liegt das Problem gar nicht. Es beginnt vielmehr mit der vom Gericht gezogenen Folgerung, wer gezielt auf Autos schwere Steine werfe und wisse, daß Menschen darin sitzen, nehme deren Tod – jetzt kommt wieder diese Formel – billigend in Kauf. Nichts in den Äußerungen der Jugendlichen läßt darauf schließen, daß sie diesen Schritt in ihrem Innern gemacht haben.

An dieser Stelle beginnt die Zuschreibung der Erwachsenen: Es kann ja nur so gewesen sein. Aber die jugendliche Psychologie ist anders. Das Gericht hätte daher diesen Wechsel auf das Unbekannte nicht ziehen dürfen, sondern versuchen müssen, es mit Hilfe der Sachverständigen aufzuhellen. Dann hätte sich ergeben können, daß die Jugendlichen zwar wohl mit Verletzungen, aber nicht mit dem Tod der Menschen operiert haben. Juristisch hätte das bedeutet, daß man den Jugendlichen eine schwere (vorsätzliche) Körperverletzung mit fahrlässiger Todesfolge – dafür gibt es einen speziellen Tatbestand – hätte zurechnen können. Das ist keine Kleinigkeit. Nach Erwachsenenstrafrecht darf die Freiheitsstrafe bei diesem Delikt nicht unter drei Jahren sein. Im Jugendstrafrecht gilt dieser spezielle Strafrahmen zwar nicht; ausschlaggebend ist, ob schwere Schuld vorliegt, doch spielt der Deliktstyp selbstverständlich indirekt eine Rolle.

Für die Resozialisierung jedenfalls kommt es darauf an, daß die Jugendlichen die Konsequenzen aus derjenigen Verantwortung zu ziehen versuchen, die das Gericht ihnen gerechterweise auferlegen darf. *Wenn* sie den Tod der Fahrzeuginsassen *nicht* billigend in Kauf genommen haben, sondern nur die Verletzungen, und ihnen für den Tod Fahrlässigkeit zur Last fällt, hat das Darmstädter Urteil nicht den richtigen Anknüpfungspunkt für die Resozialisierung geliefert.

Hätte das Gericht vorsätzliche Körperverletzung mit fahrlässiger Todesfolge angenommen, so wäre allerdings der Weg für die Bestrafung wegen Mordes versperrt gewesen: Mord setzt eine mindestens bedingt vorsätzliche Tötung voraus. Man kann darüber spekulieren, ob das Gericht von vornherein Hemmungen hatte, mit Blick auf die aufgebrachte Bevölkerung, die Mordanklage zurückzuweisen. Aber indem es die Frage, ob sogar Mord vorlag, mit »ja« beantwortete, setzte es sich jedenfalls nicht nur über die Schwierigkeiten des bedingten Vorsatzes bei Jugendlichen hinweg, sondern auch darüber, daß die Merkmale, die eine vorsätzliche Tötung zum Mord machen, ebenfalls besonders problematisch sind, wenn der Täter ein Jugendlicher ist.

Mord liegt unter anderem vor, wenn der Täter heimtückisch handelt. Heimtückisch handelt, wer die Arg- und Wehrlosigkeit des Opfers in feindseliger Willensrichtung ausnutzt. Nach wie vor ist streitig, ob man statt feindseliger Willensrichtung nicht eher den

Mißbrauch einer Vertrauensbeziehung oder das Vorliegen einer besonderen Verwerflichkeit fordern sollte. Aber lassen wir das einmal dahingestellt und beschränken uns auf »Ausnutzung der Arg- und Wehrlosigkeit«. Das bedeutet zunächst, daß in der jugendlichen Laiensphäre Platz sein muß für die Wahrnehmung von Arg- und Wehrlosigkeit. Hier melden sich vielleicht noch keine Zweifel, wohl aber bei dem nächsten Merkmal: Ausnutzen. Das Ausnutzen muß ja mit Bezug auf die Tötung geschehen. Das kann man, wenn die Tötung nur bedingt vorsätzlich ist, keineswegs ohne weiteres begreifen. Das Gericht hätte prüfen müssen, ob sich in den Köpfen der Jugendlichen der Gedanke, den Tod der in den Autos sitzenden Menschen billigend in Kauf zu nehmen, mit dem Bestreben verbunden hat, diesen Ablauf dadurch zu ermöglichen, daß die Menschen arg- und wehrlos waren – ein sehr komplexer, nur tiefdringender jugendpsychologischer Analyse zugänglicher Vorstellungsinhalt. Würde ein Gericht sich wirklich etwas vergeben, auch hier die eigene Sachkunde zu verneinen?

Es bleibt die Frage, ob es Sachverständige gibt, die auf diesem Gebiet wirklich besser Bescheid wissen. Intensive einschlägige Erfahrungen kann man in den Kreisen der in Betracht kommenden Sachverständigen sicher nicht vermuten, weil sie insoweit bisher nicht herausgefordert werden. Käme es aber dazu, würde sich bald die entsprechende Kompetenz einstellen. Die Krise, die der Darmstädter Fall im Bewußtsein vieler Juristen ausgelöst hat und das Gericht in sichtbarer Betroffenheit zurückläßt, hat am Ende auch ihr Gutes. Sie lenkt den Blick auf übersehene Probleme, deren Lösung keineswegs aussichtslos erscheint, wenn man nur den Mut hat, die Routine hinter sich zu lassen und neue, keineswegs unauffindbare Wege zu beschreiten.

3.8 Die ewige Versuchung des Täterstrafrechts. Das Verhalten im Strafvollzug als Voraussetzung für vorbehaltene oder nachträgliche Sicherungsverwahrung

Frühe Gesellschaften wehren sich gegen massive Angriffe auf Leben und körperliche Unversehrtheit durch Opfer an die Gottheit, Blutrache und kompensierende Forderungen an den Schädiger. Fortgeschrittene Gesellschaften entdecken die Schuld, erweitern, intensivieren und begrenzen damit die strafrechtliche Haftung. Zivilisierte moderne Gesellschaften zweifeln nicht an der Bedeutung der Schuld, wollen aber – durch sozialpsychologische und genetische Forschungen ernüchtert und ermutigt – darüber hinaus das Zweckmäßige, und das kann auch schuldunabhängige Sicherungsverwahrung sein. Das schlechte Gewissen, das die Abkehr vom Schuldprinzip schafft, bestimmt die Diskussion ebenso wie die Beschwörung der Gefahr, die beispielsweise von »Triebtätern« ausgeht. Daraus ist der Kompromiß hervorgegangen, der Sicherungsverwahrung nur durch das Nadelöhr der Schuld für einzelne Taten Eingang in den Betrieb der Strafverfolgung zu gewähren. Demgemäß kann nach § 66 Abs. 1 Ziff. 3 StGB, wenn die Gesamtwürdigung des Täters und seiner Taten ergibt, daß er infolge eines Hangs zu erheblichen Straftaten für die Allgemeinheit gefährlich ist, das Gericht die Sicherungsverwahrung anordnen, sofern er wegen einer vorsätzlichen Straftat zu einer Freiheitsstrafe von mindestens zwei Jahren verurteilt wird.

Diese Verbindung ist jetzt partiell entfallen. § 66a StGB[1] und § 66b StGB[2] sehen – unter im wesentlichen gleichen Voraussetzungen – eine zunächst vorbehaltene, spätere Sicherungsverwahrung und die nachträgliche Anordnung der Sicherungsverwahrung[3] vor. Abge-

1 Eingeführt durch Gesetz vom 21. 8. 2002.

2 Eingeführt durch Gesetz vom 23. 7. 2004.

3 Diesen Regelungen sind Vorschläge auf landesrechtlicher Basis vorangegangen, die aber am Einspruch des Bundesverfassungsgerichts scheiterten, BVerfG, *Neue Juristische Wochenschrift* (2004), S. 750 (dazu Jörg Kinzig, »An den Grenzen des Strafrechts: Die Sicherungsverwahrung nach den Urteilen des BVerfG«, in: *Neue Juristische Wochenschrift* (2004), S. 911 ff.); kritisch dazu bereits Ernst-Walter Ha-

stellt wird vor allem auf »die Entwicklung während des Strafvollzugs«. Damit ist nicht nur ein für die Strafe, sondern auch für Maßnahmen geltender Grundsatz aufgegeben. Anknüpfungspunkt für die ungünstige Prognose kann jetzt auch, wenn – nach einer Verurteilung wegen ganz bestimmter Delikte[4] – die nach § 66 StGB vorausgesetzten Taten und eine Gesamtwürdigung des Täters nicht ausgereicht haben, ein sich nicht in einzelnen Straftaten manifestierendes Verhalten sein.[5] Zwar läuft die schon nach § 66 StGB zulässige Gesamtwürdigung des Täters auch auf eine Aussage hinaus, die sich nicht auf die Wiedergabe der Urteilsgründe beschränkt. Aber die abgeurteilten *Taten* sind das Material. Diesen Rubikon des Tatstrafrechts[6]

nack, »Nachträgliche Anordnung von Sicherungsverwahrung«, in: *Festschrift für Peter Rieß*, Berlin/New York 2002, S. 709 ff.; Dorothea Rzepka, »Sicherheits- statt Rechtsstaat – Überblick und Anmerkungen zu bundes- und landesrechtlichen Konzepten einer nachträglichen Sicherungsverwahrung«, Teil 2, in: *Recht und Psychiatrie* (2003), S. 191 ff. Ein Beleg dafür, daß bei diesen Vorschlägen offenbar überhaupt nicht daran gedacht worden ist, vielleicht noch eine Art nachträglicher Fixierung von Taten zu versuchen, sind die seinerzeit vorgeschlagenen Zuständigkeitsregeln. Nicht das erkennende Gericht, sondern die Strafvollstreckungskammer sollte zuständig sein für die nachträgliche Feststellung der Notwendigkeit einer Sicherungsverwahrung. Spätestens an dieser Stelle hätten die Befürworter der Entwürfe eigentlich erkennen müssen, was sie planen.

4 Bei § 66a StGB sind es die in § 66 Abs. 3 StGB aufgeführten Delikte, bei § 66b StGB die in Abs. 1 dieser Vorschrift genannten Delikte.

5 Daran ändern auch die Empfehlungen einer restriktiven Auslegung nichts, die das BVerfG (Fn. 3) ausgesprochen hat; dazu Franz Streng, »›Erkennbar gewordene Tatsachen‹ und rechtsstaatliche Anforderungen an nachträgliche Sicherungsverwahrung«, in: *Strafverteidiger* (2006), S. 92 ff. (93), mit Nachweisen weiterer Rechtsprechung und Literatur; kritisch ferner Hendrik Schneider, »Die Kriminalprognose bei der nachträglichen Sicherungsverwahrung«, in: *Strafverteidiger* (2006), S. 99 ff.; Frank Zschieschack/Ingo Rau, »Die nachträgliche Sicherungsverwahrung in der aktuellen Rechtsprechung des BGH«, in: *JuristenZeitung* (2006), S. 895; Susanne Folker, »Die nachträgliche Sicherungsverwahrung in der Rechtsanwendung«, in: *Neue Zeitschrift für Strafrecht* (2006), S. 427 ff.; Hauke Brettel, in: *Strafverteidiger* (2006), S. 64 ff.; besonders restriktiv jetzt BGH, in: *Strafverteidiger* (2006), S. 67 ff.; s. ferner: BGHSt, in: *Neue Zeitschrift für Strafrecht* (2006), S. 154 ff.; OLG Erfurt, Entscheidung vom 27. 2. 2006 (140 Zs 60037/00-3 KIs jug); Thüringer OLG, Beschluß vom 13. 6. 2006 (I Ws 193/06); zum Ganzen auch Stephan Barton (Hg.), *»... weil er für die Allgemeinheit gefährlich ist«, Prognosegutachten, Neurobiologie, Sicherungsverwahrung*, Baden-Baden 2006.

6 Generell dazu kürzlich: Hans Joachim Hirsch, »Tatstrafrecht – ein hinreichend beachtetes Grundprinzip?«, in: *Festschrift für Klaus Lüderssen*, Baden-Baden 2002, S. 253 ff.

übersteigt die Grundregel der Sicherungsverwahrung, § 66 StGB, nicht.

Ein konsequent spezialpräventiv orientierter Gesetzgeber hingegen könnte auf die Idee kommen, an die Stelle der Taten ein mehr oder weniger abgrenzbares Gesamtverhalten zu setzen, weil empirisch das Gesamtverhalten vielleicht die bessere Basis für Diagnose und Prognose im Rahmen eines präventionsorientierten Sanktionsrechts abgibt.

Tatsächlich hat man schon Ende des 18. Jahrhunderts überlegt, ob es ein nach diesem Zweck aufgebautes System der Straftaten geben könne. Die Idee ging von jener radikal empirisierenden Richtung – im Rahmen dessen, was man später vormarxistischen Materialismus genannt hat[7] – aus, die sich gegen das Kant-Feuerbachsche Konzept wandte, angeführt von dem späteren hessischen Staatsminister Grolman, ist aber ganz schnell sozusagen technisch gescheitert. Grolmans Ausgangspunkt[8] ist, daß Strafe nur zukunftsorientiert sein kann. Es geht darum, daß die Gerichte die Gefährlichkeit des Täters erkennen. Zunächst wird zwar konstatiert, daß »die willkürlich unternommene *böse That* der sicherste und unwiderleglichste Zeuge des vorhandenen bösen Willens sei«.[9] Aber das ist doch eher ein pragmatisches Zugeständnis. Die Phantasien über die »Möglichkeit einer Strafgesetzgebung nach der Präventionstheorie«[10] gehen weiter. Grolman spricht von der »Verbindlichkeit, die Gesinnung des Verbrechers zur Bestimmung der Grenze für die von uns nothwendig anzuwendenden Zwangsmittel zu beurtheilen«.[11] Die Spekulation geht dahin, daß, wenn die

7 S. Friedrich Albert Lange, *Geschichte des Materialismus und Kritik für eine Bedeutung in der Gegenwart*, Iserlohn 1887, S. 238 ff.; Fritz Valjavec, *Geschichte der abendländischen Aufklärung*, Wien/München 1961, S. 107 ff.; Arsenij Wladimirowitsch Gulyga, *Der deutsche Materialismus am Ausgang des 18. Jahrhunderts*, Wien 1966; Otto Finger, *Von der Materialität der Seele, Beitrag zur Geschichte des Materialismus und Atheismus im Deutschland der 2. Hälfte des 18. Jahrhunderts*, Berlin 1961; Gottfried Stiehler (Hg.), *Beiträge zur Geschichte des vormarxistischen Materialismus*, Berlin 1961.

8 Karl Ludwig Wilhelm von Grolman, *»Über die Begründung des Strafrechts und der Strafgesetzgebung« nebst einer Entwicklung der Lehre von dem Maßstabe der Strafen und der juridischen Imputation*, 1799.

9 Ebd., S. 83.

10 Ebd., S. 118.

11 Ebd., S. 125.

Handlung noch nicht den Schluß auf eine besondere Gefährdung zuläßt,[12] »dennoch durch die ganze Handlungsweise die Überzeugung erweckt« werden kann, daß die Gefährlichkeit »dieses Menschen eine tief eingewurzelte, die illegale Maxime ein festes Gesetz für sein Handeln geworden sei«.[13] Folgerichtig wird erwogen, daß Taten, aus denen keine Gefahr für die Zukunft hergeleitet werden können, auch keine Strafe begründen dürfen.[14] Dementsprechend heißt es, daß die Fälle angegeben werden müssen, »in welchen aus der bestimmten Tat gar kein Schluß auf eine illegale Gesinnung gezogen, mithin eine juridische Imputation als aufgehoben betrachtet werden sollte«.[15] Dennoch heißt es schließlich, wenn es darauf ankomme, »jeden Einzelnen der hier denkbar objektiv erschienenen Fälle namhaft zu machen und die durch denselben notwendig gemachte Strafe zu bestimmen, so könnten wir [...] von dem Unternehmen, ein vollkommenes Strafgesetzbuch nach den Präventionstheorien zu entwerfen, abstehen«. Einen Satz weiter heißt es dann wieder: »Aber noch ist nichts verlohren.«[16] Aber dabei bleibt es, eine Aufstellung von Tätertypen kommt nicht zustande.

Neue naturwissenschaftliche Impulse in der zweiten Hälfte des 19. Jahrhunderts belebten die Frage nach einem Täterstrafrecht wieder. Als Ergebnis der um die Wende vom 19. zum 20. Jahrhundert leidenschaftlich und materialreich geführten Auseinandersetzungen zwischen klassischer und soziologischer Strafrechtsschule hat sich dann aber doch mit von Liszt die Einsicht durchgesetzt, daß das Tatstrafrecht die unübersteigbare Schranke einer präventionsorientierten Kriminalpolitik bleiben muß.

Ein dritter Anlauf kam mit den Nationalsozialisten. Im Umkreis der Diskussionen über das Gesetz gegen gefährliche Gewohnheitsverbrecher entstand die Lehre vom Tätertyp, wonach – jedenfalls bei bestimmten Delikten, etwa »Zuhälterei« wurde auch hierher gerechnet – nicht eine einzelne Tat, sondern ein Habitus gleichsam den Ausschlag geben sollte.[17] Dabei wurde ein kriminologischer

12 Grolman spricht von »Verwilderung«.

13 Ebd., S. 144 f. Dort wird auch klar, daß »Verwilderung« und »Gefährlichkeit« für die Zukunft mehr oder weniger synonym benutzt werden.

14 Ebd., S. 136.

15 Ebd., S. 178 f.

16 Ebd., S. 171

17 Gründliche Darstellung bei Paul Bockelmann, *Studien zum Täterstrafrecht*, Ber-

und ein normativer Tätertyp entwickelt.[18] Als Gegenstand möglicher Regelung interessiert nur der normative Tätertyp, obwohl dabei natürlich der Stoff, der im Zuge der Erforschung des kriminologischen Tätertyps zusammengetragen wird, Einfluß entfaltet. Ein konsequentes neues System, das am Ende sogar den Gedanken einbezogen hätte, daß die Lehre vom Tätertyp seinerzeit auch geeignet schien und von ihren Urhebern nicht zuletzt in diesem Sinne intendiert war, untypische Taten zu exkulpieren,[19] ist daraus nicht geworden.

Nach dem Ende der NS-Herrschaft war das alles erneut vorbei.[20] Allerdings wurden die Vorschriften über die Sicherungsverwahrung nicht aufgehoben, und es blieb auch bei der tätertypischen Formulierung des § 211 StGB, obwohl oder weil die Definition des Mörders dann doch tatbezogen war.

Seit kurzem indessen gibt es erneute Anstrengungen, die Tatorientierung durch die Täterorientierung zu ersetzen. Gemeint ist die von der modernen Hirnforschung vorgetragene These, einzelne zurechenbare Taten könne es gar nicht geben, wenn der dafür erforderliche freie Wille fehle. In Wirklichkeit habe man es nur mit langfristig eingeübten Verhaltensweisen zu tun, bei deren Sozialschädlichkeit entsprechende langfristige und nicht fallbezogene Konsequenzen zu ziehen seien.

Einige Hirnforscher meinen freilich, daß sie die »Sorgen [...] zerstreuen« können, die ihre Grundthesen bei den Juristen ausge-

lin 1939/1940; s. dazu die Besprechung von Karl Engisch, *Zeitschrift für die gesamte Strafrechtswissenschaft* 61 (1942), S. 166 ff.

18 Instruktiv die Darstellung bei Claus Roxin, *Strafrecht. Allgemeiner Teil*, 1. Band, 4. Aufl., München 2006, S. 181 ff.

19 Den entscheidenden Vorstoß versuchte Georg Dahns, *Der Tätertyp im Strafrecht*, Leipzig 1940; hierher gehört auch die Lehre von der Lebensführungsschuld, die Edmund Mezger entwickelt hat, dessen nationalsozialistische Grundhaltung kürzlich von Muòoz Conde in einer weit beachteten Monographie (*Edmund Mezger y el derecho penal de su tempo*, Valencia 2003) herausgearbeitet worden ist.

20 Übersichtliche Zusammenstellung aller Argumente gegen täterstrafrechtliche Erwägungen für die in dieser Zeit in Angriff genommene große Strafrechtsreform bei Paul Bockelmann, »Wie würde sich ein kongruentes Täterstrafrecht auf ein neues Strafgesetzbuch auswirken?«, in: *Materialien zur Strafrechtsreform*, 1. Band 1954, S. 29 ff. Zur jüngeren Geschichte der Sicherungsverwahrung: Arthur Kreuzer, »Nachträgliche Sicherungsverwahrung – rote Karte für gefährliche Gefangene oder für den rechtsstaatlichen Vertrauensschutz«, in: *JuristenZeitung* (2006), S. 145 ff.

löst haben. Aber die Argumente, die vor allem Wolf Singer mit dieser Absicht vorträgt,[21] bewirken das Gegenteil.

Strafe soll sich »nicht an der Schwere der subjektiven Schuld allein orientieren«,[22] sondern »an der Normabweichung des Handelnden und damit an der Andersartigkeit seiner Hirnfunktionen«,[23] schreibt Singer. Wenn die »Hirnarchitektur des Delinquenten so ausgelegt«[24] sei, daß sie zwangsläufig zu »der fatalen strafwürdigen Entscheidung«[25] führe, der Delinquent also »über eine neuronale Ausstattung« verfüge, die »ihn zur Regelüberschreitung mehr« disponiere, »als im Durchschnitt zu erwarten wäre«,[26] müssen die Sanktionen entsprechend schwer ausfallen.

Hirnfunktionen, neuronale Ausstattung, Hirnarchitektur – das heißt, es muß gemessen werden. In den Scanner also mit dem Verdächtigen. Aber wer ist das? Ziel der Ermittlungen sind nach diesem Konzept nicht aktuelle Taten, sondern Dauerzustände, deren Latenz jeden verdächtig macht. Und die Folgen? Einsperren wäre nichts als Sicherung, müßte daher unbegrenzt sein. Schrecklich. Näher läge Behandlung. Neuronales Training? Hier muß man an den Film »Clockwork Orange« denken. Oder chirurgische Eingriffe? Das kennen wir aus »Einer flog über das Kuckucksnest«. Horrorfilme.

Vor diesen Assoziationen bewahrt sich Singer durch einen Kunstgriff. Er okkupiert die konventionelle Terminologie der Zuschreibung von Verantwortung für sein neues Programm. Wer sonst, heißt es, »als das handelnde Individuum könnte die Tat verantworten«, und das Wort *Strafe* wird gerettet durch den Hinweis, daß wir ja auch unsere Kinder, »denen wir die Schuldfähigkeit absprechen«, bestrafen.[27]

Man könnte dieser Position mit einer Wendung ins Archaische – Ödipus, der nichts wußte, galt als schuldig – eine gewisse Würde verschaffen, wenn Singer uns den notorischen Zugriff auf

21 »Grenzen der Intuition: Determinismus oder Freiheit?«, in: *Festschrift für Dieter Simon*, 2005, S. 519 ff. (531).

22 Ebd., S. 536.

23 Ebd., S. 537

24 Ebd., S. 535

25 Ebd., S. 535.

26 Ebd., S. 536.

27 Ebd., S. 536.

die »höheren Primaten«, bei denen das Bedürfnis feststellbar sei, »Delinquenten nicht ungeschoren davon kommen zu lassen«, erspart hätte.[28] Denn er interpretiert dieses Phänomen ganz ernsthaft als eine »Verhaltensdisposition, die altruistic punishment genannt wird und wohl auch uns Menschen zu Sanktionen motiviert«,[29] und empfiehlt, man solle sich doch wenigstens im »akademischen Bereich« in diesem Sinn verständigen, auch wenn es zweckmäßig sein könne, »im Rechtsalltag und im Selbstverständnis der Gesellschaft an dem Begriff ›Freiheit‹, ›Schuld‹ und ›Strafe für Schuld‹ festzuhalten, weil jeder, der in unserem Kulturkreis erzogen wurde, damit zwar vage, aber zumindest konsensfähige Inhalte seiner Selbsterfahrung benannt« finde.[30]

Was da an Konsens zusammenkommt, ist aber nach den Erkenntnissen der modernen Hirnforschung gerade das Resultat massiver Selbsttäuschungen. Darüber geht Singer (die eigenen Behauptungen desavouierend) hinweg – mit Konzessionen an alltägliche Beobachtungen, deren Relevanz im Kontext seiner Forschungen nicht einleuchtet und die nicht einmal plausibel sind. Der Vorgang wiederholt sich, wenn es heißt, daß die Deliberationsprozesse, wären sie nicht determiniert, »lediglich die Folge alleatorischer Zustandsänderungen« sein könnten. »Ein Organismus, der so Entscheidungen trifft, würde am Leben scheitern.«[31] Das ist leider nichts weiter als eine Geste. Denn das Leben ist eine große Unbekannte, und das Scheitern auch. Wann weiß man, und unter welchen Voraussetzungen kann wer wissen, daß dieser (Miß-)Erfolg eingetreten ist? Die Fülle der Wertungen, die hier fällig werden und hoffnungslos kontrovers bleiben, ist gar nicht zu ermessen.

Die gleichen Einwände tauchen auf, wenn von strafender Erziehung die Rede ist. Die »Hirnarchitektur« des Kindes soll so geprägt werden, »dass es später Entscheidungen treffen wird, die mit den sozialen Normen der Gesellschaft, in welche es integriert werden soll, konform sind«.[32] Indessen bilden diese Normen keineswegs einen feststehenden monolithischen Block, sondern sind differenziert und umstritten; oft besteht die günstige Entwicklung eines

28 Ebd., S. 536 f.
29 Ebd., S. 537
30 Ebd., S. 537 f.
31 Ebd., S. 533.
32 Ebd., S. 536.

Kindes gerade darin, daß es sich von den Normen, die für seine Eltern verbindlich sind, kreativ löst. Singer apostrophiert ohne weiteres »fehlerhaft verlaufene Entwicklungs- und Prägungsprozesse und die ungenügende oder falsche Einschreibung von Lerninhalten«.[33] Wer entscheidet hier nach welchen Kriterien, was falsch oder richtig ist? Mit Selektion und Arterhaltung, Anpassung oder wie immer die klassischen evolutionsbiologischen Parameter lauten, ist es ja, selbst wenn man sie – wofür wenig spricht – hier einsetzt, nicht getan. Die Kultur der Menschen ist ein Vielfaches davon, unendlich verzweigt, und immer wieder subtilen Kommunikationsprozessen unterworfen.

Vielleicht ist Singers zurückhaltende Wahrnehmung des Sozialen »Bestandteil eines naturalistischen Weltbildes, das sich einer spekulativen Deutung naturwissenschaftlicher Erkenntnisse«[34] verdankt und deshalb Sozial- und Geisteswissenschaftliches vernachlässigt. Jedenfalls setzt sich Singer nicht damit auseinander, was in den für die Beschäftigung mit abweichendem Verhalten, Delinquenz, Verbrechen speziell zuständigen Disziplinen verhandelt wird. Wenn er beispielsweise hervorhebt, daß das Strafmaß trotz des »gleichen Versehens« unterschiedlich ist, je nachdem, ob beim Überfahren einer roten Ampel jemand getötet wird oder nicht,[35] so entgeht ihm, daß die Strafrechtswissenschaft das Problem ganz anders löst.

Nur Handlungen können verboten werden, nicht Erfolge. Werden diese dennoch als zusätzliche objektive Bedingung der Strafbarkeit in die Rechnung, die dem Täter präsentiert wird, einbezogen, so sind Begründungen jenseits dessen, was wir Verbotsmaterie nennen, erforderlich. Sie liegen in einem komplizierten

33 Ebd., S. 536.

34 Jürgen Habermas, »Freiheit und Determinismus«, in: *Deutsche Zeitschrift für Philosophie* (2004), S. 871 ff. (871); dazu ferner (jeweils mit weiteren Nachweisen): Klaus Lüderssen, »Das Subjekt zwischen Metaphysik und Empirie. Einfluß der modernen Hirnforschung auf das Strafrecht?«, in diesem Band, S. 51; Klaus Günther, »Hirnforschung und strafrechtlicher Schuldbegriff«, in: *Kritische Justiz* (2000), S. 116 ff.; Ernst-Joachim Lampe, »Willensfreiheit und strafrechtliche Unrechtslehre«, in: *Zeitschrift für die gesamte Strafrechtswissenschaft* (2006), S. 1 ff.; Heinrich Amadeus Wolff, »Die Willensfreiheit und die Grundrechte«, in: *JuristenZeitung* (2006), S. 925 ff.

35 Wolf Singer, »Grenzen der Intuition: Determinismus oder Freiheit?«, in: *Festschrift für Dieter Simon*, Frankfurt/M 2005, S. 537.

Netz kriminalpolitischer Erwägungen, zu denen auch gehört, daß Unrecht und Strafe Ausnahmecharakter haben. Würde jede Übertretung eines strafrechtlichen Verbotes ohne Rücksicht darauf, ob jemand dabei zu Schaden gekommen ist, bestraft werden, verlöre die Strafe ihre Funktion. Dem korrespondiert die kriminalsoziologische Einsicht, daß es so etwas wie eine Präventivwirkung des Nichtwissens gibt. Käme alles heraus, bräche die Rechtsordnung zusammen. Diese pragmatischen Einschränkungen des Strafbetriebes haben demnach nichts zu tun mit einer Nivellierung der subjektiven Zurechnung unter dem Gesichtspunkt der hirnstrukturellen Vorprägung menschlichen Verhaltens – was nicht heißt, daß der modernen Hirnforschung kein Verdienst zukommen könnte, Material für neue Entschuldigungs- oder Schuldminderungsgründe bereitzustellen.

Sollte die Vision der modernen Hirnforschung wahr werden, daß – in der Sprache der Psychoanalyse – das *Es* statt des *Ich* regiert, mit dem kardinalen Unterschied, daß aus diesem *Es* niemals *Ich* werden kann (insofern dem Pessimismus der soziologischen Systemtheorie vergleichbar), ist gleichwohl zu überlegen, was die verbliebenen Einbildungen wert sein könnten.

Mit der Nivellierung der subjektiven Zurechnung abweichenden Verhaltens vollzieht die moderne Hirnforschung einen Sprung zurück in einfache Gesellschaften. Aber was dort aus Unkenntnis geschieht, ist harmlos gegenüber dem, was ein moderner, hochorganisierter Staat mit elaborierten Techniken der Konditionierung von Gehirnen machen könnte. Totalitäre Staaten, denen ein von der modernen Hirnforschung entwickeltes Instrumentarium nur zu willkommen wäre, existieren in unseren Breiten zur Zeit zwar nicht, aber als warnende Signale zu registrieren sind virulente Vorstellungen über ein die rechtsstaatlichen Garantien lockerndes »Feindstrafrecht«[36] und ebenjene schon realisierten besonderen

36 Der Begriff wird deskriptiv, denunziatorisch-kritisch und legitimierend-affirmativ verwendet (Roxin, Fn. 18, S. 55/56). »Jedoch ist er in keiner seiner drei möglichen Bedeutungen hilfreich, so dass es besser ist, auf ihn gänzlich zu verzichten« (ebd., mit abschließend überzeugenden Begründungen und einer speziellen erschöpfenden, auch fremdsprachige Literatur einbeziehenden Literaturübersicht, S. 56 f.); ferner: Tatjana Hörnle, »Deskriptive und normative Dimensionen des Begriffs ›Feindstrafrecht‹«, in: *Goltdammer's Archiv für Strafrecht* (2006), S. 80 ff.; Luis Greco, »Über das sogenannte Feindstrafrecht«, in: *Goltdammer's Archiv für Strafrecht* (2006), S. 90 ff. (auf dessen Ausführungen sich Roxin (Fn. 18) aus-

Maßnahmen zur Ausdehnung der – wegen des Einflusses der nationalsozialistischen Gesetzgebung bereits im Kern vergifteten und deshalb in der zweiten Hälfte des vorigen Jahrhunderts eindeutig rückläufigen – Sicherungsverwahrung.

Selten hat sich eine rigorose Kriminalpolitik in der Lage befunden, im geeigneten Moment auf naturwissenschaftliche neue »Einsichten« zugreifen zu können, wie das jetzt der Fall ist. Passiert ist der Schulterschluß freilich noch nicht. Die Protagonisten der nachträglichen Sicherungsverwahrung operieren ganz selbständig, und umgekehrt haben die avancierten Hirnforscher noch nicht bemerkt, welche speziellen, ihren Grundlagen durchaus entsprechenden Bemühungen da im Gange sind, sondern berufen sich bei ihren Empfehlungen für die Kriminalpolitik auf die in der Dichotomie zwischen Strafen und Schuld einerseits, Gefährlichkeit und Maßnahmen andererseits längst etablierten Gemeinplätze. Vielleicht kommt es auch nicht zur Kooperation, weil die Sphären einander fremd bleiben, die Politiker sich ihre normative Freiheit nicht nehmen lassen wollen und die Hirnforscher vor zu einseitigen politischen Parteinahmen dann doch zurückschrecken. Noch ist das Konditionierungsprogramm also nicht ausformuliert. Doch mit der Einführung der Regelungen der §§ 66a und b StGB ist ein Schritt in seiner Richtung geschehen.

Die Frage ist, ob die Befürworter dieser Regelungen sich darüber klar sind, mit welcher Tradition sie brechen. An sich führen die rechtshistorischen Fakten die neuen Vorschriften bereits ad absurdum. Hinzuweisen wäre außerdem auf den Verlust jener Sicherheit, die das Urteil bisher gibt: Mehr wird nicht passieren. Jetzt aber soll diese Rechtskraft[37] anderen Zwecken weichen. Das Urteil

drücklich bezieht); Thomas Uwer/Organisationsbüro (Hg.), *»Bitte bewahren Sie Ruhe«, Leben im Feindrechtsstaat*, Berlin 2006.

37 In diesem Zusammenhang wird auch von dem Verstoß gegen den Satz ne bis in idem, das Rückwirkungsverbot und den Bestimmtheitsgrundsatz gesprochen. Auch das Prinzip der Unschuldsvermutung sei verletzt; schließlich seien diese Normen nicht mit dem Verhältnismäßigkeitsprinzip vereinbar (Zusammenstellung dieser Argumente mit Belegen aus der Literatur bei Lorenz Böllinger/Helmut Pollähne, in: *Nomos Kommentar Strafgesetzbuch*, Band 1, 2. Aufl. 2005, § 66b Rdnr. 4). Außerdem wird die gesamte Zeit des Strafvollzugs zu »einer Art *Ermittlungsverfahren* … Ein solches Ermittlungsverfahren ist ohne jede Kontur und macht auch nicht Halt vor der Erhebung und Verwertung von Informationen, die Gegenstand von Zuträgereien, Beschwerden, Gerichten und Wichtigtuereien

aus dem Erkenntnisverfahren befriedigt nicht, und deshalb muß außerhalb des Erkenntnisverfahrens nachgelegt werden.

Man grübelt vergebens, wo man diese Überlegung dogmatisch korrekt einordnen könnte. Deshalb noch einmal der Appell: *Wenn* spätere gefährliche Entwicklungen des Täters in der Haft, erkennbar geworden für genau hinschauende Vollzugsbehörden und ihre Angestellten, zu weiteren, strafrechtlichen Sanktionen – und dazu gehört auch die Maßnahme der Sicherungsverwahrung – führen sollen, muß ein neuer, nach dem Verfahren der Strafprozeßordnung festgestellter Verstoß gegen Normen des Strafgesetzbuches vorliegen. Alles andere ist ein Rückfall in täterstrafrechtliche Konzeptionen, deren totalitäre Spuren schrecken sollten. Der Sachverhalt, den der Bundesgerichtshof in seiner jüngsten Entscheidung[38] mitteilt, weckt die Assoziation an die Praxis der Gestapo, ihres Erachtens zu mild bestrafte Häftlinge nach Verbüßung der Strafe am Gefängnistor für die Überführung in ein KZ abzuholen.[39]

sind« und »aus dem Bauch der Subkultur kommen«; Rzepka, »Sicherheits- statt Rechtsstaat«, a.a.O., S. 210. Wie in diesem Klima »Resozialisierung« gedeihen soll, bleibt rätselhaft.

38 S. BGH StV (2006), S. 68, linke Spalte.

39 Vgl. dazu die Mitteilungen bei Wolfgang Preiser, »Über die Verwirklichung des Naturrechts in der Zeit der Gewaltherrschaft«, in: *Festschrift für Fritz von Hippel*, 1967, S. 285 ff.

4. Rechtspolitische Grenzmoral

4.1 Retrospektiven auf den Frankfurter Auschwitz-Prozeß. Zu einem ungewöhnlichen Dilemma des Rechtspositivismus

Manchmal sind es ganz äußerliche Dinge, die ein altes Thema wieder interessant werden lassen oder – wie im Falle des Auschwitz-Prozesses – ein permanentes Interesse in einen (freilich vorübergehenden) Ausnahmezustand versetzen. Die Wiedereröffnung des traditionsreichen Bürgerhauses Saalbau Gallus in Frankfurt am Main (September 2007), in dem Anfang der sechziger Jahre des vergangenen Jahrhunderts der Auschwitz-Prozeß stattfand, ist so ein Anlaß. Man will etwas hören über diesen Prozeß, nicht zuletzt auch unter dem Eindruck neuer Verbrechen gegen die Menschlichkeit und der juristischen Reaktionen darauf. So ist der folgende Text entstanden, den ich einem Strafverteidiger darreiche, dessen Interesse an der Geschichte großer Strafprozesse im allgemeinen und der Prozesse, die sich mit Verbrechen unter totalitärer Herrschaft beschäftigen, im besonderen, wohlbekannt ist.

Als der Prozeß begann, war ich Assistent an der Universität in Frankfurt und besuchte die Verhandlungen mit einem Interesse, das aus wissenschaftlichen *und* politischen Motiven zusammengesetzt war. Schon in den fünfziger Jahren hatten wir – eine Gruppe befreundeter Studenten – die NS-Vergangenheit des Rechts und seiner Vertreter insbesondere der Professoren durchaus im Blick, und wir zeigten uns gegenseitig die neuesten Funde aus den wieder geöffneten »Giftschränken«. Der Auschwitz-Prozeß war keine Überraschung; gleich nach dem Krieg war ja viel herausgekommen durch Günter Weisenborn, Eugen Kogon und andere. Als ich die Angeklagten sah und reden hörte, ging es mir wie Hannah Arendt beim Eichmann-Prozeß. Die banale Seite des Bösen zeigte sich. Ich sage »Seite …«, weil es ja nur ein Aspekt war, nichts anderes hat Hannah Arendt mit jener bis heute umstrittenen Rede von der »Banalität des Bösen« sagen wollen, was inzwischen, studiert man die Literatur, ganz klar ist, insbesondere aus ihrem Briefwechsel mit Gershom Scholem hervorgeht: Eichmann war gemeint, freilich ein Typus, aber im Charakter des *Täters* erschöpft sich das Böse ja keinesfalls.

Der professionelle Strafrechtler vermeidet diese Kategorie, glaubt, daß er sie nicht braucht. Unrecht und Schuld sind definiert, in gesetzlichen Tatbeständen festgehalten. In den Prozeß ging ich mit diesem Konzept. Aber bald trat das Politische dazu in Konkurrenz. Die Angeklagten und ihre Verteidiger beriefen sich auf die nationalsozialistische Herrschaftsordnung, der sie unterworfen gewesen seien, und das provozierte – obwohl der Vorsitzende Hoffmeyer immer wieder vom normalen Strafprozeß sprach, in dem es um Mord und nichts anderes gehe – die Entrüstung ihrer Opfer, die sich dem absolut Bösen ausgeliefert sahen. Das Böse widersteht ja jeder Erklärung, weil sie es sofort relativiert, und wer wissenschaftlich auf Erklärungen aus ist, fühlt sich machtlos, wenn er liest, was die Beschuldigten und Zeugen in diesem Prozeß berichten, etwa der Beschuldigte Kaduk: »Wenn die Öfen gebrannt haben, dann war eine Stichflamme von fünf Metern Höhe, die hat man vom Bahnhof aus gesehen [...] Oft haben die Urlauberzüge Aufenthalt in Auschwitz gehabt, und der ganze Bahnhof war vernebelt. Die Wehrmachtsoffiziere haben aus dem Fenster herausgeguckt und haben gefragt, warum es so riecht, so süß. Wozu sind denn die Schornsteine da?«[1] Oder der Zeuge Paisikovic (auf die Frage des Vorsitzenden »Wie viele Menschen gingen in eine Gaskammer?«):

»Paisikovic: Ungefähr 3000 auf einmal. Der Auskleideraum war nicht so groß. Darum kamen die ersten, wenn sie sich ausgekleidet hatten, in die Gaskammer und haben dort gewartet, bis sich die anderen fertig ausgekleidet hatten. Das konnte manchmal zwei Stunden dauern, bis die Gaskammer voll war.
Vorsitzender: Wie ging die Vergasung vor sich?
Paisikovic: Die SS hatte die Türen verschlossen. Oben ist einer aufs Dach hinaufgegangen, dort waren zwei Stutzen, in die hat er Zyklon hineingeworfen, dann die Öffnungen mit einem Betondeckel zugedeckt [...] Wenn die Gaskammer ganz voll war, dauerte es kürzere Zeit, wenn sie nicht voll war, dauerte es länger, bis alle tot waren. Es dauerte von fünf bis sieben Minuten bis vielleicht zwanzig Minuten. Dann wurden die Gaskammern geöffnet.«[2]

1 Hermann Langbein, *Der Auschwitz-Prozeß*, Eine Dokumentation, Frankfurt/M. 1995, S. 102.

2 Ebd., S. 98.

Und dann bei Peter Weiss die Fortsetzung:

»Richter: Herr Zeuge
Sahen Sie diesen Raum nach der Öffnung
Zeuge 7: Ja
Die Leichen lagen übereinander gedrängt
in der Nähe der Tür und der Säulen
und zwar lagen Säuglinge
Kinder und Kranke unten
darüber die Frauen
und ganz oben die kräftigsten Männer.
Dies war so zu erklären
daß die Menschen sich gegenseitig niedertraten
und aufeinanderkletterten
weil das Gas sich anfangs am stärksten
in Bodenhöhe entwickelte
Die Menschen waren ineinander verkrallt
Die Haut war zerkratzt
Viele bluteten aus Nase und Mund
Die Gesichter waren angeschwollen
und fleckig
Die Menschenhaufen waren besudelt
von Erbrochenem
von Kot Urin und Menstruationsblut
Das Räumungskommando kam mit Wasserschläuchen
und spritzte die Leichen ab
Dann wurden sie in die Lastfahrstühle gezogen
und hinauf in den Verbrennungssaal befördert«.[3]

965 000 Juden, 75 000 Polen, 21 000 Sinti und Roma, 15 000 sowjetische Kriegsgefangene, 15 000 sonstige Häftlinge wurden in Auschwitz ermordet.[4]

Dieser Massenmord war insofern *nicht* Gegenstand des Prozesses, als die eigentlichen Urheber nicht vor diesem Gericht standen, auch weder an eine kollektive Zurechnung gedacht wurde noch über die Vernichtungsaktionen insgesamt verhandelt wurde, wiewohl die Zahl der Häftlinge, wegen deren Tötung einige Angeklagte als Teilnehmer abgeurteilt wurden, in die Tausende ging.

3 Peter Weiss, *Die Ermittlung*, Frankfurt/M. 1965.

4 Werner Renz, »Anmerkung zur Geschichte des Auschwitz-Prozesses», in Friedrich-Martin Balzer/Werner Renz (Hg.), *Das Urteil im Frankfurter Auschwitz-Prozess* (1963-1965), Bonn 2004, S. 28 ff. (28).

Im Mittelpunkt standen vielmehr besonders grausame Einzelaktionen. Es ist gar keine Frage, daß das Interesse der Bevölkerung der Bundesrepublik sich vor allem auf diese sogenannten Exzeßtaten richtete, nicht hingegen, um den von Hannah Arendt geprägten Terminus zu verwenden, auf den Verwaltungsmassenmord. Die Sachverständigengutachten, die eingeholt wurden und ausführlich und genau die Planung und die Einzelheiten dieser »Endlösung« schildern – insofern also ein Teil der historischen Aufklärung durch den Prozeß –, hatten nur die Funktion, die Verantwortlichkeit der Angeklagten in größeren Zusammenhängen begreiflich zu machen, wozu auch gehörte, daß diesen weder ein Befehlsnotstand noch ein Verbotsirrtum zugestanden wurde.

Prozeß und Urteil sind vorbildlich dokumentiert. Ich hebe hervor die von Hermann Langbein herausgegebenen Protokolle, die von Friedrich-Martin Balzer und Werner Renz 2004 besorgte Ausgabe des Urteils und die schon älteren Prozeßberichte von Bernd Naumann. Ferner ist hinzuweisen auf den ausführlichen Ausstellungskatalog, herausgegeben von Irmtrud Wojak im Auftrag des Fritz-Bauer-Instituts, und die DVD-ROM über den Auschwitz-Prozeß mit Tonbandmitschnitten, Protokollen und Dokumenten, herausgegeben vom Fritz-Bauer-Institut und dem Staatlichen Museum Auschwitz-Birkenau, 2004.

Die Sorge, ein Strafprozeß – so geführt – könne die Aufgabe, die der Nachwelt durch Auschwitz gestellt sei, nicht erfüllen, war immer da, auf mehreren Ebenen. Schon weil alles zu spät komme. Aber Generalstaatsanwalt Fritz Bauer selbst, dessen unschätzbares Verdienst darin besteht, den Auschwitz-Prozeß überhaupt in Gang gebracht zu haben, hat zu Beginn des Prozesses in einem Interview darauf hingewiesen, daß es schwer gewesen sei, überhaupt eine zuständige Staatsanwaltschaft zu finden. Deshalb seien zunächst Änderungen der Strafprozeßordnung erforderlich gewesen. Dann habe es ungeheure technische Schwierigkeiten gegeben beim Auffinden der Angeklagten und der Zeugen, die über die ganze Welt verteilt gewesen seien. Die Gleichgültigkeit der deutschen Öffentlichkeit habe sicherlich teilweise auch damit zu tun gehabt.

Nur ganz wenige Verdächtige seien vor deutsche Gerichte gekommen, lautet der nächste schwere Vorwurf. »8 000 SS-Angehörige, darunter 200 Frauen, taten von Mai 1940 bis Januar 1945 Dienst in Auschwitz. Etwa 800 Auschwitz-Täter wurden abgeurteilt, nahezu 700 indessen von polnischen Gerichten. Vor deutschen Richtern standen nur 45 Angeklagte.«[5]

»Dogmatisch«, wie wir sagen, anfechtbar schließlich – das ist unter Juristen ein schwerer Vorwurf – erschien die Einstufung zu vieler Angeklagter als Gehilfen. Das beruhte auf einer Theorie der Abgrenzung zwischen Täterschaft und Beihilfe, die darauf abstellte, daß Täter nur sein könne, wer die Tat als eigene wolle, und das könne man eben den vielen subalternen Akteuren nicht nachweisen, meinte das Gericht.

Angesichts dieser Defizite tauchte deshalb bald die Frage auf, ob solche Prozesse eigentlich sinnvoll seien, ob es überhaupt sinnvoll sei, *juristisch* an diese Fragen heranzugehen. Auf eine merkwürdige Weise stehen ja Juristen aller Epochen und politischen Richtungen im Zwielicht. »Furchtbare Juristen«, läßt der Schriftsteller Hochhuth eine seiner Figuren sagen und meint damit die gehorsamen Juristen unter Hitler. Hitler selbst wiederum hat die Juristen zeitlebens gehaßt und auf den Tag gewartet, »an dem es in Deutschland für eine Schande gehalten würde, Jurist zu sein«; Hannah Arendt hat diese Hoffnung – mit Hohn – für eine »Folgerichtigkeit unter dem Traum einer perfekten Bürokratie« gehalten.[6] Zu diesem Kommentar muß man ihren eigenen Eindruck in Beziehung setzen, daß es kaum einen Berufsstand gebe, in dem man Menschen finde, »die moralischen Normen, ja selbst den Normen der Gerechtigkeit, mit so viel Vorsicht und Mißtrauen begegnen, wie den der Juristen«.[7] Nachdem der Auschwitz-Prozeß begonnen hatte, meinte der Korrespondent einer englischen Zeitung, die deutsche Justiz leide unter einem Rechtsstaatlichkeitskomplex: Während in der Nazi-Zeit oft Todesurteile in wenigen Minuten ausgesprochen worden seien, scheine man jetzt das schlechte Gewissen durch eine uferlose Ausweitung jeden Verfahrens abreagieren zu wollen.[8]

Die Versuchung, diese Insinuationen einfach damit zu quittieren, daß man der Szene den Rücken kehrt und »politische« Lösun-

5 Werner Renz, ebd., S. 28.

6 Hannah Arendt, *Über das Böse. Eine Vorlesung zu Fragen der Ethik*. Aus dem Nachlaß herausgegeben von Jerome Kohn, München/Zürich 2003, S. 22.

7 Ebd., S. 20.

8 Berichtet bei Hans Hofmeyer, »Prozeßrechtliche Probleme und praktische Schwierigkeiten bei der Durchführung der Prozesse«, in: *Verhandlungen des 46. Deutschen Juristentages* 1966, Band II, Sitzungsberichte, S. C 38 ff. (39).

gen empfiehlt, gibt es nach allen Systemumbrüchen. Sehr deutlich etwa war das zu beobachten nach dem Untergang der DDR. Demgegenüber ist in Erinnerung zu rufen, was Micha Brumlik in den einleitenden Bemerkungen zu der großen Auschwitz-Ausstellung, die das Fritz-Bauer-Institut veranstaltet hat, über die Aufklärungsfunktion von Gerichtsverfahren ausführt:

»Gerichtsverfahren, zumal solche der Strafjustiz, eignet eine eigentümliche Dialektik von Rationalität und Dramatik. Im Strafverfahren schießen emotional bewegende Anteilnahme und auf Wahrheit zielende Argumentation zusammen. Mit der Wissenschaft, zumal der Historiographie, verbindet sie der Bezug auf die Wahrheit sowie der Wille zu wissen, wie es gewesen ist. Stärker noch als die Wissenschaft ist die Justiz jedoch an ein streng argumentatives, in strikte Regeln gefaßtes Verfahren gebunden. Während es der Wissenschaft zunächst darauf ankommt, darzustellen, wie es gewesen ist, zielt das Strafverfahren darauf, Schuld und Verantwortung zu ermitteln. Dabei geht es rechtsstaatlichen Strafverfahren im europäischen Kontext vor allem um Wahrheit und nicht um Vergeltung. Die Erfahrungen mit der Willkür des Staates haben im Laufe der Zeit dazu geführt, sowohl für die argumentative Wahrheitssuche als auch für die Feststellung von Schuld und Unrecht Verfahrensregeln aufzustellen, die ebenso eine weitgehende Objektivität wie den Schutz des im Verfahren schwächsten Teilnehmers, des Angeklagten, garantieren: Die Forderungen, stets auch die andere Seite zu hören, Angeklagten vor ihrer Verurteilung die Unschuld zu unterstellen, mildernde Umstände zu erwägen, sowie die Verpflichtung, im Zweifel auf Unschuld zu erkennen. Rechtsstaatlich erhobene Tatbestände und Verantwortungen stellen somit jene Basis dar, auf der sich eine Gesellschaft angesichts von ihr zu verantwortender Verbrechen über sich selbst verständigen kann.«[9]

So überzeugend diese Ausgangsposition ist, so wenig darf man übersehen, daß sie von vornherein mit zwei prinzipiellen Schwierigkeiten zu kämpfen hatte.

War nicht das zur Zeit der angeklagten Taten geltende Recht das nationalsozialistische Recht, das gemessen an seiner Gesamtkonzeption die Taten deckte? Wenn man aber vor diesem radikalen Positivismus zurückschreckte und externe, die Unmenschlichkeit des Nationalsozialismus verdammende Maßstäbe anlegen wollte,

9 Micha Brumlik, »Zum Geleit: Ein Appell an die Politik«, in: Irmtrud Wojak (Hg. im Auftrag des Fritz-Bauer-Instituts), *Auschwitz-Prozeß*, 4 KS 2/63, Frankfurt/M., S. 50; die Ausstellung fand vom 27. März bis 22. Mai 2004 im Haus Gallus in Frankfurt am Main statt.

stand man vor der Frage, entweder ein überpositives Natur- oder Vernunftrecht anzunehmen – was beim allgemeinen Stande der aufklärerischen Erkenntniskritik einigermaßen problematisch war – oder eine gemäßigte positivistische Lösung anzustreben.

Diese *einfache* Lösung – § 211 Strafgesetzbuch, der Mordparagraph, ist in der Nazi-Zeit nie außer Kraft gesetzt worden, galt also auch für das KZ-Personal – mußte das Argument entkräften, der Führerbefehl zur Vernichtung der Juden sei ein Rechtfertigungsgrund gewesen. Eine empörende These, doch sie ist immer wieder mit einer gewissen Logik geäußert worden. Denn wenn nicht externe, sondern interne Maßstäbe den Ausschlag geben sollen, dann sind es in totalitären Systemen eben dessen Maßstäbe. Der liberale, demokratische Rechtstheoretiker Hans Kelsen hat so gesprochen (resigniert), der nationalsozialistische Staatsphilosoph Carl Schmitt (triumphierend) und der moderne Systemtheoretiker Niklas Luhmann (kalt distanziert). Andere haben versucht, zwei Rechnungen aufzumachen. Nach dem berühmten Buch von Ernst Fraenkel – einem emigrierten Berliner Strafverteidiger –› »Der Doppelstaat«, war es so: Einige Rechtssätze wurden befolgt, andere nicht, Ehen wurden wirksam geschlossen, aber Tötungen im Konzentrationslager fanden straflos statt. Das sind eindeutige Fälle, aber es gibt ja viele Grauzonen. Leicht wäre es, sich mit formalen Kriterien zu behelfen, Schriftform oder eine bestimmte darüber hinausgehende förmliche Verkündigung entscheidend sein zu lassen. Der Führerbefehl zur Vernichtung der Juden – von dem ja manche sogar glauben, es habe ihn gar nicht gegeben –, wenn er schriftlich nicht vorliegt, dann gilt er eben nicht. Also bleibt es bei § 211 StGB. Aber hilft das in allen Fällen? Die Tötungen im Konzentrationslager waren nie legalisiert. Die Rassegesetze hingegen sind im Reichsgesetzblatt verkündet worden nach allen Regeln der Gesetzgebungs-Kunst. Waren sie gleichwohl ungültig?

Das sind äußerst schwierige Grenzfragen, auf deren Beantwortung es für die Beurteilung des Auschwitz-Prozesses freilich nicht ankommt. Hier könnte man in der Tat formal argumentieren: Keine ausdrückliche Außerkraftsetzung des § 211 StGB. Einigermaßen befriedigen kann das aber nur, wenn man das interne Kriterium – auf die Form kommt es an – auch intern produzieren kann. Gibt es Fälle, in denen der totalitäre Staat selbst mit dieser Regel arbeitet? Bei den Exzeßtaten vielleicht? Daß man den totalitären Staat mit

Regeln, die er sich selbst setzt, durchaus konfrontieren darf, auch wenn seine *Praxis* davon abweicht, hat der Europäische Gerichtshof mit Blick auf die Schüsse an der DDR-Grenze ausdrücklich konstatiert. Die Verfassung der DDR habe eindeutig menschenrechtswidrige Aktivitäten verboten. Daß sich die DDR-Regierung darüber hinweggesetzt habe, müßten ihre Vertreter sich in dem Moment, in dem die politischen Voraussetzungen dafür gegeben seien, vorhalten lassen.

Eine vergleichbare Argumentation ist beim Nationalsozialismus vielleicht insofern nicht zulässig, als die Weimarer Verfassung zwar nicht ausdrücklich außer Kraft, wohl aber stark in den Hintergrund getreten war. (Der Grundrechtsteil allerdings wurde durch die Reichstagsbrandverordnung in seinen wesentlichen Teilen aufgehoben.) Vor allem aber fehlte beim Nationalsozialismus im Gegensatz zur DDR das humanitäre Pathos vollkommen. Da gab es gar keinen Widerspruch zwischen – perverser – Theorie und Praxis. Allerdings auch das nicht ganz ohne Einschränkung. Die Aktion zur Vernichtung »lebensunwerten Lebens« in den psychiatrischen Kliniken blieb geheim und wurde auf Grund massiver Proteste vor allem der Kirchen weitgehend eingestellt. Ob die Vernichtung der Juden auf ähnlichen Wegen hätte verhindert werden können, ist eine müßige, spekulative Frage; jedenfalls hätte das nicht geschehen können auf der Basis nationalsozialistischer Anschauungen, sondern nur in einer eindeutigen Opposition, während – das ist die Quintessenz des Europaischen Gerichtshofs – die Erschießungen an der Grenze eigentlich mit dem Selbstverständnis der DDR nicht vereinbar waren.

Aber was heißt Exzeßtaten? Die ganze Vernichtungsaktion war ein Exzeß. Ihre Abgrenzung von den Taten, die nicht notwendig mit dem Vernichtungsprogramm verbunden waren, würde voraussetzen, daß man gleichsam einen virtuellen Exzeß-Begriff der Nationalsozialisten akzeptiert. Tut man das mit guten Gründen nicht, ist dann bereits ein *externer* Standpunkt eingenommen, der seine überpositive Rechtfertigung finden müßte? Ich glaube nicht. Kein Staat ist so monolithisch totalitär, gewissermaßen aus einer einzigen durchgängigen Befehlsstruktur zu begreifen, daß für konkurrierende Interpretationen kein Platz bleibt. Man kann das leicht demonstrieren an innerparteilichen Konflikten. Jede Position beansprucht dabei Gültigkeit. Geht man einen Schritt weiter, diagnostiziert realistisch, daß der totale Staat nicht überallhin reicht, so ergeben sich weitere Differenzierungen. Dort wo Recht in einem solchen Staat anders gehandhabt wird, als es vielleicht die Führungsspitze gewollt haben würde, ist es nicht deshalb von vornherein irrelevant. Wenn nicht sprachlich fixierte Anweisungen bestehen, muß sich das Recht – auch im totalitären Staat – für seine Geltung auf andere Autoritäten oder Quellen berufen, das sind unter Umständen sogar regionale und institutionelle Anerkennungsverhältnisse. Ein kleines Experiment mag hier weiterhelfen: Gesetzt, es hätte seinerzeit ein Gericht gewagt, jemanden aus den Todeskommandos zu verurteilen – die faktische Möglichkeit dazu sei einmal vorausgesetzt –, würde der rechtliche Bestand des Urteils nach Beseitigung der nationalsozialistischen Herrschaft wirklich nur auf externes Vernunft- oder Naturrecht oder Völkerrecht gestützt werden können, weil es (das Urteil) mit der – totale Gültigkeit beanspruchenden – nationalsozialistischen Rechtspraxis unvereinbar war? Oder spricht nicht alles dafür, daß man den damaligen Richtern bescheinigen würde, sie hätten auf der Basis des nie abgeschafften § 211 Strafgesetzbuch geurteilt? Wer der Suggestivität dieser Formulierung mit der Überlegung entgegentreten möchte, die differenzierende Theorie der Rechtsgeltung, die einer solchen Beurteilung zugrunde gelegt würde, sei eine nachträgliche, eben auch externe Interpretation, verliert sich in einem infiniten Regreß. Wir wissen das von den Rechtshistorikern. Die Forderung, man müsse versuchen, eine Epoche »ganz aus sich heraus« zu verstehen, kann immer nur zu einer Annäherung führen. Es gibt keine Landkarte eins zu eins, ein Rest anachronistischer Begriffsverwendung, Applikation von Vorverständnis ist unvermeidbar, wenn man nicht im Absurden landen möchte. Die gleichsam hyperpositivistische Anerkennung *jeder* so genannten Praxis als Maßstab der Gültigkeit des Rechts, also die Gleichsetzung von Wirksamkeit und Geltung des Rechts, nimmt einer positiv gesetzten Rechtsordnung jede Möglichkeit interner Kritik: Welche Praxis soll denn dann welche Praxis kritisieren, wenn alles gültig und positiv ist, was geschieht?

Die tiefer liegenden Probleme des Fremdverstehens, die sich hier andeuten, sind es indessen nicht, die bei der Frage nach den Rechtsgrundlagen für die Aburteilung der Täter gelöst werden müssen. Vielmehr geht es um politische Optionen Wer ein besonders intensives Verdammungsurteil über die nationalsozialistische Rechtsordnung aussprechen möchte, das gleichsam keinen Unterschied macht zwischen Gerechten und Ungerechten in dieser Epoche – sei es aus Entrüstung über das ganze Deutschland, sei es aus einer Art kollektiver Scham –, muß die These von der Geschlossenheit des nationalsozialistischen *Rechtssystems* ummünzen in die These eines geschlossenen *Unrechtssystems* und ist dann für eine rechtliche Reaktion auf externe Maßstäbe angewiesen. Lehnt er diese aus grundsätzlichen Erwägungen ab, muß er auf eine *rechtliche* Reaktion verzichten. Wer demgegenüber nachträglich gar nichts mehr korrigieren möchte, wird in der totalitären Herrschaft der Nationalsozialisten eine insgesamt zu akzeptierende Rechtsordnung sehen. Wer schließlich dafür eintreten möchte, daß es Deutsche gegeben hat, die nicht mit allem einverstanden waren, was die Nazis getan haben, wird sich für die Aburteilung der Vernichtungsaktionen auf Rechtsregeln zu stützen versuchen, die auch während der nationalsozialistischen Zeit ihre Gültigkeit nicht verloren hatten.

Ob der bundesdeutsche Gesetzgeber ein Stück deutscher Identität wahren wollte, als er entschied, daß das deutsche Strafrecht der NS-Zeit – also § 211 ff. Strafgesetzbuch, aber nicht der später (1954) eingeführte Paragraph über Völkermord (§ 220a Strafgesetzbuch) – die Grundlage für die Bestrafung von NS-Verbrechen durch bundesdeutsche Gerichte sein sollte,[10] in dem Sinne, daß die Deutschen in der Lage waren, mit ihrer eigenen Rechtsordnung die von ihnen begangenen Verbrechen zu ahnden, müßte noch genauer untersucht werden. Die Alternative wäre das Kontrollratsgesetz Nr. 10 der Alliierten gewesen, wonach »Verbrechen gegen die Menschlichkeit« unabhängig von dem positiven Recht bestraft werden konnten, das zur Zeit der Tat am Tatort galt. Der Vorzug dieser Rechtsgrundlage wäre gewesen, daß mit ihr das über die Tötung einzelner Menschen hinausgehende Unrecht der Ausrottung großer Gruppen, ganzer Völker hätte erfaßt werden können; ihr Nachteil: die Aufhebung des Rückwirkungsverbotes. Die Chance des Art. 7 Menschenrechtskonvention, wonach gemäß Abs. 2 Ausnahmen vom Rückwirkungsverbot bei der Verurteilung oder Bestrafung von Personen vorgesehen sind, die sich einer Handlung oder Unterlassung schuldig gemacht haben, welche im Zeitpunkt

10 Gerhard Werle/Thomas Wandres, *Auschwitz vor Gericht, Völkermord und bundesdeutsche Strafjustiz*, München 1995, S. 31.

ihrer Begehung nach den allgemeinen, von den zivilisierten Völkern anerkannten Rechtsgrundsätzen strafbar war – diese Chance hat die Bundesrepublik nicht genutzt, denn Absatz 2 wurde ausdrücklich von der Ratifizierung ausgenommen.[11] Man muß sich wirklich mit allem Ernst fragen, ob das nicht die falsche Entscheidung war.[12] Oder war die neu errungene Rechtsstaatlichkeit, zu deren Grundsätzen ganz zweifellos das Rückwirkungsverbot zählt, ein so kostbar und mühsam errungenes Gut, daß es unter keinen Umständen zur Disposition gestellt werden sollte?

Fritz Bauer fand sich – trotz massiver Bedenken – am Ende ziemlich umstandslos ab mit der Entscheidung des Bundes über die Anwendung des deutschen Rechts, konnte aber ein Problem nicht ausräumen, das mit seiner höchstpersönlichen Konzeption vom Strafrecht zu tun hatte. Er war ganz und gar ein Mann der strafrechtlichen Aufklärung, gegen Metaphysik und Spekulation oder gar religiöse Einflüsse, er lag auf der Linie des durch Beccaria begründeten, später im 19. Jahrhundert durch Mittermaier und dann noch später durch Franz von Liszt kultivierten Empirismus, und folgte in seinem 1957 erschienenen Buch über »Das Verbrechen und die Gesellschaft« den im Anschluß an diese Entwicklungen etablierten Strömungen, die vor allem in Italien und Frankreich als »difesa sociale« oder »defense sociale« (Sozialverteidigung) einen Höhepunkt erreicht hatten. Ursachenforschung und daran sich schließende entsprechende Behandlungsprogramme waren die Konsequenz. Die Schuld schien darin keinen Platz zu haben. Bauer meinte auch, sie sei gar nicht feststellbar; Schuld und Sühne seien der Nährboden eines tragischen Irrtums.[13]

In seiner Einleitung zur Ausstellung spricht Micha Brumlik deshalb von einem »systematischen Dilemma«.[14] Auch Herbert Jäger, dem wir die erste und immer noch führende Darstellung der Verbrechen unter der totalitären Herrschaft des Nationalsozialismus (erschienen 1967) verdanken und der die Entwicklung des Auschwitz-Prozesses in engem Kontakt mit Fritz Bauer verfolgte,

11 Gerhard Dannecker, in: *Strafgesetzbuch, Leipziger Kommentar, Großkommentar*, 12. Aufl. 2007, Berlin, § 1, Rn. 451.

12 Eindringliche Vorhalte bei: Karl Jaspers, *Wohin treibt die Bundesrepublik?*, München 1965, S. 58 ff., 121 ff. In diesem Sinne auch Werle/Wandres, a. a. O., S. 39.

13 Fritz Bauer, *Das Verbrechen und die Gesellschaft*, 1957, S. 171 ff.

14 Fritz Bauer, ebd., S. 49.

registriert den »Widerspruch«,[15] meint aber, Fritz Bauers Antwort darauf habe in der Hoffnung bestanden, »über das Mittel des Strafprozesses eine Selbstaufklärung der deutschen Gesellschaft« in Gang setzen zu können, eine Selbstaufklärung, »die weniger die Schuld des einzelnen straffälligen Individuums ins Zentrum stellte als die systematischen, die gesellschaftlichen Bedingungen, die die Individuen dazu brachten, sich an diesen Verbrechen zu beteiligen. Zugleich sollte der Prozeß exemplarisch auf die deutsche Justiz, die nach Bauers Überzeugung noch in vielen Fällen vom nationalsozialistischen Geist geprägt war, einwirken.«[16] Aber die *unmittelbare* Wirkung des Prozesses war anders. Es ging um den Nachweis der Schuld für *einzelne* Taten und eine darauf bezogene Strafe, an deren womöglich präventive Funktion, bezogen jedenfalls auf die Verurteilten, niemand dachte. Denn die Gesellschaft mußte vor diesen Tätern nicht mehr geschützt werden, und deren Resozialisierung stand auch nicht zur Diskussion. Das gleiche gilt für die generalpräventive Funktion der Strafe: Um die Abschreckung weiterer möglicher Täter von vergleichbaren Verbrechen, für die gar keine Gelegenheit mehr zu bestehen schien, ging es damals noch nicht.

Das war alles offensichtlich, und in einer Diskussion über den Auschwitz-Prozeß an der Universität benutzte ich, im Publikum sitzend, die Gelegenheit – als die Statements vorüber waren –, Fritz Bauer danach zu fragen, wie er dieses Problem sehe. Die Antwort übernahm Prof. Jürgen Baumann, indem er meine Frage scharf zurückwies, es handele sich doch um ganz verschiedene Taten. Bauer indessen schwieg. Später saßen wir zusammen im Restaurant, und Bauer sagte zu mir »Sie haben natürlich recht, aber warum mußten Sie es öffentlich sagen? Diese Prozesse müssen geführt werden, daran haben Sie doch selbst keinen Zweifel.« Natürlich hatte ich sie nicht und war beschämt, fühlte mich doktrinär und politisch unreif. Aber mehr noch beschäftigte mich, was ich außerdem wahrnahm. Bauer schien sich zu der Klarheit und Eindeutigkeit, mit der er auftrat, zu zwingen. Man sah es ihm an. Die hessische Regierung mochte er auf seiner Seite haben. Den Beamtenapparat der Staatsanwaltschaft nicht durchgehend, und die Bevölkerung war

15 In: Thomas Horstmann/Heike Litzinger, *An den Grenzen des Rechts, Gespräche mit Juristen über die Verfahren von NS-Verbrechen*, Frankfurt/M. und New York 2006, S. 57

16 Fritz Bauer, ebd.

indolent abwartend. Ein schweres Amt, in dem er sich fabelhaft behauptete.

Dort aber, wo er sich eigentlich hätte wohlfühlen müssen, im philosophisch-soziologischen Milieu der Frankfurter Schule, damals durch Max Horkheimer und Theodor W. Adorno repräsentiert, war er auch nicht recht zu Hause, und die ostentativen Freundschaftsbekundungen hüben und drüben hatten etwas kompensatorisch Angestrengtes. Bauers direkter, fast fröhlicher Empirismus in Verbindung mit der flammenden Moral – das war in einem guten Sinn ganz undialektisch, nicht vereinbar mit dem vielfach gebrochenen und bis zum äußersten reflektierten, im Grunde eher befremdlichen Hegelianismus der beiden Frankfurter Philosophen. Auch Marx konnte kein Bindeglied sein. Für Horkheimer und Adorno war er nicht mehr als eine aus den zwanziger und dreißiger Jahren mitgeschleppte, in der Diaspora Amerikas überwinterte politische Zutat. Bauer hingegen hatte wohl überhaupt keinen Anteil an der westlichen Marxismus-Diskussion – nicht etwa, weil er der östlichen folgte (deren Abbild-Realismus war ihm sicher zu primitiv), vielmehr leitete ihn eher ein elementares, auch durch Mitleid geprägtes Gerechtigkeitsgefühl. Für Horkheimer und Adorno war das vielleicht etwas schwierig, und die Zusammenkünfte, die es in jenen frühen sechziger Jahren im Frankfurter Westend gegeben haben mag, müssen voller quälender, kaum bewußt werdender, jedenfalls nicht eingestandener Mißverständnisse gewesen sein. Horkheimer und Adorno waren sicher von der Vorstellung erfüllt, daß Fritz Bauer das politisch Richtige tue. Mit seinem Buch freilich konnten sie sich nicht arrangieren; Bauer hingegen, äußerst klug und belesen und umfassend orientiert, blieben Horkheimers und Adornos Arkana vielleicht gerade deshalb fremd.

Wir haben juristisch Fortschritte gemacht und könnten Fritz Bauer jetzt mit besseren Argumenten versorgen. Damals sah man die strafrechtliche Schuld in enger unauflöslicher Verbindung mit dem Strafzweck der *Vergeltung*. Das ist nicht mehr so. Die Strafrechtstheorie hat dieses Verhältnis gleichsam entkoppelt und sieht in der Verbindung zwischen Schuld und Prävention den Strafzweck. Allerdings setzt das einen Präventionsbegriff voraus, der vor allem mit Resozialisierung arbeitet, und zwar mit einer Resozialisierung, die nicht dressierend-anpassend, sondern emanzipativ-kreativ ist. Dieser Resozialisierungserfolg ist abhängig davon, daß der Beschuldigte weiß, warum er so etwas wie Resozialisierung braucht, das muß er begreifen, und dazu gehört die Einsicht in seine Schuld.

Die Frage ist, ob diese Einsicht ihre soziale Bedeutung auch behält, wenn der Strafzweck der Resozialisierung, wie etwa vor allem eben in dem Auschwitz-Prozeß, nicht auftaucht. Diese Frage wird inzwischen eindeutig mit »ja« beantwortet. Es gibt eine starke Tendenz, das Gewicht des Strafprozesses mehr und mehr auf die *Feststellung* von Schuld und weniger auf die im Anschluß daran ausgesprochene Strafe zu richten. Diese Beobachtung wird zunehmend überall dort gemacht, wo nach Systembrüchen Strafprozesse stattfinden. Den Beteiligten geht es nur mehr um die Frage der Verantwortung für das ihnen angetane Unrecht. Die von den untergegangenen Regimen Verfolgten wollen vor allem bestätigt bekommen, daß sie auf der richtigen Seite gestanden haben.

Daß auch Fritz Bauer die Feststellung von Verantwortung, trotz seiner Skepsis gegen Schuldvergeltung, ernst genommen hat, ist nicht zu bezweifeln. Ich kann mir nicht vorstellen, daß er trotz seiner Einwände gegen die Moralisierung des Rechts – er hielt es eher für etwas Formelles und Äußerliches – gezögert haben würde, sich auch als Jurist die Äußerung Adornos zu eigen zu machen, »daß die Menschen so lange, wie man sie entlastet und ihnen nicht die ganze Verantwortung und Selbstbestimmung zumutet, daß so lange auch ihr Wohlbefinden und ihr Glück in dieser Welt ein Schein ist. Und ein Schein, der eines Tages platzen wird. Und wenn er platzt, wird das entsetzliche Folgen haben.«[17]

Allerdings bleiben die Proteste gegen zu milde Bestrafung der Täter[18] im Auschwitz-Prozeß. Unter der Voraussetzung, daß die ausgesprochene Strafe ein Indikator ist für die Höhe der Schuld, sind diese Proteste durchweg berechtigt. Wiederum muß aus heutiger Perspektive gesagt werden, daß man es jetzt wohl anders machen würde. Das gilt vor allem für die Ablehnung einer Verurteilung wegen Täterschaft trotz eigenhändiger Ausführung der Tat. Die Konzeption, daß jemand nur Gehilfe sein könne, wenn hinter ihm gewissermaßen der *wahre* Täter stehe, ist überholt. Man geht

17 In einem Gespräch mit Arnold Gehlen, wiedergegeben bei Rüdiger Safranski, *Die Romantik*, München 2007, S. 383.

18 Werner Renz, »Der erste Frankfurter Auschwitz-Prozeß – Völkermord als Strafsache«, in: *Zeitschnft für Sozialgeschichte des 20. und 21. Jahrhunderts* (1999) S. 11 ff. (47 f.).

nun davon aus, daß nicht nur das horizontale Zusammenwirken Mittäterschaft begründen kann, sondern auch das vertikale, daß es sozusagen einen Täter hinter dem Täter gibt. Außerdem würde man jetzt auch umgekehrt nicht nur Beihilfe annehmen, weil eine unmittelbare Tötungshandlung nicht vorliegt.

Die Begründung für Täterschaft in diesen Fällen ist bereits besonders eindrucksvoll formuliert worden von den Richtern im Eichmann-Prozeß:

»In diesem gigantischen und weitverzweigten Verbrechen, das vor uns zur Behandlung steht, an dem viele Personen in verschiedenen Befehlsstufen und verschiedenen Tätigkeitsausmaßen teilgenommen haben – Planentwerfer, Organisatoren und die verschiedenen Rangordnungen angehörigen Ausführungsorgane –, ist es nicht zweckmäßig, die üblichen Begriffe des Anstifters und Gehilfen in Anwendung zu bringen. Die gegenständlichen Verbrechen sind ja Massenverbrechen, nicht nur, was die Zahl der Opfer anlangt, sondern auch in Bezug auf die Zahl der Mittäter, so daß die Nähe oder Entfernung des einen oder des anderen dieser vielen Verbrecher zu dem Mann, der das Opfer tatsächlich tötet, überhaupt keinen Einfluß auf den Umfang der Verantwortlichkeit haben kann.«

Die deutsche Strafrechtsdogmatik hat für diese Konstellationen inzwischen die etwas präzisere Formulierung der »Tatherrschaft kraft organisatorischen Machtapparates« gefunden.[19] Ihre Anwendung hätte im Auschwitz-Prozeß mehr Verurteilungen wegen täterschaftlich begangenen Mordes möglich gemacht.

Auch die Entwicklung der internationalen Gerichtsbarkeit macht deutlich, daß das Begriffspaar »Schuld und Vergeltung« von dem Begriffspaar »Schuld und Prävention« abgelöst worden ist. Zwar beanspruche der Gedanke des Schuldausgleichs seinen Platz, im Vordergrund stehe jedoch die Präventionswirkung des Völkerstrafrechts, heißt es in dem völkerstrafrechtlichen Lehrbuch des Autors, von dem auch eine besonders eindringliche Würdigung des Auschwitz-Prozesses stammt, Gerhard Werle. Nach dem römischen Statut des Internationalen Strafgerichtshofs vom 17. Juli 1998 geht es um die Erzeugung und Bekräftigung des internationalen Normbewußtseins, die Fähigkeit des Völkerstrafrechts, einen Beitrag zur Stabilisierung der Norm des Völkerrechts zu leisten. Die Bestrafung der schwersten Verbrechen gegen das Völkerrecht soll »der

19 Zur langen Geschichte der Rezeption dieser Theorie durch die Rechtsprechung Claus Roxin, *Strafrecht. Allgemeiner Teil*, Band II, München 2003, S. 47 ff.

Menschheit zum Bewußtsein bringen, daß das Völkerrecht Recht ist und auch schließlich gegenüber dem Rechtsbrecher durchgesetzt wird«.[20] »Das Völkerstrafrecht vermag schließlich auch spezialpräventiv auf den einzelnen (potentiellen) Täter einzuwirken«.[21] Vermutungen, daß die Schuld dann noch eine vergeltende Funktion dabei habe, werden durch die zunehmend an Boden gewinnende Erwägung entkräftet, daß der präventive Zugriff des Staates gerade durch die Forderung des Schuldnachweises beim Täter rechtsstaatlich angemessen *begrenzt* werden könne.

Offen ist jedoch nach wie vor die Frage, ob die strafrechtliche Zurechnung die *ausreichende* gesellschaftlich-staatliche Reaktion auf den Holocaust und womöglich weitere, in der Zukunft liegende Verbrechen dieser Art sein kann. Selbst die Einbeziehung weitläufiger Zusammenhänge ändert nichts daran, daß am Ende nur einzelne Täter als Urheber in Erscheinung treten. Das mörderische System dahinter wird nicht erfaßt. In der Auseinandersetzung mit dem Buch von Daniel J. Goldhagen »Hitlers willige Vollstrecker« ist allerdings erneut die alte Frage diskutiert worden, ob das Operieren mit einer solchen Systemqualität überhaupt eine Berechtigung habe. Die Frage spitzt sich zu mit Blick auf eine andere, etwas weiter zurückliegende Kontroverse, den sogenannten Historiker-Streit, wenn man die absolute Singularität des Holocaust annimmt. Unter dieser Voraussetzung habe sich, sagt Saul Friedländer, die Holocaustforschung als Ganzes »mehr auf abstrakte Strukturen konzentriert, auf Systematik und auf Organisation der Judenvernichtungspolitik in der NS-Zeit. Die konkreten Menschen, die konkreten Handlungen und Situationen wurden vernachlässigt.«[22] Richtig schien also, daß Goldhagen eine Schwerpunktverlagerung der Erforschung des Holocaust vornahm und von den »gesichtslosen Kollektiven … das Augenmerk auf die Täter selbst richten wollte«.[23] Demgegenüber pocht der Historiker

20 Das ist bereits eine Formulierung von Hans-Heinrich Jescheck, Beleg bei: Gerhard Werle, *Völkerstrafrecht*, Tübingen 2003, S. 37.

21 Belege bei Werle, ebd.

22 Stephan Sattler, »›Zu grob gestrickte Antworten‹. Ein Buch, das faire Kritik verdient: Der israelische Historiker Saul Friedländer über den Bestseller des US-Forschers Daniel J. Goldhagen«, in: *Focus* v. 19. 8. 1996, S. 94.

23 Herbert Jäger, »Die Widerlegung des funktionalistischen Täterbildes. Daniel J. Goldhagens Beitrag zur Kriminologie des Völkermordes«, in: Klaus Lüderssen (Hg.), *Aufgeklärte Kriminalpolitik oder Kampf gegen das Böse?*, Band III, Makro-

Hans Mommsen nach wie vor darauf, die bürokratische Effizienz zu erforschen.

Und hier beginnt noch einmal der Streit um die »Banalität des Bösen«. Goldhagen hat sich von dieser These abgewandt, während Mommsen sich genau auf dieses Diktum beruft.[24] Die Banalität des Bösen besteht danach in der Verwaltungsakzessorität, könnte man, einem modernen Sprachgebrauch folgend, sagen. Goldhagen macht demgegenüber geltend, »wenn man bloß klinisch saubere Beschreibungen der Tötungsvorgänge gibt, dann verzerrt man damit das gesamte Erscheinungsbild des Mordes. Man blendet die Gefühlsanteile aus und verhindert damit jedes wirkliche Verstehen.«[25] Das aber, wendet Mommsen wiederum ein, erzeuge einen Gegeneffekt und Abstumpfung: »Es bedarf, sagt er, der Beschreibung der Verbrechen im einzelnen nicht, und die Aufgabe des analysierenden Historikers kann sich in der Schilderung der unvorstellbaren Gewaltmaßnahmen und Verbrechen gegen jüdische Bürger nicht erschöpfen, sondern er muß versuchen, die Ursachen dafür zu bestimmen.«[26]

Mit diesem Postulat wird endgültig klar, daß es sich hier eher um einen stilisierten Gegensatz handelt. Niemand wird Goldhagen absprechen, an den – auch weiter entfernten – Ursachen interessiert zu sein, und ebensowenig kann Mommsen unterstellt werden, daß er die Zeugenaussagen, welche die Gewaltmaßnahmen gerade erst greifbar machen, als Historiker für irrelevant hält. Im Lebenswerk des kürzlich verstorbenen Raoul Hilberg, von dem seit über dreißig Jahren die deutsche Übersetzung seines monumentalen Werkes über die Vernichtung der europäischen Juden vorliegt, kommen alle Aspekte gleichmäßig zur Sprache, und man kann gut verstehen, daß er sich in seinen späten Tagen sowohl von den deutschen Historikern wie von Goldhagen distanzierte.[27]

Die Furcht, es werde das Politische verkürzt, wenn man zu sehr auf Handlungen einzelner schaue, »die handelnden Menschen

delinquenz, S. 190 ff. (191); dazu Nikolaus Berg, *Der Holocaust und die westdeutschen Historiker. Erforschung und Erinnerung*, Göttingen 2003, S. 518.

24 Belege bei Berg a. a. O., S. 520.

25 *Hitlers willige Vollstrecker*, Berlin 1996, S. 38.

26 Beleg bei Berg, a. a. O.

27 Raoul Hilberg, »Das Goldhagen-Phänomen«, in: Johannes Heil/Rainer Erb (Hg.), *Geschichtswissenschaft und Öffentlichkeit*, Frankfurt/M., 1998, S. 27 ff.

gleichsam ›ihres marionettenhaften Charakters als blinde Exekutoren anonymer Strukturen‹ entkleide und ihnen eine handlungsbestimmende Subjektivität (wie schrecklich sie auch immer sein möge) zubillige«,[28] dürfte eher zurückgehen auf eine hegelianisch überhöhte Vorstellung vom kollektiven Ganzen, bis hin zu dessen Mystifizierungen. So kritisch man sein mag gegenüber strafrechtlicher Dogmatik, sie scheint hier doch dem wenn auch erst allmählich ausgebildeten Konzept einer mehrfach hierarchisierten Zurechnungsstruktur der Realität näher zu sein.

Das heißt trotzdem nicht, daß ein Strafprozeß alles aufklären kann. Die Frage nach den Ursachen des Holocaust endet ja nicht bei der Frage nach seinen persönlich haftbaren Urhebern. Was sie bestimmt hat, welchen komplexen Einflüssen sie ausgesetzt gewesen sind, ist wichtig für die Schuldfrage, aber erschöpft sich nicht in ihr. Das liegt daran, daß mit der äußersten Individualisierung des Vorwurfs – das versteht man unter Schuld – in Wahrheit nicht ernst gemacht werden kann. Wer im Strafprozeß alle Determinanten der Handlungen des Täters zu ermitteln versuchen würde, bliebe auf der Strecke. Der Vorgang der Aburteilung eines Täters ist gleichbedeutend mit dem Abbruch eines unendlichen Regresses der Mentalitätserforschung unter normativen Gesichtspunkten. Die strafende Gesellschaft bildet Standards aus, wonach sie bestimmt, was ihr für Unrecht und Schuld reicht. An diese künstliche, oft auch politisch infizierte normative Abspaltung des Kausalzusammenhangs ist der Historiker nicht gebunden, soll es nicht sein. Hier zeigt sich also die Barriere, die auch die historische Aufklärungsfunktion des Strafprozesses nicht überschreiten kann. Aber im einzelnen sind die Grenzen dann doch schwimmend, und die Kriminologie beschränkt sich deshalb traditionell nicht auf Erforschung dessen, was man für die strafrechtliche Zurechnung wissen muß. Daraus folgen häufig auch Anregungen für die Strafrechtswissenschaft, ihre normativen Maßstäbe zu überdenken.

Zweifellos hat sich die Holocaustforschung längst auf diesen Weg begeben, und wir, die Strafrechtler, müssen uns wirklich bemühen, das zur Kenntnis zu nehmen. Das Material ist allerdings unendlich, bis hin etwa zu Entdeckungen oder Hypothesen, die eine strenge

28 Jörn Rüsen, »Den Holocaust erklären – aber wie? Überlegungen zu Daniel J. Goldhagens Buch ›Hitler's willing executioners‹«, in: *Frankfurter Rundschau* v. 25.6.1996.

Wissenschaftlichkeit für sich nicht in Anspruch nehmen können. Nach der Auffassung des Philosophen Isaiah Berlin etwa gibt es einen Zusammenhang zwischen Romantik und NS-Entwicklung. Die Romantik »habe deshalb politische Monstren ausbilden können, weil sie zuerst spielerisch und genial, dann aber praktisch dem Grundsatz gehuldigt habe, daß der individuelle schöpferische Wille stärker ist als jede objektive Struktur der Welt, der man sich anpassen müßte«.[29] Das ist eine so komplexe und ja auch anderwärts und schon früher aufgestellte Behauptung, daß ich sie hier natürlich nicht verfolgen kann, sondern nur das Allerneueste aufgreifen möchte. In dem Buch von Rüdiger Safranski »Die Romantik«, das er bezeichnenderweise im Untertitel »Eine deutsche Affäre« nennt, heißt es, man habe bei den Nationalsozialisten sehr wohl gewußt, »daß der romantischen Germanophilie das Entscheidende gefehlt habe: Der rabiate Biologismus und Rassismus«.[30] *Dieses* Gedankenmilieu – also »die vulgarisierte Naturwissenschaft, wo die Worte des Rassismus ausgebrütet werden, die Züchtung von reinrassigen Germanen, die Auslöschung lebensunwerten Lebens und ein mörderischer Antisemitismus« – habe, so Safranski,[31] den Ausschlag gegeben.

Ist das wichtig in unserem Zusammenhang? Vielleicht schon: Romantik gab es auch außerhalb Deutschlands und den durch Rassetheorien vergifteten Biologismus ebenfalls. Aber die *Verbindung*, ist das unsere Sache gewesen, *nur unsere Sache*?

»Wenn die romantische Lebensphilosophie die Idee vom lebensunwerten Lebens nicht ausgeheckt hat«, schreibt Safranski,[32] »hat sie dann aber nicht vielleicht jene weltfremde und weltstürzende romantische Geisteshaltung in Deutschland möglich gemacht, daß die aus anderen Quellen entsprungenen Ideen so hemmungslos in die Tat umgesetzt werden konnten?« Safranski meint weiter, man habe in Hitler die fatale Verbindung von Weltfremdheit und weltstürzendem Furor am Werk gesehen. Hitler habe eine Ethik beseitigen wollen, indem er die angeblichen Erfinder dieser Ethik auslösche. Das Gewissen sei eine jüdische Erfindung, habe er gesagt. Das Ungeheure des Falles Hitler liege darin, »daß er die Ein-

29 Isaiah Berlin, *Die Wurzeln der Romantik*, Berlin 2004, S. 227.

30 Rüdiger Safranski, a. a. O., S. 354.

31 Ebd., S. 358.

32 Ebd., S. 358/359.

samkeit des Wahns überwand, indem er seinen Wahn erfolgreich vergesellschaftete«.

Das sind Assoziationen, mit denen wir uns vom Auschwitz-Prozeß keineswegs entfernen. Denn Fritz Bauer selbst hat während des Prozesses emphatisch nach über das Juristische hinausblickenden Autoren gerufen. Es müsse doch einen Dichter geben, der das Geschehen besser erklären könne. An sich erwarten wir von der Kunst ja die äußerste Konkretisierung. Deshalb finde ich es überraschend, daß Peter Weiss in der Einleitung zu seinem Stück »Die Ermittlung«, das aus den Akten des Auschwitz-Prozesses rekonstruiert ist, hervorhebt, in seinem Text müsse das persönliche Erlebnis einer Anonymität weichen. Daß die Kunst auch durch eine besondere Abstraktionsleistung, typisierend also, der Wahrheit näher kommt, kann sein. Aber das andere, gleichsam bis in die Kapillargefäße reichende Medium der Kunst bleibt unentbehrlich, ist unverwechselbar in seiner Wirkung.

Diese tritt vielleicht – auch für Auschwitz – gerade dort ein, wo die Kunst eine Entdramatisierung versucht, durch die man die Grundlagen für ein Konzept im Leben und der Auseinandersetzung mit Auschwitz gewinnen kann, das gleich weit entfernt ist von dem nicht erreichbaren Ziel einer »Versöhnung« wie von einem immerwährenden Kleinmut der späteren Generationen, sich aber auch nicht begnügt mit einer nur rationalen Registrierung des Ungeheuerlichen, sondern dessen Reduzierung auf die Rechtsfragen und moral- und sozialphilosophische Probleme ablehnt.

In dem Film »Am Ende kommen Touristen« wird das vorgeführt. Wenn in einem trostlosen Café die vier bis fünf polnischen Männer verschiedener Altersgruppen den jungen Deutschen – der als Zivildienstleistender nach Auschwitz gekommen ist und einem sehr alten, für die Gedenkstätte tätigen ehemaligen Häftling hilft – fragen, warum er nicht wisse, wie spät es ist, und dieser dann sagt, er habe keine Uhr, und die Polen gutmütig-sarkastisch das mit der lachenden Bemerkung quittieren »Ein Deutscher, der keine Uhr hat« und sich dann fragen, ob denn nicht auch der Opa des Zivildienstleistenden schon hier gearbeitet habe – dann ist spielerisch ein Milieu des Nachdenkens, Erinnerns und zeitgemäßen Anvisierens der Problemmasse fixiert, das weder das Entsetzliche mit dem Gewöhnlichen kompromißhaft vereint noch sich der Unmöglichkeit des Überlebens ausliefert. Vom *Milieu* spreche ich, weil auf höheren Ebenen eben nicht alles zu leisten ist, also die intellektuelle Durchdringung aller Schichten des Bösen, aller historischen Wurzeln, aller opportunistischen und systemischen Einflüsse, aller abnormen und banalen Seelenzustände der Beteiligten einschließlich ihrer Beziehungen zu den Opfern, und schließlich der geschichtsphilosophisch-theologisch zugänglich gemachten eschatologischen Visionen. Aber die Intensität der im Film sichtbar werdenden Empfindungen der Ohnmacht versetzt die vergangene abgründige Welt in einen Schwebezustand des Unbegreiflichen, der am Ende alle Wege der Reflexion und ständigen Erneuerung der Erfahrung (sei es durch Wahrnehmungen, sei es durch Veränderungen im Inneren, im Fühlen) offenhält, denn darauf scheint alles anzukommen: Es gibt keine abschließende »Aufarbeitung«, es kann sie nicht geben, es soll sie nicht geben. Das rationale Bedürfnis nach Klärung, endgültiger Klärung, Befreiung von den Qualen der Schuld ist unabweisbar und unerfüllbar zugleich.

4.2 Gnadenweiser Erlaß von Ersatzfreiheitsstrafe? Ein alltägliches Dilemma der Rechtsprechung

Diese Frage stellt sich mit zunehmender Schärfe und Häufigkeit den Justizverwaltungen der Länder. Im folgenden sollen daher die damit verbundenen streitigen Rechtsprobleme geprüft werden.

Die Funktion, die Gnadenentscheidungen im Rahmen der Vollstreckung haben könnten, ist nur auf dem Hintergrund des allgemeinen Verhältnisses von Strafrecht und Gnade zu erkennen, und dieses Verhältnis wiederum bestimmt sich nach den Grundsätzen, die für »Recht und Gnade« insgesamt gelten.

Der Text beginnt deshalb mit einem Abschnitt über »Recht und Gnade« (A), beschäftigt sich anschließend mit »Strafrecht und Gnade« (B) und geht dann über zum Hauptthema: »Ersatzfreiheitsstrafe und Gnade« (C). Den Schluß bildet eine zusammenfassend und weitere Perspektiven andeutende Betrachtung (D).

A. Recht und Gnade

Seit »infolge der weitgehenden Ausgliederung und Verselbständigung der Rechtsprechung im 16. Jahrhundert Recht und Gnade auseinandertreten«,[1] gibt es die Idee einer über die positiv-*rechtliche* Fixierung hinausgehenden individualisierenden Gerechtigkeit, die nur im Wege der Gnade gefunden werden kann.

I. Zwei Gnadenbegriffe – die Option für den »rechtlichen« Gnadenbegriff

Zunächst ist festzuhalten, daß diese Zuspitzung der individualisierenden Gerechtigkeit sich keineswegs mit jedem Begriff von Gnade ohne weiteres verbindet. Vielmehr ist zu registrieren, daß – sobald von Gnade als einer selbständigen Institution die Rede ist – zwei

1 Hermann Huba, *Gnade im Rechtsstaat*, in: *Der Staat*, 1990, S. 117 ff. (121).

idealtypisch scharf voneinander, in der Wirklichkeit sich freilich gelegentlich berührende Gnadenkonzepte zu unterscheiden sind. Für das eine steht vor allem Gustav Radbruch, der in der Gnade »ein Symbol, daß es in der Welt Werte gibt, die aus tieferen Quellen gespeist werden und zu höheren Höhen aufgipfeln als das Recht«,[2] sehen möchte. Unerachtet aller Säkularisierungen und demokratischen Ernüchterungen, zu denen ja nicht zuletzt Radbruch selbst beigetragen hat, hält sich dieser Gnadenbegriff[3] und macht es niemandem leicht, ohne weiteres für die Durchsetzung der anderen Konzeption einzutreten, die auch für die Gnade das Rationalitätskriterium reklamieren möchte.[4]

Es ist hier nicht der Ort, diesen Gegensatz gründlich zu diskutieren. Vielmehr kann man mit Blick auf die Probleme, zu deren Lösung hier etwas beigetragen werden soll, ohne weiteres davon ausgehen, daß es hinreichend gute Gründe gibt, jener zweiten Gnadenkonzeption den Vorzug zu geben. Es kann daher auf sich beruhen, daß vielleicht auch die metaphysische Gnadenkonzeption am Ende Gesichtspunkte verfügbar macht, Gerechtigkeitsentscheidungen, die nach dem positiven Recht nur begrenzt möglich sind, zu entwickeln und durchzusetzen. Denn die Auffassung, »die Gnade *rechtsimmanent* begreift«[5] (wie man vielleicht präzisierend sagen sollte), bietet zweifellos eine weitere und verläßlichere Basis für die Herausarbeitung des »Surplus« an Gerechtigkeit, um das es hier geht.

Das kann freilich nur über eine genauere Definition der individualisierenden Gerechtigkeit und ihre Lokalisierung im Institut der Gnade plausibel gemacht werden.

2 Gustav Radbruch, *Rechtsphilosophie*, in: Gesamtausgabe Band 2, Heidelberg 1993, S. 413; s. auch ders., *Gerechtigkeit und Gnade*, in: Gesamtausgabe Band 3, Heidelberg 1990, S. 259 ff.; im gleichen Sinne Wilhelm Grewe, *Gnade und Recht*, Hamburg 1936; zum ganzen: Dimitri Dimoulis, »Die Gnade als Symbol«, in: *Kritische Vierteljahresschrift für Gesetzgebung und Rechtswissenschaft* (1998) S. 354 ff.

3 Vgl. Dimitri Dimoulis, *Die Begnadigung in vergleichender Perspektive*, Berlin [8]1996, S. 555.

4 Vgl. die Darstellung bei Heinz Müller-Dietz, »Recht und Gnade«, in: *Deutsche Richterzeitung* (1987), S. 474 ff.; grundlegende Orientierungen auch bereits bei Friedrich Geerds, *Gnade, Recht und Kriminalpolitik*, Tübingen 1960.

5 Müller-Dietz, a. a. O., S. 475.

II. Individualisierende Gerechtigkeit und Gnade

Der Platz, den die individualisierende Gerechtigkeit in dem engeren, uns nur mehr beschäftigenden Gnadenbegriff einnimmt, ist durch den Rechtsbegriff »des rationalen gewaltenteilenden Rechtsstaates« bestimmt, »der [...] in der Herrschaft des abstrakt-allgemeinen, für alle gleichen Gesetzes kulminiert«.[6]

1) Vom abstrakten zum konkreten Gerechtigkeitsbegriff

Es ist bezeichnend, daß dem in der Aufklärung gereiften abstrakten Begriff von Gerechtigkeit die Gnade fremd war.[7] Zwar war dieser Begriff – durch die Ausdifferenzierung des Rechts im Absolutismus schon vorbereitet – ein Fortschritt im Vergleich mit dem Recht archaischer Gesellschaften. Andererseits hatten jene Gesellschaften immerhin – im Kontinuum der ungeschiedenen Entscheidungsformen – substantiell kein Problem mit der Gnade. Es kann und soll natürlich kein Weg in diese Gesellschaften zurückführen, wenn auch in der Beschwörung der »Frühformen des Rechts«[8] so etwas gelegentlich anklingt.[9] Gleichwohl haben die Juristen noch in der Aufklärungszeit begonnen, die Starrheit der Allgemeinheit des Gesetzes wieder zu relativieren – signifikant beispielsweise die Wiederaufhebung des Kommentierungsverbots als einer ersten Konzession an die Aufgabe vor allem des Richters, den gesetzgeberischen Willen zu konkretisieren. Es folgte die erneute Etablierung einer legitimierbaren Gnade, deren Einbettung in das Rechtssystem im 19. Jahrhundert einen ersten Höhepunkt erreicht.[10] Man spricht vom »Sicherheitsventil«,[11] vergleichbare, der modernen Mechanik entlehnte Metaphern tauchen auf, und es beginnt die große Debatte über Recht und Billigkeit, in der zweiten Hälfte unseres

6 Michael Köhler, »Strafgesetz, Gnade und Politik nach Rechtsbegriffen«, in: Karsten Schmidt (Hg.), *Rechtsdogmatik und Rechtspolitik*, Berlin 1990, S. 57 ff. (60).

7 Karl Engisch, *Die Idee der Konkretisierung in Recht und Rechtswissenschaft unserer Zeit*, Heidelberg 1953, S. 208.

8 Uwe Wesel, *Frühformen des Rechts in vorstaatlichen Gesellschaften*, Frankfurt/M. 1985.

9 Auch die Vorschläge einer bestimmten Richtung der modernen Kriminalsoziologie, die Probleme des Strafrechts an die Gesellschaft zurückzugeben, wecken gelegentlich diese illusionären und gefährlichen Assoziationen.

10 Engisch, a. a. O.

11 Vgl. die Wiedergabe der Diskussion bei Huba, a. a. O., S. 118.

Jahrhunderts repräsentiert durch die Ringvorlesung der Tübinger Rechtsfakultät »Summum ius summa iniuria«[12] und die große, eine Summe ziehende Monographie von Karl Engisch über »*Die Idee der Konkretisierung in Recht und Rechtswissenschaft unserer Zeit*«.[13]

Unbestritten geht diese Entwicklung freilich nicht ihren Gang. Der Verlust des traditionellen Gerechtigkeitsbegriffs wird beklagt als ein Medium zur »Absorption der Kontingenz«.[14] Archaische Gesellschaften seien dessen noch nicht fähig gewesen, und heutige Gesellschaften nicht mehr.[15] Die Erklärung dafür ist der Positivismus. Das Recht »gilt nicht mehr wegen normimmanenter Qualitäten, sondern deshalb, weil es geändert werden könnte, also seiner Kontingenz wegen«.[16] Freilich liefert diese neue Retrospektive auf das Recht – gegen ihre Intention offenbar – auch die Prognose, wie es nun weitergeht. Der Perfektionsbegriff der Vernunft wird durch den Entwicklungsbegriff ersetzt. »Infolgedessen kann die Welt nicht mehr als endlich-geordnete Menge [...] sondern nur als unbestimmter Horizont weiterer Möglichkeiten begriffen werden.«[17] Aber man kann den soziologischen Positivismus, der sich darin andeutet, zugleich auch als eine den Gesetzespositivismus inhaltlich bestimmende und die ihm immanente Macht der Veränderung begrenzende Kraft[18] verstehen und darin einfach die natürliche Konsequenz für eine Welt sehen, die nicht mehr mit den abstrakten vacua des idealistischen Bildes vom Menschen arbeitet, sondern ihn so sieht, wie die modernen empirischen sozialen Wissenschaften ihn nicht zuletzt mit Blick auf seine Bedürfnislagen zu begreifen lehren.

Die Konsequenzen für den modernen Begriff vom Recht, die daraus zu ziehen sind, gehen eindeutig in die Richtung einer stärkeren Akzentuierung der Individualisierung – im Kontext der noch nicht abgeschlossenen Debatte über »Generalisierung und Indivi-

12 Tübingen 1963.
13 S. Engisch, a. a. O.
14 Niklas Luhmann, *Ausdifferenzierung des Rechts*, Frankfurt/M. 1981, S. 379.
15 Ebd.
16 Ebd.
17 Luhmann, a. a. O., S. 378 f. mit vielen geistesgeschichtlichen Belegen.
18 Genauer dazu Klaus Lüderssen, »Zur Dialektik von konsensorientiertem und entwicklungslogischem Rechtsdenken«, in: *Genesis und Geltung in der Jurisprudenz*, Frankfurt/M. 1996, S. 15 ff.

dualisierung im Rechtsdenken«.[19] Daß die Billigkeit, die mehr und mehr als Synonym für Individualisierung erscheint, dem Rechtsbegriff freilich etwas abverlangt, ist sehr bald gesehen worden.[20] Sie schaffte grenzenlose Konkordanz von Wertbewußtsein und Wertverwirklichung, und das fordere »äußerste Sensibilität«, wenn man »dem Wertsystem bis in seine feinsten Verästelungen und dem Sachverhalt bis in seine letzten Schichten« folge.[21]

2) Das Leitprinzip der Billigkeit

Es ist deshalb nicht überraschend, daß mit dem Begriff der Billigkeit der Übertritt in den Bereich der Gnade angezeigt ist. »Identifizierung von Gnade und Individualisierung der Billigkeit«[22] ist die Parole, im Rahmen allerdings einer entsprechenden Vorstellung über »verantwortliche Handhabung der Gnadengewalt in einem modernen Gemeinwesen«;[23] sie könne »nicht grundlos, nicht unerforschlich sein wie ein göttlicher Ratschluß, die ›iusta causa agratiandi‹, muß stets durchscheinen, die Gnade also gerechte Gnade sein. Diese iusta causa liegt in den besonderen Umständen des einzelnen Falles, die Berücksichtigung verlangen.«[24] Im Oszillieren der Entscheidungen zwischen »Regel und Fall«,[25] gekennzeichnet einerseits durch das – klassische – Erfordernis, daß Recht als Regel auftritt, und andererseits durch das – moderne – Bedürfnis, Recht als kommunikationsorientiert zu begreifen, kristallisiert sich die Minimalforderung heraus, daß es keine Regel geben kann, die auf die Individualität eines Falles abstellt, dem per definitionem

19 So der Generaltitel für die Tagung der deutschen Sektion der Internationalen Vereinigung für Rechts- und Sozialphilosophie in Saarbrücken 1990; vgl. dazu das unter dem gleichen Titel edierte *Beiheft 45 des Archivs für Rechts- und Sozialphilosophie*, Stuttgart 1992.

20 Joachim Gernhuber, »Die Billigkeit und ihr Preis«, in: *Summum ius summa iniuria*, a.a.O., S. 205ff.

21 Gernhuber, a.a.O., S. 209. Als historischer Anwendungsfall wird beispielsweise die Etablierung der Vertragshilfe angeführt, vgl. dazu Engisch, a.a.O., S. 210f., mit Belegen.

22 Engisch, a.a.O., S. 209.

23 Engisch, ebd., S. 208.

24 Engisch, ebd.

25 Vgl. das unter diesem Titel gehaltene Referat des Verf. in: *Beiheft des Archivs für Rechts- und Sozialphilosophie*, a.a.O., S. 29ff.

kein zweiter Fall gleicht.[26] Damit erhebt sich an dieser Stelle die Frage, wo das Recht endet und die Gnade beginnt oder ob auch im Rahmen der Gnadenentscheidung »Billigkeit, die am unwiederholbaren singulären Ereignis orientierte Problembearbeitung« ist, »Willkür« bedeutet.[27]

3) Gnade ohne Regel?

Würde man sich zu dieser Restriktion auch der Gnade entschließen, so hätte man zwar jene wirklich nicht mehr umkehrbare Rechtsentwicklung im Rücken, die sich mit dem Trend zu »induktiver, sich von Fall zu Fall vortastender und erst nach Verfestigung von der Legislative aufgegriffener Rechtsbildung«[28] im Rechtsleben längst ihren Platz errungen hat.[29] Gleichwohl stünde man bei einer Reihe von Gnadenentscheidungen vor einer unübersteigbaren Barriere – in dem Sinne, daß sie, weil gar keine Regel gefunden werden kann, zu verweigern wäre.

Es wird sich zeigen, daß diese letzte Entscheidung[30] für die Beurteilung der hier interessierenden Gnadenpraxis nicht getroffen zu werden braucht, denn die sie leitenden individualisierenden Überlegungen und Feststellungen halten sich durchaus im Rahmen möglicher Regelbildung.

26 A. a. O.

27 Huba, a. a. O., S. 122.

28 Gernhuber, a. a. O., S. 212.

29 Beginnend mit der (vorerst) zu weitgehenden Freirechtsbewegung über die Interessenjurisprudenz bis hin zu Josef Esser *Grundsatz und Norm in der richterlichen Fortbildung des Privatrechts*, Tübingen 1956 und Theodor Viehweg, *Topik und Jurisprudenz*, München 1953, dann allerdings unter dem Einfluß Luhmanns stagnierend und nur in Einzelmaterien – zum Beispiel im Arbeits-, Sozial- und Jugendrecht – wieder hervortretend, so daß man wirklich die Kontinuität »der Billigkeit als bewegendem Prinzip der Rechtsgeschichte« erkennen kann (Gernhuber, a. a. O., S. 211 mit Nachweisen) – das alles unter Inkaufnahme einer wachsenden »Weitläufigkeit und Unübersichtlichkeit des Rechts«, eines relativ niedrigen Grades »begrifflicher Verdichtung und Ausformung« (Gernhuber, ebd.).

30 Die Rechtsordnung steht gelegentlich durchaus vor diesen »letzten« Entscheidungen, ohne sich selbst aufgeben zu wollen (etwa bei Problemen der Legalisierung verdeckter Ermittlungen: Wenn etwas zur Regel wird, muß die Konzession an die Ausnahme gefunden werden, soll das Instrument geheim und damit einsatzfähig bleiben. Vergleichbare Probleme werden in dem Maße auftreten, wie »Absprachen« im Strafprozeß Regeln unterworfen werden; es wird dann die Absprache jenseits der »Absprache« geben.

Auf der Basis dieser Einsichten kann jetzt übergegangen werden zu:

C. Gnade und Strafrecht

Dieses Verhältnis ist geprägt von den »Legitimationskrisen des Strafrechtssystems«.[31] Die Gnade spielt im Strafrecht deshalb eine besondere Rolle, ist ungleich starker integriert als in anderen Rechtsgebieten.

I. Die besonderen Anwendungsfalle strafrechtlicher Gnade

Obwohl sich mit der Strafe gerade auch die außerrechtliche, irrationale Komponente der Gnade verbindet, im Sinne eines »Gnade vor Recht«-Ergehenlassens, überwiegt in der modernen Strafrechtswelt doch der Eindruck, es handele sich letztlich um die Integration der Gnade in das rechtliche Instrumentarium. »Das Gnadenrecht ist ein beachtliches Mittel zur Korrektur zu weit geratenen materiellen Rechts.«[32] Daß in diese schließlich gefundene Konzeption der seit Jahrhunderten empfundene und vielleicht nie ganz überwundene »Widerspruch zur strengen Strafgerechtigkeit« eingeht, zeigen Formulierungen wie die, Gnade ziele »auf die Verwirklichung des Rechtsprinzips in seiner ursprünglichen Einheit über die begrenzten Teilfunktionen staatlicher Gerechtigkeit hinaus«.[33] Demgemäß gibt es bereits eine tradierte Aufgabenverteilung. Das Gnadenrecht »dient zum einen der Korrektur anders nicht mehr behebbarer Fehler bei der Rechtsanwendung, zum anderen der Beseitigung unverhältnismäßiger, vom Gesetzgeber nicht beabsichtigter Härte bei der Rechtsanwendung im Einzelfall«.[34]

31 Dimoulis, a. a. O., S. 368.

32 Wolfgang Naucke, *Strafrecht, Eine Einführung*, Neuwied 1998, S. 120.

33 Michael Köhler, *Strafrecht, Allgemeiner Teil*, Berlin/Heidelberg/New York 1997, S. 693; s. auch schon in Karsten Schmidt, a. a. O., S. 60 ff.

34 Hans-Heinrich Jescheck/Thomas Weigend, *Lehrbuch des Strafrechts, Allgemeiner Teil*, 5. Aufl. Berlin 1996, S. 923.

II. Die Zuspitzung der Individualisierung

Sosehr man vielleicht davon sprechen mag, daß das »hochindustrialisierte Wirtschaftsleben unserer Zeit nicht mehr voll von einem der Individualethik allein verbundenen Recht bewältigt werden« kann,[35] so wenig gilt das für das Strafrecht, das unablässig an der Verfeinerung, das heißt der Subjektivierung des Schuldbegriffs arbeitet. Die Spannung zwischen »ius strictum« und »ius aequum« ist hier besonders groß. Daß sie im Gnadenwege immer nur mit dem Ergebnis der Strafmilderung oder gar -aufhebung aufgelöst wird, macht die Identifizierung von Gnade und individualisierender Billigkeit keineswegs, wie behauptet worden ist,[36] unverständlich; hier dürfen die balancierenden Rechtssätze von »nulla poena sine lege« und das Verbot der »reformatio in peius« nicht übersehen werden.[37]

III. Gewaltenteilung und Justitiabilität

Die Frage, ob »das Recht zur Begnadigung aus dem Gewaltenschema herausfalle«,[38] scheint freilich lange offengeblieben zu sein. Denn zu bestimmen, »welche Art Staatsgewalt« die Gnade sei, »muß einer auf das Gewaltenteilungsschema beschränkten Sichtweise Verlegenheit breiten«.[39]

Aber inzwischen weiß man, daß Strafverfolgung ja ohnehin auf mehrere Staatsgewalten verteilt ist (man denke insoweit nur an den Strafvollzug). Der Strafanspruch der Allgemeinheit ist – unbeschadet der zentralen Rolle der Gerichte – dem Staat, nicht einer seiner Staatsgewalten übertragen.[40] Auch der in diesem Zusammenhang häufig gehörte Hinweis, Gnadenakte seien nicht justitiabel, kann insoweit keine ernsten Zweifel aufkommen lassen. Denn auch andere Entscheidungen, die im Laufe eines Strafverfahrens fallen, sind – sosehr man das beklagen kann – nicht justitiabel; das gilt

35 Gernhuber, a. a. O.

36 Wilhelm Grewe, a. a. O.

37 So zutreffend Engisch, a. a. O., S. 210.

38 Köhler, in: Karsten Schmidt, a. a. O., S. 61.

39 Köhler, ebd.

40 Vgl. dazu im einzelnen Lüderssen, in: Löwe-Rosenberg, *Großkommentar zur StPO*, 25. Aufl., Berlin 1999, Einleitung, Abschn. L, Zur Methode der Rechtsanwendung im Strafverfahren, Rdziff. 33.

insbesondere für das Ermittlungsverfahren.[41] Es braucht hier also gar nicht entschieden zu werden, ob der in der Literatur allmählich überwiegenden Auffassung, daß Gnadenakte nach dem Grundsatz des Art. 19 Abs. 4 GG der richterlichen Überprüfung zugänglich gemacht werden müssen,[42] zuzustimmen ist oder der entgegengesetzten Auffassung der Rechtsprechung.[43]

IV. Sachliche und zeitliche Akzentuierungen

Wenn also allgemein im Strafrecht die Gnade einen viel festeren Platz hat als im übrigen Recht, so gilt das ganz speziell dort, wo man sich substantiell (also bei der Schuld) oder formell (bei Vollstreckung und Vollzug) gleichsam am Ende des strafrechtlichen Zurechnungsprozesses und seiner Folgen für den Verurteilten befindet. Das wird ganz deutlich bei Ersatzfreiheitsstrafe und Gnade.

D. Ersatzfreiheitsstrafe und Gnade

Die Ersatzfreiheitsstrafe tritt nach § 43 Satz 1 StGB an die Stelle einer uneinbringlichen Geldstrafe.

I. Die jedem Gnadenerweis vorausgehenden Vorentscheidungen

Sie verteilen sich auf das Gericht und die Vollstreckungsbehörden.

1) Das Gericht

Es bestimmt die Zahl der Tagessätze und deren Höhe. Sachliche Erwägungen zur Ersatzfreiheitsstrafe werden nicht angestellt; vielmehr beziehen diese sich allein auf die Geldstrafe, denn § 43 Satz 1 StGB sieht die Ersatzfreiheitsstrafe nur als Rechtsfolge für die nachträglich eintretende Uneinbringlichkeit der Geldstrafe vor:

41 Vgl. dazu Lüderssen, a. a. O., Rdziff. 73; Hamm, *Anwaltsblatt* (1986), S. 66.

42 Vgl. die Übersicht bei Schenke, in: *Bonner Kommentar*, Art. 19 Abs. 4 Rdziff. 232 f.

43 So zuletzt das Hanseatische OLG in Hamburg, *Juristische Rundschau* (1997), S. 255, mit ablehnender Anmerkung von Franz Streng. Besonders instruktiv auch die Auseinandersetzung mit der Rechtsprechung des Bundesverfassungsgerichts (BVerfGE 25, 352 ff.), auf die sich die spätere Rechtsprechung durchgehend stützt, bei Klaus Stern in: *Das Staatsrecht der Bundesrepublik Deutschland*, Band III, 1, München 1988, S. 1372 ff.

»Die Höhe der Ersatzfreiheitsstrafe ist kein Resultat spezialpräventiver Überlegungen, sondern Folge der verhängten Geldstrafe.«[44]

2) Die Vollstreckungsbehörden

In ihrer Hand liegen alle weiteren Entscheidungen (§ 459e StPO). Das heißt, die Staatsanwaltschaft ist allein zuständig (§ 451 StPO) – mit der Rückausnahme der Vorschrift des § 459f. StPO, wonach das Gericht entscheidet, ob die Vollstreckung der Ersatzfreiheitsstrafe unterbleiben soll. Das Institut der Ersatzfreiheitsstrafe hat seinen Schwerpunkt also im Vollstreckungsrecht, einer Materie, die unstreitig der gnadenweisen Behandlung nähersteht als die Tätigkeit des erkennenden Gerichts, die Strafzumessung eingeschlossen.

II. Die Mängellage

Diese Regelung könnte die Vermutung nahehelegen, daß die Ersatzfreiheitsstrafe keine über die vom Gericht für richtig gehaltene und begründungspflichtige Zumessung einer Geldstrafe hinausgehende selbständige Bedeutung hat. Alles was das Gericht darüber sagt, was der Verurteilte zu erleiden hat, erschöpft sich in der Geldstrafe. Doch so ist es bekanntlich nicht. Nach herrschender Meinung ist die Ersatzfreiheitsstrafe kein Beugemittel, sondern echte Freiheitsstrafe.[45] Wird sie vollstreckt, passiert mit dem Verurteilten etwas, wozu sich das Gericht nicht geäußert hat, nicht zu äußern brauchte. Man muß sich klarmachen, was das bedeutet: eine Freiheitsstrafe ohne Richterspruch. Das, was den Verurteilten im Falle der Anordnung der Ersatzfreiheitsstrafe im Ergebnis trifft, ist der richterlichen Tätigkeit, weil eine begründete Strafzumessung fehlt, entzogen.

1) Vorwegnehmende Schadensbegrenzung durch das Gericht?

Man könnte sich vorstellen, daß dieser durch das Zusammenspiel von § 43 StGB und § 459e StPO ausgelöste Effekt gemindert oder sogar aufgehoben werden könnte, wenn das Gericht – praeter, aber nicht ohne weiteres contra legem – in den Fällen, in

44 Bublies, a. a. O., S. 51.

45 Vgl. Walter Stree, in: Schönke/Schröder, *Strafgesetzbuch, Kommentar*, 25. Aufl., München 1997, S. 43, Rdziff. 2 (mit Nachweisen aus der Rechtsprechung).

denen es primär an eine Geldstrafe denkt, sekundär und alternativ, sozusagen, seine Strafzumessungsergänzungen auf eine eventuell auch stattfindende Freiheitsentziehung erstrecken würde.[46] Aber man weiß, daß das nicht geschieht.[47] Es bleibt also bei dieser Regelungslücke. Sie wird auch nicht durch die Vorschrift des § 459 f. StPO aufgefangen. Einmal deshalb nicht, weil diese Vorschrift nur auf eine Ausnahme – unbillige Härte der Vollstreckung der Ersatzfreiheitsstrafe – zielt, während die Regelungslücke darin besteht, daß für den Regelfall die richterliche Entscheidung nicht vorgesehen ist Zum anderen wird § 459 f. StPO auffällig selten angewendet.[48]

2) Keine späteren Korrekturen durch die Vollstreckungsbehörde

Mit der Regelungslücke – richterliche Erwägungen zur Zumessung der Ersatzfreiheitsstrafe sind im Gesetz nicht vorgesehen und werden demgemäß von den Richtern auch nicht vorgenommen – sind die Defekte im Betrieb der Vollstreckung der Ersatzfreiheitsstrafe förmlich vorprogrammiert. Die Vollstreckungsbehörde muß, gestützt auf § 459e Abs. 1 StPO, nachholen, was das Gericht nicht getan hat, und ist damit per definitionem überfordert.

Es überrascht daher nicht, daß schon die erste Voraussetzung sachgerechter Entscheidungen auf diesem Gebiet, nämlich entsprechende Informationen über die Person des Verurteilten, fehlen. Das ist belegt für das Material, das für die Prognose, ob es zur Vollstreckung der Ersatzfreiheitsstrafe kommen könnte, aufbereitet werden müßte. Zwar sieht Nr. 14 der vornehmlich für den Staatsanwalt bestimmten Richtlinien für das Strafverfahren vor, daß die Einkommens- und Vermögensverhältnisse des Beschuldigten abzuklären sind, und die Richtlinie beläßt es keineswegs bei dieser allgemeinen Aufforderung, sondern gibt darüber hinaus eine Reihe ganz konkreter Handlungsanweisungen. Angesichts des dargelegten richterlichen Kompetenzdefizits läge es nahe, daß wenigstens die Staatsanwaltschaft – mit Blick auf den eventuell später nach § 459e StPO eintretenden Handlungsbedarf (Anordnung der

46 Für diese Prüfungspflicht tritt ein: Walter Stree, a. a. O., S. 40, Rdziff. 4.

47 Werner Bublies, *Die Aussetzung des Restes der Ersatzfreiheitsstrafe*, Berlin 1989, S. 51-53.

48 Bernd Volckart, *Verteidigung in der Strafvollstreckung und im Vollzug*, Heidelberg [2]1998, S. 76.

Vollstreckung der Ersatzfreiheitsstrafe) – sich schon während des Erkenntnisverfahrens informiert. Aber wie sich mittelbar aus der Tatsache ergibt, daß die Justiz »zum Zeitpunkt der Sanktionsentscheidung über sehr wenig Informationen zur Bestimmung der Tagessatzhöhe« verfügt,[49] wird diese Anweisung offenbar nicht oder nur unzureichend befolgt.

Schon über das »Ob« der Ersatzfreiheitsstrafe wird also am Ende entschieden, ohne daß die daran Beteiligten – das Gericht durch die Verurteilung zur Geldstrafe mit dem Automatismus der alternativen Ersatzfreiheitsstrafe, die Staatsanwaltschaft in ihrer Eigenschaft als spätere Vollstreckungsbehörde – das Erforderliche wissen. Das muß bereits für das Erkenntnisverfahren konstatiert werden. Kommt es zur Anordnung der Ersatzfreiheitsstrafe, werden die Informationsmängel aber keineswegs behoben.[50] Erst recht gilt dies aber nun für das »Wie« der Ersatzfreiheitsstrafe. Hier schweigen die zuständigen Strafverfolgungsorgane so gut wie ganz.

3) Strafrechtliche und strafprozeßrechtliche Lösungen

Deshalb erhebt sich die Frage, wie diese doppelte Mängellage zu verwalten ist.

a) Das Versagen des Gesetzgebers

In erster Linie geboten wäre eine Gesetzesänderung, welche die Zuständigkeit der Gerichte entsprechend erweitern würde. Damit wäre freilich eine sehr tiefgehende Umstrukturierung des Geldstrafensystems verbunden; im Grunde würde es darum gehen, etwa dem Vorbilde ausländischer Regelungen zu folgen, für den Fall der Nichtbeitreibbarkeit der Geldstrafe die nächstschwerere Strafart anzuordnen und dafür – alternativ – die notwendigen Strafzumessungsregelungen vorzusehen. Diese oder eine vergleichbare Konzeption kann hier nicht weiterverfolgt werden. Eine andere Initiative könnte darin bestehen, die Anwendung des § 459 f. in irgendeiner Weise zu mobilisieren. Aber wie bereits dargelegt, würde

49 Helmut Janssen, *Die Praxis der Geldstrafenvollstreckung*, Frankfurt/M. 1994, S. 101 ff.

50 Dazu gehört auch, daß in sehr vielen Fällen die Ersatzfreiheitsstrafe ohne Mahnung des Rechtspflegers angeordnet wird (Janssen a. a. O., S. 213); Grund dafür ist wohl unter anderem »die routinemäßige Verlagerung der ›Initiativpflicht‹ auf den Verurteilten« (Janssen, a. a. O., S. 211); vgl. im übrigen auch die kritische Darstellung bei Volckart, a. a. O., S. 61 ff.

damit der Kernbereich der notwendigen Entscheidungen nicht erreicht. Also wäre wieder der Gesetzgeber gefragt.

Indessen deutet nichts darauf hin, daß er jetzt oder in absehbarer Zeit tätig werden wird.

Zu denken wäre ferner an eine ausdrückliche Einbeziehung der Ersatzfreiheitsstrafen in die Regelung des §57 StGB, wiederum muß allerdings konstatiert werden, daß in diese Richtung gehende Bestrebungen des Gesetzgebers nicht erkennbar sind.

b) Unterbrechung der Vollstreckung gemäß§455a StPO?

Diesen – übrigens nur unter relativ eng formulierten Voraussetzungen eröffneten – Weg beschreitet das Justizministerium Baden-Württemberg.[51] Dabei wird von Einzelprüfungen abgesehen, vielmehr wird durchweg nach der Hälfte der Verbüßungszeit entlassen; Ausnahmen bilden die Fälle, in denen aus besonderen Gründen, namentlich solchen der öffentlichen Sicherheit i.S.v. §455a StPO von der Anordnung des Erlasses abgewichen werden soll.[52] Auch der spätere gnadenweise Erlaß der Reststrafe[53] (nach einer – schwerverständlich berechneten – Bewährungszeit) setzt individuelle Prüfungen voraus. Insgesamt hat diese Praxis dennoch mit individualisierender Gerechtigkeit wenig zu tun und wird hier nicht weiterverfolgt.

III. Gnade – Bedeutung und Handlungsmöglichkeiten

Damit ist eine geradezu klassische Ausgangslage für eine – vorläufige – Lösung der Probleme im Wege der Gnadenentscheidung gegeben.[54]

Keineswegs handelt es sich etwa um marginale Fragen. Von 372896 Verbüßungen von Freiheitsstrafen entfallen 51118 auf Ersatzfreiheitsstrafen.[55] Diese Proportionen im Bundesdurchschnitt finden ihre Entsprechung in den einzelnen Ländern.

51 Erlaß vom 3.3.1998.

52 A.a.O., S.5.

53 Ebd.

54 Sie soll den inneren Widerspruch beheben, der in der weiteren Anwendung und insbesondere der Vollstreckung einer inzwischen im Fortschritt der Rechtsidee eingeschränkten oder aufgehobenen Strafgesetzeslage liegt (Köhler a.a.O., S.67).

55 Vgl. die Mitteilungen bei Wendisch, in: Löwe-Rosenberg, a.a.O., 25. Aufl. 1997, §459, Rdnr. 4, Fn. 5.

1) Materielle Anknüpfungspunkte

Für die Sachlage, welche die Gnadenbehörde vorfindet, ist – wie bereits dargestellt – kennzeichnend, daß es sowohl für die Anordnung der Ersatzfreiheitsstrafe wie für die Ausgestaltung ihrer bisherigen Verbüßung an nachvollziehbaren Begründungen fehlt. Da, wie ebenfalls dargelegt, für die Ausgestaltung der Verbüßung im Gnadenwege nichts mehr getan werden kann, könnte man an die Korrektur der Anordnung denken. Auch sie kann aber, wie gesagt, nicht rückwirkend beseitigt werden. Daher kommen nur noch die Aussetzung oder der Erlaß der Reststrafe in Betracht.

a) Modell einer Analogie zu § 57 StGB

Darauf gerichtete Gnadenentscheidungen könnten sich wegen der restriktiven Auslegung des § 57 StGB durch den überwiegenden Teil der Rechtsprechung[56] bzw. einer bisher unterbliebenen Änderung des § 57 StGB als notwendige Korrektur der Gesetzesanwendung oder vorweggenommene Reform darstellen und damit einem anerkannten Typus von Gnade entsprechen.[57]

Diesen Weg zu gehen liegt insofern nahe, als es ja immerhin eine vor allem in der Literatur breit entfaltete und vereinzelt auch in der höchstrichterlichen Rechtsprechung aufgegriffene Argumentation für die Anwendbarkeit des § 57 StGB auf Ersatzfreiheitsstrafen gibt.[58] Allerdings wäre diese Argumentation nur in bezug auf die *Voraussetzungen* für die Aussetzung der Ersatzfreiheitsstrafe wichtig. Denn die Folge – Aussetzung zur *Bewährung* – wird ja in der Regel gar nicht angestrebt. Damit aber ist die Analogie zu § 57 StGB von der Gnadenbehörde bereits verlassen; und es kann sich nur noch handeln um:

b) Straferlaß

Sachlich gerechtfertigt werden können diese Entscheidungen dann, wenn sie im Einzelfall eine über die Gesetzesanwendung hinausgehende, individualisierende Gerechtigkeit verwirklichen. Daß dies die Grundlage für die Beurteilung der hier interessie-

56 Neuerdings auch: Thüringisches Oberlandesgericht, Beschluß vom 30. 10. 1997, und OLG Celle, Beschluß vom 22. 6. 1998; s. im übrigen die Nachweise bei Herbert Tröndle, *Strafgesetzbuch und Nebengesetze*, 48. Aufl., München 1997, S. 57 Rdziff. 2a.

57 Belege bei Mickisch a. a. O., S. 122 ff.

58 S. Belege bei Tröndle, a. a. O.; ausführlich zum Ganzen: Werner Bublies, *Die Aussetzung des Restes der Ersatzfreiheitsstrafe*, Berlin 1989; Volckart, a. a. O., S. 138 ff.

renden Gnadenerweise ist, wurde bereits dargelegt. Hinzu kommen muß der Nachweis, daß es rechtlich überzeugende Gründe dafür gibt, dieses Ziel anzustreben. Denn es versteht sich nicht von selbst; die Rechtsordnung hat oft mit Lebensverhältnissen zu tun, bei deren Regulierung individualisierende Gerechtigkeit nur in sehr beschränktem Maße zulässig ist und auch Gnadenerweise nicht in Betracht kommen. Daß im Strafrecht eine besonders starke Tendenz der Realisierung individueller Gerechtigkeit angelegt ist, ist ebenfalls schon gesagt worden. Die im Strafrechtssystem ausgebildeten Regeln und ihre dogmatische Verfeinerung tragen dem deshalb ohnehin Rechnung. Wenn es trotzdem noch zusätzlicher Gnadenentscheidungen bedarf, so müssen auch dafür besondere Gründe angegeben werden.

Sie liegen in den notorischen Fällen darin, daß mit der alternativen Androhung der Ersatzfreiheitsstrafe im Urteil des Gerichts und ihrer Anordnung und Vollstreckung durch die Vollstrekkungsbehörde Folgen verbunden sind, die ebenjener auf die Realisierung individueller Gerechtigkeit gerichteten Intention unseres Strafrechts widersprechen und doch nicht »teleologisch« beseitigt werden können. Soweit es sich dabei um mögliche zusätzliche Interpretationen durch das Gericht handeln würde, gilt das, wie dargelegt, ohne Einschränkung. Was die Tätigkeit der Vollstreckungsbehörden angeht, so wären Korrekturen in geringem Umfang, wie ebenfalls dargelegt, möglich; Spekulationen darauf müssen aber aus praktischen Gründen ausscheiden.

Auch die Gnadenentscheidung kann insoweit nur begrenzte Korrekturen vornehmen. Um so mehr scheint es angezeigt, daß sie diesen Handlungsspielraun voll ausnutzt.

Das heißt, es ist zu prüfen, ob die für die Vorentscheidungen nicht erhobenen Informationen über die Voraussetzungen, unter denen der Vollzug der Freiheitsstrafe im Falle der Uneinbringlichkeit der Geldstrafe sinnvoll erscheint, durch die Gnadenbehörde nachgeholt werden dürfen, mit der Folge, daß im Falle des Nichtvorliegens jener Voraussetzungen der Vollzug abgebrochen werden kann.

»Im Vollzug der Freiheitsstrafe soll der Gefangene fähig werden, künftig in sozialer Verantwortung ein Leben ohne Straftaten zu führen« (§ 2 Satz 1 Strafvollzugsgesetz). Dem entspricht, daß schon bei der Strafzumessung »die Wirkungen, die von der Strafe für das künftige Leben in der Gesellschaft zu erwarten sind«, berücksichtigt werden sollen (§ 46 Abs. 1 Satz 2 StGB). Freilich soll das auf der Grundlage der Schuld des Täters geschehen (§ 46 Abs. 2 Satz 1 StGB). Diesen Gedanken nimmt das Strafvollzugsgesetz allerdings nicht auf. Statt dessen wird aber noch gefordert: »Der Vollzug der Freiheitsstrafe dient auch dem Schutz der Allgemeinheit vor weiteren Straftaten« (§ 2 Satz 2 Strafvollzugsgesetz). Zu den Vollzugszielen wird diese Aufgabe des Strafvollzuges allerdings nicht gezählt, wie sich daraus ergibt, daß diese Bezeichnung ausdrücklich nur auf die Regelung des § Abs. 2 Satz 1 Strafvollzugsgesetz bezogen ist. Das mag denn auch der Grund dafür sein, daß der generalpräventive Effekt des § 2 Satz 2 Strafvollzugsgesetz bei den Strafzumessungsregeln des § 46 StGB wiederum nicht auftaucht.

Über diese nicht ganz gelungene Synchronisierung von Strafzumessungs- und Strafvollzugsregeln ist viel geschrieben worden,[59] und es ließe sich durchaus begründen, für die Gnadenentscheidung seien nur die Vollzugsziele des § 2 Satz 1 Strafvollzugsgesetz verbindlich. Darauf soll es hier aber nicht ankommen.

Vielmehr ist der ganze Regelungskomplex jetzt für die Prüfung zu Grunde zu legen, ob das von Gericht und Vollstreckungsbehörde hinterlassene Informationsdefizit von der Gnadenbehörde noch aufgefangen werden kann und was sich daraus für ihre Entscheidungen ergibt.

Das wird zunächst erörtert für das

aa) Vollzugsziel der Resozialisierung

Zunächst gilt es, einen Überblick zu gewinnen in bezug auf den

(1) Stand der Informationen bei den Gnadenbehörden

Der Text stützt sich insoweit – paradigmatisch – auf die Daten, die in der »Jahresauswertung 1997«[60] über das von der Justizbehörde der Freien und Hansestadt Hamburg entwickelte Modellprojekt »Ersatzfreiheitsstrafen« mitgeteilt werden.

76,5 % bzw. 83,9 %[61] der Verbüßer von Ersatzfreiheitsstrafen

59 Vgl. den Überblick bei Frank Arloth, »Strafzwecke im Strafvollzug«, *Goltdammer's Archiv für Strafrecht* (1988), S. 403 ff.

60 Vorgelegt am 26. 11. 1998.

61 Die Differenz ergibt sich daraus, daß der Bericht zwischen dem Sozialprofit der Verurteilten unterscheidet, je nachdem ob ein Gnadenerweis schließlich stattgefunden hat (1. Gruppe, S. 10) oder nicht (2. Gruppe, S. 15); indessen bleibt diese Unterscheidung für die schließliche Entscheidung bedeutungslos, so daß sie hier vernachlässigt werden kann.

(insgesamt 969[62]) verfügen über kein Erwerbseinkommen. Bei 23% der Ersatzfreiheitsstrafenverbüßer konnte eine Abhängigkeit von harten Drogen festgestellt werden, bei 18% lag eine Alkoholabhängigkeit vor. Es wird eine erheblich über diesen Zahlen liegende Dunkelziffer vermutet.[63] Das ergebe sich aus den übrigen Lebensumstanden, »die in der Regel eine Drogen- oder Alkoholabhängigkeit indizieren oder zumindest nahelegen«.

77% der Ersatzfreiheitsstrafenverbüßer sind ohne festen Wohnsitz. »Dieser Personenkreis wohnt wechselnd und immer nur kurzfristig bei Freunden, Bekannten, Eltern, in Hotels, Obdachloseneinrichtungen oder in Asylunterkünften.«[64]

Die Schuldenbelastung ist erheblich. Sie geht weit über das hinaus, was sich aus den Akten ergibt.

Das Verhalten im Strafverfahren (in »72% der Fälle haben die Beschuldigten auf das Strafverfahren nicht reagiert[65]) und im Vollstreckungsverfahren (in knapp der Hälfte der Fälle kommt es überhaupt nicht zur Kontaktaufnahme mit der Staatsanwaltschaft; im übrigen ist nur in 50% der Fälle Ratenzahlung beantragt worden, bzw. in 10% der Fälle sind erneute Ratenzahlungsmöglichkeiten erbeten worden; in 2% der Fälle ist um Stundung gebeten worden, und in 25% der Fälle ist ein Antrag auf Tilgung durch gemeinnützige Arbeit gestellt worden[66]) deute auf tiefsitzende Schwächen der Handlungskompetenz.

Weitere Schlußfolgerungen (inklusive Schätzung von Dunkelziffern) ergeben sich aus den Straftaten der Verbüßer von Ersatzfreiheitsstrafen. Es handelt sich vor allem um Armuts- und Beschaffungskriminalität in einem bagatellhaften Deliktsbereich. Sie wird als »Ausdruck ihrer prekären Lebenssituation« begriffen.

Bei dieser Sachlage ergibt sich:

(2) Die Ungeeignetheit der kurzen Freiheitsstrafe zur Erreichung des Vollzugsziels

Hier müssen die Erfahrungen aus den Diskussionen über den Sinn der kurzen Freiheitsstrafe und die in diesem Zusammenhang

62 A.a.O., S.560.
63 Ebd., S.18.
64 Ebd.
65 Ebd., S.21.
66 Ebd.

angestellten empirischen Untersuchungen übernommen werden.[67] Danach haben Personen mit (weitgehend sozio-strukturell bedingten) Sozialisationsdefiziten auch in einem noch so gut organisierten Behandlungsvollzug keine Chance[68] – selbst wenn man versuchen würde, mit Zwangsmaßnahmen die Resozialisierung einzuleiten, was im Prinzip unzulässig ist.[69]

Gemessen am Vollzugsziel des Strafvollzugsgesetzes (§ 2 Satz 1 Strafvollzugsgesetz) würde es sich bei diesen Personen also um eine funktionslose Verwahrung handeln, wenn sie (weiter) die Ersatzfreiheitsstrafe verbüßen. Unter diesem Gesichtspunkt ist ein gnadenweiser Erlaß der Strafe also indiziert.

Daß mit dieser Logik auch in vielen anderen Fällen von Verbüßungen einer Freiheitsstrafe Entlassungen zu legitimieren wären, vor allem deshalb, weil das Vollzugsziel aus anderen Gründen nicht erreicht werden kann – es fehlen in den Justizvollzugsanstalten das erforderliche Personal oder minimale institutionelle Voraussetzungen –, ist nicht zu leugnen. Wenn gleichwohl daraus in der Regel nicht die Konsequenz gezogen wird, den Vollzug abzubrechen, so bedarf das sicher einer gründlichen Untersuchung. Dabei wird das Argument eine Rolle spielen, daß nicht jedes Zurückbleiben hinter den Voraussetzungen, die das Strafvollzugsgesetz für die Verbüßung der Freiheitsstrafe aufstellt, dazu führen kann, auf den Vollzug zu verzichten, weil damit praktisch die Gültigkeit der Verurteilung zur Freiheitsstrafe angegriffen wird und es nicht leicht ist, einen Rechtssatz zu mobilisieren, wonach bei Nichterreichung des gesetzlichen Zweckes die Anordnung einer Maßnahme, zumal durch ein rechtskräftiges richterliches Urteil, praktisch annulliert

67 Nachweise jetzt bei Bernhard Villmow, »Kurze Freiheitsstrafe, Ersatzfreiheitsstrafe und gemeinnützige Arbeit: Erfahrungen und Einstellungen von Betroffenen«, in: *Festschrift für Günther Kaiser*, Berlin 1999, S. 1291-1324. s. auch schon den Bericht von Klaus Sessar/Bernhard Villmow/Bernd Vonhoff, *Kurzstrafenvollzug in den Justizvollzugsanstalten der Freien und Hansestadt Hamburg, Empirische Grundlagen*, Hamburg 1992. Alles dieses wird bestätigt durch eine neue Untersuchung: Gabriele Dolde, »Zum Vollzug von Ersatzfreiheitsstrafen. Eindrücke aus einer empirischen Erhebung«, in: *Festschrift für Alexander Böhm*, 1999 Berlin/New York, S. 581 ff.

68 Vgl. die Mitteilungen über einschlägige empirische Forschungen bei Villmow, a. a. O.

69 Vgl. Klaus Lüderssen, »Resozialisierung und Menschenwürde«, in: *Kritische Justiz* (1997), S. 179-186.

wird. Mit diesem im Verwaltungsrecht geläufigen Problem ist die Strafrechtspflege, weil sich kaum jemand so weit vorwagt, bisher nicht befaßt worden.[70] Auch an dieser Stelle kann das nicht geschehen. Vor allem aber ist es auch nicht erforderlich, weil die Argumente, die für die Begründung einer Gnadenentscheidung gelten, ja keineswegs in den diesseits der Gnade sich befindenden Teil der Rechtsordnung zu übernehmen sind.

Die weitere Frage, ob der gnadenweise Erlaß der Ersatzfreiheitsstrafe in diesen Fällen eine Ungerechtigkeit gegenüber den Verurteilten darstellt, welche die Geldstrafe bezahlt haben, scheint sich aufzudrängen, ist aber am Ende mit Nein zu beantworten. Denn Geldstrafe und Freiheitsstrafe entziehen sich dem Vergleich. Wäre die Ersatzfreiheitsstrafe eine Beugestrafe, so könnte das anders liegen. Da aber, sobald die Voraussetzungen für die Anordnung der Ersatzfreiheitsstrafe eingetreten sind, diese als »echte« Freiheitsstrafe unter die Bedingungen gerät, die allgemein für deren Vollzug gelten, wird gewissermaßen eine neue Rechnung aufgemacht.

Das wird ganz deutlich, wenn man sich die Situation einmal unter der Voraussetzung vorstellt, daß der Verurteilte ein Recht auf Wahl zwischen Geldstrafe nach Tagessätzen und dementsprechender Freiheitsstrafe hätte. Niemand käme dann auf den Gedanken, daß mit der Option für die Freiheitsstrafe wegen der daran geknüpften Möglichkeit der vorzeitigen Entlassung eine ungerechte Behandlung im Verhältnis zu demjenigen zu registrieren wäre, der die Geldstrafe gewählt hat. Daß der Wechsel von der Geldstrafe zur (Ersatz)freiheitsstrafe nicht auf einer von vornherein in das Belieben des Verurteilten gestellten Option beruht, sondern eine Folge der Nichtbezahlung der Geldstrafe ist, kann an dem Austausch der beiden Sanktionsformen und ihrer insofern selbständigen Systematik nichts ändern.

Wiewohl also unter dem Aspekt der Nichterreichbarkeit des Vollzugsziels die Begnadigungen au fond gerechtfertigt sind, muß noch überlegt werden, ob nicht wegen jener anderen Aufgabe des Strafvollzuges der gnadenweise Erlaß der Freiheitsstrafe abzulehnen wäre.

bb) Vollstreckung der Ersatzfreiheitsstrafe aus Gründen des

70 Zur möglichen Funktion des Bundesverfassungsgerichts: Arloth, a. a. O.› S. 414.

Schutzes der Allgemeinheit vor weiteren Straftaten (§ 2 Satz 2 Strafvollzugsgesetz)

Die strafrechtssystematischen Schwierigkeiten der Einordnung dieser Kategorie sollen, wie gesagt, einmal beiseite bleiben. Freilich darf nicht übersehen werden, daß jedenfalls auch die Resozialisierungsziele noch hierher gehören, weil auch eine gelungene Resozialisierung mittelbar einen Schutz der Allgemeinheit bedeutet.[71] Kann sie aber nicht geleistet werden, so läuft insoweit auch die Kategorie des Schutzes der Allgemeinheit »leer«.

Im übrigen ist die den Schutz der Allgemeinheit anstrebende Generalprävention sowohl mit dem Strafziel der Abschreckung verknüpft (sogenannte negative Generalprävention) wie mit dem der Vergeltung, wobei der für die Reaktion der Allgemeinheit maßgebende Impuls darin gesehen wird, daß die normbewußten Bürger sich in ihrem Verhalten bestätigt fühlen und nicht in Versuchung kommen, es zu ändern (sogenannte positive Generalprävention).[72]

So problematisch es ist, negative und positive Generalprävention zu unterscheiden, so schwierig ist es auch, die einschlägigen

71 Vor allem die Fälle der Zahlungsunwilligkeit und auch der Flucht des Verurteilten sind wohl hierher zu rechnen: Resozialisierung zum Schutze der Allgemeinheit erscheint besonders angebracht. Allerdings ändert das nichts daran, daß die kurze Freiheitsstrafe auch dafür nicht das geeignete Instrument ist. In den Fällen, in denen man die kurze Freiheitsstrafe deshalb für resozialisierungs-ungeeignet hält, weil zu dieser Resozialisierung in erster Linie die Veränderung der äußeren Umstände des Verurteilten und eine damit verbundene andere »Einrichtung« seines Lebens, etwa Ausbildung, Berufstraining etc., gehören, ist das besonders offensichtlich. Dort freilich, wo die Resozialisierung eher auf die Änderung grundsätzlicher Einstellungen zielt, ist mit wenigen Monaten Einsperrens wohl nichts auszurichten. Im übrigen gilt auch für diese zu korrigierenden »Einstellungen«, daß sie sozio-strukturell und sozialisations-defizitär bedingt und damit letztlich doch auch in jenem »größeren« Programm von Resozialisierung zu lokalisieren sind, für das die kurze Freiheitsstrafe nun eben ungeeignet ist. Ganz sicher ist das für den Fall der Flucht des Verurteilten anzunehmen.

72 Die Unterscheidung dieser beiden Generalpräventionsbegriffe ist problematisch (vgl. dazu Lüderssen, in: *Aufgeklärte Kriminalpolitik oder Kampf gegen das Böse?*, a. a. O., Band 1, S. 63 mit weiteren Hinweisen), was aber hier nicht weiterverfolgt werden soll und im übrigens nichts daran ändert, daß diese Begriffe sich inzwischen fest eingebürgert haben und in ihrer Bedeutungsdifferenz ungeachtet theoretischer Einwände zunehmend wahrgenommen werden (sehr plausibel dargestellt jetzt bei Lothar Kuhlen, »Anmerkungen zur positiven Generalprävention«, in: Bernd Schünemann/Andrew von Hirsch/Nils Jareborg (Hg.), *Positive Generalprävention*, Karlsruhe 1998, S. 55 ff.).

Überlegungen, von denen sich die Gnadenbehörden leiten lassen, dementsprechend auseinanderzuhalten.

Wenn es heißt, daß »Straßenverkehrs-, grobe Gewalt- und Vermögensdelikte zu Lasten öffentlicher Einrichtungen [...] grundsätzlich von Gnadenerweisen ausgenommen«[73] sind, so könnte man das im Sinne der negativen Generalprävention interpretieren. Hingegen deuten die im gleichen Atemzug erwähnten Fälle, deren Begnadigung »in der Öffentlichkeit Unverständnis hervorrufen« könnte,[74] eher auf eine Konzeption positiver Generalprävention. Aber ganz klar ist das nicht, wird es auch nicht durch Hinzunahme weiterer Mitteilungen über »Gründe für die Ablehnung eines Gnadenerweises«: »Art oder Schwere des Delikts (106 Fälle) [...] offensichtliche Zahlungsfähigkeit, aber Zahlungsunwilligkeit des Verurteilten (21 Fälle) [...] Flucht des Verurteilten (16 Fälle)«.[75]

Indessen braucht das hier nicht endgültig aufgeklärt zu werden, weil die Generalprävention beider Spielarten zu den anerkannten Strafzwecken zählt und unter Umständen Resozialisierungserwägungen zurückdrängt, gleichviel ob sie darin bestehen, daß eine Resozialisierung bereits erfolgt ist oder mit einer geringeren Strafe oder anderen Sanktionen (besser) erreicht werden oder mit der kurzen Freiheitsstrafe gar nicht angestrebt werden kann. Jeweils bleibt die Generalprävention als Strafzweck übrig, und wenn trotz einer Fehlanzeige bei der Resozialisierung sich die Überzeugung bildet, daß mit Blick auf diese Generalprävention der Vollzug der Freiheitsstrafe (hier des Restes der Ersatzfreiheitsstrafe) noch sinnvoll erscheint, dann soll es keine Begnadigung geben.

So liegt es auf das Ganze gesehen bei den soeben mitgeteilten Fallgruppen. Das heißt, auch für sie gilt, daß der Strafzweck der Resozialisierung nicht sinnvoll verfolgt werden kann. Dennoch scheiden sie wegen der zusätzlichen, jenseits der Resozialisierung liegenden, virulent bleibenden Strafzwecke für die Begnadigung aus – im Sinne der hier angedeuteten Interpretation des § 2 Satz 2 Strafvollzugsgesetzes.

2) Formelle Anknüpfungspunkte

a) Begründungspflicht – allgemein

Gnadenentscheidungen enthalten in der Regel keine Begrün-

73 Auswertung, a. a. O.

74 Ebd.

75 Ebd., S. 17.

dungen. Das entspricht der Tradition und findet beispielsweise im modernen Gnadenrecht seinen Ausdruck im saarlandischen Gesetz über die Begnadigung,[76] wonach (§ 11 Abs. 1) die Gründe für die Gnadenentscheidung nicht bekanntzugeben sind. Wer für die rechtliche Überprüfung von Gnadenakten eintritt, hat mit dieser Vorschrift bzw. mit dieser Praxis Schwierigkeiten; die wichtigsten Anhaltspunkte für die Einlegung eines Rechtsmittels sind immer die Begründungen der Vorentscheidung.[77] Macht man, wie im vorliegenden Text, den rechtlichen Charakter der Gnade nicht davon abhängig, daß Gnadenentscheidungen rechtlich anfechtbar sind, so kommt es auf die Mitteilung der Gründe nicht mehr an.

Das heißt aber nicht, daß die Gnadenentscheidungen grundlos, also willkürlich ergehen dürfen. Mit anderen Worten, für die »Herstellung« der Gnadenentscheidung bedarf es natürlich hinreichender Gründe.

b) Individualisierende Begründung?

Der ideale Fall einer individualisierenden Begründung ist sicher dann gegeben, wenn man die persönlichen Verhältnisse und das soziale Umfeld bei jedem Verurteilten so weitgehend wie nur möglich aufklärt. Selbstverständlich sind dem irgendwo Grenzen gesetzt, und außerdem ist daran zu erinnern, daß schon im Rahmen der strafrechtlichen Zurechnung bei dem Merkmal, das über die individualisierende Zurechnung entscheidet – der Schuld –, normative Einschränkungen gemacht werden; das heißt, gewisse Konfliktlagen höchstpersönlicher Art werden einfach nicht anerkannt.[78] Auch bei Vollzugsentscheidungen sind objektivierend-normative Einschränkung unvermeidbar, wie sich aus dem freilich nicht leicht harmonisierbaren Zusammenspiel von Vollzugszielen, Schutz der Allgemeinheit und vielleicht auch Fortwirken des Strafzumessungskriteriums »Schuld« ergibt.[79] Hinzu kommt, daß, was das Vollzugsziel – die Resozialisierung – angeht, ein gewisser Grad von Verallgemeinerung bei der Fixierung dessen, was für den straffällig gewordenen Täter durch Vollzug zu erreichen ist, auch

76 Vom 16. 3. 1994, *Amtsblatt des Saarlandes* (1994), Nr. 24, S. 744.

77 Vgl. Mickisch, a. a. O., S. 188.

78 Vgl. dazu Klaus Günther, »Die Zuschreibung strafrechtlicher Verantwortlichkeit auf der Grundlage des Verstehens«, in: Klaus Lüderssen (Hg.), *Aufgeklärte Kriminalpolitik oder Kampf gegen das Böse?*, Band 1, Baden-Baden 1998, S. 319 ff. (338).

79 Vgl. Lüderssen, *Abschaffen des Strafens?*, Frankfurt/M. 1995, S. 180 (dort Fn. 6).

nicht ausgeschlossen werden kann, und dem entspricht auch die ebenfalls auf allgemeine Begriffe bezogene Bestandsaufnahme über die Sozialisationsdefizite, von denen auszugehen ist. Ganz deutlich zeigt sich dieses, wie man vielleicht vermittelnd sagen kann, typisierend-individualisierende Element bei den Prognoseverfahren, die über die Chancen einer zukünftigen Legalbewährung Erkenntnisse zu gewinnen versuchen,[80] bis hin zur Entwicklung von Lösungsmodellen »zur Entscheidung bei Nichtwissen«, wobei es sogar zur Anwendung des Rechtssatzes »in dubio pro reo« kommt.[81]

Wenn aber mit Recht vermutet werden kann, daß bei ganz bestimmten, durchaus wiederkehrenden typischen Erscheinungsformen eines Sozialisationsdefizits, inklusive seiner soziostrukturellen Determinanten, ohne Ermittlung der jeweils ganz individuellen Situation eine kurze Freiheitsstrafe ihr Ziel nicht erreichen kann, und – ebenso relativ-pauschalisierend – entschieden werden kann, ob der Schutz der Allgemeinheit nicht trotzdem den Vollzug der Freiheitsstrafe verlangt, dann braucht nicht mehr untersucht zu werden, wie weit man bei der Bemühung um Individualisierung der Argumente überhaupt gehen kann. Gleichzeitig braucht das Problem nicht gelöst zu werden, ob man von rechtlich nachvollziehbaren Entscheidungen noch sprechen darf, wenn für ihre Begründung keine Regel mehr gefunden werden kann, vielmehr in jedem Einzelfall sich der Begründungskatalog gleichsam neu organisiert.

Wer gerade in diesem Schritt von – schon sehr stark verengter – Regelgeleitetheit zur totalen Einzelfallentscheidung das Wesen der Gnade erblickt, käme vielleicht in Verlegenheit, wenn damit gleichzeitig wirklich das Ende möglicher rechtlicher Begründungen erreicht wäre.[82] Daß ein so enger Rechtsbegriff nicht unbedingt

80 Vgl. dazu Hendrik Schneider, *Grundlagen der Kriminalprognose*, Berlin 1996; s. ferner Bernd Volckart, *Praxis der Kriminalprognose, Methodologie und Rechtsanwendung*, 1997; Wolfgang Frisch, *Prognoseentscheidungen im Strafrecht*, Heidelberg 1983; Wolfgang Frisch, Thomas Vogt (Hg.), *Prognoseentscheidungen in der strafrechtlichen Praxis*, Baden-Baden 1994.

81 Streitig; dazu Schneider, a. a. O., S. 40 ff.

82 Dies ist die Position von Hans Dombois, der, wiewohl lange Staatsanwalt, einen expressis verbis nicht-rechtlichen Gnadenbegriff vertreten hat und damit durchaus einflußreich gewesen ist, vgl. seinen Artikel über Gnadenrecht im *Evangelischen Soziallexikon*, 5. Aufl., Stuttgart und Berlin 1965, Spalte 532 ff.

zwingend ist, daß vielmehr auch die äußerste Individualisierung noch im Rechtsbegriff untergebracht werden kann, ist bereits angedeutet worden,[83] freilich auch, daß diese Position rechtstheoretisch nicht voll entwickelt ist. Aber wie sich nunmehr zeigt, besteht keine Veranlassung, insoweit eine endgültige Klärung herbeizuführen, denn für die hier anvisierten Fälle können ja durchaus – wenn auch eng umschriebene – Regeln sichtbar gemacht werden, die einen gnadenweisen Straferlaß rechtfertigen.

c) Spezielle Verfahrensfragen

aa) Überbelegung des Strafvollzuges

Die sachlichen Gründe, welche die Justizverwaltungsbehörden dazu bestimmen könnten, für die Vollstreckung und den Vollzug von Ersatzfreiheitsstrafen aus der Überbelegung Konsequenzen zu ziehen, liegen auf der Hand.

§ 146 Abs. 1 Strafvollzugsgesetz bestimmt, daß Hafträume nicht mit mehr Personen als zugelassen belegt werden. Geschieht das dennoch, so ist der Tatbestand der Überbelegung gegeben. Die Möglichkeiten, die das Strafvollstreckungsrecht zur Verfügung stellt, um diesem Tatbestand zu wehren, sind begrenzt. Zwar gehört die Überbelegung zu den »Gründen der Vollzugsorganisation«, welche die Anwendbarkeit des § 455a StPO auslösen; sie ist sogar das Hauptmotiv für die Einführung dieser Vorschrift gewesen.[84] Indessen ist nach dieser Vorschrift nur die Aufschiebung oder Unterbrechung der Vollstreckung zulässig. Keineswegs ist also erschöpfend dafür Sorge getragen, daß »das Überbelegungsverbot den möglichen Konflikt zwischen der Behördenpflicht zum Vollzug der vollstreckbaren Urteile und zu einer den verfassungsrechtlichen und gesetzlichen Vorschriften entsprechenden Behandlung«[85] beseitigt. Ohnehin kann nicht davon ausgegangen werden, daß die Nichtanwendung einer Rechtsvorschrift bzw. ihre Verletzung ohne weiteres zur Aufhebung der dadurch eingetretenen Wirkung führt. Die Rechtsordnung kennt insoweit vielmehr nur – mehr oder weniger überzeugend – abgestufte, weitere rechtliche Maß-

83 Oben S. 563 ff.

84 Vgl. Nachweise bei Wendisch, a. a. O., § 455a Rdziff. 2; ferner Rolf-Peter Callics/Heinz Müller-Dietz, *Strafvollzugsgesetz*, 7. Aufl., München 1998, § 181 Strafvollzugsgesetz, Rdziff. 1 (§ 455a StPO ist durch § 181 Strafvollzugsgesetz eingeführt worden).

85 Callies/Müller-Dietz, a. a. O., § 146 Rdziff. 1.

nahmen erforderlich machende Reaktionen. Man kann also von einer Behörde, wenn sie auf die entsprechenden Sachverhalte stößt, nicht erwarten, daß sie, nur weil eine entsprechende Verpflichtung nicht formuliert ist, passiv bleibt. Vielmehr ist der höchste Grad von Sachlichkeit für eine entsprechende Ermessensentscheidung erreicht, die ja im übrigen nur darauf hinausläuft, ein Material für Entscheidungen auszuwählen, für die dann andere Erwägungen maßgebend sind.

Freilich könnte man einwenden, daß dort, wo die Vollstreckung von Ersatzfreiheitsstrafen nicht mit dem Phänomen der Überbelegung konfrontiert ist, die Ersatzfreiheitsstrafen ohne Einschränkung verbüßt werden müssen, obwohl sie ebenso wie in den hier geprüften Fällen wegen der Funktionslosigkeit der kurzen Freiheitsstrafe keinem vernünftigen Zweck dienen können. Aber abgesehen davon, daß schon dargelegt worden ist, auf welche Grenzen eine vollständige Gleichmäßigkeit anstrebende Verwaltung stößt, muß hervorgehoben werden, daß der einer Überbelegung ausgesetzte Verbüßer einer Ersatzfreiheitsstrafe gegenüber denjenigen, die dieser Belastung nicht ausgesetzt sind, die Vollstreckung der Ersatzfreiheitsstrafe als besonders ungerecht empfinden muß.

Daß hier deshalb, anders als bei »normalen« Freiheitsstrafen,[86] ein spezielles Ausgleichsbedürfnis besteht, zeigt die Existenz des § 459 f. StPO, wonach die Vollstreckung der Ersatzfreiheitsstrafe unterbleibt, wenn die Vollstreckung für den Verurteilten eine unbillige Härte wäre. § 459 f. StPO geht aber nicht nur in diesem Punkt über § 455a StPO hinaus, sondern auch in bezug auf die Rechtsfolge, denn es wird ja nicht nur Aufschiebung oder Unterbrechung angeordnet.[87] Diese doppelte »Auszeichnung« der Ersatzfreiheitsstrafe signalisiert eine besondere Sensibilität des Gesetzgebers für die Ersatzfreiheitsstrafe. Sie rechtfertigt es, auch beim Auswahler-

86 Das bedeutet zugleich, daß der Gesichtspunkt, die von den Verbüßern von Ersatzfreiheitsstrafen in Anspruch genommenen Haftplätze müßten für Gefangene freigemacht werden, bei denen mit Aussicht auf Erfolg die Vollzugsziele des Strafvollzugsgesetzes anzustreben sind, nicht unter der Voraussetzung der dann weiterbestehenden Überbelegung Gültigkeit beanspruchen kann.

87 Das heißt, die Ersatzfreiheitsstrafe kann überhaupt nicht mehr vollstreckt werden; wohl aber kann, wenn sich die wirtschaftlichen Verhältnisse des Verurteilten bessern, die Beitreibung der Geldstrafe bis zum Ablauf der Verjährungsfrist erneut versucht werden, ohne daß es des Widerrufs der nach § 459 f. StPO ergangenen Anordnung bedarf (§ 49 Abs. 2 Satz 2 Strafvollstreckungsordnung).

messen für die Gnadenentscheidung in erster Linie – im Falle der Indikation durch die Überbelegung – auf die Fälle der Ersatzfreiheitsstrafe zurückzugreifen, auch wenn das gegenüber denjenigen, die unter der Überbelegung zu leiden haben, ohne daß sie »nur« eine Ersatzstrafe verbüßen, als eine Ungerechtigkeit erscheint.

Eine Gnadenbehörde, die sich auf dieser Linie bewegt, kann unter keinen Umständen dem Vorwurf unsachlichen Ermessensgebrauchs ausgesetzt sein. Noch einmal ist zu betonen, daß demgegenüber die Kriterien für die eigentliche Gnadenentscheidung ganz selbständig sind.

bb) Rechtspolitische Erwägungen?

(1) Bekanntlich wird seit längerer Zeit die 1:1-Regelung des § 43 Satz 2 StGB für anfechtbar gehalten, weil, »wenn eine nach Tagessätzen verhängte (primäre) Geldstrafe dem Unrecht der Tat und der Schuld des Täters« entspreche, »die (sekundäre) Ersatzfreiheitsstrafe, im Verhältnis 1:1 bestimmt, nicht auch schuldangemessen sein« könne.[88] Dies trifft freilich nur unter der Voraussetzung zu, daß das Gericht bei Verhängung der Geldstrafe nicht gleichzeitig auch erwägt, welche Freiheitsstrafe (alternativ) »zur Ahndung der Straftat unter Berücksichtigung präventiver Gesichtspunkte angemessen wäre«.[89] Mit Blick darauf, wieviele Tage Freiheitsstrafe eventualiter dafür für angemessen gehalten werden, kann dann auf der Basis des § 43 Satz 2 die Zahl der Tagessätze für die entsprechende Geldstrafe festgelegt werden. Mit anderen Worten: die Zahl der Tagessätze ist dann nicht mehr unabhängig von den möglichen Auswirkungen bestimmt worden, die sie auf die Länge der Ersatzfreiheitsstrafe hat, so daß, wenn es dann doch zur Ersatzfreiheitsstrafe kommt, die Gleichsetzung von Tagessatz und einem Tag Freiheitsstrafe nicht mehr als willkürlich erscheint.

Damit wäre zwar eine Harmonisierung von § 40 und 43 StGB erreicht, und es wäre auch deutlicher herausgestellt, daß die Ersatzfreiheitsstrafe keine Beugestrafe, sondern eine echte Alternative zur Geldstrafe ist. Indessen muß man davon ausgehen, daß die Gerichte bei der Verhängung der Geldstrafe und der Festsetzung der Zahl der Tagessätze die zusätzlichen Erwägungen über den möglichen Sinn einer eventuellen Freiheitsstrafe eben nicht anstellen. Dann

88 Herbert Tröndle, *Strafgesetzbuch und Nebengesetze*, 48. Aufl., München 1997, § 43 Rdziff. 4.

89 Stree, a. a. O., § 40 Rdziff. 4.

aber bleibt es bei den Bedenken, daß eine sachliche Begründung für die 1:1-Umrechnung des § 43 Satz 2 StGB fehlt.[90] Sie wäre freilich auch dann noch nicht gegeben, wenn die Reformvorschläge zugunsten eines Umrechnungsmaßstabes 2:1 verwirklicht würden. Denn es läßt sich das Verhältnis von Geldstrafe und Freiheitsstrafe überhaupt nicht in Zahlen ausdrücken.[91] Daß »Mehr an Übelszufügung«,[92] das die Ersatzfreiheitsstrafe gegenüber der Geldstrafe bedeutet, fände also im Zweifel durch die angedeutete Reform auch nur einen sehr unvollkommenen Ausdruck.

Daher sind an einer möglichen Reform des § 43 Satz 2 StGB orientierte Gnadenentscheidungen ausgesprochen *sachliche*. Auch bei den anderen Freiheitsstrafen muß man sehr häufig registrieren, daß ihr Vollzug den Gesetzeszweck verfehlt. Aber bei der Zumessung dieser Strafen entfallen wenigstens jene besonderen Bedenken, die für die Zumessung der Ersatzfreiheitsstrafe gelten. Deshalb ist es gerechtfertigt, wenigstens die Ersatzfreiheitsstrafen dieser speziellen Überprüfung, ob sie denn mit Blick auf das Vollzugsziel des Strafvollzugsgesetzes überhaupt sinnvoll sein können, zu unterwerfen. Um es auch an dieser Stelle noch einmal deutlich zu sagen: Die bloße Tatsache, daß die Ersatzfreiheitsstrafen im Einzelfall einem nicht überzeugenden Umrechnungsmodus ihre Höhe verdanken, kann noch nicht zu ihrem gnadenweisen Erlaß führen; vielmehr ist dieser Umstand nur ein Auswahlgesichtspunkt dafür, die Verbüßung der Ersatzfreiheitsstrafen nun daraufhin zu überprüfen, ob die Verbüßer der Ersatzfreiheitsstrafen unter den Bedingungen der kurzen Freiheitsstrafe resozialisierbar sind.

(2) Erst recht können Entscheidungen der Gnadenbehörden nicht für unsachlich erklärt werden, wenn die Gnadenbehörden die rechtspolitische Erwägung angestellt haben, der Rechtsgedanke des § 57 StGB müsse eigentlich auch bei der Ersatzfreiheitsstrafe Anwendung finden.

Es ist schon ausgeführt worden, daß die Anwendung des § 57 StGB auf die Ersatzfreiheitsstrafe wegen der gesetzgeberischen Mängel, die das Verhältnis von Geldstrafe und Verhängung und Anordnung der Ersatzfreiheitsstrafe unbefriedigend erscheinen lassen, förderlich sein könnte. Daß das Modell für die Gnadenent-

90 Vgl. auch Bublies, a. a. O., S. 52/53.

91 Tröndle, a. a. O. spricht von der nicht komparablen Freiheitsstrafe.

92 Tröndle, ebd.

scheidung allerdings nicht übernommen werden kann, ist bereits dargelegt worden. Wenn der gnadenweise Erlaß weiter geht als die Aussetzung zur Bewährung, die vielleicht bei einer stimmigen Konzeption des Gesetzes und vernünftiger Gesetzesanwendung die bessere Lösung sein würde, so kann darin eine Art Kompensation gesehen werden. Denn schon die Verhängung der Ersatzfreiheitsstrafe (für den Fall der Nichtzahlung der Geldstrafe) und ihre Anordnung im aktuell gewordenen Fall der Nichtzahlung der Geldstrafe leidet unter Begründungsmängeln, die bei der gewöhnlichen Freiheitsstrafe ipso iure nicht zu verzeichnen sind. Abermals ist deutlich zu machen, daß die aus § 57 StGB abgeleitete rechtspolitische Erwägung ja keineswegs automatisch zur Begnadigung führt, sondern nur den Weg frei macht, die möglichen selbständigen Gründe für einen gnadenweisen Erlaß der Freiheitsstrafe erst einmal zu prüfen.

E. Zusammenfassung und Schlußbemerkung

Es hat sich gezeigt, daß aus der Sicht des positiven Rechts keine Einwendungen gegen einen gnadenweisen Erlaß der Ersatzfreiheitsstrafe zu erheben sind.

Daher kommt es nicht darauf an, ob diese Praxis darüber hinaus als ein zusätzliches sogenanntes »kriminalpolitisches Experiment zur Fortentwicklung des Vollstreckungsrechts und Sanktionensystems den gesellschafts- und kriminalpolitischen Bedürfnissen gemäß«[93] gerechtfertigt werden kann. Da Gesetzgebungsexperimente verfassungsrechtlich nach wie vor auf große Bedenken stoßen,[94] könnte man sich sehr wohl auf den Standpunkt stellen, daß »als einzige Möglichkeit der praktischen Erprobung nur der Gnadenweg« bleibt.[95] Gleichwohl ist nicht zu verkennen, daß er ein Notbehelf ist. Eine Reform des Rechts der Ersatzfreiheitsstrafe ist dringend angezeigt. Von den zwei Wegen, die sich hier eröffnen – Ersetzung der Ersatzfreiheitsstrafe durch ein System der Festsetzung der nächstschwereren Strafart[96] oder Abschaffen

93 Mikisch, a. a. O., S. 126.

94 Vgl. die Nachweise bei Mikisch, a. a. O., und Lüderssen, *Entkriminalisierung des Wirtschaftsrechts*, Baden-Baden 1998, S. 202 f.

95 Mikisch, a. a. O., mit Nachweisen.

96 Dazu mit rechtsvergleichenden Hinweisen: Bublies, a. a. O., S. 47.

der Ersatzfreiheitsstrafe bei gleichzeitiger Verbesserung des zivilrechtlichen Systems der Beitreibung von Geldstrafen[97] –, verspricht der zuerst genannte die realistischere, der zweite die auf das Ganze gesehene bessere Lösung. Sie wäre freilich einzubetten in eine grundsätzliche Reform des Strafrechts zugunsten anderer *rechtlicher* Alternativen,[98] ein langwieriges und nur stufenweise zu verwirklichendes Unternehmen. Da es sich bei der Ersatzfreiheitsstrafe, auch wenn sie die Form der nächstschwereren Strafart[99] annimmt, nur um kurze Freiheitsstrafen handeln wird, gelten die dagegen seit langem vorgebrachten Bedenken unvermindert. So gesehen *gibt* es überhaupt keine andere als eine nicht-strafrechtliche Alternative. Diese bezieht sich allerdings nur auf die an die Geldstrafe gekoppelte Freiheitsstrafe, läßt die Geldstrafe unberührt und ist deshalb sorgfältig zu unterscheiden von einer noch weiter gehenden Reform des Strafrechts mit dem Ziel der »Entkriminalisierung« von im Bagatellbereich sich bewegenden Verstößen. Deren Diskussion hat zwar auch schon seit langem begonnen, greifbare Ergebnisse sind aber noch nicht sichtbar geworden.

97 Dazu Jannen, a.a.O., S. 222.

98 Vgl.dazu das von Klaus Lüderssen, Cornelius Prittwitz und Lorenz Schulz mit Mitteln der Volkswagenstiftung durchgeführte Projekt und die erste in Vorbereitung befindliche Publikation: *Rechtliche Alternativen zum Strafrecht*, Band 1: *Die Subsidiarität des Strafrechts.*

99 Diese Lösung würde eine Reform des § 57 StGB – ausdrückliche Erstreckung auf die Ersatzfreiheitsstrafe – überflüssig machen, weil die bisher für die Aussetzung der Ersatzfreiheitsstrafe in der Rechtsprechung und Literatur vorgetragenen Gesichtspunkte schon in die Umwandlung der Ersatzfreiheitsstrafe in die nächstschwerere Strafe eingehen würden.

4.3 Die Folter bleibt tabu – Kein Paradigmenwechsel ist geboten

Nachdem bekannt geworden ist, daß in Frankfurt am Main einem unter Mordverdacht stehenden Untersuchungsgefangenen für den Fall, daß er nicht endlich angebe, wo er den von ihm entführten Jungen versteckt halte, die Polizei mit Gewalt gedroht hatte, gibt es eine Diskussion, von der nicht wenige sagen, sie sei vollkommen überflüssig, weil das Verbot der Folter über jeden Zweifel und Einzelfall erhaben sei. Dementsprechend hat sich die Zeitschrift *Strafverteidiger* darauf beschränkt, eine kurze, in diesem Sinne eindeutige Stellungnahme des Geschäftsführenden Ausschusses der Arbeitsgemeinschaft Strafrecht und des Strafrechtsausschusses des DAV zu veröffentlichen.[1] In anderen Zeitschriften und in allgemeinen Zeitungen[2] indessen ist die Frage inzwischen ausführlich auf-

1 »Folter ist undenkbar«, in: *Strafverteidiger* (2003), S. 255; ebenso Bernhard Dombek (Präsident der Bundesrechtsanwalts-Kammer), »Terrorist, Folter und Rechtsstaat«, in: *BRAK-Mitteilungen* (2003), S. 41; Rainer Hamm, »Schluß der Debatte um Ausnahmen vom Folterverbot«, in: *Neue Juristische Wochenschrift* (2003), S. 946; Hans Christoph Schaefer, »Freibrief« in: *Neue Juristische Wochenschrift* (2003), S. 947.

2 Günter Jerouscheck/Ralf Kölbel, »Folter von Staats wegen?«, in: *JuristenZeitung* (2003), S. 613 ff.; Merten, »Folterverbot und Grundrechtsdogmatik – zugleich ein Beitrag zur aktuellen Diskussion um die Menschenwürde«, in: *Juristische Rundschau* (2003), S. 404 ff.; Wolfgang Hecker, »Relativierung des Folterverbots in der BRD«, in: *Kritische Justiz* (2003), S. 210 ff.; Matthias Jahn, »Gute Folter – schlechte Folter. Straf-, verfassungs- und völkerrechtliche Anmerkungen zum Begriff ›Folter‹ im Spannungsverhältnis von Prävention und Repression«, in: *Kritische Vierteljahresschrift für Gesetzgebung und Rechtswissenschaft* (2004) Baden Baden, S. 24-49; Walter Grasnick, »Würden Sie es tun?«, in: *Frankfurter Allgemeine Zeitung* v. 26. 4. 2003, S. 43; Olaf Miehe, »Nochmals: Die Debatte über Ausnahmen vom Folterverbot«, in: *Neue Juristische Wochenschrift* (2003), S. 1219 ff.; Klaus Günther, »Und bist du nicht willig … Doch selbst im Notstand darf der Staat nicht foltern«, in: *Frankfurter Rundschau* v. 26. 2. 2003; Klaus Lüderssen, »Ein bösartiger Wellenkamm«, in: *Süddeutsche Zeitung* v. 25. 2. 2003; Wilfried Brugger, »Das andere Auge; Folter als zweitschlechteste Lösung«, in: *Frankfurter Allgemeine Zeitung* v. 10. 3. 2003; Günther Kaiser, »Folter, Misshandlung und krimineller Machtmissbrauch heute«, in: *Kriminologisches Journal* (2003), S. 243 ff.; Horst Meier, »Rettungsfolter?«, in: *Merkur* 2003, S. 1135 ff.

gegriffen und damit zum Ausdruck gebracht worden, daß es sich doch um ein *Problem* handele.

Da es also die Argumente pro und contra (wieder) gibt, kann man darauf verzichten, über die richtige Strategie nachzudenken. Hinzu kommt, daß das, was unter Juristen vielleicht doch kurz und schmerzlos außer Streit gestellt werden könnte, die Menschen außerhalb der Zunft heftig bewegt, und schon deshalb muß eben wohl einiges erneut präsentiert und erklärt werden.

A. Das Verbot

I. Hält man sich an das geschriebene positive Recht, ist man freilich bald bei der Feststellung angelangt: es gibt kein rechtliches Verfahren, das die Folter erlaubt, und das gilt ohne jede Einschränkung.

1) Gewöhnlich unterscheiden wir repressive und präventive Verfahren.

a) Für das repressive Verfahren ist die Strafprozeßordnung zuständig, und da ist in § 136a StPO alles Erforderliche gesagt.

b) Die präventiven Verfahren sind in den Gesetzen der Länder geregelt. Einschlägig sind die Vorschriften, welche die Anwendung unmittelbaren Zwangs regeln. Als Beispiel nenne ich § 52 des Hessischen Gesetzes über die öffentliche Sicherheit und Ordnung (HSOG). Dort heißt es in Abs. 2: »Unmittelbarer Zwang zur Abgabe einer Erklärung ist ausgeschlossen«, und um jedes Mißverständnis auszuschließen, ordnet § 12 HSOG in Abs. 4 an, daß § 136a der StPO entsprechend gelte. Damit ist der Polizei auch der Weg versperrt, den § 54 Abs. 2 HSOG insofern zu eröffnen scheint, als »die zivil- und strafrechtlichen Wirkungen nach den Vorschriften über Notstand und Notwehr unberührt« bleiben sollen, denn eine Anwendung dieser Vorschrift kommt nur in Betracht, wenn nach § 54 Abs. 1 HSOG die Polizeibehörden »zur Anwendung unmittelbaren Zwangs befugt« sind.

c) Sowohl für repressive wie für präventive Verfahren wird diese Rechtslage bekräftigt durch internationale Abkommen.[3]

Das beginnt mit Art. 3 der Europäischen Konvention zum

3 Ausführlichere Erörterung bei Jahn a. a. O., S. 10 ff.

Schutz der Menschenrechte und Grundfreiheiten,[4] setzt sich fort mit Art. 7 des internationalen Paktes über bürgerliche und politische Rechte[5] und Art. 2 Abs. 2 des UN-Übereinkommens über Folter und andere grausame und unmenschliche Behandlung[6] und findet schließlich auch noch Ausdruck im Europäischen Übereinkommen zur Verhütung der Folter und unmenschlicher und erniedrigender Behandlung.[7]

Alle diese Abkommen sehen jeweils expressis verbis vor, daß die Folter nicht zu den Maßnahmen gehört, die ausnahmsweise zugelassen werden können.[8]

2) Diese Rechtslage entspricht einer langen Tradition.

a) Für die ältere Rechtsgeschichte ist daran zu erinnern, daß der großartige Begriff vom Individuum, der sich im hohen Mittelalter unter dem Einfluß von Kirche, Theologie und Philosophie durchsetzte, auch für die Möglichkeit menschlicher Schuld weite Räume eröffnete. Damit wurde in Verbindung mit der säkularisierenden Transformation des christlich verstandenen Sündenpotentials in die sich im Zusammenhang mit Herrschafts- und Staatenbildung entwickelnde Vorstellung vom Verbrechen ein Anspruch auf prozessuale Wahrheit etabliert, der im gleichzeitig entstehenden Installationsprozeß das Geständnis in den Mittelpunkt stellte und die Folter zu seiner Erzwingung nach sich zog.[9] Nach und nach kam es – bis zum vorläufigen Abschluß in der Carolina – zu dem, was man heute rechtsstaatliche Begrenzung der Folter nennen würde, bis schließlich ihre ausdrückliche und feierliche Abschaffung in allen Kulturstaaten Europas verkündet wurde, beginnend mit dem berühmten Dekret Friedrichs II. von Preußen unmittelbar nach

4 Vom 4.11.1950.

5 Vom 19.12.1966.

6 Vom 10.12.1984.

7 Vom 26.11.1987.

8 ERMK, Art. 15 Abs. 2; IPB PR Art. 4 Abs. 2; UNO-Folterkonvention Art. 2 Abs. 2; Europäisches Antifolterübereinkommen Art. 17 Abs. 2.

9 Dazu mit weiteren Belegen: Klaus Lüderssen, »Zur Aspektabhängigkeit strafrechtshistorischer Forschung«, in: ders. (Hg.), *Die Durchsetzung des öffentlichen Strafanspruchs*, Köln u.a. 2002, S. 235 ff. (268); ferner: Matthias Schmoeckel, *Humanität und Staatsräson. Die Abschaffung der Folter in Europa und die Entwicklung des gemeinen Strafprozeß- und Beweisrechts seit dem hohen Mittelalter*, Köln u.a. 2000, S. 237 ff.

seinem Regierungsantritt.[10] Dieses Ergebnis war die Konsequenz aus den Erfahrungen der Hexenprozesse und den Anfängen einer wissenschaftlichen Kriminalpsychologie, bildete eine Einheit mit der allmählichen normativen Verankerung der Unschuldsvermutung, der Unantastbarkeit der Menschenwürde, der Subjektstellung des Schuldigen im Verfahren und des Prinzips der Verhältnismäßigkeit.

b) Das sind große europäische Errungenschaften, die erst wieder in den modernen autoritär oder diktatorisch regierten Staaten theoretisch und praktisch relativiert oder aufgehoben wurden.

Die unmittelbare Erfahrung aus diesen Regimen schlägt sich in der Geschichte der Bundesrepublik Deutschland wie folgt nieder:

aa) Im Strafverfahren steht dafür stellvertretend die Entstehungsgeschichte des § 136a StPO. Eine Vorschrift dieser Art war dem deutschen Strafprozeßrecht bis dahin unbekannt, und es bedurfte der Ereignisse der NS-Zeit, um einen – wieder – politisch freien Gesetzgeber insoweit zu mobilisieren. Die Vorschrift ist ein Eckpfeiler der Strafprozeßordnung, unantastbar.

bb) Im Polizeirecht sind es die Polizeigesetze der Länder, die nach dem Krieg entstanden und ständig reformiert wurden in Verbindung mit einer bisher nie so dagewesenen Schulung der Polizei auf speziellen Akademien und auf dem Hintergrund einer ebenso grundsätzlichen wie dichten Erläuterung und Kommentierung der polizeilichen Arbeit, unter Einschluß ihrer mentalen Voraussetzungen und deren Veränderungsbedürftigkeit. Ein Dokument dieser – durchaus qualitative Sprünge aufweisenden – Vorgänge ist das in immer wieder neuen Auflagen erschienene Handbuch der Polizei von der Lisken/Denninger.[11]

cc) Dieser Sachlage entsprach es, daß es in den Zeiten der Terroristenbekämpfung (Mitte der 70er Jahre des vergangenen Jahrhunderts) für die deutschen Behörden keine ernsthafte Versuchung gab, rückfällig zu werden. Man hört gelegentlich, daß anläßlich der Entführung von Hanns Martin Schleyer und der Flugzeuggeiselnahme in Mogadischu im Krisenstab der Bundesregierung andeutungsweise theoretische Erörterungen aufgekommen seien, ob

10 Schmoeckel, a. a. O., S. 19 ff.

11 Lisken/Denninger, *Handbuch des Polizeirechts. Gefahrenabwehr, Strafverfolgung, Rechtsschutz*, München [4]2007.

man nicht ein wenig mit Gewalt bei den Inhaftierten nachhelfen solle. Selbst die konservativen Mitglieder dieses Stabes seien aber eindeutig davor zurückgeschreckt, hieß es später.

dd) Andere Fälle, die seit den 70er Jahren und später im Rahmen spektakulärer Geiselnahmen die Medien der Bundesrepublik wochenlang beherrschten, haben ebenfalls die Frage nach der Wiederaufnahme zulässiger Folterungen nicht entstehen lassen, und dies selbst dann nicht, als das Problem des sogenannten finalen Todesschusses aufkam und man teils durch gesetzliche Novellierungen, teils durch dogmatische Manöver unter relativ strengen Voraussetzungen ihn partiell für erlaubt erklärte. Hierbei und auch mit Blick auf die immer stärker ins öffentliche Bewußtsein tretende – in »Fachkreisen« freilich längst geläufige – Verwendung von V-Leuten und agents provocateurs kam es bekanntlich auch zur Mobilisierung der Allgemeinen Notrechte des Strafrechts (§§ 32, 34 StGB). Selbst im Rahmen dieser sehr allgemein gehaltenen Vorschriften war aber nie davon die Rede, daß sie vielleicht einst auch die Folter decken könnten.

c) Diese sichere Kette einer Überlieferung – unterbrochen nur durch die NS-Zeit und nach deren Beendigung mit neuen Impulsen versehen und durch die internationalen Abkommen vollends abgestützt – vor Augen, in deren Verlauf die Folter systematisch zurückgedrängt und ihre Anwendung auf null gebracht wurde, muß man – bei aller Kritik an der Entwicklung der Vorschriften zum Schutz des Beschuldigten im übrigen, insbesondere der allmählichen Zurücknahme der Errungenschaften der kleinen Strafprozeßreform – noch einmal fragen, weshalb gerade jetzt die Sicherheit des Tabus, das fest und verläßlich über der Folter liegt, in Frage gestellt zu werden scheint.

d) Allerdings hat es ganz vereinzelte, gleichsam, wie man jetzt nachträglich sagen muß, antizipierende *Phantasien* unter Beschwörung entsprechender Horrorszenarien gegeben. Gemeint ist eine – wegen der Prominenz ihres Verfassers[12] *und* seines Doktorvaters[13] in den Rang einer legendären Absurdität gehobene – Dissertation[14] *und* das Vorpreschen eines Öffentlichrechtlers, der gewissermaßen

12 Ernst Albrecht, ehemaliger Ministerpräsident von Niedersachsen.

13 Karl Jaspers.

14 *Der Staat – Idee und Wirklichkeit*, 1976.

für den Fall X keine Frage unbeantwortet sein lassen wollte.[15] Aber wirklich beschäftigt hat das die Öffentlichkeit seinerzeit nicht.

II. Dazu kam es erst, als der Frankfurter Fall der Kindesentführung die Bürger der Bundesrepublik erschütterte. Ein schrecklicher Fall – aber in der Kriminalitätsgeschichte keineswegs ungewöhnlich, so daß gerade deshalb erneut und dringlich zu fragen ist, weshalb es dieser Fall war, der die nunmehr breit und verzweigt geführte Diskussion ausgelöst hat,[16] die jetzt auch unter dem Eindruck des bevorstehenden Verfahrens gegen die Polizisten, welche die Folterdrohung ausgesprochen haben, an Schärfe zunimmt.

1) Das könnte zunächst etwas zu tun haben mit einer stärker gewordenen Sensibilität für Verbrechensopfer. Dieser Eindruck wird verstärkt durch die seit eineinhalb Jahrzehnten im Gang befindlichen Reformen der Rechtsstellung des Opfers im Rahmen der Strafverfolgung (Teilhaberechte wie Aktieneinsichtsrecht etc., Zeugenschutz) und bei der Verfolgung seiner Schadensersatzansprüche, die eine immer schwerer entwirrbare Verbindung eingehen mit einem neuen, dem Opfer zuerkannten Anspruch auf Genugtuung durch die staatliche Bestrafung des Täters. Die Gewichte verschieben sich wie in einer kommunizierenden Röhre: dem wachsenden Bemühen um die Rechte des Opfers korrespondiert ein abnehmendes Interesse an den Rechten des Beschuldigten, und es hat den Anschein, als ob diese Abwärtsbewegung jetzt vor den Toren der Folter angelangt ist.

Begleitet, aber streckenweise auch ausgelöst werden diese Tendenzen durch einen anhaltenden Paradigmenwechsel in den Medien. Noch in den 70er Jahren des vorigen Jahrhunderts war es so, daß die Medien einen Nachholbedarf empfanden mit Blick auf die Situation des Beschuldigten und des Täters und daher dem primären und unbefangenen Publikumsinteresse an der Verfolgung des Schuldigen die keineswegs einfache und ohne weiteres verdammenswerte Situation des Beschuldigten gegenüberstellten. Dabei ging es auch darum, nach Überwindung des Nationalsozialismus spät und vielfach phasenverschoben wieder anzuknüpfen

15 Wilfried Brugger, »Vom unbedingten Verbot der Folter zum bedingten Recht auf Folter?«, in: *JuristenZeitung* (2000), S. 165-173; *Der Staat*, 1996, S. 67 ff.

16 Vgl. Fn. 1 und 2.

an eine seit der Aufklärung in der professionellen Theorie und der gebildeten Laienschaft allmählich gewachsenen Bereitschaft, die Probleme des Beschuldigten zu erkennen und gerecht zu würdigen und für diese Position im allgemeinen Publikumsbewußtsein zu werben.

Das scheint nun alles vorbei zu sein. Es ist die Stimmung entstanden, man habe insoweit des Guten zuviel getan und müsse nun wieder nach der anderen Seite hin das Gleichgewicht herstellen, was aber praktisch so aussieht, daß in den Medien für die Belange des Beschuldigten kaum noch Aufnahmebereitschaft besteht. Das Bild des Verteidigers, der nach oder vor einer Verhandlung die immer wieder ausschließlich auf die Opfersituation abzielenden Fragen in einer Mischung aus Ermüdung und Trotz quittiert und klarzumachen versucht, daß der Beschuldigte auch Anspruch auf menschliche Behandlung habe, ist seit Jahr und Tag in deprimierender Weise präsent. Generell wird das auch in den Fachzeitschriften, je nach Ausrichtung, ständig beklagt und entsprechendes, zur Nachdenklichkeit reizendes Material vorgelegt, aber in der allgemeinen Medienlandschaft ist das kaum spürbar. Wenn jetzt wie gesagt, diese Tendenz auch das Tabu der Folter erreicht, ist es Zeit, für die Wahrung der Rechte des Beschuldigten einen neuen Ton anzuschlagen.

a) Zunächst bedarf die antithetische Gegenüberstellung von Beschuldigteninteressen und Opferinteressen einer deutlichen Korrektur. Die Täterorientierung war nie Selbstzweck. Immer ging es auch darum, über die Resozialisierung langfristig einen Schutz der potentiellen Opfer zu erreichen. Die Opferorientierung hingegen leugnet keineswegs, daß dem Opfer auf die Dauer nicht geholfen ist, wenn gegen den Verdächtigen ohne die nötigen rechtsstaatlichen Sicherungen vorgegangen wird. Es sind die Medien, die den Diskussionsstand verfälschen: für die Opfer ist nur etwas getan, wenn der Täter sofort hart bestraft wird; *nur* für den Täter wird etwas getan, wenn man sich um seine Resozialisierung bemüht.

b) Dieses lange unangefochtene System einer wechselseitigen Abhängigkeit jener scheinbar auseinanderstrebenden Interessenwahrnehmungen wird überdies gestört durch jene neue, mit großer Suggestivität – übrigens vor allem aus der Perspektive eines prominenten Betroffenen – vorgetragenen Theorie, wonach das Opfer einen Anspruch darauf hat, daß der Staat ihm durch Bestrafung des

Täters Genugtuung verschaffe.[17] Das ist eine hochproblematische, mit der allmählichen Etablierung der öffentlichen – also unparteilich zu erfüllenden – Aufgabe, im Namen des Gemeinwohls strafbare Handlungen zu verfolgen,[18] schwer vereinbare Forderung. Die meisten Menschen beginnen das aber offenbar anders zu sehen, lassen sich nicht beeindrucken durch den Gang der Geschichte und der allmählichen Aufklärung über die legitimen Gründe und Grenzen des Strafens. Auch diese Verzerrung der Perspektive des Staates auf die durch Täter und Opfer fixierte Kriminalität und ihre Bekämpfung läßt, so muß man vermuten, die Folter wieder zum Vorschein kommen, ebnet den Weg zu einer neuen verblüffenden »Unbefangenheit«.

2) Eine große Rolle für diesen sich womöglich anbahnenden, aber vielleicht doch noch aufzuhaltenden Paradigmenwechsel im öffentlichen Bewußtsein spielt, daß die Menschen sich in einer lang anhaltenden Periode demokratischen und rechtsstaatlichen Regierens abgewöhnt haben, Angst vor dem Staat zu empfinden. Die Zeiten, in denen die Geschichte »Wenn es heutzutage morgens um 6.00 Uhr klingelt, ist es der Milchmann und nicht die Gestapo« noch ein wohliges, dankbares Erschauern vor einer überwundenen Vergangenheit hervorrufen konnte, sind vorbei. Ungläubig blinzelt der Bürger in diese Mottenkiste. Angst haben muß man vor anderen Bürgern, insbesondere fremdländischen Zusammenrottungen und mächtigen Organisationen. Der Ruf nach dem Grundrecht auf Schutz durch den Staat verdrängt alle Erinnerungen an die mühsam erkämpften Grundrechte auf Sicherheit vor dem Staat.

3) Hinzu tritt schließlich das täglich wachsende Bedürfnis der Menschen nach rechtlichen Regelungen dort, wo man lange einfach angesichts des Unglücks und des Schicksals kapituliert oder praktische Behelfe ergriffen hat, ohne viel zu überlegen. Die rechtlose Folter als ein praktischer Behelf – das ist in der modernen,

17 Jan Philipp Reemtsma, *Das Recht des Opfers auf die Bestrafung des Täters – als Problem*, München 1999, S. 12 f.

18 Im einzelnen dazu Klaus Lüderssen, »Der öffentliche Strafanspruch im demokratischen Zeitalter – von der Staatsräson über das Gemeinwohl zum Opfer?«, in: Cornelius Prittwitz/Joannis Manoledakis (Hg.), *Strafrechtsprobleme an der Jahrtausendwende*, Baden-Baden 2000, S. 63 ff.

verrechtlichten Gesellschaft natürlich unmöglich. Aber ebensosehr widersteht es einer Gesellschaft, die im Technischen kaum noch Grenzen zweckmäßigen Handelns sieht, sich damit abzufinden, daß jemand vielleicht nicht mehr zu retten ist. Aus zwei durchaus verständlichen rational begründbaren Weigerungen zu resignieren ergibt sich die paradoxe Forderung, das nicht Regelbare zu regeln. Gerade das moderne Strafrecht und Strafprozeßrecht kennen diesen Vorgang auch auf anderen Gebieten, wenn man etwa daran denkt, daß die »Absprachen« in dem Moment, in dem man sie legalisiert, sich sofort ein neues, jenseits des legalisierten liegendes Feld suchen werden – ein regressus in infinitum, ebenso wie der Versuch, die Befugnisse verdeckter Ermittler zu regeln: Was ihnen erlaubt ist, genügt dem »Milieu« nicht mehr als Beweis für ihre Suspendierung vom Verdacht, für die Polizei zu arbeiten, und so werden die »Keuschheitsproben« immer höher gehängt. Mit der Folter würde es, wenn man sich denn entschlösse, sie zu »regeln« – in der Carolina hat es so etwas gegeben –, genauso gehen; der dringende Wunsch, mehr zu tun, als erlaubt ist, weil die Not es gebietet, wird sich unweigerlich einstellen.

Aber diese Antizipationen werden die Bürger, deren Vorstellungen und Forderungen berücksichtigen muß, wer sich professionell zum Stellungnehmen und Handeln auf diesem »neuen Rechtsgebiet« aufgefordert fühlt, nicht verstehen, und man kann schon erkennen, wie groß für viele Juristen die Versuchung ist, in einem verfehlten, wiewohl ehrlich empfundenen Demokratieverständnis den Zurufen aus der Menge zu folgen, vor allem dann, wenn sich in diesen Chor gerade auch die Stimmen prominenter »gebildeter« Nichtjuristen mischen. Diese Strömungen zu ignorieren wäre – selbst wenn man sie teils empört, teils kritisch, teils irritiert betrachtet – anmaßend und weltfremd, und daher muß wohl oder übel das positive Recht erneut befragt werden.

III. Legt man die Motivation der Polizisten in dem den Anlaß für die erneute Aufnahme der Erörterungen bildenden Fall zugrunde, so geht es zunächst um das Polizeirecht.

1) Wortlaut und Systematik lassen keinen Raum für eine von der ersten Durchsicht abweichende Auslegung.

2) Aber vielleicht könnte man teleologischen Zugang gewinnen zu neuen Überlegungen, wenn man sich – wenigstens einmal versuchsweise – dazu entschließt, jene Vorschrift (§ 54 Abs. 2 HSOG), die – auf eine etwas enigmatische Weise freilich – Notwehr und Notstand in die Regelung einbezieht, doch noch für die Beschäftigung mit der Problematik zu mobilisieren.

a) Was soll das eigentlich heißen, daß die zivil- und strafrechtlichen Wirkungen nach den Vorschriften über Notwehr und Notstand unberührt bleiben? Zunächst muß man diese Sprache übersetzen: diese Vorschriften über Notwehr und Notstand sollen unter bestimmten Voraussetzungen auch für Polizisten gelten. Da aber nur von Zivil- und Strafrecht die Rede ist, muß man freilich sofort folgern: Auf die öffentlich rechtlichen Wirkungen erstreckt sich diese Geltung offenbar also nicht. Damit wären wir also keinen Schritt weiter.

Spielt man aber die strafrechtliche Wirkung, die sich aus der Geltung der Vorschriften über Notwehr und Notstand ergeben soll, durch, so stellt sich die Konstellation ein, daß der Polizist, der dem Verdächtigen, weil er das Versteck des Kindes nicht angeben will, Folter androht, dem Opfer Nothilfe im Sinne des § 32 StGB gewährt. Denn ein Angriff auf dieses Opfer liegt, wenn man die tatsächliche Beurteilung der Situation durch die Polizei zu Grunde legt, vor; er ist auch gegenwärtig und selbstverständlich rechtswidrig, und nun kommt es nur noch darauf an, ob es kein milderes Mittel gibt, diesen Angriff abzuwehren.

Gesetzt, man beantwortet die Frage mit Nein, dann taucht die nächste Frage auf, deren Berechtigung aus der Wendung des § 32 Abs. 1 StGB »... geboten ist« abgeleitet wird: Ist die Verteidigung verhältnismäßig bzw. nicht vielleicht doch sogar mißbräuchlich, oder verstößt sie gegen höhere Prinzipien? Den Mißbrauch kann man vielleicht ausschließen, die Verhältnismäßigkeit womöglich auch, aber wie steht es mit den übergeordneten Prinzipien? Hier käme nun alles wieder zur Sprache, was vor allem in den internationalen Abkommen, ohne daß an irgendeiner Ausnahmesituation Abstriche gemacht werden dürfen, festgelegt ist. Setzt man sich auch über diese Einwände hinweg, etwa auf der Basis der konservativen Auslegung der Notwehrvorschriften, die keine Einschränkung zulassen, so muß man die sogenannte Notwehrprobe anstellen. Der, dem man die Folter androht, darf sich – ist diese Androhung mit Blick auf § 32 StGB rechtmäßig – nicht dagegen wehren, denn er ist ja keinem *rechtswidrigen* Angriff ausgesetzt. Notwehr gegen Notwehr (unter Einschluß der Nothilfe) gibt es nicht. Ich kann mir nun nicht vorstellen, daß es einen Richter gibt, der den Verdächtigen, der sich, wie auch immer, gegen die bevorstehende Folterung zur Wehr zu setzen versucht, wegen einer damit verbundenen Erfüllung eines strafrechtlichen Tatbestandes verurteilen würde.

Die Notwehrprobe zeigt also, daß die Argumentation, die zunächst von der generellen Nichtanwendbarkeit des § 54 Abs. 2 HSOG auf die Fälle des § 52 Abs. 2 HSOG ausgegangen ist, dann hilfsweise die Nichtanwendbarkeit des § 54 Abs. 2 des HSOG aus den übergeordneten, die Folter ausnahmslos verbietenden Prinzipien abgeleitet hat, doch sozusagen auf dem richtigen Wege ist.

b) Es hilft auch nichts zu sagen, es solle ja durch die Anwendbarkeit des § 32 StGB nur die Strafbarkeit ausgeschlossen werden. Selbst wenn man insoweit mit zweierlei Maß messen und die Anwendbarkeit des § 32 StGB nicht durch die übergeordneten Prinzipien des einschränkungslosen Folterverbotes relativieren würde, käme man bei der Notwehrprobe[19] zu einem nicht heilbaren Bruch.

c) Es sei denn, man könnte eine Lösung finden, die das Unrecht der angedrohten Folter bestehen läßt und doch ihre Strafbarkeit ausschließt. Das ist nach unserem Verbrechensaufbau generell ja ohne weiteres möglich, dann nämlich, wenn man die Straflosigkeit auf Entschuldigung oder persönliche Strafaufhebungsgründe stützt.

Rechtsordnungen, die den Unterschied zwischen Rechtswidrigkeit und Schuld bei der Notwehr nicht machen, hätten es hier leicht. Eine bloße Entschuldigung würde das Notwehrrecht desjenigen, dem die Folter angedroht wird, erhalten. Aber der Wortlaut des § 32 StGB (»... die Tat ist nicht rechtswidrig...«) verbietet diese Lösung.

d) Man könnte sich aber vielleicht auf den Standpunkt stellen, daß § 54 Abs. 2 HSOG nur die Notwehr im engeren Sinne, nicht die Nothilfe meint – trotz des Bezuges auf die insoweit eindeutige Vorschrift des Strafgesetzbuches. Denn es gibt ja so etwas wie teleologi-

19 Die Anwendbarkeit des § 32 StGB wird vollends problematisch, wenn man auch noch an die Folgen für die Anwendung der Strafvorschriften über Widerstand gegen die Staatsgewalt denkt: gibt man dem Polizisten das Nothilferecht, dann leistet das Opfer, das sich wehrt, strafbaren Widerstand gegen die Staatsgewalt.

sche Reduktion: Der Polizist soll sich selbst wehren dürfen, als Privatperson, aber eben nicht als Privatperson in die Lücke springen, wo der Staat nicht helfen darf. Das Gewaltmonopol des Staates versagt nur dort als Argument, wo es praktisch nicht realisierbar ist, dann fällt die Gesellschaft eben gleichsam in einen Naturzustand zurück. Aber niemals kann mit dem privaten Recht auf Nothilfe gemeint sein, daß ein Privatmann das tun darf, was dem Staat in der gleichen Situation verboten ist. Es hätte also einen guten Sinn, die Fälle der Nothilfe aus dem Anwendungsbereich des § 54 Abs. 2 HSOG herauszunehmen. Dafür spräche auch, daß der Fall einer höchstpersönlichen Notwehr durch Anwendung der Folter eigentlich kaum vorstellbar ist. Würde man sich bei der Anwendung des § 54 Abs. 2 HSOG auf die persönliche Notwehr beschränken, wäre also mit einem Wertwiderspruch im Falle der Folter praktisch gar nicht zu rechnen.

Diese Konzeption käme demnach, selbst wenn man unter teleologischen Gesichtspunkten die Anwendbarkeit des § 54 Abs. 2 HSOG – entgegen Wortlaut und Systematik – auch auf die Fälle des § 52 Abs. 2 HSOG ausdehnen würde, um den handelnden Polizisten nicht schlechter zu stellen als einen Privatmann, zu dem Ergebnis, daß auch über § 32 StGB die Folter bzw. deren Androhung in den notorischen Fällen der Nothilfe unerlaubt bleibt. Angesichts dessen fragt sich freilich, ob es dann nicht besser wäre, bei den Begründungen, die sich aus Wortlaut und Systematik ohnehin ergeben, zu bleiben.[20]

e) Aber da gibt es weitere Vorschriften, auf die § 54 Abs. 2 HSOG hinweist: gemeint sind die Vorschriften über den Notstand, also vor allem § 34 StGB. Das ist eine noch stärkere Provokation für den Rechtsanwender, die anstehende Problematik einer Güterab-

20 Ausgeklammert ist hier noch die Frage, ob die Notrechte des Strafgesetzbuches von vornherein nicht unanwendbar sind im Falle spezieller staatlicher Regelungen. Hierüber ist lange diskutiert worden (gute Zusammenfassung des Streitstandes bei Thomas Hillenkamp, *32 Probleme aus dem Strafrecht, Allgemeiner Teil*, Neuwied/Schleswig/Berlin [8]1996, S. 39 ff.; die neuesten Stellungnahmen, sind wiedergegeben bei Jahn a. a. O., S. 3). Nimmt man eine solche Exklusivität an, dann bleibt freilich die Regelung des § 54 Abs. 2 HSOG problematisch. Umgekehrt könnte man sagen, daß die kompromißlose Ablehnung der Anwendbarkeit der Vorschriften über die Notrechte dort, wo öffentliche Zwangsbefugnisse speziell geregelt sind, an der Existenz einer Vorschrift von dieser Art gerade scheitert.

wägung zuzuführen. Sie wäre bei dem Notwehrparagraphen – über die in der Dogmatik längst gemachte Einschränkung – auch möglich gewesen, doch mit Blick auf die Folgen einer Rechtfertigung des polizeilichen Vorgehens für den Handlungsradius des Gefolterten oder mit der Folter Bedrohten ist eine nähere Erörterung unterblieben.

Bei einer Vorschrift, die nun ausdrücklich von Güterabwägungen spricht, muß man substantiell einsteigen, auch wenn sich das Problem der Umkehrung der Rechtswidrigkeit ebenfalls stellen würde. Indessen ist erst einmal zu prüfen, ob – immer unterstellt, daß ein Zugang zu den Notrechten überhaupt geschaffen werden kann – die Abwägungen, die in den Vorschriften, die Grund und Grenzen eines Notstandes regeln, angeordnet sind, die bisher gegebenen Antworten auf die Frage, wie mit Folter und Folterandrohung umzugehen ist, in Frage stellen können.

Danach ist von Interesse nur der rechtfertigende Notstand, denn der entschuldigende bezieht sich lediglich auf Gefahren, die man von sich selbst, Angehörigen oder anderen nahestehenden Personen abwenden möchte.

aa) Leben, Leib und Freiheit des Entführungsopfers könnten nun die Rechtsgüter sein, von denen eine Gefahr abzuwenden, der Polizei obliegt.

Spätestens an der Stelle ist in der Diskussion der Vergleich mit dem sogenannten finalen Todesschuß fällig, wonach unter gewissen Voraussetzungen – das ist der »klassische« Fall – das Leben des Geiselnehmers dem Leben, aber auch der körperlichen Unversehrtheit und der Freiheit des Geiselopfers nachgeordnet ist. Also: Die Bedrohung der körperlichen Unversehrtheit des Geiselnehmers wiegt weniger schwer als die Bedrohung der Freiheit, der Unverletztheit und vor allem des Lebens der Geisel? Das klingt so überzeugend, daß man ganz irre werden könnte an der großen Eindeutigkeit, mit der zunächst alles gegen die Zulässigkeit der Folter und ihre Androhung spricht.

bb) Indessen – um das einfache Gegenmodell sozusagen handelt es sich hier auch nicht. Denn es ist unstreitig, daß mit der Folter und ihrer Androhung nicht nur die körperliche Unversehrtheit dessen, dem sie gelten, verletzt wird, sondern auch seine Menschenwürde. Darin liegt zweifellos der Grund für die bereits aufgeführten internationalen Abkommen. Die Menschenwürde aber ist unantastbar, Art. 1 GG, sie ist jeder abwägenden Entscheidung entzogen. Damit wären wir wieder am Anfang.

Jedoch heißt es nun, dasselbe müsse doch auch für die Menschenwürde des Opfers des Geiselnehmers gelten, man komme also um die Abwägung gar nicht herum, und deren Ergebnis könne dann nur sein, daß man die Menschenwürde des Opfers über die des Täters stelle.[21]

Daß Menschenwürde gegen Menschenwürde stehen kann, müssen sich die Verfechter einer jeder Abwägung entzogenen Handhabung des Art. 1 GG schon sagen lassen. Daß es Fälle gibt, in denen dann doch im Wege der Abwägung eine Lösung gefunden werden muß, kann deshalb kaum zweifelhaft sein. Welche Wege die verfassungsrechtliche Dogmatik hier beschreiten darf und muß, soll aber zunächst außer acht bleiben, weil noch nicht feststeht, ob bei Folter und Folterandrohung wirklich von einer solchen Konfrontation auszugehen ist.

(1) Der Gedanke freilich, der Vergleich mit dem finalen Todesschuß scheitere schon daran, daß der in diesen Fällen getötete Geiselnehmer in seiner Menschenwürde nicht verletzt werde, ist nicht unbedenklich. Ist die Auslöschung des Lebens eines Menschen, der das nicht möchte, der sich dagegen vielleicht sogar wehrt, nicht sogar der größte Angriff auch auf seine Würde? »In Würde sterben«, weil andere diesen Tod wollen – etwa im Krieg, das ist doch eine entsetzliche Metapher. Gelegentlich wird darauf hingewiesen, daß der Zwang zur Mitwirkung des Gefolterten, indem er etwa ein Geständnis ablegt, den Kern der Würdeverletzung ausmache. Aber wie ist es dann zu erklären, daß in zentralen Vorschriften des Strafgesetzbuches vis absoluta und vis compulsiva gleichgesetzt werden? Nötigung oder Erpressung durch vis compulsiva verletzt die Menschenwürde, Nötigung und Erpressung durch vis absoluta verletzt die Menschenwürde nicht? Das wäre doch absurd.

(2) Wenn also die Zulässigkeit des finalen Tötungsschusses[22] aus

21 Rudolf Kissel, *Frankfurter Allgemeine Zeitung* v. 5.3.2003, S. 7; Wilfried Brugger, *Frankfurter Allgemeine Zeitung* v. 10.3.2003, S. 8; weitere Nachweise bei Jahn a.a.O., S. 29, Fn. 122.

22 Instruktiv schon Günter Lerche, »Der gezielt tödlich wirkende Schuß nach künftigem einheitlichen Polizeirecht zum Verhältnis hoheitlicher Eingriffsbefugnisse zu den allgemeinen Notrechten«, in: *Festschrift für Friedrich August Freiherr von der Heydte*, Berlin 1977, S. 1030 ff.; s. ferner Jahn mit Nachweisen, a.a.O., S. 24.

der Debatte um die Relevanz der Menschenwürde nicht herausgehalten werden kann und ihrerseits ein Argument ist, den parallelen Vorgang einer Folter oder ihrer Androhung mit demselben Effekt – Rettung des Opfers – zuzulassen, müssen die Gegner der Folter entweder auch den finalen Rettungsschuß ohne Einschränkung ablehnen oder einen Grund finden, der die Folter vom Rettungsschuß wesentlich unterscheidet.

Es ist die einmalige, zugespitzte Situation, die zum Rettungsschuß führt, die den Unterschied markiert. Wer sich entschließt, einen Verdächtigen durch Folter zum Reden zu bringen, bewegt sich hingegen im Rahmen diverser einander ergänzender Ermessensentscheidungen und -prognosen. Das Mittel ist vielfach abstufbar und ebenso der beabsichtigte oder erwartete Effekt. Ständig werden Interpretationen und weitere Entscheidungen erforderlich, mit Unterbrechungen, womöglich in einem Wechsel, der sich über einen längeren Zeitraum erstreckt. Diese Dinge sind aus der Polizeigeschichte hinreichend bekannt und sollten eigentlich jeden mit Grausen erfüllen, der nur entfernt daran denkt, dergleichen wieder einzuführen. Wohin die Vergleiche mit dem Rettungsschuß führen können, zeigt übrigens ein jüngstes Beispiel aus der Diskussion, wie man in Zukunft mit Triebtätern umgehen solle. Von Zwangskastration ist da schon die Rede, und den Skeptikern wird dann vorgehalten, sie sei doch gegenüber dem finalen Todesschuß, der ja erlaubt sei, das geringere Übel, was man denn wolle.[23]

Wieder scheinen wir an einem Punkt angelangt zu sein, die Diskussion nun abzuschließen und es bei den zunächst ja ganz schnell gefundenen eindeutigen Ergebnissen – Folter und Folterandrohung sind ohne jede Ausnahme verboten – bewenden zu lassen.

(3) Wenn allerdings die Verletzung der Menschenwürde durch die Folter oder ihre Androhung überhaupt – wie hier angenommen – vergleichbar ist mit anderen Angriffen auf Leib und Leben eines Menschen, drängt sich der Vergleich mit dem Angriff des Täters auf das Opfer doch auf. Daß die Menschenwürde eines eingesperrten, jeden Moment um sein Leben fürchtenden Menschen verletzt ist, sollte man ohne weiteres annehmen Man müßte diese Wahrnehmung dann freilich auch auf den in der Todeszelle sitzenden Verurteilten erstrecken und überhaupt den gesamten Vorgang der

23 Interview des früheren saarländischen Ministerpräsidenten Peter Müller.

Freiheitsstrafe unter diesem Gesichtspunkt betrachten. Daß für die Todesstrafe und die Freiheitsstrafe Rechtfertigungen gegeben werden, kann ja an der Unantastbarkeit der Menschenwürde nichts ändern. Sie soll ja gerade nicht in einen Prozeß der Abwägung hineingezogen werden.

Freilich ist das die große Lebenslüge des Verfassungsrechts, daß es das eben doch zuläßt, wenn auch über den Umweg jeweils entsprechend engerer Definitionen von Menschenwürde.[24] Keineswegs klappt das aber immer. Es gibt Fälle in denen die Menschenwürde wirklich nicht noch weiter reduziert werden kann, um das Prinzip ihrer Unantastbarkeit aufrechtzuerhalten.

Ebensowenig wie dies ernstlich geschehen kann, ist auch die Abwägung in der Situation zu vermeiden, die entsteht, wenn nach verschiedenen Seiten hin, auf einander ausschließende Weise die Menschenwürde geschützt oder gewahrt werden soll.

Bleibt man dabei (trotz der Abgrenzungsschwierigkeiten), daß die Menschenwürde des Opfers in dem diese Überlegungen leitenden Fall verletzt und weiter bedroht war, und stellt sich auf den Standpunkt, daß der Rechtsstaat nicht nur die Pflicht hat, im Rahmen seiner Gefahrabwendungsmaßnahmen die Menschenwürde davon Betroffener zu wahren, sondern auch die Aufgabe, Verletzungen oder Gefährdungen der Menschenwürde aktiv zu verhindern oder zu mindern, so scheint es wirklich so zu sein, daß der Rechtsstaat sich entscheiden muß: entweder er verletzt die Menschenwürde des Täters, oder er unterläßt es, die Menschenwürde des Opfers zu schützen. Daß die Einschätzung – wer ist Täter, wer ist Opfer – Schwankungen unterliegen können, wird dabei nicht vorausgesetzt. Die tatsächlichen Antizipationen sind jeweils klar, und sofern man nur die Gefahrenabwendung im Auge hat, spielt insoweit auch die Unschuldsvermutung noch keine Rolle. Mit einem kleinen weiteren Schritt ist man dann bei dem Ergebnis, daß die Menschenwürde des Täters der des Opfers zu weichen habe.

(4) Wenn das so ist und es keine Zeit gegeben hat, in der man diese Überlegung nicht hätte anstellen können, weshalb ist es dann überhaupt zu diesem aufwendigen Tabu gegen die Folter gekommen? Daß die Menschenwürde, als das Verbot der Folter allgemein wurde, nicht so eindeutig greifbar fixiert war wie jetzt im Grund-

24 Die Diskussion ist im einzelnen ausgebreitet bei Merten, a. a. O., S. 405 ff.

gesetz, hätte ja eher ein Grund sein können, weiterhin großzügig zu bleiben bei der Folter. Oder ist die Entstehung der Konzeption, daß das Prinzip der Unantastbarkeit der Menschenwürde sich in erster Linie gegen den Staat richte, mit der Entwicklung des Folterverbotes so eng verknüpft (genetisch und substantiell), daß man angesichts jenes neuen Verfassungsverständnisses, welches das Rechtsstaatsprinzip nicht nur auf den Schutz der Bürger vor dem Staat bezieht, sondern dem Staat Schutzpflichten zugunsten der Bürger auferlegt,[25] wirklich alles noch einmal neu durchdenken muß? Ich glaube das nicht. Der Gedanke, daß der Staat zum Schutz seiner Bürger verpflichtet ist, war doch immer präsent; die Reservierung des Terminus Rechtsstaat für die Bedürfnisse der Bürger, sich vor dem Staat zu schützen, hat daran nichts geändert.

Man muß also dafür, daß das Folterverbot seit langem jeder Abwägung entzogen ist und auch der Zerreißprobe standhält, die jetzt dadurch entsteht, daß zwei Konkretisierungen der Menschenwürde miteinander konkurrieren, wohl noch einen zusätzlichen, speziellen Grund finden.

Er ist ebenso trivial wie zwingend. Man stelle sich den Gesetzgeber vor, der die Folter für begrenzte, nach seiner Ansicht nicht anders lösbare Fälle wieder einführen möchte. Er müßte diese Fälle so umschreiben, daß sie von Fällen, in denen die Folter nicht erlaubt sein soll, klar abgrenzbar sind. Das heißt zunächst, das der Weg zur Generalklausel versperrt ist. Das Auslegungsermessen, das der unbestimmte Rechtsbegriff gewährt, würde dem zum Handeln Berufenen eine Macht geben, welche die Tradition der allmählichen Abschaffung der Folter gleichsam von hinten wieder aufrollen würde. Sie ist ja seinerzeit auch nicht mit einem Schlage verschwunden, blieb gewissen, vor allem politischen Verfahren immer noch vorbehalten.

Zur Wahl stünde also nur eine abschließende Enumeration der Fälle und der Mittel. In dem Fall, der diese Diskussion ausgelöst hat, ist immer wieder darauf hingewiesen worden, daß es sich um eine ganz ungewöhnliche, einmalige Konstellation handele und dafür eben doch das äußerste Mittel zur Verfügung stehen müsse. Diesen äußersten, einmaligen Fall *kann* man nicht definieren. Wir

25 Das Problem ist besonders sorgfältig erörtert bei Gerhard Robbers, »Strafpflichten aus der Verfassung?«, in: Klaus Lüderssen (Hg.), *Aufgeklärte Kriminalpolitik oder Kampf gegen das Böse?*, Baden-Baden 1998, Band 1, S. 147 ff.

haben also die paradoxe Situation, daß gerade das Singuläre nur durch eine Generalklausel erfaßt werden kann. Sie aber verbietet sich aus den angegebenen Gründen.

(5) Es zeigt sich mithin, daß die Auffassung, wonach die generalklauselhaft formulierten Notrechte, die im Verhältnis von privaten Personen zueinander gelten sollen, sich auf staatliches Handeln nicht übertragen lassen, ihre tiefe Berechtigung hat. Man hätte es auch insoweit bei dem Hinweis darauf bewenden lassen können. Aber der Brisanz der öffentlichen Diskussion macht es erforderlich, den Punkt genau zu bezeichnen, an dem offenbar wird, weshalb staatliches Handeln, wenn es mit Eingriffen in die Rechte der Bürger verbunden ist, abschließend und glatt geregelt sein muß. Wie man sich generell zu der Frage der Anwendbarkeit der Vorschriften über die Notrechte auch immer noch stellen mag, für die Fälle von der Art, wie sie die gegenwärtige Diskussion beschäftigen, müssen sie ausscheiden. Wenn also ein Gesetzgeber weder den extremen Einzelfall bestimmen kann, in dem Folter zulässig sein soll, noch auf eine Generalklausel ausweichen darf, dann kann man für die Dogmatik das Entsprechende folgern: der Weg, der ohnehin mühsam und unter wiederholter Beiseiteschiebung warnend aufgestellter Hinweise sich schließlich dann für die Legitimierung der Folter – in extremen Fällen – zu eröffnen schien, ist am Ende doch versperrt. Wer die aufgetürmten Hindernisse überspringt, landet im juristischen Niemandsland.

IV. Die bisherigen Erörterungen haben sich strikt auf die Situation der Gefahrenabwehr beschränkt. Nun weiß man aber, daß in Fällen dieser Art, wenn ein Verdächtiger dazu beitragen soll, weiteren Schaden zu verhüten, uno acto auch gegen ihn ermittelt wird. Das heißt, alles was er eventuell unter der Folter sagt, wird gleichzeitig Material für das gegen ihn bereits im Gang befindliche Strafverfahren.[26] Das heißt, alle Vorschläge, die zur Anwendung der Notrechte mit Blick auf die in diesem Rahmen vielleicht zulässige Folter gemacht werden, müßten auch auf § 136a StPO ausgedehnt werden. Da ist nun aber unbestritten, daß das nicht zulässig ist. Die Rege-

26 So zutreffend Claus Roxin, »Kann staatliche Folter in Ausnahmefällen zulässig oder wenigstens straflos sein?«, in: *Festschrift für Albin Eser*, München 2005, S. 461; Winfried Hassemer, »Das Folterverbot gilt absolut – auch in der Stunde der Not«. Interview in: *Süddeutsche Zeitung* v. 27. 2. 2003, S. 7.

lung ist abschließend. Spätestens an dieser Stelle ist man erneut so weit zu sagen: Schließen wir die Akten.

Wer bei dieser Sachlage nun nach dem Strafprozeßgesetzgeber ruft, damit der § 136 a StPO entsprechend erweitert werde, steht vor der Summe der Probleme die unter III. erörtert worden sind. Darauf kann also jetzt verwiesen werden.

V. Der Hinweis schließlich, dann müsse man wohl in Kauf nehmen, daß der Staat nicht dürfe, was Privatleute dürfen (wenn denn die Notrechte nur für sie gemacht seien, und das sei doch eine seltsame Lösung), verfängt nicht, denn die Subsidiarität der privaten Hilfeleistung gilt für den Fall, daß staatliche Hilfe nicht rechtzeitig zu erlangen ist (dogmatisch firmiert das unter dem Merkmal »erforderlich«), nicht aber für den Fall, daß dem Staat etwas nicht erlaubt ist – wie hier. Allenfalls hätten wir eine merkwürdige Konzeption vom staatlichen Gewaltmonopol zu registrieren. Man darf sich darunter eben nicht nur die Fälle vorstellen, daß ein Privater nicht tun darf, was nur der Staat darf, sondern muß auch zur Kenntnis nehmen, daß hier eine negative Exklusivität besteht: Was der Staat sich im Rahmen seines Gewaltmonopols versagt, tritt er nicht etwa an Private ab.

VI. Dies ist der Gang der juristischen Argumentation – de lege lata und auch de lege ferenda, denn der Substanz der dogmatischen Argumente kann ja auch der Gesetzgeber, der Gründe angeben muß, nicht entgehen. Wer sich davon nicht überzeugen lassen möchte, sondern, wie das bei einigen Vertretern aus dem öffentlichen Recht zu beobachten ist, neue Orientierungen vorschlägt (wenn auch nur für die »Extremfälle«), dem sei die Frage gestellt, wie dann eigentlich die Praxis aussehen soll.

1) Als erstes wäre zu registrieren, daß dem Recht zur Folter dann auch eine Pflicht entsprechen müsse, mit der weiteren Folge, daß Betroffene darauf pochen würden, einen rechtlichen Anspruch auf Anwendung der Folter zu haben, auf der Linie des rechtlichen Anspruchs auf Sicherheit, der ohnehin besteht, wenn sich die Meinung durchsetzt, daß es ein allgemeines Grundrecht auf vom Staat zu gewährende Sicherheit gibt.

2) Weiter würde die Wiedereinführung der Folter bedeuten, daß Personal bereitgestellt werden müßte, mit entsprechender Ausbildung. Daran würde sich auch nichts ändern, wenn – gemäß dem fortgeschrittenen Status der einschlägigen Disziplinen – die Zusammenarbeit mit Ärzten in den Vordergrund träte. Für diese Ärzte müßte dann überdies eine besondere Ethik entwickelt werden. Als es kurz nach Abschaffung der Todesstrafe durch das Grundgesetz noch einmal zu einem Aufflackern der alten Diskussion kam, tauchte auch das Argument auf, unsere Zivilisation könne den Berufsstand des Henkers nicht mehr ertragen. Mit diesem atmosphärischen Argument konnte man seinerzeit sogar die hartnäckigsten Befürworter der Todesstrafe nachdenklich machen. Vielleicht könnte das auch für den Fall gelten, daß es zu ernsthaften Vorbereitungen der Wiedereinführung der Folter kommt. Kann man sich den Familienvater vorstellen, der zu Hause in aller Ruhe über seine einschlägige legale Tätigkeit auf dem Gebiet der Folter berichtet? Daß illegal Folter vorkommt, selbst hier – wenn auch hoffentlich die Dunkelziffer qualitativ und quantitativ gering ist –, steht auf einem anderen Blatt. In Ländern, in denen Verbote nur formal existieren und die Praxis durchweg anders ist, sinkt die Dunkelziffer. Dort aber, wo das nicht so ist, ist es ein Unterschied wie Tag und Nacht, ob etwas erlaubt ist oder nicht, selbst wenn die Verbote nicht immer beachtet werden.

VII. Die bisherigen Darlegungen sind davon ausgegangen, daß in dem Fall, der die Diskussion ausgelöst hat, die tatsächlichen Voraussetzungen für die Anwendung der Notrechtsvorschriften – sollte das grundsätzlich möglich sein – gegeben waren.

Es ist aber für die allgemeinen Überlegungen keineswegs überflüssig, wenn sich herausstellt, daß es gar nicht die Gefahrenabwehr war, welche hier die Ermittler zur Androhung der Folter bewogen hat, sondern bereits das Interesse an der strafrechtlichen Aufklärung der Tat, so daß – ungeachtet der schweren Trennbarkeit von Prävention und Repression in diesen Situationen – von vornherein § 136 a StPO sedes materiae war. Wenn es richtig ist, daß das Geständnis der Entführung bereits vorlag, der Verdächtigte insoweit gar keine Aussicht mehr hatte, seine Haut noch zu retten – was konnte er sich dann in den Augen der Ermittler, deren Aktion von der Prämisse ausging, daß der Junge noch leben könnte, von der

Herauszögerung der endgültigen Aufdeckung der Tat, insbesondere der dann vielleicht unmittelbar bevorstehenden Verschlechterung der Lage des Opfers bis hin zu dessen Tod, noch erhoffen? Sein Interesse konnte doch vom Moment seines Geständnisses an nur in die umgekehrte Richtung gehen: nunmehr den ihm vorgeworfenen Sachverhalt nach Möglichkeit abzuschwächen, also schnellstens mitteilen, wo der entführte Junge zu finden und wie er noch zu retten sei. Seinen Tod durch Vorenthaltung weiterer Informationen herbeizuführen lag – aus der hier ja maßgebenden Sicht der Ermittler – keineswegs mehr in seinem Interesse, sondern genau das Gegenteil.[27] Mit welcher Logik also haben die Ermittler geglaubt, ihn zu dieser seiner Lage begünstigenden Auskunft zwingen zu sollen? Geht man dem nach, so bleibt nur die Erklärung, daß die Polizei unter dem Paravent eines vorgetäuschten Glaubens, daß das Kind noch lebte, ausgehend von der kriminalistischen Erfahrung, daß der hartnäckig schweigende Geiselnehmer die Geisel schon getötet hat, weil er keinen anderen Grund hat zu schweigen, den Fundort der Leiche und damit das Geständnis der Tötung erpressen wollten. Diese Zielsetzung gehört aber eindeutig in den Strafprozeß. Es ist also keineswegs abwegig, davon auszugehen, daß die Polizei sich auf Prävention berufen hat, um von dem Verstoß gegen § 136a StPO abzulenken.[28]

27 Ebenso sieht das Roxin, a. a. O., S. 12.

28 Noch einmal ist darauf hinzuweisen, daß, selbst wenn das Motiv nur darauf gerichtet war, das Leben des Jungen noch zu retten, weil es vielleicht in Situationen dieser Art gar nicht nur rational zugeht, die Trennung von Maßnahmen, die dem künftigen Ermittlungsverfahren gelten, nicht möglich ist. In dem Augenblick, in dem derjenige, der zu einer Aussage erpreßt werden soll, ins Revier der Polizei gekommen ist, ist er in der Regel auch ein Verdächtiger wegen bereits begangener Straftaten, und wenn es nur die Teile der Tat sind, deren schlimmste Folgen noch in letzter Minute abgewehrt werden sollen, die aber in ihrer Grundstruktur schon vorliegt (im vorliegenden Fall: die Entführung war bereits vollendet; denkbar war noch die Abwehr der Tötung). Der Gefolterte ist also sozusagen ab ovo in einer Doppelrolle als Beschuldigter und als »Störer«, und in dieser Doppelrolle genießt er den uneingeschränkten Schutz des § 136a StPO. Das bedeutet aber, daß der Verdächtige dann auch bereits die Unschuldsvermutung für sich in Anspruch nehmen kann, und unter diesem Gesichtspunkt wird natürlich die oben versuchsweise Abwägung zwischen der Menschenwürde des Opfers und der Menschenwürde des Täters fraglich, denn für diesen streitet dann immerhin zusätzlich die Unschuldsvermutung.

VIII. Wer hier also im kleinen – auf Landesebene gar – etwas ändern möchte, rüttelt wirklich an der Weltordnung. Zu dem Kampf gegen Terror und autoritäre Staaten gehört auch der Kampf gegen die Folter. Wir sind dabei, Staaten, die eine lange Tradition der Folter haben, allmählich auf unsere Seite zu ziehen. Die Türkei etwa. Und jetzt soll in aller Unschuld Folter – gleichsam unbemerkt von der Seite hereinkommend – bei *uns* nun erlaubt sein. Die westliche Welt wird unglaubwürdig in ihrem Kampf gegen Folter in anderen Weltgegenden, wenn sie so etwas bei sich dann doch – und wenn auch nur in den immer wieder beschworenen Extremfällen – zuläßt.

B. Die Folgen des Verstoßes gegen das Verbot

Diese Frage ist zwar weniger in das allgemeine Bewußtsein getreten, wird aber um so mehr von der Fachwelt diskutiert.

I. Das gilt vor allem für die Frage des weiteren Verlaufs des Prozesses.

1) Die weitestgehende Lösung wäre die Annahme eines Verfahrenshindernisses mit Blick darauf, daß angesichts des Verstoßes gegen die elementarsten Regeln eines Verfahrens die dafür verantwortlichen staatlichen Behörden nur durch eine Entscheidung zur Räson gebracht werden können, die sie um die Frucht ihrer Arbeit bringt, weil alle anderen Folgen, etwa disziplinarrechtlicher Art oder bei der Beweiswürdigung (größere Vorsicht bei der Verwertung rechtswidriger Beweise) oder gar der Strafzumessung (Milderung mit Blick auf das gleichsam durch ein unfaires Verfahren vorweggenommene Strafleiden), relativ leichten Herzens quittiert werden, unter der Devise, daß man in der Hauptsache doch durchgekommen sei und daher das in anderen Fällen mit diesem wenn auch nicht strahlenden Erfolg durchaus wieder tun könne und werde. Diese Rigorosität im Prozessualen muß sich natürlich die Verluste vorrechnen lassen, die dann in der Sphäre der Suche nach der materiellen Gerechtigkeit – wenn man diese denn von der prozessualen Gerechtigkeit überhaupt sauber trennen kann – auftreten. Die seit der Umsetzung der Ideen der großen europäischen Aufklärung

in die Theorie und Praxis des Strafprozeßrechts entwickelten Traditionen legen die Präferenz des fairen Prozesses durchaus nahe; zu viel steht auf dem Spiel, überall droht der Mißbrauch: Das ist *die* Befürchtung, neu gewürzt gleichsam durch die noch in jeder Sekunde gegenwärtigen Erfahrungen der vergangenen totalitären faschistischen oder kommunistischen Regime.

Daß die höchstrichterliche Rechtsprechung diesen Weg nicht geht, sondern nach einem Verhältnismäßigkeitsprinzip entscheidet und im Zweifel und in den meisten Fällen sich dann doch auf den Standpunkt stellt, daß die Fortführung des Verfahrens der höhere Wert sei,[29] ist bekannt. Diese Erörterung soll hier nicht vertieft werden, obwohl der Fall durchaus Anlaß geben könnte, bisherige Positionen zu überprüfen. Soviel auch für die rigorose Lösung sprechen mag, festzuhalten bleibt immerhin, daß hinter jedem allgemein formulierten Verfahrenshindernis meistens ein spezielles Beweisverwertungsverbot steht und die überzeugendere Lösung daher leichter durch dessen Fixierung und Prüfung seiner weiteren, auch mittelbaren Folgen gefunden werden kann. Jedenfalls wendet sich die Untersuchung jetzt dieser Frage zu.

2) Ausgangspunkt für die Frage nach der Verwertbarkeit der unter dem Eindruck der Folterandrohung gemachten Aussagen im Verfahren ist die auf das Verbot der Folter gestützte Feststellung, daß der Beweis unzulässig *erhoben* ist. Nicht jede rechtswidrige Handlung führt zu einem Beweiserhebungsverbot; daß im vorliegenden Fall – *wenn* die Folter verboten war – die Herbeiführung einer Aussage mit Hilfe der Folterdrohung unzulässig war, wird aber von keiner Seite bestritten. Daher geht es im Folgenden nur noch um die Verwertbarkeit dieser Aussagen.

a) Zunächst ist die Verwertbarkeit der Aussagen im weiteren Verlauf des polizeilichen Ermittlungsverfahrens zu prüfen.

aa) Daß sie *unmittelbar* nicht verwertet dürfen, steht außer Streit, daher kann gleich übergegangen werden zu der Frage, ob

bb) auch die mittelbare Verwertung ausgeschlossen ist. Das ist das Problem der Fernwirkung. Wer »generell für eine Fernwirkung in Verfahrensverstößen (eventuell mit Ausnahmen) eintritt«,[30] muß die »auf Grund des Geständnisses aufgefundenen Beweismittel«

29 Belege bei Thomas Weigend, in: *Strafverteidiger* 2003, S. 436.

30 Weigend, a. a. O., S. 439 ff.

ausschließen, und das würde bedeuten, daß der Fund der Leiche zu ignorieren wäre, daß die Ermittlungen wegen des Tötungsverdachtes sich auf andere Beweismittel zu erstrecken hätten.

Es gibt natürlich auch die vermittelnde Lehre, die im Falle eines hypothetischen Ermittlungsverlaufs mit gleichem Ergebnis (die Polizei hätte die Leiche auch unabhängig von der Aussage des Beschuldigten gefunden) eine Verwertung zuläßt.

Schließlich die herrschende Lehre: Eine Abwägung »zwischen der Schwere der begangenen Rechtsverletzung im Prozeß einerseits und der Bedeutung des Tatvorwurfs andererseits«[31] ist vorzunehmen. Das Pro und Kontra ist anderwärts so gründlich erörtert,[32] daß hier weitere Ausführungen unterbleiben können. Verhehlen möchte ich freilich nicht, daß meine Sympathie der absoluten Fernwirkung gehört.[33]

b) Vor der Ermittlungsrichterin ist es zu einer erneuten Aussage gekommen.

aa) Deren unmittelbare Verwertung ist mangels qualifizierter Belehrung ausgeschlossen. Das hat das LG Frankfurt, im Ergebnis dabei über »die bisherige höchstrichterliche Rechtsprechung« hinausgehend,[34] klar ausgesprochen und sollte Richtschnur für weitere Fälle dieser Art sein.[35]

bb) Was die mittelbaren Verwertungen angeht, so gilt das für die Verwertung der Aussagen bei der Polizei Gesagte entsprechend.

c) Die Aussage in der Hauptverhandlung, dieses Mal nach qualifizierter Belehrung, scheint keine Probleme mehr aufzuwerfen.

aa) Indessen ist hier noch das Problem der Fortwirkung der früheren, unmittelbar nicht verwertbaren Aussagen zu beachten.

Es kann sehr gut sein, daß der Angeklagte der Nichtverwertung der früheren Aussagen für den Fall, daß er jetzt schweigt, mißtraut. Zwar müssen die Richter dann andere Beweise suchen, aber sie haben die Aussagen ja im Kopf, das gilt insbesondere für die Laienrichter. Wenn der Beschuldigte es dann richtiger findet zu

31 Ebd., S. 439

32 Ebd. mit weiteren Belegen.

33 Gründliche Behandlung des Problems jetzt bei Christian Jäger, *Beweisverwertung und Beweisverwertungsverbote im Strafprozess*, München 2003, S. 112 ff.

34 Weigend a. a. O., S. 438

35 Mit Recht weist Weigend darauf hin, daß das Landgericht in der Begründung seine fortschrittliche Position nicht ganz durchhält.

sprechen, entfalten die früheren Aussagen also eine Wirkung auch auf die jetzige Aussage. Hinzu kommt die Sorge des Beschuldigten, daß der Indizienbeweis die früheren Aussagen bestätigen werde und nunmehr die strafmildernde Funktion des Geständnisses nicht mehr in Betracht komme. Auch hier gibt es eine Linie der Fortwirkung. Da dies alles nicht auszuschließen ist, erscheint es doch eher angemessen, daß die Richter sich in der Hauptverhandlung nicht auf dieses neue, eben nur scheinbar freie Geständnis stützen, sondern andere Beweise suchen.

bb) Wenn die Aussage in der Hauptverhandlung mit Blick auf die Fortwirkung der nichtverwertbaren früheren Aussagen ihrerseits nicht verwertet wird, liegt die gleiche Situation vor, vor der das Gericht stünde, wenn man von vornherein eine Fernwirkung der Unverwertbarkeit der ersten Aussage angenommen hätte. Auf die Fernwirkung ist hier also nicht weiter einzugehen.[36]

3) Daß alle diese Verfahrensfehler durch die Revision mit der Begründung geltend gemacht werden können, daß das Urteil auf diesen Gesetzesverstößen beruht, ist klar. Darüber hinaus geht es um die Frage, welche Bedeutung es für die Revision haben kann, wenn eine Verfassungsbeschwerde mit dem Argument, die Folterandrohung habe die Menschenwürde des Beschuldigten verletzt, begründet ist.

II. Materiell-rechtliche Folgen

Hier geht es um Aussageerpressung (§ 343 StGB und Nötigung § 240 StGB).

Nicht alles, was verboten ist,[37] ist auch strafbar – diese Maxime

36 Wie bedenklich es wäre, keine Fortwirkung anzunehmen, kann man aus der Rechtsgeschichte ablesen. Die Carolina verlangt in Art. 56, daß nach der Folter noch einmal ein freies Geständnis abgelegt werden muß und daß nur dieses die Grundlage für die spätere Verurteilung sein dürfe – eine durchsichtige Ideologie allerdings, wenn man vor allem auch bedenkt, daß für den Fall der Verweigerung des Geständnisses die Folter jederzeit wieder beginnen konnte.

37 Auch die bei § 343 StGB für möglich gehaltene Rechtfertigung »aus Prozeß- oder Amtsnormen« (vgl. die Nachweise bei Urs Kindhäuser, *Strafgesetzbuch, Lehr- und Praxiskommentar*, Baden-Baden 2001, § 343, Rdz. 17) gilt hier also als ausgeschlossen.

gilt auch hier.[38] Deshalb müssen die zusätzlichen Tatbestandmerkmale sorgfältig geprüft werden.

1) Für § 343 StGB kommt es darauf an, daß die Aussage in einem Strafverfahren gemacht wird und sich darauf nicht nur der Vorsatz, sondern auch die Absicht des Amtsträgers bezieht. Der Zusammenhang des Verfahrens der Gefahrenabwehr mit dem schon laufenden Ermittlungsverfahren ist bereits dargelegt worden.[39] In welchem Maße das Motiv, die Gefahr von dem Kind abzuwenden, das Bewußtsein der Polizei, daß die Aktion gleichzeitig auch eine Funktion im laufenden Strafverfahren hatte, verdrängt haben könnte, so daß von einer auf das Strafverfahren bezogenen Absicht im Ergebnis nicht mehr gesprochen werden kann, ist eine Tatfrage.[40]

2) Bei § 240 StPO darf man sich nicht auf die Position beschränken, daß die Folter verboten sei, sondern muß auch die Merkmale, welche die Tat darüber hinaus verwerflich machen, prüfen. Dabei spielen die Motive des Verdächtigen durchaus eine Rolle, relativiert freilich durch die vorauszusetzende berufliche Orientierung über das Verbot der Folter.

3) Sorgfältig untersucht werden muß im übrigen für beide Tatbestände, ob ein Verbotsirrtum vorliegt. Daß die falsche Bewertung – für den Fall, daß man nicht nachweisen kann, daß die Polizisten die Vorgänge durchaus richtig bewertet haben – ihrerseits auf einer falschen Vorstellung von den dafür maßgeblichen Tatsachen beruhen könnte (die Rettung des Kindes war nicht mehr möglich), kompliziert die Beurteilung. Denn es ist durchaus fraglich, ob auch für die erste Fehlvorstellung, die sich auf die tatsächlichen Voraussetzungen für einen (freilich rechtsirrig angenommenen) Rechtfertigungsgrund bezieht, eine Vermeidbarkeitsprüfung vorgenommen werden muß oder sie nicht vielmehr – jedenfalls nach der eingeschränkten Schuldtheorie – einfach hingenommen werden muß,

38 Vgl. freilich Art. 4 des UNO-Übereinkommens über Folter und andere grausame, unmenschliche Behandlung (Obligatorische Strafandrohung).

39 S. oben S. 176 ff.

40 Dazu das im Verfahren gegen Daschner vorgelegte Rechtsgutachten von Cornelius Prittwitz.

das heißt so behandelt wird wie der Vorsatz. Beantwortet man die Frage mit Ja, so bedarf es keiner weiteren Prüfungen. Die Strafbarkeit wäre dann ausgeschlossen. Liegt es aber so, daß bei dem Irrtum über die Rechtfertigungsgründe die eingeschränkte Schuldtheorie nur greift, wenn es sich dabei um einen anerkannten Rechtfertigungsgrund handelt, anderenfalls für beide Fehlvorstellungen gleichermaßen die Vermeidbarkeitsregel gilt, so wäre ein Freispruch nicht möglich, weil mit Blick auf die berufliche Ausbildung wohl eine Vermeidbarkeit des Irrtums angenommen werden muß.

III. Bei der abschließenden Beurteilung fällt auf, daß sich – bezieht man noch einmal alle Lösungsmöglichkeiten ein – doch sehr unterschiedliche Kombinationen des Verhältnisses zwischen Prozeßrecht und materiellem Recht ergeben, ohne daß man eine ganz eindeutige Hierarchie der Bewertungen ausmachen kann.

Folgende Möglichkeiten bestehen:
- der Prozeß gegen den Beschuldigten scheitert, aber auch die Bestrafung der Polizei.
- der Prozeß scheitert, es kommt aber zur Bestrafung der Polizei.
- Der Prozeß scheitert nicht, und es kommt auch nicht zur Bestrafung der Polizei.
- Der Prozeß scheitert nicht, aber es kommt zur Bestrafung der Polizei.

Man kann im Scheitern des Prozesses eine milde Lösung sehen, weil der Beschuldigte eben nicht bestraft wird. Man kann darin aber auch eine scharfe Lösung sehen, weil rechtsstaatliche Regeln streng eingehalten worden sind.

Was die Nichtbestrafung der Polizei angeht, so kann man darin ebenfalls eine milde Lösung sehen, andererseits aber auch eine scharfe Lösung, weil der Polizei damit in besonderer Weise freie Hand gelassen wird.

Geht man in dieser Weise nun die verschiedenen Korrelationen der prozessualen und der materiellen Entscheidungen durch, so werden die Gesamtbewertungen noch unübersichtlicher. Die antinomischen Elemente der Rechtsidee – Zweckmäßigkeit, Rechtssicherheit, Gerechtigkeit – bewegen sich wie in kommunizierenden Röhren, verteilt auf verschiedene Rechtsgebiete. Die Versuchung liegt nahe, hier eine innere Systematik zu entwickeln und die Lösung danach zu gruppieren. Dabei zeigt sich aber, daß generalisierende Konzepte nicht möglich sind – anderenfalls könnte man auch nicht von Antinomien sprechen. Vielmehr müssen die jeweiligen Einzelergebnisse doch isoliert betrachtet werden. Das, was dabei herauskommt, entzieht sich aber einem generalisierenden, wertenden Vergleich. Man kann nur jeweils feststellen, ob die für die verschiedenen Teilbereiche geltenden Prinzipien beachtet und durchgehalten werden. Aus der Koordination dieser Prinzipien kann dann freilich wohl doch *ein* richtiges oder wenigstens konsistentes Ergebnis abgeleitet werden.

4.4 Das Recht der Attentäter des 20. Juli 1944

Elizabeth Costello, eine Schriftstellerin, die J. M. Coetzee in einer Serie kleiner Erzählungen auftreten läßt, stößt eines Tages auf den Roman »The Very Rich Hours of Count von Stauffenberg«. Das Buch handelt von Hitler und den Wehrmachtsangehörigen, die ein Attentat auf ihn geplant hatten. »Es ging alles glatt, bis sie zu dem Kapitel kam, in dem die Hinrichtung der Verschwörer beschrieben wurde.« Die Welt weiß, was damals auf Befehl Hitlers geschah: Die Verurteilten wurden an einem Fleischerhaken hängend mit Drahtschlingen allmählich erdrosselt. Die Todeskämpfe dauerten bis zu 20 Minuten. Ein (verschollener) Film für Hitlers persönlichen Gebrauch hat alles festgehalten. »Obszön«, denkt Elizabeth Costello zunächst. »Nicht nur die Taten von Hitlers Henkern, nicht nur die Taten des Schlächters, sondern auch die Seiten ›dieses schwarzen Buches‹. Szenen, die nicht ans Tageslicht gezerrt werden sollten, deren Anblick man Frauen und Kindern ersparen sollte.«

In dem Film, den das ZDF am 30. Juni 2004 gezeigt hat, teilt der junge Panzeroffizier Axel von dem Bussche – in respektvoller Haltung – dem Grafen Stauffenberg mit, was er in Rußland von nahem gesehen hat: Die Tötung und Verscharrung von 3000 Juden durch die SS. Er spricht so, daß dem Zuschauer der Atem stockt. Die Evidenz der Kunst. Soll es da wirklich Grenzen geben?

Auch Elizabeth Costello schwankt am Ende: »Wie können wir die Untaten der Nazis kennen, wenn es unseren Künstlern verboten ist, sie für uns zum Leben zu erwecken?« In der Tat – die Kunst ist hier gerade besonders zuständig. Sie kann das Unrecht in seinem Ausmaß so anschaulich machen, daß das Attentat unabweisbar ist und jene endlosen Erörterungen über Hochverrat und Eidbruch entbehrlich werden, mit denen sich die Offiziere seinerzeit so sehr gequält haben.

Ein Problem aber ist zurückgeblieben, obwohl Gerhard Ritter, dessen Goerdeler-Biographie eine der verbindlichsten Darstellungen des ganzen Widerstands enthält, schon 1954 darauf hingewiesen hat: das Attentat habe »auch unschuldige Opfer gekostet«. Wenn dieser Tatbestand gegenwärtig, wie es scheint, zunehmend registriert wird, so deutet das nicht auf eine nachträgliche, zusätzliche Sensibilität, sondern hat damit zu tun, daß im Zuge der »Globalisierung« nicht nur technische, sondern auch grundlegende Fragen des Rechts vielfältig konkurrierenden Maßstäben unterworfen werden und die Menschen das auch wahrnehmen. Unter diesen Grundfragen nehmen die mit der Verletzung der Interessen Unbeteiligter verbundenen Eingriffe einen besonders breiten Raum ein. Jeder Tag bringt neue Interessenkollisionen. Umwelt und Verkehr, aber im größeren Maßstab auch die virtuellen oder am Ende sogar realen »humanitären Interventionen« und schließlich nicht zuletzt die Terrorismus-Bekämpfung sind die Anwendungsfälle, und sie schärfen den Blick auch für zurückliegende vergleichbare Vorgänge.

Wer sich diesen erneut nähert, tut gut daran, gleichwohl mit kleinerer Münze zu beginnen. Das innerstaatliche Recht enthält klare Bestimmungen über Notwehr. Sie ist erlaubt, wenn ein gegenwärtiger, rechtswidriger Angriff vorliegt, der nicht anders abgewendet werden kann. Schnell ist die Subsumtion fertig: Hitlers Krieg erfüllte diese Voraussetzungen. Die verteidigende Handlung darf sich aber nur gegen den Angreifer richten. »Dritte« dürfen nicht verletzt werden. In der Baracke waren Hitler sehr nahestehende Generäle, etwa Keitel, den man sicher zu den Angreifenden rechnen darf. Aber wie ist es mit den niederen Rängen, Adjutanten etwa, und schließlich den Stenographen, von denen einer tödlich verletzt wurde? Kann es eine Rolle spielen, daß einige im Raum innerlich gegen Hitler eingestellt, vielleicht sogar am Rande mit der Widerstandsszene vertraut waren? Sind sie bereits Unbeteiligte? Kurz, mit den Notwehrbestimmungen kommt man nicht sehr weit. Aber da gibt es noch die Regeln des Notstandes. Sie decken auch die Verletzung von Rechtsgütern nicht angreifender Personen. Beim menschlichen Leben scheitert jedoch die Abwägung zugunsten der zu schützenden Interessen. Es darf unter keinen Umständen preisgegeben werden, gleichviel, ob fünf, zehn oder 1000 andere Menschen gerettet werden könnten. Damit ist auch diese Prüfung zu Ende.

Man könnte allenfalls auf die mindere Form der Entlastung, die Entschuldigung, zurückgreifen. Freilich ist selbst da die quantifizierende Abwägung von Menschenleben problematisch; die Gerichte entscheiden sich eher für die Verlegenheitslösung eines bloßen, nicht näher begründbaren Strafausschließungsgrundes. Was richtig ist, kann hier dahinstehen, denn Entschuldigung ist eine

Konzession an die Schwäche der Täter, und wer möchte wohl den Attentätern des 20. Juli auf dieser Basis gegenübertreten. Das wäre eine verkehrte Welt.

Die Fragen gehören ja auch, wird es jetzt heißen, ganz woandershin. Es gibt das Widerstandsrecht – als Tradition und neuerdings in einigen modernen Verfassungen. Hält man sich an diese Regelungen – im Grundgesetz Art. 20 IV, so ist vielleicht rasch eine Orientierung möglich. Dieser Artikel dürfe nicht so ausgelegt werden, daß er von vornherein leerläuft, schreibt Roman Herzog in dem Standardwerk *Maunz-Dürig*. Das müsse man jedoch befürchten, wenn nur ein Widerstand erlaubt sei, der »von vornherein zum Scheitern verurteilt wäre«. Davon sei auszugehen, wenn dem Widerstand Leistenden der Eingriff in die Rechte unbeteiligter Dritter verboten ist.

Die Anwendung von Rechtsvorschriften auf ihrer Einführung vorausgehende Handlungen ist – im Strafrecht jedenfalls – unproblematisch, wenn sie die Verantwortung schmälert, und so haben wir nun vielleicht die Lösung. Andere Kommentatoren legen Artikel GG 20, IV indessen enger aus. Er gebe keine Grundlage für Übergriffe in Rechte Dritter, vor allem dann nicht, wenn es sich um Tötung Unbeteiligter handele.

Noch schwieriger wird die Berufung auf das Widerstandsrecht dann, wenn die Aktionen – trotz Inkaufnahme der Tötung Unbeteiligter – keine Aussicht auf Erfolg versprechen. Dann darf man, so die wissenschaftliche Literatur, noch weniger riskieren. Spricht das gegen Tresckows Vermächtnis: »Das Attentat muß erfolgen, coute que coute [...]. Denn es kommt nicht mehr auf den praktischen Zweck an, sondern darauf, daß die deutsche Widerstandsbewegung vor der Welt und vor der Geschichte unter Einsatz des Lebens den entscheidenden Wurf gewagt hat«?

Viele meinen, bei dieser Sachlage wäre es angemessen gewesen, wenn die Attentäter mit dem Opfer ihres eigenen Lebens nicht nur den sichereren, sondern auch den für Unbeteiligte womöglich schonenderen Weg gesucht hätten. Einige haben es ja auch probiert, und der uneingeschränkte Respekt ist ihnen sicher. Doch das sind Gratwanderungen. Die unheimliche, wahllos Menschen vernichtende Dynamik der Selbstmordattentate steht uns heute klar vor Augen. Niemand sollte sich anmaßen, nachträglich Empfehlungen zu geben.

Aber vielleicht sind wir immer noch nicht an der richtigen Stelle. Es war Krieg, und die Offiziere des 20. Juli dachten in dessen Kategorien. Unbeteiligte sind im Kriege keineswegs vogelfrei. Es gibt schon lange ziemlich genaue Vorschriften (jetzt vor allem in den Zusatzprotokollen zu den Genfer Abkommen über den Schutz der Opfer internationaler bewaffneter Konflikte), die es beispielsweise verbieten, die Kampfhandlungen auf Zivilpersonen auszudehnen. Darüber hinaus sind auch »unterschiedslose« Angriffe verboten, sofern militärische Einzelziele dabei wie ein einziges militärisches Ziel behandelt werden. Wenn »Zivilverluste« als »Nebenwirkung« nicht vermeidbar sind, so erreicht das Verbot nur die Fälle, in denen die Verluste »im Verhältnis zum angestrebten konkreten und militärischen Vorteil übermäßig« sind. So schrecklich Feststellungen dieser Art sein mögen – die Verhältnismäßigkeit war im Falle der Führerbaracke gewahrt.

Ist das alles? Das staatliche Recht gibt denjenigen, die durch die Wahrnehmung von Notrechten verletzt werden, ihrerseits kein Notwehrrecht; sie müssen sich das, was geschieht, gefallen lassen, können allenfalls entschuldigt werden, wenn sie sich wehren und dabei jemanden verletzen. Das kann die Konsequenz der Rechtfertigung von Kollateralschäden – hier ist es dann doch, das furchtbare Wort – nicht sein. Wer unschuldig von Kriegshandlungen überzogen wird, hat das Recht zur Gegenaktion, so legitim diese Kriegshandlungen – im Rahmen einer eindeutigen Verteidigungssituation der anderen Seite – auch sein mögen. Das Völkerrecht findet sich mit dieser Paradoxie ab – Recht auf beiden Seiten sozusagen. Zieht man die Analogie – wer unschuldig in ein im Ausgangspunkt gerechtfertigtes Attentat gerät, muß sich wehren dürfen –, so sind die kriegsrechtlichen Argumente im Ergebnis gar nicht so rigoros.

Sie geraten auch nicht ins Zwielicht angesichts der Sorge, daß die strengen Grenzen schwinden, welche die nationalen Rechte bisher dem Verhältnismäßigkeitsprinzip dort setzen, wo es um die Abwägung von Menschenleben geht: Nunmehr sollen kriegsrechtliche Elemente einbezogen werden, wie neue Konzepte der Terrorismusbekämpfung im Landesinnern zeigen; soeben hat der Bundestag ein »Gesetz zur Neuregelung von Luftsicherheitsaufgaben« verabschiedet, mit einschlägigen Regelungen. Die zu erwartenden Diskussionen darüber mögen klären, ob es sich hierbei um Kriegsrecht mit genuin großzügigeren Maßstäben handelt oder um

Polizeirecht, das seine Maßstäbe dem Kriegsrecht anpaßt. Daß der Widerstand gegen Hitler nicht auf diese Ebene gehört, ist offensichtlich. Stauffenberg und seiner Mitstreiter hatten nicht nur die Moral, sondern auch das Recht auf ihrer Seite.

4.5 Krieg gegen den Terror. Die Logik des Luftsicherheitsgesetzes

Das sei keine Abwägung »Leben gegen Leben«, sagte Bundesinnenminister Schily in der eilig anberaumten Pressekonferenz aus Anlaß der Bedenken, die der Bundespräsident bei der Unterzeichnung des Gesetzes zur Neuordnung der Luftsicherungsaufgaben geäußert hatte. Denn die Menschen in dem Flugzeug, dessen Abschuß angeordnet werde, seien ja bereits dem Tod verfallen. Aber diese Vision ist, um mit dem Strafrechtler Claus Roxin zu sprechen, ein mathematisches Konstrukt. Unberücksichtigt sind die Schwierigkeiten der richtigen Diagnose: Was soll geschehen, wenn ein Flugzeug durch den Ausfall der Bordelektronik in die Nähe eines Kernkraftwerkes kommt? Und ganz außer acht bleiben die Rettungschancen, die vielleicht in letzter Minute noch von Passagieren ergriffen werden können, während der Befehlsmechanismus schon unaufhaltsam läuft, dessen zeitraubende Komplexität der Generalleutnant Heinz Marzi, Stellvertreter des Inspekteurs der Luftwaffe, in der Anhörung beim Innenausschuß anschaulich geschildert hat.

Manche sprechen, den von Michael Pawlick (*Frankfurter Allgemeine Zeitung* v. 19. Juli 2004) dargelegten Bedenken zum Trotz, von einer mutmaßlichen Einwilligung der Passagiere in ihren Tod. Diese Einwilligung, für die sich bereits die befremdliche Metapher von der »Sinngebung des eigenen Todes« eingestellt hat, löst aber die Assoziation der – strafbaren – Tötung auf Verlangen aus, ganz zu schweigen von dem grausigen Bild, das sich ergibt, sollte nur ein Mensch so gerettet werden können. Denn auch in diesem Fall müßte, da das Leben der dem Tode Verfallenen nicht mehr zählt, nach der Logik des Ministers der Abschuß erfolgen.

Abgesehen davon, ist der virtuelle Sachverhalt gar nicht erschöpft. Wie liegt es, wenn das Flugzeug, das abgeschossen wird, auf eine große Menge anderer Menschen zu fallen droht (den Opernplatz, die Goethestraße, die Hauptwache in der Nähe der Deutschen Bank in Frankfurt am Main zum Beispiel)? Sind diese Menschen vielleicht wegen der zu erwartenden Streuwirkung des von dem Flugzeug getroffenen, zu Trümmern gehenden Gebäudes dem Tode verfallen, sofern das Flugzeug *nicht* abgeschossen wird? Eine abenteuerliche Spekulation.

Schily hätte es sich leicht machen und auf die Äußerungen des Abgeordneten Ströbele Bezug nehmen können, der schon während der ersten Lesung im Parlament darauf bestand, daß der Abschuß des Flugzeuges gar nicht geregelt werden solle. Dieser Fall sei nach den allgemeinen Normen des »übergesetzlichen Notstandes« zu beurteilen. Er ist freilich nicht mehr »übergesetzlich«, seit es in Paragraph 34 des Strafgesetzbuchs eine gesetzliche Fixierung gibt. Doch das mag auf sich beruhen, denn Schily und andere Abgeordnete hatten in der Debatte das Problem des Abschusses ausdrücklich aufgegriffen. Die Frage, ob staatliche Behörden Leben gegen Leben abwägen dürfen, wenn sie bei der Wahrnehmung ihrer hoheitlichen Aufgaben Unschuldige töten, ist also durch das Luftsicherheitsgesetz zwingend gestellt.

Der Rechtfertigungsgrund der Notwehr gilt nur gegenüber dem Angreifer. Die Aufopferung eines nicht angreifenden Menschen für die Rettung – wenn auch vieler – anderer Menschen läuft auf eine die Menschenwürde verletzende Instrumentalisierung hinaus und fällt deshalb auch nicht unter den rechtfertigenden Notstand. Das wissen alle an dieser Gesetzgebung beteiligten Personen. Warum handeln sie nicht danach? Wonach können sie handeln? Denken sie am Ende in den Kategorien des Krieges?

Für den Krieg gilt, daß bei der Verfolgung militärischer Ziele die Tötung unschuldiger Menschen unvermeidbar sein kann. Wenn damit nicht schon die zum Wehrdienst gezwungenen gegnerischen Soldaten betroffen sind, so doch jedenfalls die Zivilbevölkerung. Ist bei einem Angriff damit zu rechnen, daß er »Verluste an Menschenleben unter der Zivilbevölkerung verursacht, die in keinem Verhältnis zum erwarteten konkreten und unmittelbaren militärischen Vorteil stehen«, so ist er gemäß Artikel 51 Absatz 4 in Verbindung mit Absatz 5b des Zusatzprotokolls zu den Genfer Abkommen vom 12. August 1949 über den Schutz der Opfer internationaler bewaffneter Konflikte verboten. Umgekehrt bedeutet das: Ist die Verhältnismäßigkeit gewahrt, so entfällt die Pflicht des Militärs, die Zivilbevölkerung zu schonen.

Das ist das Modell. Die Abgeordneten der Koalitionsfraktionen haben sich seiner nicht explizit bedient. Der SPD-Abgeordnete Frank Hofmann, Mitglied des Innenausschusses und früher Kriminaloberrat im Bundeskriminalamt, hat es sogar ausdrücklich verworfen: Wir wollen »Gefahrenabwehr, nicht Krieg«. Wasch mir den Pelz, doch mach mich nicht naß, ist die Botschaft dieser Rhetorik. Man kann sogar nachfühlen, warum die Politiker sich zu ihrem Gebrauch genötigt fühlen. Militär und Polizei auseinanderzuhalten ist eine wohlüberlegte rechtsstaatliche Forderung. Die äußerst restriktiven Regelungen, die unser Grundgesetz über den Einsatz der Bundeswehr im Innern des Landes enthält, belegen das.

Die damit aufgeworfenen Zuständigkeitsfragen haben den Bundestag bei der Beratung des Luftsicherheitsgesetzes denn auch durchaus beschäftigt. Der Abgeordnete Ströbele hat sie sogar zum ausschließlichen Gegenstand des umstrittenen Paragraphen erklärt – als Beweis für die von ihm vertretene Askese in der Sache. Aber er wie die anderen Abgeordneten haben einen hypothetischen Ausweg nicht erwogen, der sich mit der Zuständigkeit des Militärs auch für die sachliche Tragweite seiner Handlungen eröffnen könnte. Die Streitkräfte des Bundes haben nicht nur im Verteidigungsfall, sondern sogar im Spannungsfall die Befugnis, zivile Objekte zu schützen (Artikel 87a Absatz 3 des Grundgesetzes). Der Spannungsfall ist freilich nicht definiert und soll wohl auch nicht definierbar, vielleicht nicht einmal justitiabel sein; Artikel 80a des Grundgesetzes regelt nur seine Feststellung. Bei terroristischen Zuspitzungen wird man unter Umständen von einem Spannungsfall sprechen können. Damit wäre für die wichtigste Fallgruppe ein Rahmen geschaffen, und das Kriegsvölkerrecht könnte mit seiner quantitativen Abwägung zwischen Leben und Leben ins Spiel kommen.

Allerdings wird das in der juristischen Literatur nur – und nicht einmal einhellig – für den Verteidigungsfall angenommen, für den Spannungsfall gerade nicht. Der verfassungsrechtliche Zugang zum Kriegsvölkerrecht wäre demnach nur zu bewerkstelligen, wenn man den Spannungsfall in jeder Hinsicht dem Verteidigungsfall gleichstellte. Das ist aber nach Intention und objektivem Inhalt der Verfassung ausgeschlossen.

Die anderen Fälle, die den Einsatz der Streitkräfte im Landesinnern auslösen können (soweit das »Grundgesetz es ausdrücklich zuläßt«, Artikel 87a Absatz 2), etwa besonders schwere Unglücksfälle (Artikel 35 Absatz 2 und 3), die »das Gebiet mehr als eines (Bundes-)Landes« gefährden, sind erst recht nicht geeignet, das Kriegsrecht zu mobilisieren, auch wenn es sein mag, daß der

Angriff eines Flugzeuges auf ein Gebäude ein solcher – bevorstehender – Unglücksfall ist. Die Übertragung des Kriegsrechts auf innerstaatliche Konfliktsituationen wäre demnach nur nach einer Verfassungsänderung möglich.

Eine Änderung des Grundgesetzes wollen einige Politiker auch, doch denken sie dabei lediglich an erweiterte Zuständigkeiten. Die substantielle Ausdehnung des Kriegsrechts scheint niemand in Angriff nehmen zu wollen, obwohl es doch bereits im innerstaatlichen Strafrecht das Konzept gibt, ein Feindstrafrecht an die Stelle des Bürgerstrafrechts treten zu lassen; nicht überall, aber doch dort, wo die Art der Kriminalität anzeigt, daß minima der Gemeinsamkeit eines Bürgerstandards nicht mehr vorhanden sind, man es vielmehr mit Feinden zu tun hat. So wird es für die internationale organisierte Kriminalität gefordert. Freilich stößt diese Richtung überwiegend auf Ablehnung, und Anwendungsfälle der Vermischung von Kriegsrecht und Polizeirecht, wie sie etwa in Afghanistan und vorher im Kosovo sichtbar geworden sind, relativieren diese Skepsis nicht, sondern verstärken sie eher.

Wer sie beiseite schieben und die innerstaatliche Verwendung der Streitkräfte allen Ernstes mit kriegsrechtlichen Elementen anreichern will, muß sich fragen, ob damit nicht in Gestalt »verfassungswidriger Verfassungsnormen« ein Fremdkörper in die Verfassung käme. Sosehr man sich den Weltstaat wünschen mag – die globalisierenden Zwischenstationen provozieren, wie man sieht, erst einmal rechtsstaatliche Schieflagen, fallen hinter das, was auf diesem Gebiet in den Nationalstaaten erreicht worden ist, zurück.

Der Weisheit letztes Schlupfloch könnte dann sein, für die Grenzfälle, um die es hier geht, überhaupt keine Regelung vorzusehen. Abgeklärte Geister erteilen diesen machiavellistischen Rat gern. Sie dürfen für sich beanspruchen, Situationen nicht unnötig zu antizipieren, können auf den bedenklichen Hang der deutschen Gesetzgebung zur Perfektion hinweisen und geben vor allem Entschuldigungsgründen Raum. Denn »übergesetzlicher« entschuldigender Notstand scheidet zwar für eine abstrakt-gestattende Regelung schon begrifflich aus, ist indessen eine für die konkretisierende Rechtsanwendung noch nicht voll ausgereizte Argumentationsfigur.

Doch wäre es merkwürdig, wenn das Recht gerade dort, wo elementare Fragen von »Staat und Tod« (Gerd Roellecke) anstehen, einen Regelungsverzicht leisten, sich also vorhalten lassen müßte, daß es offenbar nur für die Lösung von Durchschnittsproblemen geeignet ist. Außerdem wäre die bewußte Entscheidung für Nichtregelung einigermaßen paradox. Das Verbot der Abwägung zuungunsten der unschuldig in den Konflikt geratenen Personen soll bestehen bleiben; es sollen auch keine Ausnahmen zugelassen werden, und doch will man schon jetzt wissen, daß im Ernstfall das Verbot übertreten wird. Ob dieses unaufgelöste Nebeneinander von Verbot und dessen anvisierter Nichtbeachtung eine heimliche Kreativität der Jurisprudenz signalisiert, was einige moderne Rechtstheoretiker eifrig behaupten, oder ein offenes Armutszeugnis darstellt, ist schwer zu entscheiden.

4.6 Unsere feine Ware. Läßt sich der Krieg durch ein Weltstrafrecht zivilisieren?

Der Militäreinsatz in Afghanistan bringt das Kategoriensystem der Juristen ins Wanken. Er eröffnet Perspektiven auf eine ebenso verlockende wie gefährliche Infragestellung bewährter Abgrenzungen traditioneller Rechtsgebiete: der Unterscheidung von Kriegsrecht und Strafrecht. Während sich das Kriegsrecht als Kriegsbegrenzungsrecht entwickelt hat, ist das Strafrecht stets mit einem positiven Legitimationsanspruch aufgetreten, etwa der gerechten Vergeltung, der Abschreckung oder der Resozialisierung.

Der Afghanistan-Einsatz wird nun ebenfalls positiv begründet, Straftäter werden gesucht – aber der größere Rahmen ist die Intervention zugunsten von Menschenrechten, die auf der ganzen Welt geschützt werden sollen und für deren Durchsetzung man gegebenenfalls militärische Gewalt anwenden möchte. Das ist sehr viel konkreter als das alte Prinzip des *bellum iustum*, des »gerechten Krieges«, das doch eher als eine Art moralischer Hintergrund denn als echte positive Begründung fungierte. Die durch Kommunikation und durch Räume überspannende, »globalisierende« Systeme kleiner werdende Welt kann den naiven Standpunkt des Krieges kaum mehr einnehmen.

Angesichts dessen liegt es nahe, aus dem Strafrecht, das ebenfalls auf eine lange Tradition der Rechtfertigung von Gewalt zurückblicken kann, die Maßstäbe für die Rechtfertigung heutiger und künftiger Kriege zu gewinnen. Doch ist die Geltung des Strafrechts in der Regel territorial begrenzt, auf bestimmte, der Souveränität einer Herrschaft zugeordnete Räume. Gäbe es hingegen eine weltumspannende Souveränität, so würde das, was jetzt in Afghanistan passiert, ohne weiteres als Aktion der Verbrechensverfolgung verstanden werden und wäre mit Begriffen des Strafrechts zu fassen beziehungsweise mit Begriffen des Polizeirechts, soweit es sich nicht nur um die Prävention durch Repression handelt.

Da wir aber diesen Zustand noch nicht erreicht haben, kommen Konflikte von einer Größenordnung ins Blickfeld der strafrechtlichen Methodologie, die ihre auf innerstaatliche Verhältnisse bezogenen Möglichkeiten überschreiten. Solange diese Großkonflikte der kriegerischen Auseinandersetzung überlassen blieben, konnte sich das Strafrecht auf die kleineren Aufgaben beschränken. Für deren Bewältigung war es möglich, im Laufe der Zeit wesentliche Prinzipien zu entwickeln: rechtsstaatliche Bestimmtheit, das *ultima ratio*-Prinzip, das Verbot der quantifizierenden Abwägung von Menschenleben gegeneinander und dergleichen.

Zweite Option wäre, den Schritt des Krieges in die Verrechtlichung, wie sie durch die Anlehnung an das System des Strafrechts vorgezeichnet ist, zu begrüßen und dafür in Kauf zu nehmen, daß das Strafrecht den Preis einer – sich dann wohl auch auf die kleineren Konflikte in einer Art Rückkoppelung ausdehnenden – Auflockerung rechtsstaatlicher Errungenschaften zahlt. Dann braucht man in bezug auf die Weltrechtsentwicklung vorerst nicht völlig zu resignieren, hat andererseits aber den Nachteil zu akzeptieren, daß die aus guten Gründen im nationalen Strafrecht vorangetriebene rechtsstaatliche Entwicklung wieder zurückgeschraubt wird.

Man könnte nun auch, und dies wäre die dritte Möglichkeit, zwei Sorten Strafrecht etablieren: Das Bürgerstrafrecht der engen Verhältnisse und das Feindstrafrecht der großen Verhältnisse. Vielleicht ist das gegenüber der ersten Version – Verzicht auf Strafrecht bei Großkonflikten – die bessere Variante; sie ließe das in einem langen Prozeß kultivierte Bürgerstrafrecht unberührt. Doch auch hier gilt der Einwand gegen die zweite Variante insofern, als sich große Abgrenzungsschwierigkeiten bei beiden Sorten Strafrecht ergeben würden. Es würde die Gefahr bestehen, daß Konflikte, die bei dem auf innerstaatliche Verhältnisse begrenzt bleibenden Strafrecht nach diesem beurteilt werden, im Zeichen der Trennung von Bürgerstrafrecht und Feindstrafrecht auf einmal in das Feindstrafrecht überwechseln.

Die mit dieser dritten Option verbundenen Gefahren lassen sich näher erkennen, wenn man sich erinnert, daß der Gedanke der Aufspaltung des Strafrechts schon mit Blick auf die organisierte Kriminalität entstanden ist. Dabei hat man – in der Strafrechtswissenschaft jedenfalls – den Ansturm auf das rechtsstaatlich-liberale Strafrecht noch abwehren können, mit der Begründung, daß man die organisierte Kriminalität, wenn es sie denn überhaupt in dieser Form gibt, mit dem klassischen Strafrecht bewältigen kann. Solange es nur um diese oder vergleichbare neue Formen schweren

Verbrechens ging, ließ sich die Etablierung eines speziellen Feindstrafrechts mit guten Gründen abweisen.

Doch wenn nun das Feindstrafrecht die Alternative zum gewissermaßen noch schlimmeren Kriegsrecht wird, könnte die Abwägung zu einem anderen Ergebnis führen. Wenn es zutrifft, daß Großkonflikte, wie sie durch Formen des irregulären, nicht mehr an Staaten gebundenen Krieges jetzt entstehen, mit dem klassischen Strafrecht nicht mehr bewältigt werden können, wenn Terroristen, die für den Anschlag auf das World Trade Center verantwortlich sind, mit internationalen Haftbefehlen nicht zu fassen sind – dann könnte jenes Feindstrafrecht das geringere Übel sein gegenüber dem Kriegsrecht.

Wenn demgegenüber jetzt Konflikte, die früher dem Krieg vorbehalten waren, in einer Art Vorwegnahme weltrechtlicher Regularien in das Systemdenken des Strafrechts überführt werden, könnte das zumindest so lange problematisch sein, wie diese Großkonflikte ihre bisherige kriegsrechtliche Bewältigung nicht so ohne weiteres verleugnen können. Werden sie in das Prokrustesbett des Strafrechts gezwungen, so führt dies überdies zu dessen Militarisierung, die man vielleicht auch eine Remilitarisierung nennen könnte: frühere Zeiten machten ja nicht immer einen scharfen Unterschied zwischen Strafen und Kriegführen.

Wohin die zu beobachtende Aufgabe der klaren Unterscheidung zwischen Kriegsrecht und Strafrecht führt, ist noch nicht klar abzusehen. Mehrere Richtungen sind denkbar. Da wäre erstens die Möglichkeit, daß man an dem erreichten rechtsstaatlichen Status eines Strafrechts festhält und darauf verzichtet, es auf Großkonflikte anzuwenden, denen es nicht gewachsen ist. Dann bleibt für die Bewältigung jener Großkonflikte nur der Krieg, dessen Einsatz unzureichend legitimiert und der rechtlich nur sehr vage eingehegt ist.

Man würde sich damit eingestehen, daß nach wie vor die Rechtsordnung, jedenfalls so, wie sie innerstaatlich ausgebildet ist, noch nicht überall hinreicht, und insoweit resignieren. Mit dieser Option würde sich wiederholen, was wir schon im nationalen Strafrecht unter dem Stichwort »Kernstrafrecht« beobachten: Man erhält sich selbst diese »feine Ware« und ist bereit, dafür den Preis einer andernorts herrschenden Regellosigkeit zu zahlen.

Denn das Feindstrafrecht würde ein Instrumentarium bereitstellen, das an der dem Kriegsrecht überlegenen Primärlegitimation des Strafrechts noch einen gewissen Anteil hätte. Außerdem könnten – im Zusammenhang mit dieser Primärlegitimation – Regeln verfügbar gemacht werden, die doch dichter sind als die des Kriegsrechts, eben weil sie, wie gelockert auch immer, an die lange rechtsstaatliche Tradition des Strafrechts anknüpfen. Mit anderen Worten: als Übergang zur Weltpolizei? Ist das vielleicht jene *justice in transition*, die jetzt fällig ist, weil das nationale Strafrecht nicht effizient genug ist, das Bürgerstrafrecht aber noch keine Weltgeltung beanspruchen kann und wir das Kriegsrecht nicht mehr haben wollen?

Schließlich bietet sich noch eine vierte Option, die mit der ersten eng verwandt ist: doch lieber bei dem mühsam errungenen rechtsstaatlich-liberalen Status des Strafrechts bleiben, seiner Ausdehnung auf die Bewältigung von Großkonflikten widerstehen (mit der Hoffnung, daß es dafür eben doch allmählich bessere Grundlagen geben wird als das Feindstrafrecht) und auf die Effizienz einer dem Gegner moralisch überlegen bleibenden, sich rechtlich auch anderen Staaten gegenüber selbstbegrenzenden Staatsgewalt hoffen. Diese Variante mag ja optimistisch erscheinen; doch auch für sie gibt es historische Beispiele.

4.7 Ein Fall von Steuerstaatsnotstand?

Steuerhinterziehung ist eine Straftat, und wenn es sich um viel Geld handelt und besonders raffinierte Methoden benutzt werden, so kann sie auch eine schwere Straftat sein. Das weiß jeder, das bezweifelt niemand. Selbst wenn es um die Aufklärung eines Mordverdachtes geht, dürfen Polizei und Staatsanwaltschaft ihre Ermittlungen nicht auf Straftaten stützen. Auch hierüber gibt es in der öffentlichen Meinung nur eine Stimme. Aber wie paßt das zusammen? Es paßt nicht zusammen; der Mißklang ist unüberhörbar im Fall Zumwinkel. Wie wird daraus eine Harmonie? Gar nicht, lautet die vorläufige, aber schon in Melancholie getauchte Antwort. Die Rechtswelt liebt das Paradox. Widersprüche werden nicht nur in Kauf genommen, sie sind eine Art letzter, abgründiger Weisheit.

Nun ist bereits Strafanzeige erstattet worden gegen die Bundesregierung und den Bundesnachrichtendienst wegen Anstiftung zur Ausspähung von Daten. Aber während ich das lese, höre ich, daß andere frohlocken über den Staat, der endlich einmal einen wirksamen Coup gelandet habe im Kampf gegen das Verbrechen: Natürlich müsse man die gleichen Mittel verwenden, anders komme man nicht zum Erfolg.

Manchmal ist bei moralischen Zerreißproben der analytische Rat der Jurisprudenz hilfreich. Aber Moral und Recht seien doch getrennt – mit dieser altklugen Bemerkung verschafft sich schon der Zweitsemestler bei Studenten anderer Fakultäten Respekt. Die Wahrheit ist, daß in vielen Fällen das Recht die raffinierte Fortsetzung der Moral ist.

Bundesnachrichtendienst einerseits, Staatsanwaltschaft und Polizei andererseits sind verschiedene Behörden mit verschiedenen Aufgaben. Aber zusammen sind sie ein Stück Staat – und warum soll die eine Hand nicht wissen, was die andere tut? Der Staat dürfe sich nicht künstlich dumm machen, wird gesagt. Diese Forderung »übergeht die Rechtstatsache«, können wir in dem von einem erfahrenen Polizeipraktiker und einem Staatsrechtler herausgegebenen *Handbuch des Polizeirechts* (von der Lisken/Denninger) lesen,

»daß der Staat des Grundgesetzes kein Herrschaftsgebilde mit einer monokratisch gebündelten Regierungsmacht ist, sondern eine politische Vereinigung, ein Zusammenschluß souveräner Menschen, die sich zur Regelung ihrer rechtlich relevanten Bedürfnisse [...] eines Geflechtes öffentlicher Stellen mit je eigenen Kompetenzen und Befugnissen bedienen. Der Datenverbund zwischen diesen Stellen zur Regelung verschiedener Aufgaben ist daher nicht die Regel, sondern die Ausnahme vom grundrechtssichernden Prinzip der Aufteilung öffentlicher Gewalt auf verschiedene ›Hoheitsträger‹. Zur ›Überwindung‹ dieser Schranken genügt also nicht eine opportune rechtstechnische Verbundregelung. Vielmehr bedarf es für jede ›zweckfremde‹, also vom Erhebungszweck abweichende Nutzung eines Datenbestandes einer grundrechtlichen Legitimierung.«

Der Bundesnachrichtendienst kümmert sich unter anderem um Spionage und auch um ihre Abwehr. Die außenpolitischen, gelegentlich kriegsähnlichen Phänomene, mit denen er zu tun hat, führen häufig über die Grenzen des Rechtsstaats hinaus, die Rechtsgesellschaft hat sich damit indessen vorläufig arrangiert.

An dieser politischen Romantik, wie man euphemistisch sagen könnte, haben der Strafprozeß, in dem es um die Aufklärung begangener Straftaten geht, und die Polizei, deren Aufgabe die Abwehr von Gefahren ist, keinen Anteil. Ihre Tätigkeit ist in strenge Rechtsgrenzen gebannt. Deshalb müssen Polizisten, Staatsanwälte und Richter auf Distanz gehen, wenn ihnen Beweise angeboten werden, die sie selbst so gar nicht erheben dürfen. Das Bundesverfassungsgericht hat denn auch entsprechende Feststellungen getroffen aus Anlaß der Frage, ob aus Telefonüberwachungen gewonnenes Material an die Staatsanwaltschaft weitergegeben werden dürfe: »Grundrechtsgebotene Begrenzungen des Einsatzes bestimmter Erhebungsmethoden dürfen nicht dadurch umgangen werden, daß Daten, die mit einer solchen Methode rechtmäßigerweise zu bestimmten Verwendungszwecken erhoben worden sind, in gleicher Weise auch für die Zwecke zugänglich gemacht werden, die einen derartigen Methodeneinsatz nicht rechtfertigen würden.«

Dann ist natürlich von den Ausnahmen die Rede. Aber sie beziehen sich vor allem auf Maßnahmen bei bevorstehenden schweren Verbrechen, »wenn das zu wahrende Rechtsgut ›überragend‹ wichtig ist«. Beide Voraussetzungen sind in den hier interessierenden Fällen nicht gegeben, insbesondere kann die vermutete Quantität der Steuerhinterziehung das Delikt nicht zum schweren Verbrechen heraufstilisieren.

Laut Presseberichten geben die Behörden an, man habe diese Fragen geprüft und festgestellt, alles sei in Ordnung. Dieses Ergebnis scheint sich auch auf die Frage zu beziehen, die sich stellt, wenn man die Datenübermittlung für zulässig hält. Denn es sind ja Daten, die aus einer Straftat stammen; Diebstahl oder Verrat von Geschäftsgeheimnissen, das gilt gleichviel. Daß diese Delikte von den Strafverfolgungsbehörden nicht begangen werden dürfen, um an Beweismaterial zu kommen, bedarf keiner weiteren Darlegung, und wenn es zutrifft, was die Berliner Anwälte in ihrer Strafanzeige behaupten, dann ist der Stab gebrochen. »Watergate« fällt einem ein; die streckenweise legalisierte Aktivität von verdeckten Ermittlern liegt weitab davon.

Haben die für den Bundesnachrichtendienst in dieser Sache tätigen Personen das Material jedoch »nur« entgegengenommen, so muß der Vorwurf der Hehlerei erhoben werden (absurd der Gedanke, von einem Rechtsexperten im Fernsehen geäußert, man habe die CD ja nach der Auswertung zurückgeben wollen, und insofern habe man sie sich nicht endgültig verschafft). Auch Hehlerei ist keine zulässige Beweiserhebung.

Wieder aber soll es Ausnahmen geben bei der Kriminalität Privater, die diesem Akt vorausgeht; sie sei dem Staat nicht ohne weiteres zuzurechnen. Das sind spitzfindige Unterscheidungen. Sie werden fragwürdig mit Blick auf die richterliche Entscheidung (Hanseatisches Oberlandesgericht Hamburg), daß die Übernahme rechtswidrig erlangter Beweise auszuschließen ist, sofern sie von einem anderen Staat stammen. Gemeint ist der Fall der Anwendung unzulässiger Vernehmungsmethoden. Allerdings wird die Latte gleichsam etwas höher gelegt. Es muß um Erkenntnisse gehen, die »unter besonders krassem Verstoß gegen die Menschenwürde zustande gekommen sind«. Das ist nun in dem Liechtensteiner Fall nicht anzunehmen. Andererseits ist die Nichtanerkennung der Maßnahme eines fremden, aber souveränen Staates schon auf eine besondere Rechtfertigung angewiesen; bei Privaten entfallen diese speziellen Skrupel. Es gibt überhaupt keinen Grund für den Staat, sich mit ihnen auf der Ebene der Delinquenz gemein zu machen.

Bliebe der Notstand, den man merkwürdigerweise immer noch einen »übergesetzlichen« nennt, obwohl er im Strafgesetzbuch genau geregelt ist. Er ist eine Verlegenheitsauskunft. Das Handeln des Staates sollte abschließend geregelt sein, Notstand ist etwas für die Bürger, die sich nicht anders helfen können. Überdies ist die Abwägungslage höchst problematisch. Der sicheren Verletzung des durch den Hehlerei-Tatbestand geschützten Rechtsgutes steht die unsichere Chance gegenüber, verlorene Steuern wieder hereinzubekommen. Man weiß aus vergleichbaren Vorgängen vergangener Jahre, wie verkehrt die Prognosen auf diesem Gebiet sein können, nur Bruchteile der gehegten Hoffnungen erfüllen sich. Beruft sich ein Bürger für die Verletzung eines Rechtsguts darauf, das werde in der Zukunft der Gesellschaft Vorteile bringen, wird er nicht gehört, sondern damit beschieden, daß das Recht sich nicht mit Spekulationen abgeben dürfe. Behauptet der Staat, in einer Notstandslage zu sein, sollen diese Bedenken offenbar nicht mehr gelten. Zweierlei Maß also.

Was ist daran paradox? Die Antwort liegt in dem vorauszusagenden Ergebnis der Abwägungen durch die beteiligten Behörden und vielleicht auch der zum Schluß angerufenen Gerichte. Die lange Tradition der Kontroversen über das Verhältnis von Verboten der Beweiserhebung und der Beweisverwertung lehrt, daß offenbar beides gewollt ist. Die Verwertung unzuverlässig erhobener Beweise soll nicht etwa nachträglich die unzulässige Erhebung »heilen« – nein, beide Verbote sollen nebeneinander bestehen. Darin liegt vielleicht sogar ihr intellektueller und rechtspolitischer Reiz.

4.8 Ex iniuria ius non oritur. Eine Maxime des Völkerrechts zum deutsch-liechtensteinischen »Steuerskandal«

Am »Steuerskandal Liechtenstein« interessiert vor allem, wie er in den Medien präsentiert wird. Zwar ist die Berichterstattung über die staatsanwaltlichen Ermittlungen längst Routine. Aber der Vorgang, der sie ausgelöst hat, wird immer gründlicher diskutiert. Dazu gehört, daß die nichtjuristischen Leser der Tages- und Wochenzeitungen allmählich vertraut werden mit rechtstechnischen Unterscheidungen, die ihnen vor ein paar Wochen nicht einmal im Traum eingefallen wären. Man weiß jetzt, daß von Diebstahl und Hehlerei nach deutschem oder schweizerischem Recht nur die Rede sein könnte, wenn der Informant die fragliche CD selbst entwendet hätte. Sind – wie anzunehmen ist – die Daten überspielt worden, dann geht es um Betriebs- und Geschäftsgeheimnisse. Allenfalls könnte zusätzlich der erschwerte Fall der Überwindung besonderer Sicherungen vorliegen. An der Erlangung der Unterlagen haben sich der Bundesnachrichtendienst (BND), dann das Bundesfinanzministerium, schließlich die Staatsanwaltschaft Bochum in einer Art Kettenreaktion beteiligt. Zudem wird man gewahr, daß die Aktivitäten des BND, wenn sie (was keineswegs auszuschließen ist) über die bloße Entgegennahme des Materials in Deutschland hinausgehen, Rechtsverletzungen im Umkreis dessen darstellen können, was sich heute Staatenverantwortlichkeit (für »völkerrechtliche Delikte«) nennt. Für das Verhalten von Privatpersonen haben die Staaten »einzustehen, wenn diese faktisch im Auftrag oder unter der Leitung oder Kontrolle dieses Staats handeln« (Art. 8 der Resolution über die Verantwortlichkeit der Staaten für völkerrechtswidrige Handlungen, verbindlich als Völkergewohnheitsrecht für die Bundesrepublik).

Politisch heißt das: Eine Art Weltinnenpolitik ersetzt die an den Souveränitätsgrenzen scheiternde Außenpolitik. Die Unbefangenheit, mit der das Bundesfinanzministerium und das parlamentarische Gremium des Bundestags für die Kontrolle der Geheimdienste diesen Tatbestand verwalten, indem sie ihn auf die Frage der Weitergabe des Materials verkürzen, ist faszinierend. Was die

Bevölkerung wohl gesagt hätte, heißt es, wenn die sich plötzlich auftuende Quelle für die »Jagd nach Steuersündern« zurückgewiesen worden wäre, und was die dafür gezahlten Millionen betreffe, so seien sie gar nichts im Vergleich mit den zu erwartenden Steuernachzahlungen. Im übrigen liege ein einfacher Fall von Amtshilfe vor. In diesem letzten Punkt gibt es allerdings eine erstaunliche, wenn auch etwas halbherzige Unterstützung durch einige als Experten nachträglich befragte Juristen und rechtskundige Amtsträger: Der Umweg über den Bundesnachrichtendienst sei irrelevant. Die Daten hätten ja genausogut gleich beim Finanzminister oder bei der Staatsanwaltschaft abgeliefert werden können. Kein Wort wird darüber verloren, daß der Informant auf diesem Wege ja gar nicht an seine riesige Belohnung hätte herankommen können und deshalb beide Seiten sehr wohl wußten, was sie wollten.

Mit der Involvierung des Dienstes ist die Anwendbarkeit von § 9 des Gesetzes über den Bundesnachrichtendienst indiziert, wonach der Dienst Informationen an inländische öffentliche Stellen nur übermitteln darf, wenn dies zur Erfüllung seiner Aufgaben erforderlich ist. Die strafrechtliche Verfolgung von Steuerhinterziehung gehört eindeutig nicht dazu. Dann gibt es noch den Fall, daß »der Empfänger die Daten für die Zwecke der öffentlichen Sicherheit benötigt«. Auch diese Regel erfaßt die Steuerhinterziehung nicht. Hier findet also die in § 116 Abs. 1 der deutschen Abgabenordnung fixierte Pflicht der Behörden, »Tatsachen, die sie dienstlich erfahren und die auf eine Steuerstraftat schließen lassen, den für die Steuerstrafverfahren zuständigen Finanzbehörden mitzuteilen«, ihre Grenze. Selbst wer – wie offensichtlich der Bundesfinanzminister – zunächst nur die Abgabenordnung gelesen hatte, konnte das erkennen, denn dort steht in § 112 Abs. 2, daß eine Behörde Amtshilfe nicht leisten darf, »wenn sie hierzu aus rechtlichen Gründen nicht in der Lage ist«.

Während sich die Meinung, daß Beschaffung und Weitergabe des Materials rechtswidrig sind, allmählich festigt (eindrucksvoll das Referat des Münchner Ordinarius Schünemann und die Diskussionsbeiträge auf dem unlängst durchgeführten 32. Strafverteidigertag unter der Devise »Heimlichkeit und Wahrheit – Die neuen Maximen des Strafprozesses«), beginnen die Relativierungen der strafrechtlichen Vorwürfe, derentwegen die ganze Aktion inszeniert wurde. Das deutsche Steuersystem sei schuld an den Versuchungen, denen täglich unzählige Leute im Umgang mit Handwerkerrechnungen oder Schwarzarbeit von Hausgehilfinnen ausgesetzt seien; auch wer sich im großen Stil den steuerlichen Anforderungen entziehe, indem er die »Steuerparadiese« aufsuche, dürfe also nicht übermäßig gescholten werden. Man erinnert an die Steuerstrafprozesse um das Vermögen großer Sportler, die diesen letztlich nicht sonderlich geschadet haben. Zwar ergehen jetzt beschwörende Appelle an die Moral der Unternehmerschaft. Doch gleichzeitig wird betont, daß man das Kind nicht mit dem Bade ausschütten und die auf das Ganze gesehen doch eher wenigen Fälle nicht verallgemeinern solle.

In dieser Gemengelage wird die Frage nach der Verhältnismäßigkeit des Aufwandes immer lauter, vor allem auch mit Blick darauf, was aus dem Ermittlungsverfahren nun werde, ob der Mißklang, der seinen Anfang begleitete, am Ende ungehört verhalle. Denn schon wird gemunkelt, daß die Unzulässigkeit der Erhebung jener Beweise sie ja keineswegs a priori und für alle Zeit unverwertbar mache.

Fest steht jedenfalls, daß Bedenken gegen die Verwertung erst dann folgenreich geltend gemacht werden können, wenn die Fälle vor Gericht kommen. Dort werden die Beweise förmlich erhoben und nicht etwa aus den Akten übernommen. Man muß sich also mit einem komplizierten Hin und Her von Erhebungs- und Verwertungsverboten arrangieren. Ein eventuelles Verbot der Verwertung der aus Liechtenstein beschafften Unterlagen könnte zu einem Erhebungsverbot in der Hauptverhandlung führen, und erst wenn dieses Verbot mißachtet ist, wird das eigentliche prozessuale Verwertungsverbot akut.

Mehrere Varianten sind denkbar. Die Beschuldigten bestreiten die Vorwürfe. Dann kommt es darauf an, ob sie – auf zweifelhafter Grundlage – durch Augenschein oder Urkunden überführt werden können. Nun wird man hören, das Gericht dürfe, sollte die Beschaffung der Daten tatsächlich nicht in Ordnung sein, sich trotzdem freuen, über sie verfügen zu können; jene Verstöße seien gleichsam durch den höheren Zweck geheilt. Hier starten die ersten umfassenden und intensiven gerichtlichen Güterabwägungen. Einerseits wird präsumtiv darauf hingewiesen, daß mit dem Coup immerhin nicht in eine höchstpersönliche Sphäre eingegriffen worden sei. Andererseits wird aber auch betont, es gehe ja nicht um Kapitaldelikte, bei deren Aufklärung Zimperlichkeit in der Tat nicht angezeigt sei. Feste Regeln enthält die deutsche Strafprozeßordnung insoweit nur für unzulässig herbeigeführte Aussagen. Sie dürfen, selbst wenn der Beschuldigte zustimmt, nicht verwertet werden. Sonst herrscht ziemliche Unklarheit. Im Bereich von überwachter Telekommunikation und Gesprächen in Wohnungen gibt es Regeln, die – bezogen auf bestimmte Situationen – eine Verwertung verbieten; aber streitig ist, ob daraus Analogien für andere Fälle oder Umkehrschlüsse gezogen werden müssen.

Einfacher scheint es zu liegen, wenn das Datenmaterial zweitrangig wird, weil – damit konfrontiert – die Beschuldigten die gegen sie erhobenen Vorwürfe zugeben. Diese Geständnisse sind zwar das, was im amerikanischen Recht »the fruit of the poisened tree« genannt wird; indessen kann mit dieser »Fernwirkung« einer unzulässigen Beweiserhebung im deutschen Strafprozeß nicht ohne weiteres gerechnet werden. Denn hier beginnen erneut Güterabwägungen. Auch die kürzlich erfolgte Entscheidung des deutschen Bundesverfassungsgerichts zur prinzipiellen Unzulässigkeit der Online-Zugriffe macht insoweit keine Vorgabe. Die Frage der späteren Verwertung wird offengelassen. Kommt es infolge rechtswidriger Online-Durchsuchungen zu Geständnissen, so stehen die Gerichte nach wie vor vis-à-vis de rien: Sie müssen selbst entscheiden, ob sie auf dieser Basis gewonnene neue Beweismittel, insbesondere das Geständnis des Beschuldigten, verwerten dürfen. Kann sein, daß das Bundesverfassungsgericht, wenn es am Ende des Verfahrens angerufen werden sollte, sich dazu durchringen wird, auch die Verwertung der unzulässig erhobenen Daten zu verbieten. Im Falle Sedlmayer hat es das immerhin nicht getan.

Weil es in den Verfahren wegen Steuerhinterziehung womöglich auch um die Folgen geheimdienstlicher Rechtsverstöße geht, wird das Verwertungsproblem vielleicht endlich breit und intensiv zur Sprache kommen. Wünschbar wäre angesichts der gereizten Debatte über die Grauzonen zwischen Geheimdiensten und Strafverfolgungsbehörden eine definitive rechtsstaatliche Entscheidung, vor allem dann, wenn man davon ausgeht, daß die Geständnisbereitschaft durch Täuschung über die spätere Unverwertbarkeit des Materials erzeugt worden ist.

Das alte Thema der »verdeckten Ermittler« erhält somit eine neue Dimension. Wohin gehört die »Invasion« der Geheimdienste (die 1949 in Deutschland von der »Vollzugspolizei« ausdrücklich getrennt wurden), und welche Phänomene bringt sie hervor, etwa ein kriegsähnliches Feindstrafrecht? Allein diese Frage bedürfte schon dringend internationalrechtlicher Klärung. Aber sie kann nicht isoliert werden. Der von den Strafverfolgern erzeugte Druck, die rechtlichen Grenzen der Ermittlungstätigkeit zu überschreiten, wächst ja nicht nur mit der Zahl und Bedeutung der von ihnen gesuchten Steuerschuldner, sondern auch mit dem Ehrgeiz, deren Gehilfen – hüben und drüben – aufzuspüren. Vor dem prozessualen Problem steht hier freilich das materiellrechtliche. Die Strafverfolgungsbehörden müßten dartun, daß die Einrichtung der Stiftungen den Entschluß der Kunden bestärkt hat, in den späteren Einkommenssteuererklärungen die Herkunft des Stiftungsvermögens und/oder der Kapitalerträge nicht zu deklarieren. Das alles müßte vom Vorsatz der wegen Beihilfe Beschuldigten umfaßt sein und sich auf die konkrete falsche Steuererklärung beziehen (ein dolus generalis genügt nicht). Das dürfte auch deshalb fraglich sein, weil auswärtiger Steueranspruch und freier Kapitalverkehr ja konkurrieren.

Bei dieser Sachlage könnte es sich empfehlen. Erfahrungen in Erinnerung zu rufen, die schon in der Weimarer Zeit ein hochangesehener Richter formuliert hat: Polizeibeamte seien immer wieder der Versuchung ausgesetzt, sich doch einer verbotenen Methode zu bedienen, wenn sie wenigstens mit der Verwertung der mittelbar erlangten Beweisstücke rechnen könnten. Das Unzulässige ist oft auch das Bequemere und Billigere. Solange die alternative Phantasie, weil normativ keine Veranlassung dazu besteht, nicht ausgereizt wird, kann man die Probe aufs Exempel gar nicht machen. Allerdings gibt es Indizien: 1961 erließ der Oberste Gerichtshof der USA Ausschlußregeln (mittelbares Verwertungsverbot) für widerrechtlich erlangte Beweise. In den folgenden Jahren nahm die Aufklärungsrate der Polizei nicht etwa ab, sondern gar leicht zu. Die derzeit vielgepriesene »funktionstüchtige Strafrechtspflege« muß sich also nicht der Verwertung unzulässig erhobener Beweise bedienen. Vielmehr ist im Strafprozeß gerade das, was *erlaubt* ist, im Zweifel auch zweckmäßig.

4.9 Staatliche Deliktsbeteiligung durch V-Leute – die Politik gibt jetzt die richtige Antwort

In der V-Leute-Affäre, die das NPD-Verbots-Verfahren belastet, verdichten sich Stimmen aus diversen politischen Lagern schon zu dem Chor, im Auftrage des Verfassungsschutzes produziertes verfassungswidriges Material könne keine Grundlage abgeben für das Verbot der Partei. Die Beobachter der V-Leute-Szene reiben sich die Augen: könnte es wahr sein, daß sich in diesem spektakulären Fall eine Auffassung Bahn bricht und die Öffentlichkeit mit ihrer Evidenz förmlich überfällt, die beim normalen V-Leute-Betrieb (mit den zwangsläufigen Übergängen zum Lockspitzel) und der Verwertung ihrer »Informationen«, so vor allem bei der Bekämpfung der Rauschgift-Kriminalität, bisher von der Polizei und leider auch von den Gerichten immer zurückgewiesen worden ist? V-Leute mögen unzuverlässig, als Zeugen unglaubwürdig sein, sie mögen auch Schuld auf sich laden, indem sie noch mehr oder weniger unentschlossene Personen zu Straftaten verleiten (nicht zuletzt, weil sie im »Milieu« sich nur halten können, wenn sie gerade das tun, was die Strafverfolgungsbehörden nicht mehr für zulässig halten). Aber dies hat, von wenigen Ausnahmen abgesehen, nur dazu geführt, daß am Ende bei der Würdigung der so zustande gekommenen »Beweise« etwas mehr Vorsicht waltete und bei der Zumessung der Strafe für den Überführten seine Beeinflussung durch den V-Mann mildernd berücksichtigt wurde. Die vor allem von der Wissenschaft immer wieder erhobene Forderung hingegen, man möge konsequent sein und Straftaten, die es ohne die Aktivität des V-Manns gar nicht gegeben haben würde, als Gegenstand des Beweises nicht zulassen, also – technisch gesprochen – ein Beweisthema-Verbot etablieren, ist ungehört verhallt. Jetzt aber, in der Auseinandersetzung um die Durchsetzung einer bestimmten Politik, wird diese Logik grell vorgeführt und voll ausgereizt. Das muß sehr sorgfältig registriert und ins allgemeine Bewußtsein gehoben werden, denn dann besteht vielleicht die Aussicht, daß aus dem besonders offensichtlichen Anwendungsfall auch für den normalen Strafbetrieb die Konsequenzen gezogen werden; ihm sollte billig sein, was der Politik recht ist.[1] Ob dabei nur eine berechtigte Analogie oder sogar ein a minore ad majus-Schluß zu erwägen ist (wird schon die irgendwie doch pragmatisch und beweglich bleibende Politik so rigoros beschnitten und sind die V-Leute sogar »Täter«, muß das doch erst recht der Fall sein, wenn die schwerere Folge einer persönlichen Bestrafung auf dem Spiel steht und der V-Mann nur Anstifter oder Gehilfe ist), mag vorerst auf sich beruhen. Zunächst geht es einmal darum, auf das neue Material, das – so traurig es sich in dem gesamten politischen Zusammenhang ausnimmt – unverhofft den Kritikern des V-Mann-Einsatzes gleichsam in den Schoß fällt, hinzuweisen und damit endlich die Probleme der eindeutigen Lösung zuzuführen, die sie verdienen. Haben wir erst das Beweisthema-Verbot, sind alle weiteren Fragen nach der Zulässigkeit der Beweismittel und ihrem Informationswert überflüssig; die mühsamen, um nicht zu sagen faulen Kompromisse der Beweiswürdigungs- und Strafzumessungslösung kommen gar nicht in Sicht.[2] Selbst die zwar im Ergebnis ebenso wirksame, aber in der Begründung eigentlich nur einem unguten Gefühl, daß hier die Fairneß des Verfahrens berührt sei, folgende Geltendmachung von Verfahrenshindernissen steht der Eliminierung des Verfahrensgegenstandes an Klarheit und Treffsicherheit nach. Es gibt auch keineswegs Veranlassung zu konzedieren, daß die Politik insofern in Verlegenheit sei, als sie sich nicht für ein Mehr oder Weniger an Verbot entscheiden könne, daher also eine kompromißlose Zurückweisung der Ergebnisse des V-Mann-Einsatzes fordern müsse, wenn es ihr ernst sei mit dessen Mißbilligung. Denn diese Lösung wäre auch mit einem Verfahrenshindernis und einer Ablehnung der Beweismittel wegen Unzuverlässigkeit erreichbar.

Daß unumwunden die radikalere Antwort gegeben wird, ist das Überraschende und Neue. Die Strafrechtler braucht es nicht zu irritieren, daß es die Politik ist, die hier der klareren und überzeugenderen Lösung zum Durchbruch verhilft. Das Richtige bedarf zu seiner Durchsetzung nicht selten des Anstoßes von außen, oft kann nur so einer schlechten Routine der fadenscheinige Mantel der Legitimation weggezogen werden.

1 S. dazu Lüderssen, *Süddeutsche Zeitung* v. 24.1.2002, S. 15.

2 vgl. dazu mit Belegen Lüderssen, »Verdeckte Ermittlungen im Strafprozeß«, in: *50 Jahre Bundesgerichtshof.* Festgabe aus der Wissenschaft, Band IV, *Strafrecht, Strafprozeßrecht,* München 2000, S. 883 ff.

Das Bundesverfassungsgericht könnte, nachdem es in einer anderen elementaren Frage (gemeint ist der »Brechmittel-Einsatz«), animiert durch einen schlimmen Vorgang (Tod eines Betroffenen), bereits eine Änderung seines Standpunktes signalisiert hat,[3] nunmehr die Gelegenheit ergreifen, auch einen anderen folgenschweren Beschluß zu korrigieren. Es handelt sich um den Sedlmayr-Beschluß,[4] der ganz eindeutig die Beweiserhebung durch das Eindringen eines V-Mannes in die Intimsphäre einer Zeugin verworfen, die Bewertung der Ergebnisse aber zugelassen hat. Ähnlich wie bei der Entscheidung über die Verfassungswidrigkeit eines Brechmittel-Einsatzes (BVerfG StV (2000), 1), welche die Beschwerde in erster Linie wegen Unzulässigkeit verworfen und nur als obiter dictum[5] zu verstehen gegeben hatte, daß verfassungsrechtliche Bedenken gegen den Brechmitteleinsatz an sich nicht zu erheben seien, hat das BVerfG auch im Sedlmayr-Beschluß nicht direkt entschieden, sondern die Ablehnung der Verfassungsbeschwerde darauf gegründet, daß von dem Beschwerdeführer nicht spezielles Material für die Grundrechtswidrigkeit der Verwertung der gewonnenen Beweisergebnisse vorgetragen worden sei. Auch hier könnte man sich also eine entsprechende Pressemitteilung vorstellen, die dem BVerfG den Weg (wieder) öffnet, um zu einer überzeugenden, mögliche Mißverständnisse der Vorentscheidung beseitigenden Entscheidung zu gelangen. Hoffen wir also das Beste.

3 Vgl. die Pressemitteilung vom 13.12.2001; dazu Zaczyk und Amelung/Wirth, beide in: *Strafverteidiger* (2002), S. 125, 167.

4 BVerfGStV (2000), S. 466, m. Anm. Edda Weßlau.

5 Dazu kritisch Naucke in der Anmerkung zu der Entscheidung.

4.10 Verdeckte Ermittler

Mit verdeckten Ermittlungen assoziiert man seit der Einführung der §§ 110a ff. StPO Legaldefinitionen. Das muß auch der kritische Betrachter zur Kenntnis nehmen. Die Diskussionen können nicht mehr einen unbegrenzten Raum für Abwägungen beanspruchen, sondern müssen von nur im Wege neuer Gesetzgebung abänderbaren Mindeststandards ausgehen. Im übrigen aber bestehen die alten Zusammenhänge fort, für die der Oberbegriff »Heimliche Ermittlungen« gilt.[1] Auch technische Vorkehrungen gehören dazu, bleiben hier aus Gründen der vorgegebenen Themenstellung jedoch ausgeklammert.[2] Mit verdeckten Ermittlungen ist im folgenden also alles das gemeint, was Personen, gleichviel, ob sie zur Polizei gehören oder nicht, für die Einleitung und Intensivierung eines Ermittlungsverfahrens[3] bewirken, ohne daß diese Funktion für die Betroffenen erkennbar ist, wobei freilich das »Verdeckte« nicht nur darin bestehen darf, daß Polizisten Zivilkleidung tragen. Insbesondere ist jedenfalls die gesamte V-Leute-Problematik mitgemeint.[4]

1 Zuletzt überzeugend vorgeführt von Dencker, in: *Strafverteidiger* (1994), S. 667 ff.; Bernsmann/Jansen, in: *Strafverteidiger* (1998), S. 217 ff.; Weßlau, *Zeitschrift für die gesamte Strafrechtswissenschaft* (1998), S. 111; Hilger, in: *Festschrift für Hanack* (1999), S. 209 ff. (213 f.); Peter-Alexis Albrecht, in: *Kritische Vierteljahresschrift für Gesetzgebung und Rechtswissenschaft,* Sonderheft *Winfried Hassemer zum 60. Geburtstag,* Baden-Baden 2000, S. 17 f.

2 Überblick bei: Rohe, *Verdeckte Informationsgewinnung mit technischen Hilfsmitteln zur Bekämpfung der organisierten Kriminalität,* Frankfurt am Main, 1998.

3 Im Vorfeldbereich sind die Abgrenzungen zum Einsatz verdeckter Ermittler auf dem Gebiet der Gefahrenabwehr nicht leicht, trotz ziemlich eingehender Regelungen in den Polizeigesetzen der Länder (vgl. dazu Holger Nitz, *Einsatzbedingte Straftaten verdeckter Ermittler. Eine Untersuchung polizeitaktischer Ermittlungsmethoden bei der Strafverfolgung,* Hamburg 1997, S. 12; siehe auch: Lüderssen, »Polizei zwischen Effizienzerfordernissen und rechtsstaatlichem Kontrollbedürfnis«, in: Hans-Heiner Kühne/Koichi Miyazawa (Hg.), *Neue Strafrechtsentwicklungen im deutsch-japanischen Vergleich,* Köln u. a. 1995, S. 195 ff.; Albrecht a. a. O.; zu den Nachrichtendiensten siehe Jürgen Taschke, *Die behördliche Zurückhaltung von Beweismitteln im Strafprozeß,* Frankfurt/M. 1989, S. 127 ff.; Wolfgang Hetzer, in: *Strafverteidiger* (1999), S. 165 ff.

4 Personelle Begriffsbestimmungen jetzt bei Patric Makrutzki, *Verdeckte Ermittlungen im Strafprozeß,* Berlin 2000, S. 31 ff.; siehe ferner Katharina Krauß, *V-Leute*

Auf die eher internen Abgrenzungen braucht hier im einzelnen aber nicht weiter eingegangen zu werden; es genügt der Hinweis auf die unbestrittene Tatsache, daß V-Leute auch als Lockspitzel auftreten können,[5] also andere Personen – mehr oder weniger intensiv (Abgrenzungen sind auch hier umstritten) – zu Straftaten animieren.

A.

Und damit sind wir am Beginn des dünnen Rinnsals, mit dem die höchstrichterliche Rechtsprechung auf diesem Gebiet einsetzt. Es ist der agent provocateur, der irgendwann in ihr Blickfeld rückt und sie dann zu der gewichtigen, die Dogmatik des Allgemeinen Teils des Strafrechts über Generationen hinweg bestimmenden Feststellung gelangen läßt, er sei nicht strafbar, weil es ihm am Vollendungsvorsatz fehle.[6] Erst um die Wende vom achten zum neunten Jahrzehnt des abgelaufenen Jahrhunderts kommt es zu einer Erweiterung der Fragestellungen,[7] dann aber sogleich mit Macht, geradezu explosionsartig, veranlagt durch entsprechende, bis zur Revisionsbegründung gehende Aktivitäten von Strafverteidigern, die (auf welchem Weg auch immer) die Problematik entdecken. Die Erweiterung der Fragestellungen bezieht sich zunächst darauf, daß nun auch und vor allem die Strafbarkeit des Provozierten zum Thema gemacht wird, und zwar sowohl auf der Ebene der objektiven wie der subjektiven Zurechnung, sodann – weiter greifend –, daß für die Fixierung der Verantwortlichkeit des Provozierten im Strafverfahren Hindernisse aufgerichtet werden, sei es in Gestalt allgemeiner Verfahrenshindernisse, sei es in Gestalt spezieller Beweisverbote, mindestens von Beweiserhebungsverboten, dann aber auch – vorsichtiger – von Beweisverwertungsverboten, oder – ma-

im Strafprozeß und die europäische Menschenrechtskonvention, Freiburg i. Br. 1999, S. 10 ff.

5 Makrutzki, *Verdeckte Ermittlungen*, a. a. O., S. 35.

6 *Entscheidungen des Reichsgerichts in Strafsachen* 15, S. 315; über noch weiter zurückliegende Judikate einerseits und die nachfolgende Entwicklung der älteren Rechtsprechung andererseits vgl. Lüderssen, »Verbrechensprophylaxe durch Verbrechensprovokation«, in: *Festschrift für Karl Peters zum 70. Geburtstag*, Tübingen 1974, S. 349 (350 f.).

7 Überblick bei Lüderssen, »Zynismus, Borniertheit und Sachzwang?«, in: ders. (Hg.), *V-Leute, Die Falle im Rechtsstaat*, Frankfurt/M. 1985, S. 1 ff. (9 ff.).

terielles Recht wie Prozeßrecht gleichermaßen umfassend – die Verwirkung des Strafanspruchs postuliert wird. Bei der Frage nach der Strafbarkeit des agent provocateur wird die Ebene der Rechtswidrigkeit entdeckt, Rechtfertigungsgründe werden geprüft für womöglich höheren Zwecken dienendes tatbestandsmäßiges Verhalten und – etwa bei den Diebesfallen – vereinzelt sogar Gründe für die Tatbestandslosigkeit seines Handelns (etwa wenn die Polizei zur Wegnahme von Sachen anstiftet, die ihr selbst gehören).

1. Der Bundesgerichtshof, zu dessen Ehren diese Betrachtungen angestellt werden, hat sich dem Vorbringen der Verteidigung keineswegs verweigert, sondern alles durchgeprüft, vielleicht ein wenig unter Vernachlässigung der Fragen nach der Strafbarkeit des Provokateurs, aber in diese Richtung gehende Vorstöße der Verteidigung sind auch gar nicht so häufig gewesen.[8] Insbesondere mit der Frage nach der Verwirkung des Strafanspruchs oder dem Vorliegen eines Verfahrenshindernisses hat sich der Bundesgerichtshof in den ersten Jahren dieser Kampagnen mehrere Male auseinandergesetzt.[9] Dann aber passierte das Überraschende, womit auch die Skeptiker wohl nicht unbedingt gerechnet hatten: Der zweite Senat will seine Auffassung, »das tatprovozierende Verhalten eines polizeilichen Lockspitzels« könne »bei einem nachhaltigen Einwirken auf den Täter zu einem auf den Angestifteten beschränkten Strafverfolgungsverbot bezüglich aller Taten führen, die infolge Einflußnahme des Lockspitzels begangen wurden«,[10] aufgeben und macht eine Vorlage[11] an den großen Senat, der die Diskrepanz zur Auffassung des ersten Senats, der sich gegen eine »Verwirkung des Strafanspruchs wegen widersprüchlichen Verhaltens des Staates« ausgesprochen hat,[12] auflösen soll. Die Vorlage wird aber aus prozessualen Gründen nicht angenommen[13] und bleibt auch gegenstandslos. Denn die Senate einigen sich

8 Wohl aber die der Literatur, vgl. die ausführliche Darstellung bei Rainer Keller, *Rechtliche Grenzen der Provokation von Straftaten*, Berlin 1989, S. 160 ff.

9 Vgl. die Nachweise bei Makrutzki, *Verdeckte Ermittlungen*, a. a. O., S. 253.

10 BGH, *Neue Zeitschrift für Strafrecht* (1982), S. 156. Siehe im übrigen die weiteren Nachweise bei Makrutzki, *Verdeckte Ermittlungen*, a. a. O.

11 BGHSt (1983), S. 314.

12 BGHSt 32, S. 345 ff. (355).

13 BGHSt 33, S. 356 ff. (359 ff.).

miteinander unterderhand und begründen die seitdem durch nichts mehr beirrbare sogenannte Strafzumessungslösung. Die Gründe dafür, daß man mit Unbehagen das Notwendige geschehen sieht, führen zur Strafmilderung beim Provozierten, und in diesem vergleichsweise engen Raum entwickelt sich eine hochdifferenzierte Kasuistik[14] – Verwirkung des Strafanspruchs aber oder Verfahrenshindernis a limine sind kein Thema mehr. Bei den Beweisverboten gibt es eine Spaltung. Ganz vom Tisch ist das Beweisthemaverbot.[15] Beweismittelverbote indessen bleiben im Raum und werden im Rahmen der Beweiserhebung nach vielen Seiten hin sorgfältig entfaltet, aufgeteilt in die Probleme der geschützten Vernehmungen,[16] der mittelbaren Beweiserhebung (Zeugen vom Hörensagen, Vernehmung der Verhörspersonen, Verlesung von Vernehmungsprotokollen oder schriftlichen Äußerungen des verdeckten Ermittlers oder der Vertrauensperson)[17] und der Sperrung von Beweismitteln (Verweigerung von Aussagegenehmigungen, Verweigerung von Akten und Adressen nach § 96 StPO).[18] Der Kompromiß beginnt bei den Beweisverwertungsverboten. Eine vollkommene Kongruenz von Beweiserhebungsverboten und Beweisverwertungsverboten hat der Bundesgerichtshof auch in anderen Fällen nie akzeptiert, verweist dort aber bei einer Verwertung trotz Bestehens eines Erhebungsverbotes auf die Möglichkeiten einer zurückhaltenden Beweiswürdigung. Das gleiche geschieht in den V-Leute-Fällen. Durch die Entscheidung des EGMR vom 9.6.1998[19] schien für kurze Zeit ein grundlegender Wandel vorgezeichnet. Indessen hat der Bundesgerichtshof in seiner letzten Entscheidung[20] in gründlicher Auseinandersetzung

14 Siehe die Nachweise bei Imme Roxin, *Die Rechtsfolgen schwerwiegender Rechtsstaatsverstöße in der Strafrechtspflege*, München ²1995, S. 28 ff., und Makrutzki, *Verdeckte Ermittlungen*, a. a. O., S. 35 sowie 253; ferner den Bericht bei Kempf, in: *Strafverteidiger* (1999), S. 129.

15 Genaue Entwicklung bei Lüderssen, »Verbrechensprophylaxe«, a.a.O, S. 358 ff.

16 Vgl. die Auflistung der Varianten bei Hans-Heiner Kühne, *Strafprozeßrecht*, Berlin ⁵1999, Rn. 921 u. 922; ferner: Weider, in: *Strafverteidiger* (2000), S. 48 ff.

17 Gute Systematik bei Kühne, a. a. O., S. 390 ff.

18 Dazu Taschke, a. a. O.

19 Europäischer Gerichtshof für Menschenrechte, in: *Strafverteidiger* (1999), 127 m. Anm. Kempf *Neue Zeitung für Strafrecht* (1999), 47 m. Anm. Sommer; dazu auch Kinzig, in: *Strafverteidiger* (1999), S. 288.

20 BGH, *Strafverteidiger* (2000), S. 57; kritische Anmerkung dazu von Sinner/Kreut-

mit dem EGMR seine Strafzumessungslösung aufrechterhalten.[21] Mittelbar betrifft das auch das Festhalten an der zurückhaltenden Anwendung von Beweisverwertungsverboten und die Verlagerung des Problems in die Beweiswürdigung.[22]

II. In diesem Umkreis, den man dogmatisch nennen könnte, wenn nicht sogenannte kriminalpolitische Gesichtspunkte ständig präsent wären, bewegen sich die Argumente pro und contra. Nachdem der erste, im wesentlichen durch die Literatur inspirierte Anlauf steckengeblieben ist, zeichnet sich schon ab, daß auch der zweite, jetzt durch den EGMR in Gang gesetzte verstanden wird; die Beschwörungen einer sogar formellen Bindung an das Judikat des EGMR, juristisch wohl zweifelhaft,[23] oder doch wenigstens einer materiell-ideellen Verpflichtung, diesem hohen europäischen Spruchorgan zu folgen,[24] werden den Bundesgerichtshof auch nachträglich nicht beeindrucken, er wird die Ebene, von der aus er sowohl dem kriminalpolizeilichen Druck Rechnung zu tragen können glaubt wie den demgegenüber geltend gemachten Grundrechtspositionen und rechtsstaatlichen Standards, nicht mehr verlassen. Die Begründungsmodelle, die einander hier bekämpfen, sind erschöpft; insofern scheint alles Denkbare gesagt zu sein. Deshalb überrascht nicht, daß die Beschäftigung mit der Frage nach der Strafbarkeit des Provozierenden gar keine Fortsetzung gefunden hat.

B.

Der Versuch, diese Stagnation zu überwinden, müßte den Empfehlungen folgen, die in solchen – festgefahrenen – Situationen ausgesprochen zu werden pflegen. Der Kreis des in die Überlegungen Einbezogenen muß weiter gezogen werden (I), und außerdem

zer, in: *Strafverteidiger* (2000), S. 115 ff.; Claus Roxin, in: *JuristenZeitung* (2000), S. 369; Endriß/Kinzig, in: *Neue Zeitung für Strafrecht* (2000), S. 271.

21 Ebenso BayObLG, SV (1999), S. 631 m. krit. Anm. von Taschke, in: *Strafverteidiger* (1999), S. 632 ff.; Die Vermutung von Sinner/Kreutzer (a. a. O., S. 115, linke Spalte), der BGH habe seine Meinung zur Strafbarkeit des Provokateurs geändert, entbehrt m. E. der Grundlage.

22 BGHSt 33, S. 83 ff. (88); BGHSt 33, S. 178 ff. (181 f.), dazu Krauß, a. a. O., S. 29.

23 Taschke, a. a. O., S. 632 ff.

24 Vgl. Sinner/Kreutzer, a. a. O.

kommt es vielleicht darauf an, einen grundsätzlichen, tiefer sitzenden oder jedenfalls versteckten Mangel in den bisher benutzten Argumentationsstrukturen aufzuspüren (II).

I. Was vollkommen fehlt in den nun schon über Jahrzehnte anhaltenden Erörterungen, ist eine empirische Aufarbeitung der Frage nach der kriminalistischen Eignung der verdeckten Ermittlungen – im weitesten Sinn verstanden. Es gibt nur die in immer gleichen Formeln sich wiederholende, auf wenige Sätze beschränkte Bekundung der Notwendigkeit des Einsatzes dieser Methoden, unter Rückgriff auf die alltägliche polizeiliche Erfahrung. Im Polizeischrifttum finden sich gelegentlich auf eine Art schlagender Plausibilität des Vorgehens angelegte Fallstudien.[25] Wissenschaftliche Untersuchungen hat es lange überhaupt nicht gegeben.[26] Das gleiche gilt in bezug auf die Frage nach den mit der Anwendung verdeckter Ermittlungen, insbesondere des Einsatzes von Lockspitzeln, notwendig verbundenen unerwünschten Nebenfolgen (nicht zu verwechseln mit dem normativen Zielkonflikt »Effektivität/Rechtsstaatlichkeit«).

Grund dafür ist das allgemeine Defizit einer verfassungsrechtlichen – bei anderen Normen, insbesondere des öffentlichen Rechts im engeren Sinne, längst selbstverständlichen – Überprüfung von Strafrechtsnormen unter dem Gesichtspunkt ihrer Zweckmäßigkeit.[27] Mehr oder weniger unreflektiert gehen in die dogmatische Verwaltung der Rechtstatsache »Lockspitzel« Psychologie und Soziologie des Denunziantentums ein. Die auf diese Weise latent bleibenden Unwägbarkeiten im Rahmen der den Einsatz der Lockspitzel leitenden Zweckmäßigkeitskalkulationen und rechtsstaatlichen Güterabwägungen sind eine Unbekannte in der Gesamtrechnung. Für die in den Bereich des Politischen reichende oder sich darauf beschränkende Tätigkeit von V-Leuten ist das an

25 Vgl. dazu Lüderssen, »Zynismus, Borniertheit und Sachzwang«, a. a. O., S. 2 ff.; weitere Nachweise bei Scherp, *V-Personen als Ermittlungsmethode und Beweismittel im Strafverfahren. Eine kriminologisch-empirische Untersuchung von Einsatz- und Führungskonzepten und Motivationsstrukturen*, Diss. Mainz 1991.

26 Vgl. den Bericht bei Makritzki, *Verdeckte Ermittlungen*, a. a. O., S. 36 ff.

27 Aufforderungen dazu jetzt bei Otto Lagodny, *Strafrecht vor den Schranken der Grundrechte*, Tübingen 1995, S. 179 ff.; Ivo Appel, *Verfassung und Strafe*, Berlin 1998, S. 458 ff.; Gregor Staechelin, *Strafgesetzgebung im Verfassungsstaat*, Berlin 1998, S. 126 ff.

prominenten Beispielen immerhin erforscht worden.[28] Man weiß insoweit, wieviel Ambiguität im V-Mann oder auch agent provocateur steckt. Er ist nach keiner Seite hin vollkommen loyal, viele Spitzel der Gestapo waren ehemalige Linke und keineswegs nur gezwungenerweise Spitzel.[29] Aus der DDR-Zeit sind prominente Fälle bekannt geworden von Leuten, die zugleich in der Opposition und bei der Staatssicherheit waren, und dies keineswegs nur aus Opportunismus, unter Druck oder aus Schwäche. Die Einsichten in diese Mentalitäten haben durchaus etwas Exemplarisches. Im kleinen, alltäglichen Umgang mit den V-Leuten bei der Bekämpfung und Aufklärung von Verstößen gegen das Betäubungsmittelgesetz insbesondere findet man die Parallelen. Auch hier allerdings sind es nicht wissenschaftliche Untersuchungen, die eine umfassende Aufklärung bringen;[30] vielmehr muß man jene schon erwähnten Fallberichte der Polizei sorgfältig und mit einem gewissen Interpretationsaufwand lesen. Der Lückenhaftigkeit der Aufklärung über diese Dinge entspricht ein gerüttelt Maß an Selbsttäuschung der Strafverfolgungsbehörden, streckenweise freilich auch in eine mehr oder weniger schlecht verhohlene Unaufrichtigkeit übergehend.

II. Indikatoren für die Vermutung, eine genauere Untersuchung werde vielleicht bisher versteckte Mängel der Argumentationsstruktur zutage fördern, sind hier der unorthodoxe Umgang mit Prinzipien des materiellen Strafrechts und des Prozeßrechts. Damit ist einmal gemeint, daß die beiden Gebiete – ungeachtet ihres genuinen Zusammenhangs – auf unkontrollierbare Weise vermischt werden (1), zum anderen, daß bei den materiell-rechtlichen Erwägungen die Grenzen des überkommenen Deliktsaufbaus gesprengt werden (2), weiter, daß die im Ergebnis ausschlaggebenden Güterabwägungen von den Regeln abweichen, die sonst dabei beobachtet

28 Vgl. Walter Otto Weyrauch, *Gestapo-V-Leute. Tatsachen und Theorie des Geheimdienstes. Untersuchungen zur geheimen Staatspolizei während der nationalsozialistischen Herrschaft*, Frankfurt/M. 1989; Jerouschek, »Denunziation. Überlegungen zur Geschichte und Funktion eines strafprozessualen Rechtsinstituts«, in: Hof/Lübbe-Wolff (Hg.), *Wirkungsforschungen zum Recht I. Wirkungen und Erfolgsbedingungen von Gesetzen*, Baden-Baden 1999, S. 245 ff.; vgl. ferner Günter Jerouschek u. a. (Hg.), *Denunziation. Historische, juristische und psychologische Aspekte*, Tübingen 1997.

29 Weyrauch, a. a. O., S. 46 ff.

30 Ansätze bei: Scherp, a. a. O., S. 39 ff.; Kreuzer/Stock, *Drogen und Polizei*, 1996.

werden (3), und schließlich, daß absolut geschützte Positionen nicht mehr im Programm sind (4).

1) Der Ausgangspunkt für die Strafzumessungslösung ist eine Feststellung, von der man nicht sofort sagen kann, wohin sie gehört. Der einer Tat noch nicht Verdächtige, der zu ihrer Begehung aufgefordert wird, oder die besonders hartnäckige Überwindung eines zunächst vorhandenen Widerstandes oder die Überredung zu einem Tatvolumen, an das der in kleiner Münze vielleicht zur Tat Bereite nicht gedacht hat oder auch nach wie vor nicht denken würde. Aber dieser Weg ist durch die moderne Interpretation des § 26 versperrt,[31] ebenso wie die Anknüpfung an jene Theorien vom Strafgrund der Teilnahme, welche die Haftung des Teilnehmers mit der Verführung des Täters begründen. Niemand vertritt diesen Gedanken mehr, auch nicht in Gestalt der »Verstrickung des Täters in Unrecht«.[32] Im übrigen wäre eine Anknüpfung für die Strafminderung an dieser Stelle dann ja wiederum nicht schuld- (in dem umfassenden prozessualen Sinne) unabhängig. Deshalb finden sich – insoweit konsequent – die meisten Zusammenstellungen der Strafminderungsgründe für den Provozierten auch in dem Abschnitt, der etwa umschrieben wird mit »Faktoren außerhalb der Tat«.[33]

Wie man es auch dreht und wendet, der Schluß von der Unzulässigkeit einer Strafverfolgungsmaßnahme auf die Strafmilderung bleibt rätselhaft. Vielleicht hilft hier das Bild der kommunizierenden Röhren. Die existieren hier eben nicht. Man kann sich schwer vorstellen, daß in dem Maße, wie in der einen Röhre die Zulässigkeit der Strafverfolgung sinkt, in der anderen Röhre die Masse

31 Siehe den Bericht über die Dogmengeschichte bei Michael Köhler, *Strafrecht. Allgemeiner Teil*, Berlin u. a. 1997, S. 525 ff., und die dort auch mitgeteilten Einwände.

32 Mißverständnisse, die insoweit durch die ins Lager der Verursachungstheorien gehörende Theorie von der Haftung des Teilnehmers für Teilnahme am fremden Unrecht hervorgerufen wurden, sind inzwischen beseitigt (Lüderssen, »Der Typus des Teilnehmertatbestandes«, in: *Festschrift für Koichi Miyazawa*, Baden-Baden 1995, S. 449 ff. Bedenklich soweit die Position von Keller, a. a. O., S. 160 ff.

33 Tröndle/Fischer, *Strafgesetzbuch*, München [49]1999, § 46 Rn. 24, 35c; im Leitsatzkommentar von Eckhard Horn werden diese Fälle gleichfalls nicht spezifisch lokalisiert, vgl. die – übrigens sehr hilfreiche – Aufzählung in § 12 Rn. 12a. Zu den hier auftretenden systematischen Schwierigkeiten siehe aber SK-Horn, SKStGB, § 46 Rn. 115 (»der verführte Täter«).

der Strafmilderungsgründe steigt. Die verschiedenen Ströme haben eben nichts miteinander zu tun. Wie unsicher die Rechtsprechung sich hier fühlt, verrät die Wendung, daß das Gewicht der Tat in den Hintergrund trete.[34]

2) Aber vielleicht muß man das mit dem »schuldunabhängigen Strafzumessungsgrund« nicht so ernst nehmen, vielleicht ist diese Ausflucht ganz unnötig, und am Ende kann man doch alles im Deliktsaufbau unterbringen. Doch diese Hoffnung zerfällt beim näheren Hinsehen. Zwar kann man beim Tatbestand, wie schon erwähnt, in einigen Fällen Zweifel am Vorliegen eines Merkmals haben, aber das ist meistens die Perspektive des Provokateurs; für den Provozierten, der ja gerade nichts wissen soll und deshalb auch nichts weiß, bleibt dann immer noch der Versuch. Wenn von Zwangslage oder Verführung die Rede ist, so sicher nicht im Sinne des schuldausschließenden Notstandes, sei er gesetzlicher Natur (§ 35 StGB), sei er übergesetzlicher Natur. Wiederum ist § 46 Abs. 2 StGB einschlägig: der Verführte oder in eine Zwangslage Gebrachte handelt weniger pflichtwidrig, auch wenn es nicht zum Schuldausschluß reicht. Aber die verminderte Pflichtwidrigkeit des Provozierten ist nur eine Folge dessen, was der Bundesgerichtshof zum Ausdruck bringen will, nämlich: daß der Staat das, was er durch seine V-Leute geschehen läßt, zu verantworten hat. Die zu erwartende Logik wäre hier doch, daß der Staat dafür eine Sanktion hinzunehmen hätte. Wenn sie freilich in der Minderung seines Strafanspruchs gesehen wird, könnte man zufrieden sein. Indessen wäre das eine zu starke Subjektivierung dessen, was die staatliche Strafe bedeutet; unter diesem Gesichtspunkt wird die Metapher »Strafanspruch« ja auch zunehmend angezweifelt.[35]

3) Wenn unzulässige Maßnahmen gleichwohl nur zur Strafmilderung führen, so hat das seinen wahren Grund in einer Abwägung, die zugunsten der grundsätzlich für notwendig erachteten verdeck-

34 BGHSt 32, S. 347; BGH StV (1984), S. 5, BGH StV (1985), S. 272.

35 Siehe Bernd Schünemann, »Dogmatische Sackgassen bei der Strafverfolgung der vom SED-Regime zu verantwortenden Straftaten«, in: *Festschrift für Gerald Grünwald*, 1999, S. 654 ff. (674); Lüderssen, »Der öffentliche Strafanspruch im demokratischen Zeitalter – Von der Staatsräson über das Gemeinwohl zum Opfer?«, in diesem Band S. 482.

ten Ermittlungen vorgenommen wird. Auch zunächst als unzulässig eingestufte Maßnahmen sollen am Ende doch Bestand haben. Nur eben nicht in vollem Umfang; daher die Strafmilderung. Zur »Logik« dieser Beziehung ist das Erforderliche schon gesagt worden. Jetzt soll uns die diese Logik überhaupt erst ermöglichende Güterabwägung genauer beschäftigen.

Ihre im Normalfall[36] zur Anwendung kommenden Prinzipien sind, daß längerfristige, in größeren Zusammenhängen stehende, noch abstrakt bleibende, schwer fixierbare Interessen den aktuellen, isolierbaren, konkreten und feststehenden Interessen zu weichen haben. Im Falle des Lockspitzels kehrt sich diese Logik um: das längerfristige, in größerem Zusammenhang stehende, abstrakt bleibende und, was die Person angeht, gar nicht fixierbare Interesse an der Kriminalitätsbekämpfung wird dem aktuellen, isolierbaren, konkreten und feststehenden Interesse, daß hier und jetzt kein Strafgesetz, das ganz bestimmte Rechtsgüter schützt, verletzt werden möge, vorgezogen. Mit welchem Recht geschieht das? Vor allem aber: Weshalb wird mit keinem Wort die Abweichung von den sonst geläufigen Regeln der Güterabwägung benannt, geschweige denn gerechtfertigt? Die Erklärung, keineswegs eine überzeugende Begründung, kann nur sein, daß das Interesse an der Verringerung oder Beseitigung der Kriminalität, sowenig man die Erfolge messen kann, als ein so wichtiges Ziel angesehen wird, daß die Abschwächungen – längerfristig, in größerem Zusammenhang stehend, abstrakt – es nicht relativieren können.

4) Das heißt, absolut geschützte Interessen sollen hier nicht im Spiel sein, obwohl es doch immerhin § 136a StPO, bezogen etwa auf Folter bei Vernehmungen, gibt, oder etwa das Verbot der Quantifizierung von Menschenleben im Rahmen der nach § 34 StGB zulässigen Abwägung. Freilich haben sich diese Positionen nur im innerstaatlichen Strafrecht entwickeln können. Das Völkerstrafrecht, soweit es überhaupt den von der Politik primär beherrschten Raum erreicht, kennt keine absoluten Grenzen. Für die Gegenwart bestätigen das die Diskussionen über humanitäre Interventionen. Zu deren Rechtfertigung kann nur gelangen, wer Quantifizierungen von Menschenleben zuläßt. Wenn das innerstaatliche Strafrecht

36 Siehe dazu Lüderssen, *Abschaffen des Strafens?*, Frankfurt/M. 1995, S. 201 ff.

hier Anleihen zu machen beginnt,[37] so könnte das ein Hinweis darauf sein, daß an seiner Argumentation etwas grundsätzlich nicht mehr stimmt.

III. Daß bei der Aufklärung und Verfolgung von Straftaten in an sich geschützte Rechtsgüter eingegriffen wird, ist überhaupt nichts Ungewöhnliches, wie die Vorschriften über Durchsuchung, körperliche Untersuchung, Verhaftung, Beschlagnahme etc. zeigen. Die Legalisierung dieser Vorgänge erfolgt keineswegs schon auf der Tatbestandsebene, sondern erst im Rahmen der – ausnahmsweisen – Rechtfertigung. So normal das im strafrechtlichen Alltag sein mag, es geht doch um Grenzsituationen. Was unterscheidet diese nun vom Einsatz verdeckter Ermittler und V-Leuten?

1) Die Rechtsgutsverletzungen, die durch strafprozessuale Zwangsmaßnahmen bewirkt werden, sollen nicht strafbar sein. Der Lockspitzel aber will nicht, daß das von ihm Bewirkte, obwohl es vielleicht eine Rechtsgutsverletzung darstellt, gerechtfertigt ist; vielmehr geht es ihm gerade darum, daß etwas Strafbares geschieht. Das gleiche gilt für die gegebenenfalls hinter ihm stehenden Funktionsträger der Polizei. Kann man etwas, was an sich strafbar ist, rechtfertigen, so ist es nicht mehr strafbar. Die Person, die auf diese Weise einen Schaden erleidet, muß das im Interesse der Strafverfolgung hinnehmen; der Verdächtige muß sich also den Hausfrieden stören, die Integrität seines Körpers beeinträchtigen, sich in der Freiheit beschränken lassen. Der Rechtfertigungsgrund aber, der nicht diese Rechtsgutsverletzungen kompensieren soll, sondern die Herbeiführung einer Strafbarkeit, weil gerade sie es ist, die man braucht, um schließlich und auf das Ganze gesehen strafbares Verhalten zu bekämpfen, hat mit jenen in der Strafprozeßordnung enumerierten Rechtfertigungsgründen nichts gemeinsam. Man könnte sich darüber hinwegsetzen und sagen: dann gibt es eben einen neuen Rechtfertigungsgrund, eine Art Super-Rechtfertigungsgrund. Aber schon die Tatsache, daß die Aufzählung in der StPO abschließend ist und deshalb die Ableitung eines zusätzlichen Rechtfertigungsgrundes für das Strafprozeßrecht aus § 34 StGB immer zweifelhaft gewesen ist,[38] sollte einem zu denken geben. Ernster ist aber die Frage:

37 Vgl. Brugger, in: *JuristenZeitung* (2000), S. 155 (170 f.).

38 Lüderssen, »Zynismus, Borniertheit und Sachzwang«, a. a. O., S. 19 ff.

2) Haben wir es hier mit etwas zu tun, was gar nicht regelbar ist? In den gemeinsamen Vorschriften der Justizminister/-senatoren und der Innenminister/-senatoren der Länder über die Inanspruchnahme von Informanten, den Einsatz von Vertrauenspersonen (V-Personen) und verdeckten Ermittlern im Rahmen der Strafverfolgung[39] tauchen die hier ins Visier genommenen Fälle nicht auf. Auch die §§ 110a ff. StPO schweigen. Im Falle des verdeckten Ermittlers ist offensichtlich, weshalb das nicht geschieht. Die Personen, deren »Vertrauen« er erwerben soll, könnten sich ja leicht informieren und die Latte für die »Keuschheitsprobe« in Gestalt von komplizenhaften Straftaten immer höher hängen, der womöglich nachfassenden Regelung immer vorauseilend.[40]

3) Hier sieht man deutlich, daß eine Maßnahme, gerade weil sie nicht regelbar ist, die ihr zugedachte Funktion erfüllen soll. Auch V-Leute werden, um im Milieu Fuß zu fassen, sich an Straftaten beteiligen oder dazu anstiften. Aber selbst wenn sie es nur tun, um die Betreffenden sofort zu verführen, wäre eine dieses Verhalten klar abdeckende rechtfertigende Regelung kriminalistisch kontraindiziert. Auch wenn das Milieu weiß, daß jedenfalls im BTM-Bereich Scheinkäufer unter bestimmten Voraussetzungen von der Rechtsprechung gedeckt sind, ist in jedem Einzelfall doch wichtig, daß die Verkäufer den V-Mann nicht erkennen, und der beste Schutz des V-Manns gegen Entlarvung ist der Schein seiner Illegalität. Wäre es anders, so hätte sich vielleicht schon einmal eine Partei gefunden, um etwa folgenden Gesetzesvorschlag zu machen:[41] »Zur Bekämpfung der Gefahr, daß Straftaten begangen werden, dürfen

39 In Kraft gesetzt in fast allen Bundesländern (Bremen und Sachsen-Anhalt scheinen zu fehlen) in den Jahren zwischen 1986 und 1995 (= Anlage D zu BiStBV), s. dazu auch Albrecht, a. a. O., S. 21 und Monika Schmitz, *Rechtliche Probleme des Einsatzes verdeckter Ermittler*, Frankfurt/M. 1996, S. 152 ff.; gründliche Untersuchung der Frage, ob es »eine gesetzliche Ermächtigungsgrundlage für die Tatprovokation durch Lockspitzel« gibt, bei Imme Roxin, *Die Rechtsfolgen*, a. a. O., S. 122 ff.

40 Siehe dazu schon Lüderssen, »Polizei«, a. a. O., S. 207; Heiko Lesch, *Strafverteidiger* (1993), S. 94 ff.; Michael Hettinger, *Entwicklungen im Strafrecht und Strafverfahrensrecht der Gegenwart*, Heidelberg 1997, S. 86 ff.

41 Ich wiederhole hier ein Experiment, das ich schon vor 15 Jahren gemacht habe (siehe Lüderssen, »Zynismus, Borniertheit und Sachzwang«, a. a. O., S. 34); an der Aktualität hat sich nichts geändert.

die Beamten des Polizeidienstes selbst – oder durch Beauftragung privater Personen, von denen sie vermuten, daß sie Straftaten begehen könnten – zu Straftaten anstiften.«

4) Der Status von Argumenten, denen eine gesetzliche Regelung zugrunde zu legen ist, die sie um ihre Wirkung zu bringen droht, ist ein juristisches Novum, fast ist man versucht, an eine dritte Radbruchsche Formel zu denken. Festzuhalten ist jedenfalls, daß die unter II.2. skizzierten Strukturdefizite der Argumentation eine gemeinsame problematische Wurzel haben. Beseitigt man sie, werden die – in der Literatur ja immer vorgetragenen – eindeutigen Lösungen wieder sichtbar. Wenn etwas unzulässig ist, dann ist es das ganz, und dann können die Folgen nur sein: entweder Verwirkung des Strafanspruchs oder generelles Verfahrenshindernis oder ein auf die unzulässige Produktion einer Straftat sich beschränkendes, sie aber auch ganz erfassendes Beweisthemaverbot. Geht es nur um den Beweis dafür, daß es zu dieser Tat gekommen ist, so müßten die sich insoweit ergebenden Beweiserhebungsverbote automatisch zu Verwertungsverboten führen, also im Sinne einer Generalisierung der Regelung des § 136 a Abs. 3 Satz 2 StPO.

IV. Wird diese Analyse dem gerecht, was wirklich geschieht? Werden die Richter des Bundesgerichtshofs nicht längst ähnliche Überlegungen angestellt haben? Wenn sie gleichwohl bei ihren bisherigen Entscheidungen bleiben, so müssen sie ihre Gründe haben. Ich meine damit nicht die Motive, die sind verhältnismäßig einfach und klar. Da ist die Kriminalität, deren man normaler Weise nicht Herr wird. Da sind strafbare Handlungen von Leuten, denen man nicht die ganze Schuld daran zusprechen möchte, weil sie vom Staat hineingezogen worden sind – auf gewisse Weise. Wenn diese Motive, wie dargelegt, nicht in einen herkömmlichen juristischen Begründungsstil umgesetzt werden können, darf man dann schon aufgeben, muß man nicht vielmehr versuchen, auf einer höher liegenden Ebene ein Ensemble von Gesichtspunkten zu finden, mit denen der Bundesgerichtshof am Ende doch recht behalten könnte?

Welches Recht freilich wäre das, ist die nächste Frage. Wissenschaft und Praxis kommen nicht leicht zusammen. Die Wissenschaft erhebt sich über die Praxis und zeigt ihr den logischen, systematisch konsequenten Weg. Die Praxis macht nicht mit und wird dafür von der Theorie gerügt. Immer wieder ist deshalb der Gedanke laut geworden, es müsse so etwas wie eine heimliche, ungeschriebene, sich am Ende auch stets wieder neu produzierende Theorie der Praxis geben, die herauszufinden mindestens eine Sache der Rechtssoziologie sein könnte. Einen Teil dieser unbesetzt gebliebenen Rolle hat vielleicht die Wiederbelebung der Tradition der Topik übernommen, von der Viehweg seinerzeit gesagt hat, sie liege in Wahrheit der Arbeit der Praxis zugrunde; daß die Wissenschaft das mit ihrem Systemwillen nicht begreife, sei ihr Problem, nicht das der Praxis. Diese moderne Topik-Diskussion in der Jurisprudenz hat ein knappes halbes Jahrhundert – mit Unterbrechungen und langsamen Abschwächungen – gedauert. Die Praxis hat das – allerdings ebenfalls aus der Wissenschaft kommende – Angebot nicht recht wahrgenommen, im Grunde auch darin nur den Versuch gesehen, ihr wieder etwas überzustülpen, was nicht ihre Sache ist. Aber vielleicht kann man den Graben zwischen Wissenschaft und Praxis überschreiten, wenn er nur für exponierte Fragen gezogen oder aufgebrochen ist. Immerhin gibt es doch eine Fülle erfreulicher Übereinstimmungen dort, wo man eben doch eine gemeinsame Sprache findet, weil es an gutem Willen auf beiden Seiten nicht fehlt und die gemeinsame Ausbildung das übrige tut.

Die hier interessierenden Fragen haben indessen keinen exponierten Status; denn sie bewegen weit über das Juristische hinaus die Menschen. V-Leute und Undercover-Agenten sind ein Dauerbrenner der Medien, und wer eine phantasiereiche, aber doch auf Schritt und Tritt an der Realität meßbare Konkretisierung der Probleme wünscht, auf die ein verdeckter Ermittler stößt, wenn er ins Milieu vordringen will, der sehe sich den »Schattenmann« an, eine vor vier Jahren ausgestrahlte fünfteilige Fernseh-Serie – sehr populär trotz heftigster professioneller Einwände.[42] Wenn man vor fünfzehn Jahren mit Blick auf die Aktivität der V-Leute noch fordern konnte: »Der Staat muß sich darum bemühen, daß die Bürger seine Handlungen verstehen«, und daran die Folgerung knüpfte: »Gelingt ihm das nicht, so geht das Risiko der mangeln-

42 Vgl. Lüderssen, »Eine Lebenslüge wird aufgedeckt. Zum Einsatz verdeckter Ermittler im ›Schattenmann‹«, *Frankfurter Rundschau* v. 13.1.1996.

den Aufklärung zu seinen Lasten. In einer komplexen Welt, in der die verschiedensten Stellen ihre Kompetenz behaupten und von Sachzwängen sprechen, kann nur Erfolg haben, wer sich dem einzelnen Bürger verständlich macht«[43] – so kann man heute getrost feststellen, daß dieser Legitimationsbedarf nicht mehr besteht. Darüber achselzuckend hinwegzugehen wäre zu einfach, am Ende auch undemokratisch, obwohl man für die meisten Dinge des Strafrechts und Strafprozeßrechts die traurige Feststellung machen muß, daß Aufklärung und Fortschritt nicht von unten, sondern von einer liberalen Ministerialbürokratie und Richterschaft und vor allen Dingen von einer verantwortungsvollen Verteidigerschaft gekommen sind. Ist der Bundesgerichtshof also, um ganz nüchtern fortzufahren, mit seinem Dreischritt: unzulässig, aber doch nicht mit der letzten Konsequenz, so daß nur Strafmilderung bzw. auf Distanz gehende Beweiswürdigung die Antwort sind, am Ende Argumenten auf der Spur, deren Struktur zu erfassen unser gewohntes wissenschaftliches Instrumentarium eben einfach nicht ausreicht, was aber unter Umständen zu dessen Lasten gehen kann?

V. Wir wollen es uns dabei nicht leichtmachen. Es bleibt bei der Position, deren Zuspitzung trotz vorsichtigen Hin- und Hertastens schließlich unabwendbar war: Unrecht im Recht, speziell Strafbarkeit als Ziel des Rechts, kann das überhaupt gutgehen? Oder gibt es doch weise Überbrückungen, der durch das Recht allein nicht aufhebbaren Gebrechlichkeit der Welt geschuldet? Das sind große Worte; sie können in ihrer Abstraktheit wesentlich mehr abdecken als die – verglichen mit den Katastrophen, in die sich das Recht auch mischt – harmlosen Praktiken der verdeckten Ermittler.

Aber so viel scheint sicher zu sein, es sind nicht Prinzipien, die von diesen großen Worten herbeizitiert werden. Den Beweis liefert die hier zur Diskussion stehende Rechtsprechung des Bundesgerichtshofs, indem sie ihre entscheidenden Argumente in die Strafzumessung und die Beweiswürdigung verlagert, also dorthin, wo nicht scharfe begriffliche Abgrenzung den Ausschlag gibt, sondern eben – etwas anderes.

1) Lassen wir zunächst die Strafzumessungsentscheidungen auf uns

43 Lüderssen (»Zynismus, Bornierhteit und Sachzwang«), a. a. O., S. 37.

wirken. Ihre »Gründe« sind eine gleitende Skala von Darstellung und Würdigung der Sachverhalte. Hier ein Beispiel:

BGH-Urteil vom 20.3.1985.[44]

Die Entscheidung formuliert zunächst einige Prämissen: »Die Grenzen zulässiger Tatprovokation können überschritten sein, wenn der Lockspitzel in nachhaltiger Weise – etwa durch wiederholte, länger andauernde Überredungsversuche, intensive und hartnäckige Beeinflussung – auf den Täter einwirkt«. Dann geht sie zum Sachverhalt über:

»Diese Merkmale lagen im hier zur beurteilenden Falle nicht vor. Allerdings hatte der Angekl., erstmals von Z. auf die Besorgung von Heroin angesprochen, erklärt, er kenne weder Leute, die ihm Heroin beschaffen könnten, noch wolle er etwas damit zu tun haben. Als er aber erneut von Z. auf die Möglichkeit, Heroin zu beschaffen, angesprochen wurde, lehnte er weder ab, noch sagte er zu, sondern reagierte mit hinhaltenden Erklärungen, weil er in der Hoffnung, doch noch eines Tages Arbeit vermittelt zu bekommen, den Kontakt zu K. und Z. nicht völlig abbrechen wollte. Kurz darauf bekam er Kontakt zu einem Landsmann, der erklärte, Heroin besorgen zu können, rief daraufhin Z. an, vereinbarte mit ihm ein Treffen, lieh sich ein Kfz und fuhr, zusammen mit dem Heroinlieferanten, zum verabredeten Treffpunkt, wo er alsdann über den Verkauf von 1 Kilogramm Heroin verhandelte.«

Jetzt kommt ein Stück Wertung: »Angesichts dieses Verlaufs kann von einer nachhaltigen, intensiven und hartnäckigen Beeinflussung des Angekl. durch den Lockspitzel hier keine Rede sein.« Aber das ist nur ein Satz, sofort geht es mit dem Sachverhalt weiter,

»denn der Angekl. hat Zs. Ansinnen, ihm Heroin zu besorgen, nur beim ersten Mal ausdrücklich abgelehnt, der bloßen Wiederholung dieses Vorschlags dann aber keinen Widerspruch mehr entgegengesetzt und – ohne besonders bedrängt oder unter Druck gesetzt worden zu sein – alsbald eine sich ihm bietende Gelegenheit wahrgenommen und eigene, nicht fremdgesteuerte Aktivitäten entfaltet, um ein Rauschgiftgeschäft beträchtlichen Umfangs zustande zu bringen«.

Nunmehr folgt eine Einschränkung der zunächst aufgestellten Prämisse: »Allerdings kann eine Tatprovokation auch ohne bedrängende Einwirkung auf den Täter unzulässig sein, wenn der Lockspitzel

44 BGH, ST, in; *Strafverteidiger* (1985), S. 272.

sich zur Herbeiführung des Tatentschlusses unlauterer Mittel bedient.« Dann geht es mit dem Sachverhalt weiter, aber wiederum nicht ganz rein, kleine Wertungen werden dazwischengeschoben:

»Daß der Angekl. seinerzeit arbeitslos war und sich von dem Kontakt zu Z., der ein Büro für Arbeitsvermittlung betrieb, den Nachweis einer Arbeitsstelle versprach, genügt nicht, um seine Bestimmung zur Tat durch Z. als arglistige Ausnutzung einer Not- oder Zwangslage erscheinen zu lassen. Seine wirtschaftlichen Verhältnisse waren zur Tatzeit angespannt – er hatte aus einem Bankdarlehen etwa 9000 DM Schulden und bezog etwa 1000 DM Arbeitslosengeld monatlich –, eine Notlage in dem hier vorausgesetzten Sinne bestand aber nicht. Freilich mag der Tatbeitrag des Lockspitzels auch dann ein unvertretbares Übergewicht erlangen, wenn dieser eine zwar noch unterhalb der Schwelle einer Not- oder Zwangslage liegende, aber schwierige Situation des Täters arglistig ausnutzt und außerdem in beträchtlichem – wiewohl der bloßen Intensität nach noch unbedenklichem – Maße auf ihn einwirkt. Setzt er beide Mittel zur Herbeiführung des Tatentschlusses ein, so kann sich die Tatprovokation bei einer Gesamtwürdigung aller Umstände als unzulässig erweisen. Ein solcher Fall liegt indessen nicht vor. Die Einwirkung des Lockspitzels war nicht so beträchtlich, daß sie – im Zusammenwirken mit einer Ausnutzung der Arbeitslosigkeit des Angekl. – ein Verfahrenshindernis zu begründen vermochte. Wie der festgestellte Geschehensablauf zeigt, hatte hier bereits die bloße Wiederholung des Vorschlags, Heroin zu besorgen, bei dem Angekl. die innere Bereitschaft geweckt, sich auf ein entsprechendes Rauschgiftgeschäft einzulassen, ohne daß es dazu noch besonderer Überredung oder weiterer Beeinflussung bedurfte.«

Sachverhaltsschilderung und würdigende Erörterung sind kaum noch zu trennen. Müssen wir konstatieren, daß der Sachverhalt sich gleichsam selbst entscheidet, und stoßen damit auf eine seit langem in der Methodologie der Subsumtion erörterte Argumentationsfigur?[45] In der modernen Rechtstheorie wird angesichts vergleichbarer Vorgänge von »Narrativität« gesprochen. Jurisprudenz – das sind Geschichten, und sie überzeugen, indem man sie auf bestimmte Weise erzählt; abstrakte Argumente haben eine untergeordnete, jedenfalls nur noch schwer zu definierende Funktion.

Es mag zunächst noch offenbleiben, ob hier ein neuer Irra-

45 Beginnend mit Hassemer, *Tatbestand und Typus*, Köln 1968.

tionalismus erscheint oder nicht doch besser als bisher reflektiert wird, wie häufig oder geradezu regelmäßig die »reine Wissenschaft« dem aufsitzt, was man, ein in anderen Zusammenhängen berühmt gewordenes dictum abwandelnd, »falsche Abstraktion« nennen konnte.

2) Vielmehr muß nun erst einmal gefragt werden, ob auf dem anderen hier interessierenden Gebiet – Stichwort: Beweiswürdigung – ähnliches zu beobachten ist.

Wieder zunächst ein Beispiel:

BGH-Beschluß vom 2. 8. 1983.[46]

»Nach den Feststellungen haben die Angekl. mehrfach Heroin in kleineren Mengen an die Zeugen S. und B. sowie 6,28 g Heroin an die Zeugin R. und einen Vertrauensmann der Polizei verkauft, der ihnen unter dem Namen ›Jonny‹ bekannt geworden ist. Das Rauschgiftdezernat der Hamburger Polizei hatte diesen Vertrauensmann beauftragt, Kontakt zu den Angekl. herzustellen, weil ihm bekannt geworden war, daß beide Heroingeschäfte durchführten und eine nach § 100a Nr. 4 StPO angeordnete Telefonüberwachung diesen Verdacht erhärtet hatte. ›Jonny‹ traf sich zunächst allein mit beiden Angekl. in Frankfurt, wobei sich der Angekl. J. ohne zu zögern bereit erklärte, Heroin an ›Jonny‹ zu verkaufen. Bei den weiteren Verhandlungen mit den Angekl., bei denen diese das Heroin verkauften und sich bereit erklärten, Heroin in einer Größenordnung von einem bis zwei Kilogramm gegen eine Vermittlungsgebühr zu besorgen, wurde ›Jonny‹ von der Zeugin R. begleitet, einer Polizeibeamtin, die sich als Prostituierte ausgab. Da die Verhandlungen über die weiteren Heroinlieferungen letztlich ohne Ergebnis blieben, wurden die Angekl. drei Tage später verhaftet.

Die Angekl. behaupten, Heroin nur in kleineren Mengen für den Eigenbedarf des Angekl. J. erworben zu haben, da er sich das Heroinrauchen habe abgewöhnen wollen. Das Heroin hätten sie nur deshalb an ›Jonny‹ und die Zeugin R. verkauft und sich auf die Gespräche über den weiteren Verkauf von Heroin eingelassen, weil ›Jonny‹ sie ›während eines längeren Zeitraumes gedrängt‹, ›sie wochenlang genervt habe, für ihn Heroin zu besorgen‹.«

Die Ausgangslage ist klar: Indizien für das zu verwaltende »Unzulässigkeitspotential« liegen auf dem Tisch. Prozessual hätte man nun durch die Aussage des »Jonny« eine Lösung finden können, die verfahrensrechtlich befriedigt. Aber jetzt kommt die zweite Hürde.

46 BGH St, in: *Strafverteidiger* (1983), S. 403.

Der V-Mann wird nach § 96 StPO »gesperrt«. Wiederum hätte es sich angeboten, nunmehr die Akten zu schließen und den Prozeß unter Hinweis auf ein unüberwindbares Verfahrenshindernis zu beenden. Aber das findet eben nicht statt, sondern eine »indirekte Befragung durch Vernehmung des Kriminalbeamten, der den V-Mann geführt hat, als Zeugen«. Dieser Kompromiß wird dann relativiert durch den Hinweis darauf, daß »in diesem Falle [...] der Tatrichter jedoch gehalten« sei, »den Beweiswert dieses weniger sachnahen Beweismittels bei seiner Überzeugungsbildung besonders sorgfältig und vorsichtig zu prüfen und zu würdigen«. Woraus ergibt sich die Überzeugungskraft dieser »Zwischenlösung«? Ein sprachliches, logisches, systematisches Argument ist nicht sichtbar. Teleologik – Sinn und Zweck der Normen hier und jetzt –, dieses Eingangstor bleibt immer. Aber jetzt müßten doch die Abwägungen kommen. Die Aussage des Kommissars soll entscheiden, aber nicht ganz, sozusagen. Für diese halbherzige Option gibt es keinen anderen Beleg als die »Geschichte«. Man liest sie und denkt: Bei dieser Schieflage gibt es nur – assoziativ und spontan gedacht – die Antwort mit einer anderen Schieflage. Das kann Jurisprudenz sein, wenn man sich auf »Überzeugungsgewinnungsmuster« (Denk- oder Argumentationsmuster kann man eigentlich nicht mehr sagen) einläßt, die mit im Detail nicht mehr nachprüfbaren Suggestionen arbeiten, so wie es die Literatur tut, man nehme die Vorgänge auf dem Grass Lake, die Theodore Dreiser[47] so schildert, daß man genau nachvollziehen kann, weshalb Clyde eigentlich gar nichts tut und doch möglicherweise das Entscheidende zur Rettung von Roberta unterläßt. Kann man das, so ist das vielleicht mehr wert als eine schulgemäße Anwendung der Grundsätze über das unechte Unterlassungsdelikt.

3) »Law as Literature« ist eine in den USA inzwischen sehr verbreitete rechtstheoretische Initiative, die sich gegen die starren Schemata der überkommenen Jurisprudenz wendet.[48] In jeder Generalisierung, in jeder Abstraktion stecke ein Stück Gewalt, sagt Derrida; kein Sachverhalt gleiche einem anderen, und Egalisierungen durch

47 *An American Tragedy*, 1926, S. 492 ff.; s. dazu Lüderssen, *Produktive Spiegelungen*, ²2002, S. 276 ff.

48 Belege bei Lüderssen, *Genesis und Geltung in der Jurisprudenz*, Frankfurt/M. 1996, S. 328 ff., 349 ff.

generalisierende Begriffe vernichten diese Unterschiede. Das Problem ist in der rechtsmethodologischen Literatur seit langem bekannt. Die Debatten über »Generalisierung und Individualisierung im Rechtsdenken«[49] füllen ganze Bücher. Aber die Eindringlichkeit, mit der unter Bezug auf die Literatur und die Literaturwissenschaft, die mit diesen Problemen eben ganz anders umgeht, die Jurisprudenz zur Überwindung dieser Diskrepanzen aufgefordert wird, ist doch ein neuer Ton.

a) Mehr Individualisierung – das kann auch heißen, daß man nicht nur den abgestuften Bedürfnissen und Ansprüchen einer Person besser Rechnung tragen soll, sondern auch, daß institutionelle Gegebenheiten und die Dynamik von Verfahren für sich sprechen sollen und damit subtiler wahrgenommen werden können, als das geschehen kann, wenn man sie unter herangetragenen Prämissen betrachtet. Ganz kann natürlich die Außenperspektive nicht aufgegeben werden, gleichsam bis hin zu autopoietischer Blindheit. Aber die Abstände zwischen Allgemeinem und Besonderem sollen kleiner werden. Das Besondere, das die hier apostrophierte Amalgamierung von Sachverhalt und Begründung hervorbringt, ist die Relativierung von Unrecht im Namen des Rechts. Am deutlichsten ist es dort, wo man das Strafbare braucht für die Bekämpfung des Strafbaren. Das hat zur Strafzumessungslösung geführt. Mit der Abtrennung der Logik des Verwertungsverbotes von der Logik des Erhebungsverbotes, die zur Beweiswürdigungslösung führt, steht es aber nicht anders. Die unzulässigen Beweiserhebungen sind ja kein Mißgeschick, das man, um nicht einer doktrinären Perfektion zu verfallen, später dann doch korrigieren darf. Vielmehr sind die Vorgänge, die eine Beweiserhebung unzulässig machen, kriminalistisch gerade deshalb so ergiebig, weil sie durch ihre Milieuangemessenheit erst das Material hervorbringen, das zu verwerten sich lohnt. Nur die Mitwirkung im Unerlaubten schafft das Vertrauen, das zu den Mitteilungen führt, die man braucht. Mit anderen Worten, auch hier ist es so, daß die auf die Unzulässigkeit gerichtete Intention Voraussetzung ist für das spätere, mit dem Stempel der rechtlichen Zulässigkeit versehene Ergebnis.

b) Die allgemeine Rechtslehre hält für Operationen dieser Art das Verdikt »Inkonsistenz« parat. Ist das eine Art Grammatik, an

49 So der Titel des 45. Beiheftes des *Archivs für Rechts- und Sozialphilosophie.*

die man gebunden ist, auch als »guter« Positivist, der sich nur dem demokratischen Gesetzgeber unterwirft und diesen auch nicht an autoritativ begründete Wahrheiten, sondern nur an den Volkswillen gebunden sehen möchte? Oder lehrt uns – ausgerechnet – die Literatur hier eine andere Grammatik, die uns erlaubt, mit Widersprüchen zu leben? Der Schriftsteller Martin Walser läßt den Protagonisten seines Romans »Verteidigung der Kindheit«[50] im Text am Schluß sagen:

»Je tiefer er sich in einen Fall einarbeitet, um so deutlicher wird die Unlösbarkeit. Jeder hat recht. Das ist seine Erfahrung. Aber wenn man das gelten ließe, hörte die Welt morgen auf zu atmen. Sie würde im gegenseitigen Rechthaben erstarren. Also muß man für eine glimpfliche Täuschung sorgen. Für eine Problemanästhesie sozusagen. Die Positionen dürfen sich nicht mehr so deutlich empfinden. Daß sie voneinander lassen können, daß es auf etwas, worauf es vorher ausschließlich ankam, nicht mehr so ankommt«.

Walser zieht aus dieser Situationsbeschreibung dann freilich den Schluß, »zu dieser Anästhetisierung gibt es das Gesetz oder: die Verallgemeinerung des Einzelnen«. Das ist der typische Glaube des kultivierten Nicht-Jurisien an die große Weisheit der Rechtsordnung. Der juristische Leser dieser Passage sieht aber, daß sie klüger ist als sein Autor. Das Absolute und Generalisierende stellt dieser Text ja gerade – mit Recht – in Frage. Es gibt andere Beispiele. Für das »Unheilige Reich des Reineke Fuchs« hat Peter Schneider[51] die These aufgestellt, daß die Juristen vorsichtig sein sollten, es ganz und gar zu verdammen; vielmehr offenbare sich hier möglicherweise ein Stück höherer Weisheit im Spiel zwischen Macht und Recht. Das kann hier aber nicht vertieft werden.[52]

c) Es ist ganz unwahrscheinlich, daß der Bundesgerichtshof und auch das Bundesverfassungsgericht, wenn es demnächst oder dermaleinst den Folgebeschluß erlassen muß zur Frage der Verwertung

50 Frankfurt/M. 1991; s. dazu Lüderssen, *Produktive Spiegelungen*, Baden-Baden ²2002, S. 325 ff.

51 Vgl. seinen gleichnamigen Aufsatz in: Lüderssen (Hg.), *Goethe und die Jurisprudenz*, Frankfurt/M. 1999, S. 195 ff.

52 Vgl. auch Lüderssen, »Die Geburt des Rechts aus dem Geist der Gewalt bei Reineke Fuchs«, in: *Festschrift für Helmt Brackert*, S. 397-404.

rechtswidrig erlangter Beweismittel,[53] sich auf den Pfad locken lassen werden, den das »Law as Literature Movement« vielleicht eröffnet. Zu vieles ist hier noch nicht durchdacht; auch wird die Richtung insgesamt, wie auf weite Strecken auch in den USA,[54] eher auf Ablehnung stoßen in Deutschland. Und vor allem ist noch nicht ausgemacht, ob sie am Ende wirklich die hier vorgestellten Inkonsistenzen beseite schieben bzw. die Rechtswelt mit ihnen versöhnen kann. Die Frage nach der geheimen Theorie der Praxis muß also nun nach diesem vielleicht etwas unkonventionellen Ausflug offenbleiben.

VI. Zurück also zur gewohnten Jurisprudenz. Sind Rechtssätze, deren notwendiger Bestandteil ein Stück Unrecht ist, vielleicht verfassungswidrig? Um es in Erinnerung rufen: es geht nicht um die Abwägung von Gütern, so daß das zurücktretende Gut verletzt werden darf, strafrechtlich gesprochen ein Rechtfertigungsgrund vorliegt; vielmehr ist die Problematik, mit der wir es hier zu tun haben, dadurch gekennzeichnet, daß diese Rechtfertigung eben gerade nicht eintritt, daß die Kalkulation des angestrebten rechtlichen Ergebnisses gerade darauf beruht, daß etwas rechtswidrig (ob strafbar oder nicht) bleiben muß. Es geht also nicht um die Maßstäbe oder Grenzen der Güterabwägung. In dieser Hinsicht ist ja schon viel gesagt: etwa der Schutz der Autonomie und der Würde des prospektiv Beschuldigten im Verhältnis zur Effektivität der Strafrechtspflege. Manchmal ist es auch der Aspekt des fairen Verfahrens, der hier mit der effektiven Strafrechtspflege abgewogen wird.[55] Auch absolute Positionen sind insoweit erwogen worden. Was freilich fehlt, ist eine Auseinandersetzung mit dem schon angedeuteten Problem der Gegenläufigkeit der Güterabwägungsprinzipien.

53 Nachdem es die Beweiserhebung immerhin – freilich in einem wiederum fragwürdigen obiter doctum (vgl. für einen vergleichbaren Fall dazu Naucke, in: *Strafverteidiger* (2000), 1 ff.) – in die zulässigen Schranken gewiesen hat (BVerfG StV (2000), S. 233 f.).

54 Dazu Richard Posner, *Law and Literature. Revised and enlarged Edition*, Cambridge (Massachusetts) und London 1998.

55 Wobei man übrigens noch einmal des Vorlagebeschlusses gedenken muß, in dem der zweite Strafsenat des BGH sich eindeutig von dieser Entgegensetzung distanziert und darauf besteht, daß Effektivität der Strafrechtspflege die Fairneß des Verfahrens einschließt (BGH StV (1983), S. 315 (316)). Zur Problematik einer Kollision dieser Grundsätze grundlegend jetzt: Raepka, *Zur Fairneß im deutschen Strafverfahren*, Frankfurt/M. 2000, S. 7, 264 ff.

Aber alles dieses ist jetzt nicht gemeint mit der Frage nach der Verfassungswidrigkeit, sondern etwas, das vorläufig schon einmal als ein Problem der Konsistenz anvisiert worden ist, nunmehr aber doch noch genauer fixiert werden muß.

1) Es ist bereits von den Radbruch-Formeln die Rede gewesen. Diejenige, an die hier zu denken ist, wird unter dem Stichwort der »Verleugnungsthese« überliefert[56] und lautet: »Wo Gerechtigkeit nicht einmal erstrebt wird, wo die Gleichheit, die diesen Kern der Gerechtigkeit ausmacht, bei der Setzung positiven Rechts bewußt verleugnet wurde, da ist das Gesetz nicht etwa nur ›unrichtiges Recht‹, vielmehr entbehrt es überhaupt der Rechtsnatur.«[57] Befinden wir uns mit dem notwendig Unrecht implizierenden Rechtssatz in der Nähe dieser Formel?

a) Wollte man sagen, die Verwertung notwendig auf Unrecht aufbauender Beweiserhebung strebe Gerechtigkeit gar nicht an, käme man mit der These in Konflikt, daß dieser Weg beschritten werden müsse, um Verbrechen wirksam zu bekämpfen. Gerechtigkeit werde ja gerade insoweit angestrebt – auf das Ganze gesehen. Die Frage ist nur, ob das dann noch auf rechtsförmigem Wege geschieht, was zu der weiteren Frage führt, ob Gerechtigkeit auf nicht-rechtsförmigem Wege anzustreben nicht eine contradictio in adjecto ist. Das Verbrechen zurückdrängen, nicht nur durch bessere (Sozial-)Politik, sondern durch in Rechte eingreifende repressive und präventive Maßnahmen, dient sicher der Gerechtigkeit und ist doch, die Vokabel ist ja ganz geläufig, Kampf: Verbrechensbekämpfung heißt es; niemand würde vom Kampf gegen Vertragsbrüche sprechen. Die Gerechtigkeit im Kontext des politischen Kampfes um die Erreichung erstrebenswerter Ziele würde ja wohl auch Radbruch nicht nur als rechtssatzmäßig abgesicherte Gerechtigkeit begreifen wollen. Dieser Ausweg bleibt also. Jedoch interessieren hier die rechtlichen Lösungen.

b) Daher ist zu überlegen, ob der Rechtssatz, der die Verwertung von intendiert auf verbotenen Wegen erlangten Beweisergebnissen gestattet, von jener Radbruchschen Formel erfaßt wird. Das wäre freilich bedeutungslos, wenn selbst sie vom Verfassungsrecht nicht

56 Saliger, *Radbruchsche Formel und Rechtsstaat*, Heidelberg 1995, S. 4.

57 Radbruch, in: *Schweizerische Juristen-Zeitung* (1946), S. 107, li. Sp. unten/re. Sp. oben.

gedeckt wäre. Dann müßte man sich eben damit abfinden, daß juristisch sozusagen alles möglich ist, wenn man auf dem Boden des positiven Rechts bleibt und nicht quasi-vernunftrechtlieh dem Recht eine Konsistenzgrenze zieht.

Aber so ist es nicht. Rechtssätze, die auf die Verleugnungsthese hinauslaufen, könnten mit dem gleichen Recht vom Bundesverfassungsgericht für ungültig erklärt werden, wie es das in bezug auf Gesetze getan hat, die mit der Unverträglichkeitsthese konfligieren.[58] Für die Diskussion über die strafprozessualen Verwertungsverbote wäre daher viel erreicht, wenn man die Plausibilität der Verleugnungsthese nutzen könnte.

Gerechtigkeit ist nach Radbruch nur ein Teilaspekt der Rechtsidee; Zweckmäßigkeit und Rechtssicherheit komplettieren sie erst. Könnte man sagen, daß die Verleugnungsthese auch für die beiden anderen Elemente der Rechtsidee gilt, dann müßte die Formel lauten: Ein Rechtssatz, der gar kein Recht sein will, ist von vornherein ungültig. Läßt man als Intention insoweit das genügen, was die Strafrechtler dolus directus zweiten Grades nennen, nämlich das Bewußtsein der Notwendigkeit des Eintritts eines unrechten Erfolges, auch wenn sich das nicht mit dem Motiv des Handelnden deckt, so müßte man sagen, daß die hier zu prüfende Konstellation von Unrecht als notwendigem Implikat einer mit dem Anspruch der Rechtlichkeit auftretenden Lösung unter die erweiterte Radbruchsche Formel in der Spielart der Verleugnungsthese fällt. Wandelt man die Formel jeweils ab für die Zweckmäßigkeit und die Rechtssicherheit – jene beiden anderen Elemente der Rechtsidee – und fragt, ob ein Rechtssatz, der keinem Zweck verpflichtet sein oder mit dem Rechtssicherheit gar nicht erstrebt werden soll, sich selbst aufhebt, so müßte man wohl mit Ja antworten.

Das Unrecht, das für die Verwertungen nach dem Einsatz von verdeckten Ermittlern und V-Leuten vorausgesetzt wird, ist zu komplex, als daß es mit der Gerechtigkeit im engeren Sinne, »deren Wesen die Gleichheit ist«,[59] erfaßt werden könnte. Radbruch hat, wie man weiß, seine Verleugnungsthese mit Blick darauf entwikkelt, daß die Juristen der nationalsozialistischen Zeit sich zu Unrecht auf die formale Seite des positiven Rechts, also auf die Kom-

58 Vgl. die Entscheidungen zur Gültigkeit von NS-Gesetzen in BVerfGE 23, S. 106 ff.; dazu Denninger, in: *JuristenZeitung* (1998), S. 1129 (1131).

59 Saliger, a. a. O., S. 8.

ponente der Rechtssicherheit beschränkt und sich damit wehrlos gemacht hätten. Aber es besteht eigentlich keine Veranlassung, die Reichweite des Konzepts der Verleugnungsthese von diesem Motiv abhängig zu machen (zumal die damit verbundene Diagnose nicht unbedingt zutrifft). Der Anlaß für die Aufstellung der Verleugnungsthese hat sie unnötig verengt; in Wahrheit reicht ihr Konzept weiter, und Radbruch würde sich wohl auch nachträglich nicht dagegen wehren, denn der Begriff einer Gerechtigkeit im weiteren Sinne war ihm nicht fremd.[60] Er hat ja »den Widerstreit zwischen Gerechtigkeit und Rechtssicherheit nach 1945 unter Hinweis auf den beiden Rechtswerten gemeinsamen Gleichheitsgedanken wiederholt alternativ als Konflikt der Gerechtigkeit mit sich selbst«, als Konflikt von »scheinbarer und wirklicher Gerechtigkeit« gedeutet. Wiewohl Radbruch zunächst von den Antinomien der Rechtsidee spricht, ist seine »Rechtsideelehre [...] von Anfang an als Einheit von Einheit (Rechtsidee, Gerechtigkeit i. w. S.) und Gegensatz (Widersprüche, Antinomien) angelegt«. Das »verweist [...] zwingend auf den Gebrauch eines material-angereicherten Gerechtigkeitsbegriffs, der mehr als bloße Gleichheit ist«.[61]

c) Man kann also mit guten Gründen die Radbruch-Formel in der Gestalt der Verleugnungsthese auf die Fälle der Verwertung von Material anwenden, das nicht nur durch fahrlässige Unkorrektheit, sondern – unmittelbar oder mittelbar intendiert – auf verbotenen Wegen erhoben ist. Sie sind vom Verfassungsrecht versperrt, ohne daß es auf eine Gewichtung der miteinander konkurrierenden Rechtsgüter ankäme. Diese Lösung würde im übrigen auch die allgemeine Diskussion über das Verhältnis von Erhebungs- und Verwertungsverboten etwas weiterbringen. Sie kann insofern auf Verständnis rechnen, als sie ja nicht auf der Linie des rigorosen Automatismus liegt, sondern nur eine scharf umgrenzte Gruppe von Fällen der Abwägung entzieht.[62]

60 Saliger, ebd., S. 13.

61 Saliger, ebd., S. 12.

62 Möglicherweise kommt dieser Versuch dem Vorschlag nahe, den Fezer, *Grundfragen der Beweisverwertungsverbote*, Heidelberg 1995, gemacht hat. Auch er wartet mit einer Zweiteilung auf, indem er die zwangsläufige Folge eines Verwertungsverbots annimmt, »soweit nämlich in den verletzten Verfahrensnorm eine bewußte Selbstbeschränkung des Staates bei der Aufgabe der Wahrheitsfindung zum Ausdruck kommt« (S. 38). Die intendierte Rechtswidrigkeit, auf die der

aa) Das Rechtsstaatsprinzip, das überwiegend für die Bestimmtheitserfordernisse von Rechtssätzen in Anspruch genommen wird, hat hier die Funktion einer Minimalanforderung für Rechtssätze, die mit dem terminus Konsistenz nur unvollkommen umschrieben ist. Dieser vorläufig anvisierte Begriff für die Einordnung des hier zu behandelnden Phänomens enthält sicher auch das Postulat der Widerspruchsfreiheit.

bb) Aber mit der Relevanz der rechtlichen Intention ist mehr gemeint. Denn ein ganz inhaltsleerer Satz kann widerspruchsfrei sein. Gleichwohl ist die Forderung nach dieser Relevanz als Voraussetzung für einen Rechtssatz nicht überpositiv, denn das, was das positive Recht jenseits oder diesseits aller vernunftrechtlichen oder naturrechtlichen Bindungen vermag, genügt auch für die Intention. In dem Maße, wie ein positives Recht sich von Vernunft und Natur entfernt, kann das also auch diese Intention tun. Mit dem verfassungsrechtlichen Erfordernis der rechtlichen Intention eines Rechtssatzes ist also nicht mehr, aber auch nicht weniger gemeint als die Verpflichtung auf die jeweilige Lage des positiven Rechts (unerachtet dessen anderer, direkt materieller Bindungen durch das Verfassungsrecht). Das klingt trivial, ist aber keineswegs ohne Wert. Es geht um nichts Geringeres als um die Einheit der Rechtsordnung, besonders im Verfassungsrecht ist dieser Grundsatz entwickelt worden mit der Pointe, daß es keine verfassungswidrigen Verfassungsnormen geben dürfe.[63] Man darf Güter und Interessen gegeneinander abwägen und dann zu einer einheitlichen Bewertung gelangen, indem man einem Gut den Vorzug vor dem anderen gibt. Man kann das aber nicht tun mit Recht und Unrecht. Unrecht kann nicht um des Rechtes willen in Kauf genommen werden. Die Einheit des Rechts kann, wenn man die Verletzungen, die als Unrecht qualifiziert werden, in Kauf nehmen möchte, nur gewahrt werden, indem man diese Verletzungen rechtfertigt. Bleiben sie aber Unrecht, ist ihre spätere Aufhebung in einer Art höheren Rechtssatz mit dem Prinzip der Einheit des Rechts nicht vereinbar. Es handelt sich um eine Selbstbindung des positiven Rechts, ohne die es ins Bodenlose fiele.

vorliegende Text abstellt, ist gleichsam die Kehrseite der Medaille, auf deren Vorderseite jene Selbstbeschränkung steht.

63 Freilich streitig, Belege bei Anna Leisner in: *Die Öffentliche Verwaltung* (1992), S. 432 ff.

2) Was das für die verdeckten Ermittlungen bedeuten würde, führt uns zurück auf die schon angedeutete Alternative: Kampf gegen das Verbrechen mit nicht nur rechtlichen Mitteln. Für diese Alternative muß sich entscheiden, wer sich gegen die hier vorgeschlagene Lösung wendet.

a) Sie bezieht sich, um das noch einmal zusammenfassend zu sagen, zunächst auf die folgenden Gruppen der Produktion von Material für strafrechtliche Verurteilungen.

- Von den Strafverfolgungsbehörden absichtlich produzierte Strafbarkeit (unmittelbar: durch verdeckte polizeiliche Ermittler; mittelbar: durch nicht zur Polizei gehörende, von ihr aber gesteuerte V-Leute).
- Informationen, für deren Erlangung die Beteiligung an oder die selbständige Ausführung von Straftaten vorausgesetzt wird (milieugerechte, das strafrechtlich Erlaubte notwendig überschreitende Aktionen verdeckter Ermittler).
- Die Kombination dieser beiden Praktiken.

Daß in diesen Fällen die von den Strafverfolgungsbehörden gewollte Strafbarkeit eine Voraussetzung für ihre strafverfolgende Tätigkeit schafft, ist der entscheidende Punkt.

b) Diese Fälle unterscheiden sich von vielen anderen, deren Beurteilung ebenfalls umstritten ist, bei denen es aber nur darum geht, verschiedene Rechtsgüter gegeneinander abzuwägen, etwa:

- Vernehmung von Verhörpersonen.
- Vernehmung von Zeugen vom Hörensagen.
- Andere Beweisaufnahmen unter Verletzung des Unmittelbarkeitsprinzips.
- Gewinnung von Informationen durch zu diesem Zweck für kurze Zeit aus den Justizvollzugsanstalten entlassene Strafgefangene (Ausantwortung).[64]

Der »höhere Zweck« der Verwertung des auf diese Weise gewonnenen Materials könnte es möglich machen, die bei der Gewinnung des Materials eingetretenen Rechtsgutsverletzungen zu rechtfertigen.

aa) Die Kontroversen, die es hier gibt, knüpfen sich einmal daran, daß einige der aufgezählten Wege der Informationsgewinnung gar nicht für unzulässig gehalten werden – dann ist die Verwertung

64 Vgl. Gutmann, *ZfStrVo* (1999), S. 144 ff.

kein Problem mehr. Oder die Güterabwägung wird im Ergebnis angezweifelt: die Güter, die bei der Informationsgewinnung verletzt werden, werden höher eingeschätzt als diejenigen, die durch die Verwertung der Informationen erstrebt oder verteidigt werden oder umgekehrt, oder man hält die Güter für inkommensurabel, oder man hält die verletzten Güter für absolut, also »abwägungsfest«, oder man hält die Verwertbarkeit nicht für zweckmäßig im Sinne der Einhaltung der Materialgewinnungsverbote.[65]

bb) Ich verhehle nicht, daß ich auch bei diesen Konstellationen eher zur Restriktion der Verwertung neige, und habe das in unterschiedlichen Zusammenhängen immer wieder betont;[66] selbst wenn es eben nicht um die Abwägung von Unrecht und Recht geht, sondern, wie problematisch auch immer das sein mag, eine Harmonisierung der verschiedenen Rechtsgüter- oder Interessenverletzungen im Sinne einer auf einer höheren Ebene gegebenen einheitlichen Rechtsantwort gelingen kann.

c) Allerdings darf man die Reichweite dieser Fallgruppen nicht überschätzen. Häufig fällt der Schatten intendierten Unrechts auf sie:

aa) Vor allem wenn – um es an diesen Beispielen zu demonstrieren – die Vernehmung einer Verhörsperson oder eines Zeugen vom Hörensagen einem Beweisthema gilt, dessen Produktion strafbar bleibendes Verhalten zur Ursache hat. Bekunden diese Zeugen unzulässig provozierte Taten (sehr häufig vorkommende Kombinationen) oder geben Informationen, zu denen es ohne strafbar bleibendes Verhalten nicht gekommen wäre (ebenfalls sehr häufig), so schlägt die Bewertung der Straftaten auf die Verwertung der Aussagen durch. Wer einen Rechtssatz aufstellt, der diese Verwertung gestatten könnte, müßte als Voraussetzung für dessen Zweckmäßigkeit gerade um der Erreichung der kriminalistischen Ziele willen

65 Gerade erfahrene Polizeipraktiker haben das immer wieder zugestanden, vgl. die Belege bei Lüderssen, »Verbrechensprophylaxe«, a. a. O., S. 370 f.

66 Siehe außer den bereits zitierten Arbeiten meine Anmerkung zum Beschluß des BVerfG v. 2.7.1984, in: *Strafverteidiger* (1985), S. 177 ff.; ferner: Lüderssen, »Verbrechensprophylaxe durch Verbrechensprovokation? Dokumentation eines konkreten Falles«, in: Lüderssen/Denninger (Hg.), *Polizei und Strafprozeß im demokratischen Rechtsstaat*, Frankfurt/M. 1978, S. 255 ff.; ders., »Zur ›Unerreichbarkeit‹ des V-Mannes«, in: *Festschrift für Ulrich Klug zum 70. Geburtstag*, Köln 1983, S. 527 ff.

strafbar bleibende Taten akzeptieren. Die Zweckmäßigkeit gehört zu den Elementen eines Rechtssatzes. Die Aussage des Rechtssatzes, mit dem eine Verwertung der hier apostrophierten Beweiserhebungen gestattet würde, wäre also (teil)identisch mit strafrechtlichem Unrecht. Rechtssätze mit diesem Inhalt kennt unser Verfassungsrecht nicht.

bb) Aber auch wenn das Unrecht nicht die Qualifikationsstufe des strafbaren Unrechts erreicht, kann es so sein, daß es keinen Weg in die Güterabwägung gibt. Weiß und will man von vornherein, daß ein Beweismaterial später verwertet werden darf, dann muß schon die Materialgewinnung, auch wenn sie Rechte verletzt, zulässig sein. Die Güterabwägung zugunsten der späteren Verwertung kompensiert die Verletzung der Güter bei der Erhebung.

Will man aber das Urteil über die Unzulässigkeit der Beweisgewinnung aufrechterhalten, dann kann es später nicht mehr für die Verwertung suspendiert werden, sondern geht in sie ein, und das ist der Widerspruch, den die Rechtsordnung a limine nicht erträgt.

Zwischen diesen beiden Varianten muß man sich entscheiden: tertium non datur. Das zeigt auch der neueste Beschluß des Bundesverfassungsgerichts.[67] Die Emphase, mit der es die Zulässigkeit »eines gezielten Einsatzes von V-Personen im Umfeld vom Beschuldigten, [...] in dessen Zusammenhang eine Zeugin unter Mißachtung ihres bestehenden Zeugnisverweigerungsrechts zu Angaben veranlaßt worden ist«, verneint, spricht dafür, daß es für die zweite Variante optiert hat. Lesen wir weiter: »Denn das den Ermittlungsbehörden im Rahmen des erteilten Auftrags zuzurechnende Vorgehen der Vertrauensleute [...] stellt sich nicht nur als eine rein passive Informationserlangung ohne Eingriffscharakter, sondern spätestens mit der Nachfrage bei der Zeugin nach ihrer spontanen Äußerung als eine heimliche Befragung einer Aussageperson durch V-Personen und damit als eine Maßnahme dar, die jedenfalls ohne spezielle gesetzliche Ermächtigungsgrundlage nicht zulässig war. Die darin liegende Mißachtung des Vertrauensverhältnisses zwischen einem Beschuldigten und seinen Angehörigen im Sinne des § 52 StPO enthält einen Verstoß gegen das Prinzip eines fairen Verfahrens, da der in verschiedenen Vorschriften des Strafverfahrensrechts garantierte Schutz eines Angehörigenverhältnisses

67 BVerfG (o. En. 53).

(vergleiche §§ 52 Abs. 1 und 3, 97 Abs. 1, 100d Abs. 3 Satz 3, 252 StPO) in seinem Kernbestand zu den rechtsstaatlich unverzichtbaren Erfordernissen eines fairen Verfahrens zählt.« Wie soll ein solches Verdikt noch relativiert werden? Betroffene, die es lesen, werden an Schadensersatzansprüche denken und auch daran, daß sie vielleicht die Ausübung eines Notwehrrechts versäumt haben. In beiden müßte man ihnen recht geben. Wenn das Bundesverfassungsgericht gleichwohl nicht ausschließen möchte, daß eine spätere Verwertung zulässig ist, müßte es das von ihm so scharf herausgestellte Unrecht der Beweisgewinnung in diese Verwertungserlaubnis integrieren. Da das aber aus anderen Gründen verfassungswidrig wäre, ist das Gericht in einer schwierigen Situation. Entweder es korrigiert in einer späteren, die Verwertung dann doch zulassenden Entscheidung seine Aussagen über die Beweisgewinnung, oder es entschließt sich, auch noch das Verwertungsverbot auszusprechen, das heißt, die Verwertung für verfassungswidrig zu erklären. Diese Entscheidung wäre konsequent, jene liefe auf einen Widerruf hinaus. Man kann darauf gespannt sein, was passiert.

3) Über die unter 2b) aufgeführten Fallgruppen muß und wird weiter gestritten werden. Aber viel wäre gewonnen, wenn wenigstens die unter 2a) und c) aufgeführten Fallgruppen unstreitig gestellt werden könnten. Denn ihre »juristische« Absegnung macht Rechtsregeln erforderlich, die in einem unaufhebbaren Selbstwiderspruch untergehen.

a) Er könnte nur relativiert werden in einem gesellschaftlichen System, das nicht vollständig durch die Rechtsordnung geprägt ist. Ich bin der Meinung, daß wir nicht in einem solchen System leben. Aber es könnte sein, daß Elemente davon unser System verfälschen. Das Beispiel dafür sind bisher immer die Geheimdienste gewesen. Inzwischen hört man aber von einem neuen, die Grenzen zur direkten Machtentfaltung lockernden Strafrecht. Die Strafrechtswissenschaft habe »das, was unter dem Namen des Strafrechts läuft, zu scheiden«, »also die Ergänzung des Strafrechts durch ein Feindbekämpfungsrecht zur Sprache zu bringen«. »Wenn sie die Notwendigkeit des letzteren nicht anerkennen will, wird sie von der wirtschaftlich dominierten Gesellschaft mangels Effektivität marginalisiert werden. Wenn sie alles, was unter dem Namen ›Strafrecht‹ läuft, gleich behandelt, kapituliert sie mit ihrem Distinktionsvermögen vor der Politik, gibt sich also selbst preis. So bleibt der Strafrechtswissenschaft, die das Ziel der Reise der Gesellschaft nicht bestimmen kann, die Aufgabe, immerhin die eingeschlagenen Richtungen zu benennen.«[68] Zu diesen Richtungen könnte auch die hier verhandelte Praxis gehören, bei der Verwertung von Beweisen Unrecht und Recht zu mischen.

b) Die Rechtswissenschaft sollte indessen ihr »Selbstbewußtsein als Rechtswissenschaft«[69] gerade nicht durch die Anerkennung »der Trennung von Rechtsstrafe und – nicht notwendig illegitimer – Machtstrafe« zu gewinnen suchen,[70] sondern ihre tradierten Maßstäbe verteidigen. Das muß nicht auf eine »Verkleisterung des Bruchs zwischen einer wirklichen und einer postulierten Ordnung« hinauslaufen.[71] Anpassungen nicht nur mit politischen Zugeständnissen, die man leicht durchschauen kann, sondern durch die Änderung des wissenschaftlichen Programms sind die neueste Spielart eines soziologischen Positivismus, welche besonders gefährlich ist, weil sie sich auf – aus freilich unbegreiflichen Gründen – für unantastbar erklärte Größen wie Luhmann und Hegel beruft. Wer – durch die vergeblichen Versuche, den intellektuellen Unsinn jenes Satzes von der Vernünftigkeit des Wirklichen darzutun, ermüdet – dazu übergeht, auf die schrecklichen politischen Folgen dieser Gleichsetzung hinzuweisen, muß sich immer wieder sagen lassen, das seien mißbräuchliche Auslegungen von Hegel gewesen, und für die Gegenwart dürfe man auch Luhmann nicht so deuten; er wolle ja nur zeigen, was ist. Aber es liegt so viel kalter Triumph in diesen »Wahrheiten«, daß man den Verdacht nicht los wird, ihre Verkünder seien dabei ganz heiter, und wenn man genau hinschaut, finden sich verräterische Details, die letztlich doch Zustimmung signalisieren. Der mit Hobbes beginnende misanthropische Zug suggeriert häufig distinguierte Überlegenheit. Wir sollten den Mut haben, diese Art von Klugheit gelassen von uns zu weisen und dem Ernst aufklärender, liberalisierender und emanzipierender Konzepte, deren historische Urheber sich an Berühmtheit und Wirkung

68 Jakobs, »Das Selbstverständnis der Strafrechtswissenschaft vor den Herausforderungen der Gegenwart«, in: Burkhardt/Eser/Hassemer (Hg.), *Die deutsche Strafrechtswissenschaft vor der Jahrtausendwende*, München 2000, S. 47 ff.

69 Jakobs, a. a. O.

70 So aber Jakobs, ebd.

71 So aber Jakobs, ebd.

mit den anderen Gestalten durchaus messen können, Respekt erweisen. Man mag und muß vielleicht dem Bundesgerichtshof vorwerfen, daß er nicht konsequent genug ist in bezug auf die Weigerung, Verwertungen von unzulässig erlangtem Beweismaterial zu verbieten. Aber man hat keine Veranlassung, die Wahl seiner Prämissen zu kritisieren. Ganz sicher entstammen sie nicht dem Fundus, aus dem gegenwärtig das Trugbild des Feindstrafrechts aufzusteigen scheint.

4.11 Kinder als Testkäufer?

Wer Rauschgift kauft, um den Verkäufer dann in die Hände der Polizei zu liefern, steht mit einem Fuß sozusagen selbst im Gefängnis, denn er stiftet zu einer strafbaren Handlung an. Daß er am Ende Taten dieser Art bekämpfen will, ändert nichts an der Situation. Das Strafrecht ist auf isolierte Taten angewiesen, anderenfalls ist es totalitär. Die Strafbarkeit des agent provocateur ist deshalb fast so lange, wie es ihn gibt, ein Problem. Man verneint den Tatvorsatz, weil das Rauschgift ja am Ende aus dem Verkehr gezogen wird, oder man sucht eine übergesetzliche Rechtfertigung, man konstruiert, daß der Angestiftete ohnehin schon entschlossen war, aber das alles hat nicht die richtige Überzeugungskraft entfalten können. Nur ganz hartgesottene Kriminalisten finden nichts dabei. Freilich gibt es auch den notorischen Film, der den Undercover-Agent feiert, der sich hineinwagt ins verbrecherische Milieu und alles auffliegen läßt. Aber unsere Gerichte wägen ab. Wenn schon die strafrechtliche Verfolgung des agent provocateur scheitert, so soll sein Tun doch wenigstens nicht folgenlos bleiben für die andere Seite. Die Verurteilung des Provozierten wird zwar nur in seltenen Fällen abgelehnt, wohl aber gibt es strengere Beweisregeln; die Glaubwürdigkeit des Provokateurs ist zweifelhaft, oft handelt er ja doch nur, um die Erfolge bei der Polizei vorzuweisen. Außerdem gibt es Strafmilderungen. Man stellt die Verführung gleichsam in Rechnung. Es ist eine schiefe Ebene, auf der hier operiert wird; alle Fachleute wissen das. Man behilft sich, man versucht auch vorsichtige gesetzliche Regelungen. Der verdeckte Ermittler ist auf diese Weise zum terminus technicus geworden. Aber das schlechte Gewissen bleibt.

Und nun sollen es Kinder machen, Kinder als Testkäufer, heißt es. Sie nehme den Jugendschutz ernst, sagt die Ministerin. Ein Euphemismus, wie er in die bei einem amerikanischen Verlag auf der diesjährigen Buchmesse zu besichtigende Fibel »How not to say what you mean« als Musterbeispiel hätte aufgenommen werden können. Jugendschutz. Gut, die Jugendlichen sollen vor dem Alkohol bewahrt werden. Aber um den Preis, daß diejenigen, die in dem einen oder anderen Fall für eine »Aufklärung« sorgen, deren generalpräventiver Effekt zweifelhaft bleibt, sich nicht dagegen wehren können, einem verdorbenen Milieu zugerechnet zu werden. Denn im »wirklichen Leben« rekrutieren sich die agents provocateurs aus Kriminellen, die auf diese Weise der Strafverfolgung wegen einer anderen Tat entgehen wollen. Jeder Polizist, der einen V-Mann »führt«, weiß das, nutzt dessen Labilität im allgemeinen und seine Sorge, wieder ins Gefängnis zu kommen, mit einer Art »Angstapparat aus Kalkül« aus. In ihn sollen nun auch Kinder geraten. Wo will man sie aufspüren, in der Jugendstrafanstalt? Es gibt die graue Praxis der »Ausantwortung«, das heißt, ein Strafgefangener wird, um als V-Mann zu »helfen«, eine Weile auf freien Fuß gesetzt, bleibt da vielleicht auch, wenn er sich bewährt. Das Doppelspiel sind diese Leute längst gewöhnt: in beide Richtungen wittern, Vertrauen erwerben, um dann um so sicherer zu täuschen. Die Ministerin denkt vielleicht eher an »Emil und die Detektive«. Aber mit dem Idealismus der Erich Kästnerschen Knaben ist hier gar nichts zu erreichen. Sehr durchtrieben muß der Jugendliche sein, der sich dem potentiellen Alkoholverkäufer in der Absicht nähert, ihn »hereinzulegen«. Das kann nicht jeder. Dazu muß man an das Lügen schon ein wenig gewöhnt sein. Und die Jugendlichen, die jetzt – mit oder ohne Erlaubnis ihrer Eltern, beides äußerst bedenklich – auf diese Fährten gesetzt werden, sollen dafür, daß sie das besonders gut können oder lernen (ohne »Schulung« wird es nicht gehen), am Ende auch noch belohnt werden. Nach erfolgtem »Einsatz«, der sie, wenn die Adressaten wirklich das sind, wofür sie gehalten werden (denn irgendeine verdächtigende Vorauswahl muß ja wohl getroffen worden sein), auch persönlich gefährden kann, werden sie in die Behörde geladen und öffentlich ausgezeichnet. Wo sind die Justitiare des Ministeriums, um die Ministerin zu warnen? Wer, um Gottes Willen, hat ihr dieses Konzept zugeflüstert? Ganz schnell muß es wieder verschwinden, möglichst spurlos, als schnell verwehter Hauch eines Albtraums.

5. Zwischen logischem Positivismus und Interpretation

5.1 Die Idee der Konkretisierung im Recht (Karl Engisch)

Wider den kraftsparenden Trieb nach Einheitlichkeit des Vorstellens: An dieser von Georg Simmel überlieferten Richtschnur könnte die Lebensarbeit des Rechtsphilosophen Karl Engisch gemessen werden. Das Motto stammt aus der frühen, übrigens von Engisch vor Jahrzehnten für die Juristen ans Licht gezogenen *Einleitung in die Moralwissenschaften* und weist exakt auf seinen Standpunkt: Diesseits der abstrakten *vacua* mancher »großer« Rechtsphilosophen und jenseits der Gemeinplätze der juristischen Alltagsroutine.

Radbruch und Kelsen sind in aller Munde, auch Carl Schmitt, aber der Rest bleibt für die »Zunft«. Karl Engisch gehört zu den Denkern, die – ohne zu den »Klassikern« gezählt zu werden – herausragen, nicht nur wegen der Masse und Qualität ihrer Arbeiten, sondern weil sie den Zusammenhang der Rechtsphilosophie mit anderen Geisteswissenschaften präsentieren.

»Nicht von den Philosophen, sondern von den Sachen und Problemen muß der Antrieb zur Forschung ausgehen«, hat Edmund Husserl zu Beginn unseres Jahrhunderts gefordert. Dazu paßt, was einer der führenden Vertreter des »Wiener Kreises«, Moritz Schlick, zwei Jahrzehnte später über die »Fortentwicklung der Philosophie« sagt: Diese »liegt nicht in den aufsehenerregenden Systemen, die, einander widersprechend, in endloser Reihe aufeinanderfolgen. Sie liegt vielmehr in einer anonymen Schicht, zu der besonders auch die Forscher in den Einzelwissenschaften gehören. Diese Schicht hat keine besonderen philosophischen Ambitionen: In ihr leben aber die wertvollen Erkenntnisse der großen Denker unvergänglich fort.«

Ein Beleg dafür ist, was Engisch über das »Weltbild« des Juristen schreibt (1950), womit nicht etwa das gemeint ist, was man »Weltanschauung« nennt, sondern die »sozial vorgeformte Wirklichkeit«, also etwa Handlung und Arbeit, Kausalität und Sache. Sicher hat die große Wirkung, die seine Forschungen entfaltet haben, etwas damit zu tun, daß Engisch neben der Rechtsphilosophie auch ein Fach des positiven Rechts vertreten hat. Diese Kombination ist typisch für die rechtsphilosophischen Lehrstühle der juristischen Fakultäten in Deutschland, nicht aber für die anderer Länder, deren juristische Rechtsphilosophie insoweit näher an die in den philosophischen Fakultäten betriebene rückt und damit an praktischer Verbindlichkeit verliert.

Als Engisch nach seinem Studium in München, wo er – wie er gern berichtet hat – noch Max Weber hören konnte, mit einer Dissertation über die »Imperative Theorie« (1923), also über die Frage, wieweit Rechtsnormen in erster Linie durch Werturteile geprägt sind, den Weg in die Wissenschaft begann, bezog er gleichzeitig das Strafrecht in sein Programm ein, habilitierte sich fünf Jahre später bei dem auf Strafvollzug spezialisierten Rechtslehrer Wolfgang Mittermaier mit einer großen Untersuchung über Vorsatz und Fahrlässigkeit im Strafrecht und übernahm dann eine Professur für Rechtsphilosophie und Strafrecht in Heidelberg.

Es handelte sich dabei um den Lehrstuhl von Gustav Radbruch, der 1933 sofort entlassen worden war, und man hätte vielleicht Anlaß, jetzt stutzig zu werden, wenn nicht verbürgt wäre, daß Engisch sich vorher des Einverständnisses Radbruchs versichert hatte, der ihm später geschrieben hat: »Sie wissen, wie schmerzlich mir der Verlust meines Lehrstuhls war, aber ich kann mir auf ihm keinen Nachfolger denken, der mir lieber wäre als Sie, und ich freue mich der guten Beziehungen, die zwischen uns von vornherein und ununterbrochen bestanden haben und bestehen.« Bis 1953 blieb Engisch in Heidelberg; dann ging er, nachdem er andere Rufe (Leipzig, Wien und Hamburg) abgelehnt hatte, an die Münchener Fakultät. Auch noch jenseits der achtzig schrieb er wichtige Texte, beispielsweise über »Rechtliche Probleme im Grenzbereich zwischen Leben und Tod«. Am 1. September 1990 ist er gestorben.

Dem »Weltbild« korrespondiert eine Innenseite der Jurisprudenz, und Engisch hat sich ihrer vor allem mit seinen »Logischen Studien zur Gesetzesanwendung« (dritte Auflage 1963) ebenso intensiv angenommen. Er bricht mit der Regel der strengen Trennung von Ober- und Untersatz, bereitet der später von Arthur Kaufmann und Winfried Hassemer diagnostizierten Oszillation zwischen Norm und Sachverhalt – zurückhaltend – den Weg und gelangt dabei zu ganz modernen wissenschaftstheoretischen Positionen des Rechts.

Gesetze sind dessen moderner Ausdruck. Aber so viele es auch sind, sie operieren mehr oder weniger mit allgemeinen Merkmalen, und diese bedürfen der Konkretisierung. Dafür haben die Juristen die Denkform der Dogmatik entwickelt (eine von Erich Rothacker verallgemeinernd aufgegriffene, auch auf die Probleme der Literaturwissenschaft ausgedehnte Metapher). Wie man sich ihr nähern kann, ohne schon ein Spezialist zu sein, hat Engisch in seiner seit dreißig Jahren sich behauptenden »Einführung in das juristische Denken« vorgeführt, konzentrische Kreise beschreibend, mit einfachen, anschaulichen Beispielen und Bildern beginnend, den Leser behutsam in die immer schwieriger werdenden Verästelungen und Ambivalenzen hineinlockend: eine Meisterleistung diskursiven Stils, der über alle Moden hinweg seine Anziehungskraft behält. Die literarischen Assoziationen sind unerschöpflich, fördern Trouvaillen zutage wie die des Novalis »Der wahre Leser muß der erweiterte Autor sein«, die schon das law and literature movement beschwören könnten, das gegenwärtig in Amerika blüht und an dessen Rezeption, hätte er es noch erlebt, sich Engisch lebhaft beteiligt hätte.

Daß eine Rechtsphilosophie, die nicht nach ewigen Wahrheiten strebt, sondern positivistisch bleibt, in diesem Rahmen gleichwohl etwas leisten kann, das über »Rechtstechnisches« hinausgeht, hat Engisch in seinem Hauptwerk »Die Idee der Konkretisierung in Recht und Rechtswissenschaft unserer Zeit« (1953) bewiesen. Der etwas umständliche Titel läßt freilich nur ahnen, daß das Buch jene Spannung im juristischen Denken zum Thema hat, die alle seine Epochen und Richtungen überwölbt – allerdings mit wechselnden Schwerpunkten. Als man im sechzehnten Jahrhundert dazu überging, den Rechtsstoff nicht lediglich exegetisch-analytisch zu behandeln, sondern nach größeren Zusammenhängen zu suchen, und dabei zu allgemeinen, für eine Fülle von Entscheidungen geltenden Sätzen gelangte, begann eine gelehrte Epoche, die durch die große systematische Philosophie des siebzehnten und beginnenden achtzehnten Jahrhunderts ihre endgültige theoretische Fundierung erhielt.

Was die Konsequenzen für die Einzelforschung angeht, so erreichten sie im neunzehnten Jahrhundert ihren Höhepunkt, während in der allgemeinen Theorie schon wieder andere Pfade erkundet wurden; bereits für das späte achtzehnte Jahrhundert ist als eines der Momente der neueren Aufklärung festgestellt worden, daß »der Wertaccent vom Allgemeinen auf das Besondere, von den ›Prinzipien‹ auf die ›Phänomene‹ verschoben wird« (Ernst Cassirer). Engisch hat für unsere Zeit die Summe aus dieser Entwicklung gezogen und nach einer geistesgeschichtlich geradezu phantastisch informierten Einleitung die Erscheinungsformen des Begriffsgegensatzes »konkret« und »abstrakt« durchmustert: das Konkrete als das Bestimmte und das Anschauliche als Hinwendung zum Realen oder Ganzheitlichen, als das Spezifische, das Einzelne und Individuelle und schließlich als das Typische in Recht und Rechtswissenschaft.

Man hat Engisch gelegentlich den Vorwurf gemacht, er sei zu unpolitisch, habe die Zeit des Nationalsozialismus »nur« unbeschadet überstanden. Aber Möglichkeit und Legitimität von »Wesensschau und konkretem Ordnungsdenken«, eine durch Carl Schmitt im allgemeinen und die Kieler Strafrechtsschule im besonderen eröffnete Perspektive, werden in seinem Buch mit Überlegenheit zurückgewiesen, vorbereitet übrigens durch schon in den späten dreißiger Jahren publizierte eindeutige Stellungnahmen.

Kennern der neuesten Strömungen der Rechtsphilosophie fällt natürlich auf, daß dieses alles geschrieben ist vor dem zweiten Werturteilsstreit, der die Kontroverse zwischen kritischem Rationalismus und kritischer Theorie ausgelöst hat (Popper/Albert versus Adorno/Habermas), vor dem Aufschwung der Systemtheorie (Luhmann), ganz zu schweigen von *linguistic turn*, *law and economics*, Strukturalismus, *critical legal studies* und Dekonstruktivismus. Was Engisch hinterlassen hat, reicht in diese neuen Debatten hinein, mehr als ihre Protagonisten wahrnehmen, unterminiert sie listig und subtil.

Die *Idee der Konkretisierung* gehört zusammen mit Josef Essers *Grundsatz und Norm in der richterlichen Fortbildung des Privatrechts* und Theodor Viehwegs *Topik und Jurisprudenz* zu den entscheidenden Nachkriegsveröffentlichungen auf dem Gebiet der Rechtsphilosophie. Diese Bücher stehen dafür, daß die Jurisprudenz, auch wenn sie zu den größten Themen wie Mord und Ausrottung – gegenwärtig mehr denn je (Völkerstrafrecht) – gefragt ist, ihre Überzeugungskraft weniger durch die gewaltigen Maximen, die auch leerlaufen können wie beispielsweise die berühmten Radbruch-Formeln, gewinnt als durch eine Vielzahl klug entwickelter, traditionsgesättigter und neuen Situationen angepaßter Strukturen auf einer mittleren Abstraktionsebene.

Jurisprudenz leistet keine sensationellen Beiträge, sondern abgewogene, wie beispielsweise ihr Widerstand gegen die Klage Bärbel Bohleys »Wir haben Gerechtigkeit erwartet und den Rechtsstaat bekommen« zeigt. Zwischen selbstgerechtem Fundamentalismus und blindem Positivismus gibt es das »in der Mittelhöhe des Lebens wiederkehrend Schwebende«, wie Goethe den Gerichtsrat in der »Natürlichen Tochter« sagen läßt, etwas, das durch Anerkennung gilt, und nicht nur, weil es wirksam ist. Es ist bezeichnend, daß Karl Engisch nicht nur in seiner Abwehr von Carl Schmitt, sondern auch in seiner Kritik an Hans Kelsen gerade auf dieser Unterscheidung bestanden hat.

5.2 Universalität durch integrierende Spezialisierung (Gustav Radbruch)[1]

A.

Große Schriftsteller oder Wissenschaftler bekommen Gesamtausgaben und geraten so in eine neue Phase der Rezeption. Die Summe, die dabei gezogen wird, ist immer mehr als nur die Addition des schon Bekannten. Wer die Schriften zusammenstellt, stößt auf eine übergreifende Konzeption (oder konstruiert sie) und provoziert demgemäß neue Interpretationen und Kommentierungen (oder liefert sie selbst).

Auch die Präsentation der gesammelten Werke Gustav Radbruchs wird diese Wirkung haben. Nicht nur die Lektüre der großen Einleitungen zu den einzelnen Bänden und die ausführlichen, auf umfangreichen und gründlichen Recherchen aufbauenden Editionsberichte werden dafür sorgen, daß die Masse der Radbruch-Literatur[2] noch einmal auf den Prüfstand kommt, sondern auch – buchstäblich – der Anblick des Ganzen.

I. Aber warum gerade Radbruch? Er ist der erste Rechtswissenschaftler, der eine Gesamtausgabe bekommt (wenn man von Autoren wie Mommsen[3] oder Max Weber absieht, die das Fach gewechselt haben). Also muß für seine Wahl viel gesprochen haben. Überlegt man einen Moment, so fallen einem im Grunde nur noch Kelsen und – horribile dictu – Carl Schmitt ein;[4] allen anderen mit noch so verdienstlich großen Publikationen hervorgetretenen Rechtsgelehrten fehlt die Aura, die den Wunsch nach einer gesamten Aus-

1 Gustav Radbruch, *Gesamtausgabe*, herausgegeben von Arthur Kaufmann, 20 Bände, Heidelberg, 1987 ff. (zuletzt erschienen Band 20, 2003: im folgenden zitiert als RGA).

2 Vgl. die Zusammenstellung bei Thomas Vormbaum, *Beiträge zur juristischen Zeitgeschichte*, Baden-Baden 1999, S. 123.

3 Selbst hat er es aber nur zu »Gesammelten Schriften« gebracht.

4 Über das Verhältnis der drei Gelehrten zueinander vgl. Ralf Dreier/Gustav Radbruch/Hans Kelsen/Carl Schmitt, *Staat und Recht:* Festschrift für Günther Winkler, Wien 1997, S. 193 ff.; s. ferner Dan Diner/Michael Stolleis (Hg.), *Hans Kelsen/Carl Schmitt. A Juxtaposition*, Gerlingen 1999.

gabe ihrer Werke entstehen lassen könnte. Aber was macht sie aus, diese Aura? Bei Kelsen wäre es die unerbittliche Konsequenz, mit der er dem Rechtspositivismus das gute Gewissen zu verschaffen gesucht hat, in unermüdlicher Arbeit an einem – als Preis für die neu erworbene Gewißheit auf ein enges Feld beschränkten – Teppich webend. Bei Carl Schmitt – nun, das muß nicht auch noch ausgesprochen werden (höchstens sei unterderhand gesagt, daß eine Gesamtausgabe seiner – vor allem in der politischen Linken zu registrierenden – Überschätzung die Krone aufsetzen würde).

Radbruch ist weder so originell gewesen, eine reine Rechtslehre, noch, nach Absonderung der Feinde für die Freunde, ein konkretes Ordnungsdenken zu entwerfen. *Sein* Positivismus ist von anderer Art.[5] Er ist nicht der Versuchung erlegen, die unwiederbringliche Illusion des Vernunft- oder Naturrechts in einen sterilen Formalismus oder machtorientierten Funktionalismus umzumünzen. Er hat Alternativen gesucht und sie – nach einem wissenschaftlichen und politischen Leben, in dem er keiner Erfahrung aus dem Wege gegangen ist – auch gefunden. Freilich sind sie nicht so leicht auf *einen* Begriff zu bringen. Jurisprudenz ist Prämissensuche, nicht primär »Ableitung«, hat Engisch einmal gesagt (und dabei keineswegs auf die Metaphysik verwiesen). Das kann nur heißen, viele Gesichtspunkte bestimmen ihren Charakter. Radbruch demonstriert das, indem er sich dem breit gestreuten und in der Tiefe gestaffelten Stoff des Rechts von vielen Seiten nähert und dabei zu einem dichten System von materiellen, die staatliche Macht kontrollierenden rechtlichen Aussagen gelangt, das die Eigenständigkeit des Rechts belegt, ohne es zu isolieren.

Man muß sehen, daß dies nur zuwege gebracht werden konnte durch das Zusammenkommen diverser Interessen und Anstrengungen: Philosophie und Geschichte schon zu Beginn des Studiums als auslösende Momente für den abstrakten Umgang mit den Problemen des Rechts, unter dem Einfluß der Literatur stilisierte Empfindsamkeit für das Juristisch-Elementare des menschlichen Einzelfalles, alles im Rahmen sich früh entwickelnder politischer Überzeugungen und Betätigungen, gesteuert durch eine dementsprechend komplexe Begabung, haben seine spätere Arbeitstechnik bestimmt: er hat sich durchaus nicht um alles gekümmert. Das

5 Sehr klar jetzt: Ralf Dreier/Stanley L. Paulson, »Zum 50. Todestag von Gustav Radbruch«, in: *Archiv für Rechts- und Sozialphilosophie* 85 (1999), S. 4.

Spannende ist vielmehr die Auswahl, keine großen Überblicke, sondern immer zugespitzt, immer sehr schnell zum entscheidenden streitigen Punkt vorangetrieben, jeweils unter konkretisierender Einbeziehung des Grundsächlichen, dessen praktische Relevanz damit deutlich machend.

Diese Wahrnehmung führt gelegentlich zu der Bemerkung, Radbruch habe es an Originalität im Prinzipiellen gefehlt. Das ist eine gefährliche Unterschätzung der für die großen Orientierungen induktiven Kraft des juristischen Stoffes. Die Originalität Radbruchs ist, daß er Methodendualismus, Stoffbestimmtheit der Rechtsidee, die Einsicht in deren Antinomien und Verknüpfung mit verschiedenen Wertklassen, die Spannung zwischen dem Liberalen und dem Sozialen, naturwissenschaftlicher Evolutionstheorie und geisteswissenschaftlichem Historismus auf dem Höhepunkt seiner theoretischen und praktischen Aktivitäten in einem Perpetuum mobile präsent hielt. So etwas findet man nicht bei den gemeinhin für das ganze geistige Leben Verantwortung übernehmenden großen intellektuellen Leitgestalten, und keineswegs haben wir es nur mit einer zweiten Ebene zu tun, sondern mit etwas anderem, womöglich sogar Besserem. Wenn Karl Engisch zwanzig Jahre nach Radbruchs Tod seine Klarheit und Helligkeit, Vernunft und Güte, Duldsamkeit und Achtung der Person etc. rühmt und dann meint, bei so viel Tugenden falle es doch leicht, die der großen Philosophen – Schärfe, Fülle und Tiefe – nicht unbedingt für Radbruch zu reklamieren, so gibt er damit ohne Not Dimensionen preis, die gerade Radbruch, nimmt man sein Talent, das Allgemeine mit dem Besonderen zu etwas – sit venia verbo – Besonderem zu verbinden, nur ernst genug, glänzend ausgefüllt hat. Dem Leser einzelner Schriften erschließt sich das aber nicht ohne weiteres. Sie sind zu verstreut. Zwar sind die *Einführung in die Rechtswissenschaft*, das *Feuerbach-Buch* und die *Rechtsphilosophie* immer greifbar gewesen, haben auch nach dem Tode Gustav Radbruchs neue, zum Teil kommentierte Auflagen erlebt. Mit einigen Abschwächungen gilt das auch für die beiden Sammelwerke *Elegantiae juris criminalis* und *Gestalten und Gedanken* sowie *Der Mensch im Recht* und auch die kleine Autobiographie *Der innere Weg*. Ferner hat es auch schon eine Auswahl von Briefen gegeben. Aber abgesehen davon, daß diese Bücher unverbunden, auf verschiedene Verlage verteilt nebeneinander stehen – sie sind ja nur ein relativ kleiner Bruchteil des

Gesamtwerkes. Die unselbständigen Beiträge, zumal, wenn man die für das Gesamtbild unentbehrlichen Rezensionen und auch die journalistischen Arbeiten einbezieht, überwiegen ja bei weitem. Die Gesamtausgabe löst also wirklich ein drängendes Problem.

Doch hätte der »Sachzwang« allein wohl nicht genügt, die Initiative erfolgreich in Gang zu setzen. Arthur Kaufmann, dem der Nachlaß Radbruchs zuteil geworden ist und der parallel zu Günther Spendel sein bevorzugter Schüler nach dem zweiten Weltkrieg war,[6] ist am Ende das meiste zu verdanken. Die Beharrlichkeit und Umsicht, mit der er seit über zwanzig Jahren die Gesamtausgabe betreibt, verdient höchsten Respekt und ist Grund für große Dankbarkeit.

II. Das Unternehmen hat drei Ziele. Das Werk soll vollständig erfaßt werden, aber nicht nur als Nachdruck, sondern als wissenschaftliche Edition. Außerdem soll ein Beitrag zur Erforschung der Weimarer Zeit geleistet werden.[7] Deshalb gibt es große wissenschaftliche Einleitungen und umfassende Editionsberichte sowie Textbereinigungen. Dabei gilt indessen »größtmögliche Treue gegenüber dem Radbruchschen Text«,[8] nur Schreib- und Druckfehler werden berichtigt; nichts wird an der Zitierweise geändert, »auch wenn er in dieser Hinsicht«, wie es heißt,[9] »nicht einheitlich, mitunter widersprüchlich verfahren ist«. Richtigstellungen erfolgen nur im Editionsbericht. Der Stoff ist nach Sachgebieten eingeteilt, jeweils mit einem anderen Bearbeiter, von dem dann auch die Einleitung stammt.

Die Ausgabe beginnt mit drei Bänden Rechtsphilosophie, für die ersten beiden Bände zeichnet Arthur Kaufmann verantwortlich, für den dritten Winfried Hassemer. Dann folgen als Band 4 *Kulturpolitische Schriften*, von Hans-Peter Schneider bearbeitet, Band 5 sind die *Literatur- und kunsthistorischen Schriften* (Hermann Klenner). Mit Band 6 beginnt die *Rechtsgeschichte* in Gestalt des speziell Feuerbach gewidmeten Bandes (Gerhard Haney); demgemäß erwartet man in den nächsten Bänden die anderen rechts-

6 Vgl. das Vorwort Radbruchs zu seiner Dissertation (*Das Unrechtsbewußtsein in der Schuldlehre des Strafrechts*, Mainz 1949).
7 Arthur Kaufmann, RGA, Bd. 1, S. 1f.
8 Ebd., S. 3.
9 Ebd.

geschichtlichen Arbeiten; die kommen aber erst als Band 11 unter dem Titel *Strafrechtsgeschichte* (Ulfrid Neumann), während es zunächst mit Band 7 und 8 weitergeht, enthaltend als *Strafrecht I* und *Strafrecht II* die strafrechtlichen Schriften (Monika Frommel) – soweit sie nicht die Strafrechtsreform betreffen, das ist Band 9 (Rudolf Wassermann), oder den *Strafvollzug* – Band 10 (Heinz Müller-Dietz). Das sind die Arbeiten, welche die primären Fachgebiete Radbruchs umfassen. In den folgenden Bänden finden sich 12 und 13 *Politische Schriften aus der Weimarer Zeit* (Alessandro Baratta) und die gesammelten Abhandlungen zu *Staat und Verfassung* in Band 14 (wiederum Hans-Peter Schneider). Auch dieser Band ist noch nicht erschienen, steht aber kurz vor Ablieferung an den Verlag. Band 15 vereinigt die *Rechtsvergleichenden Schriften* (Heinrich Scholler); hier scheint die Veröffentlichung noch längere Zeit zu beanspruchen.[10] Erschienen aber sind die restlichen Bände (bis auf Band 20: *Gesamtregister*[11]), nämlich Band 16, *Biographische Schriften* (Günther Spendel), Band 17 und 18, *Briefe* (Günther Spendel), und Band 19, *Reichstagsreden* (Volkmar Schöneburg). Jedem Band ist als Frontispiz ein anderes Portrait Gustav Radbruchs, überwiegend allein, gelegentlich mit Familie, vorangestellt.

Man hätte sich auch eine chronologische Anordnung des Stoffes vorstellen können. Die klassisch gewordene Freud-Ausgabe ist so angelegt (vielleicht nach dem Vorbild der Sophien-Ausgabe der Goetheschen Werke). Man hat damit einen ganz leichten Zugang zur schrittweisen Entstehung der Freudschen Konzeption. Radbruch hat zwar gerade nicht *eine* große Idee zu ihren Konsequenzen entwickelt; ein vergleichbarer Effekt hätte sich aber einstellen können mit Blick darauf, daß er – umgekehrt – aus vielen Gebieten kommende Gesichtspunkte allmählich zusammenführt. Das Nebeneinander und den Wechsel der Themen zu beobachten wäre von großem Reiz gewesen. Auch hätte man dann die Portraits entsprechend anordnen und auch insoweit eine Linie sichtbar machen können. Indessen bietet die stoffliche Aufteilung den Vorteil der leichteren Auffindbarkeit der behandelten Fragen, die sachlichen Zusammenhänge treten auch besser hervor; vor allem aber war nur so die Aufteilung der Bearbeitung auf mehrere Autoren möglich.

10 Mittlerweile erschienen: RGA, Band 15, 1999.

11 Mittlerweile erschienen: RGA, Band 20, 2003.

Ein paar andere Unstimmigkeiten sollten vielleicht benannt werden. So weiß man nicht recht, weshalb die Reichstagsreden nicht mit den politischen Schriften aus der Weimarer Zeit zusammengefaßt oder jedenfalls in direktem Anschluß daran lokalisiert worden sind. Vergleichbares gilt, wie schon angedeutet, für den Feuerbach-Band in Verbindung mit dem strafrechtsgeschichtlichen. Auch mögen gelegentliche Überschneidungen irritieren. Das gilt zunächst für die Entscheidung, in welchem Band ein Text am besten untergebracht ist, z. B.: gehört der Artikel über den geistesgeschichtlichen Hintergrund der Zuchthäuser in den strafrechtsgeschichtlichen, oder ist er – wie geschehen – im Strafvollzugs-Band unterzubringen? Zunächst ist er jedenfalls in den Studien zur Geschichte des Strafrechts (*Elegantiae juris criminalis*) erschienen; warum ist es bei dieser Zuordnung nicht geblieben? In den Einleitungen und Editionsberichten gibt es Vergleichbares (so kommt der Fall Fechenbach sowohl in der Kommentierung von Wassermann zum Strafrechtsreform-Band wie in der zu den Weimarischen Schriften und den Reichstagsreden vor, ohne daß Abstimmungen vorgenommen worden sind). Freilich ist derlei bei einer auf einen so verhältnismäßig langen Zeitraum verteilten Erscheinungsfolge kaum zu vermeiden. Insofern empfehlen sich für den Gesamtregister-Band koordinierende Hinweise, bezogen übrigens auch darauf, daß in den jeweils früheren Bänden keine Verbindung hergestellt wird zu den späteren; Texte, die dort zur Publikation vorgesehen sind, werden noch mit der ursprünglichen Fundstelle zitiert. Daß sich gewisse Wiederholungen, vor allem in den Editionsberichten, etwa biographische Angaben (Erik Wolf und Edmund Kohlrausch zum Beispiel werden viele Male referiert), hätten vermeiden lassen können, wird man nicht sagen dürfen. Nur wenn alle Bände gleichzeitig erschienen wären, hätte das anders sein können. Wenn man bedenkt, daß die Bände auch einzeln gekauft werden können und sollen, sind die Wiederholungen sogar geboten. Da sie kaum wortgleich sind, liegt darin auch für den Leser der gesamten Ausgabe ein gewisser Gewinn; man sieht gleichsam durch die verschiedenen Seiten eines Prismas auf den gleichen Vorgang.

Ein Wort noch zur beabsichtigten Vollständigkeit. Eine lückenlose Überprüfung kommt für den Rezensenten natürlich nicht in Frage. Er kann nur mitteilen, was er mehr oder weniger zufällig bemerkt hat. Es fehlen einige Goetheana, etwa *Goethe und Hommel*,

Goethe und Schwarzenberg,[12] und weitere kleinere, noch unveröffentlichte Titel.[13] Irgendwo hätte mitgeteilt werden sollen, daß es insoweit bereits eine in Japan edierte Anthologie gibt[14] und was sie enthält. Wie man hört, war ursprünglich ein spezieller Band »Goethe« geplant. Wäre er zur Ausführung gekommen, hätte vielleicht doch noch geklärt werden können, was mit den nach Radbruchs Briefmitteilungen[15] vielversprechenden Vorarbeiten zur Goethe-Ausgabe bei Küpper geworden ist.[16] Überhaupt scheint der Nachlaß gerade auf diesem Gebiet nicht voll ausgeschöpft zu sein.[17] Ein Desiderat für den Nachtragsband, dessen Vorbereitung bereits in Angriff genommen worden sein soll, unter anderem auch, damit doch noch das lange unveröffentlichte, jetzt von Ralf Dreier und Stanley L. Paulson in ihre Neuausgabe der *Rechtsphilosophie* aufgenommene späte Nachwort, das Radbruch zur *Rechtsphiosophie* geschrieben hat, auch in der Gesamtausgabe erscheint.

B.

Eine Gesamtausgabe ist kein Monument, sondern will gelesen und benutzt werden. Daß die Radbruch-Forschung profitiert, ist klar. Nicht nur, daß man jetzt besser nachschlagen kann, vielmehr wird in der Einleitung und in den Editionsberichten eine Fülle neuer Anregungen gegeben. Aber Radbruch selbst – heute? Was können wir, nachdem ein so bequemer Zugriff da ist, von ihm lernen, was läßt uns auf Distanz gehen, was lehnen wir ab?

I. Wer die drei Bände *Rechtsphilosophie* studiert, wird, auch wenn er die größeren Arbeiten schon kennt, erwarten, daß sich ein neuer Gesamteindruck einstellt. In der Tat treten vielleicht die Fixpunkte stärker ins Blickfeld. Es sind dies, sieht man von Vorläufern wie

12 Vgl. dazu die Hinweise in Hermann Klenners Vorwort zum 5. Band.

13 Vgl. die Aufzählung bei Berthold Kastner, *Goethe in Leben und Werk Gustav Radbruchs*, München 1999, S. 404.

14 Kastner, ebd., S. 403.

15 Vgl. Band 18, S. 295, 305; dazu die Mitteilungen im Editionsbericht, S. 534 und 439.

16 Vgl. dazu den minutiösen Bericht bei Kastner, a. a. O., S. 66 ff., darüber, wie sich die Spuren dieses Textes verloren haben.

17 Vgl. die im Anhang bei Kastner, a. a. O., abgedruckten Texte.

Einführung in die Rechtswissenschaft einerseits und abrundend-prophetischen Texten aus der letzten Phase – etwa »*Fünf Minuten Rechtsphilosophie*« – ab, die Grundzüge der *Rechtsphilosophie* von 1914 und der Aufsatz *Über die Natur der Sache* von 1948.

Zwischen diesen Texten spannt sich ein Bogen, an dessen Verlauf man vielleicht am besten die Behauptungen nachprüfen kann, Radbruch habe mit seinem Positivismus und Relativismus zur »Wehrlosigkeit« der Juristen unter der nationalsozialistischen Herrschaft beigetragen. Was darüber geschrieben worden ist, soll hier nicht rekonstruiert werden. Es geht nur mehr um die Frage, ob die jetzt vorliegende Gesamtausgabe es einem leichter machen kann, sich zu einer befriedigenden Überzeugung durchzuringen.

Für den Autor der Einleitung zum dritten Band, Winfried Hassemer, stellt sich das Problem in der Tat jetzt so dar, daß Radbruch auf dem Weg, der ihn von seiner ursprünglichen »Akzentuierung von Sein und Sollen« allmählich weggeführt habe, schließlich zu der »Schlüsselstelle« gelangt sei: »Somit ist die Natur der Sache das Ergebnis einer streng rationalen Methode, nicht etwa ein ›Glücksfall der Intuition‹.«[18] Radbruchs Einsicht »Es ist ein starker Beweis für die Fruchtbarkeit der Denkform Natur der Sache, daß man für sie das Haupt- und Herzstück, den Stolz der Strafrechtswissenschaft anführen kann, die Schuldlehre«[19] bescheinigt Hassemer »eine Behauptungsintensität«, »die der Berufung von Welzels Finaler Handlungslehre auf ›sachlogische Strukturen‹ nicht nachsteht«.[20] Hält man sich gegenwärtig, daß die Trennung zwischen Sein und Sollen bei Radbruch gleichgesetzt wird mit der Ablehnung von Natur- und Vernunftrecht, obwohl doch auch ein metaphysisch begründetes reines Sollen denkbar und demgemäß auch gelehrt worden ist, so läßt sich die Entwicklung des späteren Radbruch vom Topos der Natur der Sache aus wirklich in dem Sinne gut aufrollen, daß seine Konzeption von der Relativität und Positivität des Rechts (als Voraussetzung seiner Geltung) anders geworden ist. Anders, nicht aufgehoben, denn die Natur der Sache ist ein durchaus ambivalenter Begriff, gemeint sind auch empirisch kontingente Daten als Determinanten des Rechts. Radbruch jedenfalls war dieser Meinung, denn er rühmt Dernburgs »*Klassische Worte*«

18 Radbruch, RGA, Band 3, S. 335; Hassemer, ebd., S. 15.
19 Radbruch, RGA, Band 3, S. 254.
20 Hassemer, a. a. O., S. 15, Anm. 93.

für den Begriff und die Aufgabe der Natur der Sache: »Die Lebensverhältnisse tragen, wenn auch mehr oder weniger entwickelt, ihr Maß und ihre Ordnung in sich«[21] und entwickelt eine Hierarchie der Sachen,[22] beginnend bei den »Naturtatsachen«, sich fortsetzend mit den »Vorformen der Rechtsverhältnisse«; dann kommen »rechtlich geregelte Lebensverhältnisse«.[23] Wenn Kaufmann meint, Radbruchs Rechtsbegriff sei von Beginn an »nicht positivistisch« gewesen,[24] so kann man dem abstrakt zwar zustimmen, aber nicht konkret ihm folgen. Denn Kaufmann meint, daß »schon in der ›*Rechtsphilosophie*‹ von 1932, genau genommen sogar schon in den ›*Grundzügen*‹ von 1914« Radbruchs spätere Lehre vom »gesetzlichen Unrecht« angelegt gewesen sei.[25] Hassemer ist da vorsichtiger. Die frühe »pointierte Verurteilung des Positivismus« ordnet er in »einen politisch-appellativen [...] Kontext« ein, der seine eigene Rhetorik habe,[26] als Beispiel für »die Ungleichzeitigkeit von Text und Textverstehen als hermeneutisches Element«.[27] Auch den Relativismus kann man Radbruch nicht vindizieren. Hassemer ruft in Erinnerung, daß Radbruch in seinem Relativismus-Aufsatz vom Jahre 1934[28] gerade »gegen eine herrschende Ideologie ›absoluter Werte‹« argumentiert habe. Radbruch muß damit bereits gemeint haben, den Nationalsozialisten sei es darum gegangen, das neue, völkische Recht gegen Gesetze aus der »verhaßt liberal-demokratischen Zeit« durchzusetzen,[29] und widerlegt so als einer der ersten die sehr einseitige These, vor allem die Nationalsozialisten seien Nutznießer des Gesetzespositivismus gewesen. Vielmehr ist es so, daß sie sich

21 Ebd., S. 231

22 In Vorwegnahme gleichsam dessen, was Otmar Ballweg zehn Jahre später mit noch mehr Differenzierungen versehen hat: Otmar Ballweg, *Zu einer Lehre von der Natur der Sache*, Basel 1959.

23 A. a. O., S. 232 ff.

24 RGA, Band 1, S. 72.

25 Ebd.

26 RGA, Band 3, S. 8 f. Hassemer bezieht sich hierfür auf die Arbeit »Rechtsidee und Rechtsstoff« aus den frühen zwanziger Jahren. Daß sie dort nicht nach dem Abdruck in der RGA (Band 2, S. 453 ff.), sondern mit der ursprünglichen Quelle (*ARWP* 17 (1923/24), S. 343 ff.) zitiert wird, darf nicht irritieren, denn der Band *Rechtsphilosophie 2* ist nach dem Band *Rechtsphilosophie 3* erschienen. Im Gesamtregister sollte freilich insoweit eine Klärung erreicht werden.

27 Hassemer, a. a. O., S. 10.

28 RGA, S. 17 ff.

29 Zutreffend Kaufmann RGA, Band 1, S. 46.

überhaupt nicht festgelegt haben, je nachdem, was für sie günstig war – gleichviel ob positiv oder überpositiv –, es wurde benutzt. Aus dieser Perspektive ist die Bemerkung Radbruchs in einem Brief an Erik Wolf folgerichtig: »Jetzt muß mir der Positivismus sogar als ein Ideal erscheinen, das uns bitter nottut.«[30]

Der Versuch, für das alles doch noch einen gemeinsamen Nenner zu finden, muß die Linie von der durch Hassemer so bezeichneten »Schlüsselstelle« noch etwas weiter zurückverfolgen. Da ist zunächst die Lehre von der »Stoffbestimmtheit der Idee«.[31] Aber man muß außerdem auch tiefer graben. Im Nachwort zur *Rechtsphilosophie* von 1948, das – wie bereits angedeutet – hoffentlich noch in die Gesamtausgabe aufgenommen wird, unterstreicht Radbruch, daß Emil Lask ihm die »Stoffbestimmtheit der Idee« nahegebracht habe.[32] Es lohnt sich, dem nachzugehen. Man stößt dann auf eine Stelle bei Emil Lask, der in unvergleichlicher Weise das Problem definiert:

»Es war der Fehler des naturrechtlichen Apriorismus, daß er den dunklen, vom Werte niemals durchleuchtbaren Inhaltsüberschuß der unberechenbaren Faktizität nicht respektierte und deshalb die Vernunftpostulate nicht genügend auf die Funktion bloß formaler, an einem gegebenen Stoff sich betätigender Ordnungsprinzipien einschränkte. Daß dieser Rationalismus den Zufälligkeiten, Gleichgültigkeiten und Unzulänglichkeiten der unmittelbar vorgefundenen Wirklichkeiten gegenüber an eine ursprüngliche Ver-

30 Vom 26.4.1939; RGA, Band 18, S.153ff.; vgl. dazu den Hinweis Günter Spendels auf sein Buch über Radbruch: *Jurist in einer Zeitenwende* (a.a.O., S.449).

31 S. Hassemer, a.a.O., S.16.

32 In: Ralf Dreier/Stanley L. Paulson (Hg.), *Gustav Radbruch, Rechtsphilosophie*, Studienausgabe, Heidelberg 1999, S.194ff. (207); vgl. aber auch schon RGA, Band 2, S.231 (§2 der *Rechtsphilosophie* von 1932), RGA, Band 3, S.31 (Rezension von Hans Welzel, »Naturalismus und Wertphilosophie im Strafrecht«, 1933); RGA, Band 3, S.141 (§6 der *Vorschule der Rechtsphilosophie*). Die Welzel-Rezension ist deshalb so interessant, weil Radbruch hier Welzel in die Tradition von Lask stellt und ihm abspricht, einen »Umbruch« eingeleitet zu haben, s. ferner: RGA, Band 2, S.221 (§1 der *Rechtsphilosophie* von 1932). Weitere allgemeine Hinweise auf die Stoffbestimmtheit dann noch in: RGA, Band 2, S.318 (§11 der *Rechtsphilosophie* von 1932). An dieser Stelle darf vermerkt werden, daß für die Kontrolle dieser Belege die den Bänden beigefügten Sachregister einen über die Originalausgaben hinausgehenden »Benutzungswert« haben. Das gilt vor allem für die Arbeiten, die zunächst ohne Sachregister erschienen sind. Was die Rechtsphilosophie selbst angeht, so ist freilich das von Radbruch seinerzeit erstellte Register mit Bezug auf das Stichwort »Stoffbestimmtheit der Idee« genauer.

nunft appellierte – diese übergeschichtliche Tendenz wurde erst dadurch in eine ungeschichtliche verwandelt, daß er die historischen Realitäten ganz aus seinen Berechnungen ausließ, ihnen nicht nur die Bedeutung absprach, sondern geradezu ihre *Existenz* ignorierte. Anstatt die Vernunftforderungen als die den Gesamtbestand der Wirklichkeit nur nach gewissen einzelnen Seiten umwälzenden Kräfte oder genauer als zu ihrer Verwirklichung und konkreten Ergänzung eines empirischen Substrates bedürftige und in dessen oft widerstrebende Eigenbeweglichkeit erst einzufügende formale Wertmomente zu erkennen, hypostasiert er sie zu für sich bestehenden Realitäten. Durch diese Verdinglichung wurde verselbständigt, was doch als Teilinhalt nur an einem anderen haften kann, als bloße Form einem Material sich anschmiegen muß, und so vermaß sich die reine Vernunft, anstatt die ganze Wirklichkeit sich zu unterwerfen, sich selbst zur ganzen Wirklichkeit aufzuwerfen und einfach an die Stelle des Bestehenden zu setzen.«[33]

II. Wenn Radbruch fast sein ganzes wissenschaftliches Leben diese Sätze gleichsam vor Augen gehabt hat (und dafür spricht viel), versteht man, weshalb er mit so großer Sicherheit bei isolierter Betrachtung nicht zueinander Passendes, aber durch ein geheimes System Zusammengehaltenes geäußert hat. Am nächsten kommt dem dann doch wohl das, was Arthur Kaufmann später »über den analogischen, typologischen Prozeß der Rechtsfindung geschrieben« hat.[34] Mehr beiläufig hat Radbruch das selbst vorbereitend gesagt, in einem Brief an Karl Engisch:

»Auch wo der Gesetzgeber Allgemeinbegriffe zu prägen meint, arbeitet er in Wirklichkeit nur mit Typen, denen die zweifelhaften Fälle nicht zu subsumieren sind, sondern denen sie nur mehr oder weniger nahekommen. Indem nun die zweifelhaften Fälle dem Typus angegliedert oder ihm nicht angegliedert werden, bekommt dieser allmählich immer schärfere Grenzen und wird so immer mehr zu einem Gattungs-Begriff.«[35]

Arthur Kaufmann teilt mit, daß er von dieser Briefstelle nichts gewußt habe.[36] Wir haben keine Veranlassung, daran zu zweifeln. Wenn aber Kaufmann weiter sagt, es gebe »keinen Hinweis darauf, daß Radbruch sich je mit Hermeneutik im Sinne Schleiermachers,

33 Emil Lask, *Gesammelte Schriften*, Band 1, Tübingen 1923, S. 284 f.

34 Vgl. den Hinweis Kaufmanns in: RGA, Band 1, S. 87.

35 RGA, Band 18, S. 224.

36 RGA, a. a. O.

Diltheys, Heideggers, Gadamers auseinandergesetzt habe«,[37] so irrt er. In dem Aufsatz »Rechtswissenschaft als Rechtsschöpfung«[38] zitiert Radbruch Schleiermacher mit einem »die juristische Hermeneutik [...] als wesensverschieden aus seinem Arbeitsgebiete« ausscheidenden Satz: »›Sie hat es großenteils mit der Bestimmung des Umfanges der Gesetze zu tun, das heißt mit dem Verhältnis allgemeiner Sätze zu dem, was in denselben nicht bestimmt mitgedacht war‹.«[39] Er hat sich allerdings seinerzeit (1906) der Schleiermacherschen Ausgrenzung[40] ohne weiteres angeschlossen,[41] was mit Blick auf das durch Emil Lask[42] gelegte Fundament keineswegs geboten war und deshalb hier, wenn man bedenkt, daß das lange vor den *Grundzügen der Rechtsphilosophie* (1914) geschehen ist, eher vernachlässigt werden kann.

Weil Radbruch das Vertrauen in eine von dem Wollen und Wünschen der Menschen unabhängige Wahrheit und Gerechtigkeit nicht hatte, andererseits nicht bereit war zur Reverenz vor der ungebundenen Macht, sah er sich auf hermeneutische Verfahren, die das Subjekt-Objekt-Verhältnis *nach beiden Seiten* ernst nehmen, angewiesen. Den auf dieses Verhältnis gestützten Pyramidenbau der Hegelschen Dialektik hat er umgangen – aus berechtigtem Mißtrauen gegen die Wiedergeburt der Metaphysik.[43] Er blieb Empiriker und konnte daher mit Goethes Perspektive auf das Problem mehr anfangen. Der Exkurs im »Natur der Sache«-Aufsatz zeigt das ganz deutlich.[44] Radbruch hat nicht lange genug gelebt, um noch die moderne, vor allem mit dem Namen Gadamer

37 RGA, a.a.O., S. 86.

38 Abgedruckt in: RGA, Band 1, S. 409 ff.

39 RGA, a.a.O., S. 410. (In Anm. 5 der Nachweis der Stelle bei Schleiermacher.)

40 Vgl. auch den Zusatz in den *Grundzügen der Rechtsphilosophie über katholische Hermeneutik* und »Die Möglickeiten mehrfachen Literatursinns« (RGA, Band 2, S. 182).

41 A.a.O.; hierzu auch noch RGA, Band 2, S. 182.

42 Fast ist man versucht, den Laskschen Text als eine Paraphrase der Äußerung Goethes: »Alles, was im Subjekt ist, ist im Objekt und noch etwas mehr. Alles, was im Objekt ist, ist im Subjekt und noch etwas mehr« aufzufassen. S. auch Goethes Bemerkung: »Alles Ideelle, sobald es vom Realen gesondert wird, zehrt endlich dieses und sich selbst auf« (Nachweise RGA, Band 3, S. 237 bzw. 312).

43 Seine früheren Beschäftigungen mit Hegel (später fehlen sie ganz) haben andere Bezüge. Davon kann man sich gerade in der vorliegenden Gesamtausgabe noch einmal durch das vorzügliche Personenregister sicherheitshalber überzeugen.

44 RGA, Band 3, S. 238 ff.

verbundene Hermeneutik kennenzulernen (auch seine literaturwissenschaftlichen Studien konnten in dieses neue Klima nicht mehr eintauchen). Sein rechtsphilosophisches Werk ist also nicht widersprüchlich, sondern unvollendet. Arthur Kaufmann und Winfried Hassemer haben gezeigt, wohin es hätte führen können, und es ihrerseits in gewisser Weise fortgesetzt.

III. Auch die – jüngst wieder intensiv bemühten – Radbruch-Formeln[45] sind nicht geeignet, sein Werk mit einem Widerspruch zu belasten. Ganz sicher jedenfalls nicht die Verleugnungsthese.[46] Wenn Gerechtigkeit nicht einmal erstrebt wird, ist die Kommunikationsgemeinschaft »Recht« verlassen. Das kann man heute auf der Basis der Diskurstheorien über Wahrheit und Richtigkeit leicht erkennen. Niemand würde ja die *Suche* nach Richtigkeit und Wahrheit nur mit Blick darauf, daß am Ende der Konsens entscheidet, aufgeben wollen und dürfen. Wer es dennoch tut, nimmt am Diskurs nicht mehr teil. Die Unerträglichkeitsthese ist meines Erachtens in einer Art Abhängigkeit von der Verleugnungsthese zu sehen, Radbruch entwickelt diese, nachdem er erklärt hat, daß es unmöglich sei, »eine schärfere Linie zu ziehen zwischen den Fällen des gesetzlichen Unrechts und den trotz unrichtigen Inhalten dennoch geltenden Gesetzen«.[47] Mit anderen Worten, es gibt *einen* sicheren Indikator für die Unerträglichkeit des Widerspruchs eines positiven Gesetzes zur Gerechtigkeit, und wer sich daran hält, kann nicht zum metaphysisch orientierten Natur- oder Vernunftrechtler gestempelt werden. Die Mißverständnisse, die sich jahrzehntelang durch die Radbruch-Literatur geschleppt haben, beruhen denn auch wohl vor allem auf einem undifferenzierten Gebrauch des Wortes »Positivismus«. Wenn Radbruch sich vom Positivismus distanziert, so meint er den Gesetzespositivismus im Sinne von »Gesetz ist Gesetz«. Nur so ist zu verstehen, daß er tatsächlich selbst gesagt hat, der Positivismus habe »den deutschen Juristenstand wehrlos gemacht gegen Gesetze willkürlichen und verbrecheri-

45 Daß es sich um zwei Formeln handelt, haben Dreier/Paulson, »Zum 50. Todestag von Gustav Radbruch««, a. a. O., S. 245n noch einmal deutlich gemacht.

46 Zum folgenden: Frank Saliger, *Radbruchsche Formel und Rechtsstaat*, Heidelberg 1995. S. ferner Gerhard Sprenger, »50 Jahre Radbruchsche Formel oder: Von der Sprachnot der Juristen«, *Neue Justiz* (1997), S. 3 ff.

47 RGA, Band 3, S. 89 (Gesetzliches Unrecht und übergesetzliches Recht).

schen Inhalts«.[48] Positivismus in einem weiteren, der Metaphysik abgeneigten Sinne[49] zu verstehen war sehr wohl seine Sache.[50] Die ganz dezidierte Hinwendung zur Natur der Sache am Ende seines Lebens[51] stellte eben nicht den Positivismus schlechthin in Frage, sondern nur den Gesetzespositivismus.

Freilich ist in jenem Brief an Erik Wolf wohl der Gesetzespositivismus gemeint gewesen, und bei der Natur der Sache hat Radbruch in seine Assoziationskette auch das konkrete Ordnungsdenken Carl Schmitts aufgenommen.[52] Aber das eine ist eher eine rhetorische Verzweiflungstat und das andere mit dem Wunsch nach Vollständigkeit verbunden. Es wird ja auch die phänomenologische »Wesensschau«[53] erwähnt, die Radbruch ebenfalls im Ergebnis fernstand. Im übrigen kann sich keine Generation, es sei denn durch doktrinäre Abschirmung (früher Kelsen, jetzt Luhmann) von dem Dilemma befreien, das Richtige zu wollen und es doch nirgends verbindlich ausgesprochen zu sehen.

IV. Man wählt dann gern sozusagen das Zweitbeste und sucht nach dem Verläßlichen in politischen Überzeugungen, die »durch das jeweilige Zeitalter [...] kurz, durch die Natur der Sache«[54] bestimmt sind. Arthur Kaufmann wird hier vielleicht darauf verweisen, daß es so etwas wie ein historisch bedingtes Naturrecht geben könne, zeitlich und vielleicht auch regional begrenzt. So weit, meine ich, braucht man indessen gar nicht zu gehen, um Radbruchs späte

48 Radbruch, a. a. O., S. 88.

49 Zu den verschiedenen Positivismus-Begriffen vgl. Lüderssen in: *Handlexikon zur Rechtswissenschaft*, München 1972, S. 291 ff.

50 Hierzu wiederum Dreier/Paulson, a. a. O., S. 240 f.

51 Ein »Umbruch« war das auch nicht, man muß nur die entsprechenden Stellen in der Rechtsphilosophie in Erinnerung rufen (vgl. RGA, Band 2, S. 260, 318. S. ferner die Welzel-Rezension, RGA, Band 3, S. 31).

52 RGA, Band 3, S. 230.

53 Auch das folgt aus den vielen Bedeutungen, die das Wort Natur hat; vgl. Erik Wolf, *Das Problem der Naturrechtslehre*, 2. Aufl., Karlsruhe ²1959, S. 21 ff. Im vorliegenden Zusammenhang besonders aufschlußreich: Gerhard Sprenger, Naturrecht und Natur der Sache, Berlin 1976, S. 105 ff. Über verwandte Begriffe siehe auch Lüderssen, *Genesis und Geltung in der Jurisprudenz*, Frankfurt/M. 1996, S. 52 ff., wo zu den Begriffen wie Dialektik, Topik und konkretes Ordnungsdenken getrost auch noch der der Natur der Sache hätte hinzugefügt werden können.

54 RGA, Band 3, S. 237.

Äußerung plausibel zu interpretieren. Er visiert in dem erwähnten Zusammenhang *nicht* die Politik an, sondern die »Nation«.[55] Bedenkt man sein lebenslanges Ringen um die richtige Rechtspolitik auch im Rahmen der Rechtsanwendung, nicht nur der Gesetzgebung, so kann man, glaube ich, doch schon von Politik sprechen, und damit wäre man bei der Frage angelangt, welche Verfahren geeignet sein könnten, einen bestimmten Politikinhalt plausibel für rechtens zu erklären. In einer relativ frühen Arbeit[56] sagt Radbruch, daß ihm »für die Erkenntnis von Wertideen eine unablässige Hin- und Herbewegung des Gedankens[57] zwischen Idee und Erfahrung als notwendig« erscheine.[58] Erfahrung ist für ihn relevant unter der Voraussetzung des »Relativismus, der mehr als eine mögliche Rechtsauffassung annimmt, aber keine Möglichkeit, zwischen ihnen mit wissenschaftlicher Eindeutigkeit zu wählen«.[59] Und dann nennt er in einem Atem »eine ganze Reihe rechtlicher Erscheinungen: das positive Recht, die politische Meinungsfreiheit und den Kampf der politischen Parteien«. Hier müsse man die Rechtsquellen suchen und nicht etwa, wie Nelson das seinerzeit mit unerträglichem »Bildungshochmut und Unduldsamkeit« vermutet habe, bei einer »Partei des Rechts und der Vernunft inmitten anderer Parteien, deren Dasein nur auf die ›ursprüngliche Dunkelheit der Vernunft‹ zurückgeführt werden« könne.[60] Die Linie, die von dieser Position über Jahrzehnte hinweg zu der mit sozialen und politischen Wertungen zeitgenössisch ausgestatteten Vorstellung von der Natur der Sache als dem Geltungsgrund des Rechts führt (wobei übrigens hier noch einmal Emil Lask beschworen wird: »Alles Gel-

55 Radbruch, a.a.O.

56 Rezension von: Leonard Nelson, »System der philosophischen Rechtslehre und Politik«, 1924, in: RGA, Band 1, S. 537 ff.

57 Hierzu gibt es eine erstaunliche Ergänzung schon in den Grundzügen der Rechtsphilosophie (RGA, Band 2, S. 58), auf die Kaufmann in seiner Einleitung mit Recht hinweist (RGA, Band 2, S. 3; freilich mit ungenauen Zitaten) und zutreffend bemerkt, daß ihm für das, was er »über das zirkelhafte, deduktiv-induktive, also analogische Verfahren der Rechtsfindung« herausgefunden habe »keine so schönen Formulierungen und auch kein so anschauliches Bild eingefallen« seien.

58 Radbruch, a. a. O., S. 540.

59 Ebd.

60 Ebd.

ten« sei »Hingelten auf ein bestimmtes Substrat«[61]), ließe sich leicht in die Diskurslandschaft unserer Tage hinein verlängern mit dem Ergebnis, daß man rechtlich zu inhaltlichen Verbindlichkeiten gelangen kann, ohne sich auf die Form zurückziehen zu müssen oder auf absolute Werte.

V. Radbruch hat, wie man an den Notizen, die in das durchschossene Exemplar seiner *Rechtsphilosophie*[62] aufgenommen sind, leicht erkennen kann, für die Vorbereitung einer weiteren Auflage viel Material gesammelt. Die Einschübe finden sich sowohl in den *Grundzügen der Rechtsphilosophie* von 1914 wie in der späteren ergänzten Auflage der *Rechtsphilosophie* von 1932. Freilich muß man lange hin- und herblättern, bis einem klar wird, daß die originalhandschriftlichen Eintragungen nur, wie man dann der Einleitung bei Arthur Kaufmann entnehmen kann, illustrandi causa abgedruckt sind, daß die Texte selbst sich auch in den in Klammern gesetzten Anmerkungen auch der gedruckten Fassung finden. Unklar bleibt, was aus den späteren handschriftlichen Zusätzen in den Grundzügen geworden ist. In welchem Maße sind sie in die Auflage von 1932 eingegangen? Radbruch erwähnt darüber in seinem Vorwort zur Auflage von 1932 nichts. Vielleicht hätte man in der Einführung zu beiden Texten darüber etwas sagen müssen. Auch erfährt man nicht, ob die mit den handschriftlichen Zusätzen versehene Ausgabe der *Grundzüge* von 1914 schon einmal veröffentlicht worden ist, offenbar nicht. Für diesen Fall hat Kaufmanns Bemerkung, daß »ein Kompendium entstanden« sei, »das für die künftige Radbruch-Forschung von kaum zu unterschätzender Bedeutung« sei,[63] eine besondere Berechtigung.

Viele Zitate, die in den provisorischen Anmerkungen wiedergegeben werden, sind von den Bearbeitern überprüft, notfalls korrigiert und auch ergänzt worden. Das gleiche gilt für die in der *Rechtsphilosophie* von 1932 den einzelnen Kapiteln vorausgeschickten Motti. Aber wenn man sich das genauer ansieht, so beschleichen einen Zweifel, ob es immer mit der nötigen Gründlichkeit und Sorgfalt geschehen ist. Der später als »besseres Motto« für das Kapitel Erbrecht empfohlene Text beispielsweise ist von Radbruch

61 RGA, Band 3, S. 237.
62 In dieser Form ist es in der RGA, Band 2 publiziert.
63 RGA, Band 2, S. 2.

sehr schlecht belegt, deshalb wird im Editionsbericht, nachdem für die weitere Bearbeitung ein entsprechender Hinweis erfolgt ist, eine genaue Quelle aus einer neueren Heine-Ausgabe angeführt und vor allem der Text vollständig wiedergegeben. Den Bearbeitern des Editionsberichts ist aber entgangen, daß dieser Text nun keineswegs eindeutig ist im Sinne der Devise, um die es Radbruch seinerzeit ging. Dazu hätte etwas gesagt werden müssen, zumal das Problem inzwischen erforscht ist.[64]

VI. Radbruch wird in erster Linie als Rechtsphilosoph gelesen. Das sollte aber nicht so sein. Denn die Realität des Rechtslebens war, trotz seiner primär auf die Grundfragen des Rechts und der Philosophie gerichteten Neigungen, nicht nur ein am Ende ebenso starker Impuls für sein Studieren und Arbeiten, sondern auch ein integrierendes Moment seiner Theorie. In erster Linie sind hier Verbrechen und Strafe zu nennen oder – nach der Nomenklatur der Zunft – die gesamte Strafrechtswissenschaft. Materielles Strafrecht, Strafvollzug sind die Schwerpunkte, inklusive Geschichte und Reform; hinzu treten Rechtsvergleichung und Kriminologie. In der Ausgabe: fünf Bände.

1) Begonnen hat Radbruch mit den klassischen Fragen der Strafrechtsdogmatik: Verursachung und Handlungsbegriff. In den hundert Jahren, die seitdem vergangen sind, hat es insoweit breite und intensive Entwicklungen gegeben, so daß Kaufmann vielleicht mit einem gewissen Recht sagt, die Dissertation über die Lehre von der adäquaten Verursachung sei überholt.[65] Monika Frommel schweigt in ihrer Einleitung zu dieser Frage, beschränkt sich im Editionsbericht auf lange biographische Notizen.[66]

Wenn man bedenkt, mit welchen Schwierigkeiten gerade in den vergangenen Jahrzehnten die Rechtsprechung zu kämpfen hatte bei der Frage der Definition von Kausalität *und* ihrer Feststellbarkeit, mögen an diesem Verdikt Zweifel erlaubt sein.[67]

64 Vgl. Lüderssen: »Heinrich Heine, Gustav Radbruch und das Erbrecht«, in: *JuristenZeitung* (1990), S. 667 ff.

65 RGA, Band 1, S. 59.

66 RGA, Band 7, S. 277 ff.

67 Daß dieser Eindruck nicht ganz falsch sein kann, bestätigen parallele Arbeiten Radbruchs aus jenen Jahren, etwa die Rezension der Monographie von Felix Genzmer, »Über den Begriff des Wirkens. Ein Beitrag zur strafrechtlichen Kau-

Auch der verkappte Rückgriff auf den Gedanken der adäquaten Verursachung im Rahmen der neueren Lehren von der objektiven Zurechnung läßt zur Vorsicht raten. Aber das mag weiteren Forschungen vorbehalten sein.

Noch mehr gilt das für die Bedeutung der Habilitationsschrift. Hier bescheinigt Kaufmann Radbruch immerhin, daß er in seinem Handlungsbegriff den Bemühungen Rechnung getragen habe, die »darauf abheben, daß auch die fahrlässige Handlung eine vorsätzliche Handlung sei«.[68] Kaufmann meint, Radbruch habe hier die Finalisten schon ein wenig vorweggenommen. Betrachtet man die strafrechtliche Dogmengeschichte von Binding bis zur Gegenwart als eine Einheit mehr oder weniger gleichberechtigter, eher selten endgültig aufgegebener Gesichtspunkte, so sollte man doch froh sein, daß gerade die Schrift über den Handlungsbegriff jetzt erneut und bequem zugänglich ist (in der Kommentierung werden die Vorschriften des StGB dankenswerterweise mitgeteilt, auf die sich Radbruch seinerzeit bezogen hat).[69] Freilich beschert das Wiederlesen auch Seltsamkeiten: etwa die Diskussionen über den Willensbegriff, Auseinandersetzungen mit der Behauptung, »daß nichts von dem Geschehenen gewollt, alles nur durch den Willen verursacht zu sein brauche«,[70] oder die merkwürdige Distinktion zwischen Wille und Vorstellung von der Art, »daß der Wille von der Vorstellung des Wollens unabhängig sein muß«.[71] Das sind Zitate von Zitelmann und Binding, und man sieht, wie seinerzeit die Diskussion über den Handlungs- und Willensbegriff quer durch die Fächer ging, im Rahmen einer in naturalistischen Fesseln hängenden Dogmatik. Aber hat sich so viel geändert? Sind wir mit unserem Normativismus im reinen? Der Naturalismus jener Jahrzehnte hatte jedenfalls ein starkes Gefühl für die Problematik der fahrlässigen Schuld, bezeichnenderweise von Kaufmann zum letzten Mal mit großem Ernst vorgeführt.[72] Erst spät macht sich Radbruch den

salitätslehre«, Berlin 1903 (RGA, Band 7, S. 231 ff.), wo Radbruch mit großer Entschiedenheit klarmacht, daß man den Zusammenhang zwischen Vorgängen, die aufeinanderfolgen, nicht erklären kann, ohne die Erfahrung zu überschreiten.

68 RGA, Band 1, S. 60 f.

69 RGA, Band 7, S. 293 ff.

70 Ebd., S. 146.

71 Ebd., S. 151.

72 Arthur Kaufmann, *Das Schuldprinzip*, Heidelberg ²1976, S. 140 ff.

normativen Schuldbegriff Reinhard Franks zu eigen (in der zu dessen 70. Geburtstag geschriebenen Abhandlung über die Systematik der Verbrechenslehre[73]). Was dort steht, ist unglaublich scharfsinnig und modern, sogar die objektiven Schuldmerkmale werden schon erwähnt. Das Problem der Unterscheidung zwischen deskriptiven und normativen Verbrechenselementen wird klar ausgesprochen. Im übrigen spekuliert Radbruch bereits über ein teleologisches System des Verbrechensbegriffs im Gegensatz zum kategorialen und meint damit, daß alle Verbrechenselemente bereits vom Strafzweck her aufgebaut sind, während wir doch gewöhnt sind, diese Perspektive erst seit den einschlägigen Abhandlungen von Roxin, Noll und später Jakobs einzunehmen. Erstaunlich auch die ganz frühen Einsichten in die normative Funktion des Tatbestandes. In einer Rezension von Belings *Lehre vom Verbrechen*[74] meint Radbruch mit Recht, Beiling habe beim Erfordernis der Tatbestandsmäßigkeit nur die Rechtssicherheit im Auge gehabt und dabei übersehen, daß die tatbestandsmäßige Vertypung von vornherein der Fixierung des Strafwürdigen gelte. Der Tatbestand ist eben, das läßt sich heute leicht sagen, dasjenige, was in der Regel ein Delikt ausmacht; die weiteren Merkmale des »Verbrechensaufbaus« formulieren rechtfertigende oder entschuldigende Ausnahmen. Der eigentlich zweigliedrige Verbrechensbegriff erhält durch die zur Unterscheidung von Unrecht und Schuld hinzutretende Unterscheidung von Ausnahme und Regel eine zusätzliche Dimension. Das heißt, das dritte Glied des Verbrechensbegriffs beruht auf einem anderen Kriterium als die Zweiteilung. Im übrigen sind Radbruchs Überlegungen zum Handlungsbegriff, wie Roxin festgestellt hat,[75] frühe Anwendungen des Prinzips der Stoffbestimmtheit der Rechtsidee, wobei allerdings, worauf Roxin ebenfalls hinweist, sich in der Terminologie gewisse Grenzen bemerkbar machen, etwa seine Entdeckung, daß »Tun und Unterlassen auf keine übereinstimmende ›natürliche‹ Wurzel zurückführbar und insofern nicht unter einen Oberbegriff zu bringen seien«. Roxin schlägt statt dessen vor, anstelle der Handlung von »personaler Zurechenbarkeit« zu sprechen.

73 RGA, Band 8, S. 212.

74 RGA, Band 7, S. 257.

75 »Eine Bemerkung zum Verhältnis von Rechtsidee und Rechtsstoff in der Systematik unseres Strafrechts«, in: *Gedächtnisschrift für Gustav Radbruch*, Göttingen 1968, S. 260 ff.

Handlung »wäre danach alles, was sich einem Menschen als Person, [...] als geistiges Aktionszentrum, zuordnen läßt, sei es, daß er es wissentlich getan oder gelassen hat, sei es, daß er es wenigstens hätte tun oder lassen sollen«.[76] Die Dialektik zwischen Stoff und Idee, die sich hier niederschlägt, kann man wohl als einen relativ reifen Standpunkt auch aus der Sicht unserer Zeit ansehen. Mit Recht hat Schmidhäuser daher hervorgehoben, daß die finale Handlungslehre durch die, wie man vielleicht sagen kann, Hypostasierung des naturalistischen Begriffs der Handlung zum ontologischen und damit einer normativ relativierenden Betrachtung entzogenen Handlungsbegriff hinter Radbruch zurückgegangen sei.[77]

Daß Radbruch sich auch mit Problemen des Besonderen Teils des Strafrechts befaßt hat, und zwar durchaus mit den täglichen, zeigt die Fülle seiner Urteilsanmerkungen. Sie stammen überwiegend aus der zweiten Hälfte der zwanziger Jahre. Das ist insofern bezeichnend, als Radbruch in dieser letzten Phase seines Wirkens bis zum Einbruch der NS-Herrschaft – *nach* seiner Tätigkeit als Reichsjustizminister und einer vorausgegangenen langen Phase eher theoretischen Arbeitens – die für die Praxis greifbaren Früchte seines Arbeitens deutlich und schnell erkennen und scharf fixieren kann. Die Anmerkungen bewegen sich durch den ganzen Besonderen Teil, manche sind knapp, aber nicht alle. Freilich fällt auf, daß Radbruch sich der politischen Verfahren, etwa in Gestalt von Beleidigungsprozessen, intensiver annimmt. Einige ganz wenige Besprechungen stammen aus der Zeit nach 1945 und beziehen sich auf Verbrechen gegen die Menschlichkeit und Euthanasiefragen.

Zu diesem Bild gehört auch, daß Radbruch sich mit einer Reihe sehr wichtiger und praxisbezogener Fragen des Strafprozesses beschäftigt hat. Seine Abhandlungen über Wahrheit und Unterstellung im Strafprozeß,[78] Wahrheitsserum und Lügenentlarver[79] und Grenzen der Kriminalpolizei[80] zeigen, daß er auch auf diesem Ge-

76 A. a. O., S. 262.

77 »Zur Systematik der Verbrechenslehre«, in: *Gedächtnisschrift für Gustav Radbruch*, a. a. O., S. 268 ff. (275); dort findet sich in Anm. 30 übrigens eine sehr nützliche Aufzählung der Arbeiten zum Handlungsbegriff seit Radbruch.

78 RGA, Band 8, S. 189 ff.

79 Ebd., S. 269 ff.

80 Ebd., S. 243 ff.

biet mit großer Genauigkeit des Details und gleichzeitig entschieden prinzipiell argumentierte.

2) Durchsichtiger als bei seinem Lehrer Franz von Liszt ist bei Radbruch das Verhältnis von begrifflicher und funktionaler Erörterung. Die Antinomien der Rechtsidee – Zweckmäßigkeit, Gerechtigkeit, Rechtssicherheit – haben immer Pate gestanden bei den beiden großen Fragen an jeden Strafrechtler: Was bestimmt uns bei der Fixierung der Voraussetzungen für eine Bestrafung, und welchen Sinn verbinden wir mit der Bestrafung selbst? Das theoretisch ausgewogene Nebeneinander jener Ziele konnte Radbruch nicht vor den Auseinandersetzungen bewahren, die das allgemeine politische Klima bestimmten. Loyalität gegenüber dem Vergangenen, neu empfundene soziale Verantwortung und auf autoritäre Konzeptionen gerichtete Erwartungen konkurrierten miteinander. Je näher man dem Jahre 1933 kam, um so schärfer wurden die Gegensätze. Wir machen uns vielleicht gar nicht klar, wieviel intellektuelle Unsicherheit sich mit jeder Position verband. Die Folge war nicht etwa entsprechende Toleranz, sondern vermehrte Feindseligkeit. Was Radbruch im Namen des liberal-sozialen Volksstaates, wie er ihn nannte, gegen die breite, keineswegs auf die Nationalsozialisten beschränkte autoritäre Strömung in letzter Minute noch bewegend und gedankenreich ins Feld führte, ist nicht frei von – aus heutiger Sicht – problematischen Grundannahmen.

In seinem kurz vor der »Machtübernahme« gehaltenen Vortrag über die geistesgeschichtliche Lage der Strafrechtsreform[81] konstruiert Radbruch eine in ihrer Logik unheimliche, uns heute befremdende Liaison zwischen liberal und autoritär. Das Liberale sei ein rechtsstaatliches Schlagwort gewesen: »Tatfeststellungen lassen sich mit Eindeutigkeit machen, Persönlichkeit, Psychologie und ihre Nuanciertheit aber trägt Irrtumsgefahr in sich. Wie die liberal-rechtsstaatliche Auffassung statt der Individualitäten lauter gleiche ›Rechtssubjekte‹ sieht, wie die Arbeiter nur ›Hände‹ und persönliche Besitzer und Verkäufer ihrer Arbeitskraft sind, so sieht sie in den Rechtsbrechern nur ›Täter‹ und persönliche Subjekte ihrer Taten.«[82] Und dann kommt Karl Binding als Gewährsmann dieser Aussage. Radbruch nennt das ein Strafrecht des Obrigkeitsstaates.

81 Auf der Tagung des Republikanischen Juristenbundes für Mitteldeutschland am 28. November 1932 in Frankfurt am Main, s. RGA, Band 9, S. 323 ff.

82 Ebd., S. 324.

Moderne Kritiker Bindings würden das mit dem Obrigkeitsstaat gelten lassen, aber es würde ihnen nicht gefallen, daß das Liberal-Rechtsstaatliche auf die Seite des Autoritären geschoben wird. Radbruch glaubte offenbar, nur so das *Soziale* hinreichend zur Geltung bringen zu können, sah – wie viele seinesgleichen damals – nicht die Möglichkeit, es mit dem Liberalen zu verbinden und hatte auch keinen dahingehenden Wunsch. Zwar anerkennt er die in einem Tatstrafrecht liegende Garantie für die Berechenbarkeit der Voraussetzungen der Strafbarkeit, sieht darin aber eine Folge des Bedürfnisses nach Rechtssicherheit. Mit Gerechtigkeit und Zweckmäßigkeit hatte dieses Strafrecht für ihn nichts zu tun und stand im Widerspruch zu einer Kriminalpolitik, die »ganz auf das Innere der Täterpersönlichkeit abgestellt war«.[83] Man nannte das später den Bruch im kriminalpolitischen System Franz von Liszts. Mit diesem Bruch zu leben war schon schwierig; hinzu kam aber, daß die Beschränkung der Idee des Liberalen auf die Voraussetzungen für die Strafbarkeit offenbar den Blick verstellte für liberale Möglichkeiten auf der Rechtsfolgenseite. Denn wenn von der inneren Täterpersönlichkeit die Rede ist, so ist sie als Typus gemeint, mit der Konsequenz, daß die Individualisierung, die bei der Begründung und Kalkulation der Rechtsfolgen stattfindet, »nicht zum Nutzen des Individuums, sondern zum Zwecke seiner Resozialisierung« stattfindet,[84] was nichts anderes heißen kann, als daß die Resozialisierung nicht im Interesse des Individuums liegt. Deshalb kann Radbruch hier auch – auf den ersten Blick nicht durchschaubar – mit einer Begriffsvertauschung arbeiten: »Diese Individualisierung ist aber nicht liberaler Individualismus – liberaler Individualismus ist gerade ihr Gegenteil.«[85]

Die moderne Theorie der Resozialisierung hat sich von dieser ausschließlich gesellschaftlichen Orientierung ganz abgewandt,[86] und man muß sich immer wieder fragen, ob das von Liszt nicht auch schon hätte tun können, oder doch wenigstens Radbruch, denn es kann leider kein Zweifel daran bestehen, daß Radbruch

83 Ebd.
84 Ebd., S. 325.
85 Ebd.
86 Vgl. dazu Lüderssen, »Menschenwürde und Resozialisierung«, in: Cornelius Prittwitz/Joannis Manodelakis (Hg.), *Strafrecht und Menschenwürde*, Baden-Baden 1998, S. 101 ff.

sich in diesem Punkte von Franz von Liszt nicht unterscheidet. Radbruch verteidigt insofern konsequent von Liszt gegen den Einwand, seine Strafrechtsreform sei »liberalistisch«. So fällt auf ihn ein Schatten jenes Vorwurfes, den man nachträglich gegen die Verwendung des Wortes »liberalistisch« erheben muß, denn es wird später zur reinen Nazi-Parole.[87] Auch sieht Radbruch sich veranlaßt, von Liszt gegen die Unterstellung übertriebener Humanität in Schutz zu nehmen.[88] Zwar geht er in bezug auf jene berüchtigte Äußerung von Liszts über die Sicherheitshaft für Gewohnheitsverbrecher (»Arbeitshaus mit militärischer Strenge, ohne Federlesen und so billig wie möglich, wenn auch die Kerle zugrunde gehen, Prügelstrafe unerläßlich«[89]) insofern auf Distanz, als er darauf hinweist, daß es sich »um die Privatäußerung eines 29jährigen« handele.[90] Aber er akzeptiert die für diese Äußerung bestimmende Ausgangslage, daß die Strafrechtsreform »nicht aus individualistischer, sondern aus sozialer Gesinnung« entsprungen sei.[91] Dazu paßt, daß Radbruch »den fortschreitenden Strafenschwund« beklagt und dann hinzufügt, daß »diese Bewegung [...] sich nicht unter der Herrschaft der Besserungstheorie, sondern des Vergeltungs- und Abschreckungsgedankens vollzogen« habe, weil wachsendes soziales Empfinden in immer häufigeren Fällen einer Strafe, die nur wehe tun wolle, wie der Vergeltungs-Abschreckungsstrafe, hemmend entgegentrete. »Auf eine sozial gedachte, der Gesellschaft mit dem Bestraften gleichermaßen dienende Strafe, würde die soziale Auffassung des Verbrechens nicht in diesem Maße hemmend gewirkt haben.«[92] Das ist Wasser auch auf die Mühlen der *modernen*

87 RGA, a. a. O., S. 325. S. dazu Lüderssen, *Festschrift für Ernst-Walter Hanack*, 1999, S. 487 ff.

88 RGA, a. a. O., S. 325.

89 Unveröffentlichter Brief Franz von Liszts an Adolf Dochow vom 21. November 1880, zitiert nach Radbruch, RGA, a. a. O.

90 A. a. O., S. 326.

91 Ebd.

92 Ebd., S. 327. Hier muß man wohl eine verhältnismäßig unkritische Übernahme des von Lisztschen Entwicklungsbegriffs vermuten, s. die Abhandlung »Franz von Liszts Anlage und Umwelt«, zuerst erschienen in: *Elegantiae juris criminalis*; RGA, Band 16, S. 27 ff. (36 f.). Andererseits kommentiert Radbruch dort noch einmal jene Stelle, indem er von »erschreckend harten Worten« spricht (S. 45), und ist um den Nachweis bemüht, daß Liszt später diese Wendungen abgemildert habe (S. 45-46).

Verächter der resozialisierenden Strafe, und so intensiv und häufig man auch betonen mag, daß mit einer die Autonomie des zu resozialisierenden Täters um ihrer selbst willen achtenden Theorie der Resozialisierung keine Re-Expansion des Strafens verbunden zu sein braucht, so wenig kann man verhehlen, daß sich Rechtspolitiker aller Parteien und keineswegs zuletzt der Sozialdemokratischen Partei Deutschlands hier nur zu gern auf die alten Positionen von Radbruch und von Liszt berufen würden. Das klingt herber, als es gemeint ist. Wir sollten wissen, daß man nicht gleich immer ganz klug sein kann. Die Emphase der Prävalenz des Sozialen war eine ebenso starke Versuchung wie die der Entdeckung der Empirie; aus Freude über das »Machbare« verlor man konkurrierende Ziele aus den Augen, ja formulierte sie nicht einmal mehr.[93]

Freilich kann man nicht verkennen, daß es im Kampf gegen den Nationalsozialismus Radbruch eher darum ging nachzuweisen, der Nationalsozialismus lehne das Soziale ab, weil ihm mehr an der Rasse gelegen sei, ferner weil es ihm weniger um den Schutz der Gesellschaft als um die Einordnung alles Gesellschaftlichen in den Staat gehe. Die Strafe sei für diese Auffassung ein Symbol der Staatsautorität, »die Todesstrafe geradezu ein staatsrechtliches Sakrament«. Radbruch verweist in diesem Zusammenhang darauf, daß der italienische Sozialismus das bereits realisiert habe, in Abwendung von Beccaria.

Die Trennung von Staat und Gesellschaft, die Radbruch hier mit Recht fordert, bleibt aber bei der halben Wahrheit stehen. Radbruch sieht nicht, daß die Gesellschaft wiederum nur etwas ist für den einzelnen; vielmehr scheint er im Gesellschaftlichen eine Art abgesonderten kollektiven Wert zu sehen.

Um so mehr muß man sich die Frage stellen, wie groß seinerzeit eigentlich die Chance gewesen sein könnte, Resozialisierung und Individualisierung im Sinne eines fortgeschrittenen Liberalismus zusammen zu denken. Die anderslautenden Vorurteile saßen tief. Schon in dem Aufsatz über die politische Prognose der Strafrechtsreform, eine sehr frühe Arbeit, legt Radbruch dar,[94] die Lehre, »die dem Staat nur einen individual-ethisch abgeleiteten Wert« zuerken-

93 Vgl. dazu Lüderssen: »Joseph Heimberger«, in: Bernhard Diestelkamp/Michael Stolleis (Hg.), *Juristen an der Universität Frankfurt am Main*, Baden-Baden 1989, S. 31 ff.

94 RGA, Band 9, S. 161 ff.; vgl. dazu die Quellenangaben im Editionsbericht, S. 359.

ne, führe zur Sicherungstheorie, während, wer »dem Staat einen überindividualistischen Eigenwert« beimesse, Vergeltung fordern müsse, »in unmittelbarem Dienst des Absoluten, des nur um seiner selbst willen wertvollen Staates«.[95] Die Ablehnung »individualistisch bedingter Nützlichkeit« ist es also, nicht etwa eine um ihrer selbst willen bestehende Gerechtigkeit, die hier die Vergeltungsstrafe begründet. In der Gegenwart lehrende Kritiker des Zweckstrafrechts sollten bedenken, an welche Seite sie hier gerückt werden könnten.

So bleibt ein ambivalenter Eindruck. Zwar ist Radbruch gegen die äußersten Konsequenzen der Sicherung. Das zeigt sein Kampf gegen die Todesstrafe, von der er sagt, sie sei das »radikalste Mittel zur Unschädlichmachung«.[96] Aber im übrigen läßt er es an Empfehlungen zur Härte gegen die »gemeingefährlichen Verbrecher« nicht fehlen.[97] Hier wird ohne Umschweif strenge Verwahrung empfohlen. Man vermißt das Verständnis für die Autonomie auch des »Unwürdigen«. Die »Gesellschaft« scheint für ihn keinen Platz zu haben und ist an einer Philosophie, die sich dem Individuum um seiner selbst willen zuwendet, nicht interessiert. Eigentlich waren die Voraussetzungen einer die Ergebnisse der Erfahrungswissenschaften für den Menschen nutzenden, freiheitlichen Subjektphilosophie in den zwanziger Jahren bereits gegeben. Andererseits ist es selbst heute nicht einfach, folgenreich für die Autonomie des Individuums einzutreten, ohne die Desillusionierungen des nachmetaphysischen Zeitalters rückgängig zu machen.

3) Zu den Grundfragen des Strafrechts, über die wir unvermindert nachdenken, aber eben doch mit anderer Akzentuierung, gehören auch die Vorschläge für den Umgang mit »Überzeugungstätern«. Während in unseren Tagen – großzügig gerechnet – die Lösung dieses Problems, das gelegentlich in den Terroristenprozessen auftauchte, bei der Schuld oder sogar beim Unrecht gesucht wird,[98] diskutierten es Radbruch und seine Zeitgenossen eher mit Blick auf rechtliche Alternativen zur Strafe. Alle Strafzwecke scheiden aus, meinte Radbruch in seinem großen Referat zum Juristen-

95 A. a. O., S. 162.
96 RGA, Band 9, S. 174.
97 Vgl. GRG, S. 176.
98 Vgl. Hans Joachim Hirsch, *Strafrecht und Überzeugungstäter*, Berlin/New York 1996, S. 11 ff.

tag 1926,[99] und bringt dafür die Beispiele aus der Demagogenverfolgung, dem »Kulturkampf« und den Auseinandersetzungen um das Sozialistengesetz. Dahinter steht der Gedanke, daß »der Staat dem Überzeugungstäter gegenüber nicht die nötige, zum Wesen der Strafe gehörige sittliche Überlegenheit« habe.[100] Mit anderen Worten, man wollte die alternativen Legitimitätsvorstellungen des Überzeugungstäters ernst genommen sehen. Auf der anderen Seite fehlte im Alltagsbetrieb des resozialisierenden Strafens jede Reflexion darüber, ob die Anpassungsleistung, die vom Täter verlangt wird, nicht steht und fällt mit der Legitimität der Normen, die er übertreten hat, und wie man diesen Bezug rechtfertigt.[101] Heute ist es eher umgekehrt. Für Überzeugungstäter ist eigentlich kein Raum mehr, wohl aber für die Erwägung, daß es Gründe geben kann, dem Täter in seinen Neutralisierungstechniken entgegenzukommen und ihm bei schwerer Verständlichkeit der Norm oder der Entscheidung zuzugestehen, daß er sich nicht zu einer völligen Abkehr von seinen eigenen Wertvorstellungen bewegen lassen will. Von dem wenigen, das sich hier also in der Strafrechts- und Strafvollzugspraxis vom Abglanz der in der Kriminalsoziologie entwikkelten Legitimationszweifel findet, gab es in den zwanziger Jahren noch gar nichts; nur der Überzeugungstäter konnte eine Nische beanspruchen, die heute wiederum ihm versagt wird.

4) Wer sich mit den ganz allgemeinen Fragen des Strafrechts beschäftigt, ist oft im Niemandsland zwischen lex lata und lex ferenda und dementsprechend vorsichtig. Trotzdem war Radbruch auch insoweit ziemlich mutig. Zu welcher Kühnheit er – bei allenfalls durch die Spekulation auf das politisch Machbare beschränkter Freiheit des Konzipierens – fähig war, zeigen seine expressis verbis zur Strafrechtsreform geleisteten Beiträge.

99 RGA, Band 8, S. 136 ff. (142): hier mag man sich übrigens fragen, weshalb der Beitrag nicht im Band 9 (Strafrechtsreform) steht.

100 Referiert im Diskussionsbeitrag von Rechtsanwalt Levi, s. die Wiedergabe in: RGA, a. a. O., S. 155. Die ganze Debatte ist übrigens unglaublich konkret und alternativenreich, mit phantasievollen Beispielen und äußerst kontrovers; Kohlrausch etwa wandte sich entschieden gegen Radbruch, und der Psychiater Aschaffenburg trat dafür ein, daß Überzeugungstäter die Sicherungsverwahrung erdulden müßten, während Radbruch sie gerade davon verschonen wollte (a. a. O., S. 168).

101 Das ist nach wie vor schwierig: auch der »Verfassungspositivismus« hat keine Patentlösung.

Im Mittelpunkt steht dabei sein Gesetzentwurf aus dem Jahre 1922.[102]

Es gehört schon etwas dazu, eine auf jede Modalität verzichtende Formulierung der Tötung als Grundtatbestand vorzuschlagen und nur einige eng begrenzte Privilegierungen hinzuzufügen, die ihrerseits dann wieder eine Einschränkung erfahren, indem die Verleitung zum Selbstmord für strafbar erklärt wird. Speziell dafür konnte sich Radbruch seinerzeit noch auf eine kontroverse Dogmatik berufen. Die spätere Entwicklung, insbesondere die Rechtsprechung des Bundesgerichtshofs in den letzten Jahrzehnten unseres Jahrhunderts, ist darüber hinweggegangen und zeigt, daß es auch in diesem elementaren Bereich Unumkehrbares gibt. Ungewöhnlich ist auch Radbruchs Vorschlag, beim Diebstahlstatbestand die Zueignungsabsicht durch die Bereicherungsabsicht zu ersetzen, obwohl heute damit eine leidige Kontroverse der Abgrenzung zwischen den qualifizierten Tatbeständen des Raubes und der Erpressung ihr Ende finden würde, Vorgänge als Raub bezeichnet werden könnten, die nur wegen der Begrenztheit des Zueignungsbegriffs – sachwidrig – als Erpressung definiert werden müssen. Ganz konsequent ist dann auch die Vorschrift des Entwurfs, welche die schlichte Sachentziehung kriminalisiert. Sowenig man gegenwärtig für neue Kriminalisierungen eintreten möchte – die favorisierte Opferorientierung des Strafrechts *muß* das Fehlen eines entsprechenden Tatbestandes in unserem Strafgesetzbuch als ungerecht empfinden.

Wenig überraschend ist demgegenüber, was Radbruch in seinem Entwurf zur soziologisch-psychologisch fundierten Strafzumessung als Regel vorschlägt. In dieser Hinsicht war er der Gesetzgebung seiner Epoche weit voraus. Bedenklich ist indessen die lediglich an qualifizierte Formen des Rückfalls geknüpfte Definition des Gewohnheitsverbrechers mit der Folge seiner Sicherungsverwahrung (§§ 45, 77 des Entwurfs); bei allem neuen Liebäugeln mit der Sicherungsverwahrung wird man, so ist zu hoffen, auf diesen Stand der Diskussion nicht wieder zurückgehen. Hier und auch anderwärts macht sich, wie schon bemerkt, das Versäumnis der Einbeziehung einer die Autonomie der Person durchreflektierenden Konzeption in das System der Zweckstrafe schmerzlich bemerkbar. Das sind

102 Zum ersten Mal publiziert 1952, jetzt: RGA, Band 9, S. 47 ff.; zur Vorgeschichte Wassermann, a. a. O., S. 1 ff.

den Zeitläuften geschuldete Defizite. Dazu mögen am Ende sogar die erfrischend antiklerikalen Züge in Radbruchs Reformdenken gerechnet werden.[103] Einiges davon täte uns, glaube ich, in der gegenwärtig allzu sentimentalen Verklärung der kirchlichen Einflüsse auf das Sozialleben ganz gut.

Radbruch hat die Strafmilderung beim Versuch beibehalten, aber nur in der Erwägung, daß das Ausbleiben des Erfolges wohl auch die Folge eines Mangels an entschiedenem Erfolgswillen gewesen sein kann;[104] die Kommentierung Wassermanns[105] ist insofern nicht ganz korrekt. Man kann nur Handlungen verbieten, nicht Erfolge; so viel ist richtig. Deshalb liegen die späteren Postulate der Nivellierung von Versuchs-und Erfolgs»unrecht« durchaus auf der Linie Radbruchs. Was Radbruch seinerzeit und auch später die ganz konsequenten Finalisten nicht gesehen haben, ist das Zurechnungsproblem jenseits eines handlungsorientierten Unrechtsbegriffs.[106]

5) Weil auch Radbruchs Arbeiten im Strafrecht primär philosophisch motiviert sind, kann man gar nicht genug hervorheben, mit welchem Ernst und wie vor keinem noch so banal erscheinenden Detail zurückschreckend Radbruch sich der Folgeprobleme angenommen hat – mehr oder weniger bewußt freilich auch ihre Funktion für die Theoriebildung verwaltend.

Das im Band »Strafvollzug« versammelte Material enthält vielleicht wenig direkte Antworten auf gegenwärtige Fragen, beispielgebend auch für unsere und spätere Generationen sind sie gleichwohl. Daß manches vielleicht schwärmerisch anmutet – etwa die Apostrophierung des Goetheschen Diktums in den *Wanderjahren*: »Welchen Weg mußte nicht die Menschheit machen, bis sie dahin gelangte, auch gegen Schuldige gelind, gegen Verbrecher schonend, gegen Unmenschliche menschlich zu sein«[107] (hier hat die moder-

103 Vgl. etwa: »Die Abtreibung der Leibesfrucht vom Standpunkt des Strafrechts«, RGA, Band 9, S. 194 ff.

104 Bemerkungen zum Entwurf: RGA, Band 9, S. 136 ff. (152).

105 A. a. O., S. 33.

106 Die Fragestellung ist genauer entwickelt bei Lüderssen, in: *Festschrift für Paul Bockelmann zum siebzigsten Geburtstag*, München 1979, S. 181 ff.; Nachweise der weiteren Diskussion bei Lüderssen, in: *Festschrift für Koichi Miyazawa*, Baden-Baden 1995, S. 456 (Anm. 40); s. auch derselbe in: Löwe-Rosenberg, *Kommentar zur Strafprozeßordnung*, Berlin [25]1999, Einleitung, Abschnitt L, Rdz. 25.

107 RGA, Band 10, S. 79.

ne Goethe-Forschung doch einiges relativiert) – sollte uns nicht anfechten; man kann davon zu allen Zeiten doch etwas gebrauchen, und außerdem werden diese Beschwörungen durch die Fülle der scharfsichtig ans Licht gezogenen Einzelheiten real (bis hin zu Empfehlungen für Gefangenen-Bibliotheken[108]).

Radbruchs »Schlüsselsätze«[109] zum Strafvollzug stehen bereits in relativ frühen Publikationen. Gemeint ist vor allem der Artikel über die Psychologie der Gefangenschaft.[110] Wer sich bei der Lektüre an die etwas unbefriedigende Pointierung des Gesellschaftlichen in der *Straftheorie* erinnert, erlebt hier nun die Überraschung, daß jener etwas doktrinäre Standpunkt nicht wiederkehrt. Das wird ganz deutlich in dem Vortrag über den Erziehungsgedanken im Strafwesen,[111] wenn man sich nur von der bestehenden Idiosynkrasie gegen das Wort Erziehung freimacht, denn bei Radbruch fehlt jede Penetranz. Die »Unverbesserlichen« heißen hier die »Schwersterziehbaren«.[112] Allerdings ist das Ergebnis seiner sich von von Liszt hier förmlich entfernenden Ansichten[113] nur mehr – wenn auch melancholisch-verzweifelte – Resignation: »Eine Erziehung dieser Schwersterziehbaren wäre nur möglich, wenn ihnen eine starke Wertüberzeugung eindrucksvoll, unverrückbar und unumgehbar gegenübergestellt werden könnte. Aber gerade dies ist in der zerrütteten Welt unmöglich. Jedem Wertbekenntnis tritt die gesellschaftliche und wirtschaftliche Wirklichkeit in schreiendem Widerspruch gegenüber.« Wenn daher kaum jemand mehr die Strafe, die ihm auferlegt werde, als gerecht empfinde, so stehe »die Straferziehung vor allem den schwersterziehbaren Rechtsbrechern ohnmächtig gegenüber«, was besonders schlimm sei, weil für den Richter selbst der Appell an das Gewissen »nicht mehr die feste Grundlage eines unerschütterten Gewissens« habe.[114] Aber sind wir heute wirklich weiter, können wir es anders, hoffnungsvoller sehen?

108 Vgl. RGA, Band 7, S. 266; daß dieser Text sich hier findet und nicht im Strafvollzugsband, darf nicht wundernehmen; er gehört zu einer Sammelbesprechung auch anderer strafrechtlicher Literatur.

109 So die Formulierung von Heinz Müller-Dietz in der Einleitung zu Band 10, S. 9.

110 RGA, Band 10, S. 31 ff.

111 Ebd., S. 71 ff.

112 Ebd., S. 73.

113 Zutreffend Müller-Dietz, a. a. O., S. 5 ff.

114 A. a. O., S. 73 f.

Verdienstlich ist, daß in den Band auch kleinere, zum Teil überhaupt noch nicht veröffentlichte Texte aufgenommen worden sind. Hierher gehört der kleine Beitrag über die sexuelle Frage im Strafvollzug.[115] Er ist zwar ein wenig überholt; das ist in diesem Falle aber instruktiv, weil man sehen kann, wie viele Anläufe auch im fortgeschrittenen Stadium der Vollzugsentwicklung nötig waren und noch nötig sein werden, um das denkbar Mögliche zu erreichen.

In keinem anderen Band geht es so sehr um Entwicklungen: manches davon hätte daher vielleicht eher in den noch unveröffentlichten Band *Strafrechtsgeschichte* gehört, anderes wiederum in den Reformband (etwa der Bericht über die IKV-Tagung in Frankfurt, die sich vor allem mit Problemen der Abtreibung und Sterilisation beschäftigt hat,[116] im Grunde gilt das wohl auch für die IKV-Tagung in Breslau, deren Thema der Strafprozeß war[117]).

Radbruchs Einfluß auf die Entwicklung des Strafvollzuges ist, wie man weiß, auch äußerlich sichtbar geworden, etwa durch das seit einem halben Jahrhundert bestehende Gustav-Radbruch-Haus in Frankfurt am Main (eine halboffene Anstalt), ferner durch das Wirken von Albert Krebs in der thüringischen Reformanstalt Untermaßfeld,[118] später im hessischen Justizministerium, und durch Helga Einseles Arbeit als jahrzehntelange Leiterin der Frauenhaftanstalt in Preungesheim, mit dem Pionierprojekt Mutter-Kind-Heim. Das mag auch damit zusammenhängen, daß Radbruchs Beschäftigung mit Strafvollzugsfragen, wie Müller-Dietz hervorhebt, »eng mit seiner Biographie verwoben« ist.[119] Zeitweise hat er sogar an eine Tätigkeit im Strafvollzug gedacht, auch wenn diese Idee, wie er in einem Brief an Kantorowicz durchblicken läßt, nicht zuletzt mit dem unbefriedigenden Verlauf seiner akademischen Laufbahn zusammenhing.[120]

6) Auch mit seinen strafrechtsgeschichtlichen Arbeiten hat sich Radbruch, wie Neumann in seiner noch unveröffentlichten

115 A. a. O., S. 90.
116 A. a. O., S. 80.
117 Ebd, S. 57 ff. (dort übrigens irrig als JKV bezeichnet).
118 S. dazu Müller-Dietz a. a. O., S. 22.
119 A. a. O., S. 21.
120 RGA, Band 17, S. 100.

Einleitung zum 11. Band[121] deutlich macht,[122] von seinem Lehrer emanzipiert. Ob es freilich der Methodendualismus gewesen ist, der, wie Neumann meint, ihn von dem Lisztschen Evolutionsgedanken hat Abstand nehmen lassen, scheint mir nicht ganz sicher zu sein. Mehr spricht dafür, daß ihn hier die Unterscheidung zwischen verstehenden und erklärenden Wissenschaften geleitet und er dabei, so auch Neumann, individualisierend-ideographisch und nicht generalisierend-nomothetisch gedacht hat.[123] Es ist dies ein weiterer Beleg dafür, daß Radbruch durchaus schon mit allen Wassern der Hermeneutik gewaschen war.

Um so größere Vorsicht ist daher – gerade wenn man der Versuchung nicht ausweichen kann, etwa für die Entstehung des öffentlichen Strafrechts bestimmte geschichtliche Erklärungen zu konstruieren[124] – bei der Rezeption der weittragenden These geboten, die Radbruch in dem Aufsatz über den »Ursprung der Strafe aus dem Stande der Unfreien«[125] vorgetragen hat. Die Arbeit »Stand und Strafrecht«[126] bereitet sie vor, in der gemeinsam mit Heinrich Gwinner geschriebenen *Geschichte des Verbrechens*, die den Hauptteil des strafrechtsgeschichtlichen Bandes ausmacht, wird sie aber nicht wiederaufgenommen. Es handelt sich dabei um eine von vielen Auffassungen zu diesem Thema, und sie kann und soll jetzt hier nicht diskutiert werden.[127] Ihre Originalität und Überzeugungs-

121 Mit dessen Erscheinen Anfang 2012 zu rechnen ist.

122 Ich danke Herrn Neumann für die Überlassung dieses Manuskripts und der zum Druck vorbereiteten Fassung des Editionsberichts.

123 Vgl. dazu aber auch schon Kaufmann, worauf Neumann hinweist, in RGA, Band 1, S. 73.

124 Vgl. hierzu den Bericht über den zum gleichen Thema bei der DFG eingerichteten Forschungsschwerpunkt von Dietmar Willoweit in: Dietmar Willoweit (Hg.), *Die Entstehung des öffentlichen Strafrechts, Bestandsaufnahme eines europäischen Forschungsproblems*, Köln 1999, S. 1 ff.

125 Zunächst abgedruckt in *Elegantiae juris criminalis*, 2. Aufl.

126 Zunächst veröffentlicht in der *Schweizerischen Zeitschrift*, Band 49 (1935).

127 Sorgfältige und umfassende Literaturberichte und Interpretationen jetzt bei Oliver Hein, *Vom Rohen zum Hohen*; Stefan Stübinger„ *Schuld, Strafrecht und Geschichte. Die Entstehung der Schuldzuweisung in der deutschen Strafrechtshistorie,* Köln 2000, Lüderssen/Schreiner/Sprandel/Willoweit (Hg.), Bd. 4 der Schriftenreihe *Konflikt, Verbrechen und Sanktion in der Gesellschaft Alt-Europas.* S. ferner die in dem erwähnten von Willoweit herausgegebenen Band versammelten Arbeiten.

kraft mögen dennoch pars pro toto für die Leseempfehlung stehen, die dem ganzen Band gilt.

Eine Reihe der weiteren, hier zum Abdruck vorgesehenen Arbeiten ist schon bekannt aus den *Elegantiae juris criminalis*, etwa der Aufsatz über den Raub in der Carolina, anderes kennt man aus Festschriften, z. B. die »Drei Strafrechtslehrbücher des 19. Jahrhunderts«.[128] Praktisch ganz unzugänglich sind aber die vielen Rezensionen zu hochinteressanten strafrechtsgeschichtlichen Themen, die Radbruch verfaßt hat und die man nun wieder nachlesen kann. Sie sind alle auf irgendeine Weise aktualisierend und lassen deshalb bei dem durch die methodologischen Forschungen der letzten Jahrzehnte skeptisch gewordenen Strafrechtshistoriker den einen oder anderen Zweifel am Umgang mit den Quellen aufkommen. Da jedoch die Strafrechtsgeschichte in der allgemeinen Rechtsgeschichte bisher notorisch zu kurz gekommen ist und gesagt werden muß, daß das Interessantere lange von den Strafrechtsgeschichte betreibenden Strafrechtlern und nicht von den Rechtshistorikern gekommen ist, sollte man sich über diese zusätzlichen Dokumente uneingeschränkt freuen.

Dies um so mehr, als in diesen Texten auch zur Sprache kommt, was sich erst in unseren Tagen als der besondere Zweig einer neuen Wissenschaft etabliert: die historische Kriminologie.[129] Ganz ausgeprägt ist das in der *Geschichte des Verbrechens* (die aber keineswegs nur deskriptiv ist). Als spezielle Disziplin spielt Kriminologie bei Radbruch noch keine Rolle. Der Sache nach kommt sie in fast allen Arbeiten vor. Das gilt auch für die gesamte Feuerbach-Literatur, die Radbruch produziert hat und der mit Recht ein Extra-Band gewidmet worden ist. Sie hätte freilich ebensogut den zweiten Teil der *Strafrechtsgeschichte* bilden oder in den *Biographischen Schriften*[130] untergebracht werden können. Weil aber auch gerade die nicht strafrechtlichen Leser das, was über Anselm Feuerbach geschrieben worden ist,[131] als eine Art klassischer Materie kennen, ist die vom

128 Festschrift für Rosenfeld, Berlin 1949, S. 7 ff.

129 Ein Überblick über den Stand der Forschung findet sich in: Günther Kaiser, *Kriminologie*, Heidelberg ³1996, S. 382 ff.

130 Band 16.

131 Wobei für die Philosophen als Leser dieses Archivs vielleicht hinzugefügt werden mag, daß Ludwig Feuerbach sein Sohn war, vgl. Gustav Radbruch, *Die Feuerbachs. Eine geistige Dynastie*, RGA, Band 6, S. 328 ff.

Herausgeber gefundene Lösung im Ergebnis doch die beste. In der großen Biographie über Feuerbach ist mehr als nur Wissenschaft am Werk, wie man weiß. Sie behauptet ihren Platz neben anderen vergleichbaren Werken dieser Zeit, etwa Stefan Zweigs *Amerigo Vespucci* oder Gundolfs Goethe-Buch – damit sind Komplimente und Vorbehalte ausgesprochen. Sowohl von der raffinierten Psychologie wie von dem Expressionistisch-Atemlosen dieser Biographie-Epoche ist etwas zu spüren. Aus dem gleichen Grunde wäre sicher von Zeit zu Zeit mit einer Neuauflage zu rechnen gewesen. Deshalb erfüllt die Gesamtausgabe auch insofern ihren Zweck und bietet darüber hinaus den Vorteil, die vielen kleineren Arbeiten über Feuerbach bequem sortiert mitzuliefern. Sie sind sämtlich heute noch lesenswert, trotz der Masse der weiteren im Editionsbericht, der den Band auf das schönste rundet, nachgewiesenen Literatur.

C.

Ins allgemeine Bewußtsein getreten ist Radbruch wohl vor allem durch seine Tätigkeit als Reichsjustizminister in den Kabinetten Wirth und Stresemann. In diese Position gelangte er nicht nur durch seine Arbeit in der sozialdemokratischen Partei und auch nicht nur als Strafrechtspolitiker. Vielmehr war von großer Bedeutung, daß Radbruch erst parallel zu seiner Rechtsphilosophie und natürlich auch zum Strafrecht, dann aber auch schon bald in praktisch-politischer Absicht, ohne freilich ein bestimmtes Amt anzustreben, über Staat und Verfassung zu schreiben begann. Die grundlegenden Studien auf diesem Gebiet sind für Band 14 vorgesehen, von dem man noch nicht genau sagen kann, wann er erscheint. Aber es liegen in den Bänden 13 und 14 die politischen Schriften aus der Weimarer Zeit vor und im Band 19 die Reichstagsreden. Zusammen ergeben diese Bände bereits ein ziemlich umfassendes und genaues Bild. Damit ist bereits eines der Ziele erreicht, die Arthur Kaufmann sich mit der Gesamtausgabe gestellt hat: Ein bestimmtes Bild der Weimarer Zeit. Wissenschaftlich indessen fasziniert die Mischung aus Theorie und Politik, und das vielleicht gerade unter dem Gesichtspunkt, daß der Autor, was das Fachgebiet angeht, nicht jemand war, für den es auf der Hand lag, in die Politik zu gehen.

I. In der Sache ist es zunächst wieder das Verhältnis von Individualismus und, wie man jetzt allgemeiner vielleicht sagen sollte, Kollektivismus. Je weiter entfernt vom Strafrecht oder gar Strafvollzug Radbruch argumentiert, um so doktrinärer im Sinne der damaligen Sozialdemokratie spricht er. Das wird ganz deutlich in dem Artikel *Vom individualistischen zum sozialen Recht*, der vielleicht in den Band *Staat und Verfassung* gehört hätte, aber schon mit den rechtsphilosophischen Schriften veröffentlicht worden ist.[132] Er stammt aus dem Jahre 1930, ist aber noch nicht wie die dann folgenden Arbeiten von der Auseinandersetzung mit dem Nationalsozialismus geprägt. Um so beklemmender sind deshalb die Wendungen, die für sich genommen sowohl im Sinne eines nationalen wie eines anderen Sozialismus ausgelegt werden können. Dazu gehört etwa jene beifällige Mitteilung einer Äußerung von Schlegelberger, dem späteren Staatssekretär im nationalsozialistischen Reichsjustizministerium,[133] über die *Abkehr von der individualistischen Einstellung des Rechts zum Gemeinschaftsgedanken*.[134] Ein weiteres von Radbruch unterstützend herangezogenes Zitat dieser Art lautet: »Das sogenannte liberale Zeitalter [...] hat im wesentlichen sein Ende gefunden. Der Gemeinschaftsgedanke [...] ist wieder erwacht. Ein soziales Zeitalter ist angebrochen.«[135] Radbruch selbst: »Wir erleben, von vielen nicht gewußt oder nicht bedacht, eine epochale Umwälzung unseres Rechts, eine juristische Zeitenwende von nicht geringerer Bedeutung als Rezeption und Naturrecht.« Es folgt ein weiteres Zitat: »Diese Zeit ist gekennzeichnet durch den Übergang vom individualistischen zum sozialen Zeitalter.«[136] Gefährlich mit Blick auf die bis in die Wortwahl gleichen Sentenzen der Nazis, tragisch für einen Mann, welcher der erste Hochschullehrer war, den die Nationalsozialisten expres-

132 RGA, Band 2, S. 485 ff.

133 RGA, Band 13, S. 300; diese editorische Notiz hätte man gern auch schon an Ort und Stelle, also in RGA, Band 2, S. 485 ff. gelesen. Für das Gesamtregister sollte also vermerkt werden, daß insoweit ein Verweis fällig ist.

134 RGA, Band 2, S. 485 (Anm. 1).

135 A. a. O. Der Verfasser ist ein gewisser Wertheimer, über den man aber nichts erfährt, auch nicht in dem Band, der über Schlegelberger Auskunft gibt. Aber das ist eine undankbare Feststellung angesichts der insgesamt so gründlichen und ausführlichen Kommentierungen.

136 RGA, Band 2, S. 486.

sis verbis und ausschließlich aus politischen Gründen entließen.[137] Freilich trifft die Ambivalenz ihn nicht allein, es muß leider gesagt werden, daß dieser Teil der Theorie der Sozialdemokratie (nicht ihrer Praxis) aus jener Zeit noch nicht aufgearbeitet ist und eindeutige Berührungsängste bestehen. Man kann auch nichts weginterpretieren. Hält man sich an diesen Aufsatz, so scheint das Individuum nur als vergesellschafteter Mensch zu existieren. Das vereinzelt gedachte, »seiner Gesellschaft enthobene [...] Individuum« interessiert nicht mehr.[138] Interessant wird das durch die Kritik an der falschen abstrakten Gleichheit. Die »Eigentums- wie die Vertragsfreiheit« sei »in der Hand des sozial Mächtigen etwas wesentlich anderes als in der Hand des sozial Schwachen«. Die Eigentumsfreiheit des Besitzenden wird aus einer Freiheit der Verfügung über Sachen zu einer Freiheit der Verfügung über Menschen: »Wer über die Arbeitsmittel gebietet, hat auch die Kommandogewalt über Arbeiter.«[139] Die marxistische Rhetorik (die man ja immerhin als Indiz dafür nehmen kann, daß etwas anderes gemeint war als der Sozialismus der Nazis) darf nicht darüber hinwegtäuschen, daß die Autonomie der Person in den Hintergrund tritt. So war das damals. Erst die Wiederentdeckung Kants durch bestimmte Richtungen in der westlichen Marxismus-Diskussion der späten sechziger und der siebziger Jahre war dazu angetan, diese Schieflage der Linken zu korrigieren. Hätte Radbruch das nicht auch tun können, ein Kenner Kants und Abkömmling des südwestdeutschen Neukantianismus (dessen »Katheder-Sozialisten« zu dem Problem aber auch geschwiegen haben), zumal er ja als *Strafrechtsreformer* und vor allem *Kenner des Strafvollzuges*, wie dargelegt, durchaus anders dachte? Gleichviel – im Politischen kam er insoweit allenfalls in eine psychologisierend-ahnungsvolle Stimmung.[140] Dabei war doch schon vieles zum Greifen nahe, was der »aufgeklärte« Marxismus der kritischen Theorie später umständlich rekonstruiert hat, zum Beispiel der Kontrapunkt des Fortschritts, den Freud in die marxistische Diskussion gebracht hat. Radbruch war keineswegs unwissend in diesem Punkt, obwohl es ein wenig überrascht (bei so

137 Vgl. Arthur Kaufmann in: RGA, Band 1, S. 11.
138 RGA, Band 2, S. 486.
139 A. a. O., S. 486 f.
140 Vgl. den Artikel »Die Problematik des sozialistischen Akademikers«, in: RGA, Band 12, S. 154 ff.

viel allgemeiner Orientierung), daß Freud in den strafrechtlichen Beiträgen kaum vorkommt.[141] Denn er formuliert eine gewagte Parallele zwischen Psychoanalyse und historischem Materialismus: »Beide zusammen bedeuten den Versuch der Interpretation der Vernunftvorgänge als der spärlichen Lichter, die die irrationalen Urtriebe, Wollust und Machtsucht, sich anzünden, um die Umwelt zu erleuchten und sich selbst um so sicherer im Schatten zu verbergen.«[142] Für die modernen Vertreter einer nachmetaphysischen Subjektphilosophie ist Freud nicht so wichtig, und doch hätte man sich mit Freud seinerzeit aus der Diskrepanz zwischen bürgerlichem Individualismus und sozialistischem Kollektivismus befreien können. Wenn man indessen bedenkt, daß es ja auch die These gibt, die Strafrechtsreform der Nationalsozialisten habe sich auf die »Lehren der Neuklassiker, die sich 1925 an der [...] Deutschen Strafrechtlichen Gesellschaft zusammengeschlossen hatten«, gestützt, eine Gesellschaft, die »als Gegenpol zu Radbruchs Vorstellungen« apostrophiert wird,[143] muß man, glaube ich, doch zu verstehen suchen, daß Radbruch in der Auseinandersetzung mit so vielen Fronten nicht alles bedenken konnte, zumal es weit und breit niemanden gab, der ihm dabei hätte helfen können, die fortschrittliche Seite des Individuell-Bürgerlichen aus den konservativ-nationalen Zusammenhängen herauszulösen. Wenn wir heute klüger sind, so sind es die Lehren aus Entwicklungen, die in die Zeit nach Radbruchs Wirken fallen.

II. Sowenig diese Problematik ihm zum Bewußtsein kam, so deutlich stand ihm eine andere vor Augen. Die extreme Linke der Weimarer Republik setzte ihm wegen der Behandlung politischer Fälle

141 Es gibt eine Rezension aus seiner Feder über ein Buch von Richard Herbertz: *Verbrecherdämmerung. Psychologische Deutung und weltanschauliche Perspektiven der jüngsten Mordfälle Haarmann, Angerstein, Dencke usw.* (ohne Jahresangabe), in der er den »von der Freudschen Schule« so stark betonten mythischen »Urvatermord« etwas ironisch ins Visier nimmt: »Man darf bei alledem die Zuversicht bewundern, mit der doch wohl nur auf Grund der spärlichen in der Öffentlichkeit bekannt gewordenen Daten Auskunft nicht etwa nur über das Bewußtsein, sondern über das Unterbewußtsein der drei Verbrecher nach einem schulmäßig starren Schema gegeben wird« (RGA, Band 8, S. 387).

142 *Arten der Interpretation* in: RGA, Band 5, S. 320 ff. (zunächst nur in Frankreich erschienen, vgl. den Editionsbericht von Hassemer, S. 273).

143 Wassermann in seiner Einleitung zu Band 9, S. 43.

zu. Berühmt-berüchtigt ist der Fall Fechenbach, ein Mann, der wegen eines in der Tat relativ belanglos wirkenden Vorfalls (Weitergabe eines möglicherweise politisch brisanten Telegramms an einen schweizerischen Gesandten) zu einer langjährigen Zuchthausstrafe verurteilt worden war und nunmehr auf dem Gnadenwege zu seinem Recht kommen wollte.[144] Radbruch wurde unter anderem von Kurt Hiller[145] scharf angegriffen, weil er sich angeblich nicht genügend für Fechenbach eingesetzt habe. Diese Kritik verkennt vollständig die Handlungsmöglichkeiten eines Justizministers, obwohl Radbruch in einem an Hiller gerichteten Brief, den dieser in seinem Artikel wiedergibt,[146] genauen Aufschluß gibt. Wenn man sich klarmacht, in welchem Maße Radbruch der Kritik von rechts ausgesetzt war (Gerhard von Beseler, Kieler Fakultätskollege, hat ihn als einen »bis zum Irrsinn fanatischen Bolschewisten« bezeichnet[147]), ist es geradezu grotesk, daß Volkmar Schöneburg in der Einleitung zu den *Reichstagsreden*[148] sich auf die Seite der linken Kritiker von damals stellt. Zwar räumt er ein, daß die Vorwürfe Hillers überzogen seien,[149] attestiert Radbruch dann aber doch einen Widerspruch zwischen seinem allgemeinen justizkritischen Standpunkt und dem Verhalten im konkreten Fall, wiederum freilich unter Distanzierung von noch weiter gehenden Vorwürfen, die von Vertretern der KPD in der Zeitschrift *Die rote Fahne* erhoben wurden.[150] Man muß dazu andere Zeugnisse hören, etwa den Bericht von Fritz Hartung, Radbruch sei »der einzige der zahlreichen Reichsjustizminister« gewesen, »die er erlebt und am Werke gesehen« habe, der »sein Ressort wirklich beherrschte, wirklich selbst Minister war«.[151] Er arbeitete eng mit Kurt Joël zusammen, seinem Staatssekretär, der später aus rassischen Gründen aus der Justizpolitik ausscheiden mußte, und ist des Lobes voll.[152] Aber Schöneburg

144 Vgl. die kurze Dokumentation im Editionsbericht zu Band 19, S. 205 f.

145 *Die Weltbühne*, 1924, II, S. 415 ff.

146 In dem Band mit Briefen aus dieser Zeit (RGA, Band 17) nicht abgedruckt!

147 *Kreuzzeitung* v. 5. 12. 1921, wiedergegeben bei Wassermann in seiner Einleitung zu Band 9, S. 20.

148 RGA, Band 19, S.ff.

149 Ebd., S. 19.

150 Ebd., S. 20.

151 Belege bei Wassermann, RGA, Band 9, S. 20.

152 Vgl. »Der innere Weg«, RGA, Band 16, S. 251.

macht sich andere Urteile, jetzt der neuen politischen Linken,[153] über diesen Mann zu eigen.[154] Joël habe »maßgeblichen Anteil« daran gehabt, »daß die deutschen Faschisten auf ein einsatzbereites Instrument für künftige Aufgaben zurückgreifen konnten«.[155] Eine abgewogenere Darstellung der Ministerialtätigkeit Radbruchs findet sich bei Wassermann,[156] obwohl auch er Vorbehalte gegenüber der angeblich unkritischen Zusammenarbeit mit Joël macht. »Wie in keinem anderen Ministerium« habe sich »im Reichsjustizministerium viel vom alten Vorkriegsbeamtengeist erhalten«.[157] Außerdem weist auch Wassermann darauf hin, daß Beamte, mit denen Radbruch seinerzeit gut zusammengearbeitet habe, später die Wegbereiter des NS-Regimes geworden seien, etwa Bumke, Reichsgerichtspräsident in der nationalsozialistischen Zeit.[158] Ganz deutlich hingegen wendet sich Baratta[159] gegen die Auffassung,[160] Radbruch habe als Justizminister versagt.

Man sollte sich darüber, daß drei Bearbeiter trotz gewisser Gemeinsamkeiten zu unterschiedlichen Beurteilungen der Aktivitäten Gustav Radbruchs als Justizminister kommen, schon Gedanken machen. Ein abschließendes Urteil ist vielleicht noch nicht möglich. Deshalb ist die Aufbereitung des Materials gerade in der Gesamtausgabe, die insofern sozusagen synchron gelesen werden muß, außerordentlich verdienstvoll.

153 Gemeint ist: Klaus-Detlev Godau-Schüttke, in: *Kritische Justiz* (1992), S. 82 ff.
154 RGA, Band 19, S. 17
155 A. a. O.
156 Einleitung zu Band 9, S. 17 ff.
157 Ebenfalls unter Bezugnahme auf den Artikel von Godau-Schüttke, a. a. O.
158 A. a. O., S. 18.
159 Einleitung zu Band 12, S. 14.
160 Hier wird auf Robert Kuhn, *Die Vertrauenskrise der Justiz (1926-1928). Der Kampf um die Republikanisierung der Rechtspflege in der Weimarer Republik*, Köln 1983, Bezug genommen, ein Autor, der in dem Text von Schäneburg mit ungeteilter Zustimmung zitiert wird.

D.

Spätestens seit der dritten Auflage von *Gestalten und Gedanken* wissen alle, die sich ein wenig mit Radbruch beschäftigen, welche beherrschende Rolle Kunst und Literatur nicht nur in seinem Leben, sondern auch für sein rechtswissenschaftliches Arbeiten gespielt haben. Radbruch hat sich darüber hinaus auch einen Platz in der allgemeinen Essayistik erobert; Literaturwissenschaftler und Kunsthistoriker sprechen mit großer Achtung von ihm. Es kann daher kein Zweifel daran aufkommen, daß auch diese Texte in die Gesamtausgabe der Werke eines Mannes gehören, dessen Signum auf das Ganze gesehen natürlich doch die Jurisprudenz ist. Aber diese ist ja auf gewisse Weise die scientia omnium rerum, und man muß dafür nicht immer wieder Savignys, von Radbruch übrigens selbst gern verwendetes[161] Diktum bemühen, daß das »Recht [...] kein Dasein für sich« habe, »sein Wesen vielmehr das Leben der Menschen selbst, von einer bestimmten Seite angesehen«, sei.[162] Trotzdem kann nicht alles, was Radbruch über Literatur und Kunst geschrieben hat, auf diese Weise verbucht werden. Andererseits wäre es schwierig gewesen, im Einzelfall die Abgrenzung zu finden und am Ende einiges, was mit Jurisprudenz gar nichts zu tun hat, auszuscheiden. Damit würde man auch etwas von der Persönlichkeit des Autors, die ja auch mit einer Gesamtausgabe gewürdigt wird, wegnehmen. Denn Radbruch schreibt immerhin im Vorwort zu *Gestalten und Gedanken,* daß dieses Buch »eine Bestandsaufnahme seiner geistigen Existenz« bedeute.[163]

I. Lassen wir also die schönen Abhandlungen über *Cicero, Trauer und Trost um Julia,*[164] *Die Mediceer-Kapelle von Michelangelo,*[165] *Theodor Fontane oder Skepsis und Glaube*[166] auf uns wirken, und wenn man dann daran denkt, daß Radbruch die Stoffbestimmt-

161 S. etwa RGA, Band 18, S. 180.

162 Friedrich Carl von Savigny, *Vom Beruf unserer Zeit für Gesetzgebung und Rechtswissenschaft,* 1814, S. 30.

163 RGA, Band 5, S. 15; S. 355 im Editionsbericht findet sich eine ausführliche Schilderung der Entwicklung dieser Studien von der ersten bis zur dritten Auflage.

164 A. a. O., S. 16

165 Ebd., S. 135

166 Ebd., S. 291 ff.

heit der Idee, die sich so beharrlich durch sein juristisches Werk zieht, unter anderem am Beispiel der Kunst demonstriert,[167] geht der Bezug zum Juristischen noch viel weiter, als man zunächst annehmen möchte. Daß auch die Abhandlung *Der deutsche Bauernstand zwischen Mittelalter und Neuzeit*[168] aufgenommen worden ist, mag nach dem, was Radbruch selbst darüber berichtet hat, zunächst nicht einleuchten. Es handelt sich um die Dissertation seiner Tochter Renate, die mit 24 Jahren bei einem Skiunfall tödlich verunglückte. Die Vermutung liegt nahe, Radbruch habe die Arbeit nun vollendet. Liest man aber das Nachwort von Harald Keller, dann wird klar, daß der ganze Text von Radbruch stammt. Es gab bis zum Tode von Renate Radbruch nur Rohmaterial. Sie habe, berichtet Keller, »den ganzen von ihr zusammengetragenen Stoff ausgezettelt vor ihm ausgebreitet«.[169]

Alle diese Arbeiten sind interessant und voller Überraschungen, so etwa die Stellen, die von Fontanes Umgang mit ihn persönlich angehender Trauer handeln, dem Mißverständnis, das er oft erzeugt habe, weil ihn angeblich nichts gerührt habe.[170]

Vielleicht hat Radbruch bei diesen Äußerungen auch an sich selbst gedacht; die Fassung, mit der er sowohl den Tod des Sohnes wie den der Tochter hinnimmt und sich aus seinen wissenschaftlichen Arbeiten und Korrespondenzen überhaupt nicht herausreißen läßt, ist bemerkenswert. Oder die Grußadresse zum 50. Geburtstag von Erich Mühsam,[171] ein mutiger, sehr persönlicher Text,[172] oder schließlich die kleine Annotation zu Rudolf G. Bindings Autobiographie »Erlebtes Leben«. Dieses Buch interessiert uns freilich vor allem wegen des Vaters Karl Binding, über den Rudolf G. Binding sehr viel mitteilt, so daß Radbruch sagen kann, Karl Binding habe das Leben des Sohnes »nicht absichtsvoll als Erzieher«, sondern »als

167 RGA, Band 2, S. 231.

168 Ebd., S. 35.

169 RGA, a. a. O.

170 RGA, Band 5, S. 298.

171 RGA, Band 5, nach S. 333 (die Paginierung setzt hier merkwürdigerweise aus), seinerzeit veröffentlicht in der *Vossischen Zeitung* v. 5. April 1928 (vgl. Editionsbericht, S. 422).

172 Mit Recht macht Klenner darauf aufmerksam, daß Mühsam wegen seines Versuches, eine bayerische Räterepublik zu schaffen, fünf Jahre Festungshaft abgesessen hat, während Hitler kaum mehr als ein Jahr verbüßte (Editionsbericht, a. a. O.).

vorbildlicher Mensch in geprägter Form feuerflüssigen Wesens« bestimmt.[173]

II. Mit größerer Aufmerksamkeit wird man natürlich die literarischen Arbeiten studieren, die mit Recht, speziell Strafrecht, aber auch mit Kriminologie zu tun haben. In erster Linie ist da vor allem der Aufsatz über Goethe: »Wilhelm Meisters sozialistische Sendung«[174] zu nennen. Sodann: *Karikaturen der Justiz*, mit der scharf beobachteten und überlegen differenzierenden Einleitung Radbruchs.[175] Weitere mit Blick auf juristische Relevanz geschriebene Texte über Literatur finden sich als integrale Bestandteile oder Einschübe anderer Untersuchungen, so zum Beispiel der Schiller-Goethe-Exkurs in dem Aufsatz »Über die Natur der Sache als Denkform«. Zutreffend bemerkt Klenner in seiner Einleitung zum 5. Band, daß es keinen Sinn gehabt haben würde, diese Stücke aus ihren Zusammenhängen herauszulösen und *auch* in den Spezialband über Literatur und Kunstgeschichte aufzunehmen.

3) Man hat sich angewöhnt, Texte dieser Art der Gattung »Recht in der Literatur« zuzurechnen. Sie hat eine große Tradition, früher mehr bei den Juristen,[176] zunehmend aber auch bei Literaturwissenschaftlern.[177] Was aber mehr und mehr Interesse gewinnt, ist der Topos »Recht als Literatur« und vielleicht sogar »Literatur als Recht«. Das aus den USA kommende »Law as Literature Movement« ist im Begriff, auch hier Fuß zu fassen, und wahrscheinlich steht da noch einiges zu erwarten.[178] Es ist nun faszinierend zu sehen, wieviel Radbruch, ohne terminologische Festlegung freilich oder Ausrufung eines neuen wissenschaftlichen Gebiets, auch davon schon in seinen Schriften produziert hat. Die Amerikaner haben das Phänomen unter anderem in den Schriften berühmter Juristen, die fast alle gleichzeitig hohe Richter gewesen sind, fixiert.[179]

173 RGA, Band 5, nach S. 331 (auch hier fehlt die Paginierung).

174 RGA, Band 5, S. 174 ff. (nicht zu verwechseln mit »Wilhelm Meisters sozialpolitische Sendung«, a. a. O., S. 164 ff.).

175 RGA, Band 5, S. 245 ff.

176 In seiner Einleitung informiert Klenner ganz vorzüglich darüber.

177 S. dazu Lüderssen, in: *Neue Juristische Wochenschrift* (1997), S. 1106 ff.

178 Zum Ganzen: Lüderssen, *Genesis und Geltung in der Jurisprudenz* a. a. O., S. 328 ff.

179 Vgl. Thomas M. Seibert, »Goethe in der Tradition juristischer Rhetorik von

Die Jurisprudenz, wenn sie dem Anspruch auf individualisierende Gerechtigkeit wirklich genügen will, braucht Distinktionen, die sich ihrer auf Regelhaftigkeit und dementsprechender Generalisierung bezogenen Sprache genuin entziehen. Schriftsteller unterliegen nicht diesem Zwang und stoßen daher auf befreiende Weise zu Argumenten vor, die den Juristen verschlossen sind. Ob das so bleiben muß, ist eine der spannendsten Fragen der Rechtstheorie der Gegenwart. Radbruch, wiewohl nicht von Hause aus Schriftsteller, hat jene in der Tradition der Rechtssprache liegende Barriere nicht selten beiseite geschoben und damit überraschende Erkenntnisse zutage gefördert. Ein Beispiel findet sich in seinem Aufsatz über die Psychologie der strafrechtlichen Schuldform an.[180] Es geht um die »psychologische Sachlage« beim Vorsatz, also unter anderem um die Frage, was an Wissenselementen zum Vorsatz gehört (meines Erachtens hochaktuell mit Blick auf die ungeklärten Fragen des Tötungs- oder Körperverletzungsvorsatzes von aidsinfizierten Tätern). Der Text ist ungewöhnlich. Radbruch versetzt sich nach Art eines Autors in den Täter. Er dringt dabei nur deshalb zum Kern des Problems vor, weil er die Sprache des Juristen verläßt und die des Schriftstellers wählt, wobei es sich fast von selbst versteht, daß er die »Literatur« heranzieht, in diesem Falle Dostojewskis Raskolnikow.

»Die Vorstellung des Verbrechens frißt in der Seele dessen, der es plant, um sich herum einen immer größeren leeren Raum und wird schließlich zum Alleininhalt des Bewußtseins, der alle hemmenden Anschauungen und Gefühle ins Unterbewußtsein verdrängt hat. Das großartigste Bild eines aus einer so isolierten Tatvorstellung entspringenden Verbrechens bietet uns Dostojewkys Raskolnikow. Nur noch im Traume – in dem Traume vom totgeschlagenen Pferd – drängen die verdrängten Gefühle an die Oberfläche des Bewußtseins. Erst die Wirklichkeit der begangenen Tat läßt die verdrängten Gefühle gewaltsam wieder in das bewußte Seelenleben emporbrechen [...]. In Fällen der geschilderten Art ist ... die Isolierung der Tatvorstellung gegenüber der Anschauung und dem Gefühl des Täters gerade das Ergebnis eines besonders starken verbrecherischen Willens, der bis ins Unterbewußtsein hineinwirkt, eines hohen Grades von Gleichgültigkeit gegen die verletzten Rechtsgüter. Und doch fehlt gerade in solchen Fällen

Cicero bis Oliver Holmes«, in: Klaus Lüderssen (Hg.), *»Die wahre Liberalität ist Anerkennung«. Goethe und die Jurisprudenz*, Baden-Baden 1999.

180 RGA, Band 8, S. 184ff.

die ›Überlegung‹ – denn Verdrängung der Hemmungen ist das Gegenteil der Auseinandersetzung mit ihnen.«[181]

Es ist noch nicht geklärt, ob und in welchem Maße die »Freirechtsbewegung« teilweise eine europäische Vorform des »Law-as-Literature-Movements« in Amerika gewesen ist. Vieles spricht dafür. Generalklauseln als Gewalt (Derrida) – das könnte auch Hermann Kantorowicz formuliert haben, dessen unter dem Namen *Gnaeus Flavius* erschienene Schrift seinerzeit der Freirechtsbewegung einen entscheidenden Impuls gegeben hat. Radbruchs wissenschaftliche und persönliche Freundschaft mit Hermann Kantorowicz ist durch zahllose Briefe verbürgt. Er selbst hat sich programmatisch eher zurückgehalten, aber dann blitzt es eben doch immer wieder durch. Bezeichnenderweise schon in der frühen Abhandlung über den Handlungsbegriff,[182] wenn er über die Funktion des Rechtsgefühls für die Entwicklung eines dogmatischen Urteils schreibt:

»Daß wir täglich und stündlich mit dem Rechtsgefühl arbeiten, ist unschwer zu erweisen. Ein aus dem Gesetze durch unvollständige Induktion gewonnenes Prinzip können wir gar nicht anders widerlegen, als indem wir es ad absurdum führen, d. h. indem wir aus ihm absurde Folgesätze ziehen und damit die Absurdität der Grundsätze beweisen. Aber woher wissen wir, daß der absurde Folgesatz wirklich absurd ist? Nicht aus dem Gesetze, denn dieses hat ja die Induktion des Grundsatzes zugelassen. Man pflegt also zu sagen:

Aus der ›Natur der Sache‹, dem ‹Geiste des Gesetzes‹. Aber es ist wirklich an der Zeit, diesen Geist zu bannen und ihn zu erkennen als der Herren eigenen Geist, in dem das Gesetz sich bespiegelt. Wissen wir doch hinlänglich, daß Persönlichkeiten, ungewiß durch ihr eigenes Gewicht zu wirken, sich in das blendende Gewand irgendeiner ›guten‹ Sache zu verkleiden pflegen. Es bleibt also nur das individuelle Rechtsgefühl, individuelle ›Werturteile und Willensentscheidungen‹, individuelle Überzeugung vom ›richtigen Recht‹.«[183]

Die Nähe zur Freirechtsbewegung wird im übrigen auch durch die zahlreichen Bezugnahmen auf Eugen Ehrlich[184] kommentiert, die es in Radbruchs Werk gibt, den von Kelsen verdammten, als

181 A. a. O., S. 186/187

182 Vgl. oben S. 479 ff.

183 RGA, Band 7, S. 85, mit einem Hinweis (!) darauf, daß Hermann Kantorowicz ihn »auf die im Text folgende Erscheinung« aufmerksam gemacht habe.

184 S. RGA, Band 1, S. 327, 421, 433, 456, 483, 508; RGA, Band 3, S. 230, 236.

Extra-Ordinarius in Czernowitz konfinierten rechtssoziologischen Kollegen, der ebenfalls einen bahnbrechenden Beitrag für die Freirechtsbewegung verfaßt hat.[185]

E.

Ein Werk von solchen Ausmaßen macht neugierig auf die Person des Autors. Radbruch hat selbst Auskunft gegeben, im *Inneren Weg*.[186] Ein bewegender, das Genre der notorischen Wissenschaftler-Autobiographien hinter sich lassender Text, wohl schon »literarisch« zu nennen, bei allem Bewußtsein des Stils aber unprätentiös, mit dem intellektuellen Takt eines erfahrenen Lesers geschrieben, informativ, ohne Indiskretionen. Freilich nicht immer gleichmäßig in bezug auf das für mitteilenswürdig Gehaltene. Wir würden, wie in anderen Fällen auch, das gar nicht registrieren, wenn nicht doch das ganze Leben Radbruchs als ein schwieriges – nach der persönlichen wie nach der politischen Seite hin – durch das Werk hindurchschimmerte. Man kann gar nicht umhin, an Paul Johann Anselm Feuerbach zu denken, dessen Leben ungewöhnlicher verlief und dem sich Radbruch in mancher Hinsicht nahe gefühlt haben mag.

Im übrigen ist ein weiter gehendes Interesse endgültig eröffnet, wenn sich der Herausgeber einer Gesamtausgabe auch zur Aufnahme des Briefwerks entschließt. Das ist hier erfreulicherweise geschehen. Wer wirklich viel lesen möchte, dem sei angeraten, mit den Briefen zu beginnen. Sie öffnen die Türen zu fast allen seinen Texten, man kann in die Räume hineinschauen, ohne sie zu betreten, und geht weiter. Wenn man dann die Gesamtausgabe Band für Band durchsieht, sich festliest, sich an früher Gelesenes erinnert, erneut nachschlägt, Editionsberichte vergleicht, rückt der Zeitpunkt heran, zu dem man die Briefe ein zweites Mal lesen möchte. Man erinnert sich an die in den Briefen angedeuteten Umstände der Entstehung der Schriften, der inneren und äußeren Schwierigkeiten, ihrer Verwobenheit in den Gang der ja keineswegs von vornherein steil und konsequent sich entwickelnden Karriere und

185 *Freie Rechtsfindung und freie Rechtswissenschaft*, 1903
186 Mit den biographischen Schriften zusammengefaßt in: Band 16, S. 167 ff.

ist noch einmal gespannt auf den Blick zurück, nachdem man, um im Bilde zu bleiben, die Zimmer wieder verlassen hat. Auch das ist eine Leseempfehlung.

5.3 Kritische Empirie (Ulrich Klug)

A.

Phänomenologische Aspekte der Strafrechtsphilosophie von Kant und Hegel, der Handlungsbegriff des Finalismus als methodologisches Problem, das Aufstacheln zum Angriffskrieg, der Eigentumsvorbehalt bei der Waren- und Wertpapierverschleuderung im Konkursstrafrecht, Probleme der Strafzumessung bei Diebstahl, Einbruch und Raub, Beweisverbote im Strafprozeß, Tariflohn auch für Häftlinge – mit jedem dieser Titel[1] aus der Feder von Ulrich Klug ist ein anderes Teilgebiet der »gesamten Strafrechtswissenschaft« aufgerufen und zugleich anschaulich gemacht, daß Ulrich Klug das getan hat, was man – etwas umständlich – Spezialisierung durch Integration nennen könnte. Im Zeitalter geschwundener universaler Kompetenzen ist das vielleicht der einzige noch verbleibende Weg, sich gegen die Isolierung zu wehren, in die gerät, wer sich mit dem Ziel, von ihr nun wirklich etwas zu verstehen, in *eine* Sache vergräbt. Ein Chemiker, der nur etwas von Chemie versteht, ist kein guter Chemiker, soll Lichtenberg gesagt haben. Klug hat – nach dieser Devise – zum Strafprozeß deshalb so Überzeugendes schreiben können, weil er über die Straftheorien und ihre wechselvolle Geschichte gründlich Bescheid wußte, und das wiederum war nur deshalb so verbindlich, weil er auch über den Vollzug der Strafe genau nachgedacht und recherchiert hat. Zieht man größere Kreise, so zeigen sich weitere Verbindungslinien. Klugs Abhandlung über den Begriff der Gesetzeskonkurrenz etwa ist ohne seine logischen Studien, die ihn weit über das bei Juristen Gewohnte hinausgeführt haben, nicht zu denken, und die »Schwerpunkte der Reform des Demonstrationsstrafrechts« hätten ihm nicht so klar vor Augen gestanden, wäre er nicht so intensiv zu einer Staatsphilosophie der geordneten Anarchie und ihrem Verhältnis zum Rechtsstaat inter-

1 Die Fundstellen für alle hier zitierten Arbeiten finden sich entweder in dem Verzeichnis der Veröffentlichungen von Ulrich Klug, in: Günther Kohlmann (Hg.), *Festschrift für Ulrich Klug zum 70. Geburtstag II*, Köln 1983, 615 ff., oder in: Ulrich Klug, *Rechtsphilosophie, Menschenrecht, Strafrecht*, Köln 1994, S. 277 ff.

essiert gewesen. Und immer gilt jeweils das Umgekehrte. Klug hat nicht einfach abgeleitet, sondern kannte die induktive Bedeutung tatsächlicher und normativer Details aus dem Allgemeinen und Besonderen Teil des Strafrechts.

B.

Seine schriftstellerische strafrechtliche und kriminalpolitische Arbeit erstreckte sich auf alle Stufen der Jurisprudenz und nahm vielerlei Gestalt an – Monographien, Aufsätze, Essays, dickleibige Kommentare, Tageszeitungen, Gefangenenzeitungen, Taschenbücher zur aktuellen Politik, Gutachten.

I. Zunächst möchte ich von Klugs Beitrag zur Dogmatik sprechen, also der Herausarbeitung des »immanenten Sachzusammenhanges, der ein Sinngebiet einheitlich bestimmt«, so beschreibt Hans-Georg Gadamer[2] (mit einer Annäherung an Erich Rothacker[3]) unsere Haupttätigkeit, anspruchsvoll, aber angemessen – jedenfalls für Ulrich Klug: Denn wer nähert sich schon der Aufbereitung eines Tatbestandes, die wir unseren Studenten zur Vorbereitung der Subsumtion empfehlen, mit einem – übrigens vorbildlich knappen und klaren – Diskurs über synthetische und analytische semantische Definitionen? Klug tut das in seiner Abhandlung über »Ungeschriebene Tatbestandsmerkmale beim Staatsgeheimnisbegriff« und führt auf dieser Basis die seinerzeit in der Rechtsprechung vertretene sogenannte Mosaiktheorie schnell ad absurdum. Ähnliches erlebt, wer bei der Lektüre des Beitrags »Die Verletzung von Denkgesetzen als Revisionsgrund« von den Denk*fehlern* zu den Denk*grenzen* geführt wird. Keineswegs beschränkt sich Klug auf diese Vorklärungen aus dem Arsenal einer – im weitesten Sinne zu verstehenden – analytischen Philosophie. Seine – mit Blick auf die Monographie von Eberhard Schmidt[4] – entwickelte Auslegung der

2 Ders., *Hermeneutik und Historismus*, in: *Gesammelte Werke*, Band 2, Tübingen 1993, S. 387 ff. (398).

3 Ders., *Die enigmatische Denkform in den Geisteswissenschaften und das Problem des Historismus*, Mainz 1954.

4 Ders., *Die Bestechungstatbestände in der höchstrichterlichen Rechtsprechung von 1897 bis 1959*, München 1960.

Bestechungstatbestände entlarvt eine – von der Rechtsprechung auf den Ermessensbeamten bezogene – psychologische These und mobilisiert damit gewissermaßen auch die vitalen Hintergründe der Strafrechtsdogmatik. Außer diesen ausgesprochen pointierten Arbeiten hat Klug aber auch zur Alltagspraxis der Strafrechtsanwendung wichtige Beiträge geleistet. Seine Aktivitäten reichen insoweit bis hin zu umfangreichen Gutachten in großen Strafprozessen, etwa im Zusammenhang mit der Spiegel-Affäre, die ihn zu einer Fülle in die Zukunft weisender strafprozeßrechtlicher Aussagen veranlaßt hat. Im übrigen hat er Strafvorschriften erläutert, freilich auch insofern sich vom breiten Strom der Kollegen absondernd, als es das Nebenstrafrecht, in Gestalt von Aktien-, GmbH- und Konkursstrafrecht, gewesen ist, dem er sich – in renommierten Großkommentaren – zugewandt hat. Er gehörte durchaus zu den ersten Strafrechtsprofessoren, die in dieser Weise auftraten, erst später kamen andere, Tiedemann und Kohlmann etwa, hinzu.

II. Fast jede Dogmatik bringt zusammen mit Wandlungen in der allgemeinen Politik Reformforderungen hervor. Klug hat sich ihnen zu keiner Zeit seines Lebens verweigert. Bald stieß er zu den Kritikern des E 1962 (jenes damals sehr umstrittenen offiziellen Strafgesetzbuchentwurfs) wie Stratenwerth, Arthur Kaufmann, Maihofer, Noll und Rexin, welche das Unternehmen eines in fortlaufenden Lieferungen erscheinenden Alternativentwurfs ins Leben gerufen hatten. Klug konzentrierte seine Arbeiten in dieser Gruppe vor allem auf die besonders schwierigen Materien der Pönalisierung des Völkermordes und des Angriffskrieges; die Fassungen, die im AE beschlossen wurden, sind vornehmlich sein Werk, und so war es auch vollkommen konsequent, daß er später, als es um die Realisierung einschlägiger Teilreformen des geltenden Strafgesetzbuches ging, großen Einfluß entfaltete, vor allem auf die Schaffung des § 80a StGB und die Revision der Verjährungsvorschriften beim Mord. Auch im Wirtschaftsstrafrecht gibt es Reformbeiträge von Klug; ich nenne die relativ frühe und schnell bekanntgewordene Arbeit über »Aktuelle Probleme des Konkursstrafrechts« (1962) und das ausführliche, erst später veröffentlichte Gutachten über die »Strafbarkeit irreführender Werbeangaben«. Nicht alle Strafrechtler wissen vielleicht, daß Klug, ähnlich wie er für seine Rechtsphilosophie in der allgemeinen Philosophie die Grundlagen selbständig gesucht hat, auch auf ökonomischem Gebiet die engen Grenzen seines Faches schon früh hinter sich gelassen und allgemeine wirtschaftliche Fragen, ebenfalls reformorientiert, behandelt hat, etwa in der Festschrift für den Rechtsanwalt Walter Schmidt (des bedeutenden Bruders, *unseres*, ebenfalls natürlich bedeutenden, Eberhard Schmidt), wo er sich detailreich zur Neuordnung des Bankenstimmrechts äußert.

III. Klug ist mit manchem über den normalen Reformbetrieb noch hinausgegangen. 1974, wohl schon in seiner Zeit als Justizsenator in Hamburg, veröffentlicht er in den *Wuppertaler Beiträgen zur Straffälligenpädagogik, Delinquenzprophylaxe und Rehabilitation* einen Text, der keinem geringeren Vorschlag als dem, das Strafrecht abzuschaffen, gilt. Allerdings erinnert er daran, daß schon Gustav Radbruch geschrieben hat, die Geschichte des Strafrechts sei die seiner Abschaffung. Aber er fügt in diese Geschichte doch einige carmina prius non audita ein, etwa wenn er am Schluß sagt: »Ich habe keine Bedenken, auch von einem Schuldmaßnahmenrecht zu sprechen, weil ich in dem Schuldbegriff einen psychologischen terminus sehe, der eine solche Möglichkeit offenläßt.« Also nicht »keine Strafe ohne Schuld«, sondern »Schuld ohne Strafe« könnte nunmehr die Parole werden. Auch der Essay »Abschied von Kant und Hegel« gehört hierher, mit dieser zwar schon vor einem Vierteljahrhundert erhobenen – aber immer noch auf weite Strecken als Sakrileg empfundenen – Forderung (ich komme noch darauf zurück), und ganz sicher die ebenfalls schon fast ein Dutzend Jahre alte kurze These über »Das Recht auf einen menschenwürdigen Tod«, dankenswerterweise aufgenommen in die kürzlich von Kohlmann herausgegebene stattliche Sammlung der Arbeiten Klugs aus den letzten Jahren[5] – nachdem schon 1981 die beiden Sammelbände »Skeptische Rechtsphilosophie« und »Humanes Strafrecht« erschienen waren.

5 S. die genaue Angabe in Fn 1. S. in Ulrich Klug, *Rechtsphilosophie, Menschenrecht, Strafrecht*, a. a. O., S. 9.

C.

Was hat Klug als Strafjurist und Kriminalpolitiker gewollt? Wofür stand er? Schnell pflegt man zu sagen: »in dubio pro libertate«. Das ist im Ergebnis auch richtig. Aber diese Maxime hat doch etwas Wohlfeiles, wird zunehmend von Leuten verschiedenster Provenienz reklamiert und bedarf in jedem Einzelfall einer Nachprüfung und Ausdifferenzierung.

Man kann bei Ulrich Klug ohne weiteres, denke ich, einen politischen Grundzug ausmachen, der seinem Eintreten für die Freiheit der einzelnen Personen ein ganz breites, gelebtes solides Fundament gibt. Wir sind zwar ständig auf der Lauer gegen uns selbst, ob auch methodologisch alles stimmt, indessen gibt es immer wieder vernünftige, sozusagen runde Spontaneitäten auf die letztlich alles ankommt, mitten in noch so professioneller Argumentation. So auch bei Klug, man könnte viele Beispiele bringen, nicht zuletzt aus seinen blendenden Parlamentsauftritten, etwa zur Reform des § 113 StGB,[6] oder seine kenntnisreiche und einfühlende Gedenkrede auf den 1945 in Flossenbürg ermordeten General Hans Oster und die späte Erinnerung an den Ossietzky-Prozeß.

Das Eintreten Klugs für die Freiheit bedarf aber bereits dort einer ergänzenden Betrachtung, wo er absolute Bewertungen vornimmt. Die unterbliebene strafrechtliche Reaktion auf die NS-Verbrechen und die Sorge vor einer Kapitulation des Strafrechts gegenüber zukünftigen schweren politischen Verbrechen sind insofern ein Thema.

Weiter muß man seinen Begriff von Freiheit zu seiner Konzeption einer nicht reduzierbaren Empirie in Beziehung setzen. Klugs ausschließlich präventives Strafrechtsdenken, auch seine Äußerungen zur Willensfreiheit belegen das, ferner – vielleicht nicht gerade mit Händen zu greifen – seine Rechtsgutslehre, wie sie in seiner Stellungnahme zur Reform des § 175 StGB mit Blick auf Veränderung der Altersgrenzen sichtbar wird: Nur was man als Leiden sinnlich identifizieren kann, erscheint als Rechtsgutsverletzung, bloße Vorstellungen, etwa die der »Sittlichkeit als solcher«, scheiden aus.

Daß diese Fixierung an das Erfahrbare wiederum nicht ohne

6 Deutscher Bundestag – *Beratungen des Sonderausschusses für die Strafrechtsreform*, 6. Wahlperiode, vierte und fünfte Sitzung.

weiteres vereinbar ist mit der Beschwörung von Prinzipien, bringt ein weiteres Problem auf den Tisch. Es wird nicht leichter lösbar, wenn man Klugs Nähe zu Kelsen (großartig dokumentiert nicht zuletzt durch den – unter dem Titel »Rechtsnormen und logische Analyse« edierten – Briefwechsel) bedenkt, also zu jenem rigorosen Positivismus, wohin auch ihn vieles drängte, besonders sein Begriff von Normlogik. Klug hat in einer seiner letzten Arbeiten (»Erlaubnis zum Mord – Justiz und Judenverfolgung«) sich mit jenem in seiner offenbaren Brutalität erschütternden Text des § 1 der Verordnung des Reichspräsidenten vom 21. März 1933 über die Gewährung von Straffreiheit befaßt, der da lautet: »für Straftaten, die im Kampfe für die nationale Erhebung des deutschen Volkes, zu ihrer Vorbereitung oder im Kampfe für die deutsche Scholle begangen wird, wird Straffreiheit nach Maßgabe der folgenden Bestimmungen gewährt«.

Im Anschluß daran stellt Klug fest: »von Anfang an war nach der nationalistischen perversen Rechtsauffassung politischer und rassistischer Mord erlaubt«, um dann in einer überraschenden Volte zu sagen: »berechtigt ist die Feststellung, daß die Mitschuld der diese Morde nicht verfolgenden und damit erlaubenden Justiz unter Hitler unbestreitbar ist. Zu prüfen bleibt, zu welchen rechtlichen Folgerungen diese erschütternde Kumpanei führen kann und muß – nicht aus damaliger, sondern aus heutiger Sicht.« Gefragt nach der Kompatibilität dieser beiden Positionen, würde Klug vielleicht geantwortet haben, man habe offensichtlich nicht nur Kelsen falsch verstanden, sondern auch ihn. Kelsens Absicht sei nur gewesen, »die wissenschaftliche Analyse aus dem Bereich der politischen, ideologischen oder sonstigen Wertungen herauszuhalten«. Daraus folge allerdings nicht, daß Wertungen überhaupt unzulässig seien. Aus der Sicht rationaler rechtswissenschaftlicher Bemühungen müsse lediglich streng darauf geachtet werden, daß diesen Wertungen kein Absolutheitscharakter beigemessen werde. Niemand sei aber »durch diese Erkenntnis gehindert, Wertentscheidungen zu fällen und beispielsweise, ausgehend von einem als rechtsstaatlich definierten Rechtswertsystem […] Gesetze, durch die rassische Gruppen diskriminiert werden […] als das zu bezeichnen, was sie sind – Perversionen des Rechts und der Rechtswissenschaft durch pervertierte Rechtspolitik«. Ich finde diese Stelle aus Klugs Vortrag zum hundertsten Geburtstag von Kelsen (»Hans

Kelsens Reine Rechtslehre«), bei welcher Gelegenheit er der Kölner Zeit Kelsens dankbar gedenkt, nicht ganz unproblematisch. Wo muß – nach Kelsen und Klug – der unpolitische Teil wissenschaftlicher Analysen beginnen? Dort, wo das gesetzte Recht beginnt, ohne Rücksicht auf seine Legitimierbarkeit vor einem Forum, das höher steht als der zufällig die Herrschaft ausübende Gesetzgeber? Wenn das richtig ist, kann die Wendung »erlaubter Mord« so lange nicht mit der von Klug suggerierten Distanz vorgebracht werden, wie – im konkreten Fall – nicht geklärt ist, ob, ich zitiere Kelsen, »eine nicht auf metarechtliche Autorität, wie Gott oder Natur, zurückgreifende Deutung des subjektiven Sinns gewisser Tatbestände als ein System in Rechtssätzen beschreibbarer, objektiv gültiger Rechtsnormen möglich«[7] ist. Bekanntlich hat Kelsen selbst diese Frage nicht zufriedenstellend beantwortet,[8] so daß keine Notwendigkeit besteht, nun Ulrich Klug dafür haftbar zu machen. Aber das Problem bleibt, wie die keineswegs abgeschlossene und – mit gefährlichen Parallelen – auf die strafjuristische Würdigung der NS-Vergangenheit zurückweisende Debatte darüber zeigt, welchen Positivismusbegriff man einer Aufarbeitung der DDR Vergangenheit eigentlich zugrunde legen sollte.[9]

D.

Für die Spekulation auf die Weiterentwicklung seiner Strafrechtsphilosophie ist es vielleicht hilfreich, Klugs Anfänge zu rekonstruieren. Sie sind durch eine aufgeklärte Ernüchterung von den Sündenfällen religiöser Einflüsse auf das staatliche Strafrecht bestimmt. Daß Vergeltung und Sühne nicht Aufgabe des Staates sein dürfen, ist in Klugs Dissertation »Die zentrale Bedeutung des Schutzgedankens für den Zweck der Strafe« so eindringlich und auch heute noch lesenswert vorgeführt (Radbruch hat in seiner Rezension in

7 Hans Kelsen, *Reine Rechtslehre*, Wien ²1969, S. 235 (dazu Horst Dreier, *Rechtslehre, Staatssoziologie und Demokratietheorie bei Hans Kelsen*, Baden-Baden 1986, S. 43).

8 Vgl. dazu Hans Joachim Hruschka, Die Todesschützen an der Berliner Mauer vor Gericht, in: *JuristenZeitung* 1992, S. 665 ff.

9 Vgl. mit Nachweisen Michael Pawlick, »Das Recht im Unrechtsstaat«, in: *Rechtstheorie* 25, (1994), S. 101 ff.

der *Schweizerischen Zeitschrift für Strafrecht* 1939[10] bereits Lobendes dazu gesagt), daß man diese – glänzend und überlegen formulierte – Schrift des 25jährigen schon allein deshalb jeder Kritik entziehen sollte. Der Rettung des vergeltenden Strafrechts, die auch in unseren Tagen durch Rückgriff auf Kant als eines unverdächtigen Philosophen weltlicher Freiheit versucht wird, hat Klug rechtzeitig, wie ich finde, den Riegel vorgeschoben:

»Kants heller Geist scheint in seiner Straftheorie durch depressive Visionen verdunkelt. Schon die ersten Sätze seiner Gedanken zum Sinn der Strafe, die sich in der 1797 erschienenen ›Methaphysik der Sitten‹ finden, sind ein zeitgebundener, hoffnungslos resignierender Auftakt: ›das Strafrecht ist das Recht des Befehlshabers gegenüber den Unterwürfigen, ihn wegen seines Verbrechens mit einem Schmerz zu belegen‹.«[11]

Bleibt danach nur Prävention, sei es – repressiv – durch Strafe, sei es – prophylaktisch – durch Sozialpolitik *und* sichernde Polizei, so erhebt sich die Frage nach der – für den Umgang mit vergangenen Handlungen und die Erwartung zukünftigen Verhaltens gleichermaßen zu respektierenden – Freiheit des Menschen erst mit voller Schärfe. Die Väter des aufgeklärten Empirismus im Strafrecht haben das wohl gesehen, aber doch nicht so reflektiert, wie wir es uns heute nachträglich wünschen. Man muß das aber zu verstehen suchen. Die Erregung über die bisher ungenutzten empirischen Möglichkeiten im Strafrecht – angestoßen durch die zweite Welle der Naturwissenschaften, die am Ende des 19. Jahrhunderts sich offenkundig vor allem in Technik und Medizin umsetzte – war gewaltig. Im Rausch des jetzt machbar Erscheinenden war in einer voreiligen Gesamtperspektive nicht sichtbar, daß die naturwissenschaftlich erforschbare Seite des Menschen ihn nicht erschöpft, andere ebenfalls empirisch zugängliche Seiten noch aufgespürt werden mußten, wofür aber Psychologie, Psychoanalyse und Soziologie noch nicht die erforderliche Vorarbeit geleistet hatten. Freilich hätte es seinerzeit genügt, den Zielkonflikt mit der – keineswegs außer Kurs gesetzten – klassischen Freiheitsphilosophie wahrzunehmen und aufzuarbeiten; darin liegt ein vermeidbarer Fehler, den man indessen erklären kann mit der merkwürdigen Eigengesetzlichkeit von

10 Band 53, S. 112.

11 Abschied von Kant und Hegel, in: Ulrich Klug, *Skeptische Rechtsphilosophie und Humanes Strafrecht*, Berlin u. a. 1981, Band II, S. 145 ff. (149/150).

Theorien und auch Erfindungen, die zunächst nicht rechts noch links vom Wege schauen. Psychoanalyse, Marxismus, aber auch – in kleinerer Münze – etwa die finale Handlungslehre Welzels sind schlagende Beispiele. Jetzt weiß man vieles besser. Zwar ist immer noch umstritten, ob kommunikationsorientiertes Handeln als Voraussetzung für freiheitsverbürgende und fördernde Resozialisierung einerseits und zielgerichtete Rationalität andererseits auf höherer Ebene vereinbar sind in einem strafrechtlichen Zweckprogramm; aber der – möglicherweise noch übrigbleibende – Zielkonflikt ist nunmehr sowohl von konservativ-liberaler wie radikal-liberaler Seite klar ins Bewußtsein gerückt. Deshalb zu verkennen, daß Voraussetzung für die – in dieser Weise begründete – Einbringung von Zwecken in das moderne strafrechtliche Denken auch die von v. Liszt und seinen Anhängern betriebene Empirisierung des Strafrechts war, wäre ebenso undankbar wie unrealistisch.

Deshalb muß man auch den jungen Klug davor bewahren, auf ein falsches Gleis geschoben zu werden. Die gemeinsame Schnittmenge, die sich in seinem Plädoyer für den Schutzgedanken seinerzeit mit in den nationalsozialistischen Programmen vorkommenden Positionen ergibt, hat er überhaupt nicht zu verantworten. Die NS-Juristen haben sich (das gilt auch für ihre Hypostasierung der »Gemeinschaft«) – mafiosisch und zynisch – aus allen verfügbaren Quellen bedient, um für ihre Politik der höheren Rasse zu werben und sie durchzusetzen. Kein Autor kann sich nachträglich vor dem Mißbrauch seiner Texte schützen. Was Klug angeht, so hat übrigens einer der einflußreichsten nationalsozialistischen Strafrechtslehrer, Friedrich Schaffstein, die Herkunft der Klugschen Ideen »durchschaut« und sich im Namen der nationalsozialistischen Rechtsauffassung gegen ihre Mobilisierung gewandt. »Entschiedene Zurückweisung«, schreibt er in einer Rezension der Doktorarbeit (in der *Zeitschrift für die gesamte Strafrechtswissenschaft* 1940[12]), verdiene »die kritiklose Wiedergabe demoliberaler und marxistischer Argumente gegen die Sühneidee«. Ein Beispiel dafür sei etwa »Klugs Versuch, den angeblichen Mangel der Volkstümlichkeit des Sühnegedankens« durch eine statistische Untersuchung nachweisen zu wollen, »die an der Hand von Berufsschüleraufsätzen über die Themen ›Sinn der Strafe‹ und ›Schuld und Sühne‹ vorgenom-

12 Band 59; s. S. 238/239.

men« worden sei »und die ein Überwiegen des Schutzgedankens« gezeigt haben solle. Mit der Arbeit von Mathilde Kelchner,[13] auf die Schaffstein hier verweist und die Klug in der Tat expressis verbis auswertet, ist eine Untersuchung aus dem Jahre 1932 gemeint, deren genauen Titel Schaffstein verschweigt. Es handelt sich um eine sorgfältige, vorurteilslose Studie, die man heute als qualitative Sozialforschung bezeichnen würde, ein Beleg für die weit fortgeschrittene Sozialpsychologie der Weimarer Zeit, veröffentlicht in einem Beiheft der *Zeitschrift für angewandte Psychologie*.[14] Es gehörte Mut dazu, diese Zeitschrift zu zitieren, deren Herausgeber William Stern und Otto Lipmann 1934 – bezeichnenderweise[15] – ersetzt wurden durch Otto Klemm und Philipp Lersch.

Es ist leider so, daß die Fragen, welche die Liszt-Schule nicht gestellt hat, auch heute noch offen sind. Politisch war sich Klug des Dilemmas zwischen Freiheit und Prävention – das ist *die* Frage des gegenwärtigen *und* zukünftigen Strafrechts – spätestens seit den fünfziger Jahren bewußt, und alle strafrechtlichen und kriminalpolitischen Vorschläge, die er gemacht hat, sind in dieser Hinsicht von großem Verantwortungsbewußtsein getragen. Auch diese Seite seines Denkens ist wissenschaftlich schon in der Dissertation vorbereitet: »eine Lösung des Freiheitsproblems vermag die Philosophie nicht zu geben. Eines muß indessen festgestellt werden, daß nämlich aus der Tatsache, daß es keinen Freiheitsbeweis gibt, noch nicht der Gegenbeweis des Nichtbestehens der Freiheit gefolgert werden kann.«

In einer seiner letzten Arbeiten hat Klug diese Skepsis noch einmal äußerst genau belegt. Ich meine seinen Versuch einer philosophischen Begründung der Menschenrechte, zunächst abgedruckt im Beiheft des *Archivs für Rechts- und Sozialphilosophie* Nr. 33, im Jahre 1988. Nach Abschreiten wirklich aller gegenwärtig denkbaren Positionen kommt Klug zu dem Ergebnis,

»die höchsten regulativen Prinzipien […] können, wenn metaphyischer Dogmatismus vermieden werden soll, nur angegeben werden auf der Grundlage hypothetischer und präsumtiver, aber autonomer Entscheidun-

13 Mathilde Kelchner, *Schuld und Sühne im Urteil jugendlicher Arbeiter und Arbeiterinnen*, Leipzig 1932.

14 Band 63.

15 Man lese nur einmal die Vorbemerkung zu Band 46, Heft 1 und 2 (Februar 1934).

gen über die Festsetzung von Wertaxiomen. Nach der Begründung der Axiome, nach ihren deduktiven Ableitungen, kann nicht gefragt werden, wenn ein unendlicher Regreß vermieden werden soll. Als höchste und letzte Axiome werden sie zu metaphysischen Sätzen. In ihrer Eigenschaft als regulative Prinzipien, als normative Axiome, sind sie rechtsmetaphysische Aussagen und wegen ihrer hypothetischen, präsumtiven Inhalte Sätze einer kritischen, nicht einer dogmatischen Rechtsmetaphysik. Sie bezeichnen damit mögliche und notwendige Positionen der Rechtsmetaphysik im definierten Sinn.«

Und dann heißt es: für die Begründung der Menschenrechte und ihren Inhalt ist »Basis die postulierte Autonomie des Menschen, und zwischen beiden besteht Interdependenz: in dubio pro ratione. In dubio pro libertate.«

Da ist es wieder, das »in dubio pro libertate«. So aufbereitet, kann der Satz aber fruchtbar gemacht werden, und man gewinnt die Perspektive auf eine vertrauenerweckende wissenschaftlich-politische Zukunft in Strafrecht und Kriminalpolitik, die eröffnet zu haben Klugs großes und bleibendes Verdienst ist, wofür wir und auch die kommenden Generationen ihm ganz eindeutig zu höchstem Dank verpflichtet sind.

5.4 Hermeneutik für Juristen (Hans-Georg Gadamer)

Im vergangenen Jahr habe ich ihn noch einmal gesehen bei der Feier zum 60. Geburtstag seines Schülers Rüdiger Bubner. In einer improvisierten Rede brachte er das Enigma des Verstehens gleichsam auf den letzten Stand vor einem eingeweihten, die Fakultäten überspannenden Publikum. Unter den Zuhörern war auch der Autor des Buches, das vom kulturellen Gedächtnis handelt, Jan Assmann. Er beruft sich darin[1] auf Gadamers dictum »Klassisch ist, was der historischen Kritik gegenüber standhält«[2] und behandelt in einem Kapitel »Die Geburt der Geschichte aus dem Geist des Rechts«.[3] Fremdes und Fernes, das man entschlüsselt, ist für die Arbeit des Juristen lebenswichtig, und Gadamer dabei unentbehrlich. Während er spricht, steigt die Erinnerung an die Klage Peter Szondis[4] auf, daß in modernen »hermeneutischen Symposien neben dem Theologen und dem Juristen der Literaturwissenschaftler heute als armer Verwandter am Tisch« sitze, und auch«Text und Applikation« wird lebendig, mit den juristischen Folgerungen, die Dieter Nörr seinerzeit gezogen hat,[5] und dann kommt schon, mit einem größeren zeitlichen Sprung zurück freilich, *Wahrheit und Methode*[6] und das, was diesem großen Ereignis ziemlich unmittelbar voranging. Denn das war das Jahrzehnt des bescheidenen Eintritts in diese Welt, als Jurastudent im dritten Semester. Hätte ich mich nicht gleich auf Radbruchs Rechtsphilosophie gestürzt, wäre mir »Hermeneutik«, wovon dort keine Rede ist,[7] vielleicht

1 Jan Assmann, *Das kulturelle Gedächtnis*, München 1999, S. 128.

2 Hans-Georg Gadamer, *Wahrheit und Methode*, Tübingen [6]1990, S. 292.

3 Assmann, a. a. O., S. 229 ff.

4 Peter Szondi, »Bemerkungen zur Forschungslage der literarischen Hermeneutik«, in: Jean Bollack (Hg.), *Einführung in die literarische Hermeneutik. Studienausgabe der Vorlesungen. Aus dem Nachlaß*, Frankfurt/M. 1975, S. 404 ff.

5 Dieter Nörr, »Triviales und Aporetisches zur juristischen Hermeneutik«, in: Manfred Fuhrmann/Hans Robert Jauss/Wolfhart Pfannenberg (Hg.), *Text und Applikation. Theologie, Jurisprudenz und Literaturwissenschaft im hermeneutischen Gespräch*, München 1981, S. 235 ff.

6 Vgl. Gadamer, *Wahrheit*, a. a. O.

7 Wohl aber in dem Aufsatz »Rechtswissenschaft als Rechtsschöpfung«, in: Arthur

auch damals schon zu einem Begriff geworden. So aber blieb die Faszination von Sein und Sollen, des Methodendualismus, und als dann im Strafrecht, das gerade deshalb so spannend war, die Finalismus-Debatte aufkam, sank ich gewissermaßen noch ein Stück zurück in eine Art traditioneller Ontologie. Dabei hatte ich das »Kant-Erlebnis« hinter mir, wußte, daß man das unabhängig vom Erfahrenen möglicherweise Vorhandene nur vage als«Ding an sich« bezeichnen durfte. Der Grund für den Schritt vom Wege war die Versuchung, die von so anschaulichen Phänomenen wie Handlung und Kausalität ausging und darin bestand, daß im Konkreten ein verallgemeinernder Scharfsinn produziert werden konnte. Mit dem konkret-allgemeinen Begriff Hegels hatte das freilich nichts zu tun,[8] sowenig wie etwa Hegels listige Behauptung, die Grenzen der Vernunft könnten doch nicht durch diese selbst bestimmt werden, etwas gegen Kant vermocht hätte. Er wachte also im Hintergrund gleichsam, so daß auch dort nichts passieren konnte, wo die Ontologie sich heideggerisch gab (Maihofers, wenn man so will, parallele Bemühungen zu Welzel, die Beziehung von Sein und Recht zu erforschen, ließ ich also beiseite). Interessant vielmehr war in erster Linie Nicolai Hartmann (dessen Arbeit Gadamer zum »gediegenen Denkhandwerk der Phänomenologie« rechnet, in dem er »erzogen« worden sei[9]); von ihm stammt ja jene sehr praktische Definition der Handlung, die Welzel der neuen Dogmatik zugrunde gelegt hatte. Das Handfeste dieser Philosophie zog deshalb auch die Vertreter anderer Gebiete des positiven Rechts an. Von Helmut K. J. Ridder, später einer der avanciertesten Kämpfer für ein strikt rechtsstaatlich-liberales Staatsrecht, erzählte man beispielsweise in jenen Tagen, er sei immer nur mit Nicolai Hartmann unter dem Arm anzutreffen. Vielleicht war Nicolai Hartmann deshalb so attraktiv, weil er eine Hegelsche Phase hinter sich hatte. Ich selbst jedenfalls bezog seine Hegelkritik in meine Beschäftigung mit ihm ein. Das

Kaufmann (Hg.), Gustav Radbruch. *Gesamtausgabe*, Bd. 1, Heidelberg 1987, S. 409 ff.; dazu: Klaus Lüderssen, »Universalität durch integrierende Spezialisierung. Zur Gesamtausgabe der Schriften Gustav Radbruchs«, in: *Archiv für Rechts- und Sozialphilosophie* 85 (1999), S. 469 ff., 476.

8 Obwohl Karl Larenz darin eine mögliche Verbindung zur Hermeneutik gesehen hat, dazu: Monika Frommel, *Die Rezeption der Hermeneutik bei Karl Larenz und Josef Esser*, Ebelsbach 1981, S. 58 ff.

9 Nicolai Hartmann, *Hegels Dialektik*, Tübingen 1971, S. 5.

erzürnte, als ich seine *Philosophie des deutschen Idealismus* aus dem philosophischen Seminar entleihen wollte, die Adorno-Assistenten (die mich für Hegel werben wollten) – ein Signal, denn die widerstrebend registrierten Vorbehalte, die auch gegenüber Max Scheler galten, der die Juristen der späten fünfziger Jahre ebenfalls stark fesselte[10] – wiederum wegen der Herkunft aus dem philosophischen Idealismus einerseits, der Konkretheit seines »Materialen a priori« andererseits – machten mich endgültig aufnahmebereit für die Lektüre von Gadamers *Wahrheit und Methode*. Schon der Titel dieses Buches stellte sicher, daß die (durch die akademische Biographie Gadamers immerhin indizierte) Nähe zu Heidegger hier nicht störte. Sonst hätte ich große Hemmungen gehabt. Das Verdikt des 24jährigen Habermas (so sprach Karl Korn damals – Repliken zurückweisend – mit einer Art Aplomb von ihm in der *Frankfurter Allgemeinen Zeitung*) und Adornos Verhöhnung des »Jargons der Eigentlichkeit« wogen schwer. Karl Löwiths Enthüllungen besiegelten das Urteil. Nichts konnte ich anfangen mit diesem Mythos des zu Unklarheit und permanenter Bewegung verdammten Seins und sah mich indirekt auch durch Herbert Marcuse bestätigt. Er hatte vor Jahrzehnten schon, als Schüler Heideggers, Hegel neu interpretiert.[11] Das war also möglich, und so sank mit Heidegger auch Hegel, obwohl doch dessen Subjekt/Objekt-Konzeption einen bequemen Einstieg in die Welt Gadamers geboten hätte.

Erst *seine* Konzentration auf das Objekt »Text« machte das Interaktive am Erkenntnisprozeß so deutlich, daß es mir als *allgemeines* Problem der Erkenntnis bewußt werden konnte (und ich auf dieser Grundlage dann auch Ernst Blochs Hegeldeutung am Beispiel des Subjekt/Objekt-Verhältnisses zu begreifen begann). »Das Lesen und Verstehen von Texten wird als ein nicht nur reproduktives, sondern auch produktives Verhalten definiert«, mit diesen Worten hat Bernd Rüthers[12] Gadamers Verfahren kürzlich beschrieben. In der Literaturwissenschaft, der Philosophie, aber auch der Kunstwissenschaft begannen demgemäß neue Diskurse, und man kann sagen, daß ein Paradigma zwar nicht geboten, wohl

10 Eine Frucht dieser Anstrengungen ist: Erhard Denninger, *Rechtsperson und Solidarität*, Frankfurt/M./Berlin 1967.

11 Herbert Marcuse, *Hegels Ontologie und die Grundlegung einer Theorie der Geschichtlichkeit*, Frankfurt/M. 1932.

12 Bernd Rüthers, *Rechtstheorie*, München 1999, S. 94.

aber neu und mit einer bisher nicht beobachtbaren Wirkung präsentiert wurde.

Daß sich die Jurisprudenz, was eigentlich zwingend schien, nicht sofort daran beteiligte[13] und auch für mich diese Position erst durch eine – nachzuholende Einsichten verarbeitende – spätere Rekonstruktion Gestalt annahm, hatte mehrere Gründe. Zur gleichen Zeit nämlich zeigten sich andere Strömungen, die ebenfalls dazu angetan waren, die Entwicklung der Jurisprudenz nachhaltig zu beeinflussen, und zunächst die Vorhand gewannen. Über die immer enger werdenden Austauschbeziehungen mit den USA wurde der »legal realism« bekannt, und es kam deshalb zu einer Wiederbelebung der Rechtstatsachenforschung und Rechtssoziologie der zwanziger Jahre. Vielen leuchtete das ein, vielleicht auch, weil ein gewisser Überdruß sich eingestellt hatte an den Redundanzen der – dem Erschrecken nach der Willkürherrschaft geschuldeten – naturrechtlich orientierten Rechtsprechung unserer höchsten Gerichte. Auf eine höhere Ebene gehoben wurde diese eher biedere Entwicklung durch die Aufregung, die mit dem Hervortreten zweier Philosophen verbunden war: Im ersten *Positivismusstreit* stießen beim Soziologentag 1963 Adorno und Popper aufeinander[14] (der zweite Positivismusstreit folgte später mit Habermas und Albert), die damit gleichzeitig den zweiten Werturteilsstreit aus der Taufe hoben (der erste hatte mit Max Weber am Anfang des 20. Jahrhunderts stattgefunden) und jene offenkundigen und überfälligen Angebote der empirischen Soziologie mit provozierenden Theorie-

13 Die kritische Auseinandersetzung Emilio Bettis mit Helmut Going fällt zwar in die Zeit unmittelbar nach Erscheinen von *Wahrheit und Methode*, und Betti beruft sich auch auf das Werk – allerdings zitiert er es nur mit dessen Untertitel *Grundzüge einer philosophischen Hermeneutik* –, es ist aber älteren Ursprungs. Betti, dessen *Teoria generale dell'interpretazione* schon 1955 in italienischer Sprache veröffentlicht worden ist, die deutsche Ausgabe aber erst – unter dem Titel *Allgemeine Auslegungslehre* – 1967, hatte in den frühen fünfziger Jahren mehrere »deutsch abgefaßte Vorträge« zum Thema gehalten und fühlte sich deshalb durch Helmut Going übergangen – vgl. Emilio Betti, *Die Hermeneutik als allgemeine Methodik der Geisteswissenschaften*, Tübingen 1962, S. 5 f. –, der ihn in seiner Abhandlung *Die juristischen Auslegungsmethoden und Lehre der allgemeinen Hermeneutik*, Köln/Opladen 1959, in der Tat nicht erwähnt.

14 Jürgen Habermas, »Wie ist nach dem Historismus noch Metaphysik möglich?«, in: *Sein, das verstanden werden kann, ist Sprache.* Hommage an Hans-Georg Gadamer, Frankfurt/M. 2001, S. 89 ff., 94, zählt sie – neben Gehlen (Gadamer fehlte noch) zu den *Peers* jener Zeit.

gegensätzen begleiteten. Hinzu kamen schließlich der Aufbruch in der Kunst – Filme von Godard, Saura, Pasolini, Antonioni, der frühen Filme von Truffaut und Bertolucci, die breitere Rezeption der ersten wirklich großen, Nationalsozialismus und Kommunismus verarbeitenden Romane von Günther Grass und Manès Sperber, aber auch die Anfänge des die Grundlagen dieses Realismus schon wieder in Frage stellenden jungen Handke – und die Veränderung in der deutschen Justizpolitik: die Aufarbeitung der NS-Vergangenheit durch den Auschwitz-Prozeß. Zusammen schuf das in den frühen sechziger Jahren ein Klima, das Jüngeren, für die der Abschied von der ersten Nachkriegszeit erst mit 1968 einsetzte, verborgen blieb. Die Generation hingegen, die noch zu jung war, um im Krieg gewesen zu sein, doch zu alt, um 68er zu werden, verschaffte sich in dieser Zeit für die intellektuellen und politischen Auseinandersetzungen der siebziger Jahre ein ganz spezielles Fundament.

Diese siebziger Jahre waren durch von der Kritischen Theorie ausgelöste Diskussionen geprägt, die sich gegen die »halbierte Rationalität« des neuen Positivismus ebenso wandte wie gegen den unkreativen Kult der das Selbstreferentielle verabsolutierenden Systemtheorien. Beide Richtungen verleugneten den philosophischen Idealismus, während die Kritische Theorie davon so viel hatte, daß sie trotz ihrer – politisch motivierten – Nähe zu einem vom östlichen Abbild-Materialismus sich allerdings sorgfältig abgrenzenden Marxismus eine intellektuelle Linie durchhalten konnte, die am Ende verbürgte, wozu Empirismus, Positivismus und Systemtheorie nicht in der Lage waren: die Herstellung einer Beziehung zu dem, was Gadamer schon fast fünfzehn Jahre zuvor präsentiert hatte. Offenbar zog diese Position wachsendes Interesse auf sich, weil sie die verbindenden Elemente einander bekämpfender Richtungen mobilisierte. Bei der Kritischen Theorie war das am deutlichsten. Selbst die marxistischen Elemente fanden ihren Platz in einer »materialistischen Hermeneutik«. Jahrelang existierte im Zentrum für interdisziplinäre Forschung in Bielefeld eine Arbeitsgruppe dieses Namens, die Philosophen, Literaturwissenschaftler, Soziologen und auch Psychoanalytiker (für deren Beteiligung nicht zuletzt Habermas mit dem Freud-Kapitel in »Erkenntnis und Interesse« eine Basis geliefert hatte) vereinte. Habermas und Apel hielten sich fern davon, versuchten aber universale Bedingungen möglicher Verständigung zu identifizieren und nannten das Universalpragmatik. Hier spielten die internationalen Beziehungen, die vor allem Habermas nach allen Seiten hin entfaltete, eine herausragende Rolle. Zweifellos halfen sie, den Boden für die nun bald einsetzenden großen Amerikareisen Gadamers zu bereiten. Im aufgeklärten Positivismus schließlich wurde – trotz wilder Ausfälle (»Transzendentale Träumereien – Karl-Otto Apels Sprachspiele und sein hermeneutischer Gott« nannte Hans Albert eine seiner Streitschriften) – klar, daß Kommunikation (durch die Technik der Protokollsätze über Wahrnehmungen zunächst larviert) über konsentierte Basissätze (eine frühe Formulierung von Popper) ein Brückenschlag zur Diskurstheorie sein konnte.

Mit Spannung und Bewegung ist zu registrieren, daß nun ausgerechnet bei den Juristen, die immer noch einem mehr oder weniger starren, architektonisch-deduktiven Modell verpflichtet schienen (die Interessenjurisprudenz hatte – in der Wissenschaft – kein rechtes Ansehen erlangt), eine Bewegung in der Theorie entstand, welche die scheinbar auseinanderstrebenden, durch Gadamer aber zusammengeführten Denkbewegungen auf einen gemeinsamen Begriff brachte. Das gelang, weil die Jurisprudenz eine Mischung ist aus »Gesetzestreue, Rechtspolitik, eigener und fremder Erfahrung, persönlicher Meinung, Natur der Sache, traditioneller Begründungssprache und Dezisionismus«.[15] Für diese komplexe oder sogar diffuse Masse von Wissen und Argumentationsfiguren konnte die Hermeneutik, die in den anderen Disziplinen – über die grundverschiedenen Ausgangspositionen hinweg – nur zu kompromißhaften Zugeständnissen führte oder pragmatisch anmutende Bündnisse zeitigte, als eine alles erfassende Methodik angeboten werden.

Der Mann, der diese Transformation leistete, hieß Josef Esser. Er hatte bereits 1956 Aufsehen erregt durch sein Buch über *Grundsatz und Norm der richterlichen Fortbildung des Privatrechts*, das neben Karl Engischs *Die Idee der Konkretisierung in Recht und Rechtswissenschaft unserer Zeit* (1953) und Theodor Viehwegs *Topik und Jurisprudenz* (1953) zu den Werken zu rechnen ist, die für die rechtstheoretische Diskussion der folgenden Jahrzehnte den endgültigen Abschied von der Idee einleiteten, daß man jeweils nach *einer* objektiven Rechtswahrheit suchen könne und müsse. Nun-

15 Wolfgang Naucke, *Über die juristische Relevanz der Sozialwissenschaften*, Frankfurt/M. 1972, S. 46.

mehr veröffentlichte Esser ein Buch, aus dessen Titel, *Vorverständnis und Methodenwahl in der Rechtsfindung*,[16] bereits hervorging, daß Gadamer Pate stand. Die Quintessenz lautete, wie Esser selbst in einer späteren Abhandlung zusammenfasste,

»daß der Pluralismus von Interpretationsregeln Präferenzen des Interpreten in der Auswahl oder Kumulierung von Auslegungsmethoden herausfordert und fortsetzt, die sich zum Teil unbewußt auf ein vorweg konzipiertes Auslegungsziel des Gerechten und Vernünftigen formieren. Zusätzlich bestehen auch hermeneutisch [...] unvermeidliche Vorgriffe auf Verstehensbilder vom Gesamtrahmen der betreffenden Rechtsfrage her nach ihrer dogmatischen Einordnung wie ihren praktischen Wirkungen.«[17]

Die philosophische Voraussetzung für diese Einsicht war, daß »tatsächlich [...] sinnvolles Objekt wissenschaftlicher Bemühung in diesem naiven Sinne *nicht* etwas ›ideal‹ Entworfenes« ist, »dessen Realisierung von kontrollierten Meinungen und Vorverständnissen abhängt, sondern [...] der Vorgang solcher Rechtsgewinnung im Prozeß der Interpretation und Argumentation selbst«. Das sei »eine Forschungsweise, die man heute zum Teil methodologisch, in moderner Schulsprache hermeneutisch, zum Teil aber soziologisch« verstehe oder verstehen wolle.[18]

Damit war die Gadamersche Konfundierung von Wahrheit und Methode für die Jurisprudenz aufbereitet. Auf Essers Formulierungen einigten sich fast alle Richtungen. Nur Idealisten und Ontologen von altem Schrot und Korn ließen nicht mit sich reden.

Dabei blieb es eine Weile. Dann aber kamen die Angriffe von der entgegengesetzten Seite. Wer verstehen wolle, scheine ohne weiteres davon auszugehen, daß es etwas zu verstehen gebe, hieß es. Damit war ein Ontologieverdacht formuliert, obwohl Gadamer ihn ausdrücklich zurückgewiesen hatte: »Wir gehen umgekehrt der Frage nach, wie die Hermeneutik, von den ontologischen Hemmungen des Objektivitätsbegriffs der Wissenschaft einmal befreit, der Geschichtlichkeit des Verstehens gerecht zu werden vermöchte.«[19]

16 Josef Esser, *Vorverständnis und Methodenwahl in der Rechtsfindung*, Frankfurt/M. ²1970.

17 A. a. O., *Juristisches Argumentieren im Wandel des Rechtsfindungskonzepts unseres Jahrhunderts*, Heidelberg 1979, S. 9.

18 S. Fußnote 13.

19 Gadamer, a. a. O., S. 270.

Die Denunziation der »Wut des Verstehens«[20] steigerte sich zur »Dekonstruktion«, der es darauf ankam, »glaubhaft zu machen, inwiefern im Kunstwerk [...] die ideologische Synthese eines diskursiv erfaßten Sinnangebotes verhindert« werde, »das heißt, eine hochzurechnende Referenzbeziehung nicht« eintrete.[21] Diese »Subversion sinnhafter Diskurse«, die sich nicht nur als »Kritik herkömmlicher Metaphysik« verstand,[22] wurde von Gadamer keineswegs ignoriert.[23] 1986 wurde ich Zeuge einer gewaltigen, ebenso kontemplativen wie kämpferischen Auseinandersetzung mit dem Protagonisten der ganzen Richtung, Jacques Derrida, im Rahmen eines öffentlichen, vor 700 Hörern gehaltenen Vortrages an der Universität Frankfurt am Main, mit anschließender, maßgeblich von dem Einladenden, Habermas, geprägter Debatte. Gadamer erwies sich als Gewährsmann derer, die den Einzug der Beliebigkeit in Wissenschaft und Praxis ungläubig und mit abwehrenden Gefühlen beobachteten, und in der Folge befestigte sich seine Stellung in der Jurisprudenz in dem Maße, wie diese nicht nur die Philosophie, sondern auch Literatur und Literaturwissenschaft einbezog. Poetik und Hermeneutik wurden nunmehr unmittelbar und insgesamt relevant. Über das sich in den USA entwickelnde »Law and Literature Movement« – das bald überwiegend zum »Law as Literature Movement« wurde – erreichte Gadamer die Juristen auf einem Umweg erneut. Denn da wird gesagt: »In Germany Reader-Response-Criticism emerged as an outgrowth of phenomenological and historicist hermeneutics. The resulting ›Reception Theory‹ treats texts as contributions to a tradition of reading. The two major exponents of Reception Theory are Wolfgang Iser and Hans Robert Jauss. Each mines a different vein of the hermeneutic tradition. Iser develops the phenomenology of Husserl and Ingarden, while Jauss is primarily concerned with the historical issues that preoccupied Dilthey and Gada-

20 Jochen Hörisch, *Die Wut des Verstehens. Zur Kritik der Hermeneutik*, Frankfurt/M. 1988.

21 Karl Heinz Bohrer (Hg.), *Ästhetik und Rhetorik. Lektüren zu Paul de Man*, Frankfurt/M. 1973, S. 8.

22 Christoph Menke, »Absolute Interrogation – Metaphysik-Kritik und Sinn-Subversion bei Jaques Derrida«, in: *Philosophisches Jahrbuch* 97 (1990), S. 53 ff., 55.

23 Vgl. dazu auch Hans Ulrich Gumbrecht, »Dekonstruierte Disziplin. Hans-Georg Gadamers Hermeneutik in der Literaturwissenschaft«, in: Habermas, a. a. O., S. 107 ff.

mer.«[24] Auch für die Jurisprudenz sollte also der wichtigste Akzent auf der Erhöhung des Lesers zu einer primären Quelle für den Sinn des Textes liegen und damit die Ansicht widerlegt werden, Texte dürften nur *einer* wahren Deutung zugänglich gemacht werden.[25] Gleichwohl konnte Gadamer nun andererseits nicht etwa für einen radikalen Konstruktivismus vereinnahmt werden, wie er sich inzwischen als Folge einer ethno-methodologisch inspirierten interaktionistischen Soziologie auf dem Gebiet der Kriminologie bemerkbar gemacht hatte, die damit Einfluß auf das Strafrecht nehmen wollte – im Sinne einer vernichtenden Kritik. Ebensowenig konnte jene moderne rechtsgeschichtliche Forschung Gadamer für sich reklamieren, die »im Zeichen der Debatten um die ›linguistische Wende‹, in deren Verlauf das Verhältnis zwischen der sprachlichen Darstellung von Bedeutungen und einer möglichen ›objektiven‹ historischen ›Realität‹ fragwürdig geworden« sei,[26] einen mehr oder weniger konsequenten Konstruktivismus etablierte, streckenweise übrigens in einer merkwürdigen Verbindung zur systemtheoretischen Spekulation. Das Gemeinsame ist hier wohl die Haltung der Unverbindlichkeit gegenüber wechselnden politischen Systemen, die diagnostiziert und achselzuckend-analytisch akzeptiert werden; dort kann es keine Argumente für die Garantie der Substanz geben, und entsprechende Intentionen sind Illusion. Vor allem die Strafjuristen in diesen Reifezustand zu überführen wurde demgemäß auch zum Ziel der radikalen Kriminalsoziologie, und deshalb hat Fritz Sack, einer ihrer führenden Vertreter, die Strafjuristen immer wieder aufgefordert, Luhmann zu lesen und nicht »Aufgeklärte Kriminalpolitik« zu empfehlen.

So schließt sich der Kreis. »Gadamers Wahrheit«, möchte ich vermuten, wird alles überdauern. Freilich mit Hilfe anderer. In den Sozialwissenschaften ist es vor allem John S. Searle, der dieser »Wahrheit« dient, indem er die soziale Wirklichkeit gleich weit von der Naivität gegenüber »facts« und der Gewaltsamkeit des freien Definierens zu erleben lehrt.[27] Für die Wissenschaften von der

24 Guyora Binder/Robert Weisberg, *Literary Criticism of Law*, Princeton/New Jersey 2000, S. 135.

25 Lüderssen, *Produktive Spiegelungen*, Baden-Baden ²2002, S. 61.

26 Gert Schwerhoff, *Aktenkundig und gerichtsnotorisch. Einführung in die historische Kriminalitätsforschung*, Tübingen 1999, S. 6.

27 John S. Searle, *Die Konstruktion der gesellschaftlichen Wirklichkeit. Zur Ontologie sozialer Tatsachen*, Reinbek bei Hamburg 1997.

Geschichte und der Literatur warnt Paul Ricœur, dessen Bezugnahmen auf Gadamer mannigfach sind, davor, »den Akzent ausschließlich auf das rhetorische Verfahren« zu legen, denn dann laufe man Gefahr, »Intentionalität, die *durch* die ›Tropik des Diskurses‹ *hindurch* auf vergangene Ereignisse« ziele, »zu verdunkeln«.[28] Alles läuft auf die »Unhintergehbarkeit von Individualität« hinaus, so spricht Manfred Frank,[29] ein Enkelschüler Gadamers, und die Rechtswissenschaft ist aufgerufen zu prüfen, was das für die Bewältigung ihrer Aufgaben bedeuten könnte.[30] Sofern diese darin liegen, die Autonomie des Individuums ernst zu nehmen,[31] sollte man der Einsicht Gadamers folgen, »daß das sogenannte Subjekt der Erkenntnis von der Seinsart des Objekts ist, so daß Objekt und Subjekt der gleichen geschichtlichen Bewegtheit angehören«.[32] Dann sieht man vielleicht auch, daß die in der Identitätsentwicklung der Person sich konstituierenden Bedürfnisse nur in dem Maße Anerkennung finden können, wie sie Ausdruck eines epistemologisch legitimierten Selbsterforschungsprozesses sind. Andere Gewißheiten sind uns versperrt.

28 Paul Ricœur, *Zeit und Erzählung*, Bd. 3: *Die erzählte Zeit*, München 1999, S. 248.
29 Manfred Frank, *Die Unhintergehbarkeit von Individualität*, Frankfurt/M. 1986.
30 Vgl. im einzelnen: *Lüderssen, Genesis und Geltung in der Jurisprudenz*, Frankfurt/M. 1996, S. 69 ff.
31 Vgl. Lüderssen, »Empirisierende Subjektphilosophie und die Rechte des Individuums«, in: Dieter Simon/Manfred Weiss (Hg.), *Zur Autonomie des Individuums – Liber amicorum Spiros Simitis*, Baden-Baden 2000, S. 227 ff.
32 Gadamer, a. a. O., S. 410.

6. Paradigmenwechsel

6.1 Opfer im Zwielicht

A.

Wer durch das Verhalten eines anderen einen Schaden erlitten hat – an Leib oder Leben, Vermögen oder sonstigen Interessen (wobei man auch die Gemeinschaft, selbst den Staat, ganz konsequent einbeziehen muß) –, soll (wenigstens) mehr im Blickpunkt von Strafrecht und Strafverfahren stehen als bisher. Das ist inzwischen ein Gemeinplatz. Gemeinplätze treffen oft den Kern der Sache, manchmal aber sind sie Ausdruck einer gewaltsamen Harmonisierung von Gegensätzen – bis zur Heuchelei, und das ist gefährlich. Ein Beispiel ist die moderne Opferdiskussion. Hier haben wir es mit einer – durch zunehmende Heterogenität der mit dem Begriff und der Funktion des Opfers verbundenen Assoziationen und Zielsetzungen geschaffenen – dauerhaften Komplikation zu tun.

Die Opfer möchten sich rächen, wollen, daß der Täter die Tat sühnt, erstreben Genugtuung, Schadensersatz und Wiedergutmachung, wollen andere mögliche Opfer, ja vielleicht sogar »die Gesellschaft« vor weiteren Taten bewahrt sehen und deshalb – prävenierend – auf die Täter einen entsprechenden Einfluß gewinnen.

Vielleicht aber wollen sie sogar, obwohl der Weg dahin dornig sein kann, die Wohltat der Versöhnung erfahren. Ein Begriff des Strafrechts[1] ist das – noch – nicht,[2] obwohl »mediation« als einschlägige Vokabel bereits diskutiert wird.[3] Wie so oft indessen

1 Wohl aber zum Beispiel des Zivilrechts: § 1567 II BGB.

2 Daß sich die Evangelische Kirche um ein »Verständnis der Strafe als Tor zur Versöhnung« bemüht (hierfür beziehe ich mich auf die Wiedergabe dieser Position bei Dieter Rössner, in: *Neue Zeitschrift für Strafrecht* (1992), S. 409 f., mit weiteren Belegen), bleibt für die Juristen unverbindlich; auch die »Versöhnung mit den Terroristen?« – Rudolf Wassermann, in: *Neue Juristische Wochenschrift* (1993), S. 2426 – ist wohl nicht juristisch, sondern politisch gemeint.

3 Christian Pfeiffer, in: Hagen Hof/Hans Kummer/Peter Weingart/Sabine Maasen (Hg.), *Recht und Verhalten. Interdisziplinäre Studien zu Recht und Verhalten*, Bd. 1, Baden-Baden 1994, S. 37; in gewissem Umfang kann man sich insofern auch schon auf die Diversionsdiskussion berufen (vgl. dazu die Nachweise bei: Lackner, StGB, [22]1997, vor § 38 Rdn. 3; siehe ferner die umfassende Zusammenstellung aller einschlägigen Bestrebungen bei Ute Ingrid Hartmann, *Staatsanwaltschaft und Täter-Opfer-Ausgleich*, 1998, S. 28 ff.; speziell über die kommunikativen Strukturen

kommt der entscheidende Anstoß von außen, auf Grund ungewöhnlicher politischer Umstände – gemeint ist die Wahrheits-Kommission in Südafrika.[4]

Wir haben allen Grund, hier die Anzeichen eines womöglich ganz neuen Paradigmas der Auseinandersetzung zwischen Geschädigten und Schädigern zu vermuten. Es könnte. sein, daß dieses Paradigma Begriffe, über die wir, sowohl was sie im einzelnen wie was ihre Verbindung untereinander angeht, seit langem nicht hinauszugelangen wünschen, beiseite schiebt oder gar sprengt. »Paradigmenwechsel« gilt wissenschaftstheoretisch längst als dubioser Zufall; manchmal aber kann man doch sehen, woran es liegt. In Südafrika scheint es die unvergleichliche Kraft der beiden Persönlichkeiten zu sein, die den Prozeß der Versöhnung betreiben: der Leiter der Wahrheitskommission Bischof Tutu und Ministerpräsident Nelson Mandela. Die Loslösung vom gewohnten Schema der vollkommenen Aufrechnung weist beiden den Weg. Mandela fordert viel weniger, als man eigentlich erwarten könnte, und Tutu schafft es, daß die Beschuldigten aus der Zeit der Apartheid eine Konzessionsbereitschaft zeigen, die Kooperation möglich macht.[5] Ich will das nicht idealisieren; man weiß, daß die Hoffnung auf antizipierte Amnestie und auch auf den Wegfall der Zivilansprüche im Spiel ist, also die Spekulation auf das – in der Peinlichkeit der Konfrontation mit und vor der Kommission liegende – kleinere Übel. Aber Strafrechtler und Moralwissenschaftler, die – manchmal gemeinsam, öfter aber ohne voneinander Notiz zu nehmen – um die Lösung der Probleme von Zurechnung und Strafe ringen, sollten sich darüber klar sein, daß sich durch die ganz ungewöhnliche Konstellation sachlicher und persönlicher Umstände hier vielleicht die Möglichkeit aufgetan hat, etwas ganz Neues zu erfassen und –

S. 31). Zur Frage der Entwicklung eines diesen neuen Bedürfnissen der Rechtsgesellschaft angepaßten kommunikativen Rechtsbegriffs Lüderssen, *Genesis und Geltung in der Jurisprudenz*, Frankfurt/M 1996, S. 210 ff. Interessant ist, daß die Kommunikation zwischen Täter und Opfer bereits als Element einer »kommunikativen Rechtsfindung« bezeichnet wird; Pfeiffer, a. a. O.

4 Vgl. den Überblick bei Kendall, »Die Verfassung der Amnestie: Der Fall Südafrika«, in: Gary Smith/Avishai Margalit (Hg.), *Amnestie oder die Politik der Erinnerung in der Demokratie*, Frankfurt/M. 1997, S. 179 ff.

5 Vgl. etwa die Reportagen von Bartholomeus Grill, »Im Kopf schlägt die Trommel. Nächtliche Gespräche über Schuld und Sühne, Rache und Vergebung«, in: *Die ZEIT* v. 26. Juli 1996, S. 3.

trotz der zeitlichen Befristung der konkreten Aktion (zwei Jahre) – es in der Struktur festzuhalten,[6] womöglich sogar auszubauen.

I. Die Probe auf das Exempel könnten die Versuche des »Forums zur Aufklärung und Erneuerung e.V.« sein, für die Aufarbeitung des Unrechts, das die ehemalige DDR hinterlassen hat, sogenannte Tribunale einzurichten.

1) Was generell zu dieser Idee von verschiedenen Seiten schon kritisch oder zustimmend gesagt worden ist, soll hier nicht wiederholt werden; insbesondere scheinen die Einwände gegen den Mangel an Rechtsstaatlichkeit der Verfahren, die sich außerhalb der Garantien, welche die staatliche Rechtspflege gewährt, bewegen müßten, wenn sie denn eine Chance haben sollten, sich vom Strafverfahren zu unterscheiden, an Boden gewonnen zu haben.[7] Daß auf der anderen Seite Unternehmungen, die mehr zur Sprache bringen wollen, als in Gerichtsverfahren möglich ist und auch in den Arbeiten der Historiker geklärt werden kann, zu begrüßen sind – als ein wichtiger Teil der noch ausstehenden gesellschaftlichen Verarbeitung, wie das in einer Presseerklärung der Vertretung des »Forums«[8] heißt –, soll hier auch nicht weiter kommentiert werden. Vielmehr möchte ich zunächst über die Reaktionen berichten, die der Vorschlag, Tribunale (das Wort erinnert vielleicht zu seht an Robespierre und sollte wirklich durch das Wort Forum ersetzt werden) dem Versöhnungszweck zu widmen, ausgelöst hat. Zwar – dies scheint inzwischen nach allen Seiten hin abgeklärt zu sein – kann und will ein solches Forum keine Sanktionen aussprechen, wohl aber sollen Unrecht und Schuld fixiert werden. Nur unter dieser Voraussetzung könne dann über Versöhnung gesprochen werden.

Nun weiß jedenfalls der Strafrechtler und Strafprozessualist, daß die Bedingungen für die Herstellung von Unrechts- und Schuld-

6 Kendall, a.a.O., S. 181, spricht mit Blick auf die Formulierung in der Präambel des Gesetzes zur Förderung der nationalen Einheit und Versöhnung – »es gibt ein Bedürfnis nach Verstehen, aber nicht nach Rache, ein Bedürfnis nach Entschädigung, aber nicht nach Vergeltung, ein Bedürfnis nach *ubuntu*, aber nicht nach Schikane« – vom »wichtigsten ideologischen Eckstein der sich entwickelnden Verfassungskultur des Landes«.

7 Vgl. schon Klaus Lüderssen, *Der Staat geht unter – das Unrecht bleibt*, Frankfurt/M. 1992, S. 129 ff.

8 Vom 23.3.1998.

urteilen nicht nur aus Gründen des Ausgleichs von Zivilkonflikten (keine Gerechtigkeit um jeden Preis etc.) an rechtsstaatliche Verfahren gebunden sind, sondern auch um ihrer selbst willen. Der bloße Bericht der Opfer, der ja falsch sein kann, genügt nicht; die Beschuldigten sind auch zu hören, und wenn sie nicht gestehen, dann ist die Sache zu Ende – es sei denn, man begnügt sich mit gegenüber dem bewährten System des Strafprozesses minderen Garantien für die Ermittlung der Wahrheit. Das gleiche gilt für die Kriterien der Zurechnung, die dann folgen soll. Nicht umsonst haben Strafrechtswissenschaft und Praxis Jahrhunderte daran gearbeitet und sind, was Ausgewogenheit und Distinktion angeht, jedenfalls jedem spontanen moralischen Zugriff überlegen.

2) So scheint für die Funktion der Versöhnung nur ein Verfahren übrigzubleiben, das den Anspruch auf Wahrheit und Gerechtigkeit als primäre Voraussetzung gar nicht erhebt, sondern einen insofern ganz offen bleibenden Diskurs führt. Daß daher irgend etwas Sinnvolles herauskommen kann, wird sich niemand gegenwärtig vermessen können zu behaupten – aber ebensowenig ist das Gegenteil indiziert. Denn liegt nicht vielleicht gerade in dem Beharren auf Wahrheit, Gerechtigkeit und Zurechnung die entscheidende Barriere für die Öffnung des Gesprächs über das, was wirklich passiert ist (objektiv und subjektiv)? Etabliert die antizipierte normative Einengung nicht ein gefährliches Erfahrungs- und Denkverbot? Andererseits: können wir die Erfahrungen der Opfer und Täter und das Nachdenken darüber von Wahrheit und Zurechnung überhaupt trennen? Sind diese Begriffe nicht genuin durch die Definition von Opfer und Täter mitgeliefert?

Wer das aufklären möchte, muß in eine Phänomenologie von Opfern und Tätern eintreten – mit der von vornherein nicht auszuschließenden Möglichkeit, daß die Zuordnungen am Ende schwanken, die Antagonismen sich auflösen. Man mag an dieser Stelle argwöhnen, hier werde ein Weg beschritten, der am Ende alle denkbaren Klarheiten beseitigt und nur noch für diffuse Empfindungen, mit denen niemandem geholfen ist, Platz läßt. Literatur und Psychoanalyse lehren allerdings etwas anderes, auch die politische Geschichte des Rollenwechsels der Akteure und die Relativierungen der Definition von Wahrheit, Unrecht und Schuld durch interaktionistisch orientierte Soziologie.

Abgesehen von den mehr oder weniger stetig angewendeten Verfahren der empirischen Sozialforschung auf dem Gebiete der Kriminologie, die wegen der Verpflichtung auf die Meßbarkeit und Verallgemeinerungsfähigkeit der Ergebnisse, wie sie durch die Regularien der quantitativen Sozialforschung vorgegeben sind, wenig erbracht haben, sind es von Zeit zu Zeit spektakuläre Vorgänge, welche die Hoffnung auf ein tieferes Eindringen in die Probleme begründen. Im Falle der seinerzeit durch das Bundesministerium der Justiz angeregten Terrorismus-Forschung hat sich diese Hoffnung, bezogen auf die Exploration der Täter, freilich nicht erfüllt.

Auf der Opferseite hingegen bieten die Aktivitäten des erwähnten Forums möglicherweise einen überraschenden neuartigen Zugang. In dieser Gruppe sprechen die Opfer über sich selbst. Der Prozeß ist, obwohl die Jahre ins Land gehen, nicht abgeschlossen. Die Eindrücke bleiben vorläufig und lassen keine Verallgemeinerung zu. Aber als Zufallsprodukte abtun kann man sie auch nicht, und wenn man nur, was insoweit zu erfahren ist, ernst nimmt, offenbart sich das Dilemma. Was die Opfer darüber sagen, weshalb sie mit der justitiellen Aufarbeitung ihrer Schicksale nicht zufrieden sind, stürzt mich in Verwirrung und Ratlosigkeit und scheint vorerst nur den Schluß zu erlauben: Eine die Schwierigkeiten der Wahrheitsaufstellung und der Fixierung von Gerechtigkeit und Zurechnung (soweit wie möglich jedenfalls) meidende Diskussion über Versöhnung verlangt am Ende doch wohl zuviel vom Menschen. Vielleicht ist die Wahrnehmung dessen, was in Südafrika die Kommission leistet oder leisten will, zu sehr von dem Wunsch nach dem ganz anderen erfüllt, um wirklich befreit zu sein von den Fesseln des auf seine Weise nach Gerechtigkeit suchenden Rechtsstaats; vielleicht ist auch diese Kommission durch die – auf Nachfragen hin dann doch ausgesprochene – Warnung vor einer von Wahrheit und Gerechtigkeit zu stark abgelösten Versöhnung[9] bestimmt.

9 So die in einer Diskussion von dem Berliner evangelischen Bischof Wolfgang Huber mit einem gewissen Nachdruck vorgetragene Einschränkung des Versöhnungsziels der Kommission. Über weitere mögliche Modelle: Hans Hubertus von Roenne, *»Politisch untragbar«...? Die Überprüfung von Richtern und Staatsanwälten der DDR im Zuge der Vereinigung Deutschlands*, Berlin/Baden-Baden 1997.

3) Es geht es um die *Überwindung* der Konfrontation von Täter und Opfer. Damit ist eine Forderung verknüpft, die weit an der Erlebniswelt des Opfers vorbeigeht.

a) Jedenfalls ist dies der Eindruck, den man gewinnt, wenn man mit Opfern aus der Zeit der ehemaligen DDR gründlicher spricht. Sollte man deshalb diese diffuse Versöhnungsidee nicht doch von vornherein wieder fallenlassen? Nicht mit dem Argument allerdings, daß die besondere Konstellation dieser Opfer ohnehin keine Hochrechnung auf die allgemeine kriminalpolitische Diskussion gestatte; denn nicht selten sind es aus der vertrauten Typologie herausfallende Vorgänge, die sehr wohl dazu angetan sind, den Blick auf sie zurückzuwenden und daraus für den Umgang mit ihr zu lernen. Gerade deshalb ist ja auch die Behauptung zurückzuweisen, die Selektivität der Verfolgung des Unrechts aus der Zeit der ehemaligen DDR verbürge nicht einmal im Ansatz Gerechtigkeit;[10] denn auch dieses Phänomen ist aus der allgemeinen Kriminalsoziologie seit langem bekannt. Vielmehr ist es einfach so, daß hier bestimmte Personengruppen mehr als andere ihre Interesse zu artikulieren verstehen und auf diese Weise Sachen ins Licht rücken, die auch für ganz andere Leute gelten.

Daher scheint das Verhalten der Opfer, die sich auf das ihnen in der ehemaligen DDR zugefügte Unrecht berufen, durchaus ein signifikanter Indikator für das zu sein, was man auch anderwärts, würde man sich nur die Mühe machen, feststellen könnte. Wenn der Versöhnungsgedanke, initiiert durch die Notwendigkeit, Kriminalität in politischen Übergangszeiten aufzuarbeiten, zum ersten Mal überhaupt diese greifbare Gestalt annimmt, dann kann man ohne weiteres die These aufstellen, daß daraus etwas für den Umgang mit anderer Kriminalität folgen müsse. Allerdings muß man den Versöhnungsgedanken dann von vornherein unter die Bedingungen stellen, die für die Auseinandersetzung mit jener anderen Kriminalität gelten.

Was allgemein an Argumenten für ein ganz neues Versöhnungsmodell aufgebracht werden könnte, kann also anhand der Aufschlüsse, welche die DDR-Opfer insoweit geben, überprüft werden – freilich nicht im Sinne einer direkten Übertragbarkeit der Ergebnisse, wie wir gleich sehen werden, sondern nur mit Blick auf

10 Nachweise bei: Lüderssen, *Der Staat geht unter*, a.a.O., S. 136 ff.

strukturelle Gleichartigkeiten, denen dann für die einzelnen anderen Gruppen nachzugehen wäre.

Daß die Justiz nicht genug tut oder nicht das Richtige, ist ein Konsens, der ehemalige DDR-Bürger miteinander verbindet, die unterschiedliche Gründe haben für ihren Protest:

- Nicht nur die erste, sondern auch die zweite Diktatur in Deutschland sei ohne angemessene strafrechtliche Folge geblieben, und im übrigen sei das ja eine ganz allgemeine Erscheinung inzwischen, wenn man an die grotesk niedrige Verurteilungsquote bei alltäglichen Delikten denke und vor allem daran, daß die Strafen lächerlich gering seien. – Für die Sensibilität in bezug auf die »erste Diktatur« wird etwa ein von den Nazis verfolgter Verwandter angeführt, verbunden mit der Mitteilung, daß man sich deshalb zunächst von der DDR eine besonders entschiedene Verfolgung der NS-Verbrechen versprochen habe; das habe eine mehr oder weniger lang andauernde Loyalität gegenüber der DDR nach sich gezogen, die dann allmählich aber in ihr Gegenteil umgeschlagen sei (offenbar wegen der aus der Nazizeit bzw. den Berichten darüber geschärften Sensibilität für Phänomene der Diktatur);
- die eigenen Erfahrungen in der DDR schaffen eine Opfermentalität, die zusätzliche Tatbestände fordern läßt: z. B. Pönalisierung der »Zerstörung einer Biographie« und dann – wieder – der Sprung in die Gegenwart: Pönalisierung von Abhörvorgängen etc.
- die Kritik an der damaligen DDR löst Kritik auch an der Bundesrepublik aus; die Unterschiede werden auf einer Art fundamentalistischer Basis nivelliert, und es kristallisiert sich heraus, daß vielleicht sogar ein anfangs bestehender Glaube an die DDR – sei es als Ausgangsposition für den wirklichen Antifaschismus, sei es aber auch ganz abstrakt-idealistisch – zum Opfer mehr prädestiniert hat als das durchschnittlich opportunistisch-karrieristische Verhalten. Dieselben Personen, die das beklagen, etwa als Frucht vor allem der Schulen, stehen unter dem Eindruck von »Kolonialisierung« nach der Wende, wiederum zum Teil in den Schulen. So sprechen vor allem Personen, für die es nicht bis zur strafrechtlichen Verfolgung, sondern nur zum Parteiausschluß, Berufsverbot oder Behinderung etc. gekommen ist, und das verbindet sich mit einer wiederum generalisierenden »Verfolgermentalität«: »Skandale« sind aufzudecken, von damals und jetzt.

– Schwierigkeiten beim Grenzübertritt haben zu Denunziationen bei westlichen Behörden geführt, mit der Folge dortiger strafrechtlicher Verfolgung, beispielsweise wegen Waffenschmuggels. Alle diese Vorwürfe sind, so die Berichtenden, natürlich unhaltbar, und nun sind die Feinde von damals im Visier, im Rahmen einer schwer aufklärbaren Biographie, auch noch angereichert durch – von den wohlmeinenden Gefährten dann begütigend zurückgewiesene – Spekulationen über »ganz andere Dinge«, die noch herauskommen werden und an deren Entschlüsselung man arbeite.
– Wer die Haft erlebt hat wegen Vorbereitung zur Flucht oder Beihilfe dazu, kommt von dem Erlebnis nicht mehr los; nach der Wende werden Führungen in Gefängnissen eingerichtet: zur Mahnung an die Nachwelt, immer wieder, und zwar expressis verbis als Ausgleich dafür, daß ja sonst nichts geschehe, daß so jedenfalls denjenigen, die es wissen möchten, eine Aufklärung zuteil werde;
– Ausnahme bleibt die Mitteilung, die Rehabilitation (das heißt die gerichtliche Mitteilung, man sei damals zu Unrecht verurteilt worden und habe Anspruch auf eine Entschädigung) sei vollkommen ausreichend, mehr begehre man nicht.

b) Was besagen diese flüchtig bleibenden Wahrnehmungen? Sie mahnen jedenfalls zur Vorsicht vor hochfliegenden Alternativen zum Strafen, wie sie in dem skizzierten Versöhnungsmodell erblickt werden könnten. Mehr noch, sie geben allen recht, die gegenwärtig von einer zu großen Opferorientierung überhaupt abraten, sei es mit Blick auf die gerade in Kraft getretenen Zeugenschutzregelungen (ungeachtet der dabei zum Teil sich kreuzenden kriminalpolitischen Ansichten[11]), sei es unter Berufung auf zu starke prozessuale Rechte des Opfers. Denn die Wünsche der Opfer gehen eben doch über die Interessen hinaus, die man ihnen unter dem Gesichtspunkt Wiedergutmachung ohne weiteres zubilligt.

Diesen Eindruck vermitteln nicht nur die leidgeprüften Bürger der ehemaligen DDR, sondern auch andere »prominente« Opfer:

11 Sorgfältige und materialreiche Aufbereitung der Probleme jetzt bei: Thomas Weigend, »Empfehlen sich gesetzliche Änderungen, um Zeugen und andere nicht beschuldigte Personen im Strafprozeßrecht besser vor Nachteilen zu bewahren?« Gutachten C für den 62. Deutschen Juristentag, 1998.

II. Jan Philipp Reemtsma – 33 Tage unter sehr üblen Bedingungen von Erpressern festgehalten – hat bald nach seiner Befreiung in einem Interview gesagt, er glaube, daß Strafe für das Opfer symbolisiere, daß sich die Gesellschaft auf seine Seite stelle, es in der Gesellschaft willkommen heiße und im Gegenzug den Verbrecher zurückweise und ausschließe. Friedrich-Christian Schroeder[12]hat sofort darauf aufmerksam gemacht, daß das eine Straftheorie sei, die man in den modernen Lehrbüchern des Strafrechts nicht finde. Man könne sie zwar in der Nähe der Vergeltungstheorie sehen, aber in Wahrheit gehe es nicht um »primitives Verlangen nach Vergeltung« oder »gar nach Rache«. Vielmehr handele es sich um »ein sozialpsychologisches Faktum, das weder Gesetzgeber noch Rechtsprechung übergehen können«. Seine »Berücksichtigung«, meint Schroeder, »ist nicht nur erforderlich, um eine Entfremdung der Bürger von der Justiz zu verhindern. Die Achtung des Genugtuungsbedürfnisses dient auch der Heilung von seelischen Schäden bei den Opfern von Kriminalität.« Es sei beachtlich, »daß Reemtsma [...] mit unabgenutzten Worten diesen wichtigen Gesichtspunkt der Strafe zum Ausdruck gebracht« habe.

1) Reemtsma hat, soviel ich sehen kann, diese »Eingemeindung« seiner Vorstellungen über den Sinn der Strafe nicht expressis verbis kommentiert, in einer speziell dem Thema gewidmeten Veröffentlichung[13] seinen Standpunkt aber noch einmal überprüft. Er verwirft Vergeltungs- und Präventionstheorien, mit Ausnahme der Theorie der positiven Generalprävention. Diese Theorie sei in der Lage, »dem Opfer ein wenig von der Stimme zurückzugeben [...], die ihm die Philosophie der absoluten Straftheorien sowohl abgeschnitten als auch gleichsam bauchrednerisch zu bewahren gesucht« habe und die in den »zaghaft empirischen Theorien der spezial-negativen Generalprävention erstickt« worden sei.[14] Ein Recht des Opfers auf Bestrafung scheint Reemtsma danach nicht mehr zu fordern, sondern sich mit einer Reflexwirkung der im Prinzip anders begründeten öffentlichen Strafe zufriedenzugeben.

Diese Vorsicht hat sicher etwas mit der Sorge zu tun, nicht für stellvertretende Rache- und Bestrafungsphantasien – »wenn das

12 Friedrich-Christian Schroeder, »Genugtuung für die Opfer. Reemtsma und der Sinn der Strafe«, in: *Frankfurter Allgemeine Zeitung* v. 19.3.1997, S. 14.

13 *Das Recht des Opfers auf die Bestrafung des Täters als Problem*, München 1999.

14 A. a. O., S. 26.

meine Enkelin gewesen wäre, ich würde dem Kerl …«[15] – in Anspruch genommen zu werden. Aber ist dieser Rückzug ehrlich, und vor allem: ist er nötig? Genügt es nicht, daß man die Phänomene sorgfältig trennt, das heißt, genau sagt, weshalb Genugtuung für das Opfer nicht gleichbedeutend ist mit Vergeltung? Ein Indiz dafür könnte sein, daß aus der Sicht des Opfers die Feststellung von Unrecht und Schuld genügen soll. Aber stimmt das? Der Verzicht auf den Vollzug der Bestrafung ist doch nur eine quantitative Minderung, kein qualitativer Sprung. Man kann das gut daran erkennen, daß die Schwere der festzustellenden Schuld sich im Strafmaß ausdrücken soll. Damit wird offenbar, was gemeint ist. Man geht davon aus, daß der Schuldspruch eben nicht genügt – als Leiden für den Täter. Denn wenn sich herausstellen würde, daß damit überhaupt kein Leiden für den Täter verbunden ist (etwa die inzwischen als Gentleman-Bestrafung anerkannten zwei Jahre mit Bewährung bei Wirtschaftsvergehen), würde sich sehr bald zeigen, daß den Opfern das nicht genügt.

Freilich könnten die Vertreter einer Straftheorie, die Genugtuung für das Opfer fordern, sich von dieser Zuschreibung distanzieren durch den Hinweis darauf, daß einem »aufgeklärten« Opfer – im Interesse späterer potentieller Opfer – nur an Prävention gelegen sei. Spätestens an dieser Stelle sieht man jedoch, daß die von der öffentlichen Strafrechtspflege in Anspruch genommenen Strafzwecke stets präsent bleiben.

Wenn das richtig ist, muß aber sofort in Erinnerung gerufen werden, daß niemand den Fortschritt in Frage stellt, den der öffentliche Strafanspruch[16] mit der Zurückdrängung der Opferrolle insofern gebracht hat, als eine Justiz der Befangenheit[17] (von Selbstjustiz ganz zu schweigen) vermieden werden sollte. Dieses Ergeb-

15 A.a.O., S. 17f.

16 Seine Entwicklung, auch mit Blick auf wechselnde Definitionen, ist viel weniger aufgeklärt, als man noch vor einigen Jahren angenommen hat; vgl. dazu: Klaus Lüderssen, *Abschaffen des Strafens?*, Frankfurt/M. 1995, S. 39ff.; und Oliver Hein, *Vom Rohen zum Hohen: öffentliches Strafrecht im Spiegel der Strafrechtsgeschichtsschreibung des 19. Jahrhunderts*, Köln 2001, der in einem umfassenden Literaturbericht die verzweigten Deutungskonzepte zusammenstellt und ihre Entstehungszusammenhänge analysiert.

17 Weshalb sich später auch das Konzept der »Popularanklage« nicht durchsetzen konnte; vgl. dazu: Thomas Weigend, *Deliktsopfer und Strafverfahren*, Berlin 1989, S. 118ff.

nis darf man nicht wieder rückgängig machen.[18] Keineswegs darf deshalb die Stärkung der Opferrolle, die das Strafprozeßrecht und nun auch das materielle Strafrecht (§46a StGB[19]) in letzter Zeit gebracht haben, so verstanden werden, als ob dem Opfer nun doch der Strafanspruch oder eine Teilhabe daran wieder eingeräumt werde;[20] und man kann diesem Tatbestand auch nicht durch die Konstruktion entgehen, daß der Staat das Opfer in der Ausübung seiner Rechte vertrete oder sie sich zu eigen mache; die Befangenheit würde dann gleichsam übertragen.

2) Wer hier etwas »retten« möchte, könnte versuchen, ein Stück Rationalität zurückzunehmen, und behaupten, die Strafe entspreche auch einem Bedürfnis nach expressiv-symbolischer Demonstration, der Staat habe diese symbolische Komponente okkupiert und das beleidigte Opfer in den beleidigten Staat gleichsam einbezogen.[21] Meines Erachtens kann sich der Staat eine solche Aufgabe nicht stellen. Sie würde nicht zu der nüchternen Konzep-

18 Von Irreversibilität spricht deshalb auch: Weigend, *Deliktsopfer*, a. a. O., S. 20; daran ändert auch nichts, daß der Inquisitionsprozeß, wie Johannes M. Baumann in *Festschrift für Walter Stree und Johannes Wessels*, Heidelberg 1993, S. 41, 44, historisierend ausführt, »die Einflußmöglichkeiten des Straftatenopfers weitgehend und für alle Zeiten blockiert« habe.

19 Dazu gründlich: Brauns, *Die Wiedergutmachung der Folgen der Straftat durch den Täter*, 1996, S. 298 ff.; über die insoweit neue Rechtssprechung: Michael Kilchling, in: *Neue Zeitung für Strafrecht* (1996), S. 309, 312 ff.

20 Insofern vielleicht mißverständlich: Hans-Christian Schroeder, »Genugtuung«, a. a. O.; zutreffend Hans Joachim Hirsch, in: *Zeitschrift für die gesamte Strafrechtswissenschaft* 102 (1990), S. 534, 544 ff. Welche Erklärungen man bei dieser Sachlage für Antragsdelikte, Privatklage, Nebenklage und Klageerzwingungsverfahren suchen muß, habe ich in: »Moderne Wege des kriminalpolitischen Denkens«, in: Klaus Lüderssen (Hg.), *Aufgeklärte Kriminalpolitik oder Kampf gegen das Böse?*, 1. Bd., Baden-Baden 1998, S. 58 ff., ausgeführt.

21 Klaus Günther hat in seiner noch unveröffentlichten Frankfurter Antrittsvorlesung diese Position erläutert; s. ferner Lüderssen, a. a. O.; in die gleiche Richtung scheint zu gehen, was George P. Fletcher in seinem neuen Buch »With Justice for Some – Protecting ›Victims‹ in Criminal Trials«, New York 1996, S. 256 ff., mit der Empfehlung »Toward Communicatarian Punishment« ausspricht: »Restitution and compensation are important, but they cannot so easily restore the dignity of those who have suffered arbitrary debasement« (a. a. O., S. 257).

tion der Staatsaufgaben passen,[22] die im Verfassungsrecht verankert sind.

Wenn man außerdem hört, daß hinter den Forderungen des Opfers, die Strafrechtspflege möge seine Belange wahren, in erster Linie nur der Wunsch steht, der Staat möge die Leiden des Opfers öffentlich machen, die Allgemeinheit möge sich hinter es stellen, sich mit seinen Leiden identifizieren und erklären, wie *sie* durch die Straftat getroffen sei, dann denkt man zwar an das Prinzip, das aus einem geschützten Rechtsgut ein Rechtsgut der Allgemeinheit macht und damit ein strafbewehrtes, verläßt aber gleichwohl die Strafrechtspflege, sofern greifbare Rechtsfolgen entfallen sollen. Es kann also auch auf diesem Wege kein symbolisch-expressives *Strafen* geben.

Gleichwohl bleibt die Frage, ob Unrechts- und *Schuldfeststellung*, wenn man es – entgegen der zunächst ausgesprochenen Vermutung[23] – schafft, sich von den Strafzwecken zu lösen, eine staatliche Aufgabe sein kann. Über eine darauf zurückgenommene Position des Opfers, wenn sie denn ernst gemeint ist, könnte man sprechen. Aber in dieser Klarheit steht das gegenwärtig nicht zur Diskussion. Vielmehr zielen die Opferbedürfnisse, die sich gerade jetzt zeigen, entweder auf Strafe[24] oder auf Wiedergutmachung und Rehabilitation.

22 Vorzügliche Einführung in das Problem mit vielen Nachweisen jetzt bei Georg Hermes, *Staatliche Infrastukturverantwortung*, Tübingen 1998, S. 135 ff.

23 Siehe oben S. 887.

24 Dazu scheint nicht unbedingt zu passen, was Weigend, a. a. O., S. 403 ff., über Opferbefragungen mitteilt. Allerdings ist das Bild nicht einheitlich (vgl. Weigend, a. a. O., S. 409, 411). Daß insofern eine gewisse Kontinuität besteht, zeigen die älteren Daten über »öffentliche Erwartungen gegenüber Polizei und Gerichten«, vgl. Irvin Waller, in: Hans Joachim Schneider (Hg.), *Das Verbrechensopfer in der Strafrechtspflege. Psychologische, kriminologische, strafrechtliche und strafverfahrensrechtliche Aspekte.* Ausgeweitete Referate des 3. Internationalen Symposiums für Viktimologie 1979 in Münster/Westfalen, Berlin, New York 1982, S. 132, 137-142); außerdem kann es sehr wohl sein, daß wir es gegenwärtig mit in dieser Hinsicht ganz neuen Strömungen zu tun haben; vgl. auch die noch nicht so lange zurückliegenden Befragungen, die bei Michael C. Baurmann/Wolfram Schädler, *Das Opfer nach der Straftat – seine Erwartungen und Perspektiven*, Wiesbaden 1991, S. 117 ff., dokumentiert sind. Die Antworten verteilen sich relativ gleichmäßig auf »keine Strafe« und »härtere Strafen«, wobei damit nur der kleinere Teil der Antworten erfaßt ist, der größere Teil entfällt auf die Empfehlung erzieherischer Maßnahmen einerseits und allgemeine und diffuse Empfehlungen andererseits.

B.

Verhält es sich mithin so, wie ich hier darzulegen versucht habe, daß das Opfer einen *Anspruch* auf Strafe nicht erheben darf, dann drängt sich die Frage auf, ob das, was die Befürworter einer Opferbeteiligung am Strafrecht unklar artikulieren,[25] in Wahrheit nicht in einem, allerdings stark verbesserungs- und erweiterungsbedürftigen nicht-strafrechtlichen Ausgleichssystem, mit klarer und legitimer Interessenzuweisung untergebracht werden kann.[26]

I. Wir haben allerdings bisher ein sehr schlichtes, um nicht zu sagen primitives System privatrechtlichen Schadensersatzes. Die Erklärung dafür ist einfach: seine Entwicklung ist durch die Existenz des Strafrechts blockiert worden.[27] Dessen Zuständigkeit für die schweren Fälle und die obrigkeitliche Ausstattung, also die im Vergleich mit dem Zivilprozeß ungleich wirksameren Machtapparate, geben ihm eine Monopolstellung. Das Konkurrenzverhältnis mit Blick darauf zu leugnen, daß das Strafrecht ja gerade auf einer Tradition beruhe, die das Opfer ausgeblendet habe, würde auf eine Selbsttäuschung hinauslaufen. Niemals haben Zweifel daran bestanden, daß Unrecht und Schuld des Täters von der Verantwortung für das, was dem Opfer geschehen ist, abhängen, auch wenn sich vor diese Rechnung gelegentlich ein Bild vom Strafrecht schiebt, das seine Sanktionen primär auf die Verletzung des im Gemeinwesen verankerten, mehr oder weniger personenbezogen Herrschaftswillens bezieht, so daß das Verbrechen als Verletzung der Gehorsamspflicht, also als abstrakte Pflichtverletzung erscheint.

25 Vgl. dazu die von Hartmann, a.a.O., S. 28 ff., zusammengestellten Formulierungen.

26 Daß das Genugtuungsinteresse des Verletzten im Grunde nur in diese Richtung geht, ist auch in der älteren Literatur immer wieder vermutet worden; siehe dazu die Nachweise bei: Weigend, a.a.O., S. 411, sowie bei Michael Kilchling, »Aktuelle Perspektiven für Täter-Opfer-Ausgleich und Wiedergutmachung im Erwachsenenstrafrecht. Eine kritische Würdigung der bisherigen höchstrichterlichen Rechtsprechung zu § 46a StGB aus viktimologischer Sicht«, in: *Neue Zeitung für Strafrecht* 16 (1996) 7, S. 309 ff. (315).

27 Für die Entwicklung des zivilrechtlichen Ehrenschutzes gilt allerdings das Umgekehrte; vgl. Georgios Gounalakis/Hannes Rösler, *Ehre, Meinung und Chancengleichheit im Kommunikationsprozeß: eine vergleichende Untersuchung zum englischen und deutschen Recht der Ehre*, Baden-Baden 1998, S. 86.

Auf das Ganze gesehen hat das Strafrecht immer die Sache des (mit mehr oder weniger Rechten ausgestatteten) Opfers geführt (weshalb die Parole »von der Täterorientierung zur Opferorientierung« ganz irreführend ist), und daher konnten die anderen Rechtsgebiete, insbesondere das Zivilrecht, sich hier zurückhalten, mußten es vielleicht sogar. Man stelle sich vor, es gäbe kein Strafrecht – das würde die Phantasie der Schadensrechtler ungeheuer beleben, und man würde dann sehen, daß hier der Sitz des Problems ist. Was die Opfer wollen, ist ein wirklicher Ausgleich, nicht eine trockene, schematisierende, zahlenmäßige Kompensation.[28] Das Wirkliche liegt in der Individualisierung,[29] und was das bedeuten könnte, läßt sich leicht an den Defiziten des zivilrechtlichen Schmerzensgeldes ablesen. Daß man dem Schmerzensgeld auch eine pönale Komponente zuteilt, ändert an dieser Vision nichts, sondern ist nur eine weitere Seite der Okkupation der Opferbelange durch das Strafrecht; es war so mächtig, daß man dem Zivilrecht offenbar die

28 »[...] alle Instrumentarien [...] die dem Ausgleich der Tatfolgen dienen, ohne Strafe zu sein« (Albin Eser/Susanne Walther, Vorwort zu: Albin Eser/Susanne Walther (Hg.), *Wiedergutmachung im Kriminalrecht – internationale Perspektiven*, Bd. 1, Freiburg i. Br. 1996).

29 Die Dogmatik der Wiedergutmachung im Strafrecht hat hier gute Vorarbeit geleistet; vgl. Brauns, a. a. O., S. 171 ff. (»Wertungsmaßstäbe und Wertungskriterien für eine abgestufte Bewertung der Wiedergutmachungsleistung«); es bedarf »nur« noch der Umpolung dieser Konkretisierungen auf das Zivilrecht. Damit wäre dann auch die richtige Perspektive für die rechtsstaatlichen Einwände gegen das Wiedergutmachungssystem (vor allem erhoben von Peter-Alexis Albrecht, *Festschrift für Horst Schüler-Springorum. Zum 65. Geburtstag*, Köln 1993, S. 81 ff.; siehe jetzt auch Lammer, *Strafverteidiger-Forum* (1997), S. 257, 260; vorsichtig abwägend: Weigend, in: Erich Marks u. a. (Hg.), *Wiedergutmachung und Strafrechtspraxis. Erfahrungen, neue Ansätze, Gesetzesvorschläge*. Bericht über das Forum 1992 für Täter-Opfer-Ausgleich und Konfliktschlichtung vom 10. bis 12. April 1992 in Bonn, Bonn 1993, S. 37 ff., erreicht und die Position plausibel zu machen, gerade der Täter-Opfer-Ausgleich sei dazu angetan, daß »das Opfer als Subjekt anerkannt, mit dem ihm zugefügten Leid und Schaden respektiert und nicht länger ausschließlich als Belastungszeuge funktionalisiert« wird (s. Hartmann, a. a. O., S. 29). Emphatisch in diesem Sinne bereits Werner Maihofer, bei Weigend, in: *Zeitschrift für die gesamte Strafrechtswissenschaft* 93 (1981), S. 1283 f. Vielleicht hängt damit zusammen, daß der Täter-Opfer-Ausgleich – entgegen verschiedentlich geäußerten Erwartungen – durchaus auch von der Anwaltschaft akzeptiert wird. Zu den immer noch sehr ins Grundsätzliche gehenden Kontroversen über das, was Menschenwürde auf diesem Gebiet bedeutet, vgl. Klaus Lüderssen, in: *Kritische Justiz* (1997), S. 179 ff.

Kraft gar nicht zutraute, über einfach berechenbare Schäden hinaus für einen Ausgleich zu sorgen.

Daß es so war, ist fatal genug; daß es noch so ist und durch jene neueren Theorien des symbolisch-expressiven Strafens oder die Forderung nach Identifizierung des Staates mit dem Strafbedürfnis des Opfers beziehungsweise seiner Vertretung in diesem Punkt neue Nahrung bekommt, ist das Bedenklichere. Im Täter-Opfer-Ausgleich – jener alle denkbaren Aktivitäten auf diesem Gebiet bündelnden Konzeption[30] – geht es, da er als Strafe nicht

30 Bezeichnenderweise über die Metapher der »Genugtuung«, die dem Strafrecht entstamme (Gounalakis/Rösler, a. a. O., S. 94); ausführlich und kritisch dazu schon: Andreas Hirsch, in: Paul Bockelmann (Hg.), *Festschrift für Karl Engisch*, Frankfurt/M. 1969, S. 304; Gounalakis/Rösler, a. a. O., S. 92 m. w. N., freilich wähnen die Rechtsgesellschaft – nicht zuletzt unter Hinweis auf die von der ökonomischen Analyse des Rechts angestellten Forschungen über die generalpräventive Funktion des Zivilrechts – auf dem Wege zu einem »straffreien Privatrecht«. Welche gefährlichen Assoziationen sich hier einstellen können, lehrt ein Blick darauf, wie in der NS-Zeit das Zivilrecht auch für die »ideelle Genugtuung für das durch die Störung der Gemeinschaftsordnung verletzte Rechtsempfinden (Genugtuungszweck)« in Anspruch genommen werden sollte; vgl. Heinrich Stoll, *Vertrag und Unrecht*, 2. Halbband, Tübingen 1936, S. 202; man muß das im Zusammenhang mit Stolls Mitteilungen über »rechtspolitische Leitgedanken der neuen Zeit« lesen, die er, a. a. O., S. 122, macht: »Wie im älteren deutschen Recht, so ist für uns heute der Gedanke der Gemeinschaft beherrschend.« Noch deutlicher ist: Heinrich Lange, *Vom alten zum neuen Schuldrecht*, Hamburg 1934, S. 64, der beklagt, daß »der Liberalismus« versuche, »den Strafgedanken aus dem Zivilrecht in das Strafrecht zu verbannen«. Auch das Bürgerliche Gesetzbuch habe sich »diesen Anschauungen« gebeugt, kenne »allzusehr nur gleichberechtigte Gegner [...] Lebensnahen, gemeinschaftsverbundenen Rechten ist diese farblose Gerechtigkeit fremd. Sie gehen vom Bußgedanken, nicht vom Ausgleichsgedanken aus, sind sicherlich hart, beugen aber dem Unrecht wirksamer vor als individualistisch aufgebaute Rechte.« Ist es bemerkenswert, daß im römischen Recht soweit klare Verhältnisse herrschten? Vgl. Ernst Levy, *Privatstrafe und Schadensersatz im klassischen römischen Recht*, Berlin 1915; Hirsch, a. a. O., S. 310, hebt mit Recht als wichtiges Indiz hervor, »daß die Strafklage im Gegensatz zur reipersekutorischen nicht passiv vererblich« gewesen sei; sehr eindeutig auch – romantisch orientiert – Binding (hierzu ebenfalls Hirsch, a. a. O., S. 309). Es ist deshalb problematisch mit Maihofer, a. a. O., eine »Spiralbewegung der geschichtlichen Entwicklung« zu prognostizieren, das heißt, sich der Vision einer »Erledigung durch Sühneverträge« zu überlassen, eine historische Retrospektive, die Heinz Schöch, in: *Festschrift für Werner Maihofer zum 70. Geburtstag*, Frankfurt/M. 1988, S. 462, allerdings zu teilen scheint; man stößt hier sicher an die Grenzen historischer Ableitungen. Welche erkenntnistheoretischen und her-

legitimierbar ist (noch einmal: in dieser Funktion ist der durch die Strafrechtspflege geförderte Ausgleich zwischen Täter und Opfer zugunsten des Opfers immer Übernahme des – unstreitig – nicht legitimen Strafbedürfnisses des Opfers), nur um das Verhältnis zwischen Opfer- und Täterinteressen.[31] Das primär dafür zuständige Rechtsgebiet ist das Zivilrecht;[32] Sozialrecht und anderes öffentliches Recht treten in dem Maße dazu, wie die Gemeinschaft für Ausgleich aufzukommen hat.[33] Daß das Opfer dabei dem Täter nicht allein gegenübersteht, sondern staatlich geordnete Verfahren mit behördlichen Kompetenzen mobilisieren kann, versteht sich von selbst, muß aber doch wohl ausdrücklich gesagt werden, damit nicht der Einwand laut wird, der Staat entziehe sich seiner Verantwortung. Sie ist auf dieser Grundlage eben nur von anderer Art als die der Strafrechtspflege und muß natürlich verstärkt werden, wenn ihr nach Entlastung der Strafrechtspflege teilweise deren Aufgaben zuwachsen. Was die staatliche Hilfe bei der Realisierung des Schadensersatzanspruchs sich an hoheitlicher Macht bisher versagen durfte, weil ja die Strafrechtspflege mit ihrer obrigkeitlichen Struktur bereitstand, muß sie nun für sich beanspruchen.[34] Das ist

meneutischen Probleme dabei leicht überspielt werden, hat Hein, a. a. O., gerade mit Blick auf Wiedergutmachung und Täter-Opfer-Ausgleich dargelegt. Beherzigenswert daher Hirsch, a. a. O., S. 327: »Das alles zeigt, daß das strikte Auseinanderhalten von Strafrecht und Zivilrecht eine der Säulen der Rechtsstaatlichkeit darstellt.« Interessantes rechtsvergleichendes und rechtshistorisches Material zur Ambivalenz zwischen Schadensersatz und Strafe in anderen europäischen Ländern findet sich bei Eser/Walther, a. a. O.

31 Vorzügliche Literaturübersicht bei: Heinrich Lackner, StGB, § 46a Rdn. 1.

32 Ausführlicher dazu Lüderssen, *Abschaffen des Strafens?*, Frankfurt/M. 1995, S. 156 ff.

33 Hierher gehört die gesamte Problematik des Opfer-Entschädigungsgesetzes; vgl. dazu die Erläuterungen bei Hartmann, a. a. O., S. 17.

34 Vgl. Lüderssen, *Abschaffen des Strafens?*, a. a. O., S. 58 ff., dort auch Überlegungen dazu, daß dieses Ziel freilich wohl nur über Zwischenschritte einer Reform zunächst des Strafrechts und Strafprozeßrechts auf der Linie der §§ 153a ff. StPO, aber auch mit Blick auf die Funktion von Absprachen – über deren Bedeutung für die Kooperation mit dem Täter bei der Wiedergutmachung: Heinz Schöch, in: *Festschrift für Werner Maihofer*, a. a. O., S. 461, 471, gut informiert – erreicht werden kann. Pragmatisch muß man insofern also der Theorie von der dritten Spur recht geben und auch den Intentionen des Alternativ-Entwurfs »Wiedergutmachung«. Umfassende Orientierung über die bisherigen Anstrengungen, für den Täter-Opfer-Ausgleich und die Wiedergutmachung Anknüpfungspunkte im Straf- und Strafverfahrensrecht zu finden, bei: Hartmann, a. a. O., S. 24 ff., 32 ff.;

der Paradigmenwechsel, der mit der Umpolung der Strafrechtspflege von der primären Betroffenheit der Staatsraison auf die Betroffenheit des Opfers eingeleitet worden ist (es darf also nicht heißen: »vom Täter zum Opfer«, sondern »vom Staat zum Opfer«) – ein zu *begrüßender* Paradigmenwechsel, wenn ich in diesem Punkte dem Jubilar widersprechen darf, der aus seiner zutreffenden Diagnose[35] den umgekehrten Schluß zieht.[36]

II. So zivil das (buchstäblich) klingt, so wenig ist es freilich dazu angetan, der Versöhnungsidee, von der diese Betrachtungen ihren Ausgang genommen haben, auf die Sprünge zu helfen. Denn es wird ja gerade die Sache eines intensiveren und raffinierteren Schadensersatzrechts sein müssen, möglichst viel ausgleichsfähig zu machen, sich also von einer retrospektiv gar nicht mehr unbedingt nach Wahrheit fragenden Verständigung ganz entschieden zu entfernen. Von den unklaren Positionen des Strafrechts aus – das ist wirklich paradox – scheint es die Versöhnungsidee also einfacher zu haben. Die Gewißheitsverluste des Strafrechts machen es einem leichter, die Verzichtsleistungen zu erbringen, die noch nötig sind, damit man über die schlechte Vergangenheit gar nicht mehr redet, sondern nur noch über die zu gestaltende Zukunft. Die Versuche, das Strafrecht vom zivilistischen Denken zu befreien – jene letzte Emanation eines autoritären Strafrechts –, haben eben auch eine sentimentale Seite: Das »kalte« Zivilrecht steht der große Bögen schlagenden Versöhnung nicht mehr im Wege; immer war das Autoritäre zugleich romantisch, patriarchalisch-fürsorglich einladend. Um so weniger darf man sich durch diese Erfahrung von der für richtig erkannten Konzeption abbringen lassen, sondern muß den

aus der Fülle der Äußerungen seien speziell hervorgehoben Lampe, *Goltdammer's Archiv für Strafrecht* 1993, S. 485; Claus Roxin, in: *Wege und Verfahren des Verfassungslebens. Festschrift für Peter Lerche zum 65. Geburtstag*, München 1993, S. 303; Wolfgang Joecks, in: Gerrit Manssen (Hg.), *Rechtswissenschaft im Aufbruch*, Köln/Berlin/Bonn/München 1996, S. 103. Illusionslos über die dann doch zu registrierende Vermischung von Wiedergutmachung und Strafrecht Hans-Heinrich Jescheck/Thomas Weigend, *Lehrbuch des Strafrechts. Allgemeiner Teil*, Berlin ^{5}1996, S. 865; zum Ganzen auch: Klaus Lüderssen, *Abschaffen des Strafens?*, a. a. O. S. 153 ff.

35 Siehe Fn. 20.

36 Hans Joachim Hirsch, in: *Zeitschrift für die gesamte Strafrechtswissenschaft* 102 (1990) 3, S. 544.

mühsamen Weg des zwar nüchternen, aber verläßlicheren Ausgleichdenkens gehen, bis man – auf dieser festen Grundlage – dann vielleicht dort, wo es am Ende nicht mehr um Ausgleich gehen kann, doch noch die *Rechts*formen entwickeln kann, die einer für den Rest auf Versöhnung sich einrichtenden Gesellschaft gemäß sind.

C.

Wir haben gesehen, daß die gegenwärtige Opfermentalität jedenfalls in ihrer durch besondere Betroffenheit und darstellerische Ausdruckskraft geprägten Gestalt von einer solchen – wie man vielleicht auch sagen könnte – »Zivilgesellschaft« der Versöhnung noch weit entfernt ist. Dabei wäre der Schritt von dem die Opfer beherrschenden Strafgedanken zur Versöhnung, wie angedeutet, ja leichter zu vollziehen als über die von ihnen gar nicht so stark favorisierte Zivilrechtsschiene. Die Erklärung dafür, daß das am Ende gerade deshalb nicht geschieht, mag ein wenig spitzfindig klingen, hat aber vielleicht doch etwas für sich: Weil die Phantasie der Opfer in bezug auf das, was ihnen guttun würde, vom zivilistischen Ausgleichsdenken so wenig genährt wird, bleibt ihnen nur die Möglichkeit der strafgedanklichen Überkompensation. Wer sich auf das Strafen-Müssen und -Wollen zurückgeworfen sieht, ist im Grunde Zeuge seiner Ohnmacht, auf andere Weise seine Ziele zu erreichen, und eine solche Ohnmacht erzeugt Wut, läßt Großzügigkeit nicht aufkommen, die erforderlich wäre, um dem Versöhnungsgedanken näherzukommen. Der rationale Betrieb einer wirklich ausgetüftelten Schadensbezifferung und die Alternativen häufende Entdekkung anderer nicht strafender Ausgleichsmöglichkeiten (etwa im Jugendrecht schon vorgeführt) schafft daher am Ende das bessere Klima für das, worauf es ankommt und was Martin Walser am Ende seines Romans[37] dem leidgeprüften Alfred Dorn, inzwischen doch immerhin Ministerialbeamter, in den Mund legt: »[J]e tiefer er sich in einen Fall hineinarbeitet, so deutlicher wird dessen Unlösbarkeit. Jeder hat recht. Das ist seine Erfahrung. Aber wenn man das gelten ließe, hörte die Welt morgen auf zu atmen. Sie würde

37 Martin Walser, *Die Verteidigung der Kindheit*, Frankfurt/M. 1991.

im gegenseitigen Rechthaben erstarren. Also mußte man für eine glimpfliche Täuschung sorgen. Für eine Problemanästhesie sozusagen. Die Positionen dürfen sich nicht mehr so deutlich empfinden. Daß nicht voneinander lassen können, daß es auf etwas, worauf es vorher ausschließlich ankam, nicht mehr so ankommt.« Walser läßt Dorn freilich daraus folgern, daß man deshalb das Gesetz brauche, die Verallgemeinerung des Einzelnen. Aber daß es nur *diese* »Problemanästhesie« geben könne und nicht auch eine das Individuum in seinen reiferen Tiefen berührende, für die der moderne Rechtsbegriff durchaus Entwicklungsmöglichkeiten bereithält, kam Dorn nicht in den Sinn, obwohl es nahegelegen hätte, denn wie hätte er sonst sagen können, daß er sich nur in einer Welt verstanden fühle, »die es absolut nicht gab«. Freilich war es eben keine Rechtswelt, an die er dabei dachte. *Wir* müssen uns fragen, ob diese Resignation zwingend ist und die Versöhnung nicht auch im Recht ihren Platz suchen darf.[38]

38 Vielleicht im Sinne »höherer Konfliktkultur«, die Eginhard Walter, in: Erich Marks u. a. (Hg.), *Wiedergutmachung und Strafrechtspraxis. Erfahrungen, neue Ansätze, Gesetzesvorschläge.* Bericht über das Forum 1992 für Täter-Opfer-Ausgleich und Konfliktschlichtung vom 10. bis 12. April 1992 in Bonn, Bonn 1993, S. 63, 68 apostrophiert?

6.2 Viktimologie: Ursache und Wirkung der Entdeckung des Opfers auf die Kriminologie und die Kriminalpolitik

Viktimologie wird seit einigen Jahrzehnten als besonderer Zweig der Kriminologie geführt. Aber eine Begründung dafür hat es eigentlich nie gegeben. Die vielen Aspekte, unter denen das Opfer in den Blick des Strafrechts, der Kriminologie und der Kriminalpolitik, aber auch des Strafprozeßrechts kommt, sind viel zu heterogen, als daß man das System einer eigenen Wissenschaftsdisziplin entfalten könnte. Das ist nicht nur eine formale Kritik an der Rede von der Viktimologie. Denn der zusammenfassende Begriff Viktimologie legt die Annahme nahe, man könne oder müsse die gesamte Strafrechtswissenschaft vom Opfer her konzipieren. Zweifellos haben die Urheber des neuen Fachs auch so etwas im Sinn gehabt. Aber hier erhebt sich ein ernster, auf die Tradition und aktuelle Aufgabenstellung des Strafrechts gleichermaßen bezogener Einwand: das Opfer ist nicht Träger des Strafanspruchs. Das war vor vielen Jahrhunderten einmal so, ehe die Konzeption des öffentlichen Strafanspruchs aufkam und sich durchsetzte. Lange war der öffentliche Strafanspruch dann mit der Staatsräson verbunden. Für die demokratischen Gesellschaften ist das nicht mehr zeitgemäß, so daß es so aussieht, als habe sich das Opfer mit Recht wieder als Träger des Strafanspruchs in den Vordergrund geschoben. Indessen wäre das eine verhängnisvolle Fehleinschätzung. Das Rad der Geschichte läßt sich nicht zurückdrehen. Vielmehr tritt an die Stelle der Staatsräson ein Gemeinwohl-Bezug des Strafrechts, der seine Legitimation nicht isoliert aus der Sphäre des durch eine Straftat Verletzten empfängt.[1] Daher ist es unmöglich, das Strafrecht von der Viktimologie her zu konstruieren. Gibt man diese Erwartung auf, dann bekommen die zahlreichen Gesichtspunkte, die mit der Viktimologie ins Gespräch gekommen sind,[2] indessen eine Chance, im Rahmen der etablierten Disziplinen den jeweils richtigen Stellenwert zu erlangen.

1 Dazu mit weiteren Nachweisen: Klaus Lüderssen, »Das moderne Strafrecht«, in: *Strafverteidiger* (2004), S. 97 ff.

2 Überblick bei: Michael Bock, *Kriminologie*, München ²2000, Rdz. 296 ff.

Deutlicher wird das sofort, wenn man die auf das Opfer gemünzten Akzente, die – verteilt auf die gesamte Strafrechtswissenschaft – allmählich neu gesetzt worden sind, einmal auflistet.

I. Am Anfang steht die Auswahl der zu schützenden *Interessen.* Wen soll das Strafrecht schützen und in welcher Hinsicht? Hier sind der Viktimologie nach und nach besondere Gruppen aufgefallen, etwa Wehrlose, Arme, aber auch für das gesellschaftliche Leben mit besonderen Funktionen versehene Personen, also Polizisten, Soldaten, Vollzugsbeamte. Eine feministische Kriminologie – sehr gründlich behandelt in dem Grundriß von Karl-Ludwig Kunz[3] – apostrophiert die Frauen und spezifische weibliche Interessen, und zunehmend werden natürlich die Kinder genannt. Methodologisch ist anzumerken, daß schon bei diesem Vorgang das ganze Instrumentarium konstruktivistischer Beobachtung und Bewertung relevant wird. Nichts quasi steht von vornherein und gesellschaftsunabhängig fest, das ist klar.

II. Die zweite Stufe im Wechselspiel von Kriminalität und Kriminalisierung wird mit dem eröffnet, was man als die *Beeinträchtigung* der zuvor für schutzwürdig erachteten Interessen wahrnimmt. Hier ist der Täter bzw. der Verdächtigte schon beteiligt, sein Verhältnis zum Opfer liefert das Stichwort für die Beziehungsdelikte. Unabhängig davon gibt es weitläufige Ermittlungen über Opferrisiken, Opferneigungen, aber auch Studien über das Verhalten des Opfers in einer bestimmten Situation, bis hin zu dem, wofür sich der Ausdruck Opferpräzipitation eingebürgert hat – jetzt bequem nachzulesen in der Kriminologie von Michael Bock.[4] Die Sozialisation des Opfers wie auch die Sozialstruktur, aus der es stammt, und die Wechselwirkung zwischen beiden fallen hier ins Gewicht. Man spricht von der *Viktimisierung* als einer Unterabteilung der Viktimologie, erneut tauchen bestimmte Gruppen von Personen auf, und wiederum macht sich – so Kunz – die feministische Kriminologie bemerkbar. Die schon genannten Personengruppen werden jetzt noch vermehrt um die alten Menschen und die Fremden. Zu

3 Karl-Ludwig Kunz, *Kriminologie*, Bern ³2001, S. 77 ff.

4 A. a. O., Rdz. 310 ff.

den Gründen, die jemanden zum Opfer einer Verletzung machen, gehören, wie ohne weiteres begreiflich ist, auch allgemein gesellschaftliche wie auch speziell durch die Instanzen der sozialen Kontrolle (bis hin zur Justiz) produzierte Etikettierungen. Sichtbaren Ausdruck findet das alles in statistischen Erhebungen, aber auch in qualitativer Sozialforschung, inklusive opferorientierten Pilotstudien und Selbsterfahrungsberichten – der berühmteste Fall ist der Bericht von Jan Philipp Reetsma *Im Keller*,[5] ein Beispiel für die unverwechselbare Bedeutung des literarischen Gestus für die empirische Sozialforschung. Empirische Interessen sind es denn auch, die den Opferbegriff an dieser Stelle erweitern, etwa auf die Familienangehörigen (jetzt nicht nur des Opfers, sondern auch des Täters) erstrecken – *Leiden als Mutterpflicht* heißt eine einschlägige Untersuchung über die Mütter von Strafgefangenen.[6] Außerdem sind die Opfer eine wichtige Quelle für die Dunkelfeldforschung.[7]

III. Bei der *Verfolgung* von Interessenverletzungen schließlich taucht das Opfer *vereinzelt* schon unter dem Gesichtspunkt auf, daß Selbstschutzmaßnahmen und organisierte Selbsthilfe vielleicht die Strafverfolgung entbehrlich machen. Das nächste ist das Anzeigeverhalten der Opfer. In den – auf diesem Wege oder von Amts wegen – in Gang gekommenen Verfahren geht es dann um Mitwirkungsrechte des Verletzten, wobei noch einmal zu unterscheiden ist zwischen den Fällen, in denen die Initiative an das Opfer zurückgegeben wird – Privatklage –, und den Fällen, in denen dem Opfer die Tätigkeit der staatlichen Strafverfolgung ergänzende Positionen zugebilligt werden, also etwa Ansprüche auf besondere Information, Akteneinsicht, Recht auf anwaltlichen Beistand und die Befugnis zum Anschluß als Nebenkläger sowie die Erzwingung der öffentlichen Klage; hinzu kommt das Interesse der Opfer an schützenden Vorkehrungen, etwa bei Zeugenbefragungen.

Nähert sich das Verfahren dem Urteil, so sieht man den Einfluß des Opfers auf die Strafrechtsdogmatik. Beispielsweise wird im einzelnen bei Tatbeständen, für deren Erfüllung ein bestimmtes Verhalten des Opfers eine Bedingung ist, seine Stellung zu einem

5 Jan Philipp Reemtsma, *Im Keller*, Hamburg 1997.

6 Marlis Dürkop/Hubert Treiber, *Leiden als Mutterpflicht*, Opladen 1980.

7 Kunz, a. a. O., S. 198 ff.

Auslegungskriterium. Hier findet vor allem das statt, was man inzwischen Viktimodogmatik nennt.[8]

Bei der Strafzumessung sind es die Auswirkungen der Tat, die dem Opfer erneut eine Funktion zuschreiben. Das gilt schon für den Normalfall. Speziellere Aspekte kommen zur Geltung, wenn Wiedergutmachung durch den Täter geleistet oder angestrebt wird. Das ist zunächst auf Finanzielles beschränkt – der Täter-Opfer-Ausgleich im engeren Sinn; außerdem gibt es die Mediation zwischen Täter und Opfer. Nicht nur auf die mit der Bestrafung direkt ausgesprochenen oder verbundenen Folgen erstreckt sich die Einbeziehung des Opfers in das Strafverfahren. Der Adhäsionsprozeß sorgt für eine besondere Verfahrensform der Entschädigung, und schon während des Ermittlungsverfahrens wird dem Opfer von den Strafverfolgungsbehörden eine Zurückgewinnungshilfe angeboten, rechtzeitig unterstützt durch vorläufige Vermögensarrestierungen.[9] In diesen Umkreis gehören auch Gesetze von der Art, die dem Opfer ein Pfandrecht an der Forderung zubilligen, die der Täter als Gegenleistung für eine Berichterstattung über seine Tat erhält (in Deutschland das Opfer-Anspruch-Sicherungsgesetz aus dem Jahre 1998[10]).

Auch im Strafvollzug wird noch ein wenig für das Opfer gesorgt durch Vorschriften, die dem Gefangenen in dem Bemühen, den durch seine Straftat verursachten Schaden zu regeln, helfen sollen. Das gleiche gilt auch hier für die Mediation.

Eine besondere Stellung nehmen die – wenige Fälle erfassenden – Gesetze über staatliche Entschädigungen für Opfer von Verbrechen ein.

Das ist nur ein Überblick (ohne Jugendstrafrecht allerdings).

8 Das Neueste jetzt dazu bei: Wolfgang Mitsch, *Rechtfertigung und Opferverhalten*, Hamburg 2004.

9 Vgl. Thomas Ronnau, *Vermögensabschöpfung in der Praxis*, München 2003, Rz. 377 ff., S. 413 ff.

10 Dazu Lüderssen, »Die Mandanten und der Täter-Opfer-Ausgleich«, in: *Strafverteidiger* (1999), S. 65 f.

B

Keineswegs kann ich jetzt das ganze Ensemble der Probleme aufgreifen, insbesondere nicht die verzweigten empirischen Untersuchungen zu den vielen Einzelfragen würdigen oder gar mit weiteren Anregungen versehen. Vielmehr möchte ich mich dem Problem zuwenden, das gegenwärtig im Zentrum des kriminalpolitischen Interesses steht und insofern auch die – Ursachen und Wirkungen der Entdeckung des Opfers erforschende – Kriminologie herausfordert. Es handelt sich um die Frage, ob das Opfer eigentlich, um es zunächst einmal vorsichtig auszudrücken, auf seine Kosten kommt – so wie Strafrecht und Strafprozeßrecht jetzt funktionieren.

I. Diese Frage beschäftigt die Fachöffentlichkeit seit zwei Jahrzehnten und – unter dem Druck der allgemeinen Öffentlichkeit – immer mehr. Sie beginnt damit, daß man erst einmal wissen muß, was die Opfer oder, wie man auch sagt, die Verletzten – wobei analog zum Täter, dem ja alles erst nachgewiesen werden muß und den man deshalb zunächst nur den Beschuldigten nennt, terminologisch eine Einschränkung gemacht werden müßte – eigentlich begehren *und* was man ihnen normativ zuzugestehen bereit ist. In dieser doppelten Frage verbergen sich Massen von ungeklärten Streitfragen. Vor allem heißt es, daß die Opfer Genugtuung wollen; der Staat soll sie ihnen gewähren durch Bestrafung des Täters.[11] Aber diesem Genugtuungsinteresse muß man gleichsam auf den Zahn fühlen. Vielleicht ist es deshalb so stark ausgebildet, weil das Strafrecht eine Lücke schließen soll, die woanders besteht, nämlich dort, wo es um reale Kompensation, nicht nur im Materiellen, geht. Die liegt im argen. Die Zivilprozesse und sozialrechtlichen Möglichkeiten, auf die das Opfer angewiesen ist, sind schlecht beleumdet, und so muß eben das Strafrecht her, das dann gleichzeitig auch wieder – verhängnisvolle Wechselwirkung – die Beseitigung der anderwärts bestehenden Kompensationsdefizite blockiert, real und mental. Die erforderlichen Untersuchungen, welche die Interessenlage des Opfers – paralysiert durch die normativen Strukturen

11 Jan Philipp Reemtsma, *Das Recht des Opfers auf die Bestrafung des Täters – als Problem,* München 1999; Jan Philipp Reemtsma, »Das Interesse des Opfers am strafenden Staat«, in: Winfried Hassemer/Jan Philipp Reemtsma, *Verbrechensopfer, Gesetz und Gerechtigkeit,* München 2003, S. 112 ff.

des gesamten Betriebes der Reaktion auf Straftaten – bloßlegen, stehen noch aus. Möglicherweise liegt das daran, daß die normativen Vorfragen nicht hinreichend geklärt sind.

Wie steht es denn mit jenem Genugtuungsanspruch des Opfers? Nach der Etablierung des öffentlichen Strafanspruchs im späten Mittelalter – unter dem Eindruck kirchlicher und theologischer, realer und ideeller Herrschaft, die aus den Sünden Verbrechen machte, so schwerwiegend, daß man sie dem Austrag zwischen den Parteien (Schädiger und Geschädigter) nicht mehr überlassen wollte,[12] wie kritische Betrachter retrospektiv behaupten – war das Opfer enteignet worden.[13] Aber diese Kritiker übersehen, daß die Parteilichkeit des Opfers auch eine Belastung der Strafrechtspflege darstellte und daß der mittelalterliche Gedanke, das Strafrecht müße im Namen der Herrschaft stattfinden, bereits einen Fortschritt bedeutete. Später wurde daraus die Staatsräson, und auf diese Weise entfernte sich der Begriff der Delinquenz immer mehr von der Orientierung an individuellen Opfern; die Mißachtung der Forderung des Staates auf Befolgung seiner Normen war das Verbrechen. Der Gedanke, daß diese Normen auch dem Schutz Einzelner dienen mochten, verschwand dahinter. Viele Rechtshistoriker sehen das nicht so, sondern meinen, der Impetus des öffentlichen Strafrechts sei nichts anderes als die Herstellung und Garantie eines allgemeinen bürgerlichen Friedens gewesen. Was daran – im klassischen Sinne der Soziologie – Ideologie ist, haben spätestens die Forschungen Foucaults, der sich allerdings nur auf die spätere Neuzeit konzentriert hat, erwiesen. Ein Blick auf die Entwicklung der strafrechtlichen Legalordnung belegt das: Mit der klassischen Aufklärung haben die Schwerpunkte sich verschoben. Majestätsverbrechen und Religionsverbrechen treten ganz sichtbar hinter den Verbrechen gegen den Einzelnen, insbesondere Tötungen, zurück. Dies ist gleichzeitig die Geburtsstunde der Lehre vom Verbrechen als Rechtsgutsverletzung, ungeachtet aller Kritik, die auch daran geübt wird – auf dem Hintergrund der Furcht davor, daß alles und jedes zum Rechtsgut werden könne, weshalb man ei-

12 Dazu Lüderssen, »Die Aspektabhängigkeit historischer Forschung«, in: ders. (Hg.), *Die Durchsetzung des öffentlichen Strafanspruchs*, Köln 2002, S. 233 ff., S. 267 f. mit Belegen.

13 Nils Christie, *Grenzen des Leids*, Bielefeld 1986, S. 125 ff.; dazu Hassemer, *Vom Täter zum Opfer*, in: Hassemer/Reemtsma, a. a. O., S. 23 f.

gentlich das Strafrecht auf den Schutz subjektiver Rechte beschränken müße. Denn die Säkularisierung, die im Rechtsgutsbegriff liegt, ist es, die den Sinn für die Bedürfnisse des Opfers weckt. Nur: in seine alten Rechte *als* Träger des Strafanspruchs wird es nicht wieder eingesetzt; vielmehr muß man fragen, worin der *Gemeinwohlbezug* eines Strafrechts liegt, das an der Rechtsgutsverletzung und damit am Leiden des konkreten Opfers orientiert ist.

II. Damit sind wir bei den Straftheorien, und weil ich das hier unbedingt abkürzen muß, lasse ich die repressiven als – in der Fachöffentlichkeit jedenfalls – nur noch von einer kleinen Minderheit vertretene beiseite und konzentriere mich auf die präventiven.

1) Im Geflecht dieser präventiven Gründe ist nun das Genugtuungsinteresse des Opfers schlechterdings nicht unterzubringen. Nach dem geltenden Recht verläuft die Prävention über Abschrekkung, Sicherung und Resozialisierung. Der Genugtuungseffekt beim Opfer kommt in diesen Strafzwecken nicht vor. Bei der Resozialisierung könnte er sogar kontraindiziert sein. Oft ist nämlich von »Ausgrenzung« des Täters durch die Bestrafung – daran sei das Opfer vor allem interessiert – die Rede, und das soll ja nun nach der guten Tradition der Resozialisierung gerade nicht passieren. Im Rahmen der Resozialisierung gibt es freilich auch den Gedanken der Wiedergutmachung. Nach geltendem Recht aber soll sie an die Stelle der Strafe treten. Damit ist auch dieser Weg für die Genugtuungs*strafe* versperrt.

2) Wer deshalb – wenigstens – an die Einführung der Genugtuungsstrafe *de lege ferenda* denkt, müßte sich an der Verfassung orientieren. Der Angelpunkt für eine solche Gesetzgebung kann wohl nur in der verfassungsrechtlich verbürgten Menschenwürde gesucht werden. Ist die Menschenwürde des Opfers verletzt, wenn man ihm das Recht abspricht, vom Staat Genugtuung durch Bestrafung des Täters zu verlangen, oder umgekehrt, gebietet die Menschenwürde des Opfers, ihm dieses Recht zu geben?

Lehnt man die Ausgrenzung, wie bereits geschehen, ab, dann kann die Genugtuung für das Opfer eigentlich nur darin bestehen, daß es das Strafleiden des Täters erleben darf. Da der resozialisierende Effekt dieses Strafleidens mit der Genugtuung *ipso jure* nicht gemeint ist (Reemtsma, der – wiewohl fachlicher Außenseiter – als Betroffener tatsächlich erreicht hat, daß die Genugtuungsstrafe diskutiert wird, sagt ausdrücklich, daß ihm an nichts weniger gelegen sei als an der Resozialisierung seiner Peiniger), bleibt insoweit nichts weiter übrig als die Vergeltung, absolut. Davon, daß dieser Strafzweck passé ist, bin ich ausgegangen und füge jetzt hinzu, daß er auch nicht wiederbelebt werden kann. Er ist theologischen Ursprungs, und alle Versuche moderner Straftheoretiker, eine theologiefreie Metaphysik des Vergehens zu entwickeln, existieren nur ganz abgehoben, werden (wohlweislich) mit dem Verfassungsbegriff Menschenwürde nicht verknüpft. Sie ist aufklärerischen Ursprungs, säkularisiert zu begreifen und kann nicht in den Dienst einer Vergeltungsstrafe gestellt werden. Nicht nur gelegentlich heißt es freilich, das Opfer könne und müsse sich am Ende sogar mit einer Genugtuung, die auf die Feststellung der Schuld des Täters beschränkt sei, begnügen. Daß eine solche Feststellung dermaleinst an die Stelle der effektiven Bestrafung treten könne, ist durchaus eine durch die Entkoppelung von Schuld und Vergeltung begründete Hoffnung. Im Rahmen der Strafzwecke fungiert Verantwortung ja ohnehin schon als Voraussetzung für die Akzeptanz der Resozialisierungsangebote. Aber in diesem Sinne ist die Feststellung der Schuld aus der Sicht der Vertreter des Genugtuungsanspruchs des Opfers nicht gemeint. Vielmehr soll damit eine symbolische Vergeltung ausgesprochen sein, und deshalb gelten alle Einwände gegen diesen Strafzweck auch hier. Hinzu kommt, daß real gegenwärtig kaum ein Opfer mit einer solchen Feststellung zufrieden wäre – eine Ausnahme sind die politischen Fälle: hier möchten die Opfer nur nachträglich festgestellt sehen daß nicht sie, sondern die anderen sich im Unrecht befanden; an Bestrafung ist ihnen nichts gelegen. Ähnliches kann man jetzt ferner bei den Prozessen um die großen Verkehrsunglücke beobachten. Für den Alltag des Umgangs mit Delinquenz gilt das aber nicht.

III. Wenn man also die Genugtuung durch Bestrafung des Täters als normative Vorgabe für die Erkundung der wahren Interessen des Opfers mit guten Gründen ausscheiden kann, wird der Blick auf die relevante Empirie freier. Sie beschränkt sich auf die Frage, welche Bedürfnisse des Opfers danach verbleiben, wie ihnen zur Zeit Rechnung getragen wird und wie man – gegebenenfalls – das besser machen könnte. Der normative Druck, der diese Empirie lenkt, verhilft den Opfern gleichzeitig zur Mobilisierung von Interessen, die durch die Prävalenz jenes Genugtuungsinteresses verdeckt waren und sind. Ich halte das für eine wichtige methodologische Einsicht, auch wenn damit die Dialektik der Interdependenz normativer und empirischer Faktoren im Strafbetrieb keineswegs vollständig fixiert ist. Sachlich geht es jetzt um die Probleme, die in den Vordergrund geraten, wenn der Genugtuungsanspruch entfällt.

C.

Dabei möchte ich mich auf die Kompensation konzentrieren.

I. Eingangs habe ich unter anderem aufgezählt, welche Mitwirkungs*rechte* der Verletzte im Laufe des Verfahrens hat. Man schweigt darüber, worin ihre Funktion liegt. Die einen sagen – kritisch – der öffentliche Strafanspruch werde verstärkt; jetzt sei es nicht nur der Staat, sondern auch das Opfer, mit dem der Beschuldigte zu kämpfen habe. Andere sehen in dieser Tendenz eher eine Einleitung der Distanzierung vom Strafrecht und warnen deshalb etwa vor der Favorisierung der Wiedergutmachung.

Hält man sich an das geltende Recht, so ist zu registrieren, daß die Wiedergutmachung bei der Strafzumessung vorkommt und dann noch einmal im Strafvollzug. Ebenso verhält es sich beim Täter-Opfer-Ausgleich, und auch die amtliche Organisation des Adhäsionsprozesses – Beweisaufnahme und Beweiswürdigung unterliegen den Regeln des Strafprozesses – unterstreicht die Nähe zur Strafe. Das gleiche gilt für die prozessualen Instrumente der Zurückgewinnungshilfe.

Die Interpretation ist ausgesprochen schwierig. Man kann diese Phänomene in den Strafzweck der Resozialisierung einordnen, aber es ist nicht zu übersehen, daß das den Motiven des Opfers nicht entspricht. Wenn, wie dargelegt, sein Interesse an Genugtuung durch Bestrafung des Täters als Begründung ausscheiden muß, stehen wir vor der Frage, wie man die erwähnten Behelfe des geltenden Rechts im Sinne des Opfers handhaben muß. Die vorläufige Antwort ist, daß im geltenden Strafrecht offenbar Dinge geregelt sind, die nur den *privaten* Anspruch des Opfers auf Kompensation legitimieren und verbessern. Da Regeln dieser Art im Strafrecht und Strafprozeßrecht eigentlich nichts zu suchen haben, stehen wir vor einer widerspruchsvollen Gesetzeslage. Daß es so etwas gibt, weiß man freilich seit langem. Man muß überlegen, ob man den Mut findet, den Knoten zu durchtrennen und eine in sich logische Lösung vorzuschlagen, auch wenn der Gesetzeswortlaut Schwierigkeiten macht. Im hier interessierenden Fall der Kompensation für die Opfer ließe sich an einen Kompromiß insofern denken, als die Übergangsregelungen für eine noch populär zu erachtende Zurückdrängung des Strafrechts, so paradox es klingt, vorläufig nur im Strafrecht etabliert werden können, weil dort die Ansprüche des Opfers nun einmal lokalisiert sind, eine Konzeption, der man freilich auch das Gegenstück präsentieren könnte: Die vielfach zu hörende Klage über eine gewisse Permissivität im Strafrecht wird aufgefangen durch eine (von anderen kritisch vermerkte) Verstärkung des Strafanspruchs, indem jetzt auch noch das Opfer auf den Täter drückt, gleichviel mit welcher Forderung.

Befriedigend ist dieser Diskussionsstand nicht. Deshalb müßte wohl im Rahmen eines Strafrechts, das den Strafzweck der Genugtuung für das Opfer nicht anerkennt und daher auch nicht nachträglich in die Interpretation des geltenden Rechts hineingelangen lassen darf, der Gesetzgeber sprechen, um die grandiose Unterversorgung des Opfers auf dem Gebiete der Kompensation neu zu regeln.

II. Der Frage, was da im einzelnen geschehen könnte, möchte ich mich nunmehr zuwenden. Es müßten zunächst Spezialregelungen für die Durchsetzung der Schadensersatzforderungen des Opfers geschaffen werden. Das Opfer ist nicht in der Lage eines »normalen« Geschädigten, der sich auf den Zivilprozeß verweisen lassen muß. Es trägt eine besonders schwere Last. Die Opferentschädigungsgesetze – für besonders schlimme Fälle – zeigen ja durchaus an, daß der Gesetzgeber das längst gesehen hat. Man könnte deshalb die Forderung favorisieren, daß staatliche Opferentschädigung in viel größerem Umfang zugelassen werden sollte. Aber dann hätten wir sozusagen die Versicherungslösung, auf deren kontraproduktive Funktion für die Prävention häufig warnend hingewiesen worden ist.

1) Die Lösung des Problems kann also nur darin liegen, daß der Zugriff auf den Schädiger erleichtert wird, und das entspricht ja auch dem eigentlich unangefochtenen Prinzip, daß haften soll, wer den Schaden zu verantworten hat. Der Begriff des Schadens ist allerdings sehr auslegungsbedürftig; bei der Gefährdungshaftung und der Produkthaftung im Zivilrecht überschreitet er Grenzen, die dem Strafrecht heilig sind. Damit ist schon die erste Barriere bezeichnet. Die strafrechtliche Zurechnung ist so diffizil, daß daran gemessen das Opfer viel weniger Aussicht zu haben scheint, seinen Schaden ersetzt zu bekommen, als unter der Geltung zivilrechtlicher und zivilprozessualer Grundsätze. Wiedergutmachung und Täter-Opfer-Ausgleich also nur unter den engen Begriffen der strafrechtlichen Zurechnung? Das gibt dem Opfer weniger, als es verdient. Andererseits: Wenn es für seinen Schadensersatzanspruch eine extra Stellung bekommen soll, muß man dafür auch besondere Gründe haben, und die liegen womöglich nun gerade darin, daß es in seine Situation gelangt ist durch fremde Schuld, die schwerer wiegt als Zurechnung, die für die normale zivilrechtliche Haftung vorausgesetzt wird. Die Anbindung der Schadensersatzforderungen an das Strafrecht hätte hier also dann doch ihre Berechtigung.

Aber vielleicht sollte man im übrigen den Zivilprozeß sprechen lassen, etwa mit der Folge, daß der Schädiger es sich nicht leisten kann zu schweigen, sondern damit rechnen muß, daß als zugestanden gilt, was nicht bestritten wird (außerdem gibt es die Wahrheitspflicht der Parteien). Könnte das, fragt man sich freilich weiter, den Vorteil aufwiegen, der durch die Amtsermittlungsmaxime des Strafprozesses bewirkt wird? Der Adhäsionsprozeß, der die Situation des Opfers doch verbessern will, geht ersichtlich davon aus, daß dem Verletzten damit mehr geholfen sei.

2) In dieser schwer zu entscheidenden Abwägungslage – keine Behauptungslast des Verletzten, aber gerichtliche Pflicht zum Nachweis der Voraussetzungen für eine Haftung – könnte dem Gesetzgeber nun ein Gedanke zu Hilfe kommen, den die Opfer zwar von sich weisen, dies aber – da der Zusammenhang des Schadensersatzprozesses mit dem Strafprozeß nicht zu leugnen ist – mit schwacher Begründung. Der Beschuldigte, der sprechen muß, um den Schadensersatzanspruch abzuwehren, wird – aus der Sicht des Strafprozesses – um sein Recht gebracht, sich auf die Sache nicht

einlassen zu müssen: *Nemo tenetur se ipsum accusare.* Würde man auf dem Umweg des Zivilprozesses diesen Effekt erreichen, hätten sicher alle diejenigen recht, die in der Favorisierung des Opfers letztlich eine Verstärkung des gegen den Beschuldigten gerichteten Strafprozesses sehen.

Die Auskunft, das im Schadensersatzverfahren Geäußerte dürfe im Strafprozeß nicht verwertet werden, ist keineswegs von vornherein utopisch. Unsere Rechtsordnung kennt solche getrennten Wahrnehmungen, zum Beispiel in § 97 der deutschen Insolvenzordnung. Die Reichweite der dort ausgesprochenen Verbote der Verwertung von Mitteilungen des Gemeinschuldners in einem Strafverfahren ist aber noch sehr umstritten. Keineswegs ist garantiert, daß die Akten *nicht* versandt werden, aus denen sich dann doch alles ergibt. So bleibt das schließlich doch theoretisch, so daß man wohl sagen muß, ein das Opfer gegenüber dem normalen Zivilprozeß begünstigendes Verfahren zur Erlangung seines Schadensersatzes sollte in den Vorzug der Amtsermittlung nur um den Preis kommen, daß dem Beklagten sein Schweigerecht erhalten bleibt.

3) Wenn das richtig ist, braucht man doch weiter gar nichts zu tun, als dem Adhäsionsprozeß, dessen Regeln der Gesetzgeber in der Absicht, ihn zu verbessern, in den letzten Jahren immer wieder abgeändert hat, sozusagen den letzten Schliff zu geben.

Doch alle sind mit ihm unzufrieden, auch in der gegenwärtigen und erst recht in der noch zu erwartenden neuen Gestalt. Obwohl seine Verbindung mit dem Strafprozeß nur äußerlich ist, scheint er doch auch im Haftungsrecht ein Fremdkörper zu bleiben, und das wird auch der Grund dafür sein, daß niemand etwas mit ihm zu tun haben will. Überredet man jetzt die Strafrichter, sich zu einer zweiten Rechnung zu bequemen, so verlangt man vielleicht wirklich zuviel von ihnen. Am Ende würden sie diese Überforderung damit quittieren, daß sie sich dann doch auf die zusätzliche Genugtuungsfunktion der Strafe besinnen oder – traditioneller gedacht – die dritte Spur des Strafrechts aktivieren, um auch in diesem Verfahren Strafrichter zu bleiben und damit genau das tun, was kontraindiziert ist, nämlich Kompensation für das Opfer mit der Strafe zu vermischen.

4) Deshalb ist ein Etikettenwechsel vonnöten. Wir brauchen – im deutschen Recht vielleicht als Anhang im sechsten Buch der Zivilprozeßordnung, die für Familiensachen, Kindschaftssachen, Unterhalts- und Entmündigungssachen ein besonderes, eher obrigkeitliches Verfahren vorsieht – ein vom Strafprozeß abgekoppeltes Verfahren, das die Haftung des einer Straftat Verdächtigten für den beim (gegebenenfalls) Verletzten angerichteten Schaden regelt. Die Grundlagen für dieses Verfahren sind zwar eine Zurechnung nach strafrechtlichen Maßstäben und der Amtsermittlungsgrundsatz unter Wahrung aller Rechte, die der Beschuldigte auch im Strafprozeß hat. Dieses Verfahren wäre gleichwohl ganz frei vom Odium der Strafe, bräuchte sich nicht unter dem Druck der Stigmatisierung zu fühlen und könnte insgesamt klare Verhältnisse schaffen. Es würde an die Stelle des funktionslos bleibenden Adhäsionsprozesses treten.

Die Unabhängigkeit vom Strafprozeß und damit eine höhere Effizienz wäre vor allem dann garantiert, wenn dieses Verfahren vor dem Strafprozeß anzustrengen wäre. § 262 und § 154d der deutschen Strafprozeßordnung, wonach das Gericht oder die Staatsanwaltschaft, wenn zivilrechtliche Vorfragen zu entscheiden sind, den Strafprozeß aussetzen kann, müßten dann entsprechend geändert werden. Das wäre übrigens mit Blick auf die sekundäre Natur des Strafrechts – seine Akzessorietät – konsequent. Der Aussetzungsgrund müßte obligatorisch sein. Parallel dazu müßte § 149 der deutschen Zivilprozeßordnung, wonach das Gericht, wenn sich im Laufe des Rechtsstreits der Verdacht einer Straftat ergibt, die Aussetzung bis zur Erledigung des Strafverfahrens anordnen kann, gestrichen oder jedenfalls in den hier interessierenden Punkten modifiziert werden.

5) Auf dieser Linie wären weitere Reformvorschläge auszuarbeiten, die ich jetzt nur andeuten kann.

Wiederum im Strafprozeßrecht ist vorgesehen, dem Opfer Zurückgewinnungshilfe zu gewähren für den Fall, daß der Schädiger Vermögenswerte, die nach einer Verurteilung dem Verfall unterliegen, beiseite bringen könnte, die dann für die Realisierung des Schadensersatzanspruchs, zu dessen Gunsten der Staat auf den Verfall verzichtet, fehlen. Dabei wird, wie man sagt, zwischen Herkunftstat und Anknüpfungstat in der Praxis nicht unterschieden, und das hat die Annahme nahegelegt, in Wahrheit handele es sich bei diesem Zugriff auf das Vermögen des Schädigers oder Beschuldigten um eine Vermögensstrafe, die es *de jure* seit langem nicht mehr gibt und die inzwischen auch noch von unserem Bundesverfassungsgericht für verfassungswidrig erklärt worden ist.[14] Da es sich bei dem für den Verletzten zu sichernden Vermögen um ein Vermögen des Verdächtigen handelt, das an sich dem Verfall unterliegt, ist der Gedanke an eine Vermögensstrafe keineswegs abwegig, zumal die Staatsanwaltschaften, die für die Organisation der Zurückgewinnungshilfe zuständig sind, häufig ohne Initiative oder ohne Wissen der Opfer tätig werden.

Auch hier gilt, daß eine Loslösung des Zugriffs auf das Vermögen des Schädigers von den Strafzwecken die nötige Klarheit bringen könnte. Die Assoziation der Vermögensstrafe wäre dann beseitigt. Was übrigbliebe, wäre allerdings etwas, das der Zivilprozeß so nicht kennt: nämlich die Sicherung der Realisierung eines Schadensersatzanspruches schon auf der Basis eines strafrechtlichen Anfangsverdachts – mögliche Anhaltspunkte für eine spätere Verurteilung – einsetzen zu lassen. Die Voraussetzungen für den dinglichen Arrest, den die Zwangsvollstreckung zuläßt, sind ja viel enger. Auch wenn er im Rahmen einer einstweiligen Verfügung ergeht, müssen der zugrundeliegende Anspruch und der Arrestgrund glaubhaft gemacht werden. Das ist wesentlich mehr als das, was ein Staatsanwalt braucht, um den Anfangsverdacht zu bejahen.

Wieder stellt sich nun die Frage, ob die besondere Bedürftigkeit des Verletzten Anlaß ist, die Voraussetzungen zu lockern. Solange die Sicherung des Schadensersatzanspruches mit dem Strafverfahren verbunden ist, in dem ein Anfangsverdacht vorliegt, bedeutet diese Konkordanz, daß eine als Schädiger in Betracht kommende Person wirtschaftlich sehr schnell ruiniert werden kann. Es ist daher verständlich, daß gegen die Verdachts-Vermögensstrafe, die darin zum Ausdruck kommt, Sturm gelaufen wird. Wenn es sich aber nicht mehr um Strafe handelt, sondern um den besonderen Fall, daß jemandem, der Opfer einer Straftat geworden sein könnte, eine zusätzliche Hilfe zuteil werden wird, indem er eben nicht an die schwerfällige und vorsichtige Regelung des Zivilprozesses gebunden ist, könnte der Kritik der Boden entzogen sein. Der Ein-

14 Entscheidung vom 20.3.2002, abgedruckt in BGBl I, S. 1340.

wand, die Änderung der Etikette ändere nichts an der Schwere des Eingriffs, drängt sich auf. Indessen sollen nach der hier vertretenen Reformkonzeption ja keineswegs die Bestrafung erleichtert oder vorweggenommen, sondern nur die zivilrechtlichen Kompensationsansprüche des Opfers befriedigt werden. Voraussetzung für eine klare Trennung der Sphären wäre auch hier, daß der Strafprozeß, also das Ermittlungsverfahren, ausgesetzt wird, damit das zivilrechtliche Verhältnis geklärt werden kann. Alles Weitere hängt davon ab, ob man dem Opfer, weil eben der Sonderfall einer Schädigung vorliegt, wirklich so weit entgegenkommen möchte, daß schon der Anfangsverdacht die Maßnahmen auslösen darf. Wieder ist zu registrieren, daß die spezifischen strafrechtlichen Voraussetzungen für eine Zurechnung auch in diesem Fall gegeben sein müssen, also nicht zuletzt die strengen Kriterien der gesamten subjektiven Tatseite in die Definition des Anfangsverdachts einzubeziehen sind. Ferner gilt hier natürlich ebenfalls der Nichteinlassungszwang, nicht aber das Prinzip *in dubio pro reo* bzw. die Unschuldsvermutung.

Der Vorschlag, den ich hier mache, ist neu, deshalb möchte ich folgendes zu überlegen geben: Wenn das Prinzip richtig ist, das Opfer einer Straftat auch in dieser Verfahrenslage besserzustellen als den »normalen« Geschädigten im Zivilprozeß, dann müssen Verbesserungen gegenüber der Lage dessen, der sich sonst auf den Erlaß einer einstweiligen Verfügung mit den entsprechenden Arrestfolgen angewiesen sieht, vorgesehen werden. Andernfalls bleibt es eine halbe Sache. Aber vielleicht sollte man nicht so weit gehen wie im Erkennungsverfahren. Die strafrechtlichen Maßstäbe, denen es folgen soll, sind für sich genommen ja unstreitig. So verhält es sich indessen nicht bei der strafprozessualen Zurückgewinnungshilfe. Hier möchten die Kritiker an die Stelle des Anfangsverdachts den hinreichenden oder gar den dringenden Verdacht setzen. Wie wäre es, wenn man sich auf den hinreichenden Verdacht einigen könnte, der im Gesamtspektrum der Verfahren ungefähr die Mitte hält zwischen Anfangsverdacht und Glaubhaftmachung? Ich stelle das zur Diskussion.

Ich darf nicht verschweigen, daß meine Vorschläge der Tendenz der gegenwärtigen deutschen Strafgesetzgebung nicht entsprechen. Diese Tendenz ist eindeutig darauf gerichtet, die strafrelevanten Elemente der Verletzten-Beteiligung zu stärken: Ausweitung der

Nebenklage etwa ist ein Beispiel aus dem Entwurf eines Opferrechts-Gesetzes vom letzten Jahr, das wohl bald verabschiedet wird. Ferner: Die Erzwingbarkeit des Adhäsionsverfahrens durch Rechtsmittel – bisher nicht geregelt. Noch deutlicher ist das bei einer anderen Einzelheit des geplanten Justizmodernisierungs-Gesetzes: Nicht eine Nachordnung des Strafrechts, wie hier vorgeschlagen, sondern seine Wegnahme ist beabsichtigt; strafrechtliche Verurteilungen sollen bindend werden für diese Prozesse. Verkehrte Welt ist das meines Erachtens – hervorgerufen durch eine ganz anachronistische Vorstellung von der Rolle und dem Einfluß des Opfers im Strafprozeß, und so muß ich am Ende meines Vortrages an den Anfang erinnern: Das Opfer hat keinen Strafanspruch. Nimmt man diese Einsicht ernst, so ist alles andere – also die Verlagerung seiner Interessen in ein modifiziertes Zivilprozeßrecht, das sich womöglich dermaleinst zu einem Teil eines umfassenden, das Strafrecht relativierenden Interventionsrecht entwickeln könnte – nach meinem Dafürhalten eine logische Konsequenz. Wie die Auseinandersetzung mit einem Gesetzgeber, der die historische Inkonsistenz seiner Konzepte nicht begreift, nicht begreifen will, praktisch aussehen soll, ist freilich eine bange, von mir – jedenfalls jetzt – nicht befriedigend beantwortbare Frage.

6) Die Situation des Opfers, dem man den Anspruch auf Kompensation zuerkennen und dessen Durchsetzung erleichtern möchte, ist nicht nur gekennzeichnet durch das Bedürfnis nach materieller Wiedergutmachung. Auch anderes ist zu kompensieren. Und damit betreten wir das Gebiet der Mediation, für deren Abtrennung vom strafverfahrensrechtlichen Ausgangspunkt Entsprechendes gelten muß wie beim Schadensersatzanspruch und bei der Zurückgewinnungshilfe. Das kann hier aber nicht mehr ausgeführt werden.

6.3 Der öffentliche Strafanspruch im demokratischen Zeitalter – Von der Staatsräson über das Gemeinwohl zum Opfer?

A.

Ein neues Paradigma geht um: Die Strafe für das Opfer. Es soll nicht nur entschädigt werden; vielmehr soll es einen Anspruch darauf haben, daß ihm der Staat durch die Bestrafung des Täters Genugtuung verschaffe. Das ist ein neuer Strafzweck, sosehr auch die bekannten Vokabeln über diesen Tatbestand hinwegtäuschen könnten. Er induziert aber mehr als die bisher diskutierten Strafzwecke die Frage nach dem *Träger* dessen, was man den Strafanspruch nennt. Im Zeitalter des öffentlichen Strafanspruchs kann niemand anderer als der Staat dafür benannt werden. Daran können, was Zuständigkeit und Kompetenz angeht, keine Zweifel aufkommen. Nimmt man indessen das Wort »Anspruch« – das, seltsam genug, sich in der Metaphorik des Strafens seit langem behauptet – ernst, so muß eine weitere Zuordnung erfolgen. Wer einen Anspruch erhebt, erwartet eine Leistung. Die Realisierung des staatlichen Strafanspruchs bedeutet also, daß der Staat eine Leistung bekommt. Bei Geldstrafen kann man das nachvollziehen; wie ist es aber bei der Freiheitsstrafe? »Ich sitze für die Staatsanwaltschaft Würzburg ein«, sagt ein Strafgefangener durchaus. Aber meint er damit wirklich, daß er, indem er im Gefängnis ist, dem Staat eine Leistung erbringt? Und hält der Staat diesen Vorgang für eine an seine Adresse gehende Leistung?

Soll das *Opfer* durch die staatliche Strafe Genugtuung erfahren, so ist ein Leistungsempfänger fixierbar. Diese neue Theorie hätte also den Vorteil, eine bisher verschleppte, ja gar nicht richtig wahrgenommene Frage einer klaren Antwort zuzuführen. Freilich besagt das noch nichts über die Legitimität dieses neuen Strafzwecks. Für die alten Strafzwecke hat sich im Laufe der geschichtlichen Entwicklung jeweils eine Legitimation, oder wenigstens der Glaube daran, etabliert. Ein neuer Strafzweck müßte in diese Tradition gestellt werden, als eine Weiterentwicklung begriffen werden können (denn aus der Retorte sozusagen, als ein ganz neuer Gedanke, hat sich noch nie ein Rechtsprinzip entfaltet). Das wäre der erste Schritt (B). Ihm müßte als weiterer gleichwohl eine aktuell-normative Begründung folgen (C).

B.

Der Beginn der Suche nach einem *kollektiven* Subjekt des Strafanspruchs ist immer identisch gewesen mit der Abkehr von der Konzeption, daß das Opfer einen eigenen Strafanspruch habe. Die Epochen, in denen das passierte, liegen zum Teil weit zurück, und doch könnte die Ähnlichkeit der Formulierung – Strafanspruch des Opfers – die Suggestion nahelegen, der evolutionären Seite der Legitimation des Strafens sei Genüge geschehen, wenn das Rad jeweils einfach wieder zurückgedreht werde. Für das etwas Gewaltsame dieses Vorgangs müßte man freilich noch eine spezielle Erklärung finden. Aber das kann auf sich beruhen; denn *dieser* alte Strafanspruch des Opfers ist ja nicht gemeint mit der neuen Parole einer Strafe, die dem Opfer Genugtuung bringe. Es soll die staatliche Strafe sein, die diese Aufgabe übernimmt. An der Institution einer staatlichen Strafe hat es aber in den Zeiten, in denen das Opfer Inhaber des Strafanspruchs war, gerade gefehlt. Vielmehr ist der Gang der Geschichte der, daß die staatliche Strafe den Strafanspruch des Opfers gerade ablösen sollte. Wir können hinter diesen Prozeß nicht zurückgehen oder ihn rückgängig machen, sondern müssen seine Entwicklung verfolgen und dann sehen, wie der Sprung, denn um nichts Geringeres dürfte es sich handeln, in die neue Version eines opferorientierten Strafanspruchs bewerkstelligt werden könnte. Diese Retrospektive muß nicht komplett sein. Es geht um die den »Träger« des Strafanspruchs betreffende Genese. Einzelheiten seiner Realisierung können außer Betracht bleiben.

I. Die Gründe für die Entstehung des öffentlichen Strafanspruchs sind keineswegs vollständig aufgehellt, trotz vieler neuer Anläufe, vielleicht aber auch gerade ihretwegen, weil immer wieder Neues zum Vorschein kommt. Ob es nun die angebliche Zunahme von Verbrechen (wiewohl sein Begriff gar nicht unbedingt feststand) war, oder die Säkularisierung des kirchlich-theologischen Sündenpotentials (ausgelöst durch eine neue, tiefer als je schürfende intellektuelle Annäherung an das Individuum, dessen entdeckte Freiheit spiegelbildlich gewissermaßen eine ihr entsprechende Dimension von Schuld eröffnete) oder (im Zuge der Wiederanknüpfung an die Antike) ein Rezeptionsprozeß (bezogen auf das schon in der späten römischen Republik etablierte öffentliche Strafrecht) oder schließlich eine Transformation der gewalttätig-strafenden Hauszucht in das Gemeinschaftsleben oder alles dieses zusammen, nebeneinander und selbstverständlich in phasenverschobener zeitlicher Erstreckung – der »Träger« dieses Strafanspruchs, um den, wie man heute auch sagt, das Opfer enteignet wurde, konnte immer nur dort gesucht werden, wo sich Herrschaft institutionalisierte. Sie nahm Gestalt an in Personen; bis zur Volkssouveränität vergingen Jahrhunderte; noch kurz vor der französischen Revolution heißt es »l'etat c'est moi«. Das Interesse eines Einzelnen, das ein anderer verletzt – sein Leben, sein Körper, sein Eigentum –, trat demgemäß bei der Definition des Verbrechens ganz zurück. An der Spitze standen das Majestätsverbrechen und das Verbrechen gegen Gott, in dessen Stellvertretung der Herrscher seine Funktion sah. Nahm sich der Herrscher dennoch jener Interessen Einzelner strafend an, so nur, weil er sich selbst beziehungsweise in der Wahrnehmung seiner Aufgaben verletzt sah.

II. Mit der Aufklärung erst war überhaupt ein Zeichen dafür gesetzt, daß sich das ändern konnte. Die Delikte gegen den Einzelnen traten wieder mehr in den Vordergrund. Man kann das sehr schön studieren anhand der Tabellen, die Thomas Würtenberger (sr) in seinem Buch über *Das System der Rechtsgüterordnung in der deutschen Strafgesetzgebung seit 1532*[1] einander gegenübergestellt hat. Eigentlich dürfte damals schon erkennbar gewesen sein, daß diese Gewichtsverlagerung auch die Frage nach dem Träger des Strafanspruchs hätte erneuern müssen. Der öffentliche Strafanspruch konnte bei dieser Sachlage nicht mehr der des Herrschers sein, nicht mehr mit seinen Interessen identifiziert werden; vielmehr hätte ein Konzept von Allgemeinheit etabliert werden müssen, in deren Namen die Interessen einzelner über das hinaus, was die Gemeinschaft durch die Zurverfügungstellung der Zivilgerichtsbarkeit an Hilfe leistete, wahrzunehmen waren. Dazu ist es aber bekanntlich

1 Breslau 1933, S. 156.

nicht gekommen, weil an die Stelle des Interesses der persönlichen Herrschaft das der abstrakten juristischen Person Staat trat. Damit blieben Staatsräson und Strafrecht miteinander verknüpft.[2]

III. Die modernen Demokratien beschwören nun endlich die Volkssouveränität. Dementsprechend werden die Urteile »im Namen des Volkes« gesprochen, das damit zum Träger des Strafanspruchs geworden ist. Nicht von Staatsräson spricht man, sondern von Gemeinwohl. Dieses Phänomen – ist es ein Wert, ist es eine Forderung? – bleibt unfaßbar oder manifestiert sich wieder schnell in staatlichen Interessen, und damit hängt es zusammen, daß bis auf den heutigen Tag keine klare und eindeutige Beziehung zwischen Rechtsgutsverletzung und Gemeinwohl hat entstehen können. Die sich in der ersten Hälfte des 19. Jahrhunderts entwickelnden Lehren vom Rechtsgut[3] waren auf dem richtigen Weg, konnten aber imperialen Mißdeutungen nicht entgehen[4] und mußten im Zuge ihrer Präzisierungen und Verfeinerungen in Konkurrenz treten zu Systemen, in deren Mittelpunkt später der Begriff »Verbrechen als Pflichtverletzung« rückte. Danach macht primär die Verletzung des staatlichen Verbots das Verbrechen und die Ahndung des Ungehorsams die Strafe aus. Die Verletzung eines Rechtsguts und die darauf bezogene Funktion der Strafe, sei es vergeltend, sei es präventiv, ist buchstäblich etwas Sekundäres.

Die Reaktionen auf diesen Gang der Dinge sind unterschiedlich. Da gibt es zunächst den ganz desillusionierten Standpunkt in der Kriminalsoziologie, daß Strafrecht immer ein Herrschaftsinstrument gewesen sei, daß sich durch die politischen Wandlungen von Gesellschaft und Staat daran gar nichts geändert habe und es deshalb lächerlich sei, immer noch dafür zu kämpfen, daß der Anknüpfungspunkt für das Strafrecht doch die Verletzung von Rechtsgütern, vor allem des einzelnen, sein müsse. Eine radikal-

2 Vgl. Klaus Lüderssen, *Die Krise des öffentlichen Strafanspruchs*, Frankfurt/M., 1989, S. 32 ff., 52 ff.

3 Grundlegend: J. M. F. Birnbaum, »Über das Erfordernis einer Rechtsverletzung zum Begriffe des Verbrechens, mit besonderer Rücksicht auf den Begriff der Ehrenkränkung«, in: *Archiv des Criminalrechts*, Neue Folge, Band 15 (1834), S. 149 ff.

4 Dazu: Klaus Günther, »Von der Rechts- zur Pflichtverletzung. Ein ›Paradigmenwechsel‹ im Strafrecht«, in: Institut für Kriminalwissenschaften in Frankfurt am Main (Hg.), *Vom unmöglichen Zustand des Strafrechts*, Frankfurt/M. 1995, S. 445 ff. (454).

idealistische Richtung meint, daß die Benutzbarkeit des Rechtsgutbegriffs für die Strafbewehrung jedweder Interessenverletzung zu deren Diffusion mit der Verletzung von staatlichen Interessen geführt habe (mit entsprechender Verdächtigung schon der ersten Versuche, das Rechtsgut als Zentralbegriff des Strafrechts [Birnbaum] zu etablieren), und schlägt daher vor, daß nur subjektive Rechte dem strafrechtlichen Schutz zugänglich gemacht werden dürfen. Die dritte, wohl herrschende Position meint, man müsse nur konsequent am Rechtsgutbegriff arbeiten, ihn verfassungsrechtlich absichern, damit könne man die an direkter Sicherung staatlicher Herrschaft interessierten Pflichtverletzungslehren wirksam abwehren.

IV. Wäre diese herrschende Position vollständig abgeklärt, hätte die Diagnose des ständigen Einbruchs der direkten staatlichen Interessen in den Betrieb des staatlichen Schutzes der Rechtsgüter (vor allem des einzelnen) nicht eben doch eine gewisse Berechtigung, würde es gegenwärtig, glaube ich, nicht diese unaufhaltsame, lange Traditionen beiseite schiebende Bewegung zugunsten des Opfers im Strafrecht geben. Der Staatsanteil, sozusagen, an dem zum Gemeinwohl heraufstilisierten Rechtsgut hindert die völlige Ausreifung eines das Opfer real schützenden Strafrechts, mit der Folge, daß das Opfer sich im Hintertreffen sieht. Ganz neu ist dieses Mißbehagen nicht, Nebenklage und Klageerzwingungsverfahren einerseits, Antragserfordernis und Verweis auf den Privatklageweg andererseits sind die Verlegenheitsauskünfte, die für die notdürftige und lückenhafte Regulierung der teils unterbetonten, teils überbetonten Funktion des Opfers seit langem bereitstehen. Später sind weitere prozessuale Befugnisse des Verletzten dazugekommen (§ 406d ff. StPO).[5] Befriedigend ist das nicht. Theoretisch nicht, weil diese zusätzlichen Instrumente und Voraussetzungen für die Strafverfolgung nicht (mehr) in das System des öffentlichen Strafanspruchs passen und man sie doch nicht streichen mag; praktisch nicht, weil zu viele Wünsche der Opfer offenbleiben.

Der Weg zurück oder, wie man vielleicht realistischerweise

5 S. dazu Lüderssen, *Entkriminalisierung des Wirtschaftsrechts*, Baden-Baden 1998, S. 39 ff.; auch dem Zeugenschutz wird insoweit eine Funktion zugeschrieben (Gesetz zur Änderung der Strafprozeßordnung und der Bundesgebührenordnung für Rechtsanwälte vom 30. 4. 1998).

im Grunde sagen muß, der endgültige Durchbruch zu einer ausschließlich an Herrschaft oder Staat und den damit verbundenen Interessen geknüpften Strafrechtskonzeption scheint bei dieser Sachlage zwar versperrt. Weder die Befürworter einer solchen Konzeption können eine Aussicht beanspruchen, sich damit durchzusetzen, noch diejenigen, die diese Konzeption zwar ablehnen, mit ihr aber gleichzeitig die staatliche Strafverfolgung schlechthin identifizieren und insofern auch alternativlos sind. Aber was dann? Die Logik spricht vielleicht für die Beschränkung des Strafrechtsschutzes auf subjektive Rechte, aber diese Idee ist zu rudimentär, als daß man weiter reichende Folgerungen in der gegenwärtigen Opferdebatte ziehen könnte. Daher empfiehlt es sich jetzt erst einmal eher, der bereits formulierten Frage nach der Vereinbarkeit von Gemeinwohlprinzip und rechtsgutbezogenem Strafrecht nachzugehen.

C.

Zunächst soll geprüft werden, wie der Opferbezug in das Koordinatenkreuz der Strafzwecke einzuordnen ist.

Genugtuung – was mag damit gemeint sein?

I. Was sagt das geltende Recht?

1) Man könnte es sich einfach machen und antworten: Vergeltung. Aber das ist der Strafzweck der absoluten Theorie, die von dem Urheber des Gedankens einer dem Opfer Genugtuung verschaffenden staatlichen Strafe, Jan Philipp Reemtsma, dezidiert abgelehnt wird.[6]

2) So bleibt nur die Prävention.

a) Abschreckung

Wer kann die »Leistung« Abschreckung erhalten? Der Staat als Abstraktum scheidet aus. Die Allgemeinheit? Ja, sie profitiert, wenn keine Verbrechen geschehen. Aber jetzt soll ja das aktuelle Opfer Empfänger der zu Lasten des Täters gehenden Leistung sein. Was ihn selbst angeht, so wird ihn – im Sinne einer Abschreckung

6 Jan Philipp Reemtsma, *Das Recht des Opfers auf die Bestrafung des Täters – als Problem*, München 1999, S. 12 f.

vor weiteren Taten – am meisten das treffen, worunter er selbst zu leiden hat. Wäre etwa mit der Strafe verbunden, daß er sich dem Opfer gegenüber in einer besonderen Zeremonie demütigen müßte (so könnte man eine entsprechende Spekulation anstellen). Aber so weit gehen die bisher gemachten Vorschläge nicht. Auch gäbe es im positiven Recht dafür keine Anknüpfung. Im übrigen gilt: Wenn sich der Täter mit oder ohne Erfolg darum bemüht – jenseits der Schadenswiedergutmachung –, »einen Ausgleich mit dem Verletzten zu erreichen«, so kann das seine Strafe mildern oder sogar ausschließen (§§ 46, 46a StGB). Eine so verstandene *straf*rechtliche »Leistung« an das Opfer ist also eine Zumutung an den Täter, deren Antizipation ihn (weil ich dann besser wegkomme) eher ermutigen wird, die Tat doch zu begehen. Das Entsprechende muß man annehmen für die zweite Zielgruppe der Abschreckung – die anderen potentiellen Täter.

b) Sicherung

Hier ist das Nötige schnell gesagt: Ein insoweit besonderer Effekt der Strafe durch die dem Opfer zuteil gewordene Genugtuung ist nicht zu erkennen.

c) Resozialisierung

Ein Täter, der den Ausgleich mit dem Opfer sucht, um erneut die Formulierungen der §§ 46, 46a StGB aufzugreifen, könnte damit durchaus demonstrieren, daß er (wieder) den Anschluß an eine Gesellschaft finden möchte, deren Mitglieder ihr Zusammenleben ohne Straftaten organisieren. Zwingt man ihn freilich dazu, so könnte das Gegenteil eintreten. Die dem Opfer Genugtuung gewährende Strafe soll aber nun gewiß nicht etwas sein, was der Täter freiwillig auf sich nimmt. Hält man sich an die Formulierung Reemtsmas, daß der Täter durch die Bestrafung ausgegrenzt werde,[7] so wird das zur Gewißheit. Man könnte freilich versuchen, die Genugtuungs-Strafe mit dem Argument für die Resozialisierung zu beanspruchen, daß diese ohnehin ja in der Regel mehr oder weniger aufgenötigt werde, daß nur ganz avancierte Resozialisierungs-Theoretiker den Strafzweck der Resozialisierung von der Zustimmung des Täters abhängig machen wollen.[8] Aber dann

7 Reemtsma, *Im Keller*, Hamburg 1997, S. 216.

8 Vgl. dazu etwa: Günter Bemmann, »Strafvollzug und Menschenwürde« in: Cornelius Prittwitz/Joannis Manoledakis (Hg.), *Strafrecht und Menschenwürde*, Baden-Baden 1998, S. 123 ff. (125 f.).

müßte der Sinn der dem Opfer zugedachten Genugtuung wohl neu formuliert werden. »Ausgrenzung« kann unter keinen Umständen – und vor allem nicht zwangsweise – Sinn der Resozialisierung sein.

d) Wiedergutmachung

§ 46a StGB sieht vor, daß die Wiedergutmachung an die Stelle der Strafe[9] treten kann.[10] Damit ist de lege lata auch dieser Weg für die Genugtuungsstrafe versperrt.

3. Die traditionellen, am Gemeinwohl orientierten Strafzwecke lassen sich also nicht in Leistungen an das Opfer ummünzen. Das wachsende Bedürfnis, die Leistung der Strafe an das Opfer zu adressieren, ist daher vielleicht ein Indikator dafür, daß auch die das Gemeinwohl repräsentierende Allgemeinheit nicht der Träger des Strafanspruchs sein kann, der im demokratischen Zeitalter an die Stelle des Staats zu treten hat. Am Ende ist auch dieser Leistungsempfänger eine zu abstrakte Größe, vielleicht muß man eben doch zu der Person zurück, die unter der Straftat leidet, wobei das auch eine juristische Person sein kann; das wäre dann der Staat oder ein anderes Organ der Gesellschaft, jetzt aber als Rechtsgutsträger. Daß es sich dabei nicht etwa um die Rückkehr zu dem Kompositionensystem älterer Zeiten oder etwas ähnlichem handeln kann, ist klar. Für materiellen und auch immateriellen Ausgleich ist inzwischen das Zivilrecht, vielleicht auch das Sozialrecht zuständig. Daß hier noch viel zu tun ist, bestreitet niemand,[11] ist aber nicht unser Thema.

II. Vielmehr bleibt nur zu prüfen, ob der postulierte Strafzweck de lege ferenda zu diskutieren ist. Die Basis für diese Prüfung ist die Verfassung.

1) Das Bedürfnis des Opfers nach Bestrafung des Täters stellt sich als ein Anspruch gegen den Staat dar. Man könnte daher von

9 Vgl. die Kontroverse zwischen Hirsch und Roxin über die strafrechtsverstärkende oder -schwächende Funktion der Wiedergutmachung; dazu: Lüderssen, *Abschaffen des Strafens?*, a. a. O., S. 155 ff.

10 Siehe neuerdings: Fritz Loos, »Bemerkungen zu § 46a StGB«, in: *Festschrift für Hans Joachim Hirsch*, Berlin 1999, S. 851 ff.

11 Siehe dazu: Lüderssen, »Opfer im Zwielicht«, in diesem Band, S. 447.

Schutzpflichten sprechen, die insoweit aus dem Grundgesetz abzuleiten wären. Diese Konstruktion impliziert freilich eine gewisse Disponibilität. Das Opfer könnte auf den Anspruch, daß der Staat zu seinen Gunsten etwas leisten müsse, verzichten. Das wäre dann freilich kein öffentliches, im Namen der Allgemeinheit ausgeübtes Strafrecht mehr, und ob das Grundgesetz einen solchen Wandel decken könnte, wäre angesichts dessen, daß die Verfassungsrechtler sich nicht einig sind über die stillschweigende Akzeptanz des tradierten Strafrechts durch die Verfassung,[12] doch einigermaßen fraglich. Aber vielleicht kann man die Frage auf sich beruhen lassen. Denn der »neue« Strafanspruch tritt, wenn ich recht sehe, in dieser avancierten Gestalt gar nicht auf, das heißt, wenn auch die Opfer die vom Staat vollzogene Bestrafung des Täters für ihre eigene Genugtuung fordern, so gehen sie wohl doch stillschweigend davon aus, daß es im Prinzip nicht in ihrer Hand liegt, diesen Vorgang zu initiieren beziehungsweise zu stoppen. Anderenfalls müßten alle Delikte, deren Opfer in die Rechtsgutsverletzung hätten wirksam einwilligen müssen, das aber nicht getan haben, zu Antragsdelikten gemacht werden (und wohl auch noch zusätzliche Möglichkeiten für die Rücknahme des Antrags geschaffen werden). Das steht aber gar nicht zur Debatte.

2) Gleichwohl lohnt es sich, den Faden noch ein wenig weiterzuspinnen, damit ganz klar wird, wie das Phänomen einzuordnen ist. Staatliche Hilfe bei der Verfolgung eigener Interessen anzurufen hat die Tradition des Zivilprozesses begründet. Die Leistung, die in diesem Rahmen vom Staat verlangt wird, beschränkt sich auf die Hilfe für die Durchsetzung eines eigenen direkten Anspruchs gegen den Schädiger. Der Anspruch hingegen auf Bestrafung des Schädigers durch den Staat soll eine Beziehung zwischen Staat und Schädiger etablieren, die mehr als nur Vermittlung ist. Man könnte die Figur des Vertrages zu Lasten Dritter bemühen, um diesen Unterschied deutlich zu machen. Je mehr man sich in die Frage der Schaffung dieses neuen Rechtsinstitutes eines an den Staat gerichteten Anspruchs des Opfers auf Bestrafung des Täters vertieft, um

12 Die Diskussion ist ausgebreitet bei: Otto Lagodny, *Strafrecht vor den Schranken der Grundrechte*, Tübingen 1996; Gregor Staechelin, *Strafgesetzgebung im Verfassungsstaat*, Berlin 1998; und Ivo Appel, *Verfassung und Strafe. Zu den verfassungsrechtlichen Grenzen staatlichen Strafens*, Berlin 1998.

so deutlicher wird, daß es sich dabei, gemessen an dem gegenwärtigen Stand der Rechtsordnung, um eine revolutionäre Forderung handelt, und deshalb sollte an dieser Stelle wohl bereits die Akte geschlossen werden: Die Evolutionskette der Träger des Strafanspruchs, Herrscher – Staat – Gemeinwohl – Opfer, ist vor dem Opfer abzubrechen. Öffentlicher Strafanspruch, wenn es bei ihm bleiben soll, und Gemeinwohl sind untrennbar miteinander verknüpft, und das beim Opfer lokalisierte Strafbedürfnis kann, wenn überhaupt, nur über das Gemeinwohl in die Theorie und Praxis des öffentlichen Strafanspruchs hineingelangen.

Gleichwohl soll noch ein Konstruktionsversuch gemacht werden. Die am Opferbedürfnis orientierte Schutzpflicht des Staates müßte eine Basis im Grundgesetz haben. Die Suche danach soll jetzt nicht von vornherein mit dem Einwand belastet werden, daß das Grundgesetz eigentlich nur Abwehrrechte gegen den Staat etabliere.[13] Läßt man also diese Hürde einmal hinter sich, so muß nach entsprechenden Anknüpfungen im Grundgesetz gesucht werden.

a) Man könnte an das Demokratiegebot denken. Ein Staat, so heißt es dann ja auch wohl, darf sich nicht über starke Gefühle seiner Bürger hinwegsetzen, und wenn diese darauf gerichtet sind, daß der Staat den Opfern Genugtuung durch Bestrafung des Täters verschaffen möge, dann ist die Verweigerung des Staats undemokratisch. Hier ergeben sich allerdings mehrere empirische und normative Fragen.

aa) Wie steht es mit diesen Gefühlen? Sind sie eigentlich in dieser Eindeutigkeit und Massenhaftigkeit vorhanden? Es ist durchaus erlaubt, daran zu zweifeln[14] und die Vermutung aufzustellen, daß nur die grandiose Unterversorgung des Opfers durch das Zivil-[15]

13 Für das Strafrecht behandelt diese Frage jetzt: Heinz Müller-Dietz, »Verfassungsrechtliche Schutz-und Pönalisierungsinteressen«, in: *Gedächtnisschrift für Heinz Zipf*, Heidelberg 1999, S. 123 ff.

14 S. die Hinweise bei Thomas Weigend, *Deliktsopfer und Strafverfahren*, Karlsruhe 1989, S. 118 ff.

15 Insbesondere sind Begriff und Konkretisierung des hier einschlägigen Schadens in einem frühen Entwicklungsstadium steckengeblieben. Auch die Hilfen, die das Opfer prozessual bekommen soll, weil die Schwächen des Zivilprozesses hier besonders deutlich hervortreten, sind unzureichend. Das gilt sowohl für die im Rahmen der Strafzumessung (§ 46a StGB und auch § 153a StPO [antizipierte Strafzumessung]) gewährten Unterstützungen wie für die einschlägigen Vorkehrungen im Strafvollzugsgesetz (§ 73) und vor allem für das, was jetzt im

und Sozialrecht[16] das Ersatzbedürfnis nach Strafe hat entstehen lassen.[17] Will man das genauer eruieren, so stößt man auf die Schwierigkeit, daß Zivil- und Strafrecht ja erst in unseren Zeiten so klar getrennt werden, wie wir das für selbstverständlich halten; noch das 19. Jahrhundert hatte seine Schwierigkeiten.[18] Unglücklicherweise führt die moderne Opferdiskussion sogar in diese alten Schwierigkeiten wieder zurück.[19]

bb) Aber wie auch immer die Bestandsaufnahme des Genugtuungsbedürfnisses ausfallen könnte, seine bloße Existenz kann nicht eine unmittelbare Umsetzung in eine verfassungsrechtliche Schutzpflicht begründen. Das würde dem Prinzip der repräsentativen Demokratie widersprechen und außerdem dem Satz, daß das Demokratieprinzip keineswegs verbietet, mehrheitsunabhängige Ideen zu entwickeln; es beschränkt sich vielmehr auf das Verbot, diese Ideen gegen den Willen der Mehrheit oder ohne die Mehr-

dritten Abschnitt des 5. Buches der StPO unter dem Stichwort »Entschädigung des Verletzten« vorgesehen ist; die Änderung durch das Opfergesetz haben keine wesentlichen Verbesserungen gebracht; ein schwaches Hilfsmittel ist auch die sogenannte Zurückgewinnungshilfe in § 111b Abs. 3 stopp; dazu: Hans Achenbach, »Vermögensrechtlicher Schutz im strafprozessualen Vorverfahren«, in: *Festschrift für Günther Blau*, 1985, S. 8 ff. (14 ff.); noch ganz offen ist schließlich, ob die Akteneinsichtsrechte des Verletzten im Strafverfahren dermaleinst auch für den Zivilprozeß, den der Verletzte führt, nutzbar gemacht werden können; hier hängt alles an der Interpretation des berechtigten Interesses (s. dazu: Lüderssen, *Die Mandanten und der Täter-Opfer-Ausgleich*, in: *Strafverteidiger* (1999), S. 96, dort insbesondere die Fn. 7 f. mit weiteren Hinweisen; ferner: Lüderssen, *Entkriminalisierung*, a. a. O., S. 10 ebenfalls m. w. N.).

16 Hier ist insbesondere auf die vollständig unbefriedigende Regelung im Opferentschädigungsgesetz (vom 11. 5. 1976) hinzuweisen; dazu: Stefanie Kunz, *Probleme der Opferentschädigung im deutschen Recht*, Baden-Baden 1995, S. 70 ff.

17 Vgl. dazu: Lüderssen, »Opfer im Zwielicht«, in diesem Band, S. 447 und: »Die Mandanten und der Täter-Opfer-Ausgleich«, in: *Strafverteidiger* (1989), S. 65 ff. (dort insbesondere zum Opfer-Anspruchs-Sicherungsgesetz vom 20. 5. 1998).

18 Klaus Lüderssen, »Opfer im Zwielicht«, a. a. O. Zur »Doppelfunktion« der »Genugtuung« vgl. schon Alexander Graf zu Dohna, »Die Privatgenugtuung«, in: *Vergleichende Darstellung des deutschen und ausländischen Strafrechts*, Allg. Teil, Band 1, S. 226 ff.; zum gesamten Problem, insbesondere zur Trennung von Strafrecht und Zivilrecht im Laufe der Geschichte: Stefanie Kunz, *Probleme der Oferentschädigung*, a. a. O.

19 Lüderssen, »Notwehrelemente in der Strafe – Strafelemente in der Notwehr«, in: Institut für Kriminalwissenschaften Frankfurt am Main (Hg.), *Vom unmöglichen Zustand des Strafrechts*, Frankfurt/M. 1995, S. 159 ff. (169 f.).

heit durchzusetzen. Wenn es also gute Gründe gibt, dem Gang des Genugtuungsbedürfnisses des Opfers in die staatliche Strafverfolgungstätigkeit nicht zu folgen, so ist deren Geltendmachung nicht undemokratisch. Ergeben sich diese guten Gründe aus der Verfassung, so muß eine Mehrheit, die diese Gründe nicht mehr anerkennen will, die entsprechenden Bestimmungen – auf den in der repräsentativen Demokratie dafür vorgesehenen Wegen – zu ändern versuchen.

b) Die damit fällige Überprüfung der Legitimität eines auf das Genugtuungsbedürfnis des Opfers gestützten Strafrechts anhand anderer Prinzipien und Wertungen des Grundgesetzes wendet sich zunächst der *Menschenwürde* zu.

Zu fragen ist, ob die Menschenwürde verletzt ist, wenn man dem Opfer das Recht abspricht, vom Staat Genugtuung durch Bestrafung des Täters zu verlangen oder – umgekehrt: ob die Menschenwürde des Opfers gebietet, ihm dieses Recht zu geben, schließlich, ob die Menschenwürde es wenigstens erlaubt, ihm dieses Recht zu geben, und zu allerletzt, ob die Menschenwürde des Täters verletzt ist, wenn man ihn mit einer solchen Genugtuungsstrafe belastet.

aa) Am einfachsten wäre es, wenn man die Antwort auf die gestellten Fragen von meßbaren Wirkungen der Genugtuungsstrafe abhängig machen könnte.

Beginnen wir mit der »Ausgrenzung« des Täters. Jede Bestrafung hat, mehr oder weniger, diese Wirkung. Wenn die Ausgrenzung nun zum besonderen Thema gemacht wird, könnte man vermuten, daß eine darüber hinausgehende Wirkung erstrebt wird. Diese Wirkung könnte in einer speziellen Demütigung bestehen, die keineswegs expressis verbis und als spezieller Vorgang stattfinden müßte, sondern beispielsweise auch in einer darauf gegründeten Strafzumessungserwägung bestehen könnte. Wer so argumentiert, stößt schnell an die Grenzen der Verfassung, es gibt keine Menschenwürde-Dogmatik, die hierüber Auskunft geben könnte. Man wird vielmehr auf die anerkannten Strafzwecke zurückgeworfen, und da hat die Demütigung keinen Platz.

Spitzt man die Frage, wie es gelegentlich geschieht, dahin zu, daß das Strafleiden des Täters und seine Resozialisierung als konkurrierende Modelle begriffen werden, müßte man fragen, ob es die Menschenwürde des Opfers belastet, wenn das Strafleiden des Täters kein primär angestrebter Effekt ist, sondern »nur« eine Begleiterscheinung resozialisierender Maßnahmen, beziehungsweise ob es zu der Menschenwürde des Opfers gehört, daß es einen – vom Staat wahrgenommenen und von der Gemeinschaft identifizierend angenommenen – Anspruch auf das Strafleiden des Täters hat. Für den Täter wäre zu fragen, ob ein solcher gegen ihn gerichteter Anspruch nicht gegen sein – durchaus aus der Menschenwürde ableitbares – Recht auf Resozialisierung[20] verstoßen würde. Diese zweite Frage scheint mir sehr viel einfacher – und zwar im bejahenden Sinne – beantwortbar zu sein als die erste. Der verfassungsrechtliche Begriff der Menschenwürde ist, wie gesagt, bisher nicht hinreichend auf solche Fragen hin ausgelotet worden. Vorläufig bleiben also mindestens erhebliche Zweifel an der Ableitbarkeit an der über die bisherigen Wirkungen der Strafe hinausgehenden, zu Lasten des Täters gehenden Genugtuungswirkungen der Strafe aus dem Prinzip der Menschenwürde.

bb) Nimmt man den Anspruch des Opfers etwas zurück und verzichtet auf seine sichtbare Objektivierung, läßt die Anerkennung des Gefühls genügen als Widerspiegelung dessen, was objektiv ohnehin passiert, so hätte das Opfer nur etwas gewonnen, wenn im Urteilsspruch eine derartige deklaratorische Feststellung enthalten wäre. Daß der Respekt vor der Menschenwürde des Opfers das gebieten könnte, werden die Verfassungsrechtler nicht akzeptieren. Die Menschenwürde des Täters indessen wäre wohl nicht betroffen, denn es bestünde keine Gefahr für seine Resozialisierung.

c) Das *Rechtsstaatsprinzip* könnte ins Spiel kommen unter dem Gesichtspunkt, daß eine effektive Strafverfolgung nur gewährleistet ist, wenn sie Normstabilisierung verbürgt. Das ist das Prinzip der positiven Generalprävention, von dem ich nach wie vor behaupten möchte, daß es in der lex lata keine Stütze findet,[21] weshalb es erst hier zur Sprache kommt. Die Einwände, die generell gegen die Logik dieses Strafzwecks erhoben worden sind, sollen hier nicht wiederholt werden. Gesetzt, sie sind widerlegbar, wie kann dann das Prinzip der positiven Generalprävention für die neuen Opferbedürfnisse nutzbar gemacht werden? Reemtsma selbst ist ja

20 Siehe Lüderssen, »Resozialisierung und Menschenwürde«, in: Prittwitz/Manoledakis, *Strafrecht*, a. a. O., S. 101 ff.

21 Lüderssen, *Abschaffen des Strafens?*, Frankfurt/M. 1995, S. 9, mit weiteren Hinweisen.

der Meinung, daß seine Vorstellungen hier gut aufgehoben seien.[22] Aber man muß sich das näher ansehen.

aa) Die Strafe, schon als Androhung, dann aber auch im Vollzug, kann, dies ist die These der positiven Generalprävention, dazu beitragen, daß die Normen stabil gehalten werden. Dieses Ziel wird über das Bewußtsein der Normadressaten verwirklicht, die durch das Erlebnis der Strafverfolgung (unter dem Gesichtspunkt der materiellen und prozessualen Gerechtigkeit) sich motiviert fühlen, die Normen einzuhalten, während ein Versagen der Strafverfolgung das Gegenteil bewirken könnte. Diese empirisch keineswegs gesicherte Annahme (auch mit entsprechenden Forschungsprogrammen ist es nach wie vor schlecht bestellt) soll hier einmal als richtig unterstellt und gefragt werden, welche Funktion dann eine Strafe, die dem Genugtuungsbedürfnis des Opfers Rechnung trägt, haben könnte. Für die Normstabilisierung kommt es auf das Bewußtsein aller Bürger an, also auch das der Opfer. Kann deren Achtung vor den Normen dadurch Schaden nehmen, daß die Bestrafung des Täters ihnen keine Genugtuung bringt, oder – wiederum umgekehrt – wird ihre Achtung vor den Normen stabilisiert, indem sie durch die Bestrafung des Täters Genugtuung erfahren? Auch hier muß man die verschiedenen Bezugspunkte für Genugtuung fixieren.

Ist es die objektive, über die im Rahmen der traditionellen Strafzwecke erreichten Wirkungen der Strafe hinausgehende »Ausgrenzung«? Das mag im Sinne der Normstabilisierung beim Opfer zweckmäßig sein, führt aber zu einem Zielkonflikt mit Blick auf schutzwürdige Interessen des Täters.

Sieht man die Genugtuung in einem etwa in der Strafzumessung sich niederschlagenden, ohne den Ausgrenzungseffekt auskommenden, gegenüber und unabhängig von der Resozialisierung erhöhten Strafleiden, so ist nicht recht erkennbar, wie sich dieser Effekt von dem der Vergeltung unterscheidet. Damit steht und fällt die ganze Argumentation mit der Funktion der Vergeltung im Rahmen der positiven Generalprävention und gerät damit auf eine allgemeinere, hier nicht zu diskutierende Ebene.

Soll die Normstabilisierung beim Opfer schließlich durch nichts anderes als das Gefühl, sein Genugtuungsbedürfnis werde mit der Bestrafung des Täters befriedigt, erreicht werden, so stellt sich für

22 Reemtsma, *Das Recht des Opfers*, a. a. O., S. 22 ff.

diese spezielle Spekulation freilich noch einmal besonders eindringlich die Empiriefrage, im übrigen aber mündet die Fragestellung – normativ – in die inzwischen ja in Gang gekommene Diskussion über ein expressiv-symbolisches Strafrecht ein. Die Bedenken in bezug auf eine derartige Entwicklung der Strafrechtslegitimation sind bekannt.[23] Doch auch diese Diskussion soll hier nicht vertieft werden; es genügt der Hinweis auf den Zusammenhang.

bb) Wenn es heißt, das Opfer könne und müsse sich begnügen mit einem Genugtuungsanspruch, der in der Feststellung der Schuld des Täters bestehe,[24] dann fragt sich, ob diese Reduktion des Opferbedürfnisses von seinen Protagonisten akzeptiert werden wird.[25] Andererseits kann die Legitimation eines Strafrechts, das sich auf den Schuldspruch beschränkt, ebensogut und vielleicht sogar noch besser mit Präventionsgesichtspunkten gestützt werden – jedenfalls gilt das für die Bereiche, in denen ernsthaft eine solche Beschränkung erwogen werden kann. Der Gedanke schließlich, der in Zusammenhang mit der »Aufarbeitung« des DDR-Unrechts öfter geäußert werden ist, man wolle gar keine Bestrafung der Täter, sondern nur die öffentlich bescheinigte nachträgliche Gewißheit, auf der richtigen Seite gestanden zu haben, Opfer von Unrecht und Schuld und nicht nur politischem Pech gewesen zu sein, ist meines Erachtens auch nicht zwingend mit einem entsprechenden Genugtuungsbedürfnis des Opfers verbunden und kann im übrigen ebensogut im Gemeinschafsinteresse liegen.

D.

Auch über die *Straf*bedürfnisse des Opfers kann es also nicht zu einer Konkretisierung des Gemeinwohls kommen, die als Anknüpfungspunkt für den Träger eines öffentlichen Strafanspruchs, der sich nicht auf die Staatsräson berufen möchte, in Betracht kommt.

23 Vgl. Lüderssen, »Moderne Wege des kriminalpolitischen Denkens«, in: Lüderssen (Hg.), *Aufgeklärte Kriminalpolitik oder Kampf gegen das Böse?*, Band 1, Legitimationen, Baden-Baden 1998, S. 25 ff. (67 ff.)

24 Klaus Günther, »Strafrechtliche Verantwortlichkeit in der Zivilgesellschaft«, in: Prittwitz/Manoledakis (Hg.), *Strafrechtsprobleme der Jahrtausendwende*, Baden-Baden 2000, S. 27 ff.

25 Klaus Lüderssen, *Moderne Wege*, a. a. O., S. 104.

Damit ist deutlich geworden, welche Argumentationslücke hier besteht. Wenn es um die Rechtsgüter der Gemeinschaft selbst geht, ist deren Zuständigkeit leicht zu begründen. Aber warum interessiert sie sich für die Verletzung der Rechtsgüter einzelner über das hinaus, was die einzelnen für sich als Schadensersatz etc. begehren und mit staatlicher Hilfe durchsetzen dürfen? Vielleicht gibt es gar keine Begründung dafür, und man muß sich damit abfinden, daß die Grenze zwischen einem im Namen der Allgemeinheit ausgeübten Strafrecht und einer staatlichen Hilfe für die Regulierung von Interessenkonflikten zwischen einzelnen dort verläuft, wo Rechtsgüter betroffen sind, in deren Verletzung der einzelne wirksam einwilligen kann. Tut er es nicht, so bleibt er eben auf jene staatliche Hilfe angewiesen. Andererseits könnte man insoweit dann vielleicht auch eine Begründungsdefinition für die strafrechtliche Ahndung von Verletzungen von Rechtsgütern der Allgemeinheit anmelden. Denn auch auf diesem Gebiet gibt es ja den zivilrechtlichen, sozialrechtlichen und auch verwaltungsrechtlichen Schutz. Warum sollte hier ein strafrechtliches Surplus gerechtfertigt sein und bei den Delikten gegen den einzelnen nicht? Jeweils geht es um die Notwendigkeit von Reaktionen über den bloßen Schadensausgleich hinaus. Läßt man die metaphysisch begründete Vergeltung für schweres verschuldetes Unrecht, zu der sich die Gesellschaften seit langem verpflichtet fühlen, einmal beiseite, so bleibt also ein Bedarf für zusätzliche präventive Vorkehrungen Aber er müßte Delikt für Delikt nachgewiesen werden. Bisher verläßt man sich indessen einfach auf wuchernde Traditionen, weicht einer Bestandsaufnahme ab ovo, zu der das moderne Verfassungsrecht meines Erachtens durchaus einlädt, aus. Hier liegt eine der größten Aufgaben der zukünftigen Strafrechtswissenschaft.

6.4 Europäisierung des Strafrechts und gubernative Rechtssetzung

Als Staat existiert Europa noch nicht, und deshalb sind die Anstrengungen des werdenden Europa, doch schon – wenn auch mit vielen Kompromissen und Abstufungen – einheitliche Strafvorschriften zu schaffen, von ständigen Legitimationszweifeln begleitet. Denn wenn es etwas gibt, das den gleichsam vollgültigen Staat erheischt, so ist es das Strafrecht. Es ist – jedenfalls als *öffentliches* Strafrecht – mit dem Staat, als sein Essentiale sogar, entstanden.[1] Im späteren Rechtsstaat konstitutioneller Epochen mußte es sich am Gesetzlichkeitsprinzip, das im Staat der Moderne zum demokratischen Grundsatz[2] wurde, bewähren. Demokratie aber ist Parlamentarismus, und so heißt es denn auch längst: nulla poena sine lege parlamentaria.[3] Wenn das so klar ist, weshalb wird es nicht gesagt und danach gehandelt? Weil der politische Druck so groß ist, daß die sogenannten pragmatischen Lösungen gesucht werden? Dem entspricht der kriminalpolitische Argumentationsaufwand, mit dem seit Jahren die Europäisierung des Strafrechts betrieben *und* bekämpft wird. Oder gibt es noch ein Problem, das von den Strafrechtlern bisher übersehen worden ist?

Im öffentlichen Recht erleben wir seit längerem eine Diskussion über die Quellen der Gesetzgebung, die Anlaß sein könnte für die Revision auch der Grundlagen der Strafgesetzgebung, mit Folgen für die Beurteilung der gegenwärtigen europäischen Strafrechtsinitiativen. Gemeint ist die Favorisierung dessen, was – auch gerade mit Blick auf den neuen, (noch) nicht staatlichen Hoheitsträger[4] – gubernative Rechtssetzung genannt wird.[5] Handelt es sich

1 Vgl. Belege bei: Klaus Lüderssen (Hg.), *Die Durchsetzung des öffentlichen Strafanspruchs*, Köln 2002.

2 Gerald Grünwald, »Bedeutung und Begründung des Satzes ›nulla poena sine lege‹«, in: *Zeitschrift für die gesamte Strafrechtswissenschaft* 76 (1964), S. 1 ff. (14).

3 Dafür wird auf BVerfGE 78, 374 (378) verwiesen; vgl. z. B. Helmut Satzger, *Die Europäisierung des Strafrechts*, Köln 2001, S. 110.

4 Armin von Bogdandy, *Supranationaler Föderalismus als Wirklichkeit und Idee einer neuen Herrschaftsform*, Baden-Baden 1999, S. 58, mit Nachw.

5 Armin von Bogdandy, *Gubernative Rechtsetzung: eine Neubestimmung der Recht-*

dabei um eine anerkennenswerte Entwicklung, so müßten die Befürworter europäisierender Strafrechtsinitiativen eigentlich schon jetzt, vor dem endgültig geeinigten Europa, versuchen, sich darauf zu beziehen. Die Gegner aber sollten sich speziell mit dieser Entwicklung auseinandersetzen und nicht nur, wie das gegenwärtig geschieht, die alten Traditionen beschwören. Was also ist gubernative Rechtssetzung, und welche Relevanz könnte sie auf dem Gebiete der Strafgesetzgebung haben?

A.

Es handelt sich um historische und politische Neuorientierungen im Namen der Lehre von den drei Gewalten, insbesondere mit Blick auf die Rolle des Parlaments. Das Konzept nimmt seinen Ausgang von der Wahrnehmung, »daß die Geschichte denen recht gegeben hat, die der Leistungsfähigkeit des überkommenen Paradigmas parlamentarisch-demokratische Verfaßtheit skeptisch gegenüberstanden«.[6] Es wird die These aufgestellt, daß »die Verfassungen Europas sich als die überzeugendste Grundlage vernünftiger, konsensfähiger Herrschaftsausübung« vor allem durch die »Aufwertung des gubernativen Moments« erwiesen haben.[7] Daraus wird der Schluß gezogen: »Die Fortentwicklung oder Änderung der Rechtsordnung außerhalb der Gerichte ist nicht vom Organ Parlament, sondern vom Organ Regierung aus zu begreifen.«[8] Gleichwohl ist »Rechtssetzung [...] nicht allein als einseitiger Hoheitsakt, sondern auch als Ergebnis umfänglicher kooperativer Prozesse unter Einbeziehung einer Vielzahl von Beteiligten [...] zu formulieren«.[9] Das ergebe sich insbesondere aus der gemeineuropäischen Perspektive.[10] »Die Überwindung der nationalstaatlichen Fixierung und die Etablierung eines rechtsordnungs-übergreifen-

setzung und des Regierungssystems unter dem Grundgesetz in der Perspektive gemeineuropäischer Dogmatik, Tübingen, 2000, S. 495.

6 Von Bogdandy, *Gubernative Rechtsetzung*, a. a. O., S. 4, unter Bezugnahme auf John Stuart Mill.

7 Ebd.

8 Ebd., S. 8.

9 Ebd.

10 Ebd., S. 11 ff.

den, primär europäischen Diskurses mit dem Ziel der Bestimmung gemeinsamer Prinzipien, Rechtsinstitute und Regelungsmodelle«[11] demonstriert zugleich, daß »das Überkommene, an den Funktionsorten ausgerichtete Gewaltenteilungsschema der öffentlich-rechtlichen Dogmatik im Verhältnis von Exekutive und Legislative, Parlament und Regierung [...] staats- und rechtstheoretisch überholt und verfassungsrechtlich nicht geboten« ist.[12] »Die zentrale Rolle des Parlaments« habe unter anderem »dadurch Abbruch erlitten, daß wichtige Entscheidungen zum einen an außerstaatliche Stellen, die Europäische Union, zum anderen aber auch verselbständigten Einrichtungen innerhalb des Staatsapparates überantwortet wurden: Zentralbanken entscheiden in weitestgehender Unabhängigkeit vom Parlament über Sachverhalte, die die Entwicklung der Gesellschaft nachhaltig prägen [...].«[13] Auch äußere sich »die hegemoniale Rolle der Regierung in den Rechtssetzungsverfahren [...] gegenüber den anderen Organen und weiteren Akteuren in der Möglichkeit, deren Handeln im Sinne ihrer Projekte zu lenken«.[14]

Danach erscheint dann als »›ideale Lösung‹ [...] eine Kombination von einseitigen, hierarchisch-majoritären Entscheidungskompetenzen mit Verhandlungssystemen, die dann Verhandlungen ›im Schatten von Hierarchie und Macht‹ bedeuten«.[15] Das setzt Beteiligungsverfahren voraus, die eine »Ergänzung zu der Ermittlung über die Parteien« bringen,[16] und das kann durchaus bedeuten, daß der Staat schließlich »vom hoheitlich-hoheitsvollen Podest des einseitig Anweisenden« herabsteigt und »auf die Ebene des Austauschs von Informationen und Leistungen und der Verbindung zu abgestimmtem Handeln« tritt.[17] Von da ist es nicht weit bis zur »Aufwertung partizipatorischer Formen [...] auf der Grundlage der Diskurstheorie«,[18] auch wenn wegen der »vielen ungesicher-

11 Ebd., S. 12.

12 Ebd., S. 40.

13 Ebd., S. 46.

14 Ebd., S. 57.

15 Ebd., S. 63 unter Bezugnahme auf: Scharpf, in: *Politische Vierteljahresschrift* 32 (1991), S. 629 f.

16 Ebd., S. 72.

17 So hat es schon E. H. Ritter, in: *Archiv des öffentlichen Rechts* 104 (1979), S. 393, gesehen, worauf von Bogdandy, a. a. O., S. 79, hinweist.

18 Ebd., S. 83, unter Bezugnahme auf: Habermas, *Faktizität und Geltung*, Frankfurt/M. 1992.

ten Annahmen« ein überzeugendes Modell »für die rechtswissenschaftliche Ausgestaltung hoheitlicher Rechtssetzungsverfahren« noch nicht gesehen werden könne.[19] Jedenfalls bleibe es dabei, daß »das Parlament unter den zeitgenössischen Bedingungen nicht das leisten« könne, »was das Modell des überkommenen liberalen Parlamentarismus von ihm« erwarte.[20] Wenn es in diesem Zusammenhang gleichwohl heißt, »eine das Parlament ersetzende oder ›überholende‹ Strategie des Aufbaus demokratischer Legitimation« sei »nach dem Grundgesetz nicht möglich«, so darf man nicht übersehen, daß ausdrücklich darauf aufmerksam gemacht wird, es gehöre »zu den interessantesten und umstrittensten Fragen in Politik- und Rechtswissenschaft«, ob nicht »für internationale und supranationale Formen der Organisation hoheitlicher Herrschaftsausübung« etwas anderes gelten könne.[21]

Auf dieser Basis werden die »Rechtssetzungskompetenzen der Regierung« gründlich untersucht.[22] Dabei werden u. a. empirische Studien eingebracht, denen zu entnehmen sei, »daß die Gesetzgebungsprojekte zu einem ganz überwiegenden Teil auf eine Regierungsinitiative zurückgehen«.[23] Für die »Vertreter einer strikten Gewaltenteilungsdoktrin, für die Rechtssetzung ›eigentlich‹ Gesetzgebung« bedeute, ergebe sich damit das Problem, »die offensichtliche Tatsache umfangreicher und verfassungsgemäß gubernativer Rechtssetzung mit jener Doktrin »in Einklang« zu bringen.[24] Als Beispiel für eine entsprechende Verfassungsentwicklung wird dann Frankreichs V. Republik angeführt. Hier sei »ein klarer Beleg der Qualität der Gründe, die für eine prinzipielle Gesetzesakzessorietät der gubernativen Rechtssetzung sprechen«, sie sei »zugleich ein deutlicher Hinweis, daß es – ungeachtet zahlreicher Differenzen – eine gemeineuropäische Linie in der Gestaltung eines differenzierenden Systems der Rechtssatzformen gebe«.[25] Der politische Gewinn wird darin gesehen, »daß die Verlagerung der Gewichtung vom Parlament zu der Regierung in erheblichem Maße als

19 Ebd.
20 Ebd., S. 88.
21 Ebd., S. 87.
22 Ebd., S. 106 ff.
23 Ebd., S. 137.
24 Ebd., S. 254.
25 Ebd., S. 266.

eine Strategie zur Bewältigung schwieriger staatlicher Aufgaben in einer komplexen Umwelt« erscheint.[26] Aus dieser Perspektive bekommt der Satz »die Verordnung ist die Rechtssetzungsform der Regierung«[27] ein nicht zu unterschätzendes Gewicht, und die Probe auf das Exempel liefert die Erwägung, daß »selbst gegen eine Ermächtigung zu einer § 212 StGB konkretisierenden Rechtsverordnung [...] vielleicht historische und regelungstechnische, nicht aber verfassungsrechtliche Gründe« zu finden seien.[28]

Wenn man sich dieser Realität nicht stelle, bleibe nur, die Staatspraxis radikal zu ändern oder sie auf der Basis zu akzeptieren, »daß die rechtswissenschaftliche Aufbereitung der einschlägigen Rechtsregime auf eine Rückbindung an leitende Paradigma weitgehend« verzichte.[29] »Die politische Gewalt und die Rechtsordnung ist nicht vom Organ Parlament, sondern vom Organ Regierung aus zu begreifen«, das heißt, es kommt auf die Übereinstimmung der *Regierung* »mit dem Grundgesetz« an. Das heißt aber nicht, »Rechtsetzung« sei ein einseitiger Hoheitsakt; vielmehr sei sie »auch als Ergebnis umfänglicher kooperativer Prozesse unter Einbeziehung einer Vielzahl von Beteiligten zu formulieren«.[30] Mit anderen Worten: »Die Aufwertung der Regierung« ist das herausgehobene Moment in der Ausbildung einer Konzeption demokratischer Organisation, deren Essenz sich durch Wettbewerb, klare politische Verantwortlichkeit und die rechtliche Sicherung politischer und rechtlicher Herrschaft der von der Mehrheit bestallten Organe auszeichnet. Es ist eine Konzeption der Demokratie, die das Prinzip parlamentarischer Repräsentativität, angesichts extremer sozialer Differenzierung ohnehin ein unerreichbares Ideal, abwertet – gubernative Verantwortlichkeit hingegen aufwertet. »Sie grenzt sich gegenüber Konzeptionen demokratischer Organisationen ab, die tendenziell konsensorientiert, zumindest aber an breiten Mehrheiten orientiert sind, damit zu Blockaden neigen und kaum die angemessene Produktion der erforderten Entscheidungen gewährleisten und zugleich politische Verantwortlichkeiten, essentielle Voraussetzung rationaler Wahlentscheidung, verschwimmen

26 Ebd., S. 271.
27 Ebd., S. 304.
28 Ebd., S. 331.
29 Ebd., S. 489.
30 Alles ebd., S. 490.

lassen«.[31] Und dann wird noch einmal deutlich gesagt: »An dieser Stelle tritt die Europäische Union ins Bild.«[32] Die »historische Gleichzeitigkeit des Umbaus der nationalen Regierungsform zu gubernativer Hegemonie und die Ausbildung des ersten funktionierenden überstaatlichen Landes mit eigener Hoheitsgewalt« sei nicht zufällig.[33] Auf dem Gebiet der Union gehe es darum, »eine Handlungsfähigkeit wiederzugewinnen, die auf der nationalstaatlichen Ebene [...] aufgrund zahlreicher Abhängigkeiten verlorengegangen« sei.[34]

B.

Der Frage der Anpassung des Strafrechts an diese Konzeption[35] kann man sich wohl nur nähern, wenn man weiß, welches eigentlich der gegenwärtige Legitimationsstatus des Strafrechts ist. Die Antwort scheint wiederum leicht. Wir haben ein öffentliches Strafrecht, das im Namen der Allgemeinheit Sanktionen für zurechenbares Verhalten verhängt. Sicher an dieser Definition ist nur das Negative. Täter und Opfer haben keine Handlungsherrschaft. Was aber »Allgemeinheit« heißt, ist keineswegs so offenbar, wie man es sich vorzustellen wünscht.

I. Am Anfang ist das öffentliche Strafrecht identisch mit dem Strafanspruch des Herrschers, der Gehorsam verlangt gegenüber seinen Normen und in erster Linie diese als verletzt ansieht, wenn z. B. jemand einen anderen tötet. Zeitpunkt und Umstände der Etablierung dieses Konzepts, seine Reichweite, seine geistige, soziale und politische Provenienz sind in letzter Zeit äußerst streitig geworden.[36] Aber kein Zweifel besteht daran, daß der Herrschaftsanspruch es

31 Ebd., S. 491.

32 Ebd., S. 495.

33 Ebd.

34 A. a. O., S. 496.

35 Die Diskussion über diese Konzeption kommt wohl gerade erst in Gang. Atmosphärisch gleichsam – ohne direkten Bezug – entschieden dagegen: Kirchhof, »Demokratie ohne parlamentarische Gesetzgebung«, in: *Strafverteidiger* (2001) 18, S. 1332 ff.

36 Vgl. die Nachweise bei: Klaus Lüderssen, *Die Durchsetzuung des öffentlichen Strafanspruchs,* a. a. O., S. VII ff., 268 ff.

ist, der die Stellung des sich allmählich entwickelnden Staats als Subjekt des Strafens begründet, auch wenn daraus allmählich die abstrakte juristische Person Staat wurde.[37]

Dabei ist es lange geblieben. Zwar sind im Laufe der Jahrhunderte Beschränkungen der Strafgewalt des Staats durchgesetzt worden; die Staatsräson als Grundlage des Strafanspruchs indessen ist nicht aufgegeben worden, obwohl die revolutionierenden Ideen der strafrechtlichen Aufklärung, der die Rationalisierung, Säkularisierung, Humanisierung des Strafrechts so viel verdankt,[38] das nahegelegt hätten, indiziert auch durch die Verlagerung des Schwergewichts der strafrechtlich zu schützenden Rechtsgüter auf die Rechtsgüter des Einzelnen.[39] Zwar wird das »Verbrechen als Rechtsgutsverletzung« auch bald zum Begriff[40] (mit – viel späteren – Rückfällen totalitärer Regime in eine Lehre vom Verbrechen als Pflichtverletzung, was bedeutete, daß die Rechtsgutsverletzung eigentlich nur als sekundärer Reflexschaden der primären Rechtsgutsverletzung – des Ungehorsams gegen die staatliche Norm[41] – fungierte); doch nichts ändert sich an dem Stellenwert des öffentlichen Strafanspruchs.[42]

Mit der Reaktivierung des Opfers scheint endlich der Umbruch eingeleitet zu sein. Denn sie könnte die Konsequenz aus der Fokussierung des Strafrechts auf die Rechtsgutsverletzung sein. Aber da das natürlich nicht bedeutet, daß der Strafanspruch nunmehr vom Staat auf das Opfer übertragen wird, bleibt auch jetzt alles beim alten. Hinzugekommen ist nur der Gedanke, daß das Opfer einen Anspruch gegen den Staat haben könnte auf Genugtuung durch die Bestrafung des Täters. Daß dieser Gedanke mit den traditionellen Strafzwecken nicht vereinbar ist und das Grundgesetz, als letzte Richtschnur, keine Grundlage abgibt für die Schaffung

37 S. dazu genauer: Klaus Lüderssen, *Die Krise des staatlichen Strafanspruchs*, Frankfurt/M. 1989, S., 52 ff.

38 Eberhard Schmidt, in: *Schweizerische Zeitschrift für Strafrecht* 73 (1958), S. 341 ff.

39 Thomas Würtenberger, *Das System der Rechtsgüterordnung der deutschen Strafgesetzgebung seit 1532*, Breslau 1933, S. 258.

40 Vgl. die Darstellung bei: Gregor Staechelin, *Strafgesetzgebung im Verfassungsstaat*, Berlin 1998, S. 35 ff.

41 Hierzu: Lüderssen, *Festschrift für Ernst-Walter Hanack zum 70. Geburtstag*, Berlin 1999, S. 487 ff. (492 f.).,

42 S. Lüderssen, *Die Krise des staatlichen Strafanspruchs*, a. a. O., S. 33 ff., 51 ff.; ders., *Festschrift für Ernst-Walter Hanack*, S. 496.

eines entsprechenden neuen Strafzwecks, ist an anderer Stelle dargetan worden.[43] Hier ist nur noch hinzuzufügen, daß man allenfalls unter der Voraussetzung, das Rachebedürfnis eines Opfers sei als legitime Grundlage eines Anspruchs auf Selbsthilfe anzuerkennen, ein die Opferinteressen einbringendes Recht zu Strafen fordern könnte – unter dem Gesichtspunkt, daß die (ethisch vielleicht verständlichen) Rachebedürfnisse des Opfers abgelenkt, nicht etwa annulliert werden. Dagegen spricht aber, daß alles, was dem Opfer als Selbsthilfe durch das staatliche Gewaltmonopol versperrt sein soll, in einem entsprechend »verschärften« Zivilprozeß aufgefangen werden könnte. Denn auch der Richter im Zivilprozeß repräsentiert das staatliche Gewaltmonopol.

Für die verbleibende Position, daß der Staat nicht das Recht hat, im Namen seiner eigenen Räson zu strafen, sondern die Legitimation in einem von der Staatsgewalt losgelösten allgemeinen Interesse suchen muß, fehlen immer noch die Begründungen. Das befremdet nicht nur unter dem Gesichtspunkt überfälligen Nachholbedarfs aus der Zeit der Aufklärung, sondern vor allem mit Blick auf jene Entwicklungen in der Staatsrechtslehre, die längst den Abschied vom »Staat als Argument« eingeleitet haben.[44] Diese Entwicklungen nehmen praktisch Gestalt an beim Umgang mit öffentlichen Aufgaben – sie werden streckenweise von Privaten übernommen; außerdem gibt es das – freilich schillernde – Phänomen der osmotischen Durchdringung von Staat und Markt.[45] Den vorläufig letzten und alles andere als marginalen Anstoß gibt, an der Souveränität der Staaten vorbei sozusagen, die Globalisierung von Problemlösungen.[46]

II. In diese durchaus internationale Entwicklung schiebt sich nun – bezogen auf einen relativ begrenzten Raum – über die nationale Souveränität hinweg und ohne daß eine gleichwertige übernationale

43 S. BVerfG, in: *Neue Juristische Wochenschrift* (2002), S. 816: kein Anspruch des Opfers auf Strafverfolgung eines anderen durch den Staat.

44 Christoph Möllers, *Staat als Argument*, München 2000, S. 429: »In einem Verfassungssystem, das die demokratische legitimatio institutionalisiert hat, sind Staatszweckerörterungen obsolet.«

45 Klaus Lüderssen, *Die Zusammenarbeit von Medizinprodukte-Industrie, Krankenkassen und Ärzten – Strafbare Kollusion oder sinnvolle Kooperation?*, Stuttgart 1998.

46 Klaus Günther/Shalini Randeria, *Recht, Kultur und Gesellschaft im Prozeß der Globalisierung*, Bad Homburg 2001.

Souveränität schon da ist, die Europäisierung des Strafrechts. Ein neuer Hoheitsträger sui generis soll genügen als Quelle der Legitimation von Strafrecht. Das könnte – jetzt kehrt sich die Ausgangslage um – ein Grund dafür sein, sogar im nationalen Strafrecht, wenn denn Schluß sein soll mit der Gleichsetzung von öffentlichem Strafanspruch und Staatsräson, über andere Definitionen dessen, was das Öffentliche am staatlichen Strafanspruch ausmacht, nachzudenken. Vielleicht sind seriöse verfassungsrechtliche Entwicklungen aufzuspüren, die auch dem Strafrecht eine neue Legitimation geben.

1) Lange hat die verfassungsrechtliche Literatur zu dieser Frage geschwiegen; die seit den fünfziger Jahren für das Strafprozeßrecht zu beobachtende Verknüpfung mit dem Verfassungsrecht – der erste Rufer in der Wüste war Eberhardt Schmidt – hat sich zwar laufend intensiviert, ist aber auf das materielle Strafrecht nicht übergesprungen, von wenigen Ausnahmen (etwa bei der Frage der Pönalisierung des Schwangerschaftsabbruchs und von Wettbewerbsverstößen) abgesehen.[47]

2) In der neuesten Literatur allerdings hat sich das geändert. Das Strafrecht wird als öffentliche Aufgabe begriffen; und für die Erfüllung dieser Aufgabe gibt es Maßstäbe in der Verfassung. Das Stichwort ist: »Gemeinwohlinteresse«.[48] Der Eingriff der Strafe in das Grundrecht des Bestraften wird damit gerechtfertigt, daß dem Täter die Tat vorgeworfen werden darf. Das heißt, daß gerade daran ein Gemeinwohlinteresse besteht. Mit dieser Formel kann die hergebrachte Strafzwecklehre aufgefangen werden. Wenn Prävention im weiteren Sinne den staatlichen Vorwurf und die Übelszufügung erfordert, dient die Bestrafung dem Gemeinwohl. Absolute Strafzwecke scheiden nach diesem Modell aus und damit auch vorpositive Strafrechtsrechtfertigungen, was nicht heißt, daß Vergeltung entfällt. Vielmehr bleibt sie im Bereich des Legitimierbaren, wenn sie präventive Wirkung haben kann.[49] Empirie (können entspre-

47 Vgl. die Darstellung bei: *Wolfgang Wohlers, Deliktstypen des Präventionsstrafrechts – Zur Dogmatik »moderner« Gefährdungsdelikte*, Berlin 2000, S. 242 ff.

48 Otto Lagodny, *Strafrecht vor den Schranken der Grundrechte*, Tübingen 1996, S. 138 ff., 275 ff.

49 Dazu: Angela Kalous, *Positive Generalprävention durch Vergeltung*, Regensburg 2000.

chende Prognosen erarbeitet werden?) und Verhältnismäßigkeit sind damit gefragt; alles, was gegen die Beliebigkeit der Benutzung des Strafens als soziales Steuerungsinstrument gesagt wird, findet hier seinen Platz: ultima ratio, Subsidiarität – und auch Akzessorietät des Strafrechts.

Weil dieses neue Modell ohne die Staatsräson auskommt (die Interessen des Staates selbst werden dann zu Rechtsgütern), geht es über die bisherigen Straftheorien hinaus, und damit stellt sich die weitere Frage, ob der Staat dann eigentlich notwendig beteiligt sein muß an der Erfüllung dieser öffentlichen Aufgabe. Daß das nicht der Fall sein muß, wird zum Teil bereits behauptet – private Gefängnisse, private Sicherheitsdienste werden gefordert und auch realisiert, die zwar polizeilich-präventiv gedacht sind, indessen aber gar nicht vermeiden können, auch repressiv relevante Anfangsverdachtssituationen zu fixieren. Freilich wird das alles – im Ergebnis mit Recht – von der Wissenschaft weitgehend mit Entsetzen registriert.

III. Damit wird schon klar, wie heikel die Stelle ist, an der die Strafrechtsentwicklung hier anzukommen scheint. Erinnert man sich nunmehr an die jetzt schon über Epochen anhaltende Klage radikaler Kriminalsoziologen, daß Rechtsgutsverletzungen zu verhindern, den einzelnen vor Rechtsgutsverletzungen zu schützen zu keiner Zeit die Funktion (oder wohl auch nicht einmal die Intention) der staatlichen Strafgewalt gewesen sei,[50] so wächst das Bedürfnis, die Alternativen zum *staatlichen* Strafen zu sehen. Strafe durch die Gesellschaft vielleicht? Die Gesellschaftsgerichte der DDR sollten vielleicht genügende Warnungen bereithalten, abgesehen davon, daß sie nicht für Kapitaldelikte zuständig waren. Ähnliches gilt für die – in der Kriminalsoziologie geführte – Diskussion über radikaldemokratische Formen des Strafrechts. Der Haupteinwand war hier immer, daß rechtsstaatliche Sicherungen dann nicht mehr formulierbar, geschweige denn durchsetzbar sein würden.

Man darf sich der Resignation darüber, daß die Strafrechtslehre der aufgeklärten und später der demokratischen Epochen die Formulierung für die Harmonisierung von strafrechtlichem Rechtsgüterschutz und Allgemeininteresse nicht gefunden hat, also nicht

50 Vgl. dazu: Lüderssen, in: *Festschrift für Ernst-Walter Hanack,* S. 497.

endgültig überlassen. Jedenfalls berechtigt diese Einsicht noch nicht zu dem Schluß, der Staat könne diese Aufgabe nicht übernehmen. Vielmehr ist der topos des Gemeinwohlinteresses, das den Abschied von der obrigkeitlichen Begründung des öffentlichen Strafrechts einleiten könnte, genau zu prüfen.

IV. Das geschieht vielleicht am besten, indem man das Gemeinwohlinteresse erst einmal dort zu fixieren sucht, wo es wegen staatsübergreifender Interessenkonflikte womöglich gar nicht in Gefahr kommen muß, mit dem Staatsinteresse verwechselt zu werden.

1) Die strafrechtliche Ahndung von Kriegsverbrechen und Verbrechen gegen die Menschlichkeit, wie sie jetzt und in Zukunft auch für andere, vielleicht sogar alle Verbrechen dieser Art angestrebt werden soll, könnte ein Beispiel sein. Auch hier mag es Demokratiedefizite geben; dabei werden allerdings nicht die Grenzen geltend gemacht, die sich aus den Legitimationsanforderungen an das jeweilige nationale Strafrecht ergeben; denn im einzelnen kommt es auf die Zustimmungsgesetze der Parlamente an.

2) Das Problem der staatsübergreifenden Konfliktbewältigung spitzt sich also erst in den Fällen zu, in denen die Zustimmungsgesetze der nationalen Parlamente nicht vorhanden sind oder nicht weit genug reichen. Hier fehlt die alle Beteiligten verbindende Definition der Gemeinwohlinteressen, so daß die Abgrenzung zum Krieg, larviert unter der kämpferischen Auseinandersetzung verschiedener Loyalitätssysteme, schwierig wird. Strafrecht wird das dann zwar immer noch genannt, es führt sich aber ad absurdum, weil die Kriminalisierungen wechselseitig sind. Um den Bonus politikunabhängiger Kriminaljustjz für sich zu buchen, besteht jede Seite darauf, daß Strafrechtsverfolgung und nicht Krieg stattfindet.[51] Dieser Schein kann nur beseitigt werden, wenn das Recht zu strafen an eine unbestrittene Autorität geknüpft wird. Und damit wären wir wieder beim Staat, wobei wohl kaum hervorgehoben zu werden braucht, daß das von ihm ausgehende Strafrecht nur so legitim sein kann wie er selbst – gleichviel wie die Kriterien der Legitimation im einzelnen beschaffen sind.

51 S. dazu: Lüderssen, in: *Frankfurter Rundschau* v. 24.1.2001 und in: *Strafverteidiger* (2001), S. 720, 1. Sp.

3) Andere Rechtsgebiete haben dieses Problem nicht. Hier kann durchaus akzeptiert werden, daß verschiedene gleich mächtige Systeme miteinander konkurrieren und dann eine Einigung stattfindet. Der *Vergleich* ist in freiheitlichen und kommunikativen Zeiten und Regionen sogar durchaus ein Höhepunkt der rechtlichen Bewältigung eines Konflikts.[52] Es ist eben kein Zufall, daß im Strafrecht der Vergleich – hier Absprache oder sogar Deal oder höchstens Verständigung genannt – auf prinzipielle Bedenken stößt, was nur dann nicht der Fall ist, wenn man – kriminalpolitisch wahrscheinlich illusionär – in der sich ausbreitenden Absprachepraxis den Beginn der Erosion des staatlichen Strafrechts überhaupt sieht[53] und nicht nur schlechte Pragmatik, um die durch die Flut neuer Kriminalisierungen (sei es durch Strafgesetze, sei es durch expansive Dogmatik) überforderte tägliche Praxis zu bewältigen.[54]

Der gegenwärtige praktizierte öffentliche Strafanspruch ist ein Produkt seiner Geschichte; Auseinandersetzungen ohne übergreifendes Gewaltmonopol – das Hauptbeispiel dafür war die Fehde – sollten überwunden werden. Nur wenn zu erkennen wäre, daß die Gesellschaft an die Stelle des öffentlichen Strafanspruchs etwas qualitativ anderes setzen möchte, etwas, das sich anderen Rechtsgebieten, die für Verständigung wirklich Raum haben, annähern würde,[55] könnte man sich einen Abschied vom staatlichen Straf-

52 S. dazu: Lüderssen, in: *Neue Juristische Wochenschrift* (1997), S. 1111.

53 S. Lüderssen, *Abschaffen des Strafens?*, Frankfurt/M. 1995, S. 323 ff.; vgl. jetzt aber auch: Edda Weßlau, *Das Konsensprinzip im Strafverfahren – Leitidee für eine Gesamtreform*, Baden-Baden 2002, S. 8, 49, 129, 155.

54 Weshalb prominente Gegner der Absprachepraxis, wie etwa Hamm, meinen, daß mit der Überkriminalisierung auch die Absprachepraxis verschwinden würde.

55 Vielleicht sogar nach dem Muster der »corporate governance«; diese Assoziation findet sich schon bei: Mark Pieth, »Internationale Harmonisierung von Strafrecht als Antwort auf transnationale Wirtschaftskriminalität«, in: *Zeitschrift für die gesamte Strafrechtswissenschaft* 109 (1997), S. 756 ff. (770); dazu: Cornelius Prittwitz, »Nachgeholte Prolegomena zu einem künftigen Corpus Juris Criminalis für Europa«, in: *Zeitschrift für die gesamte Strafrechtswissenschaft* 113 (2001), S. 782. Das ist der »Import angelsächsischer ›Self-Regulation‹ (dazu Martin Wolf, in: *Zeitschrift für Rechtspolitik* (2002), S. 59), der im Widerstreit zum deutschen Parlamentsvorbehalt« steht. Dabei handelt es sich um die Ausarbeitung von Verhaltensvorschriften für Unternehmensleitungen – also etwas denkbar Ziviles. Aber selbst hier ist man der Meinung, daß die Ersetzung der fehlenden demokratischen Legitimation durch freiwillige Selbstbindung das Problem verschleiert:

recht vorstellen. Wobei freilich dafür Sorge zu tragen wäre, daß es nicht zu einem Rückfall in vorstaatliche Konfliktbewältigung kommen würde, sondern etwas Neues zustande käme, ein Interventionsrecht etwa mit vielen zivilen Bestandteilen und am Ende sogar Mediationen. Das werdende europäische Strafrecht versteht sich aber nicht so.[56] Es tritt vielmehr mit dem Anspruch äußersten Durchsetzungswillens auf.[57]

C.

Daher muß der neue Hoheitsträger sich daran messen lassen, ob er die Kriterien für die Legitimation eines solchen Strafrechts erfüllen kann,[58] solange sie noch gelten.[59] Mit dem, was früher die Grundlage für das Fehde-Recht und zu allen Zeiten die Praxis der Herrscher totalitärer Staaten war, die ihre Macht unter der falschen Etikette des Strafens errangen und verteidigten, hat die Praxis des neuen Hoheitsträgers selbstverständlich nichts gemein. Parallelen aber zu den mit den Mitteln des Kriegs Strafverfolgung betreibenden Staaten[60] sind nicht so ohne weiteres abzuweisen, wenn man

denn bei Lichte betrachtet entfaltet der Kodex gegenüber seinen Adressaten faktische Zwangswirkung, und zwar sogar unabhängig von deren Zustimmung. Z. B. wird, wenn die Unterwerfung unter den Kodex verweigert wird, eine Börsenzulassung abgelehnt.

56 Auch wenn gelegentlich von »Quasistrafrecht« die Rede ist, s. Thomas Weigend, in: *Zeitschrift für die gesamte Strafwissenschaft* 105 (1993), S. 789; dazu: Prittwitz, in: *Zeitschrift für die gesamte Strafwissenschaft* 113 (2001), S. 783.

57 Am Ende ist das ein Fall von, wie man auch sagen kann, Feudalisierung durch Globalisierung (hierzu Klaus Günther und Shalini Randeria, *Recht, Kultur und Gesellschaft*, a. a. O., Wenn man liest, daß sogar für den »corporate governance«-Kodex auch schon eine gefährliche Einwirkung auf Grundrechte befürchtet wird (Manfred Wolf, in: *Zeitschrift für Rechtspolitik* (2002), S. 60), so ist klar, was im Strafrecht auf dem Spiel steht.

58 Vgl. dazu die Fixierung der Ausgangspunkte bei: Prittwitz, »Nachgeholte Prolegomena«, a. a. O., S. 774 ff. (789 ff.).

59 Die Frage, ob sie überhaupt gelten können, ist an anderer Stelle behandelt. S. Lüderssen, »Das Irrationale im Strafrecht«, in: *Festschrift für E. A. Wolff*, Heidelberg 1998, S. 325 ff. Das Strafrecht bleibt immer ein Stück Krieg, rechtlich geht die Rechnung im Strafrecht auf Grund der internen Logik gewissermaßen nicht auf; die Frage kann hier aber nicht weiterverfolgt werden.

60 Hier beginnt – auch im Namen menschenrechtlich motivierter Interventionen –

bedenkt, daß es im zusammenwachsenden Europa nicht zuletzt um die Bekämpfung organisierter Kriminalität gehen soll, »war against drugs« vergleichbar, auch wenn man weiß, daß »war« in diesem Kontext nicht das bedeutet, was man gewöhnlich unter Krieg versteht.

I. Für den Umgang mit organisierter Kriminalität ist nun der Begriff des Feindstrafrechts aufgekommen, eines Strafrechts, das seit langem unangefochtene Maßstäbe relativiert,[61] und es könnte sein, daß diese Vorschläge dort leichter zu realisieren sind, wo die durch eine souveräne Staatsgewalt vorgegebenen und sie zugleich bindenden Regeln nicht gelten. Denn die strafverfolgenden Instanzen haben in diesen Fällen nicht Bürger (früher Untertanen) des von ihnen beherrschten Gemeinwesens vor sich.[62] Vielmehr operiert der »Gegner« global, jedenfalls außerhalb der ihn angreifenden Herrschaftsgewalt, sich auf eigene Herrschaftsgewalt berufend. Es ist noch nicht lange her, daß bei Sachverhalten dieser Art, sobald die Auseinandersetzungen gewaltsam wurden, ausschließlich von Krieg gesprochen wurde. Wenn das jetzt nicht mehr durchgehend der Fall ist, so deutet sich eine Begriffsverschiebung an, die Hand in Hand gehen könnte mit der Auflösung eines hierarchische Verhältnisse voraussetzenden strafrechtlichen Denkens. Heterarchie ist demgemäß bereits ein Stichwort europarechtlichen Denkens.[63]

Ob man organisierte Kriminalität in dieser gewandelten Form bekämpfen sollte, ist aber streitig. Es überwiegt immer noch die Auffassung, daß nicht mit zweierlei Maß gemessen werden darf, daß organisierte Kriminalität bekämpft werden soll wie andere Kriminalität auch. Die – vielleicht heimlich bereits gezogene – Parallele zur Bekämpfung der organisierten Kriminalität besteht mit Bezug auf jene kriegsähnlichen Entwicklungen also offiziell wohl noch nicht. Was – vorerst – mit der Europäisierung des Strafrechts

die Entwicklung eines neuen heterarchischen Rechtsgebiets zwischen Kriegs- und Strafrecht, dessen Ergebnis freilich noch nicht abzusehen ist.

61 S. dazu: Lüderssen, in: *50 Jahre Bundesgerichtshof. Festgabe aus der Wissenschaft*, München 2000, Bd. IV, S. 883 ff. (909 f.).

62 Ob »Feindstrafrecht« also gerade deshalb die Devise des europäischen Strafrechts sein könnte, prüft sorgfältig: Prittwitz, in: *Zeitschrift für die gesamte Strafrechtswissenschaft* 113 (2001), S. 774 ff. (794 ff.).

63 Vgl. von Bogdandy, *Supranationaler Föderalismus*, a. a. O.

angestrebt wird, geht jedenfalls nicht über die bisherigen Konzepte der Bekämpfung der organisierten Kriminalität hinaus. Anleihen bei dem – werdenden – kriegsähnlichen Interventions-Strafrecht sind nicht angezeigt. Damit bleibt die Europäisierung des Strafrechts an die hierarchischen Voraussetzungen des bisher geläufigen Strafrechts gebunden.[64]

II. So ist nur zu prüfen, ob der neue Hoheitsträger diese Voraussetzungen erfüllt. Wie wir gesehen haben, darf dabei im modernen Strafrecht nicht stillschweigend auf die Staatsräson Bezug genommen werden. Vielmehr muß die über den Ausgleich zwischen Schädiger und Geschädigtem hinausgehende Reaktion auf ein besonders vorwerfbares Verhalten den speziellen Voraussetzungen entsprechen, die sich aus der demokratischen Definition der Gemeinwohlinteressen ergeben. Was sachlich insoweit über die Vereinbarkeit der Strafzwecke mit den für die Wahrnehmung öffentlicher Aufgaben geltenden Regeln zu sagen ist, kann jetzt nicht gründlich erörtert werden.[65] Nur das Schema sei genannt und ein wenig konkretisiert, das den verfassungsrechtlich gestützten Versuchen, staatliches Strafrecht zu legitimieren, in der Regel zu Grunde liegt.

1) Zunächst wird das *Ziel* der strafrechtlichen Vorschrift bestimmt.

a) Das ist der Schutz vor künftigen zurechenbaren[66] Rechtsgutsverletzungen.[67] Vor wem und wer geschützt werden soll, ergibt sich aus der Reichweite historisch gewachsener Personalitäts- und Territorialitätsprinzipien, was geschützt werden soll, aus einem an den Grundrechten der Person und verfassungsrechtlich garantierten Institutionen[68]orientierten Rechtsgutsbegriff.[69] Schließlich gehört

64 So auch: Prittwitz, in: *Zeitschrift für die gesamte Strafrechtswissenschaft* 113 (2001), S. 790, 795.

65 Ausführlich: Lagodny, a. a. O.; s. auch: Ivo Appel, *Verfassung und Strafe*, Berlin 1998, S. 427 ff.; Staechelin, *Strafgesetzgebung*, a. a. O., S. 39 ff., 101 ff.

66 »Maßnahmen«, die keine Schuld voraussetzen, bleiben hier außer Betracht.

67 Ob man verfassungsrechtliche Beschränkungen der strafrechtlich zu schützenden Rechtsgüter auf subjektive Rechte geltend machen kann, ist eine Spezialfrage (interessanterweise taucht sie meistens in vorpositiven Legitimationskonzeptionen auf), die hier nicht weiterverfolgt werden kann.

68 Auch der Staat kann also Rechtsgutsträger sein.

69 Dazu: Staechelin, a. a. O., S. 53 ff.; Lüderssen, *Entkriminalisierung des Wirtschaftsrechts*, Baden-Baden 1998, S. 194 f.

hierher auch die Festlegung, in welchem Umfang das Rechtsgut geschützt werden soll – nur vor Verletzungen oder auch vor Gefährdungen? Welche Angriffswege[70] sollen blockiert werden? Alle können es nicht sein – es bleiben notwendig Rechtsgutsangriffe übrig, vor denen das Strafrecht nicht schützen will;[71] das gleiche gilt für die Länge der Angriffswege[72] und die Intensität der Angriffshandlung.[73] Andererseits gibt es – auf den ersten Blick sehr weitgehende – Expansionen.[74]

Bereits an dieser Stelle stellt sich die Frage, inwieweit es der *Staat* sein muß, der für diese Zielsetzungen verantwortlich zeichnet. Ihre Definition setzt eine Institution von hoher Abstraktionsfähigkeit und Orientierung am Gemeinwohl voraus, für die man sich allerdings – gegenwärtig jedenfalls – eigentlich nichts anderes vorstellen kann als den Staat.

b) Man könnte weiter gehen und sich die Bestrafung als selbstständiges Ziel setzen. Die Strafe erscheint dann nicht nur als etwas für den Schutz vor Rechtsgutsverletzungen Notwendiges, sondern als etwas, das seinen – zusätzlichen – Wert in sich trägt, Bestrafung als besondere Kulturleistung gleichsam.[75] Diese Auffassung existiert

70 Zur Bedeutung der Angriffswege für die verfassungsrechtliche Argumentation s. ebenfalls: Staechelin, a.a.O., S.19ff.; Lüderssen, *Entkriminalisierung*, a.a.O., S.194f.

71 Diese Exklusionen ergeben sich rechtstechnisch aus der tatbestandsmäßigen Fixierung von Handlungsmodalitäten.

72 Stichwort sind die – wie immer – im einzelnen zu begründenden »Regreßverbote«.

73 Markiert durch die Grenzen der objektiven und subjektiven Zurechnung.

74 Gesteuert zum Beispiel über den Begriff der Gefährdung: auch die abstrakte Gefährdung eines Rechtsguts kann genügen; so sind auch diejenigen »Delikte gegen die Gemeinschaft« zu verstehen, die nicht eine Institution schützen wollen, sondern eine unbestimmte Zahl einzelner, wie etwa bei der Urkundenfälschung oder bei der Brandstiftung, und vor allem den Delikten gegen den Straßenverkehr. (Es ist deshalb auch falsch, von opferlosen Delikten zu sprechen; die gibt es nicht.) Dies ist – beiläufig – die Konstruktion, welche die abstrakten Gefährdungsdelikte vor dem odium bewahrt, nur mit der Kategorie des Verbrechens als Pflichtverletzung erklärbar zu sein; das gleiche gilt für den untauglichen Versuch. Außerdem bietet diese Konstruktion eine reale Grundlage für die Begrenzung der Pönalisierung durch abstrakte Gefährdungsdelikte (s. im einzelnen: Lüderssen, *Entkriminalisierung*, a.a.O., S.216ff.); Wohlers, *Deliktstypen des Präventionsstrafrechts*, a.a.O., S.288ff.

75 »So ist unsere Strafe die edle, gegen früher so unendlich geadelte Antwort des Ganzen auf die oft so unedle Tat seines Gliedes«; Karl Binding, *Die Entstehung*

zweifellos (noch); sie spielt aber keine (sichtbare) Rolle mehr,[76] findet jedenfalls in der Verfassung a priori keine Stütze.[77]

c) Jenseits des Verfassungsrechts liegen ferner die Disziplinierungsinteressen des Staats (Verbrechen als Pflichtverletzung); das gleiche gilt für die Genugtuungsinteressen des Opfers und den Strafzweck der Resozialisierung der Opfer.[78] Mit dem Verfassungsrecht aufgefangen werden kann auch nicht die Relativierung der legitimen Zielsetzung durch Zugeständnisse an nicht finale kollektive Strafbedürfnisse und die sogenannte Eigendynamik der Strafverfolgungsbehörden;[79] das gleiche gilt für eine von vornherein gar keine direkte Prävention anstrebende symbolische Strafgesetzgebung.

der öffentlichen Strafe im germanisch-deutschen Recht, Leipzig 1909, S. 45; dazu: Oliver Hein, *Vom Rohen zum Hohen. Öffentliches Strafrecht im Spiegel der Strafrechtsgeschichtsschreibung des 19. Jahrhunderts*, Köln 2001, S. 145.

76 Oder gewinnt sie wieder an Boden? Darauf könnte die Emphase deuten, mit der jetzt bei den Kriegsverbrecher-Tribunalen (Jugoslawien und Ruanda) die strafrechtliche Verurteilung betrieben wird; denn in diesen Verfahren scheint die Strafe nicht nur eine notwendige Funktion zu haben, sondern als eine Art Erlösung vom Bösen zu fungieren. Vielleicht übernimmt die Strafe überhaupt jeweils dann, wenn das Böse wieder Thema des Strafrechts ist, die dem Bösen als die Kultur des Guten entgegentretende Funktion (was etwas anderes ist als die auf eine Art Notwehr sich beschränkende Funktion der Strafe; vgl. dazu: Lüderssen, in: ders. (Hg.), *Aufgeklärte Kriminalpolitik oder Kampf gegen das Böse?*, 1998, Baden-Baden, Bd. 1, S. 468 ff.); vgl. im übrigen auch Hassemers Beobachtung, daß man »einer studentischen und auch allgemeinen Öffentlichkeit nicht, wie vor ein paar Jahren noch, erklären« müsse, »warum Strafe sein muß: Daß Strafe sein muß, ist den Leuten nicht nur klar [...], sondern spricht ihnen aus dem Herzen [...] Heute muß man vielmehr erklären, warum wir auf ein bestimmtes Problem nicht mit Strafe antworten.« Winfried Hassemer, »Die neue Lust auf Strafe«, in: *Festschrift für Spinelli*, 2001, S. 399 ff. (400).

77 Es könnte sein, daß die Straftheorien den Dualismus (s. Fn. 76) lange – mehr oder weniger – ungeschieden mit sich geschleppt und damit ständig Mißverständnisse geschaffen haben.

78 Diesen Strafzweck hat Prittwitz herausgearbeitet (»Opferlose Straftheorien?«, in: Schünemann/Dubber (Hg.), *Die Stellung des Opfers im Strafrechtssystem*, Köln 2000, S. 51 ff. (67 ff.). M. E. ist dieser Strafzweck aber nur unter der Voraussetzung wirksam, daß man den Strafzweck der Genugtuung anerkennt; denn die Resozialisierung des Opfers setzt auf nichts anderes als auf die Befriedigung des Opfers durch das Erlebnis der ihm Genugtuung gewährenden Bestrafung des Täters. Alle anderen berechtigten Interessen an der Resozialisierung des Opfers können und müssen außerhalb des Strafrechts gesucht werden.

79 Vgl. dazu: Lüderssen, *Einführung in die Probleme der Kriminologie*, Baden-Baden 1994, S. 160 ff.

2) Die zweite Überlegung gilt den *Mitteln.* Die Bestrafung muß geeignet sein, die angestrebten Ziele zu erreichen. Das ist eine Frage der Motivation der generalpräventiv wie spezialpräventiv anvisierten Adressaten.

a) Da persönliche Vorwerfbarkeit die Voraussetzung für beide Effekte ist[80] (in modernen Gesellschaften funktioniert die bloße Dressur nicht), scheiden »juristische Personen« als Adressaten aus.[81]

b) Die Empirie der Vorwerfbarkeit ex post ist schwierig, vor allem, wenn das Gewicht der von dem zurechenbaren Verhalten unabhängigen Faktoren (sozialpsychologische, soziostrukturelle) gefunden und in Rechnung gestellt werden muß (immer unter der Voraussetzung, daß diese Unterscheidung überhaupt getroffen werden kann).

c) Die Empirie der Beeindruckbarkeit ex ante (nach Prozeß und Verurteilung) muß über die Voraussetzung der Vorwerfbarkeit des Verhaltens nach geltendem Recht hinaus auch die Reflexion der Legitimität des Urteils einbeziehen. »Ungerechte Urteile« sind keine Voraussetzung für Resozialisierung.[82] Hier geschieht es freilich, daß für die Rechtfertigung der Resozialisierung überpositive Maßstäbe angewandt werden, ein kaum wahrgenommenes, noch ganz ungelöstes Problem.[83]

Zur Empirie der Beeindruckbarkeit ex ante gehört ferner die Fairneß des Prozesses, also im Grunde alles das, was unter rechtsstaatlichem Prozeß verstanden wird. Dazu gehört auch das, was man Verfahrensgerechtigkeit nennt (Begrenzung der Dunkelziffer und anderes mehr), ferner die Qualität des Vollzugs. Wiederum ist hier die anthropologische Voraussetzung gemacht, daß in modernen Gesellschaften Dressur kontraproduktiv ist für Resozialisierung. – In diesem Zusammenhang ist auch die Frage wichtig, welche Prozeßform am meisten garantiert. Hier ist die Entschei-

80 Hier droht freilich ein Zirkelschluß (Schuld kann als Voraussetzung für Prävention nur effektiv sein, wenn sie zweckfrei definiert wird).

81 Werden sie jenseits der Haftbarmachung aus zivilrechtlichen oder öffentlichrechtlichen Vorschriften mit einer Sanktion belegt, ist der Phantasie, was das sein mag, keine Grenze gesetzt, aber Strafe kann es nicht sein.

82 Lüderssen, *Abschaffen des Strafens*, a.a.O., S. 99 ff.

83 A.a.O., S. 162 ff.; außerdem: Lüderssen, *Aufgeklärte Kriminalpolitik*, a.a.O., S. 51 ff., über das Wechselspiel von Legitimation, Kriminalität und Kriminalisierung.

dung zu treffen etwa zwischen (aufgeklärtem) Inquisitionsprozeß und Parteiprozeß.

Spätestens jetzt ist klar, daß keine andere Institution als der Staat diese Aufgaben erfüllen kann; und zwar ist das viel eindeutiger als bei den Zielbestimmungen. Daher ist jetzt auch der weitere Schritt zwingend, daß die höchste Form der Demokratie gewählt werden muß: »Die Bestrafung stellt einen so einschneidenden Eingriff in die Freiheit des Staatsbürgers dar, daß die Legitimation zur Bestimmung ihrer Voraussetzungen nur bei *der* Instanz liegen kann, die das Volk als den Träger der Staatsgewalt am unmittelbarsten repräsentiert: dem Parlament als der gewählten Volksvertretung.«[84]

3) Die dritte Überlegung schließlich führt zu der Frage der *Verhältnismäßigkeit*;[85] man kann auch von Zielkonflikten sprechen. Primär geht es um die Ausgewogenheit zwischen Strafleiden und Schutzeffekt, ferner um zu vermeidende *unerwünschte* Nebenfolgen, etwa eines unfairen Prozesses (z. B. Verletzung von Beweisverboten etc.) oder unmenschlichen Vollzugs. Daß diese Gesichtspunkte durchweg schon für den Präventionseffekt[86] eine Rolle spielen, ist bereits angedeutet worden (vgl. a], bb] und cc]). Hier liegt der Akzent aber auf der Garantie von Rechtspositionen um ihrer selbst willen. Daher ist die Zuständigkeit des Staats in seiner ausgeprägtesten demokratischen Gestalt noch offensichtlicher.

III. Wie man sieht, kann auf der Basis des Grundgesetzes die Rolle des Staats bei der Wahrnehmung des öffentlichen Strafanspruchs nicht mehr einheitlich, sozusagen über den Wassern schwebend definiert werden. Vielmehr ist sie dort, wo Umfang und Gewicht der öffentlichen Aufgabe, durch Strafe vor vorwerfbaren Rechtsgutsverletzungen zu schützen, im einzelnen beschrieben sind, aufzusuchen unter dem Gesichtspunkt, daß gewisse Dienstleistungen eben nur von einer Institution erbracht werden können, die mit dem Staat in seinem gegenwärtigen Entwicklungsstatus vergleichbar ist.

84 Vgl. Claus Roxin, *Strafrecht, Allgemeiner Teil*, Bd. 1, München ^{3}1997, S. 102.

85 Man könnte die Frage auch so formulieren: Wie viele »Sonderopfer« sind dem Täter zumutbar?

86 An dieser Stelle ist an die breite Definition der Effektivität der Strafrechtspflege durch Hassemer zu erinnern.

D.

Der Frage, wie auf dieser Basis die laufenden Aktivitäten der Europäisierung des Strafrechts im einzelnen zu beurteilen sind, bin ich an anderer Stelle nachgegangen. Hier soll nur betont werden, daß die materiellrechtlichen Probleme zunehmend von den prozessualen flankiert werden.[87] Inbesondere europäischer Haftbefehl[88] und »Grünbuch«[89] beherrschen zunehmend die Diskussion. Im materiellen Recht geht es vor allem um die Überprüfung der »Europadelikte«.[90] Im Zusammenhang damit werden jetzt doch die Prolegomena allmählich nachgeholt, deren Fehlen in der langjährigen Diskussion Prittwitz mit Recht moniert hat.[91]

87 Vgl. den neuesten Überblick bei: Wolfgang B. Schünemann, »Ein Gespenst geht um in Europa – Brüsseler ›Strafrechtspflege‹ intra muros«, in: *Goltdammer's Archiv für Strafrecht* (2002), S. 501 ff.; Vander Beken/Vermeulen/Lagodny, »Kriterien für die jeweils ›beste‹ Strafgewalt in Europa«, in: *Neue Zeitung für Strafrecht* (2002), S. 624 ff.

88 S. dazu: Carsten Wegner, in: *Strafverteidiger* (2003), S. 105 ff.

89 Stefan Braum, »Europäisches Strafrecht im administrativen Rechtsstil – Zur kriminalpolitischen Konzeption des »EU-Grünbuchs Europäische Staatsanwaltschaft«, in: *Zeitschrift für Rechtspolitik* (2002) 12, S. 508 ff.; ferner die Beiträge in der Beilage *Strafverteidiger* (2003), S. 115 ff., zur Verteidigung in einem geplanten europäischen Verfahrensrecht für europarelevante Straftatbestände; Schünemann, in: *Goltdammer's Archiv für Strafrecht* (2002), S. 514 ff.; vgl. dazu im übrigen auch die Kritik des prozessualen Teils des Corpus iuris in: *Kritische Vierteljahresschrift für Gesetzgebung und Rechtswissenschaft* (2001), S. 269 ff.

90 Vgl. dazu die Vorschläge und ihre Kommentierungen in: Klaus Tiedemann (Hg.), *Wirtschaftsstrafrecht in der Europäischen Union, Rechtsdogmatik, Rechtsvergleich, Rechtspolitik* (Freiburg-Symposium), Köln u. a. 2002; s. ferner: Schwarzburg/Hamdorf, »Brauchen wir ein EU-Finanz-Strafgesetzbuch?«, in: *Neue Zeitung für Strafrecht* (2002), S. 617 ff.

91 Zu diesem Thema jetzt auch: Wolfgang Naucke, »Europäische Gemeinsamkeiten in der neueren Strafrechtsgeschichte und Folgerungen für die aktuelle Debatte«, in: *Juristische Zeitgeschichte* (2002), Heft 2, S. 1 ff.; zum Stand der allgemeinen Literatur: Vogel in: *Goltdammer's Archiv für Strafrecht* (2002), S. 517 ff., mit umfassenden Nachweisen der bisherigen Literatur: vgl. insoweit auch: Schünemann, *Goltdammer's Archiv für Strafrecht* (2002), S. 511; umfassendste Orientierung nach wie vor bei Satzger, *Die Europäisierung des Strafrechts*, a. a. O. – dazu die Rezension von Weigend, in: *Strafverteidiger* (2003), S. 110 ff.; zu den nicht endenden Problemen der Auseinandersetzung mit den jeweiligen nationalen Rechten: Heiner Hugger, *Strafrechtliche Anweisungen der europäischen Gemeinschaft*, Heidelberg 2000, und Christian Schröder, *Europäische Richtlinien und deutsches Strafrecht*, Berlin 2002; eine wichtige Station bezeichnet Satzger mit »Akzeptanz

Immer noch zu wünschen übrig läßt die Konfrontation der im wesentlichen auf die Aktivität der europäischen Exekutivorgane zurückgehenden Expansion des Strafrechts mit den limitierenden, die nationale Strafrechtsanwendung, vor allem die Rechtsprechung des BGH ständig korrigierenden Entscheidungen des EGMR und des EUGH.[92] Daß Europa hier bisher mit zwei Zungen gesprochen hat, ist lange nicht bemerkt worden,[93] war aber dann Gegenstand eines speziell dieser Spannung gewidmeten Kolloquiums.[94] Sollte es gelingen, die allmähliche Auflösung dieser Spannung für die Beurteilung der neuen Vorschläge nutzbar zu machen, so mag das am Ende dazu beitragen, daß die Legitimationsproblematik schärfer wahrgenommen und dementsprechend mit größerem Ernst behandelt wird. Schutz der Grundrechte des Beschuldigten und Effektivität des Strafrechts sind kein Gegensatz, denn effektiv – jedenfalls in einem weiteren Sinne – ist nur, was rechtsstaatlich ist: General- und Spezialprävention funktionieren aber nur in einem rechtsstaatlichen, auf freie Motivation des schuldfähigen Bürgers setzenden System. Oder man muß sagen, daß der Schutz des Beschuldigten ein gleichberechtigtes Ziel neben der in einem engeren Sinne effektiven Strafrechtsanwendung ist. Freilich ist diese engere Effektivität schwer zu definieren (viele Verurteilungen? viele Verhaftungen?).

europäischen Strafrechts«, in: Hohloch (Hg.), *Wege zum Europäischen Recht*, Baden-Baden 2002, S. 71 ff.

92 Mit Recht wird das auch in der Begründung zur 2. These der elf Thesen in *Kritische Vierteljahresschrift für Gesetzgebung und Rechtswissenschaft* (2001), S. 280, moniert; vgl. jetzt im übrigen die Dissertation von: R. Esser, *Auf dem Weg zu einem europäischen Verfahrensrecht. Die Grundlagen im Spiegel der Rechtsprechung des Europäischen Gerichtshofs für Menschenrechte*, Berlin 2002; Kai Ambos, »Immer mehr Fragen im internationalen Strafrecht«, in: *Neue Zeitschrift für Strafrecht* 21 (2002) 12, S. 628 ff.

93 Wohl auch eine Folge der falschen Harmonisierungen, die Prittwitz, in: *Zeitschrift für die gesamte Strafrechtswissenschaft* 113 (2001), S. 780 ff., im Rahmen seiner Rekonstruktion der wissenschaftlichen Debatte über die Europäisierung des Strafrechts in verdienstvoller Weise ans Licht gezogen hat.

94 Vgl. *Strafverteidiger* (2001), S. 62 ff.

E.

Man hat in den letzten Jahren von der gegenwärtigen Europäisierung des Rechts häufig einen Bogen zurück – über die nationalstaatlichen Entwicklungen – geschlagen zur über die Rezeption des römischen Rechts vermittelten einheitsstiftenden gemeinrechtlichen Ordnung Europas am Beginn der Neuzeit. Vielleicht zeigt aber gerade die Entwicklung des öffentlichen Strafanspruchs, auf welche Grenzen man dabei stößt. Das gemeine Recht war zwar eine gesamteuropäische Erscheinung, bezog seine Geltung indessen durch die – wenn auch nicht immer durch formelle Rechtsakte vollzogene – Übernahme in die Rechtsordnung der jeweiligen souveränen Staaten. Solche Prozesse kann es nicht mehr geben in einer an Definitionen und Abgrenzungen immer reicher gewordenen Welt. Die Alternativen dazu können nur sein: entweder eine eindeutige bundesstaatliche Staatsgewalt oder ein globales, auf keine Gesamtsouveränität angewiesenes nicht-staatliches System, das dann aber konsequenterweise auf Strafrecht alten Stils verzichten muß. Es wäre verlockend, sich vorzustellen, daß die zweite Alternative ergriffen wird. Aber realistisch ist das nicht; deshalb verbleibt es bei der ersten, und das heißt, mit dem Strafrecht, das für ganz Europa gelten soll, muß man so lange warten, bis die gesamteuropäische parlamentarische Legitimation gegeben ist.

6.5 Wer will das bessere Europa?

»Westeuropäische Union, westeuropäische Union« –, skandierte ein über das andere Mal mein Englischlehrer in der kleinen mitteldeutschen Stadt, die westliche Alliierte erobert und wenige Monate später den Russen übergeben hatten. Noch 1948 war das offenbar ungefährlich. Jedenfalls überraschte den ein Jahr später in die gerade entstandene Bundesrepublik übergesiedelten Obersekundaner die dort virulente Idee des zu einigenden Europa gar nicht mehr, wohl aber, daß die Sozialdemokraten in diesem Punkt so kleinmütig-vorsichtig waren, während der christlich-demokratische Bundeskanzler, Konrad Adenauer – auf seine gute Vergangenheit in der Weimarer Republik gestützt und in ständiger Verbindung mit den westlichen Nachbarn stehend – Europa verkörperte.

Das war die Stimmung, ich möchte es schon so nennen, die für die »45er« (eine Wendung von Klaus Harpprecht) den Alltag der Bundesrepublik und auch die dort allmählich – unter westlichem Einfluß – einsetzende Regenerierung eines rechtsstaatlichen Strafrechts und Strafprozeßrechts prägte. Zwar stammt der Satz nullum crimen, nulla poena sine lege (Kein Verbrechen, keine Strafe ohne Gesetz) aus guter liberaler Tradition des frühen 19. Jahrhunderts auch in Deutschland. Aber der faire Strafprozeß, mit Beweisverboten und Sinn für die Autonomie des Beschuldigten, kam vorwiegend woandersher, aus den älteren westlichen Demokratien.

Jahrzehnte vergingen. Das Bild des liberalen, demokratischen, rechtsstaatlichen und auch sozialstaatlichen Strafrechts rundete sich und blieb auch bestehen, nachdem es unter dem Eindruck terroristischer Aktivitäten und beginnender »organisierter Kriminalität« empfindliche Kratzer erhalten hatte. Die Wiedervereinigung kam, nichts änderte sich, und dieser Tage nun blicken viele Strafrechtler auf das zusammenwachsende, seine Gemeinsamkeiten endlich in einer Verfassung fixierende Europa, um auch in diesem Text bestätigt zu sehen, was sie von den westlichen Nachbarn gelernt haben.

Im Teil II – der Charta der Grundrechte der Union – finden sich denn auch unter Titel VI – justitielle Rechte – einige jener Grundsätze, an die wir uns gewöhnt haben, etwa jener nullum crimen-

Satz[1] oder ne bis in idem.[2] Sogar die Unschuldsvermutung[3] und das Grundrecht der Verteidigung sind[4] nunmehr kodifiziert und der Grundsatz der Verhältnismäßigkeit des Strafmaßes gegenüber der Straftat[5] – sichtbare Auswirkungen der Menschenrechtskonvention.

Kein Grund zur Aufregung also, scheint es. Auch die Parole vom »Raum der Freiheit, der Sicherheit und des Rechts«[6] flößt Vertrauen ein. Schon mit einer gewissen Skepsis allerdings nimmt man zur Kenntnis, wie sich die Europäische Verfassung zu den Aufgaben des Strafrechts äußert. Strafrechtliche Bestimmungen sollen ein hohes Sicherheitsniveau gewähren, wird gefordert.[7] Fehlt da nicht etwas? Wessen Sicherheit ist gemeint? Die der Bürger? Dazu gehören freilich auch die einer Straftat beschuldigten Personen, sagt sich der westlich-rechtsstaatlich geschulte Strafjurist und sucht nach den entsprechenden speziellen Belegen. Vergeblich – und damit beginnt das Problem.

Denn nur um kriminalistische Zielsetzungen geht es im Abschnitt über »justitielle Zusammenarbeit in Strafsachen«.[8] Zwar werden – ziemlich undeutlich – »die Rechte des Einzelnen im Strafverfahren erwähnt«,[9] und gnädig wird hinzugefügt, daß die Mitgliedstaaten nicht daran gehindert seien, ein »höheres Schutzniveau für die Rechte des Einzelnen im Strafverfahren beizubehalten oder einzuführen«.[10] Doch dann ist nur noch die Rede von »Mindestvorschriften zur Festlegung von Straftaten und Strafen im Bereich besonders schwerer Kriminalität«[11] und von der Notwen-

1 Charta der Grundrechte der Europäischen Union, Art. II-49 Abs. 1; beachtlich die Einschränkung in Abs. 2: »Dieser Artikel schließt nicht aus, dass eine Person wegen einer Handlung oder Unterlassung verurteilt oder bestraft wird, die zur Zeit ihrer Begehung nach den allgemeinen, von der Gesamtheit der Nationen anerkannten Grundsätzen strafbar war.«

2 Art. II-50.

3 Art. II-48 Abs. 1.

4 Art. 48 Abs. 2.

5 Art. 49 Abs. 3.

6 Teil I, Titel III, Art. 13 Abs. 2; Teil III, Titel III, Kapitel IV.

7 Teil III, Titel III, Kapitel IV, Abschnitt 1, Art. III-158 Abs. 3.

8 Teil III, Titel III, Kapitel IV, Abschnitt 4.

9 Art. 171 Abs. 2 b).

10 Art. 171 Abs. 2 nach d).

11 Art. 172 Abs. 1; gemeint sind (a. a. O.): Terrorismus, Menschenhandel und sexuelle Ausbeutung von Frauen und Kindern, illegaler Drogenhandel, illegaler

digkeit der Einführung einer europäischen Staatsanwaltschaft.[12] Das kann hier nicht ausführlich geschildert werden.

Ein Detail indessen ist hervorzuheben: Es seien »Mindestvorschriften« betreffend »die Zulässigkeit von Beweismitteln auf gegenseitiger Basis zwischen den Mitgliedstaaten« vorzusehen.[13] Die nationalen Strafprozeßrechte pflegen zwischen der Erhebung von Beweisen und ihrer Verwertung zu unterscheiden. Wird ein Telefongespräch überwacht, so ist das die Erhebung eines Beweises. Wenn dann das Gericht sich für die Verurteilung des Angeklagten auf das Abhörergebnis stützt, so ist das die Verwertung des Beweises. Normalerweise sollte aus der Unzulässigkeit der Beweiserhebung auch die Unzulässigkeit der Beweisverwertung folgen. Diese Folgerung ist einem Gericht aber verwehrt, wenn ihm vorgeschrieben wird, auch Beweise zu verwerten, die in einem anderen Land rechtmäßig erhoben worden sind, im eigenen Land aber nicht hätten erhoben werden dürfen. Beispielsweise darf in Spanien ein Telefongespräch unter Voraussetzungen überwacht werden, die in anderen Ländern nicht genügen. Nach der europäischen Verfassung wäre es nun aber nicht nur den spanischen Richtern gestattet, die Abhörergebnisse zu verwerten. Derartige Differenzen gibt es auch bei anderen Beweismitteln. In Frankreich darf das Gericht sich auf einen (mittelbaren) Zeugen, den »Zeugen vom Hörensagen«, stützen, in England in der Regel nicht. Strafverfolgungsorgane, die besonders effektiv sein wollen, können nach dem Konzept der geplanten europäischen Verfassung die Beweise also dort suchen, wo sie juristisch am leichtesten zu erlangen sind. Mit Blick auf die vielfach grenzüberschreitenden Taten, etwa im Umgang mit EG-Subventionen, kann das sehr praktisch werden. »Forum-Shopping« nennt man das schon – auftrumpfend oder eingeschüchtert, je nachdem.

Die Deutschen haben ihre europäische Lektion gut memoriert. Sind sie antieuropäisch, wenn sie jetzt an ihrem vergleichsweise hochkarätigen rechtsstaatlichen Strafprozeßrecht festhalten? Diesen Vorwurf erheben avancierte Europarechtler, nicht zuletzt auf der Basis eines Konzeptes, gerade in Europa Demokratieformen zu kultivieren, die eher auf Regierung und Verwaltung als auf Parla-

Waffenhandel, Geldwäsche, Korruption, Fälschung von Zahlungsmitteln, Computerkriminalität und organisierte Kriminalität.

12 Art. Art. 195 Abs. 1.

13 Art. 171 Abs. 2 a).

mentarismus setzen.[14] Die Tendenz war schon zu spüren bei den europäischen Rahmenrichtlinien für die Gesetzgebung der Mitgliedsstaaten und wird ganz deutlich in dem geplanten Verfahren für eine direkte europäische Gesetzgebung. Zwar hat das Europäische Parlament dabei durchaus eine Funktion, aber Gesetze kommen – diese Regel wird bis zur dritten Lesung durchgehalten – nur zustande durch die Mitwirkung des Ministerrats,[15] dessen Vertreter von den Regierungen der Mitgliedsstaaten entsandt sind.[16] Die so genannten qualifizierten Mehrheiten, die verlangt werden,[17] können diese parlamentarischen Defizite nicht kompensieren.

Für das Strafrecht bedeutet das den Verzicht auf den Grundsatz nullum crimen sine lege parlamentaria.[18] Man könnte darüber vielleicht hinwegsehen, wenn das Europäische Parlament in der Gesetzgebung eine starke Stellung hätte. Das ist aber nicht der Fall. Das Initiativrecht für Gesetzgebung liegt bei der Europäischen Kommission.[19] Weil das Europäische Parlament so schwach ist, bindet man es an die Mitwirkung des Ministerrates. Aber diese ist eben nur mittelbar parlamentarisch legitimiert. Der Gedanke, man möge den Entwurf der Europäischen Verfassung – in letzter Minute – noch ändern und die Regel aufnehmen, daß jedenfalls bei Strafgesetzen die Bindung der Vertreter des Ministerrates an ihre nationalen Parlamente vorzuschreiben sei, wird ohne weiteres verworfen. Denn das laufe auf eine Blockade der Strafgesetzgebung hinaus.[20] Wer es – und nun kommt wieder diese Wendung – mit Europa gut meine, müsse hier eine gleichsam »verdünnte« demokratische Legitimation in Kauf nehmen.[21]

Manche haben diese Unbedenklichkeit darauf zurückgeführt, daß es den jeweils verantwortlichen Initiatoren »nur« um den zweifelhaften Schutz der finanziellen Interessen der Union gegangen

14 Dazu ausführlich Klaus Lüderssen, »Europäisierung des Strafrechts und gubernative Rechtssetzung«, in diesem Band, S. 498.

15 Teil III, Titel VI, Kapitel I, Abschnitt 4, Art. 302 Abs. 13.

16 Teil I, Titel IV, Kapitel I, Art. 22 Abs. 2.

17 A. a. O. Art. 22 Abs. 3; Art. 24 Abs. 2.

18 Vgl. dazu Claus Roxin, *Strafrecht. Grundlagen. Der Aufbau der Verbrechenslehre. Allgemeiner Teil* I, Bd. 1, München ³1997 S. 102.

19 Teil I, Titel IV, Kapitel I, Art. 25 Abs. 2.

20 Vgl. Joachim Vogel in der Diskussion auf der Strafrechtslehrertagung in Dresden vom 7./8. 11. 2003.

21 Roland Miklau ebd.

sei. Aber was soll das heißen? Selbstverständlich sind die Interessen der finanziellen Union schutzwürdig. Verfehlt ist in diesem Zusammenhang auch der kulturelle Hochmut, der dem Strafrecht einen großen qualitativen Sprung vor anderen das Zusammenleben der Menschen regelnden Normen verschaffe.[22] Die Säkularisierung des Strafrechts kann, worüber man froh sein sollte, nicht mehr rückgängig gemacht werden. Doch das alles ändert nichts daran, daß die Strafe der mit Abstand schärfste Eingriff in die Rechte der Person ist, vor allem, wenn man dabei an *die* Strafe denkt, vor der die Menschen am meisten Angst haben, die Freiheitsstrafe.

Friedrich-Christian Schroeder hat darauf aufmerksam gemacht,[23] wie dürftig schon die Bemühungen der Europäischen Kommission sind, ein »faires Strafverfahren in Europa« zu garantieren. Für das Europa, das dermaleinst vielleicht unter einer gemeinsamen Verfassung leben wird, sieht es also nicht besser aus. Weil die große Politik auf diesem Gebiet jetzt zunächst steckengeblieben ist, wachsen aber womöglich die Chancen für die Nachbesserung auch derjenigen Teile des Verfassungsentwurfs, die bisher keine breitere Diskussion erfahren haben.

Nicht nur die mangelnde parlamentarische Absicherung, sondern auch die sachliche Einseitigkeit der in die europäische Verfassung eingefügten Vorschriften über die Strafverfolgung ist zu rügen. Die Empfehlung, der europäischen Staatsanwaltschaft eine ebenbürtige Form der Organisation der Verteidigung gegenüberzustellen, muß freilich wiederum damit rechnen, für antieuropäisch gehalten zu werden, obwohl es gerade um eminent europäische Prinzipien geht. Darüber hinaus sollte man den Befürwortern eines exekutivistischen oder (das wäre die vornehmere Formel) gubernativen europäischen Strafrechts zurufen, daß jene bessere europäische Tradition ja längst Gestalt angenommen hat in der auf die Europäische Menschenrechtskonvention gestützten Rechtsprechung des Europäischen Gerichtshofs für Menschenrechte, mit oft sehr peinlichen Zurechtweisungen der nationalen, auch der deutschen obersten Gerichte.[24]

22 Dazu ausführlicher Klaus Lüderssen, in: *Strafverteidiger* (2004), S. 97 ff., 99.

23 Friedrich-Christian Schroeder, »Faires Strafverfahren in Europa. Das Grünbuch der Europäischen Kommission«, in: *Frankfurter Allgemeine Zeitung* v. 15. 12. 2003.

24 Vgl. die ausführlichen Berichte und Analysen bei Esser, *Auf dem Wege zu einem europäischen Verfahrensrecht*, 2002.

Spricht Europa mit zwei Zungen?, ist daher schon vor über drei Jahren auf einem diesen Fragen gewidmeten Kolloquium gefragt worden.[25] Es ist hoffentlich noch nicht zu spät, daß wir den Versuch machen, diese sich immer weiter öffnende Schere zu schließen. Zu wünschen ist, daß dem vorgelegten alternativen Entwurf zu den strafrechtlichen Teilen des europäischen Verfassungsentwurfs die gleiche Aufmerksamkeit zuteil wird wie jenen strafrechtlichen Alternativentwürfen, deren Geschichte auf die späten sechziger Jahre des vergangenen Jahrhunderts verweist, als beherzte, liberale Professoren des Strafrechts unter anderem die überfällige Reform des Sexualstrafrechts einleiteten. Damals wurde ein Paradigmenwechsel bewirkt, den jetzt niemand mehr rückgängig machen möchte. Gegenwärtig aber gilt es – im Namen Europas –, einen Paradigmenwechsel zu verhindern, den spätere Generationen mit bitteren Anklagen quittieren könnten.

25 Vgl. den gleichnamigen Artikel von Thomas Weigend, *Strafverteidiger* (2001), S. 63 ff.

6.6 Verständigung im Strafverfahren. Das Modell und seine Implikationen

Das Thema ist schwieriger geworden. Man kann nicht mehr ohne weiteres nach »pro« und »contra« sortieren. Zu registrieren ist vielmehr, daß buchstäblich »durcheinander« geredet wird. Unterschiedliche Wahrnehmungen und Konzepte treten in wiederum unterschiedlichen Mischungen auf. Die *Wahrnehmungen* sind mehr, als es gewissermaßen der Aspektabhängigkeit jeder Erkenntnis geschuldet ist, von wertenden Vorurteilen geleitet, und offenbaren überdies ein unübersichtliches Informationsgefälle. Die *Konzepte* sind von Strategien durchwirkt, und das wiederum teils gezielt oder jedenfalls bewußt und teils ohne kritische Selbsteinsicht. Die Strategien sind rollenbezogen: In der Justiz gibt es den mehr oder weniger dringenden Wunsch nach Entlastung und Zeitersparnis und bei der Staatsanwaltschaft das Bedürfnis nach mehr Flexibilität. Bei den Verteidigern ist der Ausgangspunkt die Parteilichkeit für den Beschuldigten. Aber was in diesem Sinne mit Verständigung erreicht werden könnte, wird unterschiedlich beurteilt, und einige Verteidiger sehen immer nur, daß dabei Staatsanwaltschaft und Gericht sich durchsetzen, und sind deshalb gegen »Verständigung«, ohne sich freilich im Alltag daran halten zu können. Andere sehen es so, daß in vielen Fällen die Sache für den Beschuldigten dann doch günstiger ausgeht, als zunächst anzunehmen war, und bei einer dritten Gruppe gilt die Kritik einer offiziellen Anerkennung der Verständigung: der Verteidiger werde dann um den Erfolg gebracht, der in der Erreichung des Ungewöhnlichen, eigentlich nicht Vorgesehenen liegt. Diese Motivation wird freilich nicht offengelegt, sondern bewegt sich hinter dem Paravent einer ablehnenden Konzeption.

Alle ablehnenden Konzeptionen haben einen gemeinsamen Tenor: Verständigung darf es nicht geben, und es kann sie nicht einmal geben. Die Gemengelage differiert freilich, aber keineswegs rollenspezifisch; vielmehr treffen sich Richter und Verteidiger bei der Beurteilung der faktischen wie der normativen Frage. Auch dabei wirken sich Unterschiede in der Wahrnehmung ebenso aus wie die Unterschiede bei den sie steuernden Vorurteilen. Weil Strafjustiz objektives Bemühen um Gerechtigkeit ist, darf es keine Verständigung geben. Weil es keine Verständigung geben kann, muß das Bemühen um Gerechtigkeit objektiv sein. Je nachdem wie stark die jeweiligen Positionen sind, wird dann auch die gemeinsame Sprache abgelehnt; was einigen als Verständigung erscheinen will, ist für andere nichts anderes als ein »Deal«.

Die Perspektivendifferenzen beruhen aber nicht nur darauf, wie jeweils die aktuelle Situation eingeschätzt wird, sondern haben auch etwas zu tun mit teils kenntnisreichen, teils aber auch nur emphatischen Vorstellungen über eine »gute« Tradition des deutschen Strafprozesses. Je nachdem, wie man diese Tradition bedient, ist der Befürworter der Verständigung ein »Verräter« am Rechtsstaat oder auf der Seite des »Fortschritts«.

Jede Annäherung an das Problem scheint daher mit dem virtuellen Vorwurf behaftet, daß schon der zutreffende Ausgangspunkt verfehlt werde für eine rechtspolitisch-wissenschaftliche Erörterung. Bei dieser Sachlage muß ein relativ neutraler Ausgangspunkt gefunden werden. Das könnten gesetzliche Vorschriften sein. Da sie (noch) nicht existieren, muß man sich an Entwürfe halten. Justizministerium und Bundesrechtsanwaltskammer nähern sich jetzt in ernstgemeinten Papieren dem Phänomen der Verständigung. Beide Entwürfe gehen davon aus, daß es im Strafprozeß Verständigung *gibt.* Das wird im Entwurf des Bundesjustizministeriums einmal mittelbar – durch den Hinweis, daß § 136a StPO nicht verletzt werden dürfe – ausgesprochen,[1] zum anderen durch Bezugnahme auf den »allgemeinen Sprachgebrauch« deutlich gemacht: Dort sei »›Verständigung‹ [...] hinreichend präzise erfaßt, [...] sein wesentliches Merkmal ist der Begriff des Einvernehmens«.[2] Das ist natürlich ganz unzureichend, und die Bemerkung, der Begriff der Verständigung müsse »hier nicht neu definiert werden«,[3] macht das eher noch schlimmer. Das gilt auch für den Entwurf der Bundesrechtsanwaltskammer, der unbefangen davon spricht, das Konsensprinzip sei ein Prinzip mit einer spezifischen Legitimation »in Hinblick auf die anerkannten Zwecke des Strafverfahrens«, dazu seien »nicht zuletzt der Rechtsfrieden und die Gerechtigkeit« zu

1 Referentenentwurf eines Gesetzes zur Regelung der Verständigung im Strafverfahren vom 18. 5. 2006, S. 10.

2 Ebd., S. 22.

3 Ebd.

rechnen.[4] Zu registrieren ist aber jedenfalls, daß mit *Verständigung* ein, in welchem Maß auch immer, wechselseitig *freiwilliger* Vorgang bezeichnet ist. Dem widerspricht nicht die Feststellung, das Regelungskonzept gehe »in seinem Grundsatz davon aus, daß für die Verständigung im Strafverfahren keine neue – dem deutschen Strafprozess bislang unbekannte – Form einer konsensualen Verfahrenserledigung [...] wünschenswert ist«. Damit wird vielmehr zum Ausdruck gebracht, daß der Gesetzentwurf am Prinzip der Verpflichtung des Gerichts »zur Ermittlung der materiellen Wahrheit« festhalten möchte.[5]

Über die noch offenen Fragen könnte man freilich hinweggehen, wenn *Verständigung* in den Entwürfen nur heißen würde, der Gesetzgeber solle dafür sorgen, daß verläßlicher und berechenbarer als bisher über den Stand des Verfahrens Kommunikationen stattfinden, insbesondere über die Beweislage, aber auch über die rechtliche Beurteilung und die zu erwartende Strafe. Das soll im Regierungsentwurf in § 160a (für das Ermittlungsverfahren) und in § 202a (für das Zwischenverfahren) geregelt werden. Das Stichwort ist immer, daß die Erörterungen geeignet erscheinen müssen, »das Verfahren zu fördern«. Das gleiche sieht der Entwurf der Bundesrechtsanwaltskammer vor (§ 202 Abs. 2).[6] Auch für die Hauptverhandlung ist so etwas geplant: (§ 243 Abs. 4 des Referentenentwurfs),[7] § 212 des Entwurfs der Bundesrechtsanwaltskammer.[8]

Indessen soll es dabei ja nicht bleiben. Vielmehr werden in den Entwürfen Regelungen vorgeschlagen, die auf eine Verständigung nicht nur über den weiteren Fortgang, sondern auch über »das Ergebnis des Verfahrens« zielen: § 257c des Regierungsentwurfs[9] bzw. § 243a des Entwurfs der Bundesrechtsanwaltskammer.[10] Allerdings soll es nur um die Höhe der Strafe gehen (§ 257c Abs. 2, bzw. § 243a Abs. 1). So wenig das ist, so eindeutig ist doch, daß an die Stelle

4 Bundesrechtsanwaltskammer, Vorschlag einer gesetzlichen Regelung der Urteilsabsprachen im Strafverfahren, September 2005 (BRAK-Stellungnahme Nr. 25/2005), S. 3; siehe auch S. 4.

5 A. a. O., S. 12.

6 Ebd., S. 7.

7 Ebd.

8 Ebd, S. 5.

9 Ebd., S. 8.

10 Ebd., S. 6.

der richterlichen Entscheidung ein Verfahrensabschluß tritt, dem der Gedanke zugrunde liegt, »dass in einem gesetzlich eröffneten Rahmen Rechtsgestaltung durch den übereinstimmenden Willen der daran Beteiligten erfolgen kann«. Das ist die Formulierung im Entwurf der Bundesrechtsanwaltskammer[11] Man kann davon ausgehen, daß der Regierungsentwurf trotz seiner Vorbehalte mit Blick auf den herkömmlichen Strafprozeß das gleiche meint. Denn die semantischen Erläuterungen, die der Entwurf allgemein über das Wort *Verständigung* gibt, hätten im Kontext der Verständigung über ein »*Ergebnis*« sonst keinen Sinn.

Auf Weiteres kommt es noch nicht an, etwa darauf, daß die Schuldfrage und der Rechtsmittelverzicht[12] ausgeklammert sind, welche Rolle das Geständnis spielen soll usw. Jetzt ist nur festzuhalten, daß das Ziel des Gesetzgebers – vereinbarte Ergebnisse soll es zukünftig in einem Strafprozeß geben dürfen – ernst zu nehmen ist, gleichgültig wie viele Abstriche in bezug auf die Realisierung gemacht werden müssen.[13] Mit anderen Worten, das Denkmodell der »Verständigung« ist erst einmal »durchzuspielen«, seine Schlüssigkeit zu überprüfen. Das ist bisher nicht geschehen, weil gleichsam vorher abgewinkt wird: Von dem, was wirklich beim »deal« passiere, seien die Vorschläge in den Entwürfen weit entfernt. Verhält es sich wirklich so, ist das Unternehmen »Verständigung« im Strafprozeß schon im Ansatz verfehlt, konzeptionell unmöglich, dann braucht man sich um die strukturell nachfolgende Debatte darüber, wieviel Zwang und Opportunismus beteiligt sind, nicht

11 Ebd., S. 3.

12 Dazu jetzt: Christiane Schoop, *Der vereinbarte Rechtsmittelverzicht*, Baden-Baden 2006.

13 Die Einwände sind Legion, vgl. zuletzt Thomas Weigend, »Strafverteidigung im Zeitalter abgesprochener Urteile«, in: Thomas Weigend/Susanne Walther/Barbara Grunewald (Hg.), *Strafverteidigung vor neuen Herausforderungen. Denkanstöße aus sieben Rechtsordnungen*, Berlin 2008, S. 357 ff.; Rainer Hamm, »Soll der Gesetzgeber Informelles formalisieren?«, in: *Strafverteidiger-Forum* (2006), S. 89 ff.; Franz Salditt, »Kommunikation«, in: *Strafverteidiger* (2007), S. 275 f.; erschöpfende Übersicht: bei Karsten Altenhain/Ina Hagemeier/Michael Haimerl, »Die Vorschläge zur gesetzlichen Regelung der Urteilsabsprachen im Licht aktueller rechtstatsächlicher Erkenntnisse«, in: *Neue Zeitschrift für Strafrecht* (2007), S. 71 ff.; Peter Huttenlocher, *Dealen wird Gesetz – Die Urteilsabsprachen im Strafprozess und ihre Kodifizierung*, Hamburg 2007, S. 163 ff. (dort auch Auseinandersetzung mit weiteren Entwürfen).

mehr zu kümmern, dann behalten die Skeptiker recht und die Anhänger sind entlarvt. Aber sehen wir zu.

Sammelt man die Erfahrungen und Argumente, welche die Entwicklung angestoßen haben (Überlastung der Justiz, Notwendigkeit der Verfahrensbeschleunigung, Zunahme auslegungsbedürftiger, generalisierter Rechtsbegriffe, Neubestimmung des Verhältnisses von Staat und Bürger – vom Hoheitsstaat zum Konsensualstaat heißt ein relativ neues Buch[14] –, wachsende Zahl der Strafvorschriften, Vordringen des Strafrechts auf Gebiete, für die es bisher nicht zuständig schien), dann möchte man als erstes wissen, weshalb denn *Verständigung* – immer in dem jetzt (auf der Basis der Gesetzgebungsvorschläge) vorausgesetzten Sinne eines relevanten Minimums von Freiwilligkeit – soll Abhilfe schaffen können. Wäre nicht ein autoritäres »Durchentscheiden«, ein »kurzer Prozeß«, Beschneidung von Verfahrensrechten etc. wirksamer? Wer hier zögert, muß zugeben, daß die Verständigungsvariante offenbar vorzugswürdig ist. Die Einigungsfrage kann also gar nicht »rein« gestellt werden, oder etwas umständlicher ausgedrückt: Einigung wird nicht um jeden Preis favorisiert, sie muß sich messen lassen an konkurrierenden Rechtspositionen, deren Verletzung durch die Einsetzung der – für die Erreichung des ins Auge gefaßten Ziels – geeigneten Mittel zu besorgen wäre.

Viele Zielkonflikte werden von den Kritikern der Entwürfe vorgestellt, zum Beispiel: Mit der *Verständigung* komme ein pauschalisierender Zug in das Verfahren, der die streitbar zu behauptenden Rechte des Beschuldigten desavouiere. Beides, die obrigkeitliche Dezision *und* die Vernachlässigung von Beschuldigtenrechten, will man nicht; darauf kann sich die moderne Rechtswissenschaft schnell einigen, und die Frage bleibt, ob die Verständigung unter diesen Voraussetzungen befürwortet werden kann. Oder grundsätzlicher: Ist *Verständigung* überhaupt mit dem Prinzip der Feststellung der Wahrheit und der verfassungsgemäßen Anwendung des Strafrechts vereinbar? Sie könnte es sein, wenn Verständigung der bessere Weg zur Wahrheit und Gerechtigkeit ist. Das jedoch könnte ein Konzept sein, das von *den* Begriffen der Wahrheit und Gerechtigkeit, wie sie der StPO zugrunde liegen, erheblich ab-

14 Dieter Schmidtchen/Hans-Jörg Schmidt-Trenz (Hg.), *Vom Hoheitsstaat zum Konsensualstaat*, Baden-Baden 1999.

weicht. Für ein solches Konzept müßte man Gründe haben, und hier gelangen wir an den Kern des Problems.

In der Konsensformel des Entwurfs der Bundesrechtsanwaltskammer kommen jene anderen Begriffe von Wahrheit und Gerechtigkeit vielleicht schon zum Vorschein. Erfordern sie eine andere Strafprozeßordnung, vielleicht sogar ein anderes Staatsverständnis und sind daher a limine abzuweisen? Die Frage ist akademisch; der Gedanke, man könne die ganze Absprachenpraxis einfach verbieten, wird als Alternative zu den gegenwärtigen Entwürfen zwar gestreift, dann aber – unter stillschweigender Akzeptanz der Praxis – um so entschiedener zurückgewiesen.[15]

Der entscheidende Schritt ist also bereits gemacht. Wer dagegen protestiert, müßte den an der *Verständigung* beteiligten Richtern und Staatsanwälten, wenn ein entsprechender »Deliktserfolg« eintritt, Rechtsbeugung vorwerfen – objektiv und wahrscheinlich bei der insoweit dann klaren Rechtslage auch subjektiv. Daß vieles an den längst in Gang gekommenen Verständigungsprozessen rechtswidrig ist, daß Fälle von Nötigung, vielleicht auch Parteiverrat, Verstöße gegen § 136a StPO und ähnliches mehr vorkommen, steht auf einem anderen Blatt, wäre – gegebenenfalls – gesondert zu behandeln und unter dem Gesichtspunkt zu prüfen, ob derartige Vorgänge, weil sie im Rahmen der Verständigungsprozesse möglich sind, das ganze Konzept verderben.

Aber ehe man das tut, müssen die Gewißheitsverluste[16] aufgespürt werden, welche die Voraussetzung dafür sind, daß man es überhaupt wagt, die Position, Wahrheit könne feststellbar sein und Gerechtigkeit objektiv gefunden werden, aufzugeben. Diese Gewißheitsverluste markieren auch die Grenzen der Verständigung: wo die Prozeßbeteiligten sich absolut sicher fühlen (»Schmerzgrenze«), gibt es keine Zugeständnisse, es sei denn unter Zwang oder aus Opportunismus, und diese Fälle interessieren hier nicht.

Auf allen Stufen seiner Verwirklichung zeigen sich die Gewißheitsverluste im Strafrecht. Am augenfälligsten ist die mangelnde Bestimmbarkeit des Verhältnisses von Verbrechen und Strafe.[17] Der

15 Regierungsentwurf, S. 12.

16 Dieser Begriff geht zurück auf das Buch von Götz Haverkate, *Gewißheitsverluste im juristischen Denken*, Berlin 1977.

17 Treffend schon die einschlägigen Bemerkungen von Joseph Heimberger in seiner Arbeit *Begriff der Gerechtigkeit im Strafrecht*, Leipzig 1903, S. 12 ff.; dazu Klaus

Gipfel des Unbegreiflichen ist die Konkurrenzlehre – verzweifelt die Versuche in unseren Tagen, aus fünfmal »lebenslänglich« Bedenken gegen die Begnadigung nach über 20 Jahren Haft abzuleiten (es handelt sich um die letzten noch einsitzenden RAF-Mitglieder). Selbst wenn man die Fixierung der Ausgangsbasis dafür, was eine Tat wert ist, als irrational denunziert und dann sagt, in Relation dazu könne man rational gewichten, ist das Augenwischerei. Wenn nicht geklärt werden kann, weshalb ein mittelschwerer Einbruch vier Jahre Freiheitsstrafe fordert und man das als eine nicht hintergehbare Entscheidung akzeptiert, ist die »Ableitung«, ein weniger schwerer Einbruch sei dann zwei Jahre wert oder ein Jahr oder drei Jahre, fiktiv. Noch absurder wird es, wenn ein Diebstahl, bei dem die Beute gering ist, eine relativ niedrige Strafe nach sich zieht, bei – vielleicht durch Untreue bewirkten – Schäden, die in die Millionen gehen, indessen auf entsprechende Steigerungen verzichtet, sondern irgend etwas in der Mitte ausgesucht wird.

Solange noch metaphysische Strafgründe mobilisierbar waren,[18] konnte man das Problem kaschieren. Jetzt geht das nicht mehr. Die Versuche, eine Art weltlichen Proportionalitätsdenkens im Strafrecht zu etablieren, haben keine brauchbaren Begründungen hervorgebracht; insbesondere ist der Hinweis auf die spiegelbildlichen Proportionalitäten bei den Verdiensten nicht hilfreich, denn die Berechnung von Verdiensten ist genauso irrational. Man hat nur nicht eine so dringende Veranlassung, darüber tiefsinnig zu werden, weil die Folgen »falscher« Berechnung mit den Folgen, die durch eine Bestrafung ausgelöst werden, nicht verglichen werden können. Wer das nicht mit dieser Entschiedenheit konstatieren, sondern vielleicht doch in bezug auf gewisse Ober- und Untergrenzen eine Art von jeder Disposition entzogenen Evidenz behaupten möchte, muß jedenfalls für das, was dazwischenliegt, die Ungewißheit akzeptieren.

Da sich die herrschende Meinung wohl zunächst eher darauf einpendeln wird, die Verständigung auf die Strafzumessung[19] zu

Lüderssen, »Joseph Heimberger (1865-1933)«, in: Bernhard Diestelkamp/Michael Stolleis (Hg.), *Juristen an der Universität Frankfurt am Main*, Baden-Baden 1989, S. 31 ff.

18 Illusionslose Verabschiedung der dafür mobilisierten Grundlagen bei Günter Stratenwerth, *Freiheit und Gleichheit. Ein Kapitel Rechtsphilosophie*, Bern 2007, S. 1 ff.

19 Aus der neuesten Literatur: Franz Streng, »Verfahrensabsprachen und Strafzumessung«, in: *Festschrift für Hans-Dieter Schwind*, Heidelberg 2007, S. 447 ff.

beschränken, muß schon an dieser Stelle weiter gefragt werden, welche Art von Konsens*wirkung* dabei gemeint ist. Daß die Verständigung – wenigstens unter »idealen« Sprechbedingungen, nach den diskursethischen Grundsätzen, die wir vor allem der Habermasschen Philosophie verdanken[20] – am Ende einer objektiven Vernunft auf die Spur kommt, die eben nur durch raffinierte, höchst feingesponnene Kommunikationen entdeckt werden kann, wird bei der Strafzumessung sicher nicht das Muster sein können für den Konsens. Erst recht wird das nicht möglich sein, sobald man einsieht, daß selbst der akzeptable Konsens im Strafprozeß – so wie im übrigen Leben ja auch trotz bedrücklicher Einflüsse doch Entscheidungen zustande kommen, die man noch relativ frei nennen kann – nur von mittlerer Art und Güte sein muß.[21] Eine verborgene Weisheit der richtigen Strafzumessung kann es überhaupt nicht geben.

Das heißt, das Modell der Erzielung eines zufriedenstellenden Ergebnisses via Konsens kann hier allenfalls sein, daß man Wahrheit und Richtigkeit als Ergebnis eines Prozesses begreift, weil sie gewissermaßen hergestellt werden, dann aber, vom Konsens abgehoben, existieren. Auch das ist für die Strafzumessung eigentlich nicht zu hoffen. Wiederum würde ja vorausgesetzt, daß eine objektiv richtige Strafzumessung, wenn sie auch nur durch eine bestimmte Prozedur erreicht werden kann, denkbar ist.

Die Frage, welchen Kriterien eigentlich die prozessuale Wahrheit oder Richtigkeit genügen muß, hat bisher niemand geklärt. Vielmehr wird aus dem Charakter und der Gelungenheit des Verfahrens der Schluß gezogen, das Ergebnis sei richtig. Aber dieser Schluß kann keine Logik für sich beanspruchen, die Logik des konsensgenerierten Ergebnisses gibt es (noch) nicht. Vielmehr akzeptiert man einfach die Einigung als etwas Positives, an dessen Relevanz man glaubt, als Konsequenz aus der wissenschaftstheoretischen Resignation gewissermaßen. Seine Grundlage ist ein optimistisches Menschenbild. Die Menschen entscheiden selbst,

20 Zum Stand der Übertragungsmöglichkeiten in das Recht: Matthias Jahn, »Zurück in die Zukunft – Die Diskurstheorie des Rechts als Paradigma des neuen konsensualen Strafverfahrens«, in: *Goltdammer's Archiv für Strafrecht* (2004), S. 272 ff.; kritisch: Armin Engländer, *Diskurs als Rechtsquelle*, Tübingen 2002, S. 41 ff. (zu den Grundlagen); S. 88 ff. (zur Übertragung in das Rechtsleben).

21 Das ist immer wieder verkannt worden, zuletzt von Salditt, a. a. O.

und da sie als Einzelwesen nicht existieren können, müssen sie sich einigen. Die Annahme, daß – bei guten Ausgangsbedingungen – nur Vernünftiges von ihnen zu erwarten sei, ist ebenso schwer begründbar wie die Annahme, es gebe das Böse. Weil das so ist, muß man noch einen Schritt weiter gehen und – um ganz sicher zu sein, nicht doch externe, das heißt vom Menschen abgesonderte Wahrheiten oder Richtigkeiten zu vermuten – die Einigung als solche genügen lassen. Vertreter einer radikalen prozeduralen Wahrheits- und Richtigkeitstheorie mögen das vielleicht so quittieren. Aber das wäre eigentlich nur eine verbale Anstrengung, denn genauer befragt, würden sie wohl, um sich von der »Verbrecherbande« (im Sinne des Kelsenschen Grenzbegriffs), die »einig ist«, abzusetzen, zwar vielleicht sagen, daß in der Verbrecherbande eben die »richtigen« Verfahren fehlen. Mit der Frage nach den Kriterien dafür wäre dann aber die Grenze der Konstruktion erreicht – es sei denn, auch insoweit käme es auf Einigung an; dann aber wäre ein unendlicher Regreß programmiert. Muß man dieser Konsequenz ins Auge sehen?

Wann sind die Verfahren richtig? Wenn sie überzeugende Ergebnisse bringen? Das wäre ein Zirkelschluß. Kann man Richtigkeitskriterien der Verfahren entwickeln unabhängig vom Ergebnis, einfach sagen, wenn die und die Bedingungen einer Kommunikation erfüllt sind, dann muß man ihr folgen, gleichviel, was dabei herausschaut? Man kann das Problem mit einem Beispiel aus der allgemeinen Verbrechenslehre verdeutlichen: Wir stoßen bei den Vertretern einer Lehre des Verbrechens als Pflichtverletzung auf die Behauptung: Uns geht es nur um die Pflichten. Mit der Folge beispielsweise, daß bei Umweltkonflikten ein Pflichtenkatalog abgearbeitet wird. Wenn diese Pflichten nicht eingehalten worden sind, kann es zur Bestrafung kommen, gleichviel, ob etwas passiert ist oder nicht. Aber das ist nur theoretisch. Denn selbstverständlich sind Pflichten auf Handlungen bezogen, von denen man sich gute Erfolge verspricht. Das heißt: Die Konsenslösung, die abstrakt nur darauf abstellt, daß eine Einigung stattgefunden hat und daß man in dieser Einigung das Richtige sieht, gibt es nicht. Was es gibt, ist eine – unter Wertgesichtspunkten stattfindende – *Abstraktion* von den hinter der Einigung verborgenen Zwecksetzungen, eliminieren kann man sie nicht.

Das würde auch praktisch zu ganz absurden Situationen führen.

Wer, von einem Verständigungskonzept erfüllt, das nur die Verständigung und nichts als die Verständigung gelten lassen will, in die Kommunikationen hineingeht, dürfte gar nichts anderes wollen als Verständigung, das heißt, er müßte gewissermaßen abwarten, was die anderen sagen, um dann selbst darauf einzugehen, oder umgekehrt irgend etwas vorschlagen, um dann zu sehen, ob die anderen mitmachen, etc. Ein solches Theater kann nicht gemeint sein mit der Verständigung im Strafprozeß. Vielmehr ist es so, daß man im Konsensbetrieb inhaltliche, den Konsens als solchen nicht betreffende Vorstellungen entwickelt und zur Diskussion stellt, dabei natürlich auch in der Sache argumentiert, also etwa, um zur Strafzumessung zurückzukehren, die Strafzwecke ins Spiel bringt, die Wiedergutmachungsleistung des Beschuldigten, sein Geständnis etc. Ist man präventiv orientiert, geht es – scheidet man den Strafzweck der bloßen Sicherung als verfassungswidrig aus – nur darum, mit der Strafzumessung das Optimum zu erreichen für Resozialisierung. Wer meint, daß Resozialisierung im Gefängnis gar nicht oder jedenfalls unter den obwaltenden Umständen nicht stattfinden kann, wird Alternativen vorschlagen. Den Einfällen ist keine Grenze gesetzt.

Was nicht passieren darf, ist ihre Durchsetzung gegen den Willen derer, von denen man sagen möchte, daß sie mitsprechen sollten. Der Respekt vor dem Einigungspotential ist also nicht in dem Sinne absolut, daß es die *Produktion*, wohl aber in dem Sinne, daß es die *Realisierung* von Ideen steuert. Die Konsenstheorien im Recht sind also in letzter Konsequenz nicht von Erkenntnistheorien, sondern von Entscheidungstheorien abhängig. Die Ebene der Wissenschaftstheorie ist damit freilich zugunsten der Politik verlassen; und das ist für moderne Zeiten: die Demokratie. Wer sich das klarmacht, gewinnt auch sogleich ein Argument für die Relativierung der Bedingungen einer relevanten Einigung. Für philosophischen Ansprüchen genügende Wahrheits- und Richtigkeitsdiskurse mag die ideale Sprechsituation und deren Vollzug zu fordern sein. Für eine demokratische Entscheidung genügen mittlere Werte.

Damit sind wir bei der Frage nach der Bedeutung von Verständigungsprozessen für die Strafzumessung auf eine Ebene gelangt, die im Rahmen der Aktivität der Dritten Gewalt, der Justiz, eigentlich nicht betreten wird. Über die Grenzen der Gewaltenteilung muß hier nicht viel gesagt werden. Die Regierung in einer parlamentarischen Demokratie ist ein Anwendungsfall. Die Justiz bleibt ausgenommen; obwohl auch sie von dem Satz erfaßt ist, daß alle Staatsgewalt vom Volke ausgeht. Freilich gibt es die Entscheidungen der Richterwahlausschüsse, undurchsichtige Verfahren, an deren Ende nun aber keineswegs die *parlamentarische* Abhängigkeit der Justiz steht, sondern ihre *exekutivische* Lenkung (Ernennungen, Beförderungen etc. kommen durch das Justizministerium, eine Regierungsinstitution).[22] Vielleicht belebt diese halbherzige Demokratisierung des Richterberufs die Phantasie, wenigstens den richterlichen *Entscheidungen* – über die Verständigungen – einen Weg in die Demokratisierung zu öffnen. Das wäre dann immerhin eine Demokratie *innerhalb* einer Gewalt unter Beteiligung einiger weiterer Personen, die zwar nicht zu dieser Gewalt gehören (also des Beschuldigten und – wenn er nicht auch Organ der Rechtspflege ist[23] – des Verteidigers), aber dem Gegenstand des Verfahrens um so näher sind.[24]

Die Annahme, daß die Demokratie sich nach Abschluß der Gesetzgebung in den einzelnen Staatsorganen nicht fortsetze, wäre sicher falsch, Demokratisierung im inneren Betrieb der Exekutive ist längst ein Thema. Demokratisierung innerhalb des Betriebs der Justiz wohl offenbar nicht, aber das ist auch eine Frage der Selbsteinsicht und Offenlegung aller Einflüsse. Wissenschaftler etwa prägen, ohne irgendeine Legitimation als die der Forschungsfreiheit, manche Entwicklung in der Rechtspraxis. Als Habermas bei der Abfassung seines Buches über *Faktizität und Geltung* das entdeckte, war er einigermaßen entsetzt, bekam aber auf seine Rückfrage keine ihn befriedigende Antwort, weil in der Zunft niemand Anstoß nimmt.

22 Siehe dazu: Lüderssen, »Strafjustiz zwischen Gesellschaft und Staat«, in: Günter Bemmann/Ioannis Manoledakis (Hg.), *Der Richter in Strafsachen*, Baden-Baden 1992, S. 9 ff., 15 ff.

23 Zu dem Streit über diesen Begriff gründlich Salditt, »Zur Stellung des Strafverteidigers«, in: Gunter Widmaier (Hg.), *Münchener Anwaltshandbuch Strafverteidigung*, München 2006, S. 1 ff. (2-11).

24 Das begründet den Unterschied zu den Laienrichtern. Deren pseudo-demokratische Funktion beurteilt zu Recht kritisch: Gunnar Duttge, »Laienrichter in der Strafgerichtsbarkeit – Anspruch und Wirklichkeit«, in: *Juristische Rundschau* (2006), S. 358 ff. (361); so auch: Tatjana Hörnle, »Democratic Accountability and Lay Participation in Criminal Trials«, in: Anthony Duff u. a. (Hg.), *The Trial on Trial*, Vol. 2, S. 135 ff.

Wenn er sich überlege, ob er lieber einen rechtsstaatlichen oder einen demokratischen Strafprozeß haben möchte, meint ein befreundeter Kollege, sei er eigentlich für den rechtsstaatlichen Strafprozeß. Aber haben wir es hier denn mit einem Antagonismus zu tun?[25] Demokratie und Rechtsstaat, in den späten Jahrzehnten des 19. Jahrhunderts immer noch als Dichotomie empfunden, werden seit Beginn des 20. Jahrhunderts in der Staatsrechtslehre als zu erstrebende Einheit diskutiert. Die NS-Zeit unterbricht diesen Prozeß, wirft ihn zurück, so daß die Debatte in den fünfziger Jahren erst langsam wieder auflebt und noch nicht abgeschlossen ist. Aber so weit sind wir wohl doch schon, daß Demokratie nicht nur institutionell kanalisiert erscheint, sondern gleichsam als ein gesellschaftliches Lebensprinzip anerkannt ist – man denke an die innerparteiliche Demokratie, (ein Verfassungsgrundsatz inzwischen) oder an die Demokratieprobleme, die sich an die Funktionen von Verbänden knüpfen. Mit der Abweisung der Verständigungsprozesse würde sich die Strafjustiz also am Ende in eine merkwürdig anachronistische Ecke manövrieren. Hat das Strafrecht wirklich diese abgesonderte Funktion – wie manchmal zu hören ist – der »Normenverdeutlichung« – gegen alle anderen Systeme in einer Gesellschaft, etwa das System der auf Kosten/Nutzen-Kalkulation eingestellten Wirtschaft? Aber wenn man das akzeptieren würde, verschiebt sich die Frage doch nur: Woher soll die Sicherheit kommen bei der Normenverdeutlichung? Die Relativierungen, die alle anderen gesellschaftlichen Systeme ständig bei der Abwägung der Interessen hinzunehmen haben, können doch nicht so ohne weiteres vom Strafrecht, indem es sich als eine Art gralshaft gehüteter heiliger Hort geriert, vornehm verweigert werden? Keineswegs ist beim Abschied vom absoluten Strafrecht – eingeleitet durch die Paradigmenwechsel von der Repression zur Prävention (salonfähig gemacht durch die Verbindung von Prävention und Schuld) und von der Feststellbarkeit und Erkennbarkeit des Wahren und Richtigen zur Zuschreibung – zu befürchten, daß es seinen Charakter als ultima ratio, akzessorischer und subsidiärer Materie, verliert. Alle bisher die Sorgfalt bei der Restriktion des Strafrechts favorisierenden Bemühungen behalten ihr Recht. Es handelt sich nur darum,

25 Erhellend: Jürgen Habermas, »Über den internen Zusammenhang von Rechtsstaat und Demokratie«, in: ders., *Die Einbeziehung des Anderen*, Frankfurt/M. 1996, S. 193 ff.

für die Strafjustiz den Demokratisierungsprozeß einzuleiten,[26] an dem die übrigen Teile der Rechtsordnung längst arbeiten.

So viel Aufwand für die Probleme der Justiz mit der Strafzumessung? Immerhin entscheidet vor allem sie schließlich darüber, was mit dem Beschuldigten effektiv passiert. Der Aufwand kann also eigentlich gar nicht groß genug sein. Indessen induzieren die Breite und die Intensität der Desillusionierung von Gewißheitsstrukturen nun doch die Frage, ob damit im Rahmen der Strafjustiz wirklich nur die Problematik der Strafzumessung erfaßt wird und nicht auch die Schuldfrage, hier im prozessualen Sinne verstanden (als Inbegriff der Voraussetzungen einer tatbestandsmäßigen, rechtswidrigen und schuldhaften Tat). In dem bisher am weitesten gehenden Entwurf, den Holger Matt und Joachim Vogel vorgelegt haben,[27] darf nach § 412c Abs. 3 eine Urteilsabsprache auch »die der Verurteilung zugrunde zu legenden Tatsachen und ihre rechtliche Würdigung« erfassen.[28] Allerdings ist in § 412c Abs. 4 Ziff. 1 die Klausel enthalten, daß »Absprachen über [...] einen Schuldspruch entgegen der eindeutigen Sach- und Rechtslage« unzulässig sind.[29] Doch da liegt ein Umkehrschluß nahe: Ist die Sach- und Rechtslage nicht eindeutig, so dürfte eine Absprache über einen Schuldspruch zulässig sein. In der Erläuterung wird darüber hinaus gesagt, daß »ein ›fact‹ und ›charge‹ bargaining« schon nach geltendem Recht zulässig ist, wenn die »Tatsachen- oder Rechtslage offen ist [...]«. »Offen« dürfte wohl synonym sein mit »nicht eindeutig«. Alles hängt also davon ab, wann es an der Eindeutigkeit fehlt.

Hier gibt es nun massenhaft Beispiele, jedenfalls zu Beginn der Hauptverhandlung, wenn die Beweisaufnahme noch läuft. Die Rechtsfragen darf das Gericht freilich unter Schlüssigkeitspunkten nicht mehr für offen halten, sonst hätte es das Verfahren nicht eröffnen dürfen. Wenn in dem Entwurf Sach- und Rechtslage in

26 Interessant, aber letztlich indistinkt dazu: Heike Jung, *Richterbilder. Ein interkultureller Vergleich*, Baden-Baden/Basel 2006, S. 27 ff. Zögernd auch Friedrich Kübler, »Demokratische Justiz?«, in: *Festschrift für Dieter Simon*, Frankfurt/M. 2005, S. 349 ff.

27 Holger Matt/Joachim Vogel, »Urteilsabsprachen im Strafverfahren: Ein Alternativvorschlag einer gesetzlichen Regelung«, in: Werner Beulke/Eckhart E. Müller (Hg.), *Festschrift zu Ehren des Strafrechtsausschusses der Bundesrechtsanwaltskammer*, Neuwied 2006, S. 391 ff.

28 Ebd., S. 402.

29 Ebd., S. 403.

einem Atem genannt werden, so verwischt dies die Ausgangslage bei der Eröffnung des Hauptverfahrens. Daß es viele Gründe dafür gibt, eine Beweisaufnahme nicht zu Ende zu bringen und sich auf Fakten zu einigen, weiß man. Aber daß in jeder Lage des Verfahrens für Staatsanwaltschaft und Gericht auch die rechtliche Schlüssigkeit der Anklage zur Diskussion stehen kann, ist eine überraschende Position.

Nicht nur Generalklauseln und die Probleme ihrer Konkretisierung erinnern an eine lange Tradition von Unsicherheit. Die Dogmatik des unbestimmten Rechtsbegriffs in ihrem Übergang zum Ermessen – öffentlich-rechtlich eine scharfe Trennungslinie – überschreitet die Grenze der sprachlichen, historisch-subjektiven und teleologischen Gesetzesauslegung, und wenn jetzt die unter diesen Begriffen larvierte freie Handhabung offen in das Betätigungsfeld der *Verständigung* überführt wird, so ist das nur eine Klarstellung. Gerade im Wirtschaftsstrafrecht, das gegenwärtig ja vor allem im Wege der Verständigung in den Strafprozessen verhandelt wird, gibt es die unbestimmtesten Rechtsbegriffe, und für sich genommen ist das ja auch bereits der Gegenstand gehäufter Klage. Das beginnt bei sprachlich unklaren oder weitläufigen Formulierungen wie etwa der Unlauterkeit in § 299 StGB (früher § 12 UWG) oder dem Insider-Verhalten gemäß § 38 Abs. 2 Wertpapierhandelsgesetz, ergreift dann aber auch die im Rahmen der teleologischen Gesetzesauslegung bemühten kollektiven Rechtsgüter[30] (wie etwa den freien Wettbewerb[31] und die Beschreibung der deliktischen Angriffswege[32]).

Zu den Rechtsfragen gehören auch die Subsumtionsvorgänge. Wer einen Sachverhalt unter den Begriff der Kausalität subsumiert, weiß, daß er Zuschreibungen vornimmt, und beim Vorsatz ist es nicht viel anders: Daß der Beschuldigte über bestimmte Abläufe Bescheid gewußt hat, wird als psychisches Faktum nicht festgestellt, sondern wertend vorausgesetzt.[33] Überall dort, wo ein Merk-

30 Überblick bei: Roland Hefendehl, *Kollektive Rechtsgüter im Strafrecht*, Köln 2002.

31 Lüderssen, *Entkriminalisierung des Wirtschaftsrechts*, Baden-Baden 1998, S. 195 ff., m. w. N.

32 Zu dieser Kategorie genauer: Gregor Staechelin, *Strafgesetzgebung im Verfassungsstaat*, Berlin 1998, S. 90 ff.

33 Darüber vor allem die verdienstliche Untersuchung von Klaus Volk, »Begriff und Beweis subjektiver Merkmale«, in: *50 Jahre Bundesgerichtshof. Festgabe aus*

mal zugleich auf Faktisches verweist und eine Norm konkretisiert (das ist bei Kausalität und Vorsatz der Fall, aber auch etwa bei Gewalt), geschieht das. Der Verhandlungsspielraum wird dann noch einmal dort erweitert, wo die schwere Beweisbarkeit einer Tatsache dazu führt, auf das normative Merkmal, das den Nachweis dieser Tatsache voraussetzt, zu verzichten[34] oder es entsprechend restriktiv zu interpretieren. Diese gesetzgeberischen oder interpretatorischen Rückzüge führen dazu, daß die Zahl der unbestimmten oder schwer bestimmbaren Merkmale zunimmt. Im Wirtschaftsstrafrecht erreicht diese Tendenz insofern einen besonderen Höhepunkt, als unbestimmte Begriffe aus nicht strafrechtlichen Bereichen, wo die Bestimmtheit nicht diesen besonderen Rang hat, unbesehen durch Verweisungen ins Strafrecht übernommen werden.[35]

Die nicht eindeutige Rechtslage ist, um den Matt/Vogelschen Begriff wiederaufzunehmen, ein alltäglich in vielen Farben schillerndes Erlebnis. Deshalb ist schwer begreiflich, wie man mit dem Begriff der Eindeutigkeit glaubt, die Fälle zulässiger und unzulässiger Absprachen über den Schuldspruch unterscheiden zu können. Bei allem Respekt vor dem Gesetzentwurf dieser Autoren, der ehrlicher ist als alle anderen – seine Versuche, das Gebiet der Absprachen einzuschränken, sind mit den gleichen Unsicherheiten belastet wie die anderen Gesetzesentwürfe. Sie kommen über gewissermaßen verfahrensmoralische Beschwörungen nicht hinaus. Ein Beispiel dafür ist die Formulierung in der Begründung des Regierungsentwurfs, daß »weiterhin ein Strafverfahren sichergestellt« werden müsse, »das dem fundamentalen und auch verfassungsrechtlichen Grundsatz der Wahrheitsermittlung und der Findung einer gerechten Strafe verpflichtet ist«.[36] Ähnlich der Entwurf der Bundesrechtsanwaltkammer, wo es heißt, daß eine inhaltliche Grenze für das Konsensprinzip »in der Gewährleistung der allgemeinen Strafgerechtigkeit« bestehe. »Die Urteilsabsprache muss ei-

der Wissenschaft, München 2000, S. 739 ff.; s. ferner: Lüderssen, in diesem Band, S. 349 ff.

34 Vgl. Lüderssen/Matthias Jahn, »Zur Methode der Rechtsanwendung im Strafverfahren«, in: Ewald Löwe/Werner Rosenberg/Hanns Dünnebier/Walter Gollwitzer, *Die Strafprozessordnung und das Gerichtsverfassungsgesetz, Großkommentar*, Erster Band, Einleitung, Abschnitt M, Berlin [26]2006, Rn. 18 mit Literaturnachweisen.

35 Hierüber hat Hamm besonders oft und eindrücklich Klage geführt.

36 A. a. O., S. 12.

nen unter Berücksichtigung der Sach-, Rechts- und Verfahrenslage gerechten Schuld- und Rechtsfolgenausspruch sicherstellen.«[37]

Das Bedürfnis nach solchen clausulae salvatoriae ist unabweisbar, aber sie laufen auf petitiones principii hinaus, weil das, was sie voraussetzen – Gerechtigkeit, Schuldangemessenheit und dergleichen mehr – als fest abrufbare Ergebnisse durch die prinzipielle Zulässigkeit der Verständigung gerade in Frage gestellt ist.

Der Gedanke, hier zeige sich wieder einmal, daß die Rechtsgesellschaft von Paradoxien lebe, indem Inkonsistenzen bewußt in Kauf genommen werden, kommt vielleicht zu früh. Das Ensemble der Gesichtspunkte, die eine Entscheidung tragen, ist ja auch mit der Schuldfrage noch nicht erschöpft. Vielmehr müssen zu den Kommunikationen, die mit Blick auf die Schuldfrage stattfinden, auch noch diejenigen treten, die durch Prinzipien wie Unschuldsvermutung, Nichteinlassungszwang, in dubio pro reo, faires Verfahren bezeichnet sind.

Für sie gelten ebenfalls Beurteilungsspielräume, so daß sich die Debatte über die Relevanz des Konsenses jetzt nur fortsetzt und erweitert. Strukturell gibt es eben keine Grenze. Dort, wo man der festen Meinung ist, es sei kein Verhandlungsspielraum vorhanden, besteht einfach nur Evidenz in dem Sinne, daß die Einigung aller Beteiligten antizipiert werden kann. Diese Präklusion arbeitet im Grunde mit der unwiderleglichen Vermutung, daß eine von dem unterstellten Ergebnis abweichende Einigung unter keinen Umständen erzielt werden kann, etwa – um ein besonders krasses Beispiel herauszugreifen – wenn behauptet wird, daß langsames Ersticken kein Mord sei oder daß der Beschuldigte, damit er den Fundort des von ihm entführten Kindes, genauer seiner Leiche, preisgibt, gefoltert werden dürfe. Denn im ersten Fall ist jedenfalls die Zustimmung von Gericht und Staatsanwaltschaft ausgeschloßen, im zweiten jedenfalls die der Verteidigung. Wenn jenseits davon dann doch noch »gestritten« wird, so ist das – in dem Maße, wie die Vorschriften der Strafprozeßordnung das erlauben – immer noch ein weites Feld. Für diese Fälle darf der Strafprozeß natürlich Kampf sein, dies sei zur Beruhigung des Jubilars[38] gesagt.

Im einzelnen kann man hier der Rechtsprechung des Bundesge-

37 Ebd., S. 5.

38 Mit Blick auf seinen Aufsatz: Rainer Hamm, »Ist Strafverteidigung noch Kampf?«, in: *Neue Juristische Wochenschrift* (2006), S. 2084 ff.

richtshofs und auch des Bundesverfassungsgerichts durchaus Anregungen entnehmen[39] – mit der großen Ausnahme, daß die Schuldfrage eben nicht prinzipiell ausgeklammert werden sollte.

Schon diese erhebliche Erweiterung des Einzugsbereichs für Verständigungen legt es nahe, an den Gesetzgeber zu appellieren. Die Strafprozeßordnung sieht die Erledigung eines Strafverfahrens durch Verständigung nicht vor. Der Versuch Matthias Jahns, deren Integration in das geltende Recht durch den Hinweis möglich zu machen, daß die Kognitionspflicht des § 244 Abs. 2 StPO nur den Tatsachen gelte, die für das Verfahren von Bedeutung seien und das Gericht damit über einen Spielraum für Verständigungen verfüge,[40] überzeugt nicht. Man muß § 244 Abs. 2 in Verbindung mit Abs. 4 lesen, wo es auf die Erheblichkeit einer Tatsache ankommt. Die Semantik des Merkmals »erheblich« mag zwar auch Verständigungen zulassen; diese beziehen sich aber auf ein anderes, begrenztes Ziel, nämlich die Schlüssigkeit einer Beweisbehauptung.

Die Lösungen, die bisher vorgeschlagen wurden, gehen alle davon aus, daß am Ende das Gericht entscheidet, das formell der »Herr der Verständigung« ist, ungeachtet der materiell vielleicht manchmal an den Rand gedrückten Rolle, die es dabei noch einnimmt. Das kann mit dem, was hier über die Relevanz von Verständigung gesagt worden ist, nicht in Einklang gebracht werden. Die Verständigung muß unter den Bedingungen der Waffengleichheit zustande kommen; dieses Minimum ist bei allen Abstrichen, die man von den moralphilosophischen Forderungen an eine ideale Sprechsituation als Voraussetzung für die Gültigkeit von Konsensen machen muß, unverzichtbar.

Wenn das richtig ist, dann erheben sich große Zweifel, ob das

39 Überblick bei Alexander Ignor/Holger Matt/Hans-Joachim Wieder, »Verständigung im Strafverfahren«, in: Widmaier, a. a. O., S. 619 ff., 645 ff., siehe ferner: Wieder, *Vom Dealen mit Drogen und Gerechtigkeit*, Mönchengladbach 2000, S. 123.

40 Matthias Jahn, »Die Konsensmaxime in der Hauptverhandlung. Zur Rekonstruktion des Amtsermittlungsgrundsatzes in § 244 Abs. 2 StPO unter Berücksichtigung der aktuellen Gesetzesentwürfe zur Verständigung im Strafverfahren«, *ZStW* 118 (2006), S. 427 ff.; kritisch dazu: Weigend, »Strafverteidigung im Zeitalter abgesprochener Urteile«, in: Claus Kreß u. a. (Hg.), *Strafverteidiger vor neuen Herausforderungen, Kölner kriminalistische Schriften* 50, Berlin, 2008, S. 365 f.; Edda Weßlau, »Konsensprinzip als Leitidee des Strafverfahrens«, in: *Strafverteidigerforum* (2007), S. 1 ff. (4 f.).

geltende Strafprozeßrecht eine Verständigungslösung überhaupt aufnehmen kann, ob nicht vielmehr eine weiter gehende Reform erforderlich wäre. Man sieht das leicht, wenn man sich vergegenwärtigt, welche Rolle die Verständigung in Prozeßrechtssystemen spielt, die vom Prinzip des Parteiprozesses beherrscht sind – unter der Devise eines prozeduralen Wahrheits- und Richtigkeitsbegriffs: Wahrheit und Richtigkeit werden hergestellt, nicht gefunden.[41] Sowenig man sich verhehlen darf, daß dabei latent doch ein objektiver Wahrheits- und Richtigkeitsbegriff im Spiel ist – die Verfahren, die dem Konsens Anerkennung verschaffen, sind eindrucksvoll. Das amerikanische Strafverfahren ist nicht mit der Hypothek der Überwindung des Inquisitionsprozesses belastet; denn den hat es in Amerika nie gegeben.[42] Die dort aus Europa – vor Tyrannei und Armut flüchtend – anlangenden Einwanderer hatten alles andere im Sinn als einen autoritären Staat. Das Government, das sich dann doch etablierte, ändert nichts am Primat der Gesellschaft, und die Justiz war immer »a matter of society«. Man hat das durchaus beklagt, groteskerweise haben nicht zuletzt aus Deutschland kommende Emigranten wie etwa Richard Honig mit Bedauern davon gesprochen, daß es in den USA eben keinen Staat gebe.[43]

Die Gegner der Verständigung im Strafprozeß berufen sich gern auf die mit der großen europäischen Aufklärung verbundenen rechtsstaatlichen Errungenschaften. Sie zitieren dafür freilich Autoritäten, denen man eher nachsagt, daß sie die Aufklärung überwunden hätten, wie etwa Kant und Hegel, und im Strafrecht wäre das dann – mit Vorbehalten – Feuerbach. Es hat aber immer die

41 Skeptisch gegenüber dieser Interpretation: Weigend, »Is the criminal process about truth? A German perspective«, in: *Harvard Law Journal of Law & Public Policy* (2002), S. 157 ff., 160; Weigend, »Why have a trial when you can have a bargain?«, in: Anthony Duff u. a. (Hg.), *The Trial on Trial*, B. 2, *Judgement and Calling to Account*, Oxford 2006, S. 207 ff., 212 ff.; umfassende Orientierung bei: Gerson Trüg, *Lösungskonvergenzen trotz Systemdivergenzen im deutschen und US-amerikanischen Strafverfahren*, Tübingen 2003, S. 103 ff.; siehe ferner Albin Eser/ Christina Rabenstein (Hg.), *Strafjustiz im Spannungsfeld zwischen Effizienz und Fairness*, Berlin 2004; Albin Eser, »Vorzugswürdigkeit des adversatorischen Prozesssystems in der internationalen Strafjustiz? Reflexionen eines Richters«, in: *Festschrift für Heike Jung zum 65. Geburtstag*, Baden-Baden 2007, S. 167 ff.

42 John H. Langbein, *The origins of adversary criminal trial*, New York 2003.

43 Zum aktuellen Stand der Diskussion über »Staat und Gesellschaft« vgl. den Überblick bei Christoph Möllers, *Staat als Argument*, München 2000, S. 228 ff.

empirisierend-psychologisierende Linie *der* Aufklärung gegeben, die nüchtern an das Erfahrbare und an die Bedürfnisse der Menschen anknüpfen wollte[44] – ohne die schützende Form des werdenden Rechtsstaats in Frage zu stellen. In Deutschland hat Carl Josef Anton Mittermaier seinerzeit ernsthaft überlegt, ob das Parteiverfahren nicht das bessere sei. Zu bedenken ist jedenfalls, daß die politische Aufklärung auch dort, wo sie sich – in der zweiten Hälfte des 19. Jahrhunderts – in Gesetzen niederschlug, gipfelnd in der Reichsstrafprozeßordnung, die kirchlich-theologischen Spuren des Inquisitionsprozesses nie ganz beseitigen konnte.[45]

Die Erinnerung an angeblich rechtsstaatlich hervorragende Zeiten ist problematisch. Gelegentlich wird tatsächlich die zweite Hälfte des 19. Jahrhunderts dafür genannt, obwohl das »Wilhelminische Zeitalter« heranreifte, dessen Strukturen sich in der Justiz auch in der Weimarer Zeit gehalten haben, und wer Gelegenheit hatte, einen Justizfilm aus den fünfziger Jahren des 20. Jahrhunderts zu sehen, mit Hans Nielsen als Landgerichtsdirektor und Ernst Waldow als Staatsanwalt, und die bellenden, gelegentlich mit patriarchalischen Freundlichkeiten durchsetzten Aufforderungen des Vorsitzenden, »Angeklagter, stehen Sie auf«, im Ohr hat, weiß, mit welchen schlechten Traditionen die Justiz auch damals noch belastet war. Wenn das jetzt anders ist – nach der kleinen Strafprozeßreform 1965, zugegeben mit vielen Rückschritten, aber auch stillen weiteren Fortschritten[46] –, dann ist das den Richtungen derjenigen europäischen Aufklärung zu verdanken, die sich durch die metaphysischen Positionen Kants und Hegels nicht beirren ließen und auch nicht durch das Scheitern der Trennung von Staat und Kirche.

Daß gerade das amerikanische Strafverfahren von religiösen Impulsen durchtränkt ist, hat nichts mit einer Verbindung von Staat

44 Eindrucksvoll in diesem Sinne: Isaiah Berlin, *Die Macht der Ideen*, Berlin 2006, S. 24 f.

45 Über den *Beginn* der »Theologisierung des weltlichen Strafrechts« Alexander Ignor, *Geschichte des Strafprozesses in Deutschland 1532-1846 von der Carolina Karls V. bis zu den Reformen des Vormärz*, Paderborn/München/Wien/Zürich 2001, S. 78; zur Entwicklung bis zur Gegenwart: Klaus Lüderssen, »Aspektabhängigkeit strafrechtshistorischer Forschung«, in: ders. (Hg.), Die Durchsetzung des öffentlichen Strafanspruchs, Köln 2002, S. 235 ff., 268 f.

46 Vgl. die Aufzählungen im Referat von Ignor bei der Strafrechtslehrertagung in Osnabrück 2007.

und Religion zu tun, sondern gesellschaftliche Ursprünge,[47] und damit sind die Parallelen zum religiös inspirierten Inquisitionsprozeß erledigt. Zwar kann es sein, daß in den USA der prozessuale Wahrheitsbegriff – religiös untermauert – eine Emphase[48] erreicht, die im Erscheinungsbild am Ende noch über die Apotheose des objektiven Wahrheits- und Richtigkeitsbegriffs des Inquisitionsprozesses hinausgeht. Aber der Staat ist daran nicht beteiligt.

Zu dem angezeigten Perspektivenwechsel gehört eine Reform des Ermittlungsverfahrens. Da die Verständigungsprozesse früh beginnen, muß vom ersten Moment an für eine paritätische Funktion der am Prozeß Beteiligten gesorgt werden. Das bedeutet vor allem eine Verbesserung der Beteiligung der Verteidigung am Ermittlungsverfahren. In erster Linie sind das Anwesenheitsrechte – ganz aktuell also das Anwesenheitsrecht bei der polizeilichen Vernehmung. Das Transferproblem, das sich notorisch stellt, wird vielleicht zu ernst genommen, in der Furcht, die Hauptverhandlung werde entwertet. Die fast kultische Verehrung der Hauptverhandlung als Kern des Strafprozesses beruht auf dem im frühen 19. Jahrhundert um Laienbeteiligung und Öffentlichkeit geführten Kampf. Damals war das die einzige Möglichkeit, die Justiz hinter verschlossenen Türen zu beenden. Inzwischen überwiegen die Bedenken, daß eine bis zur Hauptverhandlung gediehene Ermittlung schon mit erheblichen Eingriffen in die Rechte des Beschuldigten verbunden ist, daß sehr viel vorentschieden wird und die Bedeutung der Hauptverhandlung ohnehin zurückgeht. Die medienbedingten Gefahren einer Vorverurteilung werden womöglich durch eine ebenso starke Medienkontrolle der Vorgänge während des Ermittlungsverfahrens kompensiert, wenn man die Medien nur, was nicht ganz ausgeschlossen ist, wieder einmal dabei erleben darf, daß sie sich auch für die Rechte des Beschuldigten einsetzen. Öffentlichkeit und Laienbeteiligung in der Hauptverhandlung sind nach

47 Hier dürfte auch die Erklärung für die Wahrnehmung zu suchen sein, daß in den USA »harshness and democratisation go hand in hand«, James Q. Whitman, *Harsh Justice. Criminal Punishment and the Widening Divide between America and Europe*, 2003, S. 55.

48 Über die irrige Annahme Mirjan Damaškas, die USA seien unter dem Einfluß der Habermasschen Philosophie zu einem disponiblen Wahrheits- und Richtigkeitsbegriff gelangt, vgl. Lüderssen, »Die Verständigung im Strafprozeß. Überlebensstrategie oder Paradigmenwechsel?«, in: *Strafverteidiger* (*Absprachen im Strafverfahren, Sonderheft zum 58. Deutschen Juristentag*) (1990), S. 42 ff. (43).

wie vor wichtig. Aber die Gewichte haben sich, wie jeder weiß, mittlerweile verschoben. Die Öffentlichkeit ist jetzt weitgehend Medienöffentlichkeit, und die Laienjustiz ist auf dem Rückzug, weil es den weltfremden Richter allmählich nicht mehr gibt, weil eher die Laien es sind, die liberale, aufklärende Belehrungen brauchen.[49]

Obwohl diese Forderungen nach Veränderung des Ermittlungsverfahrens seit langem und von vielen Seiten erhoben werden, enthält weder der Entwurf des Justizministeriums noch der Entwurf der Bundesrechtsanwaltskammer eine Vorschrift, welche die Beendigung des Verfahrens im Stadium des Ermittlungsverfahrens durch Verständigung regelt. Vorgesehen ist das aber in dem von Matt und Vogel präsentierten Vorschlag: In einem neuen § 169a (der alte wird zu § 169b) heißt es in Abs. 1 Satz 2: »Die Staatsanwaltschaft und der Beschuldigte können sich über einen Antrag auf Urteilsabsprache verständigen, darauf ist der Beschuldigte hinzuweisen.« Der weitere Gang des Verfahrens ist der, daß das Gericht den Vorschlag einer Urteilsabsprache bekanntgibt. Der Inhalt des Vorschlags wird dann protokolliert, und das Gericht berät den Angeklagten über die Bindungswirkung. Explizit ist das in diesem Entwurf bei den Urteilsabsprachen in der Hauptverhandlung geregelt; für das Ermittlungsverfahren wird aber auf diese Vorschriften verwiesen (§ 243 Abs. 5 Satz 2). Eine wenig übersichtliche Regelung, die auch ganz offenläßt, wie sie sich zu den anderen Möglichkeiten, das Ermittlungsverfahren vor Anklageerhebung zu beenden (§ 153a insbesondere und der Normalfall § 170 Abs. 2 StPO) verhält. Aber immerhin ist klargestellt, daß das Gericht nur eine Protokollfunktion hat. Denn für das weitere Verfahren gilt, daß das Gericht an die Urteilsabsprache gebunden ist, wenn der Angeklagte die ihm gestellten Bedingungen erfüllt (§ 412e Abs. 2 Satz 1). Das ist eine beachtliche Rücknahme der inquisitorischen Funktion des Gerichts. Die Verfasser scheinen das mit der Struktur unseres Strafprozesses, der im Prinzip ja eine Dominanz des Gerichts vorsieht, für vereinbar zu halten. Bedenkt man, daß eine völlige Umstellung des Inquisitionsprozesses auf ein Parteiverfahren rechtspolitisch ohne Aussicht ist, erscheint die Lösung des Entwurfs als ein vernünfti-

49 Dazu auch Duttge, »Laienrichter«, a. a. O.; zur modernen Prävalenz des »Professionellen« Hörnle, a. a. O., S. 146 ff.

ger Kompromiß. Zu fragen ist allerdings, weshalb es im Stadium des Ermittlungsverfahrens eigentlich auf die Mitwirkung des Gerichts ankommen soll. Vorstellbar wäre doch auch eine Vorschrift, die einen Vergleich der Staatsanwaltschaft und des Beschuldigten protokolliert.

Allen Verständigungsprozeduren gemeinsam ist das Problem der Bindung, gleichviel wo die Zuständigkeit für die Entscheidung liegt. Der Regierungsentwurf sieht eine solche Bindung überhaupt nicht vor. Trotzdem darf das Gericht von einer Verständigung nicht ohne weiteres abweichen. Aber wenn es dann weiter heißt, daß das dem Gericht dann erlaubt ist, wenn »sich seine Bewertung der Sach- oder Rechtslage im Verlauf der Hauptverhandlung ändert [...]« (§ 254c Abs. 4), muß man doch mit einer völligen Ermessensfreiheit rechnen. Auch in der Begründung wird die Regelung nicht eingeschränkt.[50]

Der Entwurf der Bundesrechtsanwaltskammer und der Entwurf von Matt und Vogel hingegen sehen für den Fall, daß die Bindungswirkung entfällt, Beweisverwertungsverbote vor (§ 243a Abs. 5 bzw. § 412e Abs. 4).

Das Wichtigste aber bleibt in allen Entwürfen ungeregelt, nämlich die Frage, welche kommunikativen Voraussetzungen eine Verständigung erfüllen muß.[51] Indirekt gibt es Hinweise: einerseits die Ausklammerung des Rechtsmittelverzichts, die indiziert, daß dieses Druckmittel eine akzeptable Verständigung verhindert. Andererseits die Einbeziehung des Geständnisses. Davon ist allerdings ausdrücklich nur im Entwurf der Bundesrechtsanwaltskammer die Rede (§ 243a Abs. 1 Satz 1). Hier spielt die Intuition eine Rolle, daß ein Angeklagter, der geständig ist, gewissermaßen die Basis einer Zustimmung zu einer strafrechtlichen Reaktion geliefert hat (und damit auch das – freilich mit großer Vorsicht zu handhabende – Argument dafür, daß der nemo-tenetur-Grundsatz und das Prinzip der Unschuldsvermutung nicht verletzt werden).[52] Aber wie »frei« das Geständnis sein muß, wird nicht gesagt. Wünschenswert wäre,

50 A. a. O., S. 25.

51 Ansätze, wenn auch in kritischer Absicht, bei Salditt, »Zur Stellung des Strafverteidigers«, a. a. O.

52 Auch hier bleiben natürlich Probleme, vgl. Andrew Ashworth, »Plea bargaining, Pragmatism, and Rights«, in: Heinz Müller-Dietz (Hg.), *Festschrift für Heike Jung zum 65. Geburtstag am 23. April 2007*, Baden-Baden 2007, S. 19 ff.

daß hier die rechtliche Parallele zur idealen Sprechsituation der ethischen Diskurstheorie fixiert würde.

In der Tradition der »Anerkennungstheorien« der Rechtsgeltung,[53] die rechtsphilosophisch immer ein Schattendasein geführt haben (weil sie eigentlich nur eine Relevanz beanspruchen konnten im Völkerrecht, wo es an durchsetzenden Instanzen fehlt, so daß alles auf den guten Willen der Partner ankam), gibt es Formeln, die eine Stufenfolge mehr oder weniger intensiver Anerkennung bezeichnen. Unter den Begriff der Anerkennung fallen danach etwa »mannigfaltige Grade und Weisen eines den Gemeinschaftsbedürfnissen entsprechenden innerlich gebundenen Verhaltens – von begeisterter Betätigung der Gemeinschaftsordnung und vollem, klarem Pflichtbewußtsein bis zum unbewußten oder doch nur gefühlsmäßigen Voraussetzen und widersinnigen Sich-Beugen«.[54] Hier muß man nur – mutatis mutandis – für den Vorgang der Verständigung etwas aussuchen, irgendwo in der Mitte. Aber wie soll man sich eine gesetzliche Regelung vorstellen, die das dann verbindlich formuliert? Der häufig zu hörende Hinweis, daß sich die Verständigung im Strafprozeß eo ipso jeder Regelung entziehe, stimmt in der Tat skeptisch. Aber wenn es den Philosophen gelingt, die *ideale* Sprechsituation zu imaginieren, im einzelnen auch Voraussetzungen dafür anzugeben – weshalb sollten die Juristen aufgeben, wenn es sich darum handelt, die *praktische* Sprechsituation auf den Begriff zu bringen? Sie sollten vielmehr auf eine Art »Handwerk des Konsenses«[55] vertrauen und es sachverständig ausbilden.

In einer modernisierten Abwandlung jener aus der Perspektive der Anerkennungstheorien formulierten Verständigungsmodi könnte man sagen, daß es Zustimmungen gibt »von widerstrebender, vielleicht sogar nicht ohne Druck zustande gekommener Anpassung über schlicht oberflächlich-indolente Akzeptanz, bewusste und kenntnisreiche Anerkennung bis hin zu auch tiefe Strukturen

53 Dazu Lüderssen, *Genesis und Geltung in der Jurisprudenz*, Frankfurt/M. 1996, S. 20 ff.

54 Ernst Rudolf Bierling, *Juristische Prinzipienlehre*, 2. Neudruck der Ausgabe Tübingen 1917, Aalen 1975, Bd. 5, S. 193 f.

55 Eine Wendung im Anschluß an das von dem Philosophen Peter Bieri vorgeschlagene »Handwerk der Freiheit« (vgl. Peter Bieri, *Handwerk der Freiheit*, München 2001).

erfassenden habituellen oder reflektierten Internalisierungen«.[56] Ganz sicher auszuscheiden sind die beiden Extreme: einerseits die »Tiefenstrukturen erfassenden Internalisierungen«, andererseits die »unter Druck zustande gekommene Anpassung«. Die dazwischenliegenden Formen »oberflächlich-indolente Akzeptanz« oder »bewusste und kenntnisreiche Anerkennung« scheinen eher geeignet als Basis. Allerdings müßte noch eine Präzisierung erfolgen. Indolent ist zu wenig, kenntnisreich ist zu viel. Zwar müssen verläßliche Zeichen sowohl der emotionalen wie der kognitiv gelungenen Übereinstimmung vorhanden sein. Aber es genügt, wenn die Beteiligten ein klares Bild von den zu verhandelnden Fragen und ihren Hintergründen haben und mit dem, was dann vereinbart wird, leben können. Was heißt das? Man kann jetzt Beispiele anführen, also etwa das »falsche« Geständnis. Damit zu leben, sollte man niemandem zumuten, und mit dem »richtigen« nur, wenn seine Funktion für die Zuschreibung der Schuld und die Erreichung der präventiven Strafzwecke reflektiert wird.[57]

Methodologisch empfiehlt es sich vielleicht, Rechtsmaterien heranzuziehen, die mit den Voraussetzungen einer gelungenen Willensübereinstimmung traditionell und mit reichhaltiger Kasuistik befaßt sind, also das Vertragsrecht in allen seinen Spielarten. Der Vertrag, das sind zwei einander ergänzende Willenserklärungen. Die Gültigkeitsbedingungen, die das BGB hier festlegt, bestehen aus gesetzlichen Vorschriften (§ 134 BGB) und dem Kodex der guten Sitten (§ 138 BGB). Ein Vertrag, der den Tatbestand der Nötigung erfüllt (§ 240 StGB), kann nach § 134 BGB nichtig sein. Sonstige Zwänge können ihn auch nichtig machen, wenn sie gegen die guten Sitten verstoßen (S 138 BGB). Reicht das? Wie ist es mit Irrtümern? Motivirrtum ist unbeachtlich. Das wäre sicher in eine Systematik des Konsenses bei der Verständigung im Strafprozeß nicht zu übernehmen, denn auf die Motive kommt es gerade an. »Mentalreservationen« machen einen Vertrag nicht nichtig. Da hätte man kein Problem mit den Verständigungen im Strafprozeß; wer etwas erklärt in der geheimen Absicht, es doch nicht zu wollen, wird auch im Strafprozeß nicht geschützt. Das sind aber nur Intuitionen.

56 Lüderssen, *Genesis*, a. a. O., S. 216.

57 Umfassende Behandlung des Problems jetzt bei Judith Hauer, *Geständnis und Absprache*, Münchener Dissertation 2006.

Sicher kommt man weiter, wenn man sich noch einmal genau vor Augen führt, worüber die Beteiligten sich verständigen. Bisher sind nur die einzelnen Elemente genannt worden – Beweisaufnahme, vielleicht auch Beweiswürdigung, Geständnis, Tatbestandsmerkmale, Strafzumessungstatsachen und -regeln. Der Verständigungsprozeß mündet in eine wechselseitige Anerkennung, für die man eine bestimmte psychologische Qualität fordern möchte. Käme man weiter, wenn man weniger die einzelnen Voraussetzungen, deren Vorliegen schließlich zur Strafbarkeit führen kann, zum Gegenstand der Verständigung macht als die eine Frage, die dahintersteht: Strafe oder keine Strafe? Drückt man das in der Terminologie aus, die noch den *»Strafanspruch«* kennt, so stehen sich gegenüber die Interessen, den Strafanspruch durchzusetzen, und die Interessen, dem Strafanspruch auszuweichen. Dabei erscheint dann als Subjekt des Strafanspruchs der Staat, der unter Ungewißheitsaspekten womöglich ein Stück weit auf seinen Strafanspruch verzichtet.

Man sollte diesen Bildern aber nicht allzu lange nachhängen. Mit dem Wegfall der Staatsräson im Strafprozeß[58] hat sich auch die Metapher des Strafanspruchs erledigt. Das Gemeinwohl, das an die Stelle der Staatsräson tritt, ist abstrakt nicht schwer zu definieren, wohl aber dann, wenn es das Vehikel für die Auffassung sein soll, daß eine Rechtsgutverletzung Strafe verdient. Man kommt nur weiter, wenn man die Positionen nacheinander vornimmt: Eignung und Erforderlichkeit der Strafe sowie Abwesenheit von nichtakzeptablen Nebenfolgen der Bestrafung.[59]

Von der Einschätzbarkeit dieser Faktoren und ihrer Ausdifferenzierung hängt also ab, was man bei den an der Verständigung Beteiligten an Wissen verlangen darf und welchen Nachvollzug der Wertung. Im Umkreis der sozialpsychologischen »Verhandlungstheorien«, die in der Jurisprudenz für die Praxis der »Vertragsgestaltung« herangezogen werden, wird dann auch ausdrücklich auf

58 Lüderssen, »Der öffentliche Strafanspruch im demokratischen Zeitalter – Von der Staatsräson über das Gemeinwohl zum Opfer?«, in diesem Band, S. 482.

59 Im einzelnen dazu: Lüderssen, »Das moderne Strafrecht – Zerreißprobe zwischen ultima ratio, Pragmatismus und kulturellem Hochgefühl«, in: *Strafverteidiger* (2004), S. 97 ff.; ders., *Entkriminalisierung des Wirtschaftsrechts II*, Baden Baden 2007, S. 190 ff. (Vorgaben aus diesem Prüfungsschema für den Gesetzgeber).

die »Bedeutung der Verhandlungsziele« hingewiesen.[60] Im einzelnen sind diese natürlich auf wirtschaftliche Sachverhalte bezogen und entziehen sich der umstandslosen Übertragung auf Probleme der Verständigung im Strafprozeß. Wenn etwa die Rede davon ist, daß die Verhandlungsziele »ihrerseits von bestimmten Motivationen abhängen«, die »durch bestimmte individuelle und soziale Gegebenheiten bedingt sind«, dann müßte dementsprechend für das Strafverfahren die Aspektabhängigkeit der Ziele und Mittel des Strafrechts zum Thema gemacht werden. Für die Orientierung am Gemeinwohl, die dann auftaucht, gibt es aber bei den Modellen der privaten Vertragsgestaltung eigentlich keine Parallele. Das, was auch dort mit Rücksicht auf die Interessen der Allgemeinheit zu beachten ist, hat den Charakter vorgegebener Rahmenbedingungen, die nicht zur Verhandlungsmasse gehören. So gelangt man zu der einigermaßen überraschenden Feststellung, daß dann, wenn man eigentlich das totale Verhandlungsklima vermuten kann, mehr der Disposition entzogen zu sein scheint als bei der neuen Verständigungskonzeption im Strafrecht und im Strafprozeß.

Das darf aber nicht irritieren. Denn die besondere Sensibilität in bezug auf die fragwürdig gewordene Welt des Strafrechts schafft jetzt vielleicht sogar einen Vorsprung dort, wo man bisher keinen Grund hatte, sich über die objektiven Begrenzungen des Verhandelbaren prinzipiell Gedanken zu machen. Die Verhandelbarkeit der Gemeinwohlorientierung im Strafrecht überschreitet gerade diese Grenze, und das muß unter dem Gesichtspunkt der Verhandlungskompetenz der Partner in die Struktur des Kalküls der Verständigung einbezogen werden. Wenn man sagen könnte, daß die Subjektstellung des Staates in bezug auf den »Strafanspruch« aufgegeben ist, weil die Staatsräson im Strafrecht nichts mehr zu suchen hat (was nicht heißt, daß Staatsschutzstraftatbestände illegitim sind), dann könnte man natürlich fragen, ob der Strafanspruch des Staates auf die Gesellschaft übergegangen ist.

Aber die Gesellschaft als Ganzes ist kein Handlungssubjekt. Sie kann nur repräsentiert werden. Auf dem Gebiet der Strafjustiz entweder durch das Gericht (oder die Staatsanwaltschaft mit Zustimmung des Gerichts). In diesem Fall tritt der Konsens der Beteiligten in der Entscheidung als unselbständiges, keine meßbare

60 Rehbinder, *Rechtssoziologie*, [7]2009, S. 69.

Kompetenz beanspruchendes Element auf. Oder die Prozeßbeteiligten zusammen, vielleicht auch einzelne (etwa Staatsanwaltschaft und Verteidiger/Angeklagte), repräsentieren die Gesellschaft. Diese Erscheinungsform demokratischer Vermittlung ist uns noch sehr ungewohnt und müßte verfassungsrechtlich genauer bestimmt werden (was keineswegs daran scheitern kann, daß relativ kleine Gruppen zuständig sind; dafür bietet die föderale Struktur des bundesrepublikanischen Gemeinwesens reichhaltige Anschauung). Die Rechtsfigur des Vergleichs (aus dem Zivil- und dem Arbeitsrecht) hilft wenig, denn dort stehen die Parteien für sich selbst. Wir haben es mit dem Phänomen zu tun, daß die Rechtswirklichkeit der Rechtstheorie voraus ist. So etwas gibt es vor allem im Völkerrecht, weil dort die rechtzeitig ordnende Souveränität fehlt. Das ist jetzt aber auch das Stichwort für innerstaatliche Entwicklungen überall dort, wo der Staat auf Zuständigkeiten verzichtet, vom Markt osmotisch durchdrungen wird,[61] schlanker werden will,[62] Finanzierungen privatisiert.[63] Das gesellschaftlich-staatliche Leben bildet dabei inzwischen Formen aus, die in die festgefügten Traditionen unseres Verfassungsrechts nicht ohne weiteres eingeordnet werden können. Das entspricht einer ubiquitären Zunahme von Komplexität.[64]

Im Strafrecht liegt es inzwischen so, daß, was über Jahrhunderte hinweg als monolithischer Block eines im Namen der Staatsräson gehandhabten öffentlichen Strafanspruchs aufgetreten ist, sich jetzt mehr und mehr auf partikularisierte, ganz verschiedene Ziele anstrebende Reaktionen auf persönlich verschuldetes Unrecht verteilt. Daß wir vor der allmählichen Etablierung des öffentlichen Strafrechts etwas Ähnliches hatten, darf nicht erschrecken – in dem Sinne: sind wir nicht weiter? Das öffentliche Strafrecht war kein

61 Vgl. Lüderssen, *Die Zusammenarbeit von Medizinprodukte-Industrie, Krankenhäusern und Ärzten. Strafbare Kollusion oder sinnvolle Kooperation?*, Stuttgart 1998, S. 44ff.

62 Vgl. Sachverständigenrat »Schlanker Staat«, Bundesministerium des Innern, 3 Bde.; dazu a. a. O., S. 45.

63 Ebd., S. 51ff.

64 Stolleis, »Erwartungen an das Recht«, in: *Jahrbuch der Akademie der Wissenschaften zu Göttingen* (2003), S. 49ff.; Lüderssen, »Recht und Verrechtlichung im Blick der Naturwissenschaften«, in: Friedrich Jaeger/Jörn Rüsen (Hg.), *Handbuch der Kulturwissenschaften*, Bd. 3, S. 426ff., 436ff.

uneingeschränkter Fortschritt,[65] insofern macht man mit seiner allmählichen Relativierung wieder etwas gut. Im übrigen tritt ja an seine Stelle nicht einfach der frühere Zustand mit seinem heillosen Durcheinander von Rache, Vergeltung, Besserung, vielfältigen finanziellen Ablösungsmöglichkeiten, Vergleichen, Verträgen und ähnlichen – mit der heutigen Begriffswelt kaum noch zu erfassenden – Phänomenen, von denen man nur mit Bestimmtheit weiß, daß die Ungleichheit der Menschen einen festen Posten ausmachte.[66] Dieser Wahllosigkeit mit vielfältigen religiösen Beimischungen entsprach eine Masse diffuser Vorstellungen über die Gründe für das Vorkommen von schweren Interessenverletzungen, die man erst später Verbrechen nannte, als man lernte, aus der Summe des Geschehens begreifbare, einzelnen Menschen zurechenbare Handlungen herauszufiltern. Mit der Gewißheit, über diese Erkenntnismöglichkeiten zu verfügen, wuchs das Gefühl, auch ein Recht zu besonders scharfen, das heißt strafenden Reaktionen zu haben. Die modernen Sozialwissenschaften haben diese Einsichten in die Isolierbarkeit der persönlichen Zurechnung wieder relativiert. Das gleiche gilt für die – ebenso isolierend – der Strafe zugeschriebenen Wirkungen. Wenn man von beidem jetzt vielleicht wieder etwas abkommt, so ist das nicht die Wiederkehr des Mythos, sondern die Präsenz der Komplexität von Ursachen und auf sie reagierender Handlungsfunktionen und -intentionen im wissenschaftlichen und demokratischen Zeitalter.

Was in diesem Kontext die Verständigung angeht, so ist sie nicht so uferlos, wie es klingt, wenn man sich noch einmal in Erinnerung rufen, daß ja nicht alles verhandelbar sein soll. Vielmehr besteht eben jene intuitive Vorgabe der Unwiderleglichkeit eines antizipierten Konsenses, der an die Stelle der objektiv abrufbaren Wahrheiten und Richtigkeiten tritt, faktisch aber dafür sorgt, daß nicht eine grenzenlose Flexibilität eintritt, die dann doch die Angst heraufbeschwören könnte, sie könne zur Beliebigkeit mutieren. Andererseits ist natürlich erkennbar, daß in dem Maße, wie die wachsende Ungewißheit (die paradoxerweise mit der Zunahme von Wissen verbunden ist) den Einflußbereich des Konsenses im Strafprozeß

65 Im einzelnen: Lüderssen, *Abschaffen des Strafens?*, Frankfurt/M. 1995, S. 38 ff.

66 Ein anschauliches Bild liefert Jürgen Weitzel, »Strafe und Strafverfahren in der Merowinger-Zeit«, in: *Zeitschrift der Savigny-Stiftung für Rechtsgeschichte, Germanistische Abteilung*, Bd. 3 (1994), S. 66-147.

erweitert und intensiviert, daß verlorengeht, was man einmal den öffentlichen Strafanspruch genannt hat.

Allerdings gibt es hier, anders als bei der Vertragsgestaltung, überhaupt keine Methodologie, weil das Milieu eben ganz neu ist und die jahrzehntelange Absprachediskussion der Strafprozessualisten dieses Problem nicht behandelt, vielleicht nicht einmal gesehen hat. Anleihen bei der vordringenden Praxis der Mediation sind schwierig, weil sie auf der Mitwirkung eines mehr oder weniger überlegenen Dritten beruht.[67] Zwar wird mit Blick auf § 46a StGB davon gesprochen, daß es eine »allgemeine Entwicklung der Verfahrenspraxis in Richtung auf Informalisierung, Konsens und Kooperation« gebe, »die sowohl bei der staatsanwaltschaftlichen Verfahrenerledigung als auch im Rahmen des Hauptverfahrens und der gerichtlichen Sanktionsfindung im Phänomen der ›Absprachen‹ kulminiert und seit über einem Jahrzehnt zu den brisantesten Systemveränderungen gehört«.[68] Doch es bleibt bei diesen allgemeinen Hinweisen. Eine Methodologie der Konsensfindung hätte viele Elemente aufzunehmen – auch die Erfahrungen, die inzwischen über die Funktionen von Topik und Rhetorik zusammengetragen worden sind[69] – und dann auf die Prozeßsituation zu übertragen. Das kann hier nicht mehr geschehen und wird auch anderwärts so lange nicht stattfinden, wie man an den obrigkeitlichen Vorstellungen vom Strafrecht festhält.[70]

67 Vgl. dazu: Susanne Walther, *Vom Rechtsbruch zum Realkonflikt. Grundlagen und Grundzüge einer Wiedergutmachung und strafeverbindenden Neuordnung des kriminalrechtlichen Sanktionssystems*, Berlin 2000, S. 74. Anregungen wären allenfalls noch der vordringenden Praxis der Mediation im Verwaltungsrecht zu entnehmen (vgl. dazu auch den Bericht über die neue Dienstleistung der Verwaltung auf dem Gebiet rechtlicher Mediation in der *Frankfurter Allgemeinen Zeitung* v. 4. 6. 2007).

68 Walther, *Vom Rechtsbruch zum Realkonflikt*, a. a. O., S. 78.

69 Vgl. Thomas M. Seibert, *Gerichtsrede. Wirklichkeit und Möglichkeit im forensischen Diskurs*, Berlin 2004.

70 Auch in der vom Titel her vielversprechenden Dissertation von Stefan Sinner, *Der Vertragsgedanke im Strafprozeßrecht*, Frankfurt/M. 1999, ist das nicht geschehen, und deshalb ist dieser Text, so verdienstlich er im übrigen ist, keine Grundlage für das, was auf diesem Gebiet noch geleistet werden kann. Am deutlichsten kommt das in dem kleinen Abschnitt über »Absprachen« im Strafverfahren zum Ausdruck, wo dezidiert alle Parallelen zum Zivil- und Zivilprozeßrecht abgelehnt werden (S. 181). Siehe auch die Zusammenfassung auf S. 300 f.

Wenn auf den vorstehenden Blättern die *Möglichkeit* von Verständigungen im Strafprozeß, die diesen Namen verdienen, wenigstens in Umrissen vor Augen tritt, dann ist schon viel gewonnen, auch deshalb, weil es dann zu einer Ausarbeitung der praktischen Regeln der Konsensfindung kommen kann. So hoch der Anteil von Soziologie und Psychologie hier sein müßte, so wenig darf man allerdings von diesen Fächern eine spürbare Unterstützung erwarten. Vielmehr muß es gelingen, den unendlichen Erfahrungsschatz der Strafverteidiger, Staatsanwälte und Richter systematisch und sozialwissenschaftlich methodenbewußt zu verarbeiten, der bisher im Verborgenen des Informellen ruht.

6.7 »Regulierte Selbstregulierung« in der Strafjustiz? Ein unorthodoxer Beitrag zur Frage der Legitimation der »Absprachen«

Der apostrophierte Begriff kommt aus der allgemeinen Staatslehre und löst »das vorkonstitutionelle Regulierungsmuster« ab. Es beruhte »auf der Überzeugung von Existenz und Erkennbarkeit des objektiven Gemeinwohls, das sowohl für die soziale Ordnung als auch für die individuelle Lebensführung bestimmend war und nicht nur das irdische Zusammenleben der Menschen betraf, sondern auf ihr ewiges Heil zielte. Mit diesem Gemeinwohlkonzept verband sich ein als naturgegeben betrachteter hierarchischer Aufbau der Gesellschaft.«[1] Das heißt, indem der Staat »mit der Jahrhunderte lang maßgeblichen Vorstellung eines material-definierten Gemeinwohls brach, das der Staat mit seiner überlegenen Einsicht zu formulieren, ohne Rücksicht auf individuelle Lebensentwürfe durchzusetzen hatte«, setzte sich ein Begriff des Gemeinwohls durch, das man »gerade umgekehrt aus der Freisetzung der Individuen zur Verfolgung ihrer eigenen Vorstellungen und Interessen, freilich im Rahmen der gleichen Freiheit jedes anderen, erwartete«.[2]

Gegenwärtig ist es die »Governance-Forschung«,[3] die das anschaulich macht. »Die governance-bezogene Perspektive«, schreibt der Richter am Bundesverfassungsgericht Hoffmann-Riem, »erlaubt insbesondere Neuvermessungen der Arbeits-, Funktionen- und Verantwortungsteilung zwischen staatlichen, staatlich-privaten (hybriden) und privaten Akteuren«.[4] Auf einer höheren Abstraktionsebene gleichsam geht es darum, »daß Regieren heute nicht mehr in einem durch das Paradigma der strikten Trennung von Staat und Gesellschaft [...] geprägten Verhältnis des Umgangs

1 Dieter Grimm, »Regulierte Selbstregulierung als Steuerungskonzept des Gewährleistungsstaates: Ergebnisse des Symposiums aus Anlaß des 60. Geburtstages von Wolfgang Hoffmann-Riem«, in: *Die Verwaltung* (2001), Beiheft 4, Berlin 2001, S. 9 ff.

2 Grimm, »Regulierte Selbstregulierung«, a. a. O., S. 10.

3 Gunnar Folke Schuppert (Hg.), *Governance-Forschung: Vergewisserung über Stand und Entwicklungslinien*, Baden-Baden ²2006.

4 Hoffmann-Riem, in: Gunnar Folke (Hg.), a. a. O., S. 195 ff. (196).

mit sozialen Problemen und Konflikten erfolgt«.[5] Das bedeutet, daß »für die Lösung sozialer Probleme [...] sich das Modell hierarchischer Über- und Unterordnung auf dem Rückzug« befindet.[6]

Substantiell ist das eine praktische Folge der »in der Politik und staatsrechtlichen Diskussion [...]« schon seit längerer Zeit registrierten Entwicklung, »daß verständigungsorientierte Kommunikationen faktische Bedeutung im Prozeß der Politikformulierung gewinnen«.[7]

Diese Situationsbeschreibung findet ihre Bestätigung in einer breiten rechtstheoretischen und staatsrechtlichen Diskussion über das Vordringen »kooperativer und konsensualer Strukturen in der Normsetzung«. Dies ist der Titel einer Arbeit von Florian Becker,[8] die in größeren Arbeitszusammenhängen des Max-Planck-Instituts für Gemeinwohlforschung in Bonn entstanden ist. »Das Interesse gilt dabei«, heißt es in dieser Untersuchung, »der Vielfalt der real existierenden Steuerungsmodi. Aus der Perspektive des Staates geht es in neo-kooperativen Arrangements darum, organisierte soziale Gruppen dazu zu bewegen, sich aus eigenem Interesse heraus gemeinwohlverträglich selbst zu regulieren.«[9] »Dabei sind informelle und dezentrale interorganisatorische Beziehungen von Bedeutung.«[10] Mit anderen Worten, es geht darum, »ein enges Zusammenspiel zwischen privaten und öffentlichen Akteuren zu ermöglichen und durch diese Integration die Steuerungsressourcen auf eine größere Zahl von Akteuren zu verteilen«.[11]

»Interessant ist, daß gesagt wird, der Staat übernehme in vielfacher Weise eine Organisationsleistung, die das Handeln der Akteure ermöglicht oder erleichtert. Zu diesen ›Gatekeeper-Funktionen‹ gehört die Bereitstellung öffentlicher Güter, insbesondere ein funktionierendes Justizwesen.«[12]

Was ist das? Das ist ja die dritte Gewalt. Da gehen die Uhren

5 Ebd., S. 198.

6 Ebd., S. 201.

7 Gunnar Folke Schuppert, in: Gunnar Folke Schuppert (Hg.), *Governance-Forschung*, a. a. O., S. 371 ff., 449.

8 Florian Becker, *Kooperative und konsensuale Strukturen in der Normsetzung*, Tübingen 2005.

9 Schuppert, *Governance-Forschung*, a. a. O., S. 379.

10 Ebd.

11 Ebd.

12 Ebd., S. 380.

doch anders, keine Rede von Enthierarchisierung und Beteiligung gesellschaftlicher Gruppen. In der Tat wird die Justiz von den theoretischen Erörterungen über Deregulierung ausgenommen. Auch in dem Buch von Florian Becker gibt es nur diese eben zitierte Andeutung. Das Öffentliche Recht kümmert sich offenbar nicht gern um Justizprobleme, überläßt sie lieber den jeweiligen prozessualen Teildisziplinen, also dem Zivilprozeßrecht, dem Strafprozeßrecht, dem Verwaltungsprozeßrecht oder vielleicht auch einer allgemeinen Prozeßrechtslehre. Aber eigentlich dürfte die dritte Staatsgewalt bei dem, was über den Staat allgemein gesagt wird, doch nicht ausgeklammert sein.

Die Neugier beginnt mit der Frage nach der demokratischen Legitimation der Justiz. Alle Staatsgewalt geht vom Volke aus, also auch die Justiz. Doch praktisch – jedenfalls – erscheint sie als ein Derivat der Exekutive, die persönliche, von Verfassung und Gerichtsverfassungsgesetz garantierte Unabhängigkeit der Richter ist ein isolierter Luxus, im übrigen auch gar nicht voll realisiert, wenn man daran denkt, wie Stellenzuweisung, Beförderung und ähnliches durchaus davon abhängen, in welchem Maße ein Richter eine gewisse Anpassungsfähigkeit an den Tag legt, beispielsweise nicht wünscht, »aufgehoben zu werden«, weil das nach oben hin nicht empfiehlt. Dabei wäre in einer parlamentarischen Demokratie die Lösung einfach. Die Richter sind sämtlich vom Parlament zu wählen, so wie auch die Regierung. Und so wie die Regierung sich selbst verwaltet, müßte auch die Justiz sich selbst, insbesondere die Beförderungen, verwalten.

Theoretisch-modellhaft so vorbereitet, überrascht es uns nicht, wenn wir auf einmal in der Tagespresse lesen, daß der Deutsche Anwaltsverein und der Deutsche Richterbund das jetzt tatsächlich verlangen.[13] Der Anlaß ist die aktuelle Diskussion um die »effektivere Bekämpfung der Jugendkriminalität durch schnellere Verurteilung jugendlicher Täter«. Hier könnte man, sagt der Vorsitzende des Richterbundes, schnell Abhilfe schaffen, wenn man den Richtern, die den Bedarf »aus ihrer täglichen Arbeit kennen«, erlaubt, ihn dann auch selbst festzusetzen. Solange die Justiz aber »bei der Zuweisung von Stellen und Haushaltsmitteln, Einstellung und Beförderung vom Wohlwollen der Justizverwaltungen und der

13 *Frankfurter Allgemeine Zeitung* v. 19. Januar 2008, S. 2.

Finanzminister abhängig sei«, habe dieser Vorschlag keine Aussicht auf Erfolg.

Wenn man nicht ernsthaft daran denkt, an die Stelle der nur mittelbar (durch die Zwischenschaltung der ihrerseits direkt parlamentarisch legitimierten Exekutive) parlamentarisch legitimierten Position der Justiz eine unmittelbare parlamentarische Legitimation zu setzen, wird sich an dieser Anomalie nichts ändern. Die Bedenken gegen eine von der Exekutive ganz unabhängige, also nur dem Parlament verantwortliche Justiz sind tief verwurzelt. Sie stammen überwiegend aus dem Arsenal jener Argumente, die auftauchen, wenn von der Gefahr des Mißbrauchs einer Institution geredet wird. Hier ist es die demagogische Verführbarkeit des Richters, der gewählt werden will, vor der man warnt, und dann kommt der Verweis auf die USA, wo so etwas sogar für die Staatsanwälte gelte. Daß auch Verwaltungsbeamte und Regierungen für sich beanspruchen dürfen, unabhängig, das heißt sachlich zu entscheiden, scheint keine Rolle zu spielen. Da nicht jeder Beamte gewählt wird, sondern nur das Kabinett, entschärft sich das Problem wieder. Die nachgeordneten, von der Regierung selbst ernannten Beamten sind dem Wahlproblem nicht ausgesetzt. Aber diese Inkonsequenz im Rahmen der Organisation der demokratischen Legitimation von Regierungen bleibt nicht folgenlos. Vielmehr findet informell eine Annäherung an unmittelbare demokratische Legitimationen statt, wie die eingangs beschriebenen Entwicklungen zeigen.

Daß dergleichen nicht auch in der Justiz passiert, ist daher eigentlich verwunderlich. Aber stimmt das denn? Passiert es nicht längst, und verifizieren wir es nur nicht? Denn was sind die Absprachen anderes als der Versuch, obrigkeitliche Hierarchien zu relativieren? Das habe ich mit Bezug auf die substantielle Seite des Problems – die Gewißheitsverluste – bereits anderwärts mehrfach dargelegt.[14] An dieser Stelle geht es nur mehr um die strukturelle Seite. Wenn auch die Justiz an den Wandlungen unseres demokratischen Lebens Anteil nehmen soll, müssen jene kooperativen und

14 Klaus Lüderssen, »Verständigung im Strafverfahren. Das Modell und seine Implikationen«, in diesem Band, S. 526; dort auch die genaue Lokalisierung: Absprachen über den Fortgang des Verfahrens, das orientierende, aufklärende Rechtsgespräch, die Verständigung über die Strafzumessung, über den Sachverhalt und auch die Schuldfrage (S. 427 ff.); vgl. auch schon Klaus Lüderssen, in: *Strafverteidiger* (1990), S. 415 ff.

konsensorientierten Strukturen, die für die Normsetzung nachgewiesen werden, auch bei ihr valutiert und reguliert[15] werden. Daß das – jedenfalls intentional – bisher nicht geschehen ist, liegt an der Abkoppelung der Justiz von den Erörterungen über demokratische Legitimation und Gewaltenteilung. Macht man damit Schluß, so wird auf einmal sichtbar, wofür die Absprachen inoffiziell längst stehen.

Soweit die konsensualen Elemente bei der »Normsetzung« (Kursivierung vom Verfasser) entdeckt werden,[16] mag man vorerst nur an den Gesetzgeber denken. Aber auch in jeder Rechts*anwendung* liegt eine Normsetzung.[17] Das ist in der Methodendiskussion immer klar gewesen und mehr oder weniger deutlich ausgesprochen worden, je nachdem, wie groß der semantische Spielraum der positiven Rechtsregeln war. Die Diskussionen darüber sind keineswegs abgeschlossen, wie die Kontroversen zeigen, die kürzlich über die Forderung nach mehr richterlicher Freiheit entstanden sind.[18] Gleichwohl kann man ernstlich nicht mehr darüber streiten, daß jedenfalls bei der Rechtsanwendung durch die Justiz kreative Elemente eine Rolle spielen.

Freilich kann es Verständigung im öffentlichen Leben nur geben, wenn dem autonome Handlungsstrukturen entsprechen. Die damit verbundene Etablierung dezentralisierter Steuerungsfähigkeiten mag aber auch auf Selbstreferenz deuten und damit systemtheoretischen Analysen recht geben, die nachzuweisen versuchen, daß an die Stelle der zentralen Hierarchie nur eine Heterarchie von Teilsystemen getreten ist. Demgemäß behauptet »die autopoietische Systemtheorie die Unzugänglichkeit gesellschaftlicher Teilsysteme für gezielte und unmittelbare staatliche Steuerung«.[19] »Steuerung durch Recht als Eingriff in das zu steuernde System« sei daher »überholt, das Recht soll nur noch Rahmenbedingungen für die Selbständigkeit des Systems schaffen«.[20] Dabei liegt es doch eigentlich auf der Hand, daß gerade auf der Basis dieser

15 Über die vom Gesetzgeber dafür verbreiteten Modelle ebd., S. 421 ff.

16 Becker, *Kooperative und konsensuale Strukturen*, a. a. O., passim.

17 Rudolf Weber-Fas, *Über die Staatsgewalt: von Platons Idealstaat bis zur Europäischen Union*, München 2000, S. 13.

18 Überblick bei Joachim Wenzel, in: *Neue Juristische Wochenschrift* (2008), S. 345 ff.

19 Nachweise bei Becker, a. a. O., S. 634.

20 Ebd., S. 22.

Annahme die »selbständige Anpassungs-, Reaktions- und Problemlösungsfähigkeit gesellschaftlicher Akteure« gefragt ist.[21] Deshalb entsteht inzwischen vor allem im Umkreis des schon erwähnten Max-Planck-Instituts zur Erforschung von Gemeinschaftsgütern eine »akteurszentrierte Steuerungstheorie«.[22] Sie unterscheidet sich von der autopoietischen Systemtheorie, »die binäre systeminterne Kommunikation als Basis ihres theoretischen Konzepts wählt«,[23] indem sie nicht die Selbst-Organisation der gesellschaftlichen Teilsysteme favorisiert,[24] sondern von vornherein von real handelnden, individuellen oder kooperativen Akteuren ausgeht. Sie konzipiert Steuerung »in den zwei idealtypischen Interaktionsmechanismen, Hierarchie und Verhandlung«.[25] Der Konfliktlösungsmodus Verhandlung aber beruht auf dem Prinzip der Einigung. »Nicht die Mehrheit, sondern die Gesamtheit aller Beteiligten an der Verhandlung entscheidet im allseitigen Einverständnis. Verhandlungen sind in zwei Konstellationen möglich: zum einen zwischen staatlichen und gesellschaftlichen Akteuren; zum anderen nur zwischen gesellschaftlichen Akteuren. Im letztgenannten Fall wird eine Problemlösung vom staatlichen in den gesellschaftlichen Bereich ausgelagert.«[26] Längst wählt der Staat »in der Realität [...] Interventions- und Interaktionsformen, die sich als Mischverhältnis von Hierarchie und Verhandlung beschreiben lassen«. Und das »wird in dem Konzept der regulierten Selbstregulierung abgebildet, das eine Brücke zwischen privaten Entscheidungen und hoheitlich wahrgenommenen Tätigkeiten des Staates schlägt. Es respektiert die Eigendynamik gesellschaftlicher Teilbereiche und nutzt sie zugleich. Ihre rechtstheoretische Entsprechung findet die regulierte Selbstregulierung in dem Konzept des prozeduralen Rechts.«[27]

Dem entspricht der Forschungsansatz einer Arbeitsgruppe, die sich im Rahmen der Exzellenzcluster-Wettbewerbe an der Johann Wolfgang Goethe-Universität gebildet hat. Es geht um »die Herausbildung normativer Ordnungen«. Dabei wird exemplifizierend

21 Ebd.
22 Ebd., S. 744.
23 Ebd.
24 Ebd., S. 29.
25 Ebd., S. 744.
26 Ebd.
27 Ebd., S. 745.

»die Evolution der Normen« behandelt, »die vor allem im Wirtschafts-, Arbeits- und Umweltrecht für das Konzept der regulierten Selbstregulierung stehen«.[28] Weil »private, halb-staatliche und staatliche Akteure [...] an [...] formellen und informellen Prozessen beteiligt sind«, will die Projektinitiative untersuchen, »ob und wieweit diese heterogenen Prozesse der Rechtsentstehung diskursive Elemente enthalten und ob diese sich zu einer Diskurstheorie verdichten lassen, die zugleich als kritischer Maßstab aktueller Entwicklungen taugen könnte«.[29] Es folgt eine Beschreibung der Hypothesen, die durchaus Ähnlichkeit mit dem aufweisen, was bei der Frage nach der Relevanz der »Anerkennungstheorien« über die Kommunikationsverläufe sozusagen mittlerer Tragweite und Intensität gesagt worden ist.[30]

»Ein wichtiges Thema«, heißt es weiter, »wird dabei sein, ob und wieweit eine diskursive Rechtsgenese als ein Prozeß politischer Autonomie, wie er für die Diskurstheorie des Rechts zentral ist, verstanden werden kann oder ob sich an der Herausbildung des internationalen und transnationalen Rechts gerade demonstrieren läßt, daß die Politik zu einem Teilsystem neben anderen, sich nunmehr selbst regulierenden Teilen im System wird. Insofern stellt diese Projektinitiative einen dialektischen Widerspruch zu derjenigen Projektinitiative« dar, die sich vor allem auf die Systemtheorie beruft.[31] Damit ist erneut das Stichwort gegeben für die Absprachen. Sie haben in der Justiz die Rolle, subversiv das zur Geltung zu bringen, was im übrigen staatlich-gesellschaftlichen Leben längst akzeptierte Praxis ist. Dieses (vorläufige) Schattendasein hat vielleicht etwas damit zu tun, daß in der Reform des Inquisitionsprozesses Deutschland auf halbem Wege stehengeblieben ist und die obrigkeitliche Stellung des zugleich Beweise erhebenden und urteilenden Richters sich daher nicht geändert hat. Daraus folgt die selbstverständliche Abweisung aller Versuche, diese Hierarchie

28 Klaus Günther, u. a. (Hg.), *Die Herausbildung normativer Ordnungen: Interdisziplinäre Perspektiven*, Frankfurt/M. 2007, S. 108.

29 Ebd., S. 106.

30 Vgl. dazu die Belege, in: Klaus, Lüderssen, »Verständigung im Strafverfahren«, in diesem Band, S. 526; ausführliche kritische Würdigung jetzt bei Stephan Stübinger, *Das »idealisierte« Strafrecht*, Frankfurt/M. 2007, S. 565-575, der allerdings meine Auseinandersetzung mit dem Verhältnis von »Wahrheit«, »Richtigkeit« und »Konsens« ignoriert.

31 Günther, *Herausbildung normativer Ordnungen*, a. a. O., S. 107 ff.

zu erschüttern. Es wird nicht möglich sein, in Deutschland diesen Teil der Abschaffung des Inquisitionsprozesses noch nachzuholen. Zu festgefahren sind die Verdikte über die Schwächen des adversatorischen Systems. Aber ein paar Andeutungen dürfen vielleicht gemacht werden.

In der bemerkenswerten Untersuchung Langbeins über *The Origins of Adversary Criminal Trial*[32] werden die Demokratieelemente der dritten Gewalt sehr deutlich. Die Wendung »it is the partys case« signalisiert den Gesellschaftsbezug (matter of society). Deshalb ist es wohl besser statt von »adversary« oder »adversitarial« von »contradictional procedure« zu sprechen. Sollte es wirklich zu einer in diese Richtung gehenden Reform des Strafprozesses auf dem Kontinent kommen, so wird es sich vor allem darum handeln müssen, das »adversary-System« nicht mit der Entscheidungsbefugnis der Laienjury zu identifizieren. Die Laienelemente sind sicher *auch* ein Teil der Demokratisierung der Justiz. Aber das dafür einschlägige Stichwort des 19. Jahrhunderts, »Der Kampf um die Schwurgerichte«, ist wegen der Medienöffentlichkeit aller Verfahren und der Selbstverständlichkeit demokratischen Denkens in Erziehung und Ausbildung der Richterschaft überholt. Das bedeutet freilich, daß an die Stelle der Jury, die über die Schuldfrage entscheidet, ein professionelles Gremium treten muß, das nicht identisch sein darf – andernfalls hätte man doch wieder den alten Inquisitionsprozeß – mit dem die Beweisaufnahme leitenden Richter. Ansätze einer solchen Aufteilung lassen sich auch im geltenden System des Inquisitionsprozesses dort erkennen, wo vorgeschlagen wird, daß Eröffnungsbeschluß und Durchführung des Hauptverfahrens nicht mehr bei ein und demselben Gremium liegen dürfen.

Aufgenommen werden müßte vielleicht die – gegenwärtig aus Kreisen des Internationalen Gerichtshofs in Den Haag kommende – Anregung, die Beweisaufnahme nicht vollständig den Parteien zu überlassen, sondern auch den Richtern eine Beweiserhebungskompetenz zuzugestehen; anderenfalls bleibe aus politischen Gründen, über die sich die Parteien insgesamt einig seien, zu viel unberücksichtigt. Die Beweiswürdigung hingegen liegt dann bereits bei dem anderen richterlichen Gremium. Das klingt kompliziert, aber man darf nicht vergessen, daß die Jury auch nicht gerade einfach und

32 John H. Langbein, *The Origins of Adversary Criminal Trial*, Oxford University Press, New York 2003.

eindeutig ist in ihrem Verhältnis zu den Parteien einerseits, zum Richter andererseits. Der Unterschied zum reinen Parteiverfahren wäre dann nur der, daß der Richter, den es in diesem Verfahren ja als organisierende, auf die Fairneß achtende Instanz gibt, eine zusätzliche Aufgabe bekäme. Sie würde allerdings eine Einschränkung des dialektischen Wahrheitsfindungsprinzips (wie sie mit der reinen kontradiktorischen Beweiserhebung verbunden ist) bedeuten. Prozeßtheoretisch wäre das im einzelnen noch zu klären. Wenn man bedenkt, daß in Den Haag die Wendung »inquisitorial« inzwischen durchaus pejorisierend benutzt wird, könnte unter dem Einfluß der allgemeinen europäischen Entwicklung die Ablehnung des *adversatorischen* Verfahrens in der deutschen Justiz am Ende doch zurückgehen.

Neue Einsichten der Staatsrechtslehre könnten den Übergang zu einem den angelsächsischen Ländern angenäherten Strafjustizsystem erleichtern. Wenn es richtig ist, daß der höhere »Abstraktionsgrad des Staates gegenüber dem Demokratiebegriff« sich umkehren läßt,[33] dann liegt die Diagnose nahe, daß »eine staatstheoretische Tradition wie die deutsche, die den Staat nicht selten als etwas der Gesellschaft Äußerliches versteht, Schwierigkeiten« hat, »demokratische Repräsentation zu konzipieren«.[34] »Der Zusammenfall von Staatlichkeit und Demokratie im Staat des Grundgesetzes«, heißt es, werde »immer wieder durch die Bedeutungsüberschüsse sowohl des Demokratie- wie auch des Staatsbegriffs überdeckt. [...] Das Problem der Rechtfertigung des Staats liegt quer zum Demokratieprinzip. Mit dem Staatsbegriff verknüpfte Rechtstheorien neigen [...] zu substanzhaftem, verfahrensfremdem Denken. Dies ist mit der prozeduralen Staatsform Demokratie schlecht zu vereinbaren.«[35]

Daß nun Elemente des mit dem Demokratiebegriff verknüpften prozessualen Denkens bei uns längst eingedrungen sind, zeigen die ausdrücklich auf den Konsensgedanken sich beziehenden Reformbemühungen des Gesetzgebers zur Praxis der Absprachen.[36] Das mag noch mehr oder weniger eine Intuition sein. Sie zu einem Räsonnement zu machen, ist das Ziel dieses Beitrages.

33 Christoph Möllers, *Staat als Argument*, München 2000, S. 424.

34 Ebd., S. 423.

35 Ebd..

36 Auch darüber im einzelnen: Klaus Lüderssen, »Verständigung im Strafverfahren«, a. a. O.

Die Nivellierung der Justiz mit den übrigen Staatsgewalten scheint freilich die Funktion der Justiz, auch den Staat zu kontrollieren, zu paralysieren. In der Tat ist die Frage aufgeworfen worden, ob die Justiz »eigentlich Teil des Staates, den sie zugleich kontrollieren soll«, sei.[37] Interessanterweise scheint das jetzt in Frankreich diskutiert zu werden.[38] »Das verwaltungsorientierte Frankreich« weise insofern »Züge eines Paradigmawechsels« auf. Sehr schnell ist dort die Idee der juristischen Kreativität, die lange als Problem gegolten hat,[39] übergegangen in eine Diskursorientierung, woraus sich ergeben habe, daß das »plaidoyer coupable« (mit der Folge einer Absprache) schon gesetzlich sanktioniert sei.[40] Das heißt: Wenn eine sehr enge, im Grunde ja immer illusionäre Bindung an das Gesetz relativiert wird, ist der Schritt zur Anerkennung konsensualer Elemente bei der Entscheidungsfindung für eine Rechtsordnung, die aus grundsätzlicher Verweigerung die Kunstgriffe der Hermeneutik (die sozusagen auf eine Bindung ohne Bindung hinausliefen) nicht mitgemacht hat, leichter als in einem Land, das nur die beiden Varianten »Richterkönigtum« oder »Subsumtionsautomat« vor Augen hatte.[41] Unabhängigkeit kann nicht heißen, daß es keine Einflüsse geben darf. Das wäre nicht nur weltfremd, sondern denkunmöglich. Aber der größere Spielraum, der durch konsensuale Elemente bei der Rechtsfindung gegeben ist, kann vielleicht den Begriff der Unabhängigkeit des Richters mit einem anderen Leben erfüllen als der, welcher als Teil der Dichotomie erscheint, die mit den Worten »und nur dem Gesetz unterworfen« endet.

Unabhängigkeit und Demokratie – diese konkretisiert durch die partizipatorischen Elemente, die im Absprachewesen liegen – erscheinen so nicht mehr als Gegensätze, ebensowenig wie Rechtsstaat und Demokratie.[42] Die Idee, die Justiz müsse den Staat kontrollieren und die von ihr repräsentierte Staatsgewalt, die dritte Gewalt, sei etwas ganz Besonderes, ist mit diesem modernen Be-

37 Vgl. den Bericht bei Heike Jung, *Richterbilder: ein interkultureller Vergleich*, Baden-Baden/Basel 2006, S. 32.

38 Ebd., S. 33ff.

39 Ebd., S. 37.

40 Ebd., S. 80.

41 Regina Ogorek, *Richterkönig oder Subsumtionsautomat? Zur Justiztheorie im 19. Jahrhundert*, Frankfurt/M. 1986.

42 Dazu: Lüderssen, »Verständigung im Strafverfahren«, a. a. O.

griff von Unabhängigkeit nicht mehr zu vereinbaren. In Wahrheit geht es ja auch nicht um die Kontrolle des Staates, sondern um wechselseitige Abhängigkeit aller drei Staatsgewalten: Die Justiz kontrolliert die Legislative und die Exekutive; die Legislative liefert der Exekutive und der Judikative die Grundlagen, und die Exekutive sorgt für die Realisierungen, die der Legislative erst ihren Sinn geben und der Judikative ihre Aufgaben verschaffen.[43]

So gesehen, wäre eigentlich gar nichts Spezielles für die Richter zu fordern. Sie könnten durchaus abwählbar sein. Wenn man das aus Gründen der Beständigkeit nicht will, dann bedarf das angesichts dessen, daß auch Beamte der Verwaltung lebenslange Anstellungen bekommen, keiner Hervorhebung. Alles wird zur Niveau-Frage. In dem Maße, wie Wahlen und Repräsentationen der Wähler durch die Gewählten ernst und verantwortungsvoll vor sich gehen, wozu Bildung und Ausbildung das Entscheidende beitragen, kann man für die Justiz genausoviel Vertrauen schaffen oder sogar vielleicht noch mehr als durch ein hierarchisches Beamtenrichtertum. Die unangefochtene Maxime – ein Richter darf in seinen Entscheidungen nicht von Vorgesetzten beeinflußt werden – scheint freilich als differentia specifica übrigzubleiben. Aber die Staatsanwälte, Teil der Exekutive,[44] fordern ja auch ihre Unabhängigkeit von internen Weisungen, und die tatsächlichen Freiheiten, die ein Verwaltungsbeamter gegenüber seinen Vorgesetzten hat, wachsen im Zuge des modernen, die Verantwortung aufteilenden Delegationswesens ebenfalls. Wenn die Unabhängigkeit der richterlichen Entscheidung von Weisungen so ernst genommen wird, so beruht das ja nicht darauf, daß dem einzelnen Richter die endgültigen Weisheiten zugebilligt werden; vielmehr ist das eine Vorkehrung gegen Macht. Daß diese Vorkehrung auch bei anderen Staatsgewalten nötig ist und dort deshalb auf Pluralität und Dezentralisation gesetzt wird, ist eine Praxis, die allmählich ins öffentliche Bewußtsein tritt. Der Prozeß der Demokratisierung der

43 Mit Recht sagt Becker, a. a. O., S. 352: »Angesichts der vielfältigen Durchbrechungen des klassischen Musters der Gewaltenteilung durch das Grundgesetz erscheint es angemessener, von einem Ineinandergreifen, einer Verschränkung oder einer Verzahnung der verschiedenen Gewalten zu sprechen«, und beruft sich dabei weitgehend auf Judikate des Bundesverfassungsgerichts.

44 Neuester Diskussionsstand bei Brigitte Kelker, in: *Zeitschrift für die gesamte Srafrechtswissenschaft* 118 (2006), 389 ff.

Staatsgewalten erfolgt gewissermaßen unter wechselseitigem Einfluß: Die Konsenselemente werden in der Exekutive ausgebildet und wandern in die Justiz. Der Gedanke der Unabhängigkeit ist genuin für die Justiz und wandert in die Exekutive.

Dazu gehört, was die Strafjustiz betrifft, vielleicht die endgültige substantielle und nicht nur verbale Verabschiedung vom staatlichen »Strafanspruch«. In diesem Begriff steckt immer noch die Staatsräson, die man als Begriff vergessen sollte. Jedenfalls gilt das für die Strafjustiz, sie kann sich für das Recht zu strafen nur auf das Gemeinwohl beziehen.[45] Vielleicht liegt die Hemmung, die Identifizierung von Rechtsordnung und Staat[46] aufzugeben, darin, daß wir noch unter dem Eindruck stehen, den das im 19. Jahrhundert erreichte Staatsverständnis hinterlassen hat. Man glaubte, daß eine gewisse Perfektionierung des überallhin reichenden Staates endlich erreicht war. Als zweihundert Jahre vorher die Idee des in diesem Sinne zu verstehenden absoluten Staates entstand, war man weit von ihrer Realisierbarkeit entfernt. Es fehlten die modernen Mittel einer umspannenden Organisation. Der Staat war da, wo der Herrscher sich aufhielt und unmittelbar seine Macht ausüben konnte, der Rest verlief sehr heterogen mit von der Seite kommenden speziellen korporativen oder allgemein-gesellschaftlichen Einflüssen. Nachdem das endlich vorbei zu sein schien, verlor man den Blick dafür, daß die gesellschaftlichen Kräfte, die seinerzeit der Durchsetzung des absolutistischen Staatswillens entgegenstanden, ihrerseits sich mehr oder weniger in festen feudalen Bindungen bewegt hatten. Das 19. Jahrhundert sah sich also vor einer zweifachen Aufgabe: Etablierung des modernen flächendeckenden Verwaltungsstaates und Emanzipierung der Gesellschaft. Die zweite Aufgabe führte indessen zu einer so scharfen, als fortschrittlich empfundenen Vorstellung von der Trennung von Staat und Gesellschaft, daß lange übersehen wurde, in welchem Maße die gesellschaftliche, vom Staat zu unterscheidende Rechtsordnung subkutan weiterwirkte. Damit dieser Tatbestand wieder zum Vorschein kam, bedurfte es des Anstoßes durch die Rechtssoziologie.[47] Aber sie konnte sich

45 Lüderssen, in: Cornelius Prittwitz/Ioannis Manoledakis (Hg.), *Strafrechtsprobleme an der Jahrtausendwende: deutsch-griechisches Symposium Rostock 1999*, Baden-Baden 2000, S. 63 ff.

46 Hans Kelsen, Nachweise bei Möllers, *Staat als Argument*, a. a. O.

47 Beginnend mit Eugen Ehrlich, *Grundlegung der Soziologie des Rechts*, München/

nicht durchsetzen, weil man zu sehr mit dem Staat beschäftigt war. Denn dieser war ja paradoxerweise in dem Moment, in dem für eine allumfassende Staatlichkeit die technischen Voraussetzungen geschaffen waren, längst nicht mehr absolut, sondern durch Revolutionen und Aufklärung in seinem Anspruch stark relativiert. Der moderne Rechtsstaat entstand. Das war eine Sache der Juristen und nicht der Soziologen. Der »Zivilisationsbruch« der nationalsozialistischen Diktatur warf diese Entwicklung zurück. Danach wurde sie zwar wiederaufgegriffen, aber die Soziologen blieben weiterhin ausgeblendet (trotz einer gewissen Renaissance in den sechziger Jahren des vergangenen Jahrhunderts). Erst die aktuellen Relativierungen staatlicher Souveränität durch die Vorgänge der Globalisierung haben den Sinn wieder dafür schärfen können, daß Staat und Gesellschaft nicht getrennt sind, sondern daß die Gesellschaft streckenweise den Staat ersetzt. Die Reflexe dieser internationalen Entwicklung auf die nationalen Verhältnisse werden noch kaum registriert, aber in dem Maße, wie sie zunehmen, wird das – jedenfalls in den westlich-demokratischen Gesellschaften – von Einfluß sein auf das, was man die alltägliche Demokratie im Staatsleben nennen könnte. Daß auch die Justiz, als letzte der drei Staatsgewalten, von dieser Strömung erfaßt werden wird, ist gewiß.

Der Versuch, in den Wildwuchs der Absprachen der Strafjustiz eine gewisse legitimierende Ordnung zu bringen, gehört in diesen Kontext, und es wäre zu wünschen, daß der Stellenwert, den die Absprachen im Gesamtgefüge staatlich-gesellschaftlicher Entwicklung einnehmen, im Rahmen der noch nicht abgeschlossenen Debatten über das Pro und Kontra erst einmal identifiziert würde, ehe man sich konzeptlos in den Details verliert.

Leipzig 1913; zu Ehrlich umfassend Stefan Vogl, *Soziale Gesetzgebungspolitik, freie Rechtsfindung und soziologische Rechtswissenschaft bei Eugen Ehrlich*, Baden-Baden 2003.

7. Neue Aspekte der Interdisziplinarität

7.1 Das Elend der kritischen Kriminologie

Nach 25 Jahren mühevoller, geduldiger, nicht endender Bereitschaft, wieder neu zu verstehen, auch die wechselnden Moden zu akzeptieren (»Sie müssen jetzt Philippe Robert lesen«, Jahre davor mußte es noch unbedingt z. B. Wilson und davor Chambliss sein), nach allen Anstrengungen der Kooperation mit mehr oder weniger locker unter der Chiffre »kritische Kriminologie« firmierenden Gruppen von Soziologen ergreift mich selbst die Hoffnungslosigkeit jener persönlich liebenswürdigen und intellektuell interessanten akademischen Kollegen, die nicht aufhören zu prüfen, ob nicht doch alles Konstruktion sei, und, wenn die Provokation des Realen zu offensichtlich ist, Scherzfragen anbieten: »Was sagt eigentlich der radikale Konstruktivist, wenn seine Geliebte ihn fragt, ob sie seiner Ehefrau die Wahrheit darüber sagen solle, wo er die letzte Nacht verbracht hat?«[1] Gelegentlich flammt freilich so etwas wie eine ernste Sorge auf, man könne mit den permanenten Insich-Geschäften am Ende doch wohl Wesentliches verfehlen. Freilich ist es, soviel ich sehe, jeweils derselbe, der das tut, Sebastian Scheerer. Vor gut zehn Jahren apostrophierte er den Moralunternehmer, und neuerdings verlegt er sich auf die folgende Beschwörung:

»Man nehme nur einmal irgendein Thema, das aktuell von allgemeinem Interesse ist, und frage sich, ob wir als kritische KriminologInnen über seriöse Antworten verfügen. Zu solchen Themen wären etwa zu zählen: rechte Gewalt, organisierte und grenzüberschreitende Kriminalität, Entführungen und Erpressungen, Jugendgewalt, Ausländerkriminalität, Polizeiübergriffe, Drogenkriminalität, Vergewaltigung, sexueller Mißbrauch, Korruption, Menschenhandel, Serienkiller, Schutzgelderpressungen, Lauschangriffe, Gefängnisskandale – und vieles mehr. Unter einer seriösen Antwort wäre eine durchdachte, kohärente, ehrliche hilfreiche Antwort zu verstehen. Wenn wir über solche Antworten verfügten, würde man sicher mehr von ihnen hören. Es sei denn, man wollte eine geschickte Zensur und/oder teuflische Verschwörung ausmachen, welche die wertvollen Beiträge der kritischen Kriminologie zur Reflexion dieser Kategorien und zur Erklärung der damit bezeichneten Phänomene unterdrücken. Doch die große Zeit

1 Sebastian Scheerer, »Anhedonia Criminologica«, in: *Kriminologisches Journal* (1997), S. 23 ff. (36).

der Verschwörungstheorien (die es unter kritischen KriminologInnen vor längerer Zeit auch schon mal gab), ist inzwischen vorbei. Und so bleibt nur noch die unangenehme Vermutung, daß die Realitätsfilter unserer Zunft inzwischen zugunsten betriebsinterner Geschäftigkeit und der Optimierung der Ressourcenverteilung so weit verstopft sind, daß die Auseinandersetzung mit diesen und vielen anderen relevanten Themen nicht mehr möglich, nicht mehr attraktiv oder förderlich zu sein scheint.«[2]

Das *Kriminologische Journal* druckt dergleichen ebenso respektvoll und selbstgefällig wie folgenlos für die In-groups. Um die Theorie von den Moralunternehmern hat sich von den kriminologischen Akademikern niemand in nennenswerter Weise gekümmert. Allenfalls gab es politische Reaktionen bei den Grünen, die in treuherziger Manier konsequent sein wollen und die Winkelzüge der autopoietisch agierenden gelehrten Freunde gar nicht verstehen, die Texte, sofern sie sie zu sehen bekommen, wörtlich nahmen, kein Abolitionismus mit zweierlei Maß. Da das natürlich gar nicht durchsetzbar ist, folgte freilich dann doch wieder ein Einschwenken auf die von den sozial-liberalen Recken – da haben auch Strafrechtler mitgewirkt (Baumann, Maihofer, Noll etwa) – eingeleitete Umkriminalisierung: weg von den Kleinen, hin zu den Großen. Und so wird – für seine Kollegen – auch der neue Aspekt Sebastian Scheerers keinen anderen Effekt haben als den: »Seht doch, wie wir uns immer wieder in Frage stellen können«. Es genügt ihnen, daß es einer tut, stellvertretend, wie Christus am Kreuz, damit man ein gutes Gewissen behält und weitermachen kann wie bisher.

Von Fritz Sack stammt ein neues Papier über kriminologische Ost-West-Probleme. Nach zehn Seiten stelle ich die Lektüre wegen unüberwindlicher Langeweile ein: Redundanzen, gebetsmühlenartig. Sessar schickt einen Sonderdruck aus der *Monatsschrift für Kriminologie und Strafrechtsreform* mit dem interessanten Titel: »Kriminologie ohne Täter«, den ich mit Spannung zu lesen beginne, unbelehrbar in dem Wunsch, endlich etwas zu erfahren – indessen: derselbe Effekt, geistreich-sprachgewandtes Hin- und Herwenden der alten Fragen mit den unvermeidlichen klassischen Zitaten (Durkheim, aber auch vor Beccaria wird nicht haltgemacht) und ein paar neuen Namen, die eine oder andere aufgeschreckte Frage und dann zurück in die selbstreferentielle Welt. Ähnlich geht es mir

2 Ebd., S. 34f.

mit dem Text von Klaus Boers, »Sozialer Umbruch und Kriminalität in Mittel- und Osteuropa«.

Es gibt jetzt einen weiteren Text von Henner Hess und Sebastian Scheerer,[3] der schon vor seiner Veröffentlichung als Geheimtip für eine wirklich neue, kompetente Kriminalitätstheorie (oder auch Kriminalisierungstheorie oder beides) kursierte. Ein schön geschriebener, kluger Text. Freudig wende ich mich ihm zu. Zunächst bleibt auch eine gewisse Spannung, große Bögen durch die Soziologiegeschichte werden geschlagen, international selbstverständlich, achtunggebietendes *name-dropping* – aber nicht nur das, sondern mit interessanten Ideenverbindungen, Materialassoziationen, die mich überlegen lassen, ob hier nicht doch endlich etwas kommt. Nach zehn Seiten sinken mir auch diese Blätter aus der Hand, und ich sehe mir nur noch, wie bei den beiden anderen Arbeiten, das Literaturverzeichnis an. Ein erster neuer Blick erhascht die vertrauten Namen: Henner Hess, Sebastian Scheerer, Fritz Sack, Stehr, auch Smaus, Karstedt, Bussmann, und dann wieder diverse Amerikaner, Franzosen und auch Skandinavier. Dasselbe bei den anderen Autoren, hemmungslos immer wieder dieselben Namen.

Und jetzt möchte ich fragen: Haben die Strafrechtler zu alledem gar nichts zu sagen? Aus der Sicht jener Kriminologen muß die Frage mit einem kategorischen Nein beantwortet werden. Denn in ihren Literaturverzeichnissen, nachdem sie in den Texten ohnehin keine Rolle spielen, kommen sie nicht vor. Überhaupt nicht. Denn die wenigen Titel, die sich dann doch finden, sind so zufällig, zum Teil veraltet und vor allem nur als Spurenelemente zu verifizieren, daß sie als Summe nicht zählen. Stellvertretend führe ich aus dem Text von Hess und Scheerer auf:

Giehring, H., »Sozialwissenschaftliche Forschung zur Generalprävention und normative Begründung des Strafrechts«, in: *Kriminologisches Journal* 19 (1987), S. 2-12.

Jäger, H., *Verbrechen unter totalitärer Herrschaft. Studien zur nationalsozialistischen Gewaltkriminalität*, Frankfurt/M. 1982 (1967).

Jäger, H., *Makrokriminalität. Studien zur Kriminologie kollektiver Gewalt*, Frankfurt/M. 1989.

Lüderssen, K., »Stufenweise Ersetzung der Freiheitsstrafe«, in:

3 Henner Hess/Sebastian Scheerer, »Was ist Kriminalität? Skizze einer konstruktivistischen Kriminalitätstheorie«, in: *Kriminologisches Journal* 1997, S. 8 ff.

ders. (Hg.), *Abschaffung des Strafens?*, Frankfurt/M. 1995, S. 259-278.[4]

Es gibt Hunderte deutschsprachiger Strafrechtslehrer und Tausende von Richtern, Strafverteidigern, strafrechtlich ausgebildeten Strafvollzugsbeamten. Außerdem gibt es zigtausende richterlich festgestellter Sachverhalte in strafrechtlichen Entscheidungen, die zum Teil sehr ausführlich sind, auch auf soziale Hintergründe und psychologische Zusammenhange eingehen. Warum interessiert das die kritische Kriminologen nicht? Daß sie von der Existenz dieser Quellen (darf man das Material so nennen? frage ich, immer noch furchtsam) nichts wissen, ist ausgeschlossen. Ist es Bequemlichkeit oder ein fröhliches Vorurteil über die Bedeutungslosigkeit der Strafrechtler? »Wir haben andere ›Relevanzstrukturen‹«, dieser trostlose, beim ersten Mal noch eine in Spannung übergehende Irritation erzeugende Gemeinplatz – fürchte ich – regiert die Szene.

Nun gut, Richter subsumieren, Strafverteidiger kämpfen für ihre Mandanten, Strafvollzugsleute versuchen, über die Runden zu kommen – keine Forschungsinteressen, vor allem nicht bezogen auf größere Zusammenhänge. An sich ist diese – zu vermutende – Perspektive der kritischen Kriminologen eine Unverfrorenheit. Denn all diese »Praktiker« grübeln tagtäglich über ihre Fälle, sehen die Leute (die »Täter«, die »Opfer«, beider Lebensumstände, die Zeugen und deren Umfeld, die beteiligten Behörden in Gestalt von Polizisten, Staatsanwälten, verdeckten Ermittlern, V-Leuten, Sozialarbeitern, Sachverständigen), lesen Berge von Akten mit Aussagen, Berichten, Augenscheinsmitteilungen, Urkunden, Beweisanträgen. Und sie sollen trotzdem nichts »Relevantes« wissen können über die Gegenstände der Kriminologie? Freilich, wenn es immer noch so ist, wie Anne-Eva Brauneck seinerzeit gesagt hat, daß die Kriminologen sich vor allem für die Kriminologie und nicht für die Kriminalität interessieren, so zeigt sich hier die Folge. Aber hat dieser eigentlich jedem die Augen öffnende Satz so gar keine Wirkung gehabt? Was eigentlich muß man den kritischen Kriminologen noch buchstäblich ins Ohr rufen, damit sie begreifen, wie wertlos ihre Arbeit bleiben muß, wenn sie so weitermachen? Daß die strafrechtlich Praxis von ihnen keine Notiz nimmt, mögen sie hochmütig verwerfen. Aber gibt es denn gar kein Gefühl

4 Der richtige Titel lautet: *Abschaffen des Strafens?*.

dafür, daß diejenigen, welche die tägliche Arbeit machen müssen, solange Kriminalität noch »definiert« wird (und wer will es, vor welchem Forum, wagen, damit einfach aufzuhören – von gesetzlichen Verpflichtungen zu handeln einmal ganz zu schweigen?), vielleicht doch mit Verantwortung und Umsicht, so gut sie es können nach ihrer – zugegeben schlechten – Ausbildung (ein Zustand, an dem die kritische Kriminologie wegen ihrer Verweigerungshaltung durchaus ein gerüttelt Maß Schuld hat), tätig werden und nicht nur einiges, sondern vieles zu sagen (und auch zu fragen) haben und mit beidem nicht gehört werden, nichts, aber auch gar nichts über sich finden in jenen Texten, welche die kritischen Kriminologen über die Kriminologie unter sich zirkulieren lassen?

Bleibt die »Theorie« des Strafrechts. Schon die Dogmatik birst vor Stoff: Sämtliche Fragestellungen betreffen die *Handlungen*, und daß es um sie (auch) geht in der Kriminologie, ist eine Einsicht, für die – mit großem paradigmenwechselschwangeren – Aufwand jetzt zögernd eingetreten wird. Freilich sind in jener Dogmatik normative Abstraktionen am Ende ausschlaggebend; ihnen gehen aber viele lebensweltlich-phänomenologische Differenzierungen voraus, beim Irrtum etwa oder beim Rücktritt vom Versuch. Die Deskriptionen und Distinktionen sind mannigfach, durch historische Erfahrung und Nachdenken *und* Beobachten allmählich zu Systemen erwachsen. Das gilt für vieles Spezielle, aber auch für etliche Verallgemeinerungen, gleichsam vor die Klammer gezogene Abbreviaturen sozialen Lebens.

Doch darauf beschränken sich die Strafrechtler ja nicht. Sie fragen nach den Gründen und den Erscheinungsformen von Straftaten ebenso wie nach den Möglichkeiten, sich damit auseinanderzusetzen. Sicher nicht erschöpfend und frei von Naivität; man kann nicht von Straftaten sprechen, als ob sie etwas ganz Natürliches oder einfach Feststellbares wären, und ich bezweifle keine Sekunde, daß die Strafrechtler, auch die Theoretiker, sich in dieser Hinsicht nicht genug Gedanken machen. Aber daß hier ernsthafte, kenntnisreiche Bemühungen vorliegen, mit Blick für Geschichte, Kultur, Soziologisches, Psychologisches, Politikabhängigkeit und ähnliches mehr, kann um so weniger bestritten werden, als sie auf das, was passiert, bezogen sind und voller Handlungsanweisungen an die Adresse derer stecken, welche die Last mit dem haben, was man als Kriminalität und Kriminalisierung, abweichendes Verhalten und gesellschaftliche Zuschreibung oder wie auch immer bezeichnen mag. Um konkret zu werden: Da gibt es die Allgemeinen Teile von Roxin, Jakobs, Jescheck-Weigend, Kühl – um nur die neuesten besonders umfangreichen Werke zu nennen. Ferner die Besonderen Teile von Maurach/Maiwald/Gössel, dann den Kommentar von Schönke/Schröder, den Systematischen Kommentar, den Alternativ-Kommentar und den Leipziger Kommentar – wiederum nenne ich nur die besonders umfangreichen Werke. Zehntausende von Seiten, die sich mit nichts anderem als Kriminalität und diversen Erscheinungen – freilich sub specie ihrer juristischen Bewertung – beschäftigen. Diese Bucher werden von den kritischen Kriminologen keineswegs in die Hand genommen; nicht einmal die besonders suggestiven, vielseitig orientierten Bücher wie der Allgemeine Teil von Stratenwerth oder die Besonderen Teile von Arzt/Weber kommen in Betracht, geschweige denn, daß sie gelesen werden.

Selbstverständlich kann es nicht darum gehen, daß die Kriminologie den Bewertungen des Strafrechts einfach folgt und dann zusätzliche Empirie entfaltet. Dann wäre sie wirklich die Hilfswissenschaft, was ihr niemand zumuten möchte und womit niemandem gedient ist. Das also ist sicher ein überwundener Standpunkt. Aber mit welchem Recht wird nun das Gegenteil postuliert, die vollkommene Loslösung von dem, was das Strafrecht tut? Schon wenn die kritische Kriminologie, wie sie gelegentlich von sich behauptet, nur Erfahrbares im Auge hätte, wäre das ungeheuer kurzsichtig. Daß sie sich jedoch auf diese Erkenntnisinteressen beschränkt, ist inzwischen ebensowenig aktuell wie das Bild von der Hilfswissenschaft. Vielmehr ist die kritische Kriminologie *auch* kriminalpolitisch motiviert, und das mit Recht. Ich will jetzt nicht in eine doktrinäre Erörterung darüber eintreten, wie sich Strafrecht und Kriminologie dann am Ende unterscheiden. Was für diese Unterscheidung offensichtlich ist, weiß jedermann und steht gar nicht zur Debatte. Es kann auch nicht darauf ankommen, nun besonders methodensicher und abgrenzungsscharf das Verbindende und Trennende grundsätzlich und im Detail darzulegen, sondern Thema ist gerade die Banalität der Gemeinsamkeiten. Keine diffizile Beweisführung ist hier beabsichtigt, sondern es soll mit Fingern auf einen offen zutage liegenden anstößigen Sachverhalt hingewiesen werden.

Es gibt eine Art »Zwischen-Literatur«; Texte, die in direkter

Auseinandersetzung und Kommunikation mit den Einsichten der modernen kritischen Kriminologie geschrieben sind. Das Musterbeispiel sind die Arbeiten von Hassemer (*Einführung in die Grundlagen des Strafrechts*; Vorbemerkungen zu § 1 im Alternativ-Kommentar). Wenn die kritische Kriminologie sich nur mit dieser Literaturgattung beschäftigen würde, wäre sie von den erhobenen Vorwürfen durchaus nicht befreit. Aber es ist eben noch schlimmer: Sogar diese Literatur ist nicht gefragt. Die Einseitigkeit ist so grotesk, daß man ratlos bleibt.

Wer sich Mühe gibt, ein paar Konturen in den hin- und hergeschobenen »Theorielagern« herauszufinden, stößt auf eine neue Vokabel und einen neuen Namen. Die neue Vokabel heißt Modernisierung, und der neue Name ist: Ulrich Beck. Vielleicht kann man noch hinzusetzen Dichte Beschreibung, und dann heißt der Mann: Clifford Geertz. Aber im übrigen hat sich nichts geändert.

Ob es mit der vollständigen Isolierung von dem, was real auf dem Gebiet von Kriminalität und Strafverfolgung geschieht, zusammenhängt, daß die kritischen Kriminologen sich nur in ihren selbstgewählten Theorien darüber, was Kriminologie sei und sein könne, bewegen? Ob sie kriminalpolitisch den Überblick verloren haben? Wenn Fritz Sack die wohlfeile und nicht weiter überraschende, übrigens zutreffende Einsicht, es gebe nicht intendierte Konsequenzen technologischer Entwicklungen, die zu einem »empirisch verallgemeinerten Pessimismus der Unbeherrschbarkeit« führen, mit der Bemerkung kommentiert, daß es eben »deren Verwertung durch die mörderischen Mechanismen kapitalistischer Produktionsweise« sei, die »buchstäblich Institutionen sozialen Zusammenlebens und gesellschaftlicher Ordnung zersetzen und zerfressen, über die ungeheure Mobilisierung von Ressourcen, die schlicht zerstören« (a. a. O., S. 45), dann zeugt das von einer so befremdlichen Verwendung von dem, was wirklich in der Welt vor sich geht, daß man dem wenigstens andeutungsweise nachgehen muß. Die Entschiedenheit und Ausschließlichkeit, mit der Sack vom mörderischen Kapitalismus spricht, impliziert, daß er sich zur Kritik der Gegenmodelle nicht entschließen kann. Dafür spricht auch seine Parallelisierung von Rechtsbeugungstatbeständen in Ost und West. Sehen er und diejenigen, die zustimmen, nicht, was täglich berichtet wird über die Verheerungen, die der Kommunismus hinterlassen hat, daß die Hilflosigkeit und Anomie in den Ländern jenseits des Gürtels von Polen über Ungarn und Tschechischer Republik (der durch eine gewisse Beziehung zum Westen und einen in seiner Funktion gar nicht zu unterschätzenden subversiven Katholizismus noch leidlich davonzukommen scheint) die *Folge* des *untergangenen* Regimes sind und nicht etwa primär *entstanden* durch die *neuen* staatlich-wirtschaftlichen Verhältnisse? Wenn es schwierig ist, das zu begreifen, so liegt das vielleicht daran, daß die neuen staatlich-wirtschaftlichen Verhältnisse auf einem Niveau importiert worden sind, das die Herkunftsländer längst hinter sich gebracht haben. Dieses Defizit der mit der Befreiung vom Kommunismus einhergehenden Veränderungen kann niemand leugnen. Zu zeigen, daß der westliche Kapitalismus eine private Rechtsgesellschaft ist und nur aus diesem Grunde Versuchungen eines staatlichen und bürokratischen Sozialismus mit Erfolg hat trotzen können, wäre eine leichte Aufgabe, wenn die gut greifbaren Informationen über die Marktwirtschaft als eine allmählich historisch gewachsene Institution an Stelle jener Zurückweisung der privatkapitalistischen Systeme treten würden, welche ebenso blind ist wie die »Abbildtheorie« (weshalb östliche Marxisten mit westlichen nicht sprechen konnten). Daß es so *war*, ist schlimm genug. Daß es so *ist*, ist das Schlimmere. Die Aufklärung über den vergangenen Kommunismus reißt nicht ab.

Ich nehme nur als jüngstes Beispiel die Berichte über Albanien einerseits, die mit immer wieder neuem Material gespeisten Aufklärungen Joachim Gaucks über die Wüste, welche die DDR gewesen sei – gerade mit den auf eine so merkwürdige Weise romantisierten Kindergärten und Nischen –, andererseits. Aber die Schere wird sich weiter öffnen. Da gibt es die Erinnerungen von Inge Viett, die von ihrer Zeit in der DDR schwärmt, von dem einfachen Leben, dem Fehlen reicher Villen und von der Unzerstörtheit der Natur, Erinnerungen, die nur zu gern von jenen entgegengenommen werden, die beherzt in die Klage derer einstimmen, die dem Ganzen nachtrauern. Das sind freilich ebenso weiträumige wie punktuelle Wahrnehmungen, unwissenschaftlich, wenn man so will, aber sehr direkt. Wenn sich nur ein wenig von dem in den Untersuchungen fände, die Boers und Sessar kürzlich vorgelegt haben, und sei es nur als Induktionsgrundlage für sich dann verzweigende und intensiver werdende Forschungen, so wäre das ergiebiger als die Einzeichnung diverser Hypothesen in ein Fadenkreuz von in der Kriminologie gegenwärtig virulenten Theorien, deren Bezug zum Material überhaupt nicht erkennbar ist, wahrscheinlich von den Autoren auch nicht gesucht wird. Darin offenbart sich ein gravierender Fehler der kritischen Kriminologen, die zwar sehr methodenbewußt auftreten, sich aber nur auf einem Reflexionsniveau bewegen, das die auf diesen Feldern arbeitenden Kollegen wechselseitig anbieten. Sie müßten beispielsweise doch wissen, daß das Verhältnis von »Realität« und »Erklärung« oder »Verstehen« ein Problem betrifft, das sich durch sämtliche geistes- und sozialwissenschaftlichen Disziplinen zieht (von den geheimen Relevanzen für die Naturwissenschaften einmal zu schweigen) und Gegenstand diffiziler wissenschaftstheoretischer Erörterungen ist. So weiß man am Ende nicht, was gegenwärtig in dieser Art von Kriminologie den Ausschlag gibt: kriminalpolitische Sterilität oder methodologische Isoliertheit.

Was in der kritischen Kriminologie vollkommen fehlt, sind durch theoretisches Wissen und historische Erfahrung begründete wirtschaftspolitische Prämissen. Es gibt nur die ganze grobe, ja einfältige Gegenüberstellung von Kapitalismus und Sozialismus. Für die kapitalistische Seite fehlt jede »Theorie« im engeren Sinne, während für die sozialistische Seite wenigstens immer wieder ein paar Marx-Zitate herhalten dürfen, wobei schon ein gewisser Stolz sich mitteilt, wenn der frühe Marx oder irgendeine bisher nicht kanonisierte Äußerung von Marx präsentiert werden kann. Auch die sich gleichsam zwischen den Lagern bewegenden, zwar ebenfalls vergangenen, aber immerhin nicht ganz so alten großen Theorien wie etwa die Analysen von Sombart und/oder Schumpeter und die Programme von Keynes bleiben ausgespart, nicht nur in bezug auf ihr Weiterwirken, sondern schon grundsätzlich. Ganz weit entfernt ist man deshalb von jeder nur in Ansätzen differenzierenden Betrachtung der modernen privatkapitalistischen Wirtschaft. Der erste Schritt weg von dem holzschnittartigen Bild wäre vielleicht eine Diskussion darüber, was denn die »ordo-liberale« Komponente des neueren Kapitalismus für die gegenwärtige Wirtschaftsgesellschaft noch bedeutet. Dabei kann es sich gar nicht darum handeln, daß diese große, möglicherweise für das Überleben des westlichen Kapitalismus entscheidende Schöpfung in ihrer historischen Gestalt bewahrt werden soll. Vielmehr ist das System der Wirtschaftspolitik ja im ständigen Wandel begriffen, wie vor allem Gesellschaftsrecht, Wettbewerbsrecht und Konzernrecht zeigen. Auch das ist nicht ausschlaggebend. Denn es gibt inzwischen eine sehr intensive Auseinandersetzung darüber, ob nicht doch eher anderen, stärker sozialwissenschaftlich und systemtheoretisch orientierten Positionen der Vorzug zu geben ist, der Ordo-Liberalismus insofern als eine erholte, sich zu sehr auf die unbeschränkte Rationalität eines hypothetischen Entscheidungssubjekts stützende Konzeption erscheint. »Neue Institutionenökonomie« etwa ist eine jetzt aktuelle Parole.

Natürlich ist das nicht alles; die sozialstaatlichen Postulate und Regularien, neue Konzepte der Staatszielbestimmungen, der Kooperation zwischen öffentlicher Hand, Wirtschaft und Gesellschaft (dabei vor allem des Verhältnisses zwischen gesellschaftlicher Selbstregulierung und staatlicher Steuerung, dessen Entwicklung inzwischen nachgerade zu einer Explosion von Modellen, Ideen und Experimenten geführt hat) treten als konkurrierende, wenngleich im Ergebnis zu integrierende Faktoren hinzu.

Solange die kritische Kriminologie sich den Blick dafür schon von Ferne verstellt, nicht einmal den elementarsten Einstieg in diese die gegenwärtige westliche Gesellschaft beschäftigenden Probleme versucht, schwebt sie in der Luft.

Pars pro toto:

»Was ist Kriminalität?« lautet der Titel des Beitrages von Henner Hess und Sebastian Scheerer.[5] Darunter steht: Skizze einer konstruktivistischen Kriminalitätstheorie. Damit ist die Hauptfrage eigentlich schon entschieden. Alternativen kommen nicht in Betracht. Nun weiß jeder, daß gerade die Entscheidung für eine konstruktivistische Kriminalitätstheorie Gegenstand ganz prinzipieller Kontroversen ist. Aber nicht genug damit. Die Verfasser sagen, daß sie eine »allgemeine Kriminalitätstheorie zu skizzieren versuchen«.[6] Wie kann das gehen bei einem so spezifischen Ansatz? Was folgt, ist eine Melange zwischen sich wiederholenden Versicherungen, daß es beim Konstruktivismus bleiben solle, und naiven Mitteilungen und Feststellungen über Kriminalität, die diesen Ansatz Lügen strafen. Das beginnt damit, daß dem »Sammelsurium (angeblich) schädlicher Verhaltensweisen«, das in den Strafgesetzbüchern zusammengewürfelt sei, die Forderung nach Fixierung von »Art und

5 Hess/Scheerer, »Was ist Kriminalität?«, a. a. O.
6 Ebd., S. 84.

Schwere des Unrechts« gegenübergestellt wird.[7] Was mag denn für den Konstruktivisten die Quelle für die Fixierung einer solchen Aussage sein? Gleich darauf wird wieder brav gesagt, daß das, »was zu einer Klasse von Gegenständen« gehöre, sich »nicht aus irgendeinem Wesen der Dinge selbst, sondern nach Maßgabe der jeweils theoretischen Perspektive der Fragen, Ziele und Methoden« bestimme, beiläufig mit einer apodiktischen Distanzierung vom »Selbstbild« und der »Legitimation des Strafjustizsystems«.[8] Woher wissen die Autoren eigentlich, daß dieses »Selbst« so ganz und gar unkonstruktivistisch sei, das heißt nach der vorläufig gegebenen Alternative zum Konstruktivismus auf der Annahme einer »ontischen Realität«[9] (ein interessanter Pleonasmus) beruhe? Auf der gleichen Seite wird dem sozialen sprachlichen »Konstrukt«, worin Kriminalität nach Auffassung der Verfasser steht, eine Kriminalität gegenübergestellt, die »etwas Gott- oder Naturgegebenes« sei. Tertium non datur? Die Autoren haben noch andere Ausdrücke parat, wie die von den möglichen Grundlagen »essentialistischer Begrifflichkeiten«.[10] Die Fülle der Gesichte, denen sie sich eben doch nicht ganz entziehen können, läßt sie aber unvorsichtig werden, und schon nach kurzem sprechen sie bereits ohne weiteres davon, daß »Ereignisse«, mit denen sich eine »wissenschaftstheoretisch reflektierte Theorie und natürlich der soziale Konstruktivismus« befasse, »sozial gerahmt werden«.[11] Was bitte sind denn nun diese Ereignisse, die ja offenbar nicht als Konstrukt angesehen werden? Es gibt eine ausweichende Antwort: nämlich die, es sei »pure Vogel-Strauß-Politik«, sich »gegen derartige Verdinglichungen« zu wehren. Und dann fahren die Autoren ganz schlicht fort mit der Feststellung, daß es »um das Verstehen der Handlungen« gehe. Zwar ist die Perspektive dann die, daß auf diese Weise ein »Sinnbereich namens Kriminalität konstituiert«[12] werde. Aber die Autoren übersehen offenbar vollkommen, daß sie, indem sie diese Aufgabe beschreiben, bereits von etwas Gegebenem, nämlich von Handlungen und Ereignissen ausgehen. Das ist doppelt inkonsequent.

7 Ebd., S. 85.
8 Ebd., S. 86.
9 Ebd., S. 87.
10 Ebd.
11 Ebd., S. 88.
12 Ebd.

Einmal werden die Ereignisse überhaupt nicht mehr eingeordnet zwischen »ontischer Realität« und Konstrukt, und außerdem wird damit der Konstruktivismus eindeutig in Frage gestellt; an seine Stelle tritt eine Dialektik zwischen gestellten Fakten und Aspektabhängigkeiten – aber das ist eine vorgreifende Interpretation (und ganz sicher gegen das Selbstverständnis der Autoren).

Ich gehe darüber hinweg, daß die Autoren, offenbar an einem ersten Höhepunkt ihrer Theorie angelangt, sich nicht genieren, erneut von Berger und Luckmann zu sprechen, den Dauerbrennern der kritischen Kriminologie seit Jahrzehnten, sondern muß erst einmal weiter in der Wunde bohren. Denn auf S. 91 ist schon wieder ohne weiteres davon die Rede, daß »auch die Realität mitbestimmt« werde, und dann versteigen sich die Autoren sogar zu Phantasien von der Art, daß die Kriminalität »dem Geld, der Macht, der Liebe« – gibt es Realistischeres? – und schließlich »der Wahrheit« ähnele. Aber auch bescheidenere Aussagen, etwa die in Fußnote 16, daß »Verbindungen zwischen diesen und anderen Szenen (zum Beispiel: Drogen, Waffen Menschenhandel)«[13] bestehen könnten, ändern nichts daran, daß die Autoren offenbar erkenntnistheoretisch nicht wissen, was sie sagen. Der erste Versuch, doch eine gewisse Logik in die Sache zu bringen, könnte in der Vermutung bestehen, daß Konstruktivismus nur Wertdiskurse meint, zu den »Tatsachen« aber ein ganz naives Verhältnis unterhalten wird. In diesem Falle hätte es freilich wenig Sinn, von Konstruktivismus zu sprechen; vielmehr wäre man bei der traditionellen wertrelativistischen Philosophie. Es hat mich immer merkwürdig berührt, daß in den Aufsätzen der kritischen Kriminologen, die von »Zuschreibung« oder »Attribution« oder dem »Interpretations-Paradigma« sprechen, nie klar zum Ausdruck gebracht wird, ob Tatsachen oder Werte oder beides anvisiert ist oder auch davon ausgegangen wird, daß man insoweit überhaupt nicht unterscheiden kann, wenn erst einmal die Zuschreibungsperspektive eingenommen sei. Es muß hier deshalb gesagt werden, daß in der philosophischen Erkenntnistheorie diese Dinge sehr deutlich auseinandergehalten werden. Man spricht von praktischen und theoretischen Diskursen, und ich möchte deshalb auch den schon im ersten Teil dieser Bemerkungen geäußerten Verdacht, daß die soziologische Theorie der Zuschrei-

13 Ebd., S. 90.

bung von Kriminalität der epistemologischen Vergewisserung entbehrt, mit diesem Beispiel konkretisieren.

Ich lese auf gleicher Seite weiter und hoffe, daß endlich etwas Neues kommt. Aber es geht weiter im Stile der nicht durchgehaltenen Position. Was meinen die Autoren, wenn sie von der »Beschaffenheit« (darf der Konstruktivist so etwas überhaupt sagen?) jener »Sinnprovinz« der Kriminalität sprechen, »die sich an ihrer unteren Grenze vom erträglich Unguten und an ihrer oberen Grenze vom Mega-Bösen unterscheidet«? Hier wird ja nicht nur naiv von Ereignissen gesprochen, denen der Konstruktivist gegenübersteht und damit eigentlich sein theoretischer Ausgangspunkt schon paralysiert wird, sondern es werden große Vokabeln benutzt; die Autoren sind ganz nah an dem, was sie zu Anfang weit von sich gewiesen haben, an jener »ontischen Realität«, indem sie von Kriminalität sprechen wie alle anderen auch, insbesondere diejenigen, die so weit gehen, die Leugnung des Bösen in unserer Gesellschaft als ihre größte Lebenslüge zu bezeichnen.

Nicht zu übersehen ist, daß die Autoren an einer anderen Stelle dann doch wieder, insofern ziemlich konsequent, um ihre konstruktivistische Position kämpfen, als sie von den Möglichkeiten sprechen, wie man einer konkreten Verhaltensweise das »Etikett Kriminalität« nehmen könne. Anschließend aber sagen sie freilich, daß »die Kategorie als solche [...] extrem resistent«[14] sei. Das klingt schon ziemlich verzweifelt; wenn diese Kategorie »Kriminalität« so resistent ist – vielleicht geht es gar nicht um eine Kategorie, sondern um Realität? Ich muß an dieser Stelle einschieben, daß ich selbst ja keineswegs der Meinung bin, man könne einfach die Realität der Kriminalität feststellen; vielmehr ist die Aspektabhängigkeit nur dialektisch zu definieren.

Die Liste der Inkonsistenzen ist leider noch keineswegs zu Ende. Was meinen die Autoren, wenn sie die Frage buchstäblich in den Raum stellen, ob eigentlich »alles Vorwerfbare zu Kriminalität gemacht wird«?[15] Sie müssen dann doch offenbar die Vorstellung haben, daß es jenseits dessen, was effektiv zur Kriminalität gemacht wird, etwas Vorwerfbares *geben* kann. Wo ist da die Konstruktion? Freilich hat der *labeling approach* – der Prototyp zuschreibender Kriminalisierung – sich immer nur kritisch gegeben, das heißt sich

14 Ebd., S. 91.
15 Ebd., S. 92.

gegen Zuschreibungen gewandt. Die Frage, ob es nicht auch Kriterien *für* Zuschreibungen geben muß – in einem Kontinuum interaktionistischen Denkens –, hat die kritischen Kriminologen nie beschäftigt, obwohl es immer wieder Hinweise gegeben hat, daß hier eine Lücke besteht.[16]

Es ist ermüdend, jeweils festzuhalten, wo die Autoren ihrem Konzept nicht treu bleiben (stets unter der Voraussetzung, daß sie mit Konstruktivismus etwas anderes meinen als Wertrelativismus, daß sie auch die Kommunikation über Tatsachen mit einbeziehen – was nach dem Konzept, so wie es in Soziologie und Wissenschaftstheorie entwickelt worden ist, gar nicht zweifelhaft sein kann). Es wird von den Widersprüchen »in der gesellschaftlichen *Struktur* (Kursivierung von mir), die zur *Entstehung* (Kursivierung von mir) von bestimmten Risiken [...] führen»,[17] gesprochen. Ich habe hier mit Absicht zunächst den letzten Teil des Satzes, in dem davon die Rede ist, daß Struktur, Entstehung, Risiken etwas seien, was zur »Kategorisierung als ›Kriminalität‹« führe, weggelassen. Er ist ohne Konsequenz, anschließend scheint nun der Konstruktivismus endgültig verlassen zu werden: »[E]s geht um die strukturellen Vorgaben und Folgen sozialen Handelns, um Fragen der Produktionsverhältnisse und der sozialen Schichtung[...]«[18] Das wird als Makro-Soziologie bezeichnet. Und dann lesen wir weiter von der »Mikro-Ebene verstehbaren individuellen Handelns« und der Hypothese, »die zu erklärenden Makro-Phänomene als aggregierte Wirkungen des Handelns vieler Akteure« zu begreifen. Das gefällt mir – aber es paßt nicht zum Ausgangspunkt der Autoren. Das gleiche gilt von der Bemerkung, daß »jedes Individuum die Makro-Struktur in eine eigene Situations-Definition«[19] übersetzt. Das deutet immerhin auf die Vorstellung einer gewissen Interdependenz von dem, was ist, und dem, was erst durch die Perspektive wird. Diese Interdependenzen werden jedoch im folgenden dann wieder den geläufigen Bildern angepaßt, die seit langem und leicht zur Hand sind.

16 Zuletzt: Trutz von Trotha (Hg.), *Politischer Wandel, Gesellschaft und Kriminalitätsdiskurse: Beiträge zur interdisziplinären wissenschaftlichen Kriminologie, Festschrift für Fritz Sack zum 65. Geburtstag*, Baden-Baden 1996, S. 113 ff.

17 Ebd.,

18 Hess/Scheerer, a. a. O., S. 93.

19 Ebd.

So ist man auf das Modell gespannt, dessen Skizzierung nun angekündigt wird.[20]

Daß die »soziale Ordnung [...] historisch variables Menschenwerk« sei, wird mitgeteilt, daß »ihre Strukturen [...] Produkte menschlichen Handelns« seien und »nur durch menschliches Handeln aufrechterhalten«[21] werden. Nun, das weiß man, und es wird nicht interessanter durch den altbackenen Hinweis darauf, daß diese Strukturen den »Menschen dann wieder als ihnen entfremdete, ›durchaus fremde Mächte‹ gegenübertreten«; Marx/Engels und Durkheim sind die Gewährsleute. Der konstruktivistische Ansatz scheint zu verblassen; aber man muß sich zunächst gegenwärtig halten, daß das Ganze unter einer Überschrift firmiert, welche »die ursprüngliche Erfindung der Kriminalität« apostrophiert. Deshalb ist, wie sodann visiert wird, die »biologische Freiheit des Menschen«[22] ein Problem. So anthropologisch-konstant sprechen ja nicht einmal die Naturwissenschaftler, die – seit Popper spätestens – ihr gebrochenes Verhältnis zu dem, »was ist«, in unregelmäßiger Folge zu dokumentieren pflegen. Die Protokollsätze, welche die Kommunikation über facta bruta beschreiben, hätten Schwierigkeiten mit Formulierungen von der Art wie sie die Autoren des vorliegenden Textes wählen. Die banale Mitteilung, daß »der einzelne Mensch durch den Widerspruch Individuum-Gesellschaft [...] zum Risiko für die soziale Ordnung«[23] werde, läßt einen allmählich in ein Meer von Unsicherheit darüber sinken, was den Autoren nun erkenntnistheoretisch eigentlich vorschwebt.

In diesen Schwebezustand platzt der geschichtliche Exkurs der Autoren. Er umfaßt zwei Seiten[24] und erzählt die Geschichte von Herrschenden und Beherrschten, von der Ruhe und dem Frieden in den akephalen Gesellschaften, schreitet weiter zu Stufe der »sozialen Evolution, wo Konflikte um Güter und Positionen nicht mehr im Interesse aller geregelt wurden, sondern wo es einigen Gesellschaftsmitgliedern gelang, die bisherigen Kontrollen zu durchbrechen und sich privilegierte Positionen zu verschaffen, wo Herrschaft politisch als institutionalisierte Macht und ökono-

20 Ebd., S. 94.
21 Ebd., S. 96.
22 Ebd.
23 Ebd., S. 97.
24 Ebd., S. 97 ff.

misch als Herrengewalt an den entscheidenden Wirtschaftsmitteln entstand«. Mit der Folge, daß es nun »zu jener drastischen Änderung von Konflikten und Konfliktregelungen, aus der sich die Phänomene Recht (als durch Erzwingungsstäbe garantierte Normen), Verbrechen (als Verstöße gegen solche Rechtsnormen) und Kriminalstrafen (als Sanktionierungen von Verbrechen) entwickelten«. Zeiten und Orte werden nicht genannt. Es folgen dann noch einige apodiktische Mitteilungen darüber, daß die Reaktion nun »vergleichsweise rachsüchtig, prinzipienreiterisch, täterfixiert« wurde und sich »zunehmend auf die Gesinnung« bezog und daher an die Stelle einer Pflichtenreziprozität »ein brutales Übermaß an abschreckender Strafe« trat. Dann werden kurz die Wirkungen genannt, um die es diesem neuen (oder erstmaligen) Strafrecht ging; das Hauptstichwort ist: »[M]it dem Stigma der Straftat wurde belegt, was im Verdacht stand, die Herrschaft gefährden zu können«. Von Abgaben, Frondiensten, Kriegsdiensten usw. ist die Rede, denen man sich nicht entziehen durfte. »Zum Teil historisch viel später« (auf welches Früher eigentlich bezogen?) »zogen Herrschaftsinstanzen auch die Regelung und Bestrafung von Handlungen an sich, die sich aus dem Widerspruch Individuum-Gesellschaft, aus Konflikten zwischen den Untertanen, aus Konkurrenz, Privateigentum, Kommodifizierung von Gütern usw. ergaben.« Das »crimen laesae maiestatis« wird aber auch für diese Zeit (man erfährt freilich nicht, um welche es sich handelt) immer noch als Mittelpunkt angesehen, und dann kommen vertraute soziologische Schlußfolgerungen, mit einem schnellen Schwung in die Gegenwart: »Auch heute noch resultiert eine große Anzahl von Straftaten letztlich aus dem Herrschaftswiderspruch [...].« Erneut ist »der universale Widerspruch Individuum-Gesellschaft« Thema, und am Schluß wird warnend der Finger gehoben, daß jemand, der diese Entwicklungen nicht richtig begreife (wobei dann auch noch einmal Max Weber mit der »regulierten Anarchie« ins Spiel gebracht wird), der Gefahr der »Ontologisierung von Kriminalität und Strafrecht« ausgesetzt sei.

Womit soll man beginnen? Daß jede Periodisierung und Regionalisierung fehlt, die Autoren nicht den geringsten Zweifel an der Richtigkeit ihrer Interpretation dieser – wo und wann auch immer stattgefundenen – Geschichtsverläufe aufkommen lassen, daß es gar keine Gegenpositionen oder Modifizierungen, Einschränkungen gibt? Aber es hat keinen Sinn, daß man diese Fragen stellt. Denn es fehlt ja wieder Material. Die Geschichte der Entstehung des öffentlichen Strafrechts, inzwischen fester terminus technicus, ist im Laufe der letzten 150 Jahre aus immer wieder neuen Perspektiven gesehen worden und auf viele, weitgehend unabhängig voneinander entstandene Darstellungen verteilt, daß man jene zwei Seiten wohl nur schreiben kann, wenn man nichts davon kennt. Freilich verweisen die Autoren auf andere Arbeiten aus ihrer Feder; dort fehlt aber der Bezug zu der professionellen Literatur der Strafrechtsgeschichte, vor allem der des Mittelalters.

Was geht hier vor sich? Die Antwort ist: Es fehlt die fachübergreifende Arbeit. Die Autoren nehmen nicht zur Kenntnis, daß es etwas anderes gibt als die ihnen gewohnten Quellen; die Literaturverzeichnisse belegen das. Eigentlich müßten sie wissen, daß es inzwischen bei der Deutschen Forschungsgemeinschaft einen auf nahezu zwanzig Unterprojekte verteilten Schwerpunkt gibt, der sich mit der Frage der Entstehung des öffentlichen Strafrechts beschäftigt. Denn als über den zunächst nur von einem Rechtshistoriker, Dietmar Willoweit, gestellten Antrag entschieden werden sollte, wurde auch Fritz Sack als Gutachter herangezogen. Sein Anteil an dieser Forschungsaufgabe beschränkte sich allerdings darauf, daß er den Antrag abzulehnen empfahl. Sein Hauptargument war, daß an dem Projekt keine Historiker der Kriminologie beteiligt seien. Ich bin seinerzeit auch um ein Gutachten gebeten worden und habe auf die mir vorgelegte Stellungnahme von Sack erwidert, daß man Antragstellern dieses Defizit nicht verübeln dürfe, denn es gebe diese Geschichte der Kriminologie gar nicht. Sacks Interesse an der Geschichte der Kriminalität und des staatlich-gesellschaftlichen Umgangs mit ihr geht offenbar allenfalls in die frühe Neuzeit zurück und konzentriert sich auf das 19. Jahrhundert. Für die Entstehung des öffentlichen Strafrechts ist indessen das Mittelalter gefragt, möglicherweise auch die Übergangszeit zwischen Spätantike und Mittelalter. Die Monographien, an denen im Rahmen des DFG-Schwerpunktes gearbeitet wird, sind (bis auf eine) zwar noch nicht abgeschlossen. Doch kann es darauf nicht ankommen, denn auch schon die bisherige Literatur ist außerordentlich reichhaltig, und die Autoren hätten sich vor Abfassung jener Partie durchaus darum kümmern können; sie ist in den Lehr- und Handbüchern der Rechtsgeschichte zugänglich und hätte den Autoren mindestens einen Begriff von dem Nebeneinander vieler unterschiedlicher Entscheidungslinien geben können.

Zurück zum Text, der nun in ein neues wichtiges Stadium zu treten scheint, denn es wird »die Definition von Kriminalität im Strafrecht« angekündigt.[25] Die Ausführungen sind – womit der Leser freilich rechnen mußte – ohne Kenntnisnahme des Strafrechts zustande gekommen (statt dessen wird nur auf Max Weber Bezug genommen, Fußnote 37). Die Autoren meinen, »durch im Strafrecht geronnene Definitionsleistungen avancieren einige gefährdete Interessen [...] zu *Rechtsgütern*«. Sicher, das ist das, was man den Jura-Studenten der Anfangssemester in den ersten Stunden mitbringt. Es folgt ein Schritt – noch in diesem Abschnitt – zur Strafrechtssoziologie, deren Fragestellung – das ist nach dem vielen Hin und Her dann doch wieder überraschend – ganz eindeutig darauf fixiert wird, »wer was wie und warum als Kriminalität definiert«. Dann kommt ein sehr interessanter Satz: »Zuschreibungsprozesse« seien willkürlich, wenn sie nicht auf einer »Erklärung der Risiken«[26] beruhten. Das ist ein eindeutiges Bekenntnis, daß Zuschreibung nicht nur eine kritische Kategorie ist, sondern auch etwas Legitimierbares, und es ist nur erneut darauf hinzuweisen, daß hier ein Problem bezeichnet wird, zu dessen Lösung die Kriminologie bisher noch keine Anstalten gemacht hat. Auch die Autoren des vorliegenden Textes tun es nicht. Die »Makro-Mikro-Makro-Modell«-Formel genügt da keineswegs – ganz abgesehen davon, daß die wenigen Bemerkungen die Zuschreibungsperspektive bereits wieder paralysieren. Das wird besonders deutlich im nächsten Absatz, wo »die Ursachen und Gründe für Kriminalisierungen« fixiert werden. Denn der Konstruktivismus kann ja nicht gewissermaßen vor sich selbst haltmachen.

In der Sache traut man seinen Augen nicht. Da liest man so oft von anderen, aber auch von den Autoren bereits Behauptetes (es genügt das Stichwort »Unversehrtheit der Bevölkerung zunächst vor allem wegen ihres Werts als Arbeitskräfte und Soldaten [...]«[27]), daß man mit Not bis zu der Stelle kommt, wo »der ›stumme Zwang der ökonomischen Verhältnisse‹ (Marx)« zitiert wird, um dann »an die englische Blutgesetzgebung des 15. bis 18. Jahrhunderts gegen

25 Ebd., S. 99.
26 Ebd., S. 100.
27 Hess/Scheerer, a. a. O., S. 100.

die durch die Einhegungen von Grund und Boden verjagte Landbevölkerung« erinnert zu werden. Die »Manufakturindustrie« erscheint auch noch und schließlich sogar der Hinweis auf Marx' Abhandlung zum Holzdiebstahl – abgestandener geht es nicht. Für das Folgende wird der ehrungswürdige Elias zitiert (von der »Soziogenese des Staates« hören wir, von »Fehden im Mittelalter oder [...] Duell im Absolutismus Richelieus«[28]). Der Rest wird an die »(etwas unglücklich und ontologisierend so genannte) Normgenese-Forschung«[29] verwiesen, mit den aus der Soziologie bekannten Quellenangaben. Nichts über Strafgesetzgebung, Geschichte der Strafgesetzgebung, über die Materialien, die den strafrechtlichen Kodifikationen des 19. Jahrhunderts und schließlich dem Strafgesetzbuch zugrunde liegen, kein Wort zur Masse der Erwägungen pro und kontra von Gesetzesreformen, schon bald beginnend nach dem Strafgesetzbuch, 1870 usw.

Ich habe jetzt den größeren Teil des Papiers hinter mir und beginne, daran zu zweifeln, ob es sinnvoll sein mag, in dieser Satz für Satz analytisch-deskriptiven Rekonstruktion und Kritik fortzufahren. Freilich reizt der nächste Abschnitt, »Mikrokriminologie: Kriminalität als Handlung«, zu größter Aufmerksamkeit. Denn um den Begriff der Handlung, ihre Abstraktion, aber auch ihre Realisierung dreht sich das ganze Strafrecht und vornehmlich der Allgemeine Teil des Strafrechts.

Es ist klar, daß die Autoren davon nicht sprechen; aber es ist doch bemerkenswert, mit welcher Entschiedenheit sie sagen, daß »bestimmte Makro-Phänomene [...] letztlich nur durch das Handeln individueller Akteure (Täter wie Kontrolleure) hindurch«[30] möglich und verstehbar seien. Daran schließt sich die Frage, ob »der tatsächliche Vollzug der Handlung dort, wo sie verboten ist, immer ein ganz anderes Geschehen« sei »als dort, wo sie legal«[31] sei. Aber hier hätte es nun wirklich geholfen, wenn die Autoren einmal im Strafrecht nachgelesen hätten, wie Interessen zu Rechtsgütern werden und dann auch noch zu »strafrechtlich bewehrten« Rechtsgütern. Sie hätten sich dann nicht zu der seltsamen Ansicht versteigen können, daß bestimmte Handlungen »durch den vom

28 Ebd., S. 101.
29 Ebd., S. 102.
30 Ebd.
31 Ebd., S. 103.

Akteur mit der Aktion verbundenen subjektiv gemeinten Sinn *von vornherein Kriminalität sind*«.[32] Das gibt es gar nicht; das Verbot muß objektiv existieren, anderenfalls sprechen wir von »Wahndelikt«. Die Autoren verkennen nicht nur dies, worauf nicht zuletzt die selbstquälerische Auseinandersetzung mit Howard S. Becker in Fußnote 40 hinweist, sondern unterliegen noch einem weiteren grundlegenden Irrtum. Denn wenn sie im nächsten Satz schreiben: »Das heißt: die Kriminologie beschäftigt sich auf der Handlungsebene mit dem Mord, aber nicht mit der Notwehr [...]«, so spielen sie, offenbar ohne es zu merken, auf den Unterschied zwischen Tatbestandsmäßigkeit und Rechtfertigungsgründen an. Damit ist ein Regel/Ausnahmeverhältnis gemeint, und natürlich kann man von Kriminalität erst sprechen, wenn klar ist, daß die Ausnahme von der Regel des Tötungsverbots nicht vorliegt. Auf Seite 105 wird erneut eine Gegenüberstellung der »Labeling-Perspektive« mit der »Perspektive, die vom unmittelbaren Ereignis einer kriminellen Tat ausgeht und von da zu dessen unmittelbaren und mittelbaren Bedingungen fortschreitet«, gemacht. Der Hinweis darauf, daß vom konstruktivistischen Standpunkt so gar nicht gedacht werden darf, kann den Autoren nicht erspart werden, wenn sie keine Erklärung dafür abgeben, auf welchen Wegen man eigentlich an jenes »Ereignis einer kriminellen Tat« herankommt. Die mit einigen flüchtigen Anmerkungen vorbereitete Andeutung, daß die »Karriere-Theorie [...] eine der wichtigsten Erkenntnisse der Darwin'schen Evolutionstheorie«[33] aufgreife, hat zwar eine gewisse Bedeutungsschwere, und was auf den folgenden Seiten als »Weg in die Kriminalität«[34] beschrieben wird, ist voll kluger Assoziationen. Über das bereits Bekannte geht es aber nicht hinaus und entbehrt vor allem der Systematik. Die *Interdependenzen* zwischen Sozialisation und Sozialstruktur müssen auf den Begriff gebracht werden, ein »Hin- und Herwandern des Blicks« genügt nicht.

Nun kommt »Kriminalität als Ereignis«.[35] Der Abschnitt beginnt wieder mit anschaulichen, plausiblen Schilderungen von dem, was geschieht, wenn eine Straftat begangen wird – auch nicht neu, allerdings mit viel Sinn für Alltagswissen zusammengestellt.

32 Ebd., S. 104.
33 Ebd., S. 106.
34 Ebd., S. 106-112.
35 Ebd., S. 112.

Apart ist der Satz: »So ist auch die spontane und hoch affektgeladene *actio* nicht selten *libera in causa*.«[36] Das ist ein traditionsreicher, strafrechtlicher terminus technicus. Wie sind die Autoren darauf gekommen? Man sucht Fußnoten nach wenigstens einer aus der Legion von Arbeiten, die es darüber im Strafrecht gibt. Aber enttäuscht werden kann man da kaum noch. Nichts. Obwohl es in den nächsten Zeilen weitergeht mit Hinweisen auf Affekttaten, die auf Alkoholkonsum beruhen. Dann wird altklug mitgeteilt, was alles passieren kann, »wenn man die mit dem Trinken und dem Rausch [...] assoziierten Bedeutungen und Erwartungen außer acht läßt«.[37] In der dazugehörigen Fußnote taucht unbekannte, zum Teil sehr alte ausländische soziologische Literatur auf. Wir haben indessen den Paragraphen 323a StGB, der dieses Problem einzufangen sucht. Eine komplizierte, vielfach umstrittene Vorschrift mit hochdifferenzierten, ausführlichen Kommentierungen. Es ist schon für sich genommen erschütternd genug, daß die Autoren davon nichts zur Kenntnis nehmen. Aber noch gravierender ist das Ergebnis: Die Probleme werden nicht berührt, das Biedere im Text hätte sich anderenfalls vielleicht ein wenig verloren. Ich möchte an dieser Stelle daran erinnern, daß der Versuch, strafrechtliches und kriminologisches Denken – beides jetzt einfach in der jeweiligen Tradition der Fächer begriffen – zusammenzuführen, schon einmal gemacht worden ist. Zu je einem Thema haben sich ein Strafrechtler und ein Kriminologe (oder Soziologe, Psychologe) geäußert.[38] Das Experiment hat keine Nachfolge gefunden. Es ist von kritischer Kriminologie ignoriert worden. Zwanzig Jahre sind seitdem vergangen, und man besieht den Schaden.

Was folgt, bestätigt diese düstere Feststellung. Rührend sind beispielsweise Mitteilungen von der Art: »Der Akteur muß folglich Zugang zum Tatobjekt finden, das Delikt begehen und den Tatort unbemerkt verlassen, d. h., er muß in der Lage sein, sich physisch von eventuellen Zeugen, Wach-Personen usw. zu isolieren.«[39] Ich gebe zu, daß ich hier die schwächste Stelle im Kontext herausgegriffen habe; die anderen Sätze klingen etwas gelehrter. Die Abstrak-

36 Ebd., S. 113.

37 Ebd., S. 114.

38 Vgl. Lüderssen/Sack (Hg.), *Vom Nutzen und Nachteil der Sozialwissenschaften für das Strafrecht*, Baden-Baden 1980.

39 Hess/Scheerer, a. a. O., S. 115.

tionen sind schlicht; hätten die Autoren einmal die Akten eines Strafprozesses (oder besser natürlich mehrerer) angesehen, wären sie nicht mehr imstande gewesen, derlei zu schreiben.

Die Autoren sollten nicht einwenden, das Material, das von ihnen beiseite gelassen worden ist, könne sie gar nicht interessieren, weil es sozusagen Teil des rein normativen Betriebes sei. Einerseits sind die Sachverhalte der strafrechtlichen Urteile das Ergebnis der Beweisaufnahme, mithin empirisch fundiert, und andererseits sind die durch allerlei psychologisches und soziologisches Beiwerk verbrämten Phantasien der Autoren, wie es zu einer Straftat komme, keineswegs wertfrei entstanden, sondern natürlich auch in diversen Hinsichten aspektabhängig (was man ja den Konstruktivisten eigentlich nicht zu sagen braucht). Also handelt es sich nur darum, für welche Aspekte man sich entscheidet. Warum sollen nun die des Strafrichters, der, wohl wissend, von wieviel Gefahren des schlichten Vorurteils bis hin zu erkenntniskritisch nicht zu überwindenden Hindernissen seine Beweisaufnahme und Würdigung begleitet ist, so vollkommen »daneben« liegen? Allerdings haben Rüdiger Lautmann und Fritz Sack vor zwanzig Jahren schon die Antwort gegeben: Der eine sagt: »Die Handlungen von Juristen bleiben ohne Sinn für Außenbetrachter, wenn nur winzige Räume des juristischen Gebäudes, nicht aber die ganzen Etagen betreten werden dürfen«,[40] und der andere befürchtet die selbstzerstörerische Rolle des«strafjuristischen Steigbügelhaftens«.[41] Nun, man ist dabei geblieben, obwohl damals wie später niemandem dergleichen angesonnen worden ist.

Es mag eine andere Erklärung dafür geben, daß die Autoren glauben, hier etwas Interessantes, Neues mitzuteilen. Wer sich so hineinlebt in die Motivation und die Handlungsstufen derjenigen, die ein Ereignis zur Kriminalität machen, bekommt es zu tun mit der Gruppe von Kriminalsoziologen, die nach wie vor nur auf die Sozialstruktur starren, von Sozialisationsdefiziten, mit anderen Worten vom »Täter« – man wird das Wort ja vielleicht einmal benutzen dürfen – nichts wissen wollen. Vielleicht bereitet sich hier eine große Spaltung der kritischen Kriminologen vor, und wir erleben den Beginn eines neuen Paradigmas. Das Beharren der

40 Rüdiger Lautmann, in: Lüderssen/Sack (Hg.), a. a. O., S. 612.
41 Fritz Sack, ebd., S. 48.

Autoren auf der konstruktivistischen Perspektive läßt mich vorerst zögern, dieser Vermutung Raum zu geben, aber sehen wir weiter. Die Aufklärung kommt in der Tat in Fußnote 80.

Das ist nun wirklich sehr gescheit, und ich frage mich, warum die Autoren daraus nicht die Konsequenz für eine andere Überschrift gezogen haben. Sie sprechen hier nämlich von *»konstruktivistisch«* verwendeter *»Ätiologie«* und weiter unten von einem »Anspruch der interaktionistisch-phänomenologischen Theorie«.[42] Die Sache wird jetzt vielleicht spannend; freilich trübt diese Empfindung die Erinnerung daran, daß das Prinzip dieser »Dialektik« natürlich keineswegs neu ist.

Die weiteren Seiten, die dem Thema der »Produktion des Kriminellen«[43] gewidmet sind, greifen auf, was man über »kriminelle Karrieren« weiß – lesenswert, aber nicht neu.

Sodann stoßen die Autoren zur »Makrokriminologie« vor: »Kriminalität als Institution«.[44] Die Einleitung zu diesem Abschnitt ist wiederum anschaulich, hübsche Zusammenfassungen von Geläufigem, einschließlich des offenbar unvermeidlichen Zitates: »hinter dem Rücken der Menschen«.[45]

Der erste Unterabschnitt, »Szenen, Banden, Märkte«,[46] beginnt mit einer neuen Metapher (es gibt auch »Meso«-Phänomene), und dann wird weiter erzählt – kenntnisreich –, wiewohl freilich der Hinweis auf die Mitglieder von »Frühstückskartellen« ein wenig zu global geraten ist. Wann »Absprachen« über Preise, Angebote »kriminell« sind, ist hochumstritten. Im Prinzip handelt es sich nur um Ordnungswidrigkeiten, ein Begriff *»unter«* dem Strafrecht – von dem ich nicht weiß, ob er die Autoren interessiert. Jedenfalls gibt es für Ordnungswidrigkeiten keine Strafen, sondern nur Bußen, und natürlich kann es sich nur um Geldzahlungen handeln. Ob im Kartellrecht überhaupt ein Strafrecht etabliert werden kann, ist gegenwärtig Gegenstand heftiger gesetzgeberischer Diskussionen. Da ist viel Betriebswirtschaft zu bewältigen und vor allem das hochkomplizierte Gebilde des Kartellrechts, in dem Regeln und Ausnahmen kaum auseinanderzuhalten sind und das sich wahr-

42 Hess/Scheerer, a. a. O., S. 118.

43 Ebd., S. 117-122.

44 Ebd., S. 122 ff.

45 Ebd., S. 123.

46 Ebd., S. 124 ff.

scheinlich der Kriminalisierung entzieht. Die Beherztheit, mit der die Autoren sagen, es sei »natürlich Unsinn zu behaupten«, beim Schwarzmarkt mit seinen »Ähnlichkeiten zur legalen Ökonomie [...] funktioniere alles wie im normalen Wirtschaftsleben, nur sei es eben illegal«,[47] verdient Respekt; dennoch wird hier das bereits skizzierte Defizit – die ökonomischen Grundlagen, von denen die Autoren ausgehen, werden nicht dargelegt – noch einmal besonders deutlich. Die Erzählung wird freilich immer schlichter. Jetzt lesen wir schon von »betrügerischen Geschäftspartnern, von Räubern und Dieben«[48] – ja, wie kann denn der Konstruktivist, auch der vermittelnde, interaktionistisch-phänomenologisch Denkende diese Worte einfach so hinschreiben? Was die weiteren Einzelheiten angeht, so beschränken sie sich auf den Drogenhandel.

Der zweite Unterabschnitt betrifft »Die Konstruktion der Statistik«.[49] Dieser Abschnitt ist unproblematisch, gegen Ende allerdings ein wenig zu hypothetisch.

Was aber sind »Kriminalitätsdiskurse«?[50] – der nächste Unterabschnitt.

Die Verfasser unterscheiden Mediendiskurse, Kontrolldiskurse und Wissenschaftsdiskurse der Kriminologie. Substantiell fallen die Bemerkungen über *»Kriminalitätsangst«*[51] auf. Im übrigen ist beim Wissenschaftsdiskurs erneut die Klage zu führen, daß das Strafrecht fehlt. Es genügt nicht zu sagen, daß »das Handeln der Agenten sozialer Kontrolle, die Aktenvorgänge in den Instanzen, die Strafprozesse etc. als Zuschreibungsprozesse, die ›Kriminelle‹ überhaupt erst zustande bringen«,[52] zu untersuchen sind, wobei ich davon absehe, daß hier wieder ein hundertprozentiger Konstruktions-Kurs angesteuert wird, wenn man so will, ein vereinfachender Rückfall in die – zunächst mit dem Brustton der Überzeugung vorgetragene, später aber mindestens vorsichtiger formulierte – einseitige Position. Man hat beim Lesen dieses Absatzes das Gefühl, daß er ganz unabhängig von dem, was in den Seiten davor dargelegt ist, verfaßt wurde.

47 Ebd., S. 126.
48 Ebd.
49 Ebd., S. 128 ff.
50 Ebd., S. 134-138.
51 Ebd., S. 137.
52 Ebd., S. 138.

Den Schluß bildet »Kriminologie als Ideologie: Funktionen des Alltagsmythos«.[53]

Hier kommen ein paar Wiederholungen in bezug auf den Drogenmarkt beispielsweise, und dann heißt es: »Kriminologie als Ideologie ist eine widersprüchliche Erscheinung.« Beiläufig überrascht, daß die Autoren, sonst doch nicht um Klassikerzitate verlegen, sich für den Begriff auf Hans Alberts *Traktat über die kritische Vernunft* aus dem Jahre 1968 beziehen.[54] Hätte es sich hier nicht empfohlen, einmal bei Karl Mannheim nachzusehen – dies um so mehr, als die in der Fußnote angegebene Definition von ganz bestimmten politischen Aussagen dominiert ist?

Was im folgenden über die psychoanalytische Theorie einer »Psychologie der strafenden Gesellschaft« gesagt wird, hätte eigentlich weiter vorn, dort wo die interaktionistisch-phänomenologische Theorie im Ansatz entfaltet wird, aufgenommen werden müssen. Denn es geht ja um den Anteil der Ätiologie. Inhaltlich fordern die Autoren, wie nicht anders zu erwarten, »die soziologische Ergänzung« zur psychoanalytischen Erklärung des Strafbedürfnisses und geben insofern eine Reihe von vernünftigen, wiewohl keineswegs neuen Anregungen.

Vergleichbares muß man darüber sagen, wie sie die Rolle »funktionalistischer Autoren«[55] sehen. Das gilt allerdings nur für die allgemeinen Bemerkungen Die Exemplifizierungen indessen verdienen Aufmerksamkeit. Daß »die von Kontrollapparaten produzierten stigmatisierten Kriminellen beispielsweise als wegen ihrer Außenseiterposition leicht handhabbare Werkzeuge in den Machtapparat eingefügt oder sonstwie in seinen Dienst genommen«[56] werden, kann man nicht oft genug sagen. Wiederum muß aber auf die strafjuristische Diskussion hingewiesen werden, die es hier insofern gibt. Massenhaft sind inzwischen die Monographien über agent provocateurs und V-Leute ins Kraut geschossen, keineswegs nur rechtsprechungs- und literaturorientierte Arbeiten, sondern voll von tatsächlichem Material und Versuchen, politische (genauer rechtspolitische) Wertungen vorzunehmen. So muß man auch hier wieder vermuten, daß die Autoren gewissermaßen vom Hörensa-

53 Ebd., S. 138 ff.
54 Ebd., S. 139.
55 Ebd.
56 Ebd., S. 141.

gen reden. Denn die zitierte Literatur ist teils hoffnungslos veraltet, teils exotisch.[57]

Der Abschnitt und damit die ganze Untersuchung endet mit dem sattsam bekannten Hinweis, daß »die kriminelle Minorität der Ablenkung antiherrschaftlicher Affekte« dienen kann, und das wird dann sehr locker ein wenig illustriert, unter Bezug auf ebenfalls alte Literatur *und* das inzwischen ja vielgelesene Buch von G. Schulze, *Die Erlebnisgesellschaft. Kultursoziologie der Gegenwart*, Frankfurt/M. 1995, wobei die Schlüssigkeit der von den Autoren daraus abgeleiteten (übrigens trivialen) These[58] keineswegs evident ist.

Der Schluß[59] kreist um ein Adorno-Zitat und erneuert das Bekenntnis zum – offenbar uneingeschränkten – Konstruktivismus, freilich jetzt mit einer »dekonstruierenden« Variante.[60] Damit ist »ein neues Faß aufgemacht«. Eine furchtbare Wendung, doch ich kann sie angesichts dessen, daß Dekonstruktivismus als philologisches und philosophisches Thema ganze Regale füllt, nicht vermeiden – oder meinen die Autoren mit dekonstruieren nur kritisieren?

Zu allerletzt erscheint Max Webers »Leitbild der Wertfreiheit von Theorie«. »Ein Leitbild, das vielleicht nicht zu verwirklichen ist, das anzustreben aber den wenigsten Schaden anrichtet.«[61] Hier sind die Autoren wirklich zu bescheiden, fallen hinter das zurück, was sie doch immerhin versucht haben. Ein Trost ist deshalb die enigmatische Wendung: »Und Gott behüte uns vor dem Konstrukteur, der einen Bleistift auf den Markt wirft, mit dem man nur das schreiben kann, was dem Konstrukteur gerade paßt.«[62] Wie wahr; nun müßte die Geschichte eigentlich beginnen. Aber vielleicht kommt sie noch. Später einmal mit dem richtigen Material und auf interdisziplinärer Grundlage.

57 Ebd.
58 Ebd.
59 Ebd., S. 143.
60 Ebd., S. 143 f.
61 Ebd., S. 144.
62 Ebd.

7.2 Vorurteil und Methode. Ein Beitrag zur Strafrechtsgeschichte

Am Strafrecht wird zunehmend Kritik geübt. Man findet es zu permissiv, zu sehr auf den Täter, der resozialisiert werden soll, bezogen. Die Rechte des »Opfers« werden eingefordert, dem im täterorientierten Strafrecht viel zuwenig Rechnung getragen werde, mit der Folge, daß die Strafen eigentlich alle zu niedrig und unangemessen milde seien.

Stillschweigend wird davon ausgegangen, daß das Strafrecht eine Sache der Allgemeinheit ist, also nicht nur das Verhältnis zwischen Täter und Verletztem betreffe, und daß darüber kein Streit bestehe. Und doch sind gerade Gewißheitsverluste des Strafens unter diesem Gesichtspunkt zu beobachten. Anders ist nicht zu erklären, daß die Praxis des Vergleichs – euphemistisch als »Absprache«, denunziatorisch als »Deal« bezeichnet – die Rechtsprechung zu beherrschen beginnt. Auch diese Diagnose ist freilich streitig. Deshalb ist aus der Sicht des geltenden Strafrechts seit langem angezeigt, die Frage, was eigentlich das Allgemeine, das heißt das Öffentliche am Strafrecht sei, genauer zu beantworten, als das bisher geschehen ist.

A.

Diese Aufgabe *kann* überhaupt nur in Angriff genommen werden mit Blick auf die geschichtliche Entwicklung. Denn das öffentliche Strafrecht, das ist wiederum ganz unstreitig, ist nicht einfach dagewesen und auch nicht etwa in unvordenklichen Zeiten entstanden, sondern ein Phänomen, für das viele Determinanten namhaft gemacht werden müssen. Erst mit seiner Genese bekommt man also einen vollständigen Überblick über das, was das öffentliche Strafrecht gegenwärtig bedeuten könnte. Die »kontemplative rechtshistorische Hermeneutik«, die damit aufgerufen ist, impliziert keineswegs irgendeine Art von Geschichtsphilosophie, hat – mit anderen Worten – nichts zu tun mit Erkenntnisinteressen, die sich in der Absicht an die Geschichte richten, für gegenwärtige Rechtskonzeptionen Legitimationen zu erhalten, und erst recht nichts mit einer mehr oder weniger spekulativen Vorstellung davon, daß man so etwas wie Gesetze der geschichtlichen Entwicklung fixieren könne. Weder applikative rechtshistorische Hermeneutik noch Historizismus ist also im Spiel, wohl aber vielleicht eine bestimmte Spielart des Historismus, die sich sowohl abgrenzt von reflexionsloser, positivistischer und quietistischer Wissenschaftspraxis wie vom Verzicht auf die Herstellung einer Sinnbeziehung zum forschenden Subjekt, positiv definierbar vielleicht unter der Devise »Genesis und Geltung«. Aber das kann hier nicht weiter ausgeführt werden.

Das Bedürfnis von Vertretern des geltenden Strafrechts, mehr zu erfahren über die Entwicklung des öffentlichen Strafrechts, ist aber nur einer der Anlässe für die Etablierung einer Forschergruppe, die sich – im Rahmen eines Forschungsschwerpunktes bei der Deutschen Forschungsgemeinschaft – vor gut einem Dutzend Jahren das Ziel gesetzt hat, in einer Reihe von Einzelprojekten streng quellenorientiert der Frage nach der Entstehung des öffentlichen Strafrechts nachzugehen.[1] Dabei ist die »Entstehung« nicht so zu verstehen, als ob gleichsam etwas ganz und gar Neues, eine Art Urzeugung zu registrieren ist.

Den an der Etablierung des Projektes Beteiligten war von vornherein klar, daß das fortgeschrittene Methodenbewußtsein in der Geschichtswissenschaft – flankiert und teilweise auch bestimmt durch vergleichbare Vorgänge in der philosophischen Wissenschaftstheorie und Literaturwissenschaft – es eigentlich erforderlich machen würde, in einem Unterprojekt diese Fragen selbständig zu behandeln. Der Idealfall wäre ein Projekt gewesen, das in drei Schritten vorgeht: Erarbeitung eines dem erreichten Diskussionsstand adäquaten methodologischen Instrumentariums, eine die Forschung in den Einzelprojekten begleitende experimentelle Anwendung dieses Instrumentariums und eine von den Projekten her rückkoppelnde, korrigierende und ergänzende Bearbeitung jenes Instrumentariums.

Die Prüfungsgruppe der Deutschen Forschungsgemeinschaft

1 Vgl. die Mitteilung des Programms bei: Dietmar Willoweit (Hg.), »Die Entstehung des öffentlichen Strafrechts – Bestandsaufnahme eines europäischen Forschungsprogramms« Köln/Weimar/Wien 1999; Klaus Lüderssen/Klaus Schreiner/Rolf Sprandel/Dietmar Willoweit (Hg.), *Konflikt, Verbrechen und Sanktion in der Gesellschaft Alteuropas*, Symposien und Synthesen Band 1, S. VII ff., 1 ff.

hat diesen Plan zu anspruchsvoll gefunden und statt dessen vorgeschlagen, man möge sich bei der übergreifenden Methodenorientierung darauf beschränken, einen bestimmten Typus von strafrechtlicher Geschichtsschreibung daraufhin zu untersuchen, welche Relativierungen ihrer Ergebnisse mit Blick auf moderne methodologische Forschungen hinzunehmen wären. Gemeint war die Vermutung, daß vor allem Strafrechtshistoriker des 19. Jahrhunderts, motiviert durch gewisse Vorstellungen von einem der neu entstehenden Nation angemessenen öffentlichen Strafrecht, Bestätigungen für ihre Auffassungen in der Geschichte gesucht haben. Es komme demnach vorwiegend darauf an, diese Vorurteilsstrukturen zu erkennen.

Die Einsicht, daß das bloße Lehrbeispiel eines falschen Vorgehens noch nicht die richtige Methode produziert, war da, wurde aber bei den weiteren Planungen der Projekte vernachlässigt, und so zeigte sich in den begleitenden Diskussionen immer wieder der Gegensatz zwischen Projektteilnehmern, die mit einer gewissen – von den anderen so genannten – Naivität doch auf die objektive Aussagekraft der Quellen zu vertrauen sich imstande fühlten, und denjenigen, die sich von Beginn an darüber klar zu sein glaubten, daß es kein Entrinnen aus Apektabtunabhängigkeit und Narrativität geben könne – ratlos freilich gegenüber der dann offenen Frage, wie man der Gefahr der Beliebigkeit der Auswahl der Quellen und ihrer Interpretation entgehen könne. Eine zwischen diesen Fronten vermittelnde Gruppe schließlich – die Mehrheit der Beteiligten – hat gemeint, man müsse sich der Methodenprobleme wohl bewußt sein, sie auch bis zu einem bestimmten Punkt aufzuklären versuchen, im übrigen aber doch die Grenzen einer die Objekte der Geschichtserkenntnis zum gänzlichen Verschwinden bringenden Methodenreflexion erkennen.

Daß hier ein in erster Linie philosophisches, erkenntnistheoretisches Problem steckt, ist in vielen Sitzungen immer wieder erörtert worden. Zu einer schließlich wenigstens nachträglich gebilligten Initiative eines – verspäteten – Einzelprojektes, das sich dann doch der gesamten Methodenfrage annehme wollte, ist es nicht gekommen. Aber jene Untersuchung über die Perspektiven des Jahrhunderts, in dem sich die Ansichten über die Funktion eines öffentlichen Strafrechts endgültig befestigten, ist schließlich erschienen. Sie ist es wert, ausführlich vorgestellt zu werden. Das soll im folgenden geschehen in der Hoffnung, bei Strafrechtlern und Kriminologen für eine wesentliche, bisher stark vernachlässigte historische Komponente Interesse zu wecken. Arthur Kreuzer hat seine dogmatischen und empirischen Arbeiten immer – auch retrospektiv – in größere Zusammenhänge gestellt. So wird ihm dieser Bericht vielleicht nicht unwillkommen sein.

B.

Es handelt sich um die Monographie von Oliver Hein über das öffentliche Strafrecht im Spiegel der Strafrechtsgeschichtsschreibung des 19. Jahrhunderts.[2] Der Verfasser beschränkt sich von vornherein darauf, nach der »Art und Weise der Kontinuitätsvermittlung« zu fragen. Weitere Perspektiven auf die Geschichtsschreibung zur Entstehung des öffentlichen Strafrechts scheidet er aus. Die Literatur, der sich Hein mit dieser Zielsetzung zuwendet, findet er bei den Strafrechtlern und den Rechtshistorikern. Allerdings sind es nur die »Germanisten« unter den Rechtshistorikern, die hier eine Ausbeute versprechen, weil die »Strafrechtshistoriker unter den Romanisten« nicht bemüht seien, »Kontinuitäten zwischen römischem und gemeindeutschem Recht durch das Mittelalter hindurch nachzuweisen« (S. 5). Dabei gelangt Hein zu dem schon in der Einleitung mitgeteilten Resultat, daß die Strafrechtler und die Rechtshistoriker sich in einem ganz wesentlichen Punkt unterscheiden. Zwar gehen beide Gruppen davon aus, daß das Strafrecht ihrer Zeit ein »öffentliches« sei, die Entwicklung aber wird unterschiedlich diagnostiziert. Die Rechtshistoriker neigen dazu, Elemente des fortgeschrittenen öffentlichen Strafrechts der Gegenwart schon in früheren Zeiten aufzuspüren, verfolgen also das, was für das Strafrecht ihrer Zeit kennzeichnend ist, in eine ferne Vergangenheit zurück. Die Strafrechtswissenschaftler hingegen beschreiten den umgekehrten Weg: Sie sehen die Kultur des von ihnen dogmatisch bearbeiteten Strafrechts als einen Endpunkt einer allmählichen Entwicklung zum Besseren.

2 Oliver Hein, *Vom Rohen zum Hohen. Öffentliches Strafrecht im Spiegel der Strafrechtsgeschichtsschreibung des 19. Jahrhunderts*, Köln 2001; (Lüderssen/Schreiner/Sprand/Willoweit (Hg.), *Konflikt, Verbrechen und Sanktion in der Gesellschaft Alteuropas*, a. a. O., Band 3.)

So ergibt sich die Einteilung »Vom Hohen im Rohen« und »Vom Rohen zum Hohen«. Mit diesem Komplex beginnt der Hauptteil seiner Arbeit; daran schließen sich die Verifizierungen des Hohen im Rohen. Zusammen nehmen diese beiden Teile weit über die Hälfte der Arbeit ein.

In dem ihnen vorangehenden ersten Teil werden »theoretische Hintergründe« behandelt und im – abschließenden – Teil »Kontexte der Interpretationen, transzendentale Signifikate«.

I. Zunächst stellt Hein unter dem Titel »Eigenes Begriffsverständnis« (S. 17ff.) das Problem der »Entstehung« in den größeren Zusammenhang der »Ursprungsmythen«.

Er beginnt mit dem Gegensatz zwischen kontemplativer und applikativer Hermeneutik. Die kontemplative Hermeneutik will den »rechtshistorischen Erkenntnisprozess von sachfremden Einflüssen« freihalten (S. 22 unter Bezugnahme auf Wieacker); die applikative Hermeneutik besteht demgegenüber darauf, daß der Leser die alten Texte nur durch seine Fragen zum Sprechen bringen könne, und diese Fragen seien Ausdruck eines anwendungsorientierten Verstehens. Insbesondere sei ein spezifisches Verständnis zeitgenössischen dogmatischen Denkens Voraussetzung für rechtshistorisches Arbeiten. Damit ist freilich klargestellt, daß applikative Hermeneutik nicht gleichzusetzen ist mit der Suche nach historischen Bestätigungen für gegenwärtige Konzeptionen, wenn es auch vielleicht gelegentlich fließende Übergänge geben mag.

Die eigentliche Frage, die sich hier stellt und deren Beantwortung allein Klarheit verschaffen kann, ist die nach der anachronistischen Begriffsbildung und -verwendung. Entscheidend ist der Ausgangspunkt: Die von dem Historiker Johannes Fried formulierte »doppelte Theoriebindung« des Historikers,[3] deren eine den Historiker »selbst fesselt, deren andere sein Objekt konstituiert und die er beide miteinander verbinden muss. Er bedient sich notgedrungen des eigenen theoretischen Instrumentariums, das ihm seine Zeit anzubieten hat, und er sieht sich unausweichlich mit jenem

3 Johannes Fried, »Gens und regnum, Wahrnehmungs- und Deutungskategorien politischen Wandels im frühen Mittelalter. Bemerkungen zur doppelten Theoriebindung des Historikers«, in: J. Mielhke/K. Schreiner (Hg.), *Sozialer Wandel im Mittelalter. Wahrnehmungsformen, Erklärungsmuster, Regelungsmechanismen*, Sigmaringen 1994, S. 72ff.

Theoriebündel konfrontiert, welches den Autoren seiner Quellen erlaubt, etwas wahrzunehmen und das Wahrgenommene auszusagen.« Damit hält sich Hein aber nicht lange auf, sondern gruppiert die weiteren Überlegungen zu diesem Thema um das Wort »öffentlich«, das – neben »Entstehung« – insoweit die meisten Probleme aufgibt. Denn die Definitionsangebote zum Wort »öffentlich« sind so zahlreich (vor allem im 19. Jahrhundert), daß die Hauptaufgabe eigentlich ist, herauszufinden, weshalb von den zur Verfügung stehenden Anachronismen jeweils gerade ein ganz bestimmter herausgegriffen wird.

Erst aber fixiert Hein weitere Begriffe, von denen er meint, daß sie eine für das Verständnis der Strafrechtsgeschichtsschreibung grundlegende Bedeutung haben. Da sind zunächst die »Kollektivsubjekte einer Geschichte des öffentlichen Strafrechts« (S. 40). Mit diesem Begriff bezeichnet Hein sehr unterschiedliche Dinge. Keineswegs scheint nur die Nation oder der Staat gemeint zu sein. Vielmehr tauchen erneut die Begriffe »öffentlich« und »Entstehung« auf (als Ergebnis einer möglichen Rekonstruktion »aus mehreren der vorgenannten Kollektivsubjekte in verschiedenen Regionen und Zeiträumen« (S. 42). Wovor Hein offenbar warnen möchte, ist eine starre »Begriffsontologie«, die den Wandel von Funktionen verschleiert, wie er etwa in Verbindung mit dem Wort »Gemeinwohl« zu beobachten sei, das sowohl »religiös« wie »menschheitlich, genossenschaftlich, bürgergesellschaftlich, völkisch« (S. 42) aufgefaßt worden sei.

Auf sehr modernen Wegen bewegen sich dann die Interpretationen von »Kontinuität«, »Kontinuitätskritik und Erzählung« (S. 49 ff.) sowie der »Grenzen einer narrativistischen Wissenschaftshistorie«. Sehr vieles wird hier gesehen, interessant ist etwa der Hinweis auf Karl Mannheims Versuch, »die dem wissenschaftlichen Beobachten vorgelagerten ›Seinsstrukturen‹ als reine Tatsachen« zu beschreiben (S. 67), oder die Bemerkung, daß man »fehlende Rekonstruktion des Quellenzugangs der mit Wahrheitsanspruch beobachtenden Historiker nicht dadurch ersetzen« könne, »dass man heute ›nationalistische‹ oder ›bourgeoise‹ Interessen beschreibt, die die Quellenauswertung beeinflusst haben könnten« (S. 65).

II. Entscheidend aber ist, wie Hein diese Lesefrüchte, die er ja keineswegs ungeordnet anbietet, in seinem Hauptteil verarbeitet.

1) Bei der »Geschichtsschreibung zur Entstehung des öffentlichen Strafrechts in der Strafrechtstheorie« (S. 71-159) konzentriert er sich auf den »Entwindungsgedanken«. Wie viele Prämissen dafür geboten werden und wie die sich streckenweise kreuzen oder widersprechen, wird in einem vorzüglichen Abriß (S. 71-73) skizziert. Danach erfährt man dann in einem ebenfalls ausgezeichneten Überblick, was die Autoren, deren Ansichten über die »Entstehung des öffentlichen Strafrechts« mitgeteilt und analysiert werden sollen, geistig und sozial bestimmt hat, wie sie zu den entsprechenden Stimmungen ihrer Zeit sich verhielten, welchen Einflüssen sie ausgesetzt und welchen sie sich entzogen haben. Dann wird anhand der Werke von vier großen Strafrechtlern des 19. Jahrhunderts – Adolf Merkel, Franz von Liszt, Karl Binding und Julius Glaser – das Thema vorgeführt, eingeleitet durch einen Abschnitt über Rudolf von Jhering, der freilich kein genuiner Strafrechtler war, das Thema aber vorwiegend als »Dogmatiker« behandelt hat und daher in diesen Abschnitt gehört. Hein verzichtet darauf, die eischlägigen Arbeiten der Autoren, mit denen er sich beschäftigt, gleichsam nach *einem* Schema zu durchforsten. Vielmehr entwirft er für jeden Autor eine besondere Struktur der Rekonstruktion.

a) Wie soll er auch anders, um damit zu beginnen, Jherings (1818-1872) Vision vom »Absterben des Strafens beim Anwachsen der Rechtsidee« in den Blick bekommen? Überhaupt macht es die Mischung aus Soziologie und Anthropologie, mit der Jhering an seine geschichtlichen Untersuchungen herangeht, kaum möglich, ihn parallel zu anderen Autoren einzuordnen. In erster Linie ging es Jhering darum, die Stufen des Fortschritts in der Strafrechtslehre zu erkennen. Die Indikatoren dafür entsprechen nicht dem zeitgenössischen – so vage es auch sein mag – allgemeinen Bild der Kultur und des allmählich stabilisierten öffentlichen Strafrechts. Beispielsweise bleibt Jherings Hervorhebung der »nationalökonomischen Seite der Strafgerichtsbarkeit« (S. 98) eine Besonderheit, und auch die Idee, Adam Smith hätte spätestens das, was schon Cesare Beccaria gefordert habe, in sein Programm aufnehmen müssen, ist ebenso originell wie alleinstehend. Mit Recht fragt Hein daher am Schluß, worin eigentlich die Bestimmung des »Öffentlichen« bei Jhering gelegen habe (in der Kontrolle von »privaten« Affekten etwa?). Es ist sicher richtig, Jhering bei der Suche nach Hypothesen über die Entwicklung des öffentlichen Strafrechts nicht zu übergehen. Er hat wie kaum ein anderer seiner Epoche in der Kategorie der Evolution gedacht, und doch kann man nicht sagen, daß er einen besonderen Blick für das Strafrecht gehabt hat.

b) Ganz anders ist das bei Adolf Merkel (1803-1896). Die Beschäftigung mit seinem Werk eröffnet eigentlich erst den spezifisch strafrechtlichen Teil der Mitteilungen über die Hypothesen »Vom Rohen zum Hohen«. Auch bei Merkel gibt es die Auffassung, daß der »Fortschritt im Bereich des Strafrechts [...] gekennzeichnet« sei »durch die allmähliche Paralysierung« des Einflusses der Affekte (S. 102). Hinzu tritt dann die Wahrnehmung, daß die »Volksgesamtheit« allmählich zur Durchsetzung des Ausgleichsanspruchs des Opfers eingreife (S. 105). Ob das freilich schon den Übergang zum öffentlichen Strafrecht darstellt, ist zweifelhaft; denn im Zivilprozeß ist es ja nicht anders. Um herauszubekommen, wie Merkel zu seinen Ansichten über die Entwicklung des Strafrechts gelangt ist, breitet Hein ziemlich ausführlich die rechtsphilosophischen und auch rechtssoziologischen Überlegungen aus, die Merkels Konzeption vom geltenden Strafrecht bestimmen. Hier ist unter anderem von großer Bedeutung sein Bekenntnis zur generellen Anerkennungstheorie der Rechtsgeltung (S. 118). Dennoch bleibt die Ausbeute bei Merkel unbefriedigend, weil er vom Erreichten ausgeht. Er stellt es zwar als das Ergebnis eines Entwicklungsprozesses dar, läßt aber die Anfänge der jeweiligen Entwicklungen im dunkeln.

c) Bei Franz von Liszt (1851-1919), dem nächsten Autor in der Reihe der Strafrechtler, setzt die Darstellung sofort ein mit dessen Vorstellung von der Entstehung der öffentlichem Strafe (S. 124). Interessant ist hier insbesondere, daß von Liszt auch die Merowinger-Zeit einbezieht, die rückläufige Bewegung registriert nach dem »Zerfall der fränkischen Monarchie« und dann wieder ein Erstarken der öffentlich-rechtlichen Auffassung von Verbrechen und Strafen feststellt mit der Ausbildung und dem Aufblühen der Städte (S. 124/125). Auch hier ist, ähnlich wie bei Jhering, der Gedanke beherrschend, daß die Menschen im Laufe der Geschichte sich immer stärker vom instinktiven zum zweckrationalen Verhalten entwickeln. Dem entspreche eine Entwicklung der absoluten Straftheorien zu den relativen (S. 132 ff.). Die konsequente Verfolgung des Zweckdenkens im Strafrecht setze die »Verstaatlichung der Strafe« voraus (S. 134).

d) Mit großer Spannung tritt der Leser nun in den Abschnitt über Karl Binding (1841-1920) ein – dem (älteren) Gegenspieler von Franz von Liszt. Binding hat ähnlich wie Merkel selbständige strafrechtsgeschichtliche Studien betrieben, beginnt seine akademische Karriere ja mit einer ganz allgemeinen rechtsgeschichtlichen Arbeit. Deshalb ist seine berühmte Rektoratsrede über die »Entstehung der öffentlichen Strafe im germanisch-deutschen Recht« vielleicht das bemerkenswerteste Zeugnis dieser Zeit zu dem hier interessierenden Problem. Der Unterschied zu von Liszt zeigt sich in bezug auf die Strafzwecke. Binding, ein Vertreter der absoluten Strafrechtstheorie, sieht schon »in der rohen Rache den Gedanken einer hohen Vergeltung verkörpert« (S. 144 f.). So gesehen hätte Binding eigentlich in die andere Abteilung gehört (»Vom Hohen im Rohen«). Folgerichtig konstatiert Hein, daß Binding für seine Zeit bereits einen Idealzustand des Strafrechts für erreicht hielt; dem entspricht der emphatische Schluß seiner Rektoratsrede. Wie man auch dazu stehen mag, am Unterschied der Retrospektiven auf von Liszt und Binding werden die Einflüsse der dogmatischen Ausgangsposition auf die Interpretation früherer Rechtszustände und ihrer Entwicklungen deutlich sichtbar.

e) Ähnlich euphemistisch wie Binding hat sich auch Julius Glaser (1831-1883) geäußert. Die zusammenfassenden Thesen (S. 153 ff.) gipfeln in der für alle behandelten Autoren gemeinsamen Feststellung, daß sich ein rationales Entwicklungsmodell herausgebildet habe, obwohl Hein das *ausdrücklich* nur für Jhering, Merkel und von Liszt behauptet. Selbst Binding betont die Zurückdrängung der Leidenschaft des Verletzten im Zuge der Entwicklung der öffentlichen Strafe. Im Unterschied zu den anderen Autoren ist er mit dem Erreichten aber eben ganz zufrieden.

Ich finde, man kann nicht sagen, daß diese Strafrechtler sehr viel über die Entstehung des Strafrechts herausbekommen, auch nicht, daß sie sich besonders darum bemüht haben, dieses Ziel zu erreichen. Selbst für die bescheidene Zielsetzung der Erforschung von Vorurteilsstrukturen der Strafrechtsgeschichtsschreibung ist also kein Ergebnis zu verzeichnen, das der neueren Forschung besonders klar vor Augen führen könnte, wovor sie sich in Acht zu nehmen habe. Vielmehr scheint mir das methodologische Verständnis der neueren Rechtsgeschichtsschreibung so weit fortgeschritten zu sein, daß es dieser Belehrungen durch die Fehler einer höchst fragmentarisch verfahrenden früheren Gelehrtengeneration nicht bedarf.

2) Um so wichtiger ist es nun zu erfahren, ob die *rechtsgeschtlichen* Autoren der Strafrechtsgeschichtsschreibung Interessanteres zu bieten haben.

Es fällt auf, daß Hein diesen Teil, abgesehen von der speziellen Einführung, die nur zwei Seiten umfaßt, mit »Die Entdeckung der Nation« (S. 162 ff.) überschreibt. Offensichtlich ist das also für sämtliche zu behandelnden Rechtshistoriker die generelle Prämisse. Aber spätestens bei der Historischen Schule (S. 179-181) verliert sich dieser rote Faden, insbesondere Savigny ist jenseits davon. Hein selbst sagt denn auch gleich in den ersten Zeilen, daß die Nationalität selbst in »nicht-philosophischen Texten der Strafrechtswissenschaft keineswegs immer eine herausgegebene Bedeutung« in dieser Epoche gehabt habe (S. 179).

a) Mit den von Hein als »Schriften im Vormärz« (S. 203-243) zusammengefaßten Autoren kommt dann aber ein neuer Zug in die strafrechtsgeschichtliche Betrachtung. Karl August Rogge (1795-1827) rühmt die historische Überlieferung des germanischen Kriminalrechts unter dem Aspekt einer reinen Versöhnungstheorie. Für Rogge ist das, was später im Namen von Kant, den Rogge konsequent ablehnt, unter der Prämisse Vergeltung als intellektueller und moralischer Fortschritt gepriesen wird, ein Rückschritt. Sucht man nach dem »Vorverständnis« bei diesem Autor, so ist es wohl eine Art von ganz ungebändigtem Freiheitswillen, der ihm die Feder führt. Aber direkt nachweisen kann man das nicht. Hein kommt kurz darauf zu sprechen, wie Rogge mit den Quellen umgeht, die seine Thesen belegen könnten. Rogge habe sogar das Problem »begrifflich anachronistischer Geschichtsforschung und -schreibung« in seinen Reflexionshaushalt aufgenommen, gebe aber aufrichtig seine Parteilichkeit, »die Liebe zu den Altvorderen«, zu.

Allen bisher dargestellten Autoren *methodologisch* überlegen ist der relativ unbekannte Franz Maria von Wohringen (1804-1870). Er apostrophiert ausdrücklich eine »historische Mode«, wonach »solche Rechtsbegriffe der nationalen Vergangenheit rekonstruiert werden können, die mit gegenwärtigen Rechtsbegriffen im wesentlichen identisch sind« (S. 211). Daß von Wohringen gleichwohl in große Schwierigkeiten gerät bei der Analyse der strafenden Tätigkeit der Germanen, legt Hein überzeugend dar (S. 216 f.). Zu einer sich schon modernen Forschungen annähernden Aussage gelangt v. Wohringen immerhin dann auch in bezug auf die Buße. Der Teil, der als »fredus« »an König oder Genossenschaft« zu leisten war, deute auf den Übergang zum öffentlichen Strafrecht. Hochinteressant ist auch sein Hinweis darauf, daß »die Banngewalt der Frankenkönige nicht für ein ›kriminalistisches Institut‹« gehalten werden dürfe, »da sie nur gegen solche Verbrechen zur Wirkung gekommen sei, die ›unmittelbar die öffentliche Ruhe‹ störten« (S. 217). Das ist immerhin eine hörenswerte Erklärung dafür, daß man, jedenfalls in den Anfängen des Projekts, so zäh am hohen Mittelalter als dem Ausgangspunkt des öffentlichen Strafrechts festgehalten hat. Wirklich bemerkenswert bei von Wohringen bleibt also der abstrakt-methodologische Ansatz.

b) Die entscheidende Figur unter den Rechtshistorikern (in der Diskussion über die Entstehung des öffentlichen Strafrechts) ist ganz sicher Wilhelm Eduard Wilda (1800-1856) gewesen. Deshalb nimmt Hein sich seiner mit besonderer Gründlichkeit an, gibt zunächst einen sehr instruktiven, ausgesprochen gut geschriebenen biographischen Überblick und kommt dann auf den Hauptaffekt zu sprechen, der Wilda zu seinen rechtshistorischen Forschungen geführt hat: Der Kampf gegen das Vorurteil, das römische Recht habe über das deutsche gesiegt und das deutsche Recht habe nur Veraltetes anzubieten. Vielmehr sei dieses, meint Wilda, »bei richtiger Behandlung, auch für das gegenwärtige Leben oft von hoher Bedeutung« (S. 224). Der politische Hintergrund für diese Meinung ist der des gemäßigten, auch schon im Vormärz politisch motivierten Liberalen – freilich mit einer starken nationalen Ausprägung. Interessant ist, daß Wilda schon 1846 auf der Germanistenversammlung in Frankfurt am Main war (S. 224).

In der Sache geht es Wilda vor allem um die Widerlegung der durch Rogge etablierten Meinung, »dass den Germanen ein eigene Strafrecht unbekannt gewesen sei« (S. 226). Wenn das öffentliche Strafrecht tatsächlich schon bei den Germanen vorhanden war, dann ist Wilda wirklich ein Beispiel für die Richtung, die das Hohe im Rohen sucht. Hein gibt nun einen vorzüglichen Abriß des großen, von Wilda vorgelegten Werkes über das Strafrecht der Germanen. Er beschränkt sich dabei nicht auf den Bericht, sondern bietet Analysen und Interpretationen, so daß der Leser wirklich in den Stand gesetzt wird, sich eine Überzeugung zu bilden. Ausführlich berichtet Hein über die Quellen und die Methoden, deren sich Wilda verpflichtet gefühlt hat. Was da zum Vorschein kommt, ist außerordentlich modern, zusammengefaßt unter dem Stichwort des produktiven Moments des Verstehens (S. 234). Freilich wird sich bei aller Sympathie für die narrative Struktur der Geschichtsschreibung kein moderner Theoretiker zur Mitteilung von Gefühlen der Art veranlaßt sehen, wie sie Wilda bei seiner Forschung begleitet haben. Andererseits hat, wer die Nähe zwischen Geschichtsschreibung und Dichtung sieht, eigentlich kaum das Recht, sich von der dichtendes Schreiben begleitenden Metaphorik zu distanzieren.

Wildas Werk ist so verbindlich und konkret, daß Hein sich ohne weiteres in der Lage sieht, nun auch die »Gretchenfrage« expressis verbis zu stellen:

»Aufgrund welcher Maßstäbe qualifiziert Wilda das von ihm nachgezeichnete germanische Strafrecht als ›öffentlich‹«? (S. 237) Hier offenbart sich nun die Schwäche der Wildaschen Position. Aus skandinavischen Quellen entnehme er, schreibt Hein, den Befund, »dass die Volksgerichte in Strafsachen eine wahre Gerichtsbarkeit hatten, nicht bloß Vermittlungsbehörden waren«, »es müsse [...] nicht nur dem Verletzten Genugtuung geschehen, sondern auch der Bruch der Rechtsordnung als solcher an dem Schuldigen gerächt werden«. Das sind jedoch nur Behauptungen, um nicht zu sagen Wunschvorstellungen; von wirklicher Quellenarbeit kann meines Erachtens keine Rede sein. Hein enthält sich hier des Urteils, aber die Dürftigkeit der mitgeteilten Rechtfertigungen Wildas spricht für sich. Gleichwohl hat er auf die folgenden Generationen einen großen Einfluß gehabt. Erst im zweiten und dritten Drittel des 20. Jahrhunderts haben sich die Positionen geändert.

c) Es folgt die Beschäftigung mit Carl Georg Wächter (1797-1880), der Wilda (bei Zustimmung im übrigen) in bezug auf die Einordnung des germanischen Fehderechts widersprochen habe.

d) Damit ist die Zäsur von 1848 erreicht, und Hein wendet sich der Epoche der Strafrechtsgeschichte des 19. Jahrhunderts zu, die schon von der Ablösung der historischen Schule durch Begriffs- und Konstruktionsjurisprudenz berührt ist.

Die Autoren, die nun zu Wort kommen, sehen schärfer, daß eine öffentliche Strafe doch ein durchsetzungsfähiges Gemeinwesen, wie auch immer man es definiert, voraussetzt. Sosehr sich diese Autoren, bezogen auf das Strafrecht der Germanen, in der Nachfolge Wildas fühlen, so wenig können sie deshalb an seiner Einordnung des germanischen Strafrechts festhalten. Das gilt für Eduard Osenbrüggen und Karl Geib ebenso wie für Julius Frauenstädt und Felix Dahn. Aber eine genauere Fixierung des Zeitpunkts »der erstarkenden Staatsidee« und ihrer Substanz unterbleibt, so daß die Theorien über die Herausbildung des Öffentlichen im Strafrecht auch hier letztlich im ungewissen bleiben.

e) Auf ein neues Niveau gehoben werden die historischen Betrachtungen in dieser Zeit durch Richard Loening (1848-1913), weil er – wie kaum jemand zuvor – im Strafrecht mit dem Entwicklungsgedanken arbeitet (S. 260 ff.). Hein stellt das mit großer analytischer Kraft dar, sieht auch die geistesgeschichtlichen Zusammenhänge genau, in denen sich Loening bewegt. Ausführlich beschäftigt Hein sich ferner mit den politischen Positionen dieses Autors: Ein stark ausgeprägter Liberalismus mit streckenweise antietatistischen Zügen. Um so überraschender ist dann allerdings, daß für die Hauptfrage – Was ist das Öffentliche am Strafrecht und wann kommt es auf? – bei Loening eigentlich nicht viel zu finden ist. Hein kann deshalb auch nicht mehr tun, als lakonisch mitteilen, daß »als Indizien für ein öffentliches Strafrecht« bei Loening »neben der obrigkeitlichen Prozessführung« im wesentlichen nur das Begnadigungsrecht des Landesherrn anzuführen sei.

f) So erwarten wir denn von Carl Ludwig von Bar (1836-1913), dem nächsten in der Reihe der Autoren nach 1848, der ja immerhin eine »Geschichte des deutschen Strafrechts und der Strafrechtstheorien« geschrieben hat, etwas mehr Substanz (S. 269 f.). In bezug auf das Öffentliche im Strafrecht der Germanen ist von Bar wesentlich zurückhaltender. Offenbar hat er angesichts der Schwierigkeit, bei den Germanen das die Öffentlichkeit des Strafrechts verbürgende strafende Subjekt auszumachen, sich auf ein eher quantitatives Kriterium beschränkt. »Öffentliches Strafen entstehe hauptsächlich durch eine erweiterte Machtbasis privater Strafgewalt«. (S. 272) Und dann gibt es einen ersten Ausfall gegen die Kirche, die direkt verantwortlich gemacht wird für die grausamen Strafen des späten Mittelalters und der beginnenden Neuzeit. Aber von Bar macht nicht den Versuch, den Zusammenhang von Kirche und sich entwickelnder Staatlichkeit ins Auge zu fassen.

g) Bei Heinrich Brunner (1840-1915), dem nächsten Autor, erscheint die Handhabung des Landfriedens (»mehr und mehr in den Händen des Königs und seines Beamtentums concentrirt«) als der entscheidende Anstoß für die Entwicklung eines öffentlichen Strafrechts. Interessant ist dabei, daß Brunner insoweit eine Kontinuität zu den Karolingern feststellen zu müssen glaubt, ja deren sich mehr oder weniger durchhaltende Überlegenheit über das »chaotische« Mittelalter.

h) Aus dem Rahmen fällt die Beschäftigung mit Franz Beyerle (1885-1977), einem wesentlich jüngeren Autor (S. 283 ff.), so daß ich gleich übergehe zur Darstellung Hegels und der Hegelianer (S. 287 ff.). Bei Hegel selbst ist alles Spekulation. Mit Recht spricht Hein davon, daß man hier eine »durchaus interessante, aber wenig quellengesättigte Schilderung der Geschichte« vor sich habe (S. 289). Die aus Hegels Geiste operierenden Strafrechtler schießen eigentlich nur gelegentliche Blitze auf die fernere Vergangenheit und sind insofern eine große Enttäuschung für den Leser.

i) Eine Ausnahme macht Christian Reinhold Köstlin (1813-1856), von dem eine der instruktivsten Darstellungen der Strafrechtsgeschichte, welche auch die Antike einbezieht, stammt (S. 294 ff.). Köstlin scheint die zur Entwicklung von Staat und Strafrecht führende Idee vor allem im germanischen Begriff des Friedens zu sehen. Zwar weist Hein mit Recht darauf hin, daß auch dieser Autor, was die Entwicklung des Staates betrifft, ohne Belege arbeitet. Aber seine Thesen sind doch wenigstens einigermaßen greifbar, was andere Schriftsteller freilich nicht daran gehindert hat, ihm einen schweren Mangel an Quellenorientierung vorzuwerfen und ihm »freie Schöpfung des Selbstbewusstseins [...] ein Produkt des Mythen bildenden Geistes der Philosophie« zu bescheinigen (S. 299).

Trotzdem ist Köstlin einer der überzeugendsten Autoren dieser Zeit, vor allem deshalb, weil er »Widersprüche, ›Halbheiten‹ und ›Begriffsverwirrungen‹« erkennt (S. 302). Er ist, soviel ich sehe, der erste, der sich im einzelnen darauf einläßt, wie schwierig es für den Forscher ist in bezug auf die hier interessierenden Jahrhunderte, Staat und Öffentlichkeit von anderen Erscheinungen abzugrenzen, ja überhaupt zu definieren. Das wird beispielsweise deutlich bei der problematischen Unterscheidung zwischen dem öffentlichen und dem privaten Bereich königlicher Herrschaft. Mit diesen Zweifeln hat Köstlin schon das vorweggenommen, was moderne Rechtshistoriker zu der Einsicht verdichtet haben, daß die verschiedenen Konzepte der Gesellschaft, auf mehr oder weniger schwere soziale Abweichung repressiv zu reagieren (Strafe genannt oder auch nicht), eigentlich immer nebeneinanderher gelaufen seien. Wenn Köstlin, wie Hein berichtet, am Schluß (bezogen auf Gegenwart und Zukunft) von »einer traurigen Halbheit« spricht, so hat er auch insoweit Modernes vorausgesehen. Die Illusion eines eindeutig öffentlichen Strafrechts – im 19. Jahrhundert auf ihren Höhepunkt gekommen – hat längst ihre Eindruckskraft verloren angesichts des gegenwärtigen Durcheinanders von materiell-strafrechtlichen und strafprozessualen »Erledigungsmöglichkeiten«.

j) Wir werden sehen, wieweit man Hein darin folgen kann, den großen Germanisten Karl von Amira (1848-1930) – der (abgesehen von Wilda) vielleicht den umfangreichsten historischen Beitrag geleistet hat – für die Mobilisierung des »Strafrechts der Germanen« zum Zwecke der aktuellen Stützung eines scharfen öffentlichen Strafrechts zu reklamieren.

Die Veredelung des Rohen zum Hohen fällt leicht, wenn man das Hohe entsprechend »niedrig« ansetzt. Ist der »Trieb zur Reinhaltung der Rasse« etwas für die Gegenwart im Hohen Lokalisiertes, so kann man seine Verifizierung in fernen, also mutmaßlich rohen Zeiten zum Anlaß nehmen, ihn nachträglich entsprechend heraufzustilisieren. Das scheint die Devise Karl von Amiras gewesen zu sein. Was er bei den Germanen an gewaltsamen Tötungen durch die Gemeinschaft (außerhalb des Krieges) findet, deutet er als das Bewußtsein »einer überzeitlichen bio-soziologischen Konstante« der »Rassereinhaltung« – so die Formulierung von Hein (S. 314). Amira entfernt sich damit weit von Wilda, der dem germanischen Strafrecht bescheinigt hat, in seinem Charakter liege »kein Element der Grausamkeit« (S. 314). Also sind die rituellen »Tötungen in der vorchristlichen germanischen Zeit als öffentliche Todesstrafen« zu interpretieren (S. 317). Sosehr man diese Konzeption Amiras inzwischen auch in der offiziellen Rechtsgeschichte anzweifelt, er hat sie mit großer Gründlichkeit entwickelt und damit einen lang anhaltenden Einfluß etabliert. Hein stellt das alles sehr sorgfältig dar und arbeitet auch geduldig die Widersprüche ab, in die sich Amira verwickeln mußte (etwa: »Wie vereinbart sich die These, der zufolge die öffentliche Todesstrafe als Sühneopfer an die Gottheit zu deuten ist, mit der angeblichen Herkunft dieser Strafe aus dem Verlangen nach Rassereinhaltung?«, S. 324). Vor allem beschäftigt sich Hein – bei dem Ausgangspunkt seiner Untersuchung naheliegend – mit den gedanklichen und sozialen Hintergründen für Amiras Thesen (S. 313 ff.) und läßt anschließend die spätere Auseinandersetzung mit Amiras Werk Revue passieren.

III. Damit ist der Hauptteil abgeschlossen, und es folgt im abschließenden Teil der Versuch zu klären, wie sich die Strafrechtshistorie des 19. Jahrhunderts in das allgemeine geistige und politische Leben der Zeit einordnet – über das hinaus, was schon im Zusammenhang mit der Darstellung mitgeteilt worden ist. Erstaunlich ist, wie gering die Epoche den Anteil von Kirche und Theologie veranschlagt. Die politische Erklärung, die Hein dafür gibt, klingt schlüssig, aber ich zögere doch, eine so offenkundige Voreingenommenheit gegen die katholische Kirche als Erklärung dafür zu nehmen, daß man den inzwischen erreichten Status eines anerkannten staatlichen Strafrechts unter keinen Umständen wenigstens partiell für ein Derivat einer Entwicklung nehmen wollte, als deren Ursprung sich ein theologisch-kirchlich-staatliches Konglomerat herausstellen könnte. Das Methodenbewußtsein darf ja nicht aussetzen. Wenn von der doppelten Theoriebindung des Historikers die Rede ist, so muß der Historiker der Gegenwart sich fragen, mit welchem Recht er bestimmte Vorurteile annimmt bei Historikern vergangener Epochen.

Hein ist sich dieses Problems zweifellos bewußt, und deshalb ist es zu begrüßen, daß er es in diesem letzten Teil unternimmt, unsere Perspektive auf die von ihm untersuchte Epoche von Historikern zu beschreiben und zu interpretieren.

Mit den *Begriffen* »Realidealismus« (S. 338) und darunter noch einmal »das Realgeistige«(S. 341) kann man vielleicht wenig anfangen. Was Hein dann unter diesen Überschriften ausbreitet, ist aber interessant und lehrreich. An einen entscheidenden Punkt kommt er dort, wo er sich unter »Idealismus« noch einmal der »Strafrechtshistorie« zuwendet (S. 339). Man erfährt in diesem kleinen Abschnitt, daß die Historiker und damit auch die Strafrechtshistoriker in der zweiten Hälfte des 19. Jahrhunderts sich offenbar

»von Auffassungen entfernten, wonach die Geschichte durch Ideen determiniert sei« (S. 341).

Auch der dann folgende Abschnitt »Das Realgeistige« hält mehr, als er verspricht. Auf den Begriff freilich kann man, glaube ich, kurzerhand verzichten. Was Hein dann aber im Blick auf »die bürgerliche Zerrissenheit zwischen Sehnsucht nach vertrautem Milieu und Einsicht in die schöpferische Zerstörung der Industrialisierung, zwischen Furcht vor der sich formierenden Arbeiterschaft und dem Bemühen, die Arbeiter in einen großen Bürgerstand zu integrieren, letztlich zwischen ›subjektiven‹ Stabilitätserwartungen und ›objektiver‹ Veränderungserfahrung« assoziiert, ist sehr beeindruckend. Es gelingt Hein, mehr durch erzählerische Intuition als durch pedantische Belegung, eine Atmosphäre zu rekonstruieren, deren Wahrnehmung den Leser befähigt, sich von den Hintergründen für jene Divergenz der Auffassungen über die Entwicklung des Strafrechts ein anschauliches Bild zu machen.

Im Abschnitt »Patriotismus/Nationalismus« (S. 352 ff.) wird manches, was schon in dem darstellenden Teil präsentiert worden ist, unter Heranziehung weiterer Quellen wiederholt. Auf der anderen Seite ist das Experiment zu respektieren, mit den großflächigen Deutungen etwa von der Art, wie sie Hans-Ulrich Wehler vorgelegt hat, das geistige Klima einzufangen, in dem die hier interessierenden Untersuchungen entstanden sind.

In dem Unterabschnitt »Strafrechtshistorie« (S. 356 ff.) kommt es auf dieser Grundlage zu sehr beachtlichen Konkretisierungen. Man sieht hier, daß Hein seine Texte wieder und wieder gelesen haben muß, um die Fülle der Geschichte schließlich auf wenige Blätter zu bannen.

Mit »Fortschrittsglaube« nimmt Hein eine weitere Metapher der Zeit auf und versucht, sie in den schon bekannten Impulsen der damaligen Strafrechtshistoriker zu finden. Ich kenne keinen Text, in dem die Geschichte von Institutionen auf einem bestimmten Rechtsgebiet so angestrengt und schließlich doch auch erfolgreich zu den Zeitströmungen in Beziehung gesetzt worden ist. Dieser Eindruck vertieft sich bei der Lektüre von *Der Menschenalter-Vergleich. Spekulationen über einen Mythos*. Hier taucht auf einmal wieder Welcker auf, und dann am Ende erneut Hegel. Der Vergleich von Menschheits- und Volksentwicklungen mit den Entwicklungsstufen des Kindes hat wahrscheinlich zu allen Zeiten nahegelegen, gelangte aber seinerzeit sicher auf einen ersten Höhepunkt. In dem Abschnitt »Traditionen« (S. 362 ff.) setzen sich diese Betrachtungen fort unter Einbeziehung der großen vernunft-philosophischen Strömungen und beginnender ganz moderner Naturwissenschaft.

Daß solche Deutungen mit dem, was man »Historismus« nennt, schwer vereinbar scheinen, ist das Thema des nächsten unteren Abschnitts. Evolutionstheorien werden erneut unter der Devise »Der Menschenalter-Vergleich in der Rechtswissenschaft« zur Erörterung gestellt und in dem Zusammenhang noch einmal fast alle der bisher schon behandelten Autoren und einige andere vorgeführt. Um ganz sicher zu gehen, greift Hein auf das 18. Jahrhundert zurück, alles sehr gelehrt. Wenn dann schließlich sogar Hayden White auftritt (S. 374 f.), wird dem modernen, methodenorientierten Leser schmerzlich bewußt, was letztlich bei der Planung des ganzen Projekts versäumt worden ist.

Hein konnte hier nicht mehr tun, als die offenen Fragen geistvoll zu verwalten. Einerseits fragt er mit Recht, warum »Gedanken des Historikers und des Laien der Geschichte« in ihrer wechselseitigen Durchdringung nicht Gegenstand für eine »nüchterne rechtshistorische Hermeneutik« sein können. Andererseits sagt er, daß er nicht für eine »scientifische Geschichtsschreibung plädieren« möchte (S. 378), kenntnisreich und scharfsinnig demonstriert er, daß es kein »Totalinventar«, wie die Soziologen sagen, geben kann. Aber daß die Folge davon sein muß, als Historiker »je nach Strafrechtstheorie und Menschenbild« mythische Ursprünge ins Visier zu nehmen, sehe ich nicht. Die retrospektiven Visionen, die Hein hier entfaltet, machen mir Angst. Wenn es so war vor noch nicht so lange vergangener Zeit – können wir dann beanspruchen, sehr viel rationaler zu sein, und was sind am Ende *unsere* Mythen?

Ich möchte mich weigern, auf diesem Wege weiterzugehen, vielmehr meine ich, daß es Gründe genug für uns gibt, rationalere Vorgänge zu vermuten. Wenn es – jetzt schon im Abschnitt »Anthropologie/Darwinismus« (S. 380 ff.) – heißt: »Der Kursverlust der Geschichtsphilosophie Hegels korrelierte mit einer Konjunktur der Anthropologie«, so ist nach dem, was dann über jene zeitgenössische Anthropologie mitgeteilt wird, der eine Mythos durch den anderen ausgetauscht. Tertium non datur? Freilich, der Hinweis von Louis Günther, das Strafrecht sei »so alt wie die menschliche Zivilisation«, sei »seit jeher von bestimmten anthropologischen

Konstanten geformt gewesen« (S. 383), löst eine beklommene Erinnerung an sehr ähnliche Bemerkungen ganz moderner Soziologen aus. Aber hier liegt ein interdisziplinäres Problem. Diese modernen Soziologen lesen nur ihre Bücher und studieren einige Umfragen; sie haben nicht die geringste Ahnung von der Strafrechtswirklichkeit und können sich deshalb in solchen nostalgischen, oft beiläufig gemachten Bemerkungen über das Ewig-Wiederkehrende im Strafrecht ergehen.

C.

Die Hilflosigkeit der Autoren, die sich in der von Hein behandelten Epoche mit der Entstehung des öffentlichen Strafrechts beschäftigt haben, ist so offenkundig, daß daraus zwei Folgerungen zu ziehen sind.

– Es muß alles vollkommen neu erforscht werden.

– Es bedarf einer neuen Methodenreflexion.

Zwar liegt zwischen der von Hein behandelten Epoche und dem Beginn des Forschungsprojekts noch ein Zeitraum von gut sieben Jahrzehnten, in dem viel Einschlägiges publiziert worden ist, und es ist um Klassen besser als das, was das 19. Jahrhundert geleistet hat. Aber die Methodenreflexion ist immer noch unzureichend. Das könnte allerdings nur ein ganz genauer Literaturbericht vorführen, der insofern noch fehlt (die parallele Arbeit von Stephan Stübinger über »Schuld, Strafrecht und Geschichte«[4] überbrückt hier zwar einiges, s. S. 297 ff., verfolgt aber ein anderes Ziel).

Sowenig Substantielles – darauf richtete sich auch gar nicht die Absicht von Hein – zur Frage der Entstehung des öffentlichen Strafrechts seiner Untersuchung zu entnehmen ist, so deutlich hat sie doch gemacht, wie dringend es war, das Forschungsprogramm »Die Entstehung des öffentlichen Strafrechts« ins Leben zu rufen, und zugleich auch, welche sachlichen und methodologischen Forderungen an diese Programm zu stellen sind.

Ob das bei der Stellung der Anträge in vollem Umfang gesehen

4 Stephan Stübinger, *Schuld, Strafrecht und Geschichte. Die Entstehung der Schuldzurechnung in der deutschen Strafrechtshistorie*, Köln 2000, in: Lüderssen/Schreiner/Sprandel/Willoweit (Hg.), *Konflikt, Verbrechen und Sanktion in der Gesellschaft Alteuropas,* a. a. O., Band 4.

worden ist, erscheint mit zweifelhafter denn je. Insbesondere die Ausblendung eines ganz umfassenden methodologischen Ansatzes erweist sich jetzt möglicherweise als ein Geburtsfehler.

Diese resignierenden Bemerkungen tasten aber nicht den Wert der von Hein vorgelegten Untersuchung an – im Gegenteil. Sie ist eine *conditio sine qua non* für alles Weitere, und es wäre gut gewesen, wenn man es hätte einrichten können, sie den Bearbeitern der Unterprojekte zugänglich zu machen. Paradigmatisch zeigt sie die Probleme, vor denen auch die heutigen Forscher stehen. Daß der Schluß seines Textes Hein das Bewußtsein vermittelt haben wird, jetzt müsse die Suche nach einer wirklich die Fragestellungen zusammenführenden Systematik erst beginnen, ist mir gewiß. Er mußte sich gleichsam – in diesem letzten Teil – so weit vorwagen, um diese Erfahrung für sich, aber auch für die Leser zu machen.

Man kann die Bedeutung der Untersuchungen, auf die ich hier aufmerksam machen möchte, kaum überschätzen. Gründlichkeit der Lektüre, Scharfsinn und Umsicht bei der Interpretation, über das eigentliche Fach Strafrecht und seine Geschichte hinausgehende Bemühungen um weitläufige Orientierungen suchen ihresgleichen. Ingeniosität und Mut, das Gewagte im Text auch durch die Wahl der Sprache zu decouvrieren, verdienen Anerkennung – nicht zuletzt mit Blick darauf, daß ein solches Maß von Wahrhaftigkeit und Offenheit im wissenschaftlichen Leben eher selten ist. Und so schließe ich mit dem Wunsch, mein Bericht möge dazu beitragen, daß dem Projekt, dessen Ergebnisse in zwei Schriftreihen sorgfältig und ausführlich dokumentiert sind,[5] endlich noch die Aufmerksamkeit zuteil werde, die es verdient.

5 Lüderssen/Schreiner/Sprandel/Willoweit (Hg.), *Konflikt, Verbrechen und Sanktion in der Gesellschaft Alteuropas*, a. a. O., Band 1 (1999) - Band 10 (2006); Fallstudien Band 1 (1996) - Band 7 (2007); vgl. auch die Angaben in Klaus Lüderssen (Hg.), *Die Durchsetzung des öffentlichen Strafanspruchs. Systematisierung der Fragestellung* 2002 (Band 6 der Reihe Symposien und Synthesen), S. VIII (Anm. 5 und 6), S. X (Anm. 11).

7.3 Der Realismus der Fiktion – Die politische Imagination des Perversen

Recht und Literatur haben das Narrative gemeinsam: die Erzählung ist auch Argumentation, und das Recht erzählt auch Geschichten – und das Hermeneutische: die Texte wollen verstanden werden – bis hin zum Dekonstruktiven: Auch was nicht gesagt wird, beschäftigt die Juristen; Texte werden entlarvt, unaufrichtige oder verschwiegene Prämissen entdeckt.

Getrennt sind Recht und Literatur durch verschiedene Ansprüche auf Geltung. Die Literatur will ästhetisch überzeugen, das Recht will wirksam sein, befolgt und angewendet werden. In diesem Punkt ähneln seine Texte mehr den theologischen, nur haben sie nicht deren Autorität und Eindeutigkeit. Ungewißheit der Legitimation, also notfalls sogar nur Gesetzespositivismus und – bei so viel Weltlichkeit – genuine Beurteilungsspielräume sind sein Alltag, Interpretation ist alles, und damit nähert sich das Recht wieder der Literatur beziehungsweise die Rechtswissenschaft der Literaturwissenschaft.

Aber was sind die Ziele der Interpretation? Das Recht will wahr und richtig sein, will das die Literatur auch? Der Vorwurf, das sei keine Literatur, kommt bei Dostojewski, der es in *Verbrechen und Strafe* an schonungsloser Genauigkeit der Analyse und Kritik der Verhältnisse nicht fehlen läßt, gar nicht in Frage. Erst recht nicht bei Schillers *Räubern*. Doch hier ist der Stoff in ein phantastisches Universum getaucht. So wie Franz Moor und Karl Moor spricht niemand, hat nie jemand gesprochen. Eine zweite Welt taucht auf, der ersten nicht ganz unähnlich, aber zu einer Analogie reicht es nicht. Nur gleichnishaft und symbolisch kann, was geschieht, zu jedermanns Erfahrungen und Entscheidungen heraufstilisiert werden.

»Kunst will die extremsten Aspekte menschlicher Erfahrung vermitteln«, sagt Jonathan Littell und: »Literatur [...] will ein Fenster hin zum Unverständlichen öffnen«. Der Roman »Die Wohlgesinnten«, zu Beginn des zu Ende gehenden Jahres und weiterhin heftig umstritten, erhebt unerhörte Zumutungen an die inzwischen längst in Gang gekommenen vielen gemeinsamen Projekte zwischen Juristen und Literaten. Seine Figuren und Handlungen sind fiktiv, auch dort, wo es um Träger historisch verbürgter Namen geht, müssen aber den Überprüfungen durch die Recherchen standhalten, die der Verfasser – übrigens gründlich und von niemandem angezweifelt – vorgenommen hat. Wer – wie Karl Heinz Bohrer – argwöhnend, daß die Literatur von der Kulturwissenschaft vereinnahmt werden könne, ihren Wirklichkeitsbezug leugnen, nein, eigentlich verbieten möchte, wird auf das schärfste dagegen protestieren, daß Littells Roman Literatur sei. Nun, damit kommt die Welt zurecht. Besorgt fragt Bohrer denn auch: »Wenn die Poeten selbst die Türen öffnen zur Idee von der Realität, wo bleibt da die ästhetische Differenz?«

Sie bekommt freilich eine besondere Note, wenn die Wahrheit als Kriterium des gelungenen Wirklichkeitsbezuges von Literatur sich mit der Darstellung äußerster Unmoral verbindet. Das Problem dabei ist, daß Littell nicht die Wahrheit des Unmoralischen anbietet, sondern die Unmoral der Wahrheit. Da diese »Wahrheit« von Verbrechen und der staatlichen gesellschaftlichen Reaktion beziehungsweise Nichtreaktion darauf handelt, geht sie die Juristen etwas an. Sie haben immer über das verfügt, was man Täterliteratur nennt – jemand »steigt aus« und erzählt nun, wie es war. Und dann entscheiden die Literaturkritiker, ob das Kunst ist. Die »Täter« sind entweder schuldbewußt oder, wie die Kriminologen sagen, um Neutralisierungen bemüht.

Nichts davon bewegt die Figur, die Littell in seinem Roman sprechen läßt. Vielmehr haben wir die Hilflosigkeit dessen vor uns, der die grauenhaftesten Ereignisse mit einer Ideologie versieht, die pervers, aber nicht zynisch ist. Das kann es, darf es nicht geben, hört man. Thomas Mann apostrophiert »Das intellektuelle und moralische Niveau« und sagt dazu, »die beiden gehören zusammen«, und dem korrespondieren die ersten Reaktionen auf den Roman. Der Versuch »fiktionaler – nichtautobiographischer, nicht-dokumentarischer – Darstellung des nationalsozialistischen Massenmordes« wird »als ›blasphemisch‹, ja, als ›moralisches Verbrechen‹ bezeichnet«. »Ein Jude versetzt sich in das Triebleben, in Denken und Fühlen eines Massenmörders? Unerhört! Skandalös!«

Aber wenn er es richtig macht? Claude Lanzmann, der den Film »Shoah« gedreht hat, sagt: »Littell ist sehr begabt, ich kenne das, worüber er schreibt. Was mich zuallererst erstaunt hat: Die absolute Exaktheit. Alles stimmt. Die Namen der Leute, der Orte. Ich habe mir gesagt, die beiden einzigen Menschen, die dieses Buch von A bis Z verstehen können, sind Raul Hilberg und ich.« Littell sagt: »Wahrheit in der Literatur, wenn Sie so wollen, in dem Sinne, in dem ein Buch wie Madame Bovary wahr ist.«

Halten wir uns daran: Die Wahrheit des Sturmbannführers Dr. Aue, dessen Erlebnisse während des Zweiten Weltkrieges vor allem im Osten gut 1300 Seiten füllen, ist die, daß die Obszönität der Naziideologie keineswegs identisch ist mit dem schlechterdings Niedrigen, sondern gerade erst durch eine entsetzliche Intellektualität Gestalt annimmt – eine absurde Kombination, die Littell vorführt. Selbst ein vom Konstruktivismus paralysierter Historiker könnte das nicht. Da gibt es, etwa bezogen auf die »Bergjuden« im Kaukasus, Diskussionen darüber, ob sie nicht von der Vernichtung auszunehmen seien, weil der rassische Aspekt entfalle. Einschlägige Untersuchungen des 19. Jahrhunderts werden zitiert. Die Tendenz der Wehrmacht ist eindeutig: keine Liquidation. Anders die SS. Sie versucht zu argumentieren mit einer hochqualifizierten Wissenschaftlichkeit sozusagen als Voraussetzung für das Grauen. Oft versucht Aue, die besonders schlimmen Exzesse der ja ohnehin exzessiven Aktionen zu mildern, etwa mit Hinweis auf die Erhaltung der Arbeitsfähigkeit der Häftlinge. Die Überprüfung des absolut Furchtbaren mit solchen relativierenden Rationalismen ist der Schock.

Erzählungen, die gewissermaßen in die differenzierte Empirie eines Menschen hineinreichen, öffnen keineswegs nur den Weg zu seiner Entlastung. Der Holocaust ist keine Naturkatastrophe, sondern als Menschenwerk zu begreifen. Das Böse, indem man es erklärt, wird nicht weniger böse, sondern noch böser. Es kann also keine Rede davon sein, daß der Roman »eine verstörende Arbeit am nationalsozialistischen Mythos« ist, daß der Autor den »Nachlaß des Nationalsozialismus poliert«. Deshalb ist es auch falsch zu behaupten, Littell habe sich »alle Mühe« gegeben, »aus Aue eine handelnde Person zu machen, mit der man sich identifizieren kann«. Was Aue zu jemandem werden läßt, »der keine Gewalt sehen kann, ohne an ein Massengrab zu denken«, rückt ihn vielmehr in große Ferne. Die Frage, ob die Literatur strategische Rücksichten nehmen darf oder gar soll, braucht also im vorliegenden Fall gar nicht beantwortet zu werden.

Der Gipfel ist das fiktive Gespräch mit Eichmann, der den Erzähler fragt, ob er Kant gelesen habe. Dann überlegen die beiden, »ob unsere Arbeit mit dem kategorischen Imperativ in Einklang« stehe. Das wird ernsthaft erörtert: »Handele so, daß der Führer, wenn er von deinem Handeln Kenntnis hätte, dieses Handeln billigen würde.« Es ist nicht Kants Schuld, eine Abstraktion gewählt zu haben, die verschiedenen Richtungen die jeweils ihnen gemäße Konkretisierung erlaubt. Was man herauszubekommen versuchen muß, ist vielmehr, wie es Menschen möglich ist, sich mit den schrecklichsten Vorgängen in den höchsten Sphären des Geistes zu bewegen. Littell versucht in immer wieder neuen Anläufen deutlich zu machen, wie es im Kopf jemandes aussieht, der so angestrengt über die Rechtfertigung der größten staatlichen Verbrechen nachdenkt, die es bisher gegeben hat. Unzählige Details werden aufgehäuft, damit das Bild eines in diesen Verbrechen beteiligten Menschen entstehen kann, dessen Flaubert-Lektüre beispielsweise – die »Lehrjahre des Gefühls« sind es – nicht etwa ein Doppelleben signalisiert (wie das Streichquartettspiel des in Prag herrschenden SS-Führers Heydrich), sondern offenbar zum integrierenden Bestandteil einer völkischen Lebensphilosophie wird.

Man könnte das alles kurzerhand für pathologischen Unsinn halten, aber die antiaufklärerischen Töne schon in Thomas Manns »Bekenntnissen eines Unpolitischen«, die merkwürdigen Anwandlungen eines neuen Vitalismus, des sich abwechselnd den Nazis und dann wieder den Kommunisten zuwendenden späteren Widerstandskämpfers Schulze-Boysen, die zwielichtigen Bekenntnisse Gottfried Benns zu Beginn der Nazizeit oder auch die indistinkten Attitüden des nach dem Krieg mit allen bürgerlich-kultivierten Raffinessen arbeitenden Friedrich Sieburg in der Zeit der deutschen Besetzung von Paris machen die Versuchungen deutlich, mit denen selbst erlesenste Geister kämpfen. Daß jemand gleichzeitig gewissermaßen die schönsten Landschaftsbeschreibungen leistet, zart-differenzierende Wendungen für die Liebe findet (ungeachtet extremer Praktiken), bei von ihm durchaus gebilligten Erschießungen ausgefallene Sadismen zu verhindern sucht, eine »interne« SS-Gerechtigkeit fordert, ist keine sensationslüsterne Mixtur des Autors wie manche vermuten, sondern ein Wahnsinn, der Methode hat.

Dem entspricht das Ende: »Ich bin allein mit dem sterbenden

Flußpferd, einigen Straußen und den Kadavern, allein mit der Zeit, mit der Traurigkeit und dem Leid der Erinnerung, mit der Grausamkeit meiner Existenz und meines künftigen Todes. Die Wohlgesinnten hatten meine Spur wieder aufgenommen.« Das ist nicht die Banalität des Bösen, sondern seine unendliche Motivation. Sie versinkt in der Trostlosigkeit eines Nichts, das eine stärkere »Ästhetik des Schreckens« verbürgt als metaphysische Dämonisierungen.

Dort, wo der Historiker Zahlen nennt und Strukturen herausarbeitet, liefert der Schriftsteller die Scheußlichkeiten mikroskopisch. Die Kunst hat hier eigentlich nie eine Grenze gesehen. Die Marterbilder mittelalterlicher Maler, die Grausamkeit der Vorgänge auf den Bildern Caravaggios, die kaltblütige Schilderung Goethes von den Schlachtabfällen, die während der Kampagne in Frankreich durch den Morast in die Zelte sickern, kennen wir. Warum soll gerade die Kunst der Moderne sich zurückhalten, zumal die Herausforderungen alles Bisherige übersteigen? Wenn die Wahrnehmungen des Äußersten und Verborgensten womöglich von Phantasien nicht mehr zu unterscheiden sind, heißt das nicht, daß der Wunsch zu erkennen aufgegeben ist. Die Intention entscheidet. Jonathan Littell wußte das. Sein Buch gehört eindeutig in den Kanon von Recht und Literatur.

8. Kreative Paradoxien

8.1 Dogmatik und Prävention – Eine unerreichbare Kongruenz, am Beispiel des Irrtums

Aus *einem* Rechtsprinzip folgen oft mehrere Rechtsinstitute oder Dogmen. Manchmal ist es umgekehrt: Ein Rechtsinstitut oder ein Dogma fußt auf *mehreren* Prinzipien. Dann kann das Problem entstehen, daß deren Konsequenzen eine widerspruchsfreie Einheit bilden.

A.

So verhält es sich mit zwei Begriffspaaren, die für die Beurteilung strafrechtlich relevanter Irrtümer herangezogen werden. Man stellt entweder auf den Unterschied zwischen Sachverhalts- und Bewertungsirrtum ab oder darauf, ob durch den Irrtum schon die Regel verfehlt oder nur eine Ausnahme von ihr in Anspruch genommen wird. Die eingeschränkte Schuldtheorie verfährt nach dem ersten Prinzip (Erlaubnistatbestandsirrtum führt zum Vorsatzausschluß, während der Erlaubnisirrtum den Vorsatz bestehen läßt), die strenge Schuldtheorie nach dem zweiten Prinzip – Erlaubnistatbestandsirrtum und Erlaubnisirrtum bedeuten gleichermaßen, daß der Täter nur eine Ausnahme von der Regel annimmt, und ändern daher nichts am Vorsatz.[1]

I. Das könnte man so stehen lassen. Aber weshalb verfahren auch die Vertreter der eingeschränkten Schuldtheorie dann beim Tatbestandsirrtum nach dem zweiten Prinzip und schließen sich – stillschweigend – der allgemeinen Meinung an, wonach, gleichviel ob der Täter den Tatbestand – also die Regel – wegen eines deskriptiven oder wegen eines normativen Merkmals verkennt, der Vorsatz entfällt? Die Antwort könnte lauten: Weil der Wortlaut des § 16 StGB dazu zwingt. Denn ein »Umstand, der zum gesetzlichen

1 Die Literatur arbeitet nicht expressis verbis mit diesen Prinzipien; aber vielleicht sind sie hilfreich für das Verständnis der Kontroversen.

Tatbestand gehört«, kann deskriptiv oder normativ sein.[2] Aber dann hat sich eben schon der Gesetzgeber für das Regel/Ausnahme-Prinzip entschieden, und eine Auslegung, die bei der Ausnahme (den Rechtfertigungsgründen) ein anderes Prinzip (Sachverhalt/Bewertung) heranziehen möchte, müßte sich legitimieren. Die Lehre von den negativen Tatbestandsmerkmalen hilft hier nicht weiter. Danach gehören die tatsächlichen Voraussetzungen eines Rechtfertigungsgrundes zwar noch zum Tatbestand, sie sind damit aber ein Bestandteil der Regel. Der Preis für diese Harmonisierung wäre also, daß das primäre Prinzip der Argumentation – entscheidend ist das Wissen über den (rechtfertigenden) Sachverhalt – beiseite geschoben, das heißt, das Gegenteil seiner Legitimation bewirkt werden würde. Ferner kommt, wer im Rahmen der Rechtfertigung den Irrtum über Sachverhalte anders behandeln will als den über Bewertungen, in Schwierigkeiten, wenn die tatsächlichen Voraussetzungen eines Rechtfertigungsgrundes ihrerseits an Bewertungen anknüpfen. Das ist beispielsweise der Fall bei § 32 StGB. Zur Notwehrlage gehört, daß der Angriff rechtswidrig ist. Wer sich über diese Rechtswidrigkeit irrt, muß sich nach der eingeschränkten Schuldtheorie gleichwohl keiner Vermeidbarkeitsprüfung unterziehen, sondern kann ohne weiteres darauf pochen, daß sein Vorsatz entfällt.[3] Das gleiche gilt für die Gegenwärtigkeit des Angriffes bei § 32 StGB oder der Gefahr bei § 34 StGB, wenn der Täter unter »gegenwärtig« etwas anderes versteht als die Juristen, z. B. bei der

2 Ist man der Meinung, daß »alle Tatbestandsmerkmale normativ« sind (so zuletzt: Rolf D. Herzberg/Bernhard Hardtung, »Grundfälle zur Abgrenzung von Tatumstandsirrtum und Verbotsirrtum«, in: *Juristische Schulung* (1999), S. 1073 ff.; zum Streitstand: Ingeborg Puppe, *Nomos Kommentar zum Strafgesetzbuch,* Bd. 3, München 1995, § 16 Rn. 56 m. w. N.), ist die Festlegung auf das zweite Prinzip noch offensichtlicher; geht man den umgekehrten Weg und »begnügt sich« bei den Wertungsirrtümern »mit der Kenntnis der die Wertung begründenden *Tatsachen*«, (Puppe, a. a. O., Rn. 75 unter Hinweis darauf, daß das die Lesart der herrschenden Lehre sei, mit Belegen), so scheint das eine Orientierung nach dem ersten Prinzip zu sein. Aber dann müßte man die Frage stellen, weshalb für den Irrtum über die *Bewertung* nicht die Möglichkeit der Exkulpation wegen Unvermeidbarkeit eröffnet wird. Die Antwort wäre wohl: nach dieser Konzeption wird davon ausgegangen, daß die Kenntnis jener Tatsachen genügt, weil damit bereits alles umfaßt ist, was zur Regel gehört, weitere Prüfungen also nicht erforderlich sind.

3 Claus Roxin, *Strafrecht Allgemeiner Teil. Grundlagen. Der Aufbau der Verbrechenslehre*, Bd. 1, München ^{3}1997, S. 523 f., anders – Verbotsirrtum – wenn die rechtliche Gesamtbewertung betroffen sei; S. 532 f.

Frage einer Dauergefahr im Falle ständiger sexueller Belästigung in der Familie. Das geltende Notwehr- und Notstandsrecht verlangt auch hier für die Anwendung von § 32 StGB und § 34 StGB die aktuelle Gefahr. Wer es anders sieht und schon oder noch bei latenter Gefahr handelt, fühlt sich im Recht, weil er falsch subsumiert. Das ist dann uninteressant, wenn es nur an der juristisch richtigen Subsumtion fehlt. Wenn aber in der Laiensphäre die einschränkende Voraussetzung der Aktualität der Gefahr nicht gesehen wird, entsteht ein Problem. Die strenge Schuldtheorie ficht das nicht an, weil der Vorsatz unberührt bleibt, sie prüft lediglich die Vermeidbarkeit des Irrtums. Das ist völlig konsequent. Die eingeschränkte Schuldtheorie hingegen müßte, weil sie auf die Unterscheidung von Bewertungs- und Sachverhaltsirrtum abstellt, hier eigentlich auch den Vorsatz bestehen lassen, kann es aber, weil sie von einem komplexen Begriff der tatsächlichen Voraussetzungen eines Rechtfertigungsgrundes ausgeht, eigentlich nicht, ist also insofern inkonsequent. Ähnliche Abgrenzungsschwierigkeiten zeigen sich, wenn im *Tatbestand* generelle Rechtswidrigkeitsmerkmale auftauchen (beispielsweise: die Rechtswidrigkeit der Zueignung und Bereicherung in den §§ 242, 263 StGB).[4]

Das Regel/Ausnahme-Kriterium hingegen scheint keine Konsistenzanfälligkeit zu produzieren. Beim Tatbestandsirrtum fehlt durchgehend der Vorsatz, beim Rechtfertigungsirrtum bleibt er durchgehend bestehen. Indessen ändert sich das Bild, wenn man den direkten Verbotsirrtum einbezieht. Wer die Norm, die ein Verhalten mit Strafe bewehrt, gar nicht kennt, befindet sich zweifellos in einem Verbotsirrtum gemäß § 17 StGB; der Vorsatz bleibt also bestehen. Aber er kann nicht sagen, daß er damit eine Ausnahme für sich beansprucht. Zwar mag man daran beim Irrtum über elementare, im Zweifel überall geltende Normen noch denken.[5] Das Modell versagt aber beim Irrtum über Tatbestände im Nebenstrafrecht. Hier kann sich auch die strenge Schuldtheorie nur darauf berufen, daß falsche Bewertungen den Vorsatz eben nicht tangieren.

4 Ebd., S. 428.

5 Obwohl auch da die Grenzen sichtbar werden, vgl. Klaus Laubenthal/Klaus Baier, »Durch die Ausländereigenschaft bedingte Verbotsirrtümer. Perspektiven europäischer Rechtsvereinheitlichung«, in: *Goltdammer's Archiv für Strafrecht* (2000), S. 205 ff., siehe vor allem die »Beispiele für (fehlendes) Unrechtsbewußtsein bei Ausländern«, S. 212 ff.

Wer angesichts dessen, wofür es ja berühmt gewordene Vorschläge gibt, beim Nebenstrafrecht die Schuldtheorien – gleichviel welcher Spielart – nicht anwenden, sondern auf die Vorsatztheorie zurückgreifen möchte, würde sich vor der Schwierigkeit sehen, beim Verbotsirrtum mit zweierlei Maß arbeiten zu müssen, wenn nicht die Einführung des § 17 StGB den Spekulationen ein Ende gemacht hätte.[6]

II. Spätestens jetzt drängt sich die Überlegung auf, daß vielleicht beide Paradigmen ungeeignet sind, also andere gesucht werden müssen. Häufig heißt es, es komme darauf an, zu prüfen, ob der Täter »an sich rechtstreu« habe handeln wollen. Das sei – beim Erlaubnistatbestandsirrtum – der Fall, wenn der Täter sich nur deshalb objektiv rechtswidrig verhalte, »weil er die Situation falsch« einschätze. Da die »Rechtstreue« hier zweifellos subjektiv begriffen werden muß, ist indessen nicht einzusehen, weshalb im Falle einer Fehlvorstellung über die Existenz einer Strafrechtsnorm beziehungsweise die rechtlichen Grenzen eines Rechtfertigungsgrundes diese Rechtstreue nicht vorhanden sein soll.[7] Gleichwohl bleibt es nach § 17 StGB in diesen Fällen beim Vorsatz.

Macht man eine umgekehrte Rechnung und fragt, in welchen Fällen es sinnvoll erscheint, den Tatvorsatz aufrechtzuerhalten und die weitere subjektive Zurechnung von einer Vermeidbarkeitsprüfung abhängig zu machen, so taucht die Denkfigur der Warn- oder Appellfunktion des Vorsatzes auf.[8] Das heißt: Ist durch die Kenntnis, daß prima vista strafrechtliches Unrecht oder jedenfalls eine Rechtsgutverletzung vorliegt (Indizfunktion des Tatbestandes),

6 Dies gilt nicht für die vor allem im Nebenstrafrecht vorgenommenen Verweisungen auf andere Rechtsvorschriften (Blankett-Strafgesetze). Hier gibt es bekanntlich Versuche, in bestimmten Fällen den Vorsatz doch entfallen zu lassen. Freilich beruht das auf nicht gerade einleuchtenden Differenzierungen, vgl. dazu Klaus Lüderssen, *Entkriminalisierung des Wirtschaftsrechts*, Baden-Baden 1998, S. 15 ff.; für die Probleme die sich hier besonders für das Steuerstrafrecht ergeben, vgl. auch: Manfred Maiwald, *Unrechtskenntnis und Vorsatz im Steuerstrafrecht*, Heidelberg 1984; allgemeine Orientierung bei Ulfried Neumann, *Nomos Kommentar*, München 1995, § 17 Rn. 95 f.

7 Das ist natürlich streitig, vgl. dazu – auch dogmengeschichtlich – Roxin, *Strafrecht*, a. a. O., S. 525 f.

8 Gute, wenn auch sofort kritische Darstellung bei: Ulrich Schroth, *Vorsatz und Irrtum*, München 1998, S. 116.

für den Fall, daß man doch handeln möchte, die Notwendigkeit entstanden, sich um eine besondere Rechtfertigung zu bemühen, so können an diesen Suchprozeß gewisse Anforderungen gestellt werden; nur sofern diese erfüllt sind (Unvermeidbarkeit des Irrtums), entfällt die subjektive Zurechnung. Das gilt für Erlaubnistatbestand und Erlaubnisirrtum gleichermaßen, nicht aber für den direkten Verbotsirrturm. Hier gibt es gar keine Warnfunktion.

Die Prinzipien der »Rechtstreue« oder der »Warnfunktion« des Vorsatzes bringen also keine neuen Erkenntnisse. Das erste wird widerspruchsvoll und synchron mit dem Prinzip, beim Sachverhaltsirrtum den Vorsatz entfallen zu lassen, gehandhabt;[9] das zweite läuft auf das Regel/Ausnahme-Prinzip hinaus. Es bleibt also bei diesen beiden Prinzipien. Aber sie schaffen keine »flächendeckenden« Lösungen;[10] jeweils nur drei von vier auf das endgültige Verbotensein bezogene Irrtümer sind nach einem Prinzip zu bewerten, einer folgt immer einem anderen:

- Tatbestands-, Erlaubnistatbestands- und Erlaubnisirrtum folgen dem Regel/Ausnahme-Prinzip, der direkte Verbotsirrtum folgt dem Sachverhalts/Bewertungs-Prinzip (strenge Schuldtheorie).
- Erlaubnistatbestands-, Erlaubnisirrtum und direkter Verbotsirrtum folgen dem Sachverhalts/Bewertungs-Prinzip, der Tatbestandsirrtum folgt dem Ausnahme/Regel-Prinzip (eingeschränkte Schuldtheorie).

III. Ich glaube nicht, daß man sich mit diesem Nebeneinander ohne weiteres abfinden darf, etwa in dem Sinne, daß hier verschiedene Topoi einfach zusammenkommen. Daß für relativ vergleichbare Phänomene – die diversen Irrtumsbezüge – grundverschiedene

9 Besonders bei Günter Stratenwerth, *Strafrecht. Allgemeiner Teil/1. Die Straftat*, Köln [4]2000, S. 208 f.

10 Der Versuch, ein Prinzip entscheiden zu lassen, wird freilich auch auf der Basis anderer Formulierungen als Problem empfunden. Roxin, a. a. O., S. 416, spricht »von der systemorientierten Unterscheidung zwischen Tatbestandsirrtum und Irrtum über die Rechtswidrigkeit, die die Nachkriegszeitdiskussion beherrscht« habe, und sieht diese Unterscheidung durch neue Konzeptionen, etwa von der Art, wie sie durch Lothar Kuhlen, *Die Unterscheidung von vorsatzausschließendem und nicht vorsatzausschließendem Irrtum*, Frankfurt/M. 1987, begründet worden ist, bedroht. Aber er scheint dabei zu übersehen, daß innerhalb der von ihm apostrophierten systemorientierten Unterscheidung eben auch bereits mit mehreren Zungen geredet wird.

Kriterien gelten sollen, ist schon merkwürdig genug. Die Austauschbarkeit aber, je nach dem gewünschten Ergebnis, ist ganz rätselhaft. Die Eckpunkte: Tatbestandsirrtum und direkter Verbotsirrtum, sind im wesentlichen dem Zweifel entzogen – § 16 StGB einerseits und § 17 StGB andererseits kommen zur Geltung. Nur der Bereich Erlaubnistatbestandsirrtum/Erlaubnisirrtum ist durchgehend streitig. Das ist seit langem bekannt und als Mitteilung trivial. Aber nicht ins allgemeine Bewußtsein gelangt zu sein scheint mir, daß beide Richtungen jeweils eine Konzession an das von der anderen Richtung zugrunde gelegte Prinzip machen müssen. Nicht im Bereich Erlaubnistatbestandsirrtum/Erlaubnisirrtum, hier sind die Fronten klar: Sachverhalts/Bewertungs-Prinzip (eingeschränkte Schuldtheorie), Regel/Ausnahme-Prinzip (strenge Schuldtheorie). Die Konzessionen betreffen vielmehr die benachbarten Gebiete. Die strenge Schuldtheorie muß bei direktem Verbotsirrtum eine Konzession an das Prinzip der eingeschränkten Schuldtheorie machen; die eingeschränkte Schuldtheorie muß beim Tatbestandsirrtum eine Konzession ans Prinzip der strengen Schuldtheorie machen.

Der Versuch, den Fehler zu finden oder am Ende auf einem anderen Weg dem Dilemma zu entkommen, soll noch ein wenig aufgeschoben werden. Denn die Fragestellung ist nicht vollständig.

IV. Es gibt ja auch den umgekehrten Irrtum, und es ist zu vermuten, daß bei den Abgrenzungen Probleme auftauchen, die den bisher behandelten entsprechen.

1) Besonders streitig ist auch hier die Behandlung des auf Rechtfertigung bezogenen Irrtums. Umgekehrter Erlaubnistatbestandsirrtum und umgekehrter Erlaubnisirrtum werden entweder zusammen als Wahndelikt angesehen[11] oder aber als untauglicher Versuch[12] oder sogar als vollendetes Delikt[13] eingestuft.

11 Diese Auffassung scheint nur noch Günter Spendel zu vertreten; erschöpfende Nachweise seiner in ihrer Auslegung überdies streitigen Position bei: Astrid Graul, »Der ›umgekehrte Erlaubnistatbestandsirrtum‹«, in: *Juristische Schulung* (2000), L 41 ff.

12 So Roxin, in: *JuristenZeitung* (1996), S. 981 ff., 984 linke Spalte unten, mit Nachweisen: »eine trotz aller Kritik sich bis heute in Rechtsprechung und Literatur behauptende Lehre«.

13 Eine freilich »an Einfluß verlierende Lehre«, siehe Roxin, *Strafrecht*, a. a. O., S. 543.

Gar nicht leicht ist es, hier einen Überblick zu gewinnen. Denn diese Fälle werden meistens im Rahmen einer anderen Terminologie behandelt. Es wird gefragt, ob für die Rechtfertigung eines Handelns auch subjektive Rechtfertigungselemente vorliegen müssen. Dabei werden dann noch Wissens– und Willenselemente[14] unterschieden und obendrein, sofern die Wissenskomponente nicht voll ausgebildet ist, auch noch Prüfungspflichten[15] etabliert. Eine besondere Rolle spielt dabei der umgekehrte Erlaubnistatbestandsirrtum;[16] die Diskussion über die Relevanz der subjektiven Rechtfertigungselemente ist im wesentlichen durch ihn ausgelöst worden.[17] Die Situation ist also sehr viel komplexer als bei den »echten« oder »normalen« Irrtümern.

Bei den »Eckpunkten« ist die spiegelbildliche Entsprechung der Probleme erst recht nicht komplett. Zwar herrscht Einigkeit über den Fall der irrigen Annahme eines nicht vorhandenen Strafgesetzes: Wahndelikt. Nicht einheitlich beurteilt wird hingegen der umgekehrte Tatbestandsirrtum: Wer von einem bestehenden Strafgesetz, also einem Tatbestand, ausgeht, aber irrig annimmt, sein Verhalten falle darunter, begeht dann nach einhelliger Meinung einen untauglichen Versuch, wenn er zu seinen Lasten ein Tatbestandsmerkmal, das mit einem Rechtsbegriff verknüpft ist, annimmt. Bezieht sich dieser umgekehrte Tatbestandsirrtum aber auf einen Rechtsbegriff, so teilen sich die Auffassungen. Einige wollen beim untauglichen Versuch bleiben, andere optieren für Wahndelikt.[18] Diese Differenzierung liegt, wie dargelegt, auch beim »normalen« Tatbestandsirrtum für diejenige Lehre nahe, die ihre Irrtumsentscheidungen nach dem Kriterium Sacherhalt/Bewertungs-Prinzip treffen, wird aber nicht ernsthaft verfolgt, weil dies mit §16 StGB als nicht vereinbar gilt. Das Denkverbot, das diese Vorschrift insoweit entfaltet, scheint aber nicht bei den Fällen

14 A. a. O., S. 540; Stratenwerth, *Strafrecht*, a. a. O., S. 204.

15 Siehe Hans-Heinrich Jescheck/Thomas Weigend, *Lehrbuch des Strafrechts, Allgemeiner Teil*, 5., vollständig neubearbeitete und erweiterte Aufl. Berlin 1996, S. 330.

16 Dazu neuestens Graul, a. a. O., L 41 ff.

17 Roxin, a. a. O.

18 Eine in neuerer Zeit vor allem von Emanuel H. Burkhardt begründete Lehre, vgl. seinen Aufsatz »Rechtsirrtum und Wahndelikt«, in: *JuristenZeitung* (1981), S. 681 ff.; dazu: Lüderssen, *Entkriminalisierung*, a. a. O., S. 21.

des umgekehrten Tatbestandsirrtums zu bestehen, was nur damit zu erklären ist, daß §16 StGB eben keineswegs auch eo ipso für diese Fälle gilt.

Die eingeschränkte Schuldtheorie kann also sämtliche Umkehrungen des Irrtums nach einem Prinzip – Sachverhalt/Bewertung – entscheiden: Nicht nur der umgekehrte Tatbestandsirrtum kann diesem Prinzip unterworfen und dementsprechend aufgeteilt werden, sondern auch der umgekehrte Erlaubnistatbestandsirrtum, dessen von der herrschenden Lehre vorgenommene Fixierung als Versuch auf eben den Erwägungen beruht, die für den umgekehrten Irrtum über nicht auf Rechtsbegriffe bezogene Tatbestandsmerkmale gelten. Die strenge Schuldtheorie hingegen muß beim umgekehrten Irrtum auf durchgehende Konsistenz verzichten; das Ausnahme/Regel-Prinzip kann zwar den umgekehrten Tatbestandsirrtum – einheitlich – erfassen, aber bereits nicht mehr die beiden Spielarten des umgekehrten Rechtfertigungsirrtums und auch nicht den umgekehrten direkten Verbotsirrtum.

Ist bereits, gemessen an diesem Ergebnis, die eingeschränkte Schuldtheorie der überlegene Standpunkt?

2) Roxin hat in seiner die ganze Kasuistik durchmusternden Abhandlung über *Die Abgrenzung von untauglichem Versuch und Wahndelikt*[19] keine Zweifel daran gelassen, daß die »Überdehnung von Tatbestandsbegriffen«, also die irrige rechtliche Einordnung eines rechtlich neutralen Sachverhaltes als normatives Merkmal eines Tatbestandes, nur zum Wahndelikt führe.[20] Hier muß man vielleicht zunächst ergänzen, daß die Übersetzung in die Laiensphäre zu berücksichtigen ist. So wie die in der Parallelwertung der Laiensphäre vorgenommene Bewertung eines Tatbestandsmerkmals für den Vorsatz genügt, das Fehlen genauer juristischer Konkretisierungen unbeachtlich ist, wird das Wahndelikt nicht erst bei

19 Roxin, in: *JuristenZeitung* (1996), S. 981 ff.; vgl. ferner: Thomas Heidingsfelder, *Der umgekehrte Subsumtionsirrtum*, Berlin 1991; Bastian Endrulat, *Der »Umgekehrte Rechtsirrtum«: untauglicher Versuch oder Wahndelikt? Überlegungen zu einem speziellen Irrtumsproblem anhand von Dogmen der allgemeinen Irrtumslehre, des Schuldprinzips und des strafrechtlichen Gesetzesvorbehalts*, Berlin 1994.

20 Roxin, a. a. O., S. 982: er meint, daß das auch im Falle deskriptiver Merkmale gelte. Die Beispiele, die er dafür anführt, sind meines Erachtens aber bereits Fälle, in denen der Bereich des deskriptiven Merkmals verlassen ist.

Vorliegen eines perfekten »juristischen Falschbildes« angenommen, sondern wäre auch schon im Falle der laienhaften[21] Überdehnung des normativen Tatbestandsmerkmales gegeben.

Hieran sollte man auch für den Irrtum im sogenannten »Vorfeld des Tatbestandes«[22] festhalten. Die normativen Fehlvorstellungen in diesem Bereich haben keine andere Funktion: Der Täter konstruiert zu seinen Lasten gehende Rechtsvorstellungen. Von ihm wird aber nicht verlangt, daß er sich an das von ihm selbst gesetzte Recht hält, sondern lediglich, daß er das geltende Recht beachtet. Es ist also auch bei dem auf diese Weise begründeten umgekehrten Irrtum über normative Tatbestandsmerkmale ein Wahndelikt anzunehmen – immer noch auf der Linie der Grundaussage der eingeschränkten Schuldtheorie.[23]

Die Frage, ob dem Argument, daß bei irriger Annahme eines normativen Tatbestandsmerkmals nur ein Wahndelikt vorliegen könne, über seine Herkunft aus dem Abgrenzungsprinzip Sachverhalt/Bewertung hinaus ein zusätzlicher Gehalt zu entnehmen ist, muß also am Ende mit »Nein« beantwortet werden. Vielmehr handelt es sich um die der eingeschränkten Schuldtheorie gemäße Spielart des Umkehrschlusses. Der Versuch, über diese Spielart des

21 Zweifellos arbeiten wir hier mit einer wohl eher problematischen Begriffsbildung, für die nicht leicht ein Ersatz zu finden ist, vgl. die kritische Abhandlung von Joachim Schulz, »Parallelwertung in der Laiensphäre und Vorsatzbegriff. Skizzen zur Dogmengeschichte eines dogmatischen Kuriosums«, in: Schulz/Thomas Vormbaum (Hg.), *Festschrift für Günter Bemmann. Zum 70. Geburtstag*, Baden-Baden 1997, S. 246 ff., mit interessanten Hinweisen auch auf die Herkunft der Metapher; zum Ganzen ferner die ungedruckte Habilitationsschrift von Otto Backes, *Strafrechtswissenschaft als Sozialwissenschaft – die sogenannte Parallelwertung in der Laiensphäre*, 1976; siehe auch: Lüderssen, *Entkriminalisierung*, S. 23 ff.

22 S. Roxin, a. a. O., S. 982.

23 So im Ergebnis auch Roxin, a. a. O., S. 984, insbesondere unter Hinweis auf den Zufall der Gesetzestechnik; ebenso schon Burkhardt, a. a. O., S. 681; ferner Jakobs (siehe die Nachweise bei Roxin, a. a. O. in Fn. 22). Trotz seiner generellen Kritik an der »Vorfeld«-Argumentation macht Roxin (a. a. O., S. 984) doch Ausnahmen gegenüber der »Lehre von der Straflosigkeit aller selbstbelastenden Rechtsirrtümer« geltend. Seine Überlegungen kommen, wie mich dünkt, ein wenig in die Nähe der alten Unterscheidung zwischen strafrechtlichem und außerstrafrechtlichem Irrtum, dazu Kuhlen, a. a. O.; im übrigen spricht Roxin, a. a. O., S. 984, davon, daß die Lösung »kriminalpolitisch vorzugswürdig« sei, ohne das freilich zu begründen.

Irrtums zu einem neuen, dieses Mal alle anderen Erscheinungsformen harmonisierend aufnehmenden Paradigma zu gelangen, ist also vorerst gescheitert.

3) Damit liegt als nächster Schritt die Frage nahe, ob das Ziel einer Harmonisierung vielleicht von anderen Konzepten der Behandlung irriger Annahmen von auf Rechtsbegriffen bezogenen Tatbestandsmerkmalen zu erwarten ist. Wer nicht nach dem Prinzip Sachverhalt/Bewertung arbeitet, könnte geneigt sein, die irrige Annahme aller Tatbestandsmerkmale gleich zu behandeln.

Ob man so mechanisch schließen darf, ist allerdings sehr bald und sehr grundsätzlich bezweifelt worden,[24] und die Zweifel scheinen jetzt stärker zu sein als bei dem Umkehrschluß auf der Basis Sachverhalt/Bewertung. Diese Wahrnehmung drängt zunächst zu der Feststellung, daß man keineswegs von *einer* Lehre vom Umkehrschluß sprechen darf, wie das in der Literatur den Anschein hat,[25] vielmehr gibt es ebenso viele Lehren, wie es Behandlungsschemata für den »richtigen« Irrtum gibt.[26] Ferner ist, worauf Roxin schon hingewiesen hat,[27] wichtig, sich darüber klar zu sein, daß es ja bei der Umkehrung der Verbotsirrtumsregeln beim Wahndelikt kein Pendant für die zusätzliche Vermeidbarkeitserwägung gibt, vielmehr »das Wahndelikt schlechthin straflos« ist.[28]

Aber nun zu den grundsätzlichen Einwänden gegen die Umkehrungstheorien. Sind diese Einwände stichhaltig, bricht an dieser Stelle der Versuch, über den umgekehrten Subsumtionsirrtum mehr Klarheit in den allgemeinen Irrtumslehren zu erhalten, endgültig zusammen, so daß gar nichts anderes übrigbleibt als eine völlige Neuorientierung oder das resignierte Eingeständnis, daß Widerspruchslosigkeit eben nicht zu haben ist.

Roxin hat die Einwände gegen die Logik des Umkehrschlusses vollständig und mit vielen überzeugenden Begründungen ausgebreitet und systematisiert. Aber der Rekurs auf gemeinsame Kon-

24 Belege bei: Roxin, a. a. O., in Fn. 26.

25 Ebd., S. 984.

26 Detailliert vorgeführt von Ingeborg Puppe, »Die logische Tragweite des sogenannten Umkehrschlusses«, in: *Festschrift für Karl Lackner zum 70. Geburtstag*, 1987, S. 199 ff.

27 Roxin, a. a. O., S. 985.

28 A. a. O.

zepte für die Irrtumsregelungen findet nicht statt, und deshalb fehlt seinen anschließend entwickelten Lösungen, so befriedigend sie im einzelnen auch sind,[29] die einheitliche Linie.

Knüpfen wir die Umkehrungsfrage also einmal an das Regel/Ausnahme-Prinzip. Wer eine gegebene Regel, gegen die er verstößt, verkennt, ist durch nichts gewarnt, soll also unter keinen Umständen der Vorsatzstrafe ausgesetzt sein. Kann man nun umgekehrt sagen, wer eine nicht vorhandene Regel annimmt und dagegen »verstößt«, hat eine so elementare Bereitschaft, gegen das Recht zu verstoßen, daß er, da er das Recht natürlich nicht einfach schaffen kann, wegen Versuchs zur Verantwortung gezogen werden soll?

Wie man sieht, ist das jetzt nicht nur die einfache logische Umkehrung, die ihrer Eigendynamik zu überlassen schon ein beachtlicher Fall von Reflexionslosigkeit wäre, sondern der Versuch, herauszufinden, was der Sinn der Umkehrung hier sein könnte.

4) Gesucht wird nach der Entsprechung von Belastung mit und Entlastung von strafrechtlicher Haftung. Sie wird – für die hier interessierende Konstellation – anschaulicher, wenn man nicht Regel gegen Regel stellt, sondern die Ausnahmen vergleicht. Wer die ihn entlastende Ausnahme von der Regel verkennt, etwa nicht bemerkt, daß derjenige, den er tötet, ihn angreift, würde, hätte er die Ausnahme, also den Angriff gekannt, immer noch gewußt haben, daß er einen Menschen tötet. Mit anderen Worten, das ist ein Vorsprung, der auch für den Fall gegeben ist, daß der Täter den Angriff nicht wahrnimmt. Die Frage ist, ob dieser gleichsam halbe Schritt ins objektive Unrecht für die Zurechnung auch des nur eingebildeten Unrechts (Notwehr liegt nicht vor) spricht. Dieses eingebildete Unrecht könnte den Täter belasten, weil das, was er im umgekehrten Fall, um sich zu seiner Entlastung darauf zu berufen, sorgfältig hätte prüfen müssen (Vermeidbarkeitserwägung), jetzt als eine Versuchung erscheint, der nachzugeben ihm beim Stand der Vorkenntnis vorzuwerfen ist. In Grenzfällen muß man also nicht nur das, was einen entlasten könnte, sorgfältig prüfen, sondern auch das, was einen belasten könnte. Entsprechende Versäumnisse lösen eine Haftung aus: Bestehenbleiben des Tatvorsatzes im Fall der

29 Für die »differenzierende Lösung, Roxin, a.a.O., S. 986f., gilt das allerdings nicht durchweg, siehe schon oben.

irrigen Annahme eines Rechtfertigungsgrundes, untauglicher Versuch im Falle des Verkennens eines Rechtfertigungsgrundes. Daß in beiden Fällen Fahrlässigkeitselemente den Ausschlag geben für die Haftung wegen Vorsatzes, muß einem zu denken geben, soll aber angesichts der einhelligen Verabschiedung der alten Vorsatztheorie, die Vorsatz mit dolus malus identifiziert hat, erst einmal toleriert werden.

Das Überraschende besteht darin, daß die Umkehrung nicht, wie durchweg angenommen, spiegelbildlich ist, sondern seitenverkehrt erfolgt: Der umgekehrte indirekte Verbotsirrtum führt, soweit es sich um einen umgekehrten Erlaubnistatbestandsirrtum handelt, nicht zum Wahndelikt, sondern zum untauglichen Versuch. Noch ist freilich nicht sicher, ob das auch für die andere Ausnahme, den umgekehrten Erlaubnisirrtum, gilt. Wer bei der Verteidigung gegenüber einem Menschen die Notwehrlage kennt, aber irrig meint, er dürfe ihn nur verletzen, sich daran jedoch nicht hält und ihn tötet, müßte nach der soeben entwickelten Logik ebenfalls dem Verdikt des untauglichen Versuches anheimfallen.

Aber man zögert. Der Täter würde ja für etwas bestraft werden, was gar nicht verboten ist (zur Verteidigung erforderlichen Handelns). Bei der irrig verkannten Notwehrlage liegt es anders: Der Täter glaubt, etwas (Tötung ohne Notwehrlage) zu realisieren, was verboten ist. Dann aber wechseln wir das Denkmuster. Das Regel/Ausnahme-Paradigma funktioniert in der Umkehrung nicht, wohl aber das Sachverhalts/Bewertungs-Prinzip. Neigt sich insgesamt die Waagschale doch zu dessen Gunsten? Man müßte dann eben mit der (gesetzgeberischen) Inkonsequenz mit den normativen Tatbestandsmerkmalen leben.

V. Aber ehe das entschieden wird, sei ein dritter Komplex von Problemen eingebracht.

Auf den ersten Blick scheint er mit den bisher verhandelten nichts zu tun zu haben: Es geht um die Anforderungen an die Konkretisierung des Tatvorsatzes. Hier konkurrieren auch mehrere Konzepte. Muß der Täter nur der Gattung nach ein Tatbestandsmerkmal in seinen Vorsatz aufnehmen, oder ist eine – begrenzte – Individualisierung[30] erforderlich? Die extremste Form des Abstel-

30 Zu den Problemen der »Vorsatzkonkretisierung«: Ingeborg Puppe, *Vorsatz und Zurechnung*, Heidelberg 1992, S. 5 ff., 10 ff.

lens auf die Gattung zeigt sich in den Lehren, die auch bei aberratio ictus vollendete vorsätzliche Tat annehmen, für die extremste Form der Individualisierung steht die Ansicht, daß bei error in objecto, sofern keine Gleichwertigkeit besteht, die Kombination von Haftung wegen Versuch und Fahrlässigkeit empfohlen wird. Dazwischen liegen die Fälle des »Vorsatzwechsels«[31] nach einem Einbruch oder beim Rücktritt: Man steigt wegen Geld ein, findet aber nur Wertpapiere. Diese werden mitgenommen (§ 243 auch für die Wertpapiere?) beziehungsweise verschmäht (fehlgeschlagener Versuch, weil kein Geld da ist?).

Die Parallele zu den bisher behandelten Fallgruppen liegt zunächst darin, daß auch hier Umkehrungsverhältnisse vorkommen. Strafbarkeit einerseits, Straflosigkeit andererseits: Der pauschale Vorsatz belastet bei der Haftung und entlastet bei dem Rücktritt, oder der konkretisierte Vorsatz entlastet bei der Haftung und belastet beim Rücktritt. Aber vielleicht sollte man das gar nicht harmonisieren und statt dessen für die Strafbarkeit einen pauschalen Vorsatz fordern und für den Rücktritt einen konkreten oder wiederum umgekehrt. Viele Kombinationen sind möglich.

Eine weitere Parallele bezieht sich darauf, daß die pauschalisierenden Vorsatzkonzepte eine Ähnlichkeit haben mit den dem Regel/Ausnahme-Prinzip folgenden Einheitslösungen beim Tatbestandsirrtum und beim umgekehrten Tatbestandsirrtum: § 16 einerseits, untauglicher Versuch andererseits, ohne Differenzierung der Merkmale, während die auf der Basis des Sachverhalts/Bewertungs-Prinzips getroffenen Lösungen eher den die Individualisierung des Tatobjekts fordernden Vorsatzkonzepten entsprechen.

Es bedarf keiner weiteren Darlegungen, daß die Behandlung dieser Fallgruppen eher nach Unterstützung von außen verlangt, als daß sie eine Induktionsgrundlage für die angemessene Behandlung der schon vorgestellten Fallgruppen abgeben könnte. Sie macht aber deutlich, daß die sich schon abzeichnende Option für Irrtumslösungen nach dem Schema Sachverhalt/Bewertungen verfrüht war. Obwohl klar umgrenzte Abgrenzungsprinzipien einander gegenüberstehen, werden die auf sie gestützten Lösungen doch eher unter dem Gesichtspunkt ihrer unmittelbaren Evidenz denn

31 Dieses Phänomen ist immer noch nicht hinreichend erforscht, grundlegend nach wie vor Thomas Hillenkamp, *Die Bedeutung von Vorsatzkonkretisierungen bei abweichendem Tatverlauf*, Göttingen 1971.

als Folge streng logischer Ableitung akzeptiert. Der archimedische Punkt ist noch nicht gefunden.

B.

So erhebt sich die Frage, ob es überhaupt sinnvoll ist, mit den bisher aufgebotenen Dogmen zu arbeiten. Sie taugen so lange, wie kein Anlaß besteht, sie ihrerseits zu überprüfen. Das System der Dogmatik hat ja nicht zuletzt die Aufgabe, sicherzustellen, daß Rückfragen auf höheren Ebenen nicht in jedem Einzelfall erforderlich sind. Wenn auf dieser mittleren Ebene befriedigende Lösungen aber nicht zustande kommen, muß man sich doch auf die Maxime besinnen, daß jede strafrechtliche Lösung letzten Endes nur vor dem Forum der Strafzwecke gerechtfertigt werden kann, sofern sie nicht nur strafrechtsbegrenzender Natur ist – hier genügt häufig das Prinzip der Rechtsstaatlichkeit.

I. Der Strafzweck der Vergeltung, der auf einen »gerechten« Tatausgleich abzielt, leistet dabei die geringsten Dienste und kann deshalb sofort ausgeschieden werden, denn der Vergleich von Sanktionen und schuldhaft herbeigeführtem Unrecht entzieht sich jeder Messung. Hier ist alles Mythos oder Gewohnheit; die Rationalität beschränkt sich auf die Überprüfung von Relationen, die von einem wie auch immer legitimierten Standard abweichen.

II. Es bleiben die Präventionsorientierungen. Dabei darf man freilich nicht gleich an die neuen Lehren vom funktionalen Schuldbegriff denken.[32] Es geht vorerst um Unrechtsfragen. Auch die mit dem Verbotsirrtum verbundene Frage nach der Schuld stellt sich erst, *wenn* es zur Vermeidbarkeitsprüfung kommt; die hier allein interessierende Vorfrage, ob überhaupt ein Vorsatz vorliegt, gehört zum Unrecht.

1) Die präventiven Strafzwecke zielen auf die Verhinderung zukünftiger Rechtsgutsverletzungen. Dieses Ziel soll durch generelle oder spezielle Prävention erreicht werden. Sie nimmt den Weg über die

32 Günther Jakobs, *Das Schuldprinzip*, Opladen 1993.

Vorstellungs- und Entscheidungspotentiale künftiger Täter. Sie sollen entweder durch ihre eigenen Verfahren beeindruckt werden oder durch die, welche gegenüber anderen durchgeführt werden; in diesem Falle hat bereits die Androhung eine Funktion.

Unter diesen Gesichtspunkten wäre sowohl der Strafgrund des vollendeten Vorsatzdeliktes wie der des Versuchs zu rekonstruieren, aber das sind große, das Thema dieses Aufsatzes sprengende Fragen. Speziell geht es darum, welche Bedeutung die Nichtkenntnis beziehungsweise irrige Annahme von Straftatmerkmalen für die Eindruckskraft der angedrohten, verhängten oder vollzogenen Strafe haben könnte.

Es handelt sich um einen Ausschnitt aus dem Kapitel *Zurechnung und Strafzweck.*[33] Wie muß die Verantwortlichkeit für ein Delikt beschaffen sein, damit ihre Zuschreibung einer daran geknüpften Strafe, sei sie Resozialisierung, Abschreckung oder Sicherung, einen Sinn gibt. Das heißt:

bezogen auf die Nichtkenntnis realisierter Straftatmerkmale:

Wie müßte dieser Irrtum beschaffen sein, damit er so viel von der Verantwortung für das Delikt wegnimmt, daß ihre Zuschrei-

33 Roxin hat hier die entscheidenden Anstöße gegeben. Zunächst in seiner 1970 erschienenen, 1973 neu aufgelegten Abhandlung *Kriminalpolitik und Strafrechtssystem*, Berlin/New York ²1973; dann: Roxin, in: Hans Lüttger (Hg.), *Festschrift für Ernst Heinitz zum 70. Geburtstag*, Berlin 1972, S. 251 ff.; Roxin, »Grundfragen der gesamten Strafrechtswissenschaft«, in: *Festschrift für Heinrich Henkel zum 70. Geburtstag*, Berlin/New York 1974, S. 171 ff.; Roxin, in: *Festschrift für Friedrich Schaffstein zum 70. Geburtstag*, Göttingen 1975, S. 5 ff., und Roxin, in: *Festschrift für Paul Bockelmann zum 70. Geburtstag*, München 1979, S. 279 ff. Roxin hat in: *Strafrecht,* a. a. O., die »Grundlagen eines teleologisch-kriminalpolitischen Systems« ausgearbeitet, zunächst mit Blick auf die traditionellen Begriffe Handlung, Tatbestand, Unrecht, Verantwortlichkeit und »sonstige Strafbarkeitsvoraussetzungen«, dann allgemeiner in einem Abschnitt »Strafrechtsdogmatik und Kriminalpolitik«. Es folgt eine kurze Erörterung des schwierigsten Aspektes: Wie verhalten sich die Deliktskategorien zu dem »psycho-physisch-sozialen Sinnganzen« des Delikts?, woraus Konsequenzen für die Methode der System- und Begriffsbildung gezogen werden. In *Internationale Perspektiven in Kriminologie und Strafrecht. Festschrift für Günther Kaiser zum 70. Geburtstag*, Berlin 1998, S. 885 ff., schließlich werden diese Überlegungen noch einmal »zur kriminalpolitischen Fundierung des Strafrechtssystems« zusammen- und weitergeführt. Sorgfältige und umfassende Rekonstruktion aller Bemühungen um das Thema bei: Günter Stratenwerth, »Was leistet die Lehre von den Strafzwecken?«: Überarbeitete Fassung eines Vortrages, gehalten vor der Juristischen Gesellschaft zu Berlin am 19. Oktober 1994, Berlin/New York 1995.

bung nicht mehr konstitutiv wäre für den Sinn einer daran geknüpften Strafe.

Bezogen auf die irrige Annahme nicht realisierter Straftatmerkmale:

Wie müßte dieser Irrtum beschaffen sein, damit die vorgestellte Verantwortung nicht mehr konstitutiv ist für den Sinn einer daran geknüpften Strafe?

Bei beiden Fragen ist sozialpsychologisch vorausgesetzt, daß die Strafe nur dann ein Motiv (beim Täter oder anderen Personen) für das Unterlassen deliktischer Handlungen sein kann, wenn klar ist, daß der, den sie trifft oder treffen soll, sich für das Begangene verantwortlich fühlen kann.[34] Unter dieser Devise wären die bisher behandelten Fallgruppen[35] erneut durchzudeklinieren.

2) Das soll nicht abstrakt geschehen, sondern anhand einer neuen Strafvorschrift, deren Auslegung sofort zu grundlegenden Kontroversen geführt hat. Gemeint ist § 261 StGB. Dabei ist ein spezieller Anwendungsbereich gegenwärtig besonders umstritten: Ist auch die Annahme des Honorars Geldwäsche, das der Verteidiger aus den Erträgnissen der Straftat des Mandanten erhält?

Die Staatsanwaltschaften scheinen diese Frage mit *Ja* zu beantworten, wie die bisher bekanntgewordenen Anklagen zeigen. Die Strafverteidiger weisen diese Anklagen – nicht nur im Rahmen der eingeleiteten Verfahren – entschieden zurück, freilich mit unterschiedlichen Argumenten. Das Oberlandesgericht Hamburg[36] hat ihnen jetzt in einer ausführlich begründeten Entscheidung weitge-

34 Wolfgang Naucke, *Strafrecht. Eine Einführung*, Neuwied [9]2000, S. 229. Freilich bedarf das Konzept genauerer Begründung. Einwände der Kriminologie wären zu prüfen, mit Blick auf Realien des Bewußtseins und seine Beeinflußbarkeit im Kontext von Sozialisation und Sozialstruktur. Aber diese Außenperspektive würde das System von Kriminalpolitik und Dogmatik sprengen, das erlaubt, mit einem Begriff von Zurechnung zu arbeiten, der Platz hat für die Relevanz von Irrtümern. An seine Stelle würde womöglich ein anderes treten, mit Kategorien, die freilich erst noch zu erarbeiten wären; denn die Kriminologie hat bisher nicht einmal in Ansätzen eine positiv-gestaltende Konsequenz aus ihren kritischen Einsichten zu ziehen versucht.

35 Erschöpfende »Irrtumskasuistik« bei: Kuhlen, *Die Unterscheidung*, a. a. O., S. 37-77.

36 Vgl. *Der Strafverteidiger* (2000), S. 140 ff., sowie: *Neue Zeitschrift für Strafrecht* (2000), S. 311 ff.

hend recht gegeben. Ob sich diese Entscheidung durchsetzen wird, ist noch offen.[37]

So sind nach allen Seiten hin Irrtümer förmlich vorprogrammiert. Grundlage *aller* Kriterien für deren Beurteilung ist die – meistens stillschweigend vollzogene – Anerkennung einer eindeutigen objektiven Rechtslage. Da davon hier keine Rede sein kann, soll mit verschiedenen Hypothesen gearbeitet werden. Vielleicht lassen sich gerade auf diese Weise die Zusammenhänge zwischen Zurechnung und Strafzwecken besonders gut demonstrieren.

Als erste Hypothese wird anvisiert: Dem OLG Hamburg ist nicht zu folgen. Auf dieser Basis ergeben sich die folgenden Irrtumskonstellationen für den Verteidiger, der mit der Annahme eines Honorars den Tatbestand des § 261 Abs. 2 StGB erfüllt.

– Der Verteidiger meint, die Entgegennahme des Honorars sei kein »Verschaffen« im Sinne der Vorschrift. Er verfehlt dabei nur die »juristische« Subsumtion, weiß in seiner »Laiensphäre« aber Bescheid. (Fall 1)
– Er hat auch in der Parallelwertung seiner »Laiensphäre« nicht das Bewußtsein, daß die Annahme des Honorars ein Verschaffen im Sinne des § 261 Abs. 2 ist. (Fall 2)
– Er geht zwar davon aus, daß dem Wortlaut nach »Verschaffen« im Sinne des § 261 Abs. 2 vorliegt, glaubt aber, daß die Annahme des Honorars ein sozialadäquates und daher ausnahmsweise nicht unter die Vorschrift fallendes Verhalten sei. (Fall 3)
– Der Verteidiger geht zwar davon aus, daß der Tatbestand erfüllt ist, nimmt aber an, er könne für die Entgegennahme des Honorars einen Rechtfertigungsgrund beanspruchen. (Fall 4)

Als zweite Hypothese wird anvisiert: Der Rechtssprechung des OLG Hamburg ist zu folgen. Danach ergeben sich für den Verteidiger, der mit der Annahme des Honorars den Tatbestand des § 261 Abs. 2 nicht erfüllt, die Irrtumskonstellationen:

37 Dazu Rainer Hamm, »Geldwäsche durch die Annahme von Strafverteidigerhonorar?«, in: *Neue Juristische Wochenschrift* (2000), S. 636 ff.; Lüderssen, Anmerkung zur Entscheidung des OLG Hamburg, in: *Der Strafverteidiger* (2000), S. 205 ff.; Martin Schaefer/Arne Wittig, »Geldwäsche und Strafverteidiger«, in: *Neue Juristische Wochenschrift* (2000), S. 1387 ff.; Jochem Reichert, »Anmerkung zur Entscheidung des OLG Hamburg«, in: *Neue Zeitung für Strafrecht* (2000), S. 316 ff.; Florian Burger/Jens Peglau, »Geldwäsche durch Entgegennahme ›kontaminierten‹ Geldes als Verteidigerhonorar«, in: *Zeitschrift für Wirtschafts- und Steuerstrafrecht* (2000), S. 161 ff.

- Der Verteidiger geht davon aus, daß die Annahme des Honorars ohne weiteres unter das Merkmal des Verschaffens im Sinne des § 261 Abs. 2 fällt und hält sich für strafbar. (Fall 5)
- Der Verteidiger weiß, daß es Fälle gibt, in denen das Annehmen des Honorars als sozialadäquat gilt und deshalb, obwohl dem Wortlaut nach »Verschaffen« eigentlich vorliegt, der Tatbestand nicht erfüllt ist, weil er einschränkend auszulegen ist, denkt aber zu Unrecht, das Honorar, das er bekommen habe, sei zu hoch und werde deshalb von dieser Sozialadäquanz-Klausel nicht erfaßt. (Fall 6)
- Der gleiche Fall, nur mit dem Unterschied, daß der Verteidiger glaubt, die Sozialadäquanz sei ein Rechtfertigungsgrund. (Fall 7)
- Der Verteidiger geht zwar davon aus, daß der Tatbestand des § 261 Abs. 2 erfüllt sei, denkt aber, daß er ausnahmsweise einen Rechtfertigungsgrund beanspruchen darf, weil anderenfalls das Institut der Wahlverteidigung desavouiert werde. Er hat gleichwohl ein Unrechtsbewußtsein, weil er diese Position nicht richtig findet, vielmehr der Meinung ist, an sich müßte in den Fällen des »bemäkelten« Honorars auf die Pflichtverteidigung ausgewichen werden. (Fall 8)

Fall 1: Der Fall ist sehr theoretisch. Man könnte sich allenfalls vorstellen, daß der Verteidiger vielleicht denkt, ein ihm angebotenes Honorar sei eigentlich nichts, was er sich *verschaffe*. Wenn dieser Irrtum – gegen alle Vermutung – so oberflächlich bleibt, daß er dem Verteidiger das Unrechtsbewußtsein doch nicht nimmt, dann würde eine Bestrafung ihn durchaus »erreichen«, eben nicht nur das Gefühl einer »Normenfalle« vermitteln. Auch Dritte – als Adressaten einer entsprechend abstrakten Androhung – würden das so sehen und die Bestrafung sinnvoll finden. Mit Recht würde also ein Subsumtionsirrtum dieser Art für unbeachtlich gehalten.

Fall 2: Die falsche Subsumtion schlägt auf das Unrechtsbewußtsein durch. Der Verteidiger hat sich vielleicht durch den – wie hier angenommen – falschen Beschluß des Oberlandesgerichts Hamburg bestimmen lassen. Besser wäre es gewesen, wenn er das nicht getan hätte. Mit der Zuschreibung der Verantwortung für diese falsche Entscheidung wäre also durchaus die Voraussetzung dafür geschaffen, daß eine daran geknüpfte Strafe sinnvoll sein könnte.

Der Vorwurf wäre allerdings der, sich fahrlässig bei der – parallel wertenden – Auslegung eines Tatbestandsmerkmals verhalten zu haben. Da § 16 für die Berücksichtigung dieser Fahrlässigkeit aber keinen Raum läßt, kann über § 261 Abs. 2 eine Verbindung zu den Strafzwecken nicht hergestellt werden; er ist insoweit das, was von Liszt in diesem Zusammenhang eine unübersteigbare Schranke der Kriminalpolitik genannt haben würde.

Fall 3: Der Irrtum bezieht sich in diesem Falle nicht mehr auf ein einzelnes Tatbestandsmerkmal, sondern auf die Grenzen des gesamten Tatbestandes. Wieder ist man versucht, insoweit nach der Fahrlässigkeit zu fragen, und erneut gerät man an die Grenzen des § 16.

Fall 4: Erst bei diesem Sachverhalt ändert sich die Grundlage der Beurteilung. Hier eröffnet § 17 die Möglichkeit einer Fahrlässigkeitshaftung. Aber wo liegt für die Spekulation auf die Psychologie der Strafe der Unterschied zu den Fällen 2 und 3? Die Fehlvorstellung – »ich *darf* das Honorar annehmen« – ist substantiell durchweg die gleiche. Die Konstruktionsdifferenz – Rechtsirrtum oder Irrtum über den Anspruch auf eine Ausnahme – wird, denkt man von den möglichen Funktionen einer Strafe her, nivelliert. Zwar kann man die auf die Psychologie der Strafe nicht sichtbar Rücksicht nehmende Entscheidung des positiven Rechts – § 16 – nicht ignorieren, disponibel erscheinen insoweit aber die nicht zur Gesetzesform heraufstilisierten Prinzipien. Könnten sie eine selbständige Vernunft beanspruchen, müßte man sie nunmehr mit den strafpsychologischen Argumenten abwägen. Aber diese selbständige Vernunft ist nicht vorhanden. Ob man nach dem Regel/Ausnahme-Prinzip oder nach dem Tatsachen/Bewertungs-Prinzip verfährt, könnte – das war die stillschweigende Ausgangsvermutung – davon abhängig sein, welche Erwartungen und Anforderungen an die Orientierungsbereitschaft des Täters man stellt. Aber die direkte Konfrontation der Vorstellungs- oder Bewertungsdefizite mit den möglichen Strafwirkungen hat diese Unterscheidung zum Verschwinden gebracht.

Nun zur zweiten Hypothese: Entscheidung auf der Grundlage, daß das OLG Hamburg im Recht ist.

Fall 5: Kann man sagen, daß die vorgestellte Verantwortung des Verteidigers nicht mehr konstitutiv wäre für den Sinn einer daran geknüpften Strafe? Wenn sich die Rechtsgesellschaft entschlossen hat, Verteidigerhonorare nicht als Beschaffungshandlung im Sinne des § 261 Abs. 2 aufzufassen, wozu soll jemand, der das anders sieht, durch die Strafe motiviert werden? Die Antwort könnte sein: vorsichtig zu sein mit der Bildung eines eigenen Unrechtsbewußtseins. Wenn dieses Superunrechtsbewußtsein ein Indiz dafür wäre, daß der Verteidiger die generelle Neigung hat, eigenwilligen Vorstellungen zu folgen, und diese Neigung die Gefahr in sich birgt, daß die Eigenwilligkeit auch einmal in die falsche Richtung gehen könnte, wäre es denkbar, eine Art abstraktes Gefährdungsdelikt zu konstruieren. Der untaugliche Versuch *ist* ein abstraktes Gefährdungsdelikt. Deshalb könnte in der Tat die Antwort lauten, daß man auch dieses Fehlverhalten durch das Institut des untauglichen Versuchs erfaßt.

Aber geht hier die Abstraktion nicht zu weit oder verirrt sich gar ins Absurde? Alle Abstraktion hat – wenn auch weit entfernt – einen konkreten und realen Ausgangspunkt. Wenn jemand, der mit seinem Auto betrunken in völlig menschen- und fahrzeugleerer Gegend eine Kreuzung schneidet, nach § 316 StGB bestraft wird, so liegt dem die Spekulation zugrunde, daß irgendwann, irgendwo vielleicht doch jemand hätte vorbeikommen *können*. In unserem Fall aber ist, wenn man, was die unumgängliche Voraussetzung für die ganze Argumentation ist, die normative Ausgangslage (keine Anwendbarkeit des § 261 Abs. 2) ernst nimmt, nicht ein langer Weg anvisiert, auf dem man möglichst früh gefährliche Leute anhalten möchte, sondern überhaupt keiner. Die Idee, ein auf Einbildung beruhendes Unrechtsbewußtsein sei die entfernte Möglichkeit für die Entstehung eines zu Unrecht fehlenden Unrechtsbewußtseins, könnte auf der Annahme beruhen, daß die Einbildung, wenn sie gemessen an den sonstigen Regeln der Gesellschaft nicht völlig grundlos ist, eine gleichsam nicht berechenbare Unsicherheit auch nach der anderen Seite – Ausbleiben des Unrechtsbewußtseins – hin signalisiert. Aber Zusammenhänge dieser Art sind ganz unerforscht. Ihre Imagination beruht auf der sehr vagen Erfahrung, daß Unsicherheiten *Unsicherheiten* produzieren. Auch die kompromißlosesten Anhänger des abstrakten Gefährdungsdelikts können so weit nicht gehen.

Fall 6: Der Gegenstand der Einbildung ist hier etwas konkreter, aber kann das etwas daran ändern, daß eine solche – Unsicherheit über die objektive Rechtslage offenbarende – Haltung nicht »hochgerechnet« werden darf in bezug auf andere, gefährlichere Unsicherheiten? Spätestens jetzt stellt sich vielleicht die Überlegung ein, die Orientierungsbasis, die objektive Rechtslage, sei doch ihrerseits sehr unsicher, auch die gegenteilige Auffassung sei vertretbar, und wer sich – zu seinen Lasten – in eine andere, zwar falsche, aber vertretbare Rechtslage hineinmanövriere, bewege sich doch im Spektrum normaler Abweichungen. Soll das aber heißen, daß eine harmlose *normale* Abweichung eher die Grundlage für die Gefahr einer nicht harmlosen Abweichung sein kann als eine ganz fernliegende? Das müßte eine Psychologie, der Fragen dieser Art freilich nicht gestellt werden und die sie auch ihrerseits bisher nicht stellt, erst einmal darlegen.

Fall 7: Daß die Verkennung der Sozialadäquanz anders zu beurteilen wäre, wenn sie als Verkennung eines Rechtfertigungsgrundes konstruiert wird, wäre unter der Voraussetzung denkbar, daß sich durch die andere Einordnung des Bezugspunkts für das eingebildete Unrechtsbewußtsein in das Deliktssystem etwas für die Konstituierung des Sinnes einer womöglich an die eingebildete Verantwortung geknüpften Strafe ändern würde.

Zweifellos wäre das nicht der Fall, wenn der Täter den Unterschied zwischen irriger Annahme von Tatbestandsmerkmalen und Nichtkenntnis eines Rechtfertigungsgrundes gar nicht weiß, sein Irrtum vielmehr nur nachträglich durch die Juristen so charakterisiert wird. Mit einer derartigen Zuschreibung könnte man das, was im Bewußtsein des Täters – und parallel dazu im Bewußtsein der die Zuschreibungsprozesse beobachtenden Dritten, der Adressaten der Generalprävention – aufnahmebereit ist für die Wirkung einer Strafe, gar nicht verändern. Soll der Zufall, daß der Täter das Deliktssystem kennt, daran etwas ändern? An sich müßte eine auf die Psychologie der Strafwirkung bezogene Dogmatik solche Differenzierungen zulassen. Aber wohin würde sie hier führen? Könnte man wirklich sagen, daß der Schluß von einer Unsicherheit auf die andere seine Schwäche verlöre, wenn die dabei als Ausgangspunkt fixierte Unsicherheit nur in eine andere Schublade geschoben würde?

Fall 8: Auch die noch speziellere Fehlvorstellung – man müsse in den Fällen des schmutzigen Geldes auf Pflichtverteidigung ausweichen – qualifiziert sie nicht als Ausgangspunkt für die Mutmaßung der abstrakten Gefahr, der Täter – würde im Ernstfall dann auch das Richtige verkennen.

III. Die nivellierenden Ergebnisse, welche die unter II. angestellten Betrachtungen gezeitigt haben, sollten keine zu starken Irritationen auslösen. Die Differenzierungen, zu denen eine von den Strafzwekken losgelöste Dogmatik gelangt, beruhen ja, wie dargelegt, auf Konstruktionen, die auch keine unmittelbare Überzeugungskraft für sich beanspruchen können.

Für die Fälle der sogenannten Wahndelikte könnten daraus, da gesetzliche Vorgaben fehlen, ohne weiteres die Konsequenzen gezogen werden.

Beim Irrtum über Tatbestandsmerkmale und Rechtfertigungsgründe müßten angesichts der positiven Regelungen in § 16 und 17 Abstriche gemacht werden. Sie brauchten aber nicht weiter zu gehen als durch den Wortlaut zwingend vorgezeichnet. Alle darüber hinaus reichenden Konzepte, die versuchen, die innere Logik dieser beiden Vorschriften fortzuentwickeln, könnten indessen zugunsten von Lösungen, die mit Blick auf die erwartbaren Strafwirkungen entwickelt worden sind, gestrichen werden.

C.

Die strafzweckbezogene Irrtumsdogmatik ist auf das Ganze gesehen noch so schwach ausgebildet und unerprobt, daß es bei diesem experimentellen Durchgang nicht bleiben kann.

I. Sie bringt die alten Probleme deutlich zum Vorschein, produziert aber auf dieser Basis auch neue.

Zu den alten Problemen gehört die Ambivalenz des Anknüpfungspunkts. Wenn etwas sowohl strafbar wie nicht strafbar sein könnte, relativiert sich die Bedeutung der Fehlvorstellungen;[38] sie

38 Für die Probleme bei »kontroverser Rechtsprechung« und insbesondere in den Fällen, die durch »inkonsistente Rechtsprechung von Richtern gleicher Rangordnung« geprägt sind, vgl. vor allem Ulfrid Neumann, *Nomos Kommentar*, a. a. O., § 17 Rn. 52 f. und 71 ff.

kehrt sich leicht ins Gegenteil, ohne daß man dafür einen substantiellen Grund angeben kann. Das ist zunächst nichts anderes als die bekannte Position des Gesetzespositivismus. Er gelangt aber, und das ist ein neues Problem, hier ganz sichtbar an seine Grenzen, sobald der Sinnbezug zwischen Delikt und Strafe hergestellt wird. Überzeugende Argumente kommen dabei nämlich nur zustande, wenn die normativen Prämissen nicht nur positivistisch korrekt sind, sondern auch, gleichviel vor welchem Forum, als legitim erscheinen.

Nur die gerechte Strafe ist general- und sozialpräventiv, heißt es, aber mit Gerechtigkeit ist ja doch niemals der positivistische Zufall gemeint; jeder, der für längere Zeit mit Strafgefangenen gearbeitet hat, weiß das. Resozialisierung anzubieten angesichts von Normen oder Urteilen, die einem nicht einleuchten,[39] ist ganz schwierig,[40] kann, wenn diese Ausgangssituationen zur Regel werden, von auf die Dauer funktionsloser und gegen die Menschenwürde verstoßender Dressur auf das, was jeweils und zufällig gilt, nicht unterschieden werden. Totalitäre Staaten haben denn auch zur Resozialisierung kein anderes Verhältnis; ganz entsetzlich sind insoweit die Berichte wegen Republikflucht in der ehemaligen DDR inhaftiert gewesener Personen, bis hin zu der Mitteilung über das Erlebnis »echter Umkehr« und überzeugten Eintritts als »IM« in den Dienst der Stasi. Die Klage darüber ist leicht, die Wahrnehmung dieses Grundwiderspruchs in freiheitlich-rechtsstaatlich-demokratischen Staaten bei wechselnden Normen und kontroverser Rechtspre-

39 Vgl. dazu auch die Mitteilungen bei: Lüderssen, »Die generalpräventive Funktion des Deliktssystems«, in: ders., *Abschaffen des Strafens?*, Frankfurt/M. 1995, S. 99 ff., 120 ff.

40 Für die Kriminologie bedeutet das, daß man bei der Suche nach den Ursachen für Kriminalität nicht immer nur auf Sozialstruktur und Sozialisation achten darf. Schlechte Normen sind der dritte Faktor. Das heißt, in dem Maße, in dem die Strafgesetze nicht legitim sind, bewegen sich diejenigen, die gegen sie verstoßen, auf das Normale zu. Geht die Legitimation der Normen gegen null, braucht man nach Defiziten in der Sozialstruktur oder der Sozialisation nicht mehr zu suchen, darf nicht einmal danach suchen. Umgekehrt: Je legitimer eine Norm ist, um so mehr muß für den Verstoß dagegen nach Gründen in der Sozialstruktur oder in der Sozialisation gesucht werden, siehe dazu: Lüderssen, in: Ders. (Hg.), *Aufgeklärte Kriminalpolitik oder Kampf gegen das Böse?*, Bd. 1, Baden-Baden 1998, S. 51 ff., dort auch zusätzliche Bemerkungen über das auf ähnliche Weise nach dem Bilde der kommunizierenden Röhren funktionierende Verhältnis von Sozialstruktur und Sozialisation.

chung traurig und ausweglos; es sei denn, es gelingt dem Sozialarbeiter, dem zu Resozialisierenden die Qualität eines vor Fanatismus oder metaphysischer Besserwisserei gleichermaßen gefeiten Gesetzespositivismus (*wenn* er wenigstens das für sich beanspruchen kann) klarzumachen und das damit verbundene, auf höherer Ebene gerechtfertigte »Sonderopfer« des Probanden – ein an Zynismus grenzendes Unternehmen.

Allerdings kann auch die, wie man sie vielleicht nennen kann, prinzipiengeleitete Dogmatik das Problem, im Überpositiven zu agieren, ohne das – jedenfalls erklärtermaßen[41] – zu wollen, nicht überspielen. Denn die wenigen Paragraphen des Allgemeinen Teils geben deduktiv-analytisch natürlich nicht entfernt das her, was als Ergebnis langer und gründlicher dogmatischer Untersuchungen zu den einzelnen Problemen präsentiert wird. Gerade auf dem Gebiet der Irrtumslehre wird das offensichtlich. Aber weil der überpositive Gehalt dieser Prinzipien in der Regel kein Thema ist, bleiben die Gründe für ihre Verbindlichkeit in der Schwebe. Oft wird nur ad oculos einer intuitiv empfundenen Lösung des anstehenden Falles oder eines durch seine Zuspitzung eindeutige Lösungsvorschläge suggerierenden Beispiels, die dann »heruntergerechnet« werden, argumentiert. Eine große Rolle spielen dabei Evidenzerlebnisse auf der Basis deskriptiver Unterscheidungen.[42] Hauptbeispiel dafür sind die differenzierenden Lösungen der Error-in-objecto- und Aberratio-ictus-Fälle.[43] Was darüber hinaus oder jenseits davon geschieht, ist eine von den hier einschlägigen ge-

41 Der Grad der Reflexion kann hier ganz unterschiedlich sein. Kuhlen etwa spricht in: Eric Hilgendorf/ders., *Die Wertfreiheit in der Jurisprudenz: Konstanzer Begegnung. Dialog zwischen der Juristischen Fakultät der Universität Konstanz und Richtern des Bundesgerichtshofs*, Fakultätsbegegnung am 18. Mai 1999/Vortrag von Eric Hilgendorf. Diskussionsbeitrag von Lothar Kuhlen, Heidelberg 2000, S. 35 ff.; umstandslos von der Relevanz dieser Prinzipien, die er der Gesetzesauslegung expressis verbis gegenüberstellt, für die Dogmatik, während Naucke, »Die Legitimation strafrechtlicher Normen – durch Verfassungen oder durch überpositive Quellen«, in: Lüderssen (Hg.), *Aufgeklärte Kriminalpolitik*, a. a. O., S. 156 ff., die natur- oder vernunftrechtlichen Implikationen schonungslos – aus seiner Sicht freilich mit Genugtuung – offenbart.

42 Zu diesem Problem: Rudolf Keller, »Der Verlust von orientierungskräftiger Gegenständlichkeit im Strafrecht und der Normativismus«, in: *Zeitschrift für die gesamte Strafrechtswissenschaft* (1995) 107, S. 457 ff.

43 Dazu: Ingeborg Puppe, *Vorsatz und Zurechnung*, a. a. O., S. 10 ff.

setzlichen Vorschriften – notwendigerweise, weil sie in ihrer Allgemeinheit bestenfalls unbestimmt sind – gelöste Bewertung von Unrecht und Schuld. Die Freiheit, die dabei obwaltet, findet ihre Grenze in der dogmatischen Tradition, die über den Gehalt strafrechtlichen Unrechts und strafrechtlicher Schuld allmählich viele Grundsätze zusammengetragen hat. Aber kann diese Tradition auf einer eigenständigen Funktion der Dogmatik bestehen? Kann das Strafrecht überhaupt anders definiert werden als durch seine Sanktionen? Wer sich wenigstens unmittelbar davon lösen will, muß für das Strafrecht ein Unrecht postulieren, das per se nach der Strafe ruft. Das ist im nach-metaphysischen Zeitalter meines Erachtens nicht mehr möglich,[44] obwohl ein großer Teil der Emphase, mit der neue Kriminalisierungen zurückgewiesen werden (nicht selten unausgesprochen), diese abgehobene Position eines sich selbständig definierenden strafrechtlichen Unrechts zur Voraussetzung hat.[45] Vielmehr sind die Sanktionen die primäre Orientierung. Eine kritische Überprüfung des Strafrechts muß von ihr ausgehen. Dem Einwand, bei dieser Orientierung könne man die Bestimmtheit der Tatbestände nicht mehr garantieren, diese Aufgabe könne vielmehr nur eine prinzipienorientierte Dogmatik erfüllen, ist mit dem Hinweis zu begegnen, daß Sanktionen ja verfassungsrechtlich gerechtfertigt werden müssen und daß das Verfassungsrecht dem Gesetzgeber für alle Eingriffe, zu denen er sich entschließt, Maßstäbe gibt. Sie sind mit einem Drei-Schritt – Eignung, Erforderlichkeit, Vermeidung von Zielkonflikten – gekennzeichnet. Man wird sehen, daß auf diesem Wege sogar eine größere Bestimmtheit der Tatbestände erreicht werden kann als mit »Prinzipien«; nur deren traditionell verbürgte Resistenz gegen Veränderungen hat ja zu dem so selbstzufrieden beobachteten Effekt der Bestimmtheit der Tatbestände und ihrer Konsequenzen geführt. Die verfassungsrechtlichen Prinzipien der Gesetzgebung, die man bei der Überprüfung der Sanktionen heranziehen kann, bieten demgegenüber

44 Neueste Darstellung der Problematik bei: Wolfgang Wohlers, *Deliktstypen des Präventionsstrafrechts – zur Dogmatik »moderner« Gefährdungsdelikte*, Berlin 2000, S. 61 ff.

45 Für manche ist das das so genannte Kern-Strafrecht, vgl. dazu den Überblick bei: Wohlers, *Deliktstypen*, a. a. O., S. 54 ff. Wer diese Abhängigkeiten durchschaut, wird sich für seine Kritik an einer zu weitgehenden Kriminalisierung auf andere Ressourcen besinnen müssen.

die Möglichkeit einer direkten Überprüfung.[46] Logische Schwierigkeiten, die hier befürchtet werden,[47] entstehen nicht, wenn man ganz prosaisch feststellt, daß in der gegenwärtigen Gesellschaft die Verantwortungsorientierung zu den sozialpsychologisch sichersten Voraussetzungen für die Wirksamkeit von Sanktionen zählt.[48] Die Präventionsorientierung des ganzen Delikts freilich ist es, nicht nur die der Schuld, die eruiert werden muß.

Wir gehen davon aus, daß wirksame Prävention nur gewährleistet ist bei Anerkennung des Verantwortungsgrundsatzes – mit allen Implikationen des in der Dogmatik entwickelten Deliktbegriffs. Aber in diese Wirksamkeitsüberlegung ist der Gedanke eingeschlossen, daß Prävention nicht isoliert gesehen wird, das heißt: keine Vermeidung des Rückfalls um jeden Preis; wenn also nur schuldorientierte Prävention wirksam ist, so gilt das unter der Voraussetzung, daß man eine Prävention will, die nicht andere Ziele – Erhaltung von Freiheitsräumen – desavouiert. Allerdings müssen dabei die kultur-anthropologischen Bedingungen für die Motivierbarkeit berücksichtigt werden. Diese Bedingungen sind geprägt durch das fortgeschrittene Verhältnis zwischen Verantwortung der Person und Berechenbarkeit staatlicher Sanktionen. Ferner ist dabei

46 Das kann hier nicht im einzelnen dargelegt werden; vgl. dazu exemplarisch: Lüderssen, *Entkriminalisierung des Wirtschaftsrechts*, Baden-Baden 1998, S. 181 ff. zur Frage der Einführung einer Strafvorschrift gegen Submissionskartelle.

47 Oliver M. Kunz, »Prävention und gerechte Zurechnung«, in: *Zeitschrift für die gesamte Strafrechtswissenschaft* (1986) 98, S. 823 ff., S. 833.

48 Wenn es heißt, diese Verantwortungsorientierung habe sich aber sanktionsunabhängig entwickelt (was meines Erachtens keineswegs ganz sicher ist), so ändert das nichts an der Funktion, welche die Verantwortungsorientierung nunmehr erhalten hat. In diesem Sinne eindeutig: Roxin, *Strafrecht Allgemeiner Teil. Grundlagen*. Bd. 1, S. 174 unter ausdrücklichem Hinweis darauf, daß jener berühmte Ausspruch von Liszts einen Gegensatz formuliere, der nunmehr überwunden sei, »Denn der Satz ›nullum crimen sine lege‹ ist nicht weniger ein kriminalpolitisches Postulat als das Gebot erfolgreicher Verbrechensbekämpfung«. Man kann noch weiter gehen und sagen: Alle rechtsstaatlichen Postulate an Strafrecht und Strafprozeßrecht müssen in die Zielkonflikte, die bei der Präventionsonientierung zu bedenken sind, einbezogen werden. Ausführliche Auseinandersetzung mit dem vor allem von Stratenwerth erhobenen »Einwand der Zirkularität« – hier allerdings vor allem mit Blick auf die Generalprävention – bei: Klaus Günther, *Schuld und kommunikative Freiheit. Studien zur personalen Zurechnung strafbaren Unrechts im demokratischen Rechtsstaat*, Habilitationsschrift, Frankfurt/M. 1996, S. 94 ff.

vorausgesetzt, daß die Motivationen überhaupt wichtig sind, bloße Konditionierung nicht gefragt ist. Wer Bedenken gegen Prävention hat, braucht also nicht auf Vergeltung auszuweichen, sondern kann die Prävention unter Freiheitsgesichtspunkten begrenzen. Sie sind außerstrafrechtlich, weil sie nur die von der Vergeltung abgekoppelte Zurechnung betreffen. Daß diese zunächst mit Blick auf die Strafe anvisiert worden ist, ändert daran nichts – trotz der deshalb strengeren Maßstäbe.

Es bleibt die Skepsis gegen ein Verfahren, das ohne Zwischenbegriffe, mit Blick auf die Sanktionen Antworten auf dogmatische Fragen finden möchte.

Ob die Zwischenbegriffe der prinzipienorientierten Dogmatik hier eingesetzt werden können, ist in einem ersten Schritt geprüft worden.

Der zweite Schritt soll wiederum nicht abstrakt geschehen; vielmehr wird mit einer weiteren Gruppe von Beispielen der Versuch gemacht, das Problem genauer zu beleuchten.

II. Es handelt sich um die kürzlich von der höchstrichterlichen Rechtsprechung behandelten Praktiken, durch Verwendung einer eine bestimmten Abblendwirkung hervorbringenden Flüssigkeit das Kraftfahrzeugkennzeichen für im Rahmen polizeilicher Kontrollen durchgeführten Blitzlichtaufnahmen unlesbar zu machen und auf diese Weise einer Sanktion wegen Geschwindigkeitsübertretung zu entgehen. Einige Untergerichte haben Urkundenfälschung angenommen, ebenso hat das Oberlandesgericht Düsseldorf entschieden, während das Bayerische Oberste Landesgericht Urkundenfälschung verneint; eine Entscheidung, der sich der Bundesgerichtshof[49] kürzlich angeschlossen hat.

Danach ergeben sich die folgenden Fallkonstellationen:

Erste Hypothese: Urkundenfälschung liegt vor.

- Der Täter subsumiert das Produkt seiner Aktion auch in seiner Laiensphäre (glaubhaft) nicht unter die Vorschrift des § 267 StGB, er hält das amtliche Kennzeichen zwar für eine Urkunde, glaubt aber nicht, daß er sie fälscht, weil er meint, daß ja kein anderer Aussteller vorgetäuscht werde. (Fall 1)

49 BGH *JZ* (2000), S. 424 ff. mit den Nachweisen der kontroversen Rechtsprechung und einer Anmerkung von Hans Kudlich.

– Der Täter nimmt an, daß er eine Urkundenfälschung begeht, glaubt aber, die Blitzlichtaufnahmen der Polizei verhindern zu dürfen, weil er diese Art der Fahndung für rechtsstaatswidrig hält. (Fall 2)
– Der Täter nimmt an, daß er eine Urkundenfälschung begeht, glaubt aber, ein Recht darauf zu haben, weil er meint, er könne sich wegen der Straflosigkeit einer »Selbstbegünstigung« auch auf diesem Wege der Fahndung entziehen. (Fall 3)

Zweite Hypothese: Urkundenfälschung liegt nicht vor, weil zwar eine Urkunde, aber keine Fälschung gegeben ist.
– Der Täter nimmt – nach Laienart – an, daß das Kennzeichen so etwas wie eine Urkunde ist, und glaubt auch, daß er diese Urkunde fälscht. (Fall 4)

1) Fünf Prämissen sollten miteinander in Einklang gebracht werden:
– Die Dogmatik muß von der Sanktion ausgehen, die für den Verstoß gegen die Strafvorschrift vorgesehen ist.
– Die bloße Vorstellung, die ausgeführte Handlung sei strafbar, macht sie noch nicht zum strafbaren Unrecht.
– Mit den §§ 16 und 17 StGB hat der Gesetzgeber sich festgelegt: Das heißt, es soll gewährleistet sein, daß einerseits nicht jeder Irrtum den Vorsatz ausschließt, andererseits bei fehlender Fahrlässigkeit auch die Vorsatzstrafe entfallen kann.
– Die diversen Interpretationen dieser beiden Vorschriften sind auf der Basis der Option für eine strafzweckorientierte Dogmatik neu zu durchdenken. Dabei ist der Tatsache Rechnung zu tragen, daß die objektiven Kriterien für die Subsumtion des Verstoßes unter eine Strafvorschrift schwankend sein können.

2) Bezogen auf die Fälle bedeutet das:

Fall 1: Wäre eine Bestrafung geeignet, den Effekt der Prävention künftiger Urkundenfälschungen zu erreichen? Der Irrtum des Täters bezieht sich ausschließlich auf eine Bewertung. Er setzt seine Bewertung an die Stelle derjenigen, welche die Rechtsordnung vornimmt. Allerdings ist diese Bewertung in Fällen von der Art des vorliegenden schwankend, ändert sich von Urteil zu Urteil. Das Präventionsziel soll sich, diese Unterstellung wird hier im Anschluß an bereits angedeutete allgemeine Überlegungen gemacht, nur auf eindeutig rechtswidrige Vorgänge beziehen. Unterstellt man, das nächste Urteil hätte gelautet: objektiv keine Urkundenfälschung, so wäre der Beschuldigte unter dieser Voraussetzung mit seiner Subsumtion im Recht gewesen. Die erste »falsche« Bewertung ist danach kein Anknüpfungspunkt für eine Reaktion, das heißt, die Bestrafung wäre nicht einmal zur Prävention *geeignet.*

Fall 2: Der Zufall steuert den Täter zunächst in die »richtige« Richtung, insoweit hat er Glück (um die Psychologie dessen, der, ohne Verdienst sozusagen, das Richtige tut, hat sich bisher – mit Recht – noch keine Dogmatik gekümmert). Dann aber nimmt er eine Bewertung vor, die keine Aussicht darauf hat, daß ein Gericht der Bundesrepublik ihr in nächster Zeit folgen wird, und wohl auch (?) in der Rechtsgemeinschaft derzeit nicht zustimmungsfähig ist. Wäre eine Bestrafung geeignet, ihn zukünftig an der Entwicklung solcher Fehlvorstellungen zu hindern? Wenn man, was hier vorausgesetzt ist, psychische Prozesse dieser Art überhaupt für real *und* verifizierbar hält, muß man das wohl annehmen. Die Fahrlässigkeit, mit der wir es *hier* zu tun haben, wäre also insoweit ein Anknüpfungspunkt für eine Strafe und damit präventions*geeignet.*

Die nächste Frage wäre, ob die Strafe auch *erforderlich* ist. Keineswegs wird das für alle Fälle fahrlässiger Verletzungen eines Rechtsgutes angenommen. Wenn man diese allgemeine Auffassung übersetzt in die Terminologie einer strafzweckorientierten Dogmatik, so heißt das für diese Gruppe von Normverstößen, daß eine Bestrafung nicht erforderlich ist. Freilich paßt vorliegender Fall nicht ohne weiteres in diese Gruppe. Bezogen auf die Urkundenfälschung liegt ja immerhin Vorsatz vor. Die Frage ist also, unter welchen Voraussetzungen diese Vorsatz/Fahrlässigkeitskombination so behandelt werden muß, daß im Ergebnis die fahrlässige Verkennung der Rechtslage doch auf einen Präventionsbedarf deutet – im Sinne der Erforderlichkeit. Das heißt, es muß auch feststehen oder mit einer gewissen Sicherheit vermutet werden können,[50] daß kein milderes Mittel zur Verfügung steht.

Nimmt man auch das an, stellt sich als – letzte – Frage die nach einem möglichen »Zielkonflikt«. Würde durch die Bestrafung jemandes, der ungeachtet seines Irrtums über die Rechte der Polizei

50 Man sieht, welche Wissenslücken und Methodenprobleme die strafzweckorientierte Dogmatik sichtbar macht.

(unter der Voraussetzung, daß er ihn vermeiden konnte, was den primären Fahrlässigkeitsvorwurf erst begründet) gehandelt hat, ein unerwünschter Nebeneffekt erreicht, etwa eine rechtspolitisch unerwünschte Entmutigung, selbständig kritische Einstellungen gegenüber einer hart zugreifenden Polizei zu entwickeln, so wäre eine Bestrafung im Ergebnis eher kontraproduktiv. Sieht man indessen das Entscheidende dieses Irrtums in der Anmaßung eines allgemeinen Urteils über Polizeitätigkeit, entstünde der Zielkonflikt nicht. Es kommt jetzt nicht darauf an, wie zu entscheiden wäre (das müßte sehr gründlich geprüft werden), sondern nur darauf, ob überhaupt so gefragt werden darf oder gar muß.

Fall 3: Hier kann man zunächst auf Fall 2 verweisen und dann zu der Besonderheit übergehen, daß der Täter über die ihm gesetzten Grenzen, sich der Bestrafung zu entziehen, irrt. Wieder ist vorausgesetzt, daß der Irrtum vermeidbar war.[51] Eignung und Erforderlichkeit der Bestrafung sind genauso zu sehen wie im Fall 2. Beim Zielkonflikt aber könnte man anders entscheiden. Die grundsätzliche Anerkennung der Straflosigkeit der Selbstbegünstigung schafft zwar für den Täter ein verständliches Motiv.[52] Denn auch wenn er schuldhaft die Rechtsordnung insoweit falsch eingeschätzt hat, würde die Nichtberücksichtigung gerade dieses Irrtums für die Frage des eigentlichen Tatvorsatzes vielleicht doch die Straflosigkeit fahrlässiger Urkundenfälschung unterminieren und damit eine nicht erwünschte Rechtsunsicherheit produzieren. So gesehen läge eine Lösung näher, die mit dem Irrtum *hier* auch den Vorsatz entfallen läßt. Weder eingeschränkte noch strenge Schuldtheorie würde diese Möglichkeit freilich einräumen. Insbesondere das Regel/Ausnahme-Prinzip, das in den Fällen 1 und 2 zu keinem anderen Ergebnis führt als die strafzweckorientierte Dogmatik, wäre suspendiert. Da in diesen Grenzfällen die Entscheidung durch § 16

51 Auch die *Kriterien* dafür bleiben also ausgeklammert, allgemein hierzu jetzt: Christoph Roos, *Die Vermeidbarkeit des Verbotsirrtums nach § 17 StGB im Spiegel der Rechtsprechung. Zugleich ein Beitrag zur Analyse latenter richterlicher Wertungen in Entscheidungsgründen*, Berlin 2000.

52 Andererseits: beim Verdeckungsmord gibt es insoweit keine Konzession, sondern das Gegenteil. Wo verläuft die Trennlinie? Zur Gegenläufigkeit der kriminalpolitischen Konsequenzen aus dem Motiv des Täters, sich der Strafbarkeit zu entziehen, vgl. Hartmut Schneider, *Grund und Grenzen des strafrechtlichen Selbstbegünstigungsprinzips auf der Basis eines generalpräventiv-funktionalen Schuldmodells*, Berlin 1991.

oder 17 StGB nicht eindeutig ist, besteht der kriminalpolitische, im Sinne der Präventionsorientierung nutzbare Spielraum für die Entscheidung.

Fall 4: Ist eine Bestrafung jemandes, der diesen Anspruch der Rechtsordnung erst imaginiert und dann ignoriert, geeignet, ihn auf den Weg des Rechtes insofern zurückzubringen, daß er solche Disharmonien in Zukunft vermeidet? Zunächst sei in Erinnerung gerufen, daß die Prüfung der Vermeidbarkeit hier nicht vorgeschaltet ist. Entweder man hält den Täter an seinem höchst persönlichen Unrechtsbewußtsein fest, oder man läßt es. Im übrigen ist zu überlegen, ob nicht eine wichtige Frage ausgelassen wird: Ist überhaupt die Zielsetzung in Ordnung? Wenn diese Frage mit Nein beantwortet werden muß, erledigen sich alle weiteren Fragen. Hier muß also gefragt werden, ob jemand überhaupt dazu gebracht werden soll, jene Disharmonien zu vermeiden. Doch nur dann, wenn jemand, der solche disharmonischen Entscheidungen trifft, irgendwie gefährlich werden könnte, etwa in dem Sinne, daß jemand, der so etwas tut, es auch tut, wenn er nicht von einem eingebildeten Unrecht ausgeht. Dazu ist im ersten Durchgang der Fallbetrachtungen in der Sache schon das Erforderliche gesagt worden. Jetzt aber können wir das Problem genauer lokalisieren. Diese Überdehnung des im untauglichen Versuch angelegten abstrakten Gefährdungsdelikts in eine Zone allgemeiner Spekulationen auf wegen ihrer Unzuverlässigkeit bei der Bildung von Rechtsbewußtsein und Unrechtsbewußtsein gefährliche (oder gefährdete) Persönlichkeiten ist kein angemessenes Ziel im Rechtsstaat.

Man könnte allerdings daran denken, daß bei der offenkundig ambivalenten Ausgangslage sich diese Vorsicht wieder relativieren müßte. Wer in unserem Fall Urkundenfälschung annimmt, hat ja sofort das richtige Unrechtsbewußtsein, wenn eine andere Rechtsprechung zugrunde gelegt wird. Mit anderen Worten: wenn die Einbildung des Unrechts so nah an dem ist, was unter anderen Auspizien Realität sein könnte, ist sie gefährlicher als eine ganz und gar abwegige Vorstellung davon, etwas Unrechtes zu tun. Ein falsches Unrechtsbewußtsejn, das durch eine geringfügige und vor allem jederzeit zu gewärtigende Verschiebung zum richtigen werden und dann bei Aufrechterhalten des Willens, trotzdem zu handeln, eine direkte Gefahr für das Rechtsgut heraufbeschwören könnte, ist vielleicht doch ernster zu nehmen, signalisiert eine Anfälligkeit, der durch Strafen zu begegnen ist. Aber die Abgrenzungsschwierigkeiten, in die man käme, wenn man sich auf derartige Differenzierungen einließe, wären so uferlos, daß die Argumente für die Ablehnung des abstrakt-abstrakten Gefährdungsdelikts, die hier entwickelt worden sind, auch diese Konsequenz ergreifen würden.

Was hier versucht worden ist, bewegt sich außerhalb der festen Gewohnheiten der überlieferten und aktuell praktizierten Strafrechtsdogmatik. Aber wenn der weitgehende Konsens darüber, daß das repressive Strafrecht präventive Zwecke hat, ein Konsens ist, der unabhängig davon besteht, wie kritisch man im übrigen von Prävention denkt,[53] muß das doch Folgen für die Begriffsbildung der Dogmatik haben. Zwar heißt es, Jakobs habe »ganze Lehrgebäude auf der Prämisse errichtet, daß es letztlich für jede Regel eine zutreffende präventive Deutung« gebe.[54] Durchgesetzt hat sich indessen noch nichts davon, was vielleicht auch damit zusammenhängt, daß der Akzent zu sehr auf der (positiven) Generalprävention liegt. Die Verbindung von Zurechnung und Strafzweck muß, wenn sie richtig ist, auf das ganze Deliktssystem[55] und alle

53 Ein Dilemma sieht bereits: Dieter Grimm, »Verfassungsrechtliche Anmerkungen zum Thema Prävention«, in: *Kritische Vierteljahresschrift für Gesetzgebung und Rechtswissenschaft* 69 (1986), S. 38 ff.

54 Stratenwerth, a. a. O., S. 7.

55 Dort, wo – immer noch im Rahmen der Dogmatik – das Deliktssystem verlassen wird, weil seine Kategorien nicht ausreichen (grundlegend: Jürgen Wolter, »Strafwürdigkeit und Strafbedürftigkeit in dem neuen Strafrechtssystem«, in: *Goltdammer's Archiv für Strafrecht* 140 (1993), S. 269 ff., mit Nachweisen der älteren Literatur; siehe ferner: Klaus Volk, »Entkriminalisierung durch Strafwürdigkeitskriterien jenseits des Deliktsaufbaus«, in: *Zeitschrift für die gesamte Strafrechtswissenschaft* 97 (1985), S. 871 ff.; Lüderssen, *Abweichendes Verhalten II, Die gesellschaftliche Reaktion auf Kriminalität*, Frankfurt/M. 1975, S. 220 ff.; Wolfgang Naucke, »Das System der prozessualen Entkriminalisierung«, in: *Festschrift für Gerald Grünwald zum siebzigsten Geburtstag*, Baden-Baden 1999, S. 403 ff.), ist die direkte Verbindung von Zurechnung und Strafzweck längst geläufig. Das gilt vor allem für die Dogmatik des Rücktritts vom Versuch. Abgesehen von den wenigen Anstrengungen, sie doch noch beim Unrecht oder bei der Schuld unterzubringen, kreist sie um die Gründe für eine persönliche Strafaufhebung. Jeder Autor ist nach ein paar Sätzen bei den Strafzwecken, gleichviel ob nun der »fehlgeschlagene Versuch« oder die »Freiwilligkeit« oder das »ernsthafte Bemühen« der Anknüpfungspunkt ist. Es bedarf keiner Belege, sie sind Legion. Bedenkt man, wie nahe trotz der formellen Ausschließung von den Deliktskategorien die Erwägungen für oder gegen die Gewährung des Rücktrittsprivilegs sich bei den Zurechnungsproblemen bewegen, so kann man doch wohl den Schluß von den

Strafzwecke ausgedehnt werden. Das geschieht bisher keineswegs. Der Widerstand scheint damit zusammenzuhängen, daß man vor der kasuistischen *und* systematischen Integration von Strafzweckerwägungen in die Dogmatik zurückschreckt.[56] Die Meinung ist nach wie vor, daß die Genauigkeit der Tatbestände nur mit einer Dogmatik verlängert werden kann, die von durch die jeweiligen Strafzweckerwägungen nicht unmittelbar beeinflußten, insofern also eigengesetzlichen Prinzipien bestimmt ist. In der Tat kann es ja sehr wohl sein, daß die Zusammenhänge zwischen Strafzweck und Zurechnung generell kalkuliert werden und dann in diesen Prinzipien sich so niederschlagen, daß man nicht in jedem einzelnen Fall ihre Rückbindung durch Strafzwecke kontrollieren muß. Aber in Grenzfällen muß man es eben doch tun, muß diese Zusammenhänge bewußtmachen, ihre Existenz überprüfen. Das ergibt sich für alle diejenigen zwingend, die sich vom primären Begriff eines Strafrechts, welches sekundär notwendig die Vergeltung nach sich zieht, gelöst haben.

III. Für die strafrechtstheoretische Diskussion bedeutet dies, daß die Diskussionen über Funktionalismus sub specie der *Strukturen*[57] des präventionsorientierten dogmatischen Arguments neu aufzunehmen beziehungsweise fortzuführen wären. Das kann hier nicht mehr geschehen.

IV. Festzuhalten ist schließlich, daß jene materiellen Orientierungen, die bei der Frage nach der Wirksamkeit von Strafandrohungen und Bestrafungen auftauchen, nur die Positivität der manchmal eher zufälligen Gesetzgebungen transzendieren. Das heißt, damit ist keineswegs programmiert, daß an die Stelle des positiven Gesetzes Natur- und Vernunftrecht im klassischen Stil treten sollen. Vielmehr ist auf die Entwicklung eines sich an gesellschaftliche

Ausnahmen auf die Regel wagen: Auch die Deliktskategorien sind im Zweifel nur präventionsorientiert zu begreifen.

56 Stratenwerth, a. a. O., S. 7, 19, hält die Konzeption für unrealisierbar.

57 Ausgeblendet bleiben die Fragen nach der *Reichweite* des Strafrechts (insbesondere seiner Öffnung für die Bekämpfung von Risiken, s. Cornelius Prittwitz, *Strafrecht und Risiko. Untersuchungen zur Krise von Strafrecht und Kriminalpolitik in der Risikogesellschaft*, Frankfurt/M. 1993; umfassend dazu jetzt Wohlers, a. a. O., S. 110 ff.

Anerkennung bindenden Rechtsdenkens zu verweisen, eine Entwicklung, die freilich nur eine Zukunft haben wird, wenn es gelingt, die Voraussetzungen zu erarbeiten, unter denen Konsensbildungen im Recht dort verbindlich sein können, wo die Gesetze schweigen. Auch das kann hier nicht näher ausgeführt werden; vielmehr muß es bei dem Hinweis bleiben, daß die Behandlung dieser Fragen nicht zu verwechseln ist mit den Erkenntnissen über die Wirksamkeit des Rechts. Geltung ist etwas davon Verschiedenes, und die Relevanz der Einigungs- beziehungsweise Anerkennungsprozesse, die dafür zu evaluieren ist,[58] ist nicht nur ein gesellschaftliches Problem, sondern auch eines der Subjektphilosophie.[59] Das für die Einigungsprozesse zuständige Individuum muß – nach Jahrhunderte in Anspruch nehmender Reflexion seiner transzendentalen Möglichkeiten – in seinen empirischen Kompetenzen und Bedürfnissen begriffen werden. Daß auch insoweit nicht nur Soziologie und Psychologie gefragt sind, sondern die Philosophie, ist bisher nicht genügend in das allgemeine Bewußtsein getreten.

58 Lüderssen, *Genesis und Geltung in der Jurisprudenz*, Frankfurt/M. 1996.

59 S. Lüderssen, »Das Strafrecht zwischen Funktionalismus und ›alteuropäischem‹ Prinzipiendenken oder: Verabschiedung des ›alteuropäischen‹ Strafrechts?«, in: *Zeitschrift für die gesamte Strafrechtswissenschaft* 107 (1995), S. 877 ff.; ferner: Lüderssen, »Empirisierende Subjektphilosophie und die Rechte des Individuums in der Epoche der ›dritten Aufklärung‹«, in: *Festschrift für Spiros Simitis*, Baden-Baden 2000, S. 227 ff.

8.2 Der »Erfolgsunwert«. Eine inkonsequente Kategorie zwischen Strafrechtsdogmatik und Kriminalpolitik

Ein Unbegriff, heißt es, ist das, bestenfalls ein Oxymoron. Wie kann man den im sozialen Leben positiv besetzten Begriff des Erfolges so zynisch mit etwas verbinden, was das Gegenteil eines Erfolges, ein gesellschaftlicher Mißerfolg ist? Freilich nicht für den Täter; aber dessen Vorstellung vom »Erfolg« so schlackenlos mit dem im übrigen ganz anders programmierten Erfolgsbegriff zu verbinden, ist ein abwegiger Sprachgebrauch, zumindest kurios jedenfalls, das merkt man, wenn man das Problem dort diskutiert, wo keine Strafjuristen sitzen.

Um was für ein Problem handelt es sich aber eigentlich? Versuch und Vollendung sind sorgfältig geschiedene Erscheinungsformen der Straftat, und daß man – in der Regel – Vollendung härter bestraft als den Versuch, ist unter Fachleuten unstreitig. Die anderen aber wundern sich: Nach dem Erfolg wird geurteilt, sagt man – einerseits. Andererseits: Was zufällig passiert, kann niemandem vorgeworfen werden. Die beruhigende Geste in Claus Roxins Lehrbuch, daß es sich hei der Haftung für einen vorsätzlich intendierten »Erfolg« gerade nicht um einen Zufall handelte, zufällig sei nur das überraschende Scheitern der Unternehmung,[1] hat gleichwohl nicht zum Schluß der Debatte geführt. 1999 hat sich Erich Samson erneut des Problems angenommen[2] und im vergangenen Jahr Friedrich-Christian Schroeder.[3]

Das Problem ist so vital und akademisch zugleich, daß sich der Zugang am besten eröffnet, wenn man die Geschichte der eigenen Leseerfahrung präsentiert.[4] Auf Erlebnisse aus der juristischen *Pra-*

1 Jetzt: Claus Roxin, *Strafrecht. Allgemeiner Teil*, Band 1, München ^{4}2006, S. 326.

2 Erich Samson, »Das Verhältnis von Erfolgsunwert und Handlungsunwert im Strafrecht«, in: *Festschrift für Gerald Grünwald zum siebzigsten Geburtstag*, Baden-Baden 1999, S. 85 ff.

3 Friedrich-Christian Schroeder, »Das Strafgesetz zwischen Tatvergeltung und Verhaltensverbot«, in: *Festschrift für Hansjörg Otto zum 70. Geburtstag*, Berlin 2008, S. 165 ff.

4 Vergleichbares tut auch Rolf Dietrich Herzberg: Symposium zum 75. Geburts-

xis kann man sich nicht berufen. Dort taucht der »Erfolg« natürlich auf, wenn es sich um spezielle Qualifikationen handelt; auch spukt immer noch gelegentlich der Gedanke des versanti in re illicita imputantur omnia, quae sequuntur ex delicto nach. Kein Gericht aber interessiert sich für den Erfolg dort, wo er als notwendiger Bestandteil der Handlung erscheint. Mit dem ersten Schritt zu ihrer Realisierung ist sie zugleich ein Erfolg – »Fasse die strafrechtlichen Tatbestände als Erfolge auf«, hat deshalb schon Max Ernst Mayer gesagt. Deckt sich dieser Erfolg mit der Intention des Täters, so haben wir eine vollendete Tat, geht die Intention weiter, so liegt ein Versuch vor oder ein kupiertes Erfolgsdelikt – je nachdem, wie der Tatbestand konstruiert ist. Tritt ein anderer Erfolg ein, so gibt es die Frage nach der Relevanz eines möglichen Irrtums, und decken sich Intention und Erfolg, so kann die Frage nach einem haftungseinschränkenden Maßstab für die objektive Zurechnung auftauchen. In allen diesen Konstellationen aber ist die deliktische Funktion des Erfolges für die Praxis kein Problem.

Nur die Theorie quält sich damit. Sie hat es immer getan.[5] Zunächst mußte man die mythische Zurechnung des Erfolges durch eine rationale ersetzen, etwa mit Hilfe der Kausalität. Als man außerdem begann, nach der Schuld zu suchen, wurde auch die subjektive Tatseite – Zurechnungsfähigkeit, Vorsatz, Fahrlässigkeit – wichtig. Zum »Erfolgsunwert« trat somit der »Handlungsunwert«.

Das war der Stand des Wissens, mit dem auch noch der Jurastudent der fünfziger Jahre des vergangenen Jahrhunderts vertraut gemacht wurde, und er galt als selbstverständlich.

In diese ruhige dogmatische Welt stieß nun die finale Handlungslehre, vorerst nur an den Rändern des universitären Strafrechtsbetriebes erkennbar, von den beiden Ordinarien Wolfgang Preiser und Wilhelm Class, die an der Frankfurter Universität die Strafrechtsvorlesungen und -übungen abhielten, allenfalls gestreift und ridikülisiert. Mir genügte das, um ins Seminar zu gehen und die – in den Veranstaltungen dann doch erwähnten – Schriften anzusehen. Die Faszination war unbeschreiblich; nicht Probleme des Strafvollzugs, des politischen Strafrechts oder des rechtsstaatlichen

tag von Karl Heinz Kunert, »Gedanken zur finalen Handlungslehre«, in: Michael Tsambikakis (Hg.), *Freiheit, Gesetz und Toleranz,* 2006, S. 9 ff.

5 Sehr hilfreich die wissenschaftsgeschichtlichen Hinweise bei Schroeder, »Das Strafgesetz«, a. a. O.

Strafprozesses vermochten diese Wirkung zu erzielen – nein, ob der Vorsatz schon zum Unrecht gehört und damit ein selbständiger Handlungsunwert entsteht und die mit der Erörterung dieser Frage verbundenen dogmengeschichtlichen und aufbautechnischen Konsequenzen gaben intellektuell den Ausschlag. »Das neue Bild des Strafrechtssystems« von Hans Welzel, seine Auseinandersetzung mit Paul Bockelmann, die – ihm willkommene – Ergänzung durch Werner Niese (für die Fahrlässigkeitsdelikte), die Arbeiten von Armin Kaufmann[6] und die Günter Stratenwerthsche Studie über die Natur der Sache beherrschten meine letzten Studiensemester, hielten mich von Übungen und Seminaren fern; auch gab es nur ganz wenige studentische Freunde, mit denen ich das besprechen konnte. Unter den Assistenten hatte nur Fritz Traub, bei Wilhelm Class tätig, später in der Praxis hoch aufsteigend, Sinn für meine Fragen. Dann gab es noch einen etwas ältlich wirkenden Studenten, der sich ostentativ als »Welzelianer« (und, merkwürdig genug, gleichzeitig als »Marxist«) gab, alles wußte und mit den letzten Einwänden rang; so wie das überall ist, wo »Schulen« die akademische Szene bestimmen. Die Schule war aber nicht hier, und deshalb zog es ihn – nach glänzend bestandenem Referendarexamen – nach Bonn, wo er tatsächlich später bei Welzel promovierte, aber dann hörte man nichts mehr von ihm.

Es war ganz klar, man mußte sich entscheiden: Objektivist oder Finalist. Die Zuspitzung kam durch Günther Spendel, der damals als Privatdozent sich für das Neueste interessierte und in Vorlesungen, die vielleicht von einem Dutzend Hörern besucht wurden, mit allem denkbaren Scharfsinn die einschlägigen Fragen ausbreitete. Er verband sie mit der Frage nach dem Zweck der Strafe und kam zu hochinteressanten Kombinationen von Vergeltung und Objektivismus einerseits, Prävention und Finalismus andererseits. Weil aber Welzel keineswegs ein Präventionstheoretiker war, wurden die Diagramme immer schwieriger.[7] Spendel selbst war, als Class-Schüler, unbeirrbarer Objektivist mit der ganz unzeitgemäßen Konsequenz, sich gegen die Strafbarkeit des untauglichen Versuchs

6 Vor allem: Armin Kaufmann, *Lebendiges und Totes in Bindings Normentheorie: Normlogik u. moderne Strafrechtsdogmatik*, Göttingen 1954.

7 Einen Begriff davon gibt: Günter Spendel, »Grundfragen jeder Strafrechtsreform. Eine Studie zur Systematik des Strafrechts«, in: *Festschrift für Theodor Rittler*, Innsbruck 1957, S. 39 ff.

auszusprechen. Seine nicht endende Bereitschaft, auf kritische Fragen aus der Mitte der Vorlesung einzugehen und die Fähigkeit in immer wieder neuen Argumentationsfolgen und Zusammenfassungen seine Position klarzumachen, zogen mich fast ganz auf seine Seite; aber dann überwog doch die Logik der Normentstehung und der anthropologischen Bedingungen, unter denen man strafrechtliche Verbote formulieren kann. Hier hatte Armin Kaufmann gewissermaßen das Monopol, und das war eine hinreichende Vorbereitung dafür, daß ich, als Jahre später Welzel in der kleinen Abhandlung über Fahrlässigkeit und Verkehrsdelikte zum erstenmal von dem Erfolg als objektiver Bedingung der Strafbarkeit sprach, sofort bereit war, dieser letzten Entwicklung der finalen Unrechtslehre zu folgen. Sobald dann jedoch – wieder Jahre später – Armin Kaufmanns Schüler Diethart Zielinski diese Konsequenz auch für die Vorsatzdelikte zog[8] und den entschiedenen Protest des ältesten Welzel-Schülers, Günter Stratenwerth,[9] auslöste, begann ich zu schwanken. Das, was zunächst in der Welt des Strafrechts gar keine Rolle spielen sollte –, die subjektive Tatseite – sollte jetzt alles sein?

Inzwischen hatte ich viel Kriminalsoziologie studiert und Wissenschaftstheorie und fühlte mich durchaus in der Lage, einen Schritt zurück zu treten und darüber nachzudenken, daß »Theorien« auch eine Eigendynamik haben, der man mißtrauen sollte, und daß man sie vor falscher Perfektion bewahren muß. Tragen nicht alle Theorien, zu Ende gedacht, ihre Selbstvernichtung in sich oder müssen, vorsichtiger ausgedrückt, rechtzeitig mit anderen Theorien in Konkurrenz treten, so wie etwa der Einzug des Zweckgedankens ins Strafrecht einige Anhänger dieses neuen Empirismus blind machte für die bleibende Relevanz der Schuld und die Freiheitsrechte des der Prävention ausgesetzten Beschuldigten und auch für die Grenzen, die der Prävention durch die Menschenwürde gesetzt sind? War es also mehr als nur ein Instinkt, der auch im Lager des Finalismus die Besonnenen gegenüber Zielinski und Armin Kaufmann zur Vorsicht mahnte?

In dieser Stimmung erreichte mich die Aufforderung zur Teilnahme an der Festschrift für Paul Bockelmann. Ich war längst in

8 Diethart Zielinski, *Handlungs- und Erfolgsunwert im Unrechtsbegriff. Untersuchungen zur Struktur von Unrechtsbegründung und Unrechtsausschluß*, Berlin 1973.

9 Zur Relevanz des Erfolgsunwertes im Strafrecht, in: *Festschrift für Friedrich Schaffstein zum 70. Geburtstag*, Göttingen 1975, S. 177 ff.

schwierigen Strafvollzugsprojekten tätig, auf psychoanalytischer Grundlage, und in einer permanenten Diskussion mit den »jungen Kriminologen«, die ihre Tagungen vorwiegend im ZIF in Bielefeld abhielten. Die ersten Bände der von Fritz Sack und mir herausgegebenen Reihe über »Abweichendes Verhalten« waren erschienen. In Strafprozessen als Pflichtverteidiger (zum Teil der Mandanten aus unserem Projekt) tätig, formulierte ich Beweisanträge für die Anhörung von Sachverständigen zur Strafzumessung. Die Materie war dogmatisch vernachlässigt, und alles sprach dafür, die Gelegenheit der Bockelmann-Festschrift für einen förderlichen Artikel zu benutzen. Als ich Herbert Jäger, mit dem zusammen ich jene Projekte betrieb, fragte, zu welchem Thema er mir raten würde, war er ganz entsetzt, daß ich vielleicht die »Sache mit dem Erfolgsunwert« vorziehen könnte. Ich tat das dann aber doch und entwickelte die Meinung, daß das Problem intrasystematisch nicht zu bewältigen sei, daß Verbote sich nur auf menschliches Verhalten beziehen können und die Relevanz der differenziellen Folgen aus diesem Verhalten jenseits von Unrecht und Schuld gesucht werden müsse. Daß mehrere Systeme zusammenwirken bei der Lösung eines Problems, wird in den Wissenschaften ungern akzeptiert; schlimmer noch, der Anspruch auf Autonomie, den einzelne Wissenschaften erheben, blockiert Probleme, die nicht in ihr System passen. Wer hier gegen den Strom schwimmen möchte, muß es mit Edmund Husserl halten: »Nicht von den Philosophien, sondern von den Sachen und Problemen muß der Antrieb zur Forschung ausgehen.«[10]

Wenige Jahre zuvor hatte ein Soziologe verkündet, sein Fach stehe vor den Toren der Jurisprudenz.[11] In Umkehrung dieser Wendung sah ich nunmehr – jedenfalls in dieser speziellen Frage – die Jurisprudenz vor den Toren der Soziologie – so der Untertitel meines Aufsatzes.[12] Manchmal denke ich, daß dieser Untertitel die Lektüre gestört hat; die Strafrechtsdogmatiker wollten davon

10 Edmund Husserl, *Philosophie als strenge Wissenschaft*, *Logos* Bd. 1, 1910/11, S. 289 ff., 340.

11 Rüdiger Lautmann, *Die Soziologie vor den Toren der Jurisprudenz. Zur Kooperation der beiden Disziplinen*, Stuttgart 1971.

12 Klaus Lüderssen, »Erfolgszurechnung und ›Kriminalisierung‹. Die Jurisprudenz vor den Toren der Soziologie – Forschungsfragen an die Adresse der Kriminologen«, in: *Festschrift für Paul Bockelmann zum 70. Geburtstag*, München 1979, S. 181 ff.

nichts wissen. Aber die Soziologen eben auch nicht. Der Wiederabdruck meines Aufsatzes in der Anthologie, die Fritz Sack und ich seinerzeit herausgaben,[13] bewirkte nichts; die als – soziologischer Kommentar gedachte – Erwiderung Sacks ging ganz andere Wege.[14] Erst der Strafrechtler Wilhelm Degener nahm den interdisziplinären Faden wieder auf[15] und suchte und fand Anknüpfungspunkte in Psychologie und Soziologie für das, was die Strafrechtler, wenn das Deliktsystem nicht ausreicht, mit den Begriffen Strafwürdigkeit und Strafbedürftigkeit zu erfassen suchen. In der Tat liegt die Vermutung nahe, daß das Kriminaljustizsystem – ein vielleicht brauchbarer Begriff für das Ensemble von Faktoren, die beim Zustandekommen von Tatbeständen und Strafdrohungen zusammenwirken – nur exemplifizierend funktioniert. Die Bestrafung jedes Handlungsunwertes würde ihn zu etwas Alltäglichem machen und die Strafe damit um ihre Wirkung bringen. Die sich anschließende Frage, weshalb das Selektionskriterium dann der eingetretene Verletzungserfolg sein müsse, die Exemplarität könne doch auch auf anderen Wegen erreicht werden, blieb indessen unbeantwortet. Die Erfahrung, daß die »Normadressaten«, also die Bevölkerung, eben erfolgsorientiert denke, ist eigentlich kein Argument. Gelegentlich wird zwar der Standpunkt vertreten, daß Strafbedürfnisse, auch wenn sie dem aufgeklärten Betrachter nicht gefallen, akzeptiert werden müssen, sofern sie Ausdruck eines nach den Grundsätzen der Demokratie zu respektierenden Volkswillens sind, aber diese Logik verwechselt die Legitimation einer Begründung mit der Legitimation ihrer Durchsetzung. So einfach kann man es sich nicht machen.

13 Lüderssen, »Erfolgszurechnung und ›Kriminalisierung‹. Die Jurisprudenz vor den Toren der Soziologie – Forschungsfragen an die Adresse der Kriminologen«, in: Ders./Fritz Sack (Hg.), *Vom Nutzen und Nachteil der Sozialwissenschaften für das Strafrecht*, Bd. I und II, Frankfurt/M. 1980.

14 Fritz Sack, »Die Kriminologie auf fremdem Boden«, in: Lüderssen/ders., a. a. O., S. 35 ff.

15 Zu den Bedeutungen des Erfolges im Strafrecht, speziell zur strafbarkeitsbegründenden sowie zur strafrahmenprägenden Bedeutung des tatbestandlichen Erfolgseindrucks: Wilhelm Degener, in: *Zeitschrift für die gesamte Strafrechtswissenschaft* 103 (1991), S. 357 ff.; Nachweise weiterer Literatur bei: Lüderssen, »Der Typus des Teilnehmertatbestandes«, in: Hans-Heiner Kühn (Hg.), *Festschrift für Koichi Miyazawa, den Wegbereiter des japanisch-deutschen Strafrechtsdiskurses*, Baden-Baden 1995, S. 449 ff., 456.

Und doch ist es nur diese »Erfolgsorientierung«, auf die alle Begründungen, die hier außerhalb des Deliktsystems mobilisiert werden, hinauslaufen, gleichviel ob »der Erfolg als Faktor psychologischer Stimulations- und Reaktionsabfolgen« oder als »Faktor kriminalpolitischer Ökonomie und Selektion« oder »beweistechnisch« für relevant erklärt wird.[16] Das gleiche gilt für die »sozialpsychologischen Erklärungsansätze der Attributionsforschung«. Diese Theorie hat sich mit der Frage beschäftigt, ob und, wenn ja, unter welchen Bedingungen und aus welchen Gründen Personen für ein und dieselbe Handlung den Akteur in unterschiedlichem Maße verantwortlich machen, wenn der aus der Handlung resultierende Schaden verschieden hoch ausfällt.[17] Degener hat das alles bewunderungswürdig zusammengestellt und mit zusätzlichen Begründungen versehen.[18] Aber weder die Strafrechtswissenschaft noch die Kriminalsoziologie nimmt das zur Kenntnis. Für die Kriminalsoziologie existiert das Problem nach wie vor nicht, auch dort nicht, wo ausdrücklich das weitgespannte »Kriminaljustizsystem« bemüht wird.[19] Die Strafrechtswissenschaft sieht das Problem nach wie vor, beharrt aber auf intrasystematischen Lösungen. Dabei muß man registrieren, daß die Vertreter des »reinen Finalismus« inzwischen verstummt sind, was insofern nicht viel besagt, als sie sich nie große Mühe gegeben haben, die praktische Unhaltbarkeit ihres Rigorismus zu korrigieren; das Glück, mit dem Unrechtsbegriff endlich im reinen zu sein, hatte sie unempfindlich gemacht für den Preis, der dafür gezahlt werden mußte. Armin Kaufmann wollte nach Lektüre meines Artikels, in dem ich zwar seine normlogische Position übernommen hatte, dann aber um so dringlicher nach einer Lösung des nun sehr viel schwieriger gewordenen Erfolgsproblems suchte, sich mit mir zu gemeinsamen Seminaren verabreden, und ich hatte große Mühe, ihm deutlich zu machen, daß ich letztlich ja nicht auf seiner Seite war. Günter Stratenwerth wiederum konnte sich nicht mit meiner Kritik an den Begründungen für die Relevanz des Erfolgsunwertes befreunden.

Den alten und neuen Mißverständnissen könnte man bequem

16 Degener, a. a. O., S. 376 ff.

17 A. a. O., S. 386 f.

18 Vgl. auch die Vertiefungen in Degeners Buch *Die Lehre vom Schutzzweck der Norm« und die strafgesetzlichen Erfolgsdelikte*, Baden-Baden 2001, S. 127 ff., 429 ff.

19 Peter-Alexis Albrecht, *Kriminologie*, München ^{3}2005.

entgehen, wenn es wirklich gelingen würde, mit einem System auszukommen, abgesehen davon, daß man sich dann die Langeweile der Erneuerung jener Fragen an die Soziologie und Psychologie ersparen könnte.

Die eleganteste Lösung wäre zweifellos, Unrechtsbegriff und kriminalpolitische Notwendigkeit auf einen Nenner zu bringen, indem man einen neuen Anlauf macht, die Irrelevanz des Erfolgseintritts doch noch zu begründen. Ein Strafrecht, das sich nur am Verhalten orientieren will und nicht an Rechtsgutsverletzungen, könnte die Grundlage dafür abgeben. Wer das Verbrechen im wesentlichen als Pflichtverletzung ansieht, in den Vordergrund den Verstoß gegen die staatliche Norm stellt und die Tatsache, daß auf diese Weise auch Rechtsgüter geschützt werden, für einen sekundären, unwesentlichen Nebenerfolg eines solchen Deliktsystems hält, könnte dem rigorosen Finalismus die kriminalpolitische Substanz liefern. Die modernen Vertreter dieser Richtung sehen das aber nicht so, sondern fordern »ein für den Normbruch signifikantes Ereignis«,[20] und da geht die Vollendung dem Versuch vor. Warum aber ein signifikantes Ereignis gefordert wird, erfährt man nicht. Jedenfalls hätten alle Überlegungen »zur Bedeutung des Erfolgs für Selektion und Verfahren«[21] bei einer Fokussierung der Straftat auf den Ungehorsam gegen staatliche Norm dieselbe relativierende Funktion wie in einem Deliktsystem, das sich auf den eine Rechtsgutsverletzung intendierenden Handlungsunwert konzentriert. Beiden Richtungen ist also gleichermaßen bange vor zu viel Haftung, aber die Konzentration auf den Handlungsunwert unter dem primären Gesichtspunkt der Normverletzung würde es wohl leichter machen, auf Beschränkungen der Haftung zu verzichten, vor allem dann, wenn dieses System in totalitären Staaten zum Zuge käme, die es natürlich einem System, das auf externe Rechtsgutsverletzungen abstellt, vorziehen würden.[22] Nicht nur der älteste Schüler Welzels, Günter Stratenwerth, sondern auch sein jüngster,

20 Günther Jakobs, *Strafrecht, Allgemeiner Teil*, Berlin ²1991, S. 166.

21 Ebd.

22 Es leuchtet ein, daß Jakobs vor diesen Konsequenzen seines Verbrechensbegriffs zurückschrecken würde (obwohl seine Theorie des Feindstrafrechts das keineswegs nahelegt); hinzu kommt, daß er die Funktion des strafrechtlichen Schutzes auf die Person beschränken möchte, insofern also noch strenger ist als die Vertreter eines rechtsgutsorientierten Deliktsbegriffs.

Günther Jakobs, verschließen sich also gegen den rigorosen Finalismus Kaufmanns und Zielinskis.

Bemerkenswert ist freilich, daß Stratenwerth im Rahmen seiner Untersuchung »Zur Legitimation von ›Verhaltensdelikten‹« Zweifel an der »›kritischen‹, das Strafrecht eingrenzenden Funktion des Rechtsgutsdogmas« äußert.[23] Aber diese Position lenkt ihn keineswegs in die Rechtung derer, die das Strafrecht als Sanktion auf die bloße Gehorsamsverletzung begreifen. Die Verabsolutierung des Staatswillens liegt ihm ganz fern.[24] Vielmehr sieht er in der Anknüpfung an das Verhalten eher die Möglichkeit, die von ihm mißbilligte Konzentration auf die Interessen des Einzelnen, die sich eben typischerweise mit dem Rechtsgutsbegriff verbinde, zu vermeiden. Es ist seine primär ökologische Orientierung, die ihn hier leitet,[25] und deshalb wird man nicht fehlgehen in der Annahme, daß er die in diesem Sinne schlimmen Folgen eines zu pönalisierenden Verhaltens genauso erschwerend in Rechnung stellt wie bei anderen Delikten.

Damit bleiben die Möglichkeiten, eine intrasystematische Lösung zu finden, auf die Lehren beschränkt, die den eingetretenen Erfolgsunwert in das Unrecht integrieren.

Das geschieht zunächst durch eine normative Relativierung des eingetretenen Erfolgsunwertes. Der »Erfolg« eines Deliktes ist nichts Naturgegebenes, sondern wird im Tatbestand festgelegt, und je nachdem, wie sich der Gesetzgeber hier entscheidet, beginnt die Vollendung früher oder später. Mit einer gewissen Konsequenz sagt Claus Roxin deshalb auch, daß im Versuch bereits ein Erfolg liege, einfach in dem, was man an äußerlichen Abläufen voraussetzt, um statt von einer Vorbereitung von einem Versuch zu sprechen, und deshalb sei es doch gar nicht sinnvoll, den Handlungsunwert vom Erfolgsunwert zu trennen.[26] In der Tat muß man auch bei der Unterscheidung der verschiedenen Stufen der Realisierung des Handlungsunwertes sagen, weshalb man das Anfangsstadium noch nicht

23 Günter Stratenwerth, »Zur Legitimation von Verhaltensdelikten«, in: Andrew von Hirsch u. a. (Hg.), *Mediating Principles. Begrenzungsprinzipien bei der Strafbegründung*, Baden-Baden 2006, S. 157 ff., 164.

24 Mit Recht wehrt er sich also gegen eine Einordnung seiner Lehre in die nationalsozialistische Tradition der Lehre vom Verbrechen als Pflichtverletzung, a. a. O.

25 Stratenwerth, *Freiheit und Gleichheit*, Bern 2007, S. 77 ff.

26 Roxin, a. a. O., S. 327.

genügen lassen möchte, obwohl doch der auf eine Rechtsgutsverletzung gerichtete Vorsatz deutlich erkennbar ist. Aber solange die Fortwirkung oder die situative Erneuerung des Vorsatzes noch eine Rolle dafür spielt, in welches Stadium die Handlung tritt, ist die Veränderung des Handlungsunwertes nicht etwas, was sich ohne weiteres Zutun des Täters ereignet. Das sichert dem Handlungsunwert seinen spezifischen Erfolgsanteil, unterscheidet ihn von »früheren« Handlungsunwerten. Das ist aber nicht der Fall, wenn der »Erfolg« nicht mehr ein Teil der Aktivität des Handelnden ist. Man muß in dem, was dann zusätzlich geschieht, keinen Zufall sehen; insofern sind die Einwände gegen die Verwendung des Begriffes Zufall[27] in diesem Zusammenhang stichhaltig. Aber es bleibt doch dabei, daß das, was ein Täter *getan* hat, mit dem abgeschlossenen Versuch sich in nichts unterscheidet von dem Handlungsunwert, dem dann noch der spätere Erfolg zugefügt wird. Weshalb dem Täter dieser Erfolg dann zusätzlich angelastet wird, bedarf deshalb einer weiteren Begründung. Das ist so, auch wenn man nicht verkennt, daß die Realisierung des Versuchsstadiums von Umständen abhängt, die nicht allein in der Handlungsherrschaft des Täters liegen. Doch diese Umstände unterscheiden sich von dem späteren Erfolg dadurch, daß sie während der Handlungsherrschaft eintreten, also davon abhängen, ob der Täter mehr oder weniger *tut*.[28] Nur wenn man schon genügen lassen wollte, daß der Täter *überhaupt* einen tatbestandsmäßigen Entschluß gefaßt hat, wäre alles weitere eine quantité négligeable, aber diese Konzeption vertritt niemand. Vielmehr ist es der realisierte Handlungsunwert, mit dem die Frage nach der strafrechtlichen Haftung beginnt, und hier kann man verschiedene Stufen unterscheiden, solange der Täter noch handelnd Einfluß nehmen kann.

Einen sehr bedenkenswerten Versuch, auch den später eingetretenen Erfolgsunwert doch noch zum früheren Handlungsunwert zu schlagen, hat Erich Samson gemacht. »Je nach Ausgang des Täterprojekts entscheidet sich ex post, ob der Täter eine wirklich

27 In diesem Sinne auch: Schroeder, a.a.O., S.177.

28 Das verkennt Schroeder, a.a.O., S.176, wenn er – generell mit Recht – sagt, »dass das Gesetz gar nicht alle zur Herbeiführung des Erfolgs geeigneten Handlungen aufführen könnte«, das Tötungsverbot »insofern nur eine Abbreviatur« darstelle.

erfolgsmächtige Handlung« vorgenommen hat.[29] Nur auf diese erfolgsmächtige Handlung ziele die Pönalisierung des Handlungsunwerts. Das ist eine wichtige Eingrenzung. Daß sie insoweit den untauglichen Versuch aus dem Bereich des Strafbaren erst einmal ausschließt, spricht nicht dagegen. Im Gegenteil, damit wäre ein weiteres Argument gegen dessen Strafwürdigkeit, die ja inzwischen längst wieder in Zweifel gezogen wird,[30] gefunden. Wenn das Verbot einer auf eine Rechtsgutsverletzung gerichteten Handlung auch diejenigen Handlungen erfasse, meint Samson, von denen sich später herausstelle, daß sie nicht erfolgsmächtig seien, so sei das der Begrenzung des menschlichen Erkenntnisvermögens geschuldet; der Gesetzgeber könne die tatsächlichen Realisierungen ja nicht voraussehen und müsse deshalb auch Handlungen verbieten, die ex post gar nicht gefährlich sind und deshalb nicht hätten verboten werden müssen. Für Samson verschiebt sich also die Begründungslast nunmehr auf diesen Teil der Strafdrohung. Der Hinweis auf das Erkenntnisdefizit reicht aber meines Erachtens nicht, denn damit werden ja *alle* Grenzen vermischt. An welcher Stelle und aus welchen Gründen ist man bereit, ein Erkenntnisdefizit zu ignorieren und trotzdem Verbote auszusprechen? Alle Argumente, die zur Rechtfertigung dafür, daß der eingetretene Erfolg – wenigstens – bei der Strafzumessung eine Rolle spielen müsse, kehren hier spiegelbildlich wieder: Handlungen, die sehr danach aussehen, daß sie den Erfolg herbeiführen könnten, sind aus diesem Grund aus der Masse anderer Handlungen auszuwählen, weil das Sicherheitsbedürfnis der Menschen das verlangt. Wenn – aus guten Gründen – eigentlich nur diejenige Übertretung einer Verbotsnorm sanktioniert werden soll, die in einen gefährlichen Handlungsunwert mündet, dann muß für die Sanktionierung weiterer Handlungsunwerte, die gewissermaßen mit dem Verbot der gefährlichen Handlungsunwerte mitgeschleppt werden, eine außerhalb des sinnvollen Verbotssystems liegende Rechtfertigung gefunden werden, und damit sind wir wieder dort angelangt, wo sich die über die Verbotsstruktur hinausgehenden Fragen nach Sinn und Funktion einer Bestrafung stellen.

29 Samson, a. a. O., S. 599.

30 Hans Joachim Hirsch, »Tatstrafrecht – ein hinreichend beachtetes Grundprinzip?«, in: *Festschrift für Klaus Lüderssen zum 70. Geburtstag*, Baden-Baden 2002, S. 253 ff.

Bisher haben wir nur in der Soziologie und in der Psychologie nach zusätzlichen Begründungen gesucht, mit mäßigem, im Grunde über die Alltagsaspekte eines aufgeklärten Strafrechtsdogmatikers nicht hinausgehenden Einfällen und Erfahrungen. Die Philosophie aber, älteste und vielleicht am Ende doch zuverlässigste Begleiterin des Strafrecht, was sagt sie dazu? Hier gibt es nun ganz erstaunliche Anregungen aus der modernen angelsächsischen Moralphilosophie. Das Thema wird dort abgehandelt unter dem Stichwort »moral luck«. Steven Sverdlik formuliert es so: »If the success produces more harm than the complete attempt, is this fact alone sufficient to augment the blameworthiness of the agent?«[31] Der Autor unterscheidet zwei Theorien: »The ›non-equivalence‹ theory and [...] the ›equivalence theory‹«, und fährt dann fort: »It seems that the non-equivalence theory cannot hold that a person is as blameworthy in a case of transferred intent as he or she is in a case of successful intern.«[32] Der »non-equivalence theory« hält Sverdlik vor, sie nutze »the occurrence of the intended harm to distinguish attempt and success«, aber nicht »the idea of harm as such«.[33] Um die von ihm eingenommene Position der »equivalence theory« zu demonstrieren, bildet Sverdlik den Fall – wie wir sagen würden – eines Irrtums über den Kausalverlauf. Hier müsse man doch mit Blick auf den im Ergebnis vorsätzlich herbeigeführten Erfolg genauso entscheiden wie im Falle eines Irrtums.[34] Und nun kommt die Mitteilung, daß das »criminal law« die Entscheidung davon abhängig mache, »that the manner which actually ensues must be forseeable at the time of action, otherwise one is not as responsible as would otherwise be the case«,[35] angereichert durch den Kommentar »that there is a reason for thinking that the forseeability test is unacceptable as a means of distinguishing cases from a moral point of view«.[36] Sieht man genauer hin, so muß man freilich feststellen, daß Sverdlik mit Argumenten ad absurdum arbeitet, die sich auf Fälle beziehen, die etwas anders liegen und für die auch das

31 Steven Sverdlik, »Crime and Moral Luck«, in: *American Philosphical Quarterly* 1, 1988, S. 79 ff.

32 Ebd., S. 81.

33 Ebd.

34 Ebd., S. 82 f.

35 Ebd., S. 83.

36 Ebd., S. 83 f.

Strafrecht die Lösung bereithält, daß der Irrtum unbeachtlich ist. Endlich kommt noch die Einschränkung: »To be committed to the equivalence theory is not to hold that harm is a completely irrelevant consideration in one' s blameworthiness.« Vielmehr räumt er ein, »that harm is relevant when considering the blameworthiness of general types of action«.[37] Und am Schluß sagt er, daß zwar »increased blame does the victim no good; yet it was, so to speak, on behalf of the victim that the blame was increased«.[38] Dieser Satz führt endgültig zurück auf unser ja wenig befriedigendes Niveau der juristisch-kriminalpolitischen Argumentation.

Weit hinter die immerhin durch die Verantwortungsethik erreichten Positionen, also zurück zu Kant, wonach »der gute Wille [...] nicht durch das« ist, »was er bewirkt oder ausrichtet, nicht durch seine Tauglichkeit zur Erreichung irgendeines vorgesetzten Zweckes, sondern allein durch das Wollen, d. i. an sich gut«,[39] führen die Überlegungen des bedeutenden Philosophen Thomas Nagel.[40] Er bringt die üblichen Beispiele aus dem Fahrlässigkeitsbereich.

»Hat einer zuviel getrunken, und schlittert er daraufhin mit seinem Auto über einen Bürgersteig, kann er in moralischer Hinsicht von Glück reden, wenn sich dort gerade kein Fußgänger befindet. Sonst würde man ihn nämlich für deren Tod verantwortlich machen müssen und ihn vermutlich wegen fahrlässiger Tötung strafrechtlich verfolgen. Verletzt er hingegen niemand, macht er sich, wiewohl seine Rücksichtslosigkeit in beiden Fällen genau dieselbe ist, einer viel leichteren Straftat schuldig.«[41]

Nagel hält diese Unterscheidungen für absurd, wenn man »auf dem Standpunkt« besteht, »dass Verantwortlichkeit an Kontrollierbarkeit gebunden ist«.[42] Andererseits führt er – unter Bezugnahme auf Feinberg – aus, »dass keine Beschränkung des Bereichs moralische Verantwortlichkeit auf eine reine Innenwelt Verantwortlichkeit jemals gegen moralische Kontingenz immunisieren könnte«.[43]

37 Ebd., S. 84.
38 A. a. O., S. 85.
39 Immanuel Kant, *Grundlegung zur Metaphysik der Sitten*, 1785.
40 Thomas Nagel, »Moralische Kontingenz«, in: ders., *Letzte Fragen*, Berlin 1996, S. 45 ff.
41 Ebd., S. 51.
42 Ebd., S. 53.
43 Ebd., S. 55.

»Faktoren, die jenseits der Kontrolle eines Handelnden liegen, [...] können seine Entscheidung ebenso sicher beeinträchtigen wie die Flugbahn der Kugel aus einem Gewehr.«[44] Die Schlußfolgerung ist:

»Wir beginnen zu begreifen, wie tief die Paradoxie im Begriff der Verantwortlichkeit selbst verwurzelt sein muß. Der Mensch kann nur für das, was er begeht, moralisch verantwortlich sein; aber was er begeht, resultiert aus sehr vielen Umständen, für die er nichts kann. Vielmehr kann er moralisch nicht für das, wofür er sowohl etwas kann, als nichts kann. Das ist nicht irgendeine Kontradiktion, sondern es handelt sich tatsächlich um eine echte Paradoxie«.

Sie setzt sich fort in der zusätzlichen Erläuterung: »Kann einer nichts für all die Handlungsformen, die sich seiner Kontrolle entziehen, sowie ebenso wenig etwas für jene Anfangsbedingungen des Handelns, die seine nicht willkürlich kontrollierbaren Charaktereigenschaften ihm vorgeben, und schließlich auch nichts für die Umstände, die ihn vor moralische Entscheidungen stellen, wie kann er dann auch nur für die nackten Willensakte etwas können, wenn diese ja ihrerseits das Produkt von Voraussetzungen sind, die außerhalb der Kontrolle des eigenen Willens liegen?«[45]

Der Pragmatismus der Juristen, mit dem sie diese Ausdehnung des Problems auf das noch größere Problem der Willensfreiheit vermeiden, ist bekannt, hilft uns aber bei der vorliegenden Problematik nicht. Man kann die Suche nach weiteren juristisch förderlichen Hinweisen aus der »Moral Luck Philosophy« getrost abbrechen[46]

Der *moderne* Pragmatismus äußert sich in der *Gesetzgebung* durch die Zunahme abstrakter Gefährdungsdelikte. Sie sind bei Licht besehen eigentlich Eignungsdelikte, wobei die Abstraktion vom Erfolg mehr oder weniger groß sein kann. Mit Blick auf die Zunahme kollektiver Rechtsgüter im Betriebe des Strafgesetzgebers werden sie fast so etwas wie ein Prototyp. Man kann sie auch als Pflichtverletzungsdelikte auffassen, dann verschwindet die

44 Ebd.

45 Ebd., S. 58.

46 Vgl. weiterhin: Dana K. Melkin, »Moral Luck«, in: *Stanford Encyclopedia of Philosophy*, Stanford 2004, S. 1 ff.; Daniel Stateman, »Moral and Epistemic Luck«, in: *Ratio*, New Series IV, 1991, S. 146 ff.; Duncan Pritchard, *Epistemic Luck*, Oxford 2005; David Ennoch/Andrei Marmor, »The Case against Moral Luck«, in: *Law and Philosophy*, Nr. 26 2007, S. 405 ff.

wenigstens entfernte Anbindung an eine mögliche Rechtsgutsverletzung ganz. Es mag kein Zufall sein, daß der Armin Kaufmann-Schüler Andreas Hoyer es ist, der dem Begriff der Eignungsdelikte zu besonders scharfen Konturen verholfen hat.[47] Wie bei Armin Kaufmann ist auch bei Hoyer offen, ob der Akzent mehr auf dem Normungehorsam oder auf der Vorverlagerung des Rechtsgüterschutzes liegt. Auch bei Welzel bleibt der Eindruck ambivalent. Einerseits pocht er sehr auf die Orientierung des Handlungsunwerts an der Rechtsgutsverletzung.[48] Andererseits hatte er eine doch eher sympathisierende Bindung an einen autoritären starken Staat.

Läßt man es einmal bei diesen Äquivokationen und hält sich an das Ergebnis, so könnte eine Vorstellung von der Normalität des Strafrechts entstehen, das sich nur noch am Risiko orientiert. Schon die allmählich in die Zurechnungslehre eingefügten Risiko-Erhöhungstheorien sind womöglich ein Ausdruck dieser Tendenz, freilich unter strafeinschränkendem Vorzeichen. Realisiert sich in einer Handlung nicht ein sozialtypisches Risiko, so schadet nicht einmal der Vorsatz, der auf eine Rechtsgutsverletzung gerichtet ist, und die Erfolge, nah oder fern, spielen eine untergeordnete Rolle. Wenn sie, was Samson scharfsinnig herausgefunden hat, durch ihren Eintritt nachträglich signalisieren, welches Risiko sich realisiert hat, kann man ja entsprechende Abstufungen der Gefährlichkeit machen. Dann aber wird die Unterscheidung zwischen primärer und sekundärer Verbotsmaterie, die Samson entwickelt hat, nivelliert. Die Argumente, mit denen er die sekundäre Verbotsmaterie rechtfertigt, gelten auch für die primäre. Alles wird in den Horizont des Täters ex ante gestellt, und so ist es auch nicht mehr weit zu einer Auflösung des Unterschieds von Unrecht und Schuld, wie das Pawlik neuerdings vorschlägt,[49] unter Anknüpfung an ältere Lehren. Ob dies tatsächlich die äußerste Konsequenz aus der finalen Handlungslehre ist, so wie sie Schaffstein seinerzeit schon vorausgesagt hat, als er auch das

47 Andreas Hoyer, *Die Eignungsdelikte*, Berlin 1987.

48 Hans Welzel, »Das Gesinnungsmoment im Recht«, in: *Festschrift für Julius Karl Otto von Gierke. Zu seinem goldenen Doktorjubiläum. Dargebracht von der Rechts- und Staatswissenschaftlichen Fakultät*, Göttingen 1950, S. 290 ff.

49 Michael Pawlik, »Der wichtigste dogmatische Fortschritt der letzten Menschenalter? Anmerkungen zur Unterscheidung von Unrecht und Schuld im Strafrecht«, in: *Festschrift für Hansjörg Otto zum 70. Geburtstag*, Berlin 2008, S. 133 ff.

Unrechtsbewußtsein zum Handlungsunwert zählen wollte,[50] mag einmal dahinstehen. Welzel ging es sicher nur darum, ein von der Person des Täters losgelöstes Substrat für die Fixierung von – realisierten – Gesinnungswerten zu statuieren, und der Abfall von diesen Gesinnungswerten war dann, nach seinem berühmten Diktum, die Straftat.

Ein dissoziales Handlungsmuster als Orientierungsrahmen zu haben für Sozialverhalten – objektiv ohne Ansehung der höchstpersönlichen Vorwerfbarkeit – kann eine wichtige gesellschaftliche Aufgabe sein. Ob sie das Recht übernehmen soll, bleibt gleichwohl zweifelhaft. Jedenfalls beim *Strafrecht* melden sich bezeichnenderweise gegen die Aufstellung der abstrakten Gefährdungsdelikte die Bedenken, die aus Gründen der Bestimmbarkeit und auch der subsidiären, sekundären Funktion des Strafrechts eine engere Bindung an die Rechtsgutsverletzung verlangen.[51]

Wenn das alles richtig ist, dann bleibt es bei *der* Grundstruktur des Strafrechts, für die das abstrakte Gefährdungsdelikt ein Fremdkörper ist, der möglichst zurückgedrängt werden muß. Die Beschränkung des *eingetretenen* Deliktserfolgs auf die Funktion, nur den Risikograd des Handlungsunwertes zu konstituieren, erscheint dann als Ideologie im strikten Sinne der soziologischen Tradition, verdeckt die »Wahrheit«, daß der eingetretene Erfolg selbst es ist, der den Ausschlag gibt für die Bewertung der Tat. Daß dies – bei aller Neigung der Bevölkerung, vielleicht der Suggestion zu erliegen, große wirtschaftliche und andere Gefahren seien nur durch Vorverlagerung des Strafrechtsschutzes im Wege der Schaffung abstrakter Gefährdungsdelikte zu bannen – nach wie vor der zentrale Ausgangspunkt für die populäre Vorstellung vom Strafrecht ist, kann

50 Friedrich Schaffstein, »Putative Rechtfertigungsgründe und finale Handlungslehre«, in: *Monatsschrift für Deutsches Recht* (1951), S. 199 ff.

51 Auf die sogenannte Notwehrprobe ist man dafür nicht angewiesen. Die Voraussetzungen eines rechtswidrigen Angriffs können, weil im Rahmen der Notwehrbestimmung es ja nicht um dessen Bestrafung geht, sehr viel enger sein als die einer Straftat. Das hat Welzel seinerzeit gegen den etwas voreiligen Einwand Bockelmanns, die finale Handlungslehre könne nicht die Rechtfertigungssituation gegenüber dem nicht fahrlässigen Rechtsgutsangriff legitimieren, zutreffend geltend gemacht. Wenn die Notwehrlehre in jüngster Zeit ganz neue Wege zu gehen scheint bis hin zu der Forderung, nur gegen schuldhafte Angriffe dürfe Notwehr erlaubt sein, so steht das auf einem ganz anderen Blatt und ist hier nicht weiterzuverfolgen.

nicht zweifelhaft sein. Daß das Strafrecht nur Verbietbares ahnden soll und darf, ist indessen ebenfalls communis opinio.

Wenn zwei unvereinbare normative Postulate nebeneinanderstehen und diese Unvereinbarkeit nicht auf einer höheren Ebene aufgelöst werden kann, muß man es entweder ganz anders machen, damit man gar nicht erst in diese Lage kommt, oder aber sich dazu bekennen, daß man dieses Nebeneinander ausdrücklich will. Es besteht hier darin, daß im Strafrecht Verbot und Sanktion verschiedene, auseinanderstrebende Wege gehen. *Verbote* orientieren sich an einem *Verhalten* des Normadressierten, das darauf gerichtet ist, die Übertretung der Norm zu vermeiden. Hier kommt es *nur* darauf an, was ein Mensch unter normalen Umständen vermeiden *kann. Sanktionen* hingegen orientieren sich an *Wirkungen*, die geeignet und erforderlich sind, die Normadressaten zur Vermeidung der Normübertretung zu bewegen. Hier hat *auch* der eingetretene Erfolg eine motivierende Funktion: Die Notwendigkeit von Abschreckung, Sicherung und Resozialisierung wird – so atavistisch das erscheinen mag – stärker empfunden.

Wie man inzwischen wissen kann, ist der Wille zum Paradox für das Recht keineswegs untypisch.[52] Was der Philosoph Thomas Nagel für die Moral herausgefunden hat, könnte also auch Geltung für das Recht beanspruchen. Das auf die Relevanz des eingetretenen Erfolgs pochende Strafbedürfnis könnte ein spezieller Ausdruck des Phänomens sein, daß es ohnehin nicht gelingen kann, das Phänomen der Strafe in eine Rechtsordnung wirklich einzubauen. Wir haben entweder Gesellschaften, die in sich so wenig legitim sind, daß das Strafen nicht eine ordnende, sondern nur eine Feinde bekämpfende Funktion hat; Feinde, die ihrerseits auch nicht verlegen sind um Legitimationsbeschaffungen. Oder die Gesellschaften sind durch eine in ihrer Vernünftigkeit begriffene Ordnung so durchgehend akzeptiert, daß eine Abweichung, wenn sie überhaupt vorkommt, primär auf nachsichtig-pathologisierendes, im schlimmeren Fall notwehrorientiert-sicherndes Reagieren stößt. Der Alltag des Strafens liegt zwischen diesen beiden Extremen, und seine Diagnose wird dadurch bestimmt, daß eine Kampfsituation weithin verschleiert bleibt und deshalb der Schein der Legitimati-

52 Lüderssen, »Intendierte Widersprüche im Strafrecht und Strafprozeßrecht«, in diesem Band, S. 677 ff.

on der Strafe entstehen kann. Der Satz, den ich vor dreißig Jahren niedergeschrieben habe: »Unsere historische Situation ist irgendwo in der Mitte zwischen archaischer Erfolgsorientierung und ausschließlicher Orientierung am Handlungsunwert«,[53] gilt nach wie vor. Allerdings tritt methodologisch klarer hervor, daß dieser Zwischenzustand eben Elemente eines rechtlich nicht legitimierbaren Kampfes enthält, die das ganze Strafrecht verdüstern.[54] Die Flucht in die elegante Welt der Paradoxien mag bezogen auf die Grundfragen des Rechts – etwa: woher kommt die Geltung der Norm, die bestimmt, daß Normen gelten, und ähnliches mehr – echte Aporien bezeichnen. Im Strafrecht ist sie eine Verlegenheitsauskunft angesichts dessen, daß es eine Kultur des Strafens nicht geben kann.

53 Lüderssen, »Erfolgszurechnung und ›Kriminalisierung‹. Die Jurisprudenz vor den Toren der Soziologie – Forschungsfragen an die Adresse der Kriminologie«, in: *Festschrift für Paul Bockelmann zum 70. Geburtstag*, München 1979, S. 199.

54 Genauer dazu: Lüderssen, *Aufgeklärte Kriminalpolitik oder Kampf gegen das Böse?*, Bd. I Baden-Baden 1998, S. 98 ff.

8.3 Intendierte Widersprüche im Strafrecht und Strafprozeßrecht

Spätestens durch Luhmanns lakonische Feststellungen ist der Begriff der Paradoxie auch den Juristen geläufig geworden. Was man bei unbefangener Betrachtung einfach für einen Widerspruch erklären möchte, wird zum Paradoxon heraufstilisiert und damit in eine Welt höherer, dem Anspruch logischer Arbeit entzogener Weisheitssphäre entrückt. Mißtrauisch bemüht man sich, diesen Imaginationen auf den Grund zu gehen, und gerät dann leicht in die Stimmung, bei gehörigem Nachdenken und Berücksichtigung aller Tatsachen bleibe von den sogenannten Paradoxien nichts übrig, vielmehr seien die Widersprüche auf einer wenn auch entfernten höheren Ebene auflösbar. Auch unter rechtstheoretisch gut orientierten Juristen ist diese Meinung sehr verbreitet, man kann sie mit vielen Beispielen unterstützen. Wer aber erneut ganz genau hinsieht, erkennt doch Grenzen dieser Rationalisierung, schon beim praktischen Fortgang der Argumente, und in einem zweiten Anlauf wächst dann die Neigung, die große Literatur über Paradoxien, die Geschichte dieses Begriffes so ernst zu nehmen, wie sie das selbst tut.

Nicht ganz allerdings. An vielen spielerisch zugespitzten Dilemmata möchte man doch vorübergehen,[1] kann keine Verbindung sehen zu den konkreten Rechtsproblemen, die uns quälen. Wenn dann der Übergang hergestellt wird zu den »Paradoxien des gegenwärtigen Kapitalismus« – von einer neuen Frankfurter soziologischen Richtung jetzt zum Forschungsgegenstand erklärt[2] –, nimmt die Skepsis zwar ab, aber es bleiben doch Widerstände, die sich teils speisen aus dem Déjà-vu der gesamten Marxismus-Debatte, teils aber auch aus dem Mißtrauen gegenüber der ökonomischen Orientierung, denen jene Sozialwissenschaftler folgen: zu abgehoben, zu sehr bezogen auf die enttäuschte Wahrnehmung der Abweichung des täglichen betriebswirtschaftlichen Geschehens von dem – offenbar immer noch gehegten – Ideal einer perfekten,

1 Vgl. bei R. M. Sainsbury, *Paradoxien*, Stuttgart 1993, etwa S. 24 ff., 38 ff., 102 ff.

2 Vgl. Axel Honneth (Hg.), *Befreiung aus der Mündigkeit*, Frankfurt/M./New York 2002.

Gleichheit und Freiheit gleichermaßen verbürgenden ökonomischen Vernunft.

Verbindlicher wird es, wenn wir uns den systemtheoretisch begründeten Paradoxien nähern. Jene den Spätkapitalismus studierenden Soziologen relativieren deren Bedeutung zwar, weil sie ihr Material dort nicht wiederfinden, die Juristen hingegen haben allen Grund aufzumerken, denn hier gibt es nun wirklich einige Mitteilungen, die ihnen die Grenzen widerspruchsfreien Rechtsdenkens vor Augen führen.

A.

Im Zentrum stehen dabei freilich ebenso einfache wie grundsätzliche Aussagen, denen gemeinsam ist, daß der praktisch arbeitende Jurist an ihnen nicht interessiert zu sein braucht, zum Beispiel, wenn behauptet wird, daß der Code Recht/Unrecht »nicht auf sich selbst angewandt« werden kann, »ohne daß eine Paradoxie entstünde, die das weitere Beobachten blockierte«.[3]

Damit ist – etwas konkreter – gemeint, daß »die Regel, die Geltung erkennbar macht, nicht eine der geltenden Regeln sein« kann. »Überhaupt kann es im System keine Regel geben, die die Anwendbarkeit/Nichtanwendbarkeit aller Regeln regelt.«[4] Anschaulicher wird das dann, wenn auf das Verfassungsrecht hingewiesen wird, das Normen kenne, »die festlegen, daß bestimmte Normen, sie selbst eingeschlossen, nicht geändert werden können«. Das laufe, heißt es dann weiter, »auf eine vieldiskutierte Paradoxie hinaus«.[5] Daraus folge, daß Unrecht erst einmal »in eine Rechtsform gebracht werden« müsse, »um es rechtmäßiger Behandlung zu unterwerfen«.[6]

Weniger zugespitzt, aber näher am Rechtsleben sozusagen bewegen sich quer durch die ganze Rechtsgeschichte Äußerungen, die eine gewisse Ratlosigkeit zwar nicht zum Programm, wohl aber zu einer Art Hintergrundmusik machen, so daß den Juristen nicht recht wohl ist bei ihrer Arbeit. Die sich einstellenden Assoziationen

3 Niklas Luhmann, *Das Recht der Gesellschaft*, Frankfurt/M. 1993, S. 72.

4 Ebd., S. 102.

5 Ebd., S. 104 mit weiterer Literatur.

6 Ebd., S. 170.

oszillieren zwischen mehr oder weniger Gutes verheißendem Tiefsinn und fröhlichem bis bitterem Zynismus.

Zur ersten Gruppe gehört Radbruchs Verkündung der Antinomien der Rechtsidee. Gerechtigkeit, Rechtssicherheit und Zweckmäßigkeit behindern oder steigern einander – das ist eine Sache der Perspektive, und die ist am Ende von ganz persönlichen Erfahrungen, Hoffnungen und Ängsten bestimmt.

Das Zynische ist präsent in den »Eristischen Tricks«. Hierüber hat Dieter Simon vor Jahrzehnten ein Papier angefertigt, dessen hier ausdrücklich gedacht werden soll. Es geriet damals sofort in einen lebhaften Umlauf, wurde in diversen rechtstheoretischen und dogmatischen Veranstaltungen benutzt und hat dem Verfasser Bewunderung sowohl für seine rechtshistorische und rechtstheoretische Gelehrsamkeit wie die großzügige Eleganz seines deprimierenden Durchblicks eingetragen.[7] Eristik rangiert eine Stufe unter der Paradoxie. Das *Historische Wörterbuch der Philosophie* definiert Eristik als »Die leere Diskutierkunst der Sophisten«.[8] Bei Simon ist das aber mehr und gehört in unseren Kontext, bereitet jedenfalls das Erlebnis des Paradoxen vor, etwa mit Argumentationsfiguren wie der der »Inklusion«, der Topos lautet: »Was für das Ganze gilt, gilt auch für den Teil«, andererseits ist mit der »Betonung der Eigenfigur« zu rechnen. Oder die Konfrontation von Meinungstreue und Denunziation eines Ergebnisses, dessen Widersprüchlichkeit die Folge seiner Lösung aus dem Kontext ist. Oder »Transitivität«, wobei der argumentative Vorsprung davon abhängt, inwieweit man in der Lage ist, die qualifizierbaren Faktoren herauszubekommen, von denen das jeweilige Verhältnis abhängt (Topos: »Die Freunde meiner Freunde sind auch meine Freunde«).

Man sage nicht, Paradoxien seien etwas völlig anderes. Verfolgt man deren Fixierung weit zurück, so tauchen sehr vorsichtige Wendungen auf. »Paradox« sind »Sachverhalte oder Aussagen über Sachverhalte, die der allgemeinen Meinung oder Erwartung

7 Das Papier ist seit langem in meinem Besitz. Ich weiß aber, daß ich es nicht finden werde. Alle Kollegen und Freunde, von denen ich annehmen konnte, daß sie es besitzen, scheinen in der gleichen Lage zu sein, kündigen aber eifrig bemüht freundschaftliche Recherchen an. Aber einen gibt es, der das Papier einfach hat: Rudolf Wiethölter. Ihm sei für die prompte Überlassung herzlich gedankt.

8 B. Waldenfels, *Historisches Wörterbuch der Philosophie*, Band 2, Darmstadt 1972, S. 643.

zuwiderlaufen und deshalb zunächst unverständlich bleiben«. Dafür wird Cicero zitiert.[9] Später wird es zwar dialektischer, »deus a peccato per peccatum liberat« (»Gott befreit von der Sünde durch die Sünde«).[10] Aber das ist Theologie, und so warten wir auf »Aufklärung und Romantik«. Diese Epoche zieht sich wieder auf den »heuristischen Wert des Paradoxons« zurück – berühmt und einflußreich ist die Definition Goethes: er spricht von Resultaten, »die, wenn wir nicht ihre Veranlassung wissen, als paradox erscheinen, uns aber nötigen, vermittelst eines umgekehrten Findens und Erfindens rückwärts zu gehen und uns die Filiation solcher Gedanken von weit her« zu vergegenwärtigen.[11] Erst die moderne Logik und Mathematik gelangen wieder in die Nähe der Ausweglosigkeit der Theologie. Die Juristen aber sollten, darüber froh werdend, daß sie allmählich doch der alten Theologie entrinnen, sich nicht von einer neuen einfangen lassen; sie haben deren Puzzle-Spiele gar nicht nötig.

B.

Denn sie stoßen in der Stufenfolge immer schwieriger und komplexer werdender Widersprüche tangential gleichsam zu Phänomenen vor, die durchaus jenen gleichen, die durch divinatorischen Zugriff, buchstäblich von oben also, zu Paradoxien erklärt werden. Der induktive Weg, auf dem die Juristen diese Einsicht gewinnen, bewahrt sie vor dem Vorwurf, sich hochgemuten Spekulationen zu überlassen, entzieht sie der wohlfeilen, die Lacher sofort auf ihre Seite ziehenden versnobten Intellektualität.

I. Beginnen wir mit jener Sorte von Widersprüchen, für die sich inzwischen der Topos »Mißglückte Gesetze« eingebürgert hat. Mit diesem Begriff eröffnet man sich den Zugang zu den Problemen besonders leicht, weil offensichtlich zu sein scheint, wie sie besser hätten gelöst werden können. Ein spezielles materielles Kriterium, das andeutet, man sei auf dem Wege zum Paradoxon, ist damit noch nicht benannt. Begibt man sich auf die Suche danach, welche

9 P. Probst, *Historisches Wörterbuch der Philosophie*, Band 7, Darmstadt 1989, S. 82.
10 Ebd., S. 85.
11 Ebd, S. 87.

Kriterien es denn sein könnten, die ein Gesetz zum mißlungenen machen, so kann es freilich passieren, daß die Entscheidung für ein bestimmtes Kriterium den nächsten Fehler impliziert: ist das Kriterium falsch, so ist das Gesetz auf einmal nicht mehr mißlungen. Unter den Kriterien, die gewöhnlich aufgezählt werden, sind unter anderem Klarheit, Kohärenz, Gerechtigkeit, Zweckmäßigkeit, Wirksamkeit.[12] Doch jeder dieser Begriffe ist seinerseits interpretationsbedürftig und fehleranfällig, so daß, bleibt man auf dieser allgemeinen Stufe, kein Erkenntnisgewinn zu erwarten ist. Daher empfiehlt es sich vielleicht, einfach mit einer Behauptung zu beginnen, um dann zu sehen, wie weit sie trägt.

1) Nehmen wir als Beispiel die akzessorische Regelung der Strafbarkeit der Teilnahme einer Person an der Tat eines anderen. Die einschlägige Vorschrift des Strafgesetzbuchs setzt für die Haftung des Teilnehmers voraus, daß die Tat des Haupttäters ihrerseits Unrecht ist. Unrecht existiert nicht abstrakt, sondern immer nur als Ergebnis der Handlung einer Person. Wenn zwei dasselbe tun, so ist es nicht dasselbe, und so kann es geschehen, daß in der Person des Haupttäters etwas Unrecht ist, was in der Person des Teilnehmers kein Unrecht ist, etwa wenn der Teilnehmer den Haupttäter veranlaßt, seine, des Teilnehmers, Sache wegzunehmen (im Zuge einer der Verbrechensaufklärung dienenden Provokation). Für den Teilnehmer ist die Sache nicht fremd, also liegt für ihn keine Verletzung fremden Eigentums vor, während der Haupttäter fremdes Eigentum verletzt, denn für ihn ist die Sache fremd. Der Gesetzgeber hat auf diese Differenz keine Rücksicht genommen. Er hätte es auch nicht tun müssen, wenn seine Vorstellung vom Strafgrund der Teilnahme dahin gehen würde, daß man auch für die Hervorrufung oder Beteiligung an fremdem Unrecht haftet. Diese Position ist aber – wenn auch unter dem im ganzen weiter gefaßten Begriff der Teilnahme nicht nur an fremdem Unrecht, sondern an fremder Schuld – immer (von verschwindenden Ausnahmen abgesehen) abgelehnt worden. Die Erklärungen dafür, daß für die Realisierung des eigenen Unrechts des Teilnehmers auch erforderlich sein

12 Ralf Dreier, »Misslungene Gesetze«, in: Uwe Diedrichsen/Ralf Dreier (Hg.), *Das mißglückte Gesetz*, Göttingen 1997, S. 1 ff. (2); Gunther Arzt, »Das mißglückte Strafgesetz«, in: Diederichsen/Dreier, a. a. O., S. 17 ff. (17/18), meint, man müsse auf die Intention des Gesetzgebers abstellen.

könnte, daß zusätzlich ein anderer – der Haupttäter – seinerseits Unrecht begeht, sind alle mehr oder minder verzweifelt. Niemand kann diese gesetzgeberische Regelung auf einen Begriff bringen. Seit 150 Jahren, etwa mit Beginn der Geltung des Reichsstrafgesetzbuchs, dem das zwanzig Jahre ältere Preußische Strafgesetzbuch zugrunde lag, ist das umstritten.

Man ist deshalb versucht, schon hier nach einer höheren Weisheit zu suchen, welche die Verneinung der Haftung für fremdes Unrecht harmonisiert mit der – Bestandteile der Haftung für fremdes Unrecht einbeziehenden – Haftung für eigenes Unrecht. Offensichtlich ein Paradoxon. Doch solange alternative Lösungen, die in sich kohärent sind, möglich erscheinen – entweder die Einheitstäter-Lösung unter Verzicht auf jenen Bestandteil der Haftung des Teilnehmers auch für fremdes Unrecht oder die alte Schuldteilnahmelösung, also die Herauslösung des Begriffs der Teilnahme aus dem Prinzip der Haftung für eigenes Unrecht –, könnte man sagen, daß das geltende Recht nicht das letzte Wort hat. Freilich wird seine Interpretation an beiden Alternativen vorbei zäh aufrechterhalten. Ganz auszuschließen ist also nicht, daß hier schon das Paradoxon als letzte Auskunft erreicht ist. Dann müßte man allerdings versuchen, dafür eine spezielle Legitimation zu finden. Das würde uns jetzt aber in den Sog der unendlichen »Strafgrund der Teilnahme«-Diskussion ziehen und soll deshalb offenbleiben.

2) Eine ähnliche Problematik kann man registrieren auf dem Gebiete der notwendigen Verteidigung oder, wie man auch sagt, der Pflichtverteidigung im Strafprozeß. Hier gibt es zwei Fallgruppen. Einmal die Beschuldigten, die das Geld nicht haben, einen Wahlverteidiger zu bezahlen, zum anderen die Beschuldigten, die einen Verteidiger nicht haben wollen, aber haben sollen. Es liegt auf der Hand, welche Unterschiede hier bestehen. Die Regelung der Strafprozeßordnung macht jedoch keinen Unterschied, sondern stellt für beide Fallgruppen dieselben Voraussetzungen auf. Solange es so war, daß auch den armen Beschuldigten keine Möglichkeit eingeräumt wurde, einen Verteidiger ihrer Wahl für die Bestellung zum Pflichtverteidiger vorzuschlagen, fiel das nicht auf. Inzwischen hat die Einsicht an Boden gewonnen, daß man bei der Zubilligung eines, wie man im Grunde sagen müßte, Armenrechtsverteidigers großzügig sein muß, bei der Bestellung eines Zwangsverteidigers

– dieser Begriff ist bereits eingeführt – aber restriktiv. Das Gesetz bietet dafür aber keine Handhabe, weil es eben unter einer Chiffre zwei verschiedene Fallgruppen regelt. Obwohl die Zwangsverteidigung nur ausnahmsweise stattfindet, während die Armenrechtsverteidigung in der Praxis die Regel ist, wird nicht die Armenrechtsverteidigung zum gemeinsamen Dach der Verteidigung gemacht, sondern die Zwangsverteidigung – unter der Devise, daß sie aus rechtsstaatlichen Gründen erforderlich sei. Damit kann nur gemeint sein, daß der Beschuldigte gleichsam vor sich selbst geschützt werden soll, während das bei den dem Beschuldigten willkommenen Pflichtverteidigern ja gar kein Argument ist.

Hier fragt sich, weshalb der Gesetzgeber nicht die erforderliche Klarheit schafft. Wieder ist nach der geheimen Weisheit zu forschen, die hinter der Vereinheitlichung des Unterschiedlichen stehen könnte. Noch schwieriger wird es, wenn eine weitere Prämisse bemüht wird, nämlich daß Wahl- und Pflichtverteidiger dieselben Aufgaben haben. Wenn man diese Gemeinsamkeit ableiten würde aus dem Recht des Beschuldigten, sich jederzeit eines Verteidigers zu bedienen, gleichviel, ob er ihn bezahlen kann oder nicht, hätte sie ein ganz anderes Gesicht, als wenn der Typus der Verteidigung Pate stünde, die aus rechtsstaatlichen Gründen notwendig ist. Die Forderung, daß der Verteidiger gewisse Parteilichkeiten zu unterlassen habe (etwa zur Wahrheit verpflichtet sei, während der Beschuldigte das nicht ist), wird im Namen des Prinzips erhoben, daß der Verteidiger Organ der Rechtspflege sei. Das ist aber nur verständlich mit Blick auf den fürsorglich tätigen Verteidiger, also jenen ausnahmsweise dem Beschuldigten aufgezwungenen Verteidiger. Gäbe es diesen Verteidiger nicht, wäre die Idee, der Verteidiger könne ein Organ der Rechtspflege sein, gar nicht aufgekommen, sondern selbstverständlich würde man den Verteidiger wie andere Anwälte auch in erster Linie als Vertragspartner des Beschuldigten sehen.

Merkwürdig ist, warum diese Entwicklungen nicht wenigstens durch die Rechtsprechung korrigiert werden. Ähnlich wie beim Strafgrund der Teilnahme sind die alternativen Regelungen sichtbar, aber wiederum drängt sich die Vermutung auf, man habe es, weil der Widerstand gegen diese Verbesserungen so zäh ist, vielleicht doch mit versteckten Paradoxien zu tun. Oder liegt der Leugnung jener deutlich gemachten Differenzierungen die Strategie zugrunde, Fallgruppen, die für sich genommen dem Zugriff einer staatlich fürsorgerischen Verteidigungskonzeption entzogen sind, ihr auf diesem Umwege dann doch zu unterwerfen? Widersprüche werden dann sozusagen in strategischer Absicht aufrechterhalten. Daß sie zu einer paradoxen Situation führen, wäre dann nur ein Schein.

II. Näher an eine reale Paradoxie rücken dann aber die Fälle, in denen der Widerspruch nicht nur strategisch aufrechterhalten wird, sondern eine sachliche Funktion hat. Dafür möchte ich nicht auf Beispiele schon vollzogener Gesetzgebung zurückgreifen, sondern die gegenwärtige, künftige Gesetzgebungen vielleicht vorbereitende, jedenfalls aber schon in den Gefilden der Justiz angelangte Rechtspolitik heranziehen. Gemeint sind Grenzfälle wie die jetzt gelegentlich so genannte Rettungsfolter und der Abschuß eines von Terroristen, in der Absicht, viele Menschen zu töten, eingesetzten Flugzeuges mit vielen unbeteiligten Passagieren an Bord. Hier ist die Strategie der Politiker zu beobachten, ein Verbot aufrechtzuerhalten und gleichzeitig seine Übertretungen zu programmieren. Das heißt, das Nebeneinander ist beabsichtigt. Ausnahmen von dem Verbot sollen nicht nur zugelassen werden, vielmehr soll das Verbot auch für die Fälle, in denen man seine Verletzung sanktionslos lassen möchte, aufrechterhalten bleiben. Im Strafrecht ist das technische Instrument dafür der Entschuldigungsgrund. Aber sowohl bei der »Rettungsfolter« wie bei dem »Abschuß« soll ja die Entschuldigung nicht nur das Zugeständnis an ein Nicht-anders-handeln-Können des jeweiligen Akteurs sein, vielmehr soll ihre Antizipation ihn zum Handeln ermutigen.

Man könnte dieses Paradoxon zum Anlaß nehmen, jene Argumente zugunsten der Folter und des Abschusses endgültig zu verabschieden. Wer das anders sieht, muß die Inkorporation des Paradoxons in den Rechtsbetrieb akzeptieren. Nach dem Stande der Diskussion wäre das freilich noch relativ theoretisch.

III. Die Praxis ist dort erreicht, wo das Nebeneinander des Unvereinbaren bereits auf weiter Strecke anerkannt wird.

1) Hierfür steht die wohlbekannte Disharmonie zwischen Beweiserhebungs- und Beweisverwertungsverboten. Das Bundesverfassungsgericht verbietet mit starken Worten die Erhebung bestimm-

ter Beweise – der Fall Sedlmayr: die Zeugen werden auf unzulässige Weise getäuscht, und so kommt die Tatwaffe zum Vorschein –, läßt aber die Verwertung dieser Beweise zu. Das ist nicht etwa das Ergebnis einer Abwägung, die ein Rechtsgut einem anderen vorzieht. So wäre es, wenn man mit Blick auf die Notwendigkeit der Aufklärung schwerster Verbrechen auch schon die an sich illegale *Beweiserhebung* zulassen würde. Vielmehr soll beides nebeneinander gelten, das Erhebungsverbot und die *Verwertungserlaubnis.* Eine Auflösung dieses Paradoxons wird gelegentlich mit dem Hinweis versucht, die Gerichte könnten sich auf diese Weise die Entscheidung für jeden Einzelfall offenhalten:

Erst einmal verbieten und dann sehen, was man am Ende wirklich macht. Die Paradoxie läge dann aber in dem Argument, das diese Strategie offenzulegen verbietet. Ginge es nur um ihre Verheimlichung, wären wir wieder bei jener schon besprochenen Vorstufe des Paradoxen. Aber was hier passiert, ist etwas anderes. Denn die *Absolutheit* des Nebeneinanders der beiden Bewertungen macht es den Gerichten ja gerade erst *möglich*, die Entscheidung offenzuhalten.

2) Ein weiterer Anwendungsfall der in Kauf genommenen Widersprüchlichkeit ist die Geldwäsche-Entscheidung des Bundesverfassungsgerichts. Das aus einer Straftat des Mandanten stammende Honorar des Verteidigers soll zwar weiter unter den § 261 StGB fallen, die freie Berufsausübung des Wahlverteidigers soll aber dadurch nicht beeinträchtigt werden. Also stellt man so hohe Anforderungen an den Vorsatz des Anwalt-Täters, daß die Strafvorschrift ihn nicht erreicht, obwohl sie ihm weiterhin gilt.

IV. Darüber hinaus gehen die Fälle, in denen das Nebeneinander des Unvereinbaren nicht nur in Kauf genommen wird, sondern beabsichtigt ist. Das gilt für die Aufgaben, die ein agent provocateur im Rahmen der Strafverfolgung übernimmt. Dabei soll Material verwertet werden, dessen Effekt gerade in seiner Rechtswidrigkeit liegt. Der Provozierte muß überführt worden sein und strafbar, anderenfalls ist der Erfolg – im größeren Rahmen der Verbrechensbekämpfung eine »gefährliche Person aus dem Verkehr gezogen zu haben« – nicht erreicht. Noch einmal und mit anderen Worten: Wenn die Verletzung von Rechtsnormen der einen Ordnung unumgänglich wäre, um die Ziele, die sich Rechtsnormen einer anderen Ordnung setzen, zu realisieren, könnte man geringeres Unrecht gegen größeres Recht gleichsam abwägen und das Ergebnis im Namen einer höheren Gerechtigkeit gutheißen. Aber die intendierte Strafbarkeit paßt nicht in dieses Konzept. Denn ist für die Erreichung des höheren Rechtszieles erforderlich, daß gerade die Verletzung einer Rechtsnorm stattfinden muß, stehen sich nicht mehr unterschiedliche Rechtsgüter gegenüber, sondern einander ausschließende Zielsetzungen – dies allerdings unter der Voraussetzung, daß man die Rechtsordnung als eine Einheit begreift. Läßt man diese Voraussetzung fallen, dann gibt es Rechtsinseln, die miteinander nichts zu tun haben und sich frei bekämpfen. Damit wäre man aber erst recht außerhalb rechtlicher Ordnung. Ein Staat, der trotzdem auf agents provocateurs nicht verzichten und sie auch nicht mit halber Kraft arbeiten lassen will, befindet sich also entweder partiell im Krieg oder definiert an dieser Stelle seine Rechtsordnung paradox.[13]

V. Das moderne Recht jedenfalls geht davon aus, daß Rechtsfragen einer dem Einzelfall vorweggehenden mehr oder weniger allgemeinen Regelung zugänglich sind. Dort, wo das nicht der Fall ist und der Staat gleichwohl Regeln erläßt – sehenden Auges, daß eine Regelung unmöglich ist –, kann man einen Akt symbolischer Gesetzgebung vermuten, aber auch eine Kapitulation vor dem Paradoxon registrieren.

1) Ein Beispiel liefern die Vorschriften über »Verdeckte Ermittler«. Diese dürfen, damit sie im Milieu nicht auffallen, in gewissem Umfang Regeln übertreten. So sieht es die Strafprozeßordnung in den §§ 110 ff. inzwischen vor. Jedes Milieu wird aber früher oder später Bescheid wissen, welche Regeln von den verdeckten Ermitt-

13 An anderer Stelle: Klaus Lüderssen, »Verdeckte Ermittlungen im Strafprozeß«, in: Claus Roxin/Gunter Widmaier (Hg.), *50 Jahre Bundesgerichtshof, Festgabe aus der Wissenschaft*, München 2000, Band IV, S. 883 ff. (902), habe ich versucht, für die Inkonsistenz, die sich hier auftut, eine der beiden berühmten Radbruch-Formeln zu bemühen: »Wo Gerechtigkeit nicht einmal erstrebt wird, da ist das Gesetz nicht etwa nur ›unrichtiges Recht‹, vielmehr entbehrt es überhaupt der Rechtsnatur.« Daran gemessen ist die Entscheidung für ein Paradoxon ein Euphemismus.

lern übertreten werden dürfen und welche nicht, und als »Keuschheitsprobe« etwas verlangen, was ihnen nicht gestattet ist, also etwa die Teilnahme an handfesten Verbrechen (die Regelungs-Thematik berührt sich hier mit der, wie oben skizziert, ebenfalls zu paradoxen Rechtssituationen führenden sachlichen Problematik des agent provocateur). Keine Regelung wird diesen nach Art einer Spirale sich entwickelnden infiniten Regreß des jeweils als nicht regelbar übriggelassenen Stoff einholen können. Eine Gesetzgebung, die sich damit abfindet, steuert also ein Paradox an.

2) Ähnlich verhält es sich bei der die moderne Gesetzgebung zunehmend beschäftigenden Regelung der sogenannten Absprachen. Man legt fest, unter welchen Voraussetzungen Vereinbarungen über die Beweislage und die zu verhängenden Sanktionen verbindlich sein sollen. Es liegt in der Natur der Sache, daß jenseits dieser Regelungen jeweils wieder neue Konsense gesucht werden, gerade weil man mit diesen Regeln genauso unzufrieden ist wie mit dem Rechtszustand vor der Regelung der Absprachen.

VI. Vielleicht muß man am Ende sogar das ganze Strafrecht unter das Fragezeichen dieser Grenzfigur des Rechts stellen.

Denn eindeutige Verhältnisse haben wir nur in extremen Konstellationen.

Einmal in Gemeinwesen, die das Strafrecht ganz sichtbar instrumentalistisch handhaben. Also in totalitären Staaten. Jeder sieht, daß dieses »Strafrecht« durch und durch politisiert ist und seinen Namen, soweit es sich dabei um Recht handelt, nicht verdient. Das ist communis opinio zwischen Konservativen und Linken.

Zum anderen in Gesellschaften, die keinen Kampf mehr kennen, in denen ganz durchgehend anerkannt ist, was sein soll und was nicht sein soll, etwa vergleichbar einer harmonischen Familie. Der Strafgedanke ist hier ein Ungedanke. Wenn es ihn doch noch gibt, dann nur als perverses Rückbleibsel vergangener Kampfeszustände und insofern auch noch als Indiz dafür, daß es mit dem Krieg immer noch nicht ganz vorbei ist.

Das Dilemma ist nun, daß die Gesellschaft, in der wir leben, weder dem einen noch dem anderen Extrem zuzuordnen ist, sondern genau jenen Mittelzustand repräsentiert, der auf Strafe nicht verzichtet und dafür auch eine Reihe rechtlicher Begründungen anführen kann, diese aber nicht konsequent durchzuhalten in der Lage ist. Für solche Gesellschaften gilt, daß sie den Abschied von der Dichotomie Freund-Feind noch nicht erreicht haben, der es ihnen erlauben würde, vom Strafen als Kampfmittel abzusehen; die Befriedung ist aber insgesamt doch so weit fortgeschritten, daß diese Kampfsituation weitgehend verschleiert bleibt und deshalb der Schein der Legitimation der Strafe entsteht. Wenn solche Gesellschaften durch ungewöhnliche Situationen an ihre Grenzen geführt werden, sieht man genau, was gemeint ist. Entweder: das Strafen wird (wieder) oder bleibt (noch) Kampfinstrument. Doch der Alltag des Strafens liegt zwischen diesen beiden Extremen, und seine Diagnose wird bestimmt durch jenen Verschleierungseffekt. In dem Moment, in dem der Mangel an gemeinsamer Legitimationsüberzeugung so stark ist, daß sich die einzelnen Gruppen einfach nur mit der Strafe *bekämpfen*, hat man nicht mehr jenes unerklärliche Phänomen vor sich, sondern etwas sehr leicht zu Erklärendes; dort indessen, wo eben die vollständige kommunikative Ruhe eingekehrt ist, muß man sich mit der Existenz der Strafe gar nicht mehr arrangieren, weil sie – allenfalls – marginalen Charakter hat. Nur die modernen, aufgeklärten, rechtsstaatlichen, demokratischen Rechtsgesellschaften sind es also, in denen die Strafe jene so schwer erklärbare Funktion – noch – hat; wegen der Fülle rechtsstaatlicher Begrenzungen bleibt dieser Tatbestand unentdeckt, und man denkt, man habe mit der Legitimation der Begrenzungen der Eingriffe eine Legitimation auch der Strafe. Solange die Gesellschaft das Recht noch braucht, ist das also ein Zeichen dafür, daß der Gegensatz von Macht und Partizipation nicht aufgehoben ist. Eine Strafrechtsgesellschaft ist mithin förmlich dadurch definiert, daß es auf der einen Seite überschießende, nicht kontrollierbare Machtanteile und auf der anderen Seite das Recht gleichsam unterlaufende Partizipationsanteile gibt. Dieses Strafrecht ist demnach eine Organisationsform paradoxaler Kriminalpolitik.

C.

Gegenwärtig scheint die allgemeine Rechtstheorie bei Paradoxien noch für »prinzipielle Unentscheidbarkeit« zu optieren. Kollisionen hingegen könne man »durch Entscheidung zwischen Alternativen auflösen«; auch sei ein Kompromiß denkbar. »Beide Wege sind bei Paradoxien verstellt.« Andererseits heißt es: »Sie bergen destruktive [...] Potentiale, zugleich aber auch produktive, schöpferische Möglichkeiten.«[14]

Wie soll man da herauskommen? Luhmann, der uns die moderne Version dieser verzweifelten Diagnose beschert hat, meint: »Paradoxien sind die einzige Form, in der Wissen *unbedingt* gegeben ist«. Deshalb sucht er nach etwas Vergleichbarem und findet es im transzendentalen Subjekt, »dem Kant und seine Nachfolger einen Direktzugang zu unkonditioniertem, a priori gültigem, aus sich selbst heraus einsichtigem Wissen zugemutet hatten«.[15] Für die positivistische Methodologie des 19. und 20. Jahrhunderts war das immer noch zuviel Metaphysik. Wenn wir schon darauf angewiesen sind, so mag Luhmann gedacht haben, mit letzten Unbegreiflichkeiten umzugehen, dann doch lieber wenigstens in der gesellschaftlichen Realität. Sie ist voller Paradoxien, und »sie treten«, meint Luhmann deshalb, »an die Stelle des transzendentalen Subjekts«.[16] Aber dessen Absolutheit ist ja durch moderne Idealismus-Forschungen ziemlich in den Hintergrund gedrängt worden. Insbesondere die Empirie »zur Unhintergehbarkeit von Individualität«[17] hat die Akzente verschoben. Die Psychologie der Introspektion führt an die Quellen des Selbstbewußtseins, das schon »Geist und Gesellschaft« des letzten Jahrzehnts im 18. Jahrhundert zum Mittelpunkt des Interesses machten.[18] Wenn die Entzauberung des transzendentalen Ichs fortschreitet, ist vielleicht auch für die »Parallelerscheinung« des Paradoxons etwas zu erwarten, im Sinne einer zu neuen Er-

14 Gunter Teubner, »Der Umgang mit Rechtsparadoxien: Derrida, Luhmann, Wiethölter«, in: Christian Joerges/Gunther Teubner (Hg.), *Rechtsverfassungsrecht*, Baden-Baden 2004, S. 25 ff. (28 bzw. 31); s. auch George P. Fletcher, »Paradoxes in Legal Thought«, in: *Columbia Law Review*, Vol. 85 (1985), S. 1263 ff.; Roberta Kevelson, *Peirce, Paradox, Practice – The Image, The Conflict, and the Law*, Berlin 1990; Rainer Maria Kiesow, *Das Alphabet des Rechts*, Frankfurt/M. 2004, S. 247, 33, 145, 151, 254, 274; zur fächerübergreifenden Diskussion s. Hans Ulrich Gumbrecht/K. Ludwig Pfeiffer (Hg.), *Paradoxien, Dissonanzen, Zusammenbrüche: Situationen einer offenen Epistemologie*, Frankfurt/M. 1991.

15 Niklas Luhmann, *Die Religion der Gesellschaft*, Frankfurt/M. 2000, S. 231.

16 Ebd.

17 Manfred Frank, *Die Unhintergehbarkeit von Individualität*, Frankfurt/M. 1986.

18 Theodore Ziolkowski, *Das Wunderjahr in Jena. Geist und Gesellschaft 1794-1795*, Stuttgart 1998.

fahrungen einladenden Intuition, mit einem Anspruch, den die Wissenschaft nicht, wohl aber vielleicht die Kunst einlösen kann.

Schon vor Jahren hat Dieter Simon das Buch von Daniel Fulda *Wissenschaft aus Kunst*[19] vorgestellt[20] und – sich darauf beziehend – von einem »Maximalprogramm [...] für konstruktivistisch aufgeklärte Untersuchungen« gesprochen, das darauf hinausläuft, »die Differenz zwischen wissenschaftlichem und literarischem Diskurs überhaupt zu negieren«.[21] Das kann man ja einmal versuchen.

19 Bonn/New York 1996.
20 *Rechtshistorisches Journal* 16 (1997), S. 220 ff.
21 So der Bericht bei Daniel Fulda, a. a. O., S. 464.

Drucknachweise

1. Zur Einführung
   1.2 Recht und Verrechtlichung im Blick der Kulturwissenschaften
   Erschienen in: Friedrich Jäger/Jörn Rüsen (Hg.), *Handbuch der Kulturwissenschaften*, Bd. 3: *Themen und Tendenzen*, Stuttgart/Weimar 2004, S. 426-438.

2. Primat der Autonomie
   2.1 Das Subjekt zwischen Metaphysik und Empirie. Einfluß der modernen Hirnforschung auf das Strafrecht?
   Erschienen in: Hans-Rainer Duncker (Hg.), *Beiträge zu einer aktuellen Anthropologie. Zum 100jährigen Jubiläum der Gründung der Wissenschaftlichen Gesellschaft im Jahre 1906 in Straßburg*, Stuttgart 2006, S. 189-205.
   2.2 Postscriptum: Früherkennung und soziale Anpassung – ein wissenschaftstheoretisches Abenteuer
   Erschienen in: *Rotary Magazin*, Mai 2008, S. 46-50.
   2.3 Der Schutz des Embryos und das Problem des naturalistischen Fehlschlusses. Skizze einer Zwischenbilanz
   Erschienen in: *Gedächtnisschrift für Dieter Meurer*, Berlin 2002, S. 209-235.
   2.4 Aktive Sterbehilfe – Rechte und Pflichten
   Erschienen in: *JuristenZeitung* (2006), Nr. 14, S. 689-695.

3. Pathologisierungen – Verhängnis oder Befreiung?
   3.1 Der vergessene Blick in die Täterseele
   Erschienen in: *Kursbuch* 155, (2004) S. 134-147.
   3.2 Ist Vorsatz bei Jugendlichen dasselbe wie bei Erwachsenen?
   Erschienen in: *Strafrecht, Biorecht, Rechtsphilosophie: Festschrift für Hans-Ludwig Schreiber zum 70. Geburtstag*, Heidelberg 2003, S. 289-314 (unter dem Titel: *Grenzen der »Sachkunde« des Gerichts [§ 244 Abs. 4 Satz 1 StPO] für die Beurteilung der inneren Tatseite bei jugendlichen Tätern, speziell mit Blick auf den bedingten Vorsatz*).
   3.3 Archäologie des Mordes. Der Fall Magnus Gäfgen
   Erschienen in: *Frankfurter Allgemeine Zeitung* v. 8. 8. 2003, S. 31.
   3.4 Mit dem Jugendstrafrecht ins Erwachsenenstrafrecht
   Erschienen in: *Frankfurter Rundschau*, 31. Mai 2006.

3.5 Zur Feststellung der Schuld im Strafprozeß
Erschienen in: Mark Pieth/Kurt Seelmann (Hg.), *Prozessuales Denken als Innovationsanreiz für das materielle Strafrecht. Kolloquium zum 70. Geburtstag von Detlef Krauß*, Basel 2006, S. 49-53.

3.6 Strafrechtliche Schuld und »political correctness«
Erschienen in: *Neue Juristische Wochenschrift* (2006), S. 1861-1863.

3.7 Der Darmstädter Fall. Kann eine Resozialisierung jugendlicher Täter gelingen, wenn ihnen zu viel Schuld aufgebürdet wird?
Erschienen in: *Merkur* 56 (2002), S. 265-270.

3.8 Die ewige Versuchung des Täterstrafrechts. Das Verhalten im Strafvollzug als Voraussetzung für vorbehaltene oder nachträgliche Sicherungsverwahrung
Erschienen in: *Kritische Justiz* (39) 2006, S. 361-368.

4. Rechtspolitische Grenzmoral

4.1 Retrospektiven auf den Frankfurter Auschwitz-Prozeß. Zu einem ungewöhnlichen Dilemma des Rechtspositivismus (Erstdruck)

4.2 Gnadenweiser Erlaß von Ersatzfreiheitsstrafe? Ein alltägliches Dilemma der Rechtsprechung
Erschienen in: *Festschrift für Alexander Böhm zum 70. Geburtstag*, Berlin 1999, S. 553-580.

4.3 Die Folter bleibt tabu – kein Paradigmenwechsel ist geboten
Erschienen in: *Festschrift für Hans-Joachim Rudolphi zum 70. Geburtstag*, Neuwied 2004, S. 691-712.

4.4 Das Recht der Attentäter des 20. Juli 1944
Erschienen in: *Frankfurter Allgemeine Zeitung* v. 14. 7. 2004, S. 29 (unter dem Titel: *Koste es, was es könnte. Das Recht der Attentäter des 20. Juli*).

4.5 Krieg gegen den Terror. Die Logik des Luftsicherheitsgesetzes
Erschienen in: *Frankfurter Allgemeine Zeitung* v. 18. 1. 2005.

4.6 Unsere feine Ware. Läßt sich der Krieg durch ein Weltstrafrecht zivilisieren?
Erschienen in: *Frankfurter Rundschau* v. 23. 1. 2002, S. 21.

4.7 Ein Fall von Steuerstaatsnotstand?
Erschienen in: *Frankfurter Allgemeine Zeitung* v. 21. 2. 2008, S. 37.

4.8 Ex iniuria ius non oritur. Eine Maxime des Völkerrechts zum deutsch-liechtensteinischen »Steuerskandal«
Erschienen in: *Neue Zürcher Zeitung* v. 14. 3. 2008, S. 30 (unter dem Titel: *Aus Unrecht entsteht kein Recht. Eine Maxime des Völkerrechts zum deutsch-liechtensteinischen »Steuerskandal«*).

4.9 Staatliche Deliktsbeteiligung durch V-Leute – die Politik gibt jetzt die richtige Antwort

4.10 Verdeckte Ermittler
Erschienen in: Claus-Wilhelm Canaris u. a. (Hg.), *50 Jahre Bundesgerichtshof. Festausgabe aus der Wissenschaft*, Bd. IV: *Strafrecht, Strafprozeßrecht*, hg. v. Claus Roxin/Gunter Widmaier, München 2000, S. 883-910 (unter dem Titel: *Verdeckte Ermittlungen im Strafprozeß*).

4.11 Kinder als Testkäufer?
Erschienen in: *Strafverteidiger* (2007), S. 84 ff.

5. Zwischen logischem Positivismus und Interpretation

5.1 Die Idee der Konkretisierung im Recht (Karl Engisch)
Erschienen in: *Frankfurter Allgemeine Zeitung* v. 15.3.1999 (unter dem Titel: *Schwebende Mittelhöhe. Karl Engisch oder Von den Prinzipien zu den Phänomenen*).

5.2 Universalität durch integrierende Spezialisierung (Gustav Radbruch)
Erschienen in: *Archiv für Rechts- und Sozialphilosophie* 85 (1999), (unter dem Titel: *Universalität durch integrierende Spezialisierung. Zur Gesamtausgabe der Schriften Gustav Radbruchs*).

5.3 Kritische Empirie (Ulrich Klug)
Erschienen in: *Zum strafrechtlichen und kriminalpolitischen Werk von Ulrich Klug. Ulrich Klug zum Gedächtnis*, Köln 1995, S. 29-36.

5.4 Hermeneutik für Juristen (Hans-Georg Gadamer)
Erschienen in: *Rechtsgeschichte. Zeitschrift des Max-Planck-Instituts für europäische Rechtsgeschichte* (2002), Heft 1, S. 208-215 (unter dem Titel: *Gadamers Wahrheit für Juristen. Hans-Georg Gadamer 1900-2002*).

6. Paradigmenwechsel

6.1 Opfer im Zwielicht
Erschienen in: *Festschrift für Hans Joachim Hirsch zum 70. Geburtstag*, Berlin/New York 1999, S. 879-895.

6.2 Viktimologie: Ursache und Wirkung der Entdeckung des Opfers auf die Kriminologie und die Kriminalpolitik
Erschienen in: Benjamin F. Brägger u. a. (Hg.), *Kriminologie – Wissenschaftliche und praktische Erfahrungen: gestern, heute, morgen*, Zürich 2004, S. 171-190.

6.3 Der öffentliche Strafanspruch im demokratischen Zeitalter – Von der Staatsräson über das Gemeinwohl zum Opfer?
Erschienen in: Cornelius Prittwitz/Ioannis Manoledakis (Hg.), *Strafrechtsprobleme an der Jahrtausendwende. Deutsch-griechisches Symposium Rostock 1999*, Baden-Baden 2000, S. 63-74.

6.4 Europäisierung des Strafrechts und gubernative Rechtssetzung

Erschienen in: *Goltdammer's Archiv für Strafrecht* 150 (2003), Heft 2, S. 71-84.

6.5 Wer will das bessere Europa?
Erschienen in: Bernd Schünemann (Hg.), *Alternativentwurf Europäische Strafverfolgung*, Köln 2004, S. 45-50.

6.6 Verständigung im Strafverfahren. Das Modell und seine Implikationen
Erschienen in: *Festschrift für Rainer Hamm zum 65. Geburtstag*, Berlin 2008, S. 419-442.

6.7 »Regulierte Selbstregulierung« in der Strafjustiz? Ein unorthodoxer Beitrag zur Frage der Legitimation der »Absprachen«
Erschienen in: *Festschrift für Gerhard Fezer zum 70. Geburtstag am 29. Oktober 2008*, Berlin 2008, S. 531-542.

7. Neue Aspekte der Interdisziplinarität

7.1 Das Elend der kritischen Kriminologie
Erschienen in: *Kritische Justiz* 1997, S. 442-458.

7.2 Vorurteil und Methode. Ein Beitrag zur Strafrechtsgeschichte
Erschienen in: *Interdisziplinäre Kriminologie. Festschrift für Arthur Kreuzer zum 70. Geburtstag*, Bd. 2, Frankfurt/M. 2008, S. 449-465 (unter dem Titel: *Zur Entstehung des öffentlichen Strafrechts*).

7.3 Der Realismus der Fiktion – Die politische Imagination des Perversen
Erschienen in: *Frankfurter Allgemeine Zeitung* v. 31.12.2008, S. 9 (unter dem Titel: *Das Furchtbare erkennen*).

8. Kreative Paradoxien

8.1 Dogmatik und Prävention – Eine unerreichbare Kongruenz, am Beispiel des Irrtums
Erschienen in: Bernd Schünemann u. a. (Hg.), *Festschrift für Claus Roxin zum 70. Geburtstag am 15. Mai 2001*, Berlin/New York 2001, S. 457-481 (unter dem Titel: *Irrtum und Prävention*).

8.2 Der »Erfolgsunwert«. Eine inkonsequente Kategorie zwischen Strafrechtsdogmatik und Kriminalpolitik
Erschienen in: Holm Putzke (Hg.), *Strafrecht zwischen System und Telos. Festschrift für Rolf Dietrich Herzberg zum siebzigsten Geburtstag am 14. Februar 2008*, Tübingen 2008, S. 109-122.

8.3 Intendierte Widersprüche im Strafrecht und Strafprozeßrecht.
Erschienen in: *Summa. Victor Simon zum siebzigsten Geburtstag*, Frankfurt/M. 2005, S. 367-378.

Rechtswissenschaft im Suhrkamp Verlag
Eine Auswahl

Robert Alexy
- Theorie der Grundrechte. stw 582. 548 Seiten
- Theorie der juristischen Argumentation. Die Theorie des rationalen Diskurses als Theorie der juristischen Begründung. Mit einem Nachwort (1990): Antwort auf einige Kritiker. stw 436. 435 Seiten

Harold J. Berman. Recht und Revolution. Die Bildung der westlichen Rechtstradition. Übersetzt von Hermann Vetter. stw 1203. 902 Seiten

Ernst-Wolfgang Böckenförde
- Staat, Nation, Europa. Studien zur Staatslehre, Verfassungstheorie und Rechtsphilosophie. stw 1419. 290 Seiten

Hauke Brunkhorst/Wolfgang R. Köhler/Matthias Lutz-Bachmann (Hg.). Recht auf Menschenrechte. Menschenrechte, Demokratie und internationale Politik. stw 1441. 352 Seiten

Hauke Brunkhorst/Peter Niesen (Hg.). Das Recht der Republik. stw 1392. 403 Seiten

Ronald Dworkin. Bürgerrechte ernstgenommen. Übersetzt von Ursula Wolf. stw 879. 592 Seiten

Andreas Fischer-Lescano/Gunther Teubner. Regime-Kollisionen. stw 1803. 230 Seiten

NF 124/1/4.06

Günter Frankenberg

- Autorität und Integration. Zur Grammatik von Recht und Verfassung. stw 1622. 418 Seiten
- Die Verfassung der Republik. Autorität und Solidarität in der Zivilgesellschaft. stw 1331. 264 Seiten

Johan Galtung. Menschenrechte – anders gesehen. stw 1084. 235 Seiten

Ute Gerhard/Jutta Limbach (Hg.). Rechtsalltag von Frauen. es 1423. 251 Seiten

Oliver Gerstenberg. Bürgerrechte und deliberative Demokratie. Elemente einer pluralistischen Verfassungstheorie. stw 1298. 143 Seiten

Stefan Gosepath/Georg Lohmann (Hg.). Philosophie der Menschenrechte. stw 1338. 417 Seiten

Dieter Grimm. Die Zukunft der Verfassung. stw 968. 447 Seiten

Jürgen Habermas. Faktizität und Geltung. Beiträge zur Diskurstheorie des Rechts und des demokratischen Rechtsstaats. stw 1361. 704 Seiten

Georg Wilhelm Friedrich Hegel. Die Philosophie des Rechts. Vorlesung von 1821/22. Herausgegeben von Hansgeorg Hoppe. stw 1721. 237 Seiten

Materialien zu Hegels Rechtsphilosophie. Herausgegeben von Manfred Riedel. Band 1: stw 88. 437 Seiten

NF 124/2/4.06

Otfried Höffe
- Gibt es ein interkulturelles Strafrecht? Ein philosophischer Versuch. stw 1396. 180 Seiten
- Kategorische Rechtsprinzipien. Ein Kontrapunkt der Moderne. stw 1170 und kartoniert. 431 Seiten
- Strategien der Humanität. Zur Ethik öffentlicher Entscheidungsprozesse. Mit einem neuen Nachwort. stw 540. 373 Seiten
- Vernunft und Recht. Bausteine zu einem interkulturellen Rechtsdiskurs. stw 1270. 296 Seiten

Herbert Jäger
- Makrokriminalität. Studien zur Kriminologie kollektiver Gewalt. stw 845. 216 Seiten
- Verbrechen unter totalitärer Herrschaft. Studien zur nationalsozialistischen Gewaltkriminalität. Mit einem Nachwort zur Neuauflage von Adalbert Rückerl. stw 388. 410 Seiten

Wolfgang Kersting. Recht, Gerechtigkeit und demokratische Tugend. Abhandlungen zur praktischen Philosophie der Gegenwart. stw 1332. 498 Seiten

Wolfgang Kersting (Hg.). Gerechtigkeit als Tausch? Auseinandersetzungen mit der politischen Philosophie Otfried Höffes. stw 1297. 375 Seiten

Rainer Maria Kiesow. Das Naturgesetz des Rechts. 160 Seiten. Gebunden

Friedrich Kübler (Hg.). Verrechtlichung von Wirtschaft, Arbeit und sozialer Solidarität. Vergleichende Analysen. Mit Beiträgen von Hans F. Zacher, Spiros Simitis, Friedrich Kübler, Klaus Hopt und Gunther Teubner. stw 537. 345 Seiten

NF 124/3/4.06

Ernst-Joachim Lampe (Hg.). Zur Entwicklung von Rechtsbewußtsein. stw 1315. 520 Seiten

Klaus Lüderssen
- Abschaffen des Strafens? es 1914. 427 Seiten
- Erfahrung als Rechtsquelle. Abduktion und Falsifikation von Hypothesen im juristischen Entscheidungsprozeß. Eine Fallstudie aus dem Kartellstrafrecht. 259 Seiten. Gebunden
- Genesis und Geltung in der Jurisprudenz. es 1962. 365 Seiten
- Kriminalpolitik auf verschlungenen Wegen. Aufsätze zur Vermittlung von Theorie und Praxis. stw 347. 483 Seiten

Klaus Lüderssen/Fritz Sack (Hg.)
- Seminar: Abweichendes Verhalten
  Band 1: Die selektiven Normen der Gesellschaft.
  stw 84. 508 Seiten
  Band 2: Die gesellschaftliche Reaktion auf Kriminalität.
  Band 1. Strafgesetzgebung und Strafrechtsdogmatik.
  stw 85. 387 Seiten
  Band 4: Kriminalpolitik und Strafrecht. stw 87. 362 Seiten

Niklas Luhmann
- Ausdifferenzierung des Rechts. Beiträge zur Rechtssoziologie und Rechtstheorie. stw 1418. 459 Seiten
- Das Recht der Gesellschaft. stw 1183. 598 Seiten

Ingeborg Maus. Zur Aufklärung der Demokratietheorie. Rechts- und demokratietheoretische Überlegungen im Anschluß an Kant. stw 1153. 336 Seiten.

Franz L. Neumann. Die Herrschaft des Gesetzes. Eine Untersuchung zum Verhältnis von politischer Theorie und Rechtssystem in der Konkurrenzgesellschaft. Übersetzt und mit einem Nachwort von Alfons Söllner. 380 Seiten. Gebunden

NF 124/4/4.06